香川県

〈収録内容〉

■ 平成30年度は、弊社ホームページで公開しております。
本ページの下方に掲載しておりますQRコードよりアクセスし、データをダウンロードしてご利用ください。

2023 年度 …………………………… 数・英・理・社・国

2022 年度 …………………………… 数・英・理・社・国

2021 年度 …………………………… 数・英・理・社・国

2020 年度 …………………………… 数・英・理・社・国

2019 年度 …………………………… 数・英・理・社・国

平成 30 年度 …………………………… 数・英・理・社

解答用紙・音声データ配信ページへスマホでアクセス！ ⇒

※データのダウンロードは 2024 年 3 月末日まで。
※データへのアクセスには、右記のパスワードの入力が必要となります。 ⇒ 675489
※リスニング問題については最終ページをご覧ください。

〈 各教科の受検者平均点 〉

	数学	英語	理科	社会	国語	総合点
2023年度	25.3	29.0	27.6	31.2	30.5	143.6
2022年度	26.8	29.1	29.1	30.6	29.0	144.7
2021年度	22.9	28.6	29.4	30.6	29.9	141.5
2020年度	28.4	28.4	28.4	29.6	29.1	143.9
2019年度	27.2	28.8	26.9	31.8	34.0	148.7
2018年度	28.6	29.2	24.0	33.1	31.3	146.1

※各50点満点。

本書の特長

POINT 1　解答は全問を掲載、解説は全問に対応！

POINT 2　英語の長文は全訳を掲載！

POINT 3　リスニング音声の台本、英文の和訳を完全掲載！

POINT 4　出題傾向が一目でわかる「年度別出題分類表」は、約 10 年分を掲載！

実戦力がつく入試過去問題集

- ▶ 問題 …………… 実際の入試問題を見やすく再編集。
- ▶ 解答用紙 …… 実戦対応仕様で収録。
- ▶ 解答解説 …… 重要事項が太字で示された、詳しくわかりやすい解説。
  ※採点に便利な配点も掲載。

合格への対策、実力錬成のための内容が充実

- ▶ 各科目の出題傾向の分析、最新年度の出題状況の確認で、入試対策を強化！
- ▶ その他、志願状況、公立高校難易度一覧など、学習意欲を高める要素が満載！

解答用紙 ダウンロード	解答用紙はプリントアウトしてご利用いただけます。弊社ＨＰの商品詳細ページよりダウンロードしてください。トビラのＱＲコードからアクセス可。
リスニング音声 ダウンロード	英語のリスニング問題については、弊社オリジナル作成により音声を再現。弊社ＨＰの商品詳細ページで全収録年度分を配信対応しております。トビラのＱＲコードからアクセス可。
famima PRINT	原本とほぼ同じサイズの解答用紙は、全国のファミリーマートに設置しているマルチコピー機のファミマプリントで購入いただけます。※一部の店舗で取り扱いがない場合がございます。詳細はファミマプリント（http://fp.famima.com/）をご確認ください。
UD FONT	見やすく読みまちがえにくいユニバーサルデザインフォントを採用しています。

～2024年度香川県公立高校入試の日程（予定）～

☆自己推薦選抜

検査、面接	2／1
↓	
合格者発表	2／7

☆一般選抜

学力検査	3／7
↓	
適性検査、面接	3／8
↓	
追学力検査、追面接	3／16
↓	
追適性検査	3／17
↓	
合格者発表	3／19

※募集および選抜に関する最新の情報は香川県教育委員会のホームページなどで必ずご確認ください。

2023年度/香川県公立高校一般選抜出願状況(全日制)

校名・大学科・小学科（コース）			入学定員	自己推薦選抜合格者等数	出願者数	競争率	昨年度競争率
小豆島中央	普通	（特進）	30	−	32	1.07	1.13
		（普通）	128	−	94	0.73	0.86
三本松	普通	普通	120	24	64	0.67	1.04
	理数	理数					
石田	農業	生産経済	30	12	17	0.94	0.90
		園芸デザイン	30	12	11	0.61	0.59
		農業土木	30	12	17	0.94	0.70
	家庭	生活デザイン	30	9	19	0.90	0.81
志度	工業	電子機械	30	12	20	1.11	0.90
		情報科学	30	12	31	1.72	1.05
	商業	商業	30	15	22	1.47	1.36
津田	普通		90	18	61	0.85	0.96
三木	文理	文理	70	14	57	1.02	1.11
	総合		78	23	61	1.11	1.25
高松	普通		280	−	318	1.14	1.15
高松工芸	工業	機械	36	11	32	1.28	1.58
		電気	36	11	33	1.32	1.83
		工業化学	36	11	29	1.16	1.21
		建築	36	11	38	1.52	1.21
		デザイン	30	15	38	2.53	1.67
		工芸	70	21	72	1.47	1.14
	美術	美術	25	13	14	1.17	2.00
高松商業	商業	商業	228	91	198	1.45	1.08
	情報	情報数理	33	17	30	1.88	1.17
	外国語	英語実務	40	16	33	1.38	0.75
高松東	普通		240	48	260	1.35	1.28
高松南	普通		160	48	153	1.37	1.25
	農業	環境科学	35	11	28	1.17	1.17
	家庭	生活デザイン	35	11	29	1.21	1.33
	看護	看護	35	11	32	1.33	1.21
	福祉	福祉	30	9	22	1.05	1.00
高松西	普通		280	28	303	1.20	1.10
高松北	普通		210	32	122	1.20	1.20
香川中央	普通		280	56	238	1.06	1.13
高松桜井	普通		280	−	332	1.19	1.27
農業経営	農業	農業生産	120	50	59	0.84	0.99
		環境園芸					
		動物科学					
		食農科学					
坂出商業	商業	商業	136	54	75	0.91	0.96
	情報	情報技術	30	15	18	1.20	1.24
坂出	普通		228	11	290	1.34	1.20
	音楽	音楽	20	10	6	0.60	0.60
坂出工業	工業	機械	31	16	23	1.53	1.23
		電気	31	16	20	1.33	0.67
		化学工学	31	16	16	1.07	0.82
		建築	31	16	20	1.33	1.05
丸亀	普通		280	−	304	1.09	1.07
飯山	看護	看護	35	11	26	1.08	1.38
	総合		128	45	69	0.83	0.86
丸亀城西	普通		195	59	153	1.13	1.33
善通寺一	普通		156	−	197	1.26	1.24
	工業	デザイン	30	11	44	2.32	1.09
琴平	普通		190	57	121	0.91	1.03
多度津	工業	機械	32	11	13	0.62	1.00
		電気	32	11	23	1.10	0.91
		土木	32	11	22	1.05	0.87
		建築	32	11	26	1.24	1.00
	水産	海洋技術	25	9	14	0.88	0.94
		海洋生産	25	9	23	1.44	1.24
笠田	農業	農産科学	30	9	15	0.71	1.57
		植物科学	30	8	17	0.77	0.64
		食品科学	30	9	25	1.19	1.05
	家庭	生活デザイン	30	9	23	1.10	0.90
高瀬	普通		124	25	82	0.83	1.12
観音寺一	普通	普通	204	10	200	1.03	1.04
	理数	理数					
観音寺総合	工業	機械	30	12	32	1.78	1.09
		電気	30	12	16	0.89	1.00
		電子	30	12	22	1.22	1.00
	総合		140	56	95	1.13	1.25
高松一	普通		240	−	343	1.43	1.29
	音楽	音楽	25	13	7	0.58	0.92

（注）1．「入学定員」の欄の数字は，自己推薦選抜合格者等の数を含んだもの。
2．「競争率」は、「入学定員」の数から自己推薦選抜合格者等数を差し引いた上で計算。
3．昨年度競争率は，志願変更後の最終倍率。
4．高松北高校の「入学定員」は高松北中学校からの入学予定者数（86名）を含み、「競争率」は同予定者数を差し引いた上で計算。

香川県公立高校難易度一覧

目安となる偏差値	公立高校名
75 ~ 73	
72 ~ 70	高松
69 ~ 67	市高松第一 丸亀
66 ~ 64	三木(文理)
63 ~ 61	観音寺第一(普・理数)，高松桜井
60 ~ 58	坂出，高松商業(英語実務)，高松西 高松商業(情報数理)，三木(総合)
57 ~ 55	高松商業(商業)
54 ~ 51	高松北，高松工芸(美術) 三本松(普・理数)，善通寺第一，市高松第一(音楽) 香川中央，高瀬 高松工芸(機械／電気／工業化学／建築／デザイン／工芸)
50 ~ 47	坂出(音楽)，高松南(普／看護)，丸亀城西 飯山(看護)，観音寺総合(総合)，小豆島中央(特進) 坂出商業(商業／情報技術)，高松東，高松南(福祉)
46 ~ 43	志度(電子機械／情報科学)，高松南(環境科学／生活デザイン) 琴平，志度(商業)，善通寺第一(デザイン) 観音寺総合(機械／電気／電子)，坂出工業(機械／電気／化学工学／建築)，小豆島中央，津田 飯山(総合)，多度津(機械／電気／土木／建築)
42 ~ 38	笠田(農産科学／植物科学／食品科学／生活デザイン) 石田(生産経済／園芸デザイン／農業土木／生活デザイン) 多度津(海洋技術／海洋生産)，農業経営(農業生産・環境園芸・動物科学・食農科学)
37 ~	

＊(　)内は学科・コースを示します。特に示していないものは普通科(普通・一般コース)，または全学科(全コース)を表します。

＊市は市立を表します。

＊データが不足している高校，または学科・コースなどにつきましては掲載していない場合があります。

＊公立高校の入学者は，「学力検査の得点」のほかに，「調査書点」や「面接点」などが大きく加味されて選抜されます。上記の内容は想定した目安ですので，ご注意ください。

＊公立高校入学者の選抜方法や制度は変更される場合があります。また，統廃合による閉校や学校名の変更，学科の変更などが行われる場合もあります。教育委員会などの関係機関が発表する最新の情報を確認してください。

数学 出題傾向の分析と合格への対策

出題傾向とその内容

〈最新年度の出題状況〉

今年度の出題数は，大問が5題，小問数にして23問と例年とほぼ同じであった。範囲は広く，基本問題から応用問題までバランスよく組み合わされ，思考力の必要なものも多い。

出題内容は，大問1が数・式の計算，根号を含む式の展開，因数分解，二次方程式，約数と倍数，大問2は平面図形の角度，三角柱をテーマにした線分の長さと体積の求値，平面図形の線分の長さの求値，大問3は反比例，確率，箱ひげ図，放物線などの小問群，大問4は規則性の発見，数学的思考力，大問5は平面図形の証明問題となっている。

答えを求める過程を記述させる問題が2問，証明問題が2問含まれており，このような記述問題を手際よくこなしていかないと，予想以上に時間をとられることになってしまうだろう。ほとんどが単問形式で出題されているので，すぐに解法が浮かばないものはあとまわしにして，できるものから確実に解いていくとよい。

〈出題傾向〉

問題の出題数は，ここ数年，大問数で5題，小問数で22～23問が定着している。出題レベルは，基礎的な問題から標準的なレベルの問題が中心で，そして思考力の必要なやや難しい問題が少し含まれるという構成である。

ここ数年の出題内容を見ると，大問1では，数・式の計算，因数分解，平方根，方程式から，基本的な計算問題が7問出題されている。大問2では，平面図形，空間図形を題材として，角度，線分の長さ，面積(比)，体積(比)の計量問題が3～4問出題されている。これらの問題は確実に得点したい。大問3，大問4の中では，いろいろな範囲からの出題で思考力を問うものもあり，例年，答えを求める過程を記述させる問題や，式による証明問題が合わせて2問出題されている。大問5では，図形の証明問題2問の出題が定着している。

ここ数年，難易度に大きな変化はないが，本年，大問4の数学的思考力を問う問題は難しかったであろう。また，他に例年は，難しい問題が図形を中心に出題されているので，上位層でも得点差が生まれてきているだろう。大学入試制度の改革と共に，長めの文章題などの出題が多く，思考力を強く問うていることがうかがえる。しっかりと本質を理解した力を付けておこう。

来年度の予想と対策

来年度も問題の量・質に大きな変化はないだろうが，確実とはいえない。中学数学の全領域からまんべんなく出題されているので，苦手な分野を残さないよう，幅広い学習を心がけよう。また，毎年，数や図形に関する記述式の証明問題が出題されているので，正しく書けるよう練習しておきたい。関数とグラフについても，文字を上手に使って座標の処理をする練習を積み重ねておくとよい。図形はやや難しい問題が出されることも予想されるので，特に力を入れて対策を立てておこう。中点連結定理や三平方の定理を使うための補助線のひき方，円の性質の使い方，相似な図形の利用法などをマスターして，一つの問題の中にいろいろな要素が含まれている応用問題に数多くあたっておきたい。また，日常生活と数学を関連付けた長めの文章題も想定されるので，そのような問題も解いておく練習をしておこう。

⇨学習のポイント

・授業や学校の教材を中心に全分野の基礎力を身につけよう。
・日頃から，答えだけでなく，途中の計算過程も簡潔に書けるような練習を積み重ねておこう。

年度別出題内容の分析表　数学

出題内容			26年	27年	28年	29年	30年	2019年	2020年	2021年	2022年	2023年
数と式	数の性質		○	○	○		○			○	○	○
	数・式の計算		○	○	○	○	○	○	○	○	○	○
	因数分解		○	○	○	○	○	○	○	○	○	○
	平方根		○	○	○	○	○	○	○	○	○	○
方程式・不等式	一次方程式		○	○			○	○	○	○	○	○
	二次方程式				○			○		○	○	○
	不等式			○								
	方程式の応用		○		○	○		○	○	○	○	○
関数	一次関数		○	○	○			○	○	○	○	○
	関数 $y=ax^2$		○	○	○	○	○	○	○	○	○	○
	比例関数		○	○	○	○	○	○				○
	関数とグラフ		○	○	○	○		○	○	○	○	○
	グラフの作成											
図形	平面図形	角度	○	○	○	○	○	○	○	○	○	○
		合同・相似	○	○	○	○	○	○	○	○	○	○
		三平方の定理		○		○	○	○	○	○	○	○
		円の性質	○	○	○	○	○	○	○	○	○	○
	空間図形	合同・相似	○				○					○
		三平方の定理	○	○	○	○	○	○	○		○	○
		切断			○						○	
	計量	長さ	○	○		○	○	○	○	○		○
		面積	○	○	○		○		○		○	
		体積	○		○		○	○		○	○	○
	証明		○	○	○	○	○	○	○	○	○	○
	作図											
	動点				○				○		○	
データの活用	場合の数											
	確率		○	○	○	○	○	○	○	○	○	○
	資料の散らばり・代表値(箱ひげ図を含む)		○	○		○	○	○	○	○	○	○
	標本調査											
融合問題	図形と関数・グラフ		○	○		○		○			○	
	図形と確率											
	関数・グラフと確率											
	その他				○						○	
その他			○			○		○	○	○	○	○

―香川県公立高校―

英語　出題傾向の分析と合格への対策

出題傾向とその内容

〈最新年度の出題状況〉

本年度の大問構成は，聞き取り問題1題，会話文読解問題1題，長文読解問題2題，条件・自由英作文問題1題の5題構成だった。

聞き取り問題は，英語を聞いてから適切な絵を選ぶもの，グラフを見て問題に答えるもの，対話に続く英文を選ぶもの，対話の内容に関して日本語で答えるもの，英語の質問に対する答えを選ぶものが出題された。配点は50点満点中12点(24%)で，昨年度と変化はない。

会話文問題，長文読解問題は，文の挿入，語句補充，和文英訳等で文法力・語い力を問うもの，本文の内容把握を求めるものと形式，内容共に多種出題された。

英作文は，提示されたテーマについて自分の考えを英文で書かせる問題であった。

〈出題傾向〉

ここ数年，傾向に大きな変化はない。全体的に，語い力や読解力，文法力，表現力を問う問題が幅広く出題されている。

聞き取り問題は，標準的なレベルの問題である。ただし，最後のEの文章はやや長い。

長文読解問題は，設問数が多く，和文英訳や短い英作文問題など記述式のものも含まれている。文法問題の比重が比較的高いが，内容に関する問いも，もちろん出題される。内容真偽問題では，昨年同様選択肢の数が比較的多く(6個)，多くの英文を読ませる傾向にある。長文を用いて文法的な知識と読解力の両方を細かく問われている。英作文では「旅行に行くなら，一人での旅行と友人との旅行のどちらがよいか。」について自分の意見を書くことが求められた。

語い力・読解力・文法力・表現力が総合的に要求される出題である。

来年度の予想と対策

来年度も，おそらく形式やレベルは本年度とほとんど変わらないと思われる。過去問にしっかり取り組んでおこう。

聞き取り問題の中には，やや長めの英文が含まれており，十分な練習が必要だ。あらかじめ問題用紙のさし絵や選択肢に目を通して，メモをとりながら英文を聞く練習をしておくことも，スムーズな聞き取りの助けになるであろう。

長文読解問題は設問数が多く，総合力が問われる。数多くの長文総合問題をこなし，演習量を確保する必要がある。本文の内容について問う問題が多く出されるので，代名詞や指示語などが，文中の何を指しているのかを意識しながら読む習慣をつけよう。とくに内容真偽問題は，選択肢がやや多いので，十分な吟味が要求される。英作文の出題数も比較的多い。英語で表現する実力をつけるために教科書などの基本例文等を覚えて基礎的な文法知識を確実につけた上で，応用問題にも数多く取り組んでおこう。

⇨**学習のポイント**

- まず語い力をつけよう。会話表現・熟語の知識もつけておくこと。
- 英作文は(和文英訳・自由英作文ともに)十分練習しておこう。
- 多くの読解問題に触れ，いろいろな出題形式に慣れておこう。

年度別出題内容の分析表　英語

出題内容			26年	27年	28年	29年	30年	2019年	2020年	2021年	2022年	2023年
設問形式	リスニング	絵・図・表・グラフなどを用いた問題	○	○	○	○	○	○	○	○	○	○
		適文の挿入	○	○	○	○	○	○	○	○	○	○
		英語の質問に答える問題	○	○	○	○	○	○	○	○	○	○
		英語によるメモ・要約文の完成										
		日本語で答える問題	○	○	○	○	○	○	○	○	○	○
		書き取り										
	語い	単語の発音										
		文の区切り・強勢	○	○	○	○	○	○	○	○		
		語句の問題	○		○	○	○	○	○	○	○	○
	読解	語句補充・選択（読解）		○	○	○	○	○	○	○	○	○
		文の挿入・文の並べ換え	○	○	○	○	○	○	○	○	○	○
		語句の解釈・指示語	○	○	○	○	○	○	○	○	○	○
		英問英答（選択・記述）	○	○	○	○	○	○	○	○	○	○
		日本語で答える問題	○		○	○	○	○	○	○	○	○
		内容真偽	○	○	○	○	○	○	○	○	○	○
		絵・図・表・グラフなどを用いた問題										
		広告・メール・メモ・手紙・要約文などを用いた問題										
	文法	語句補充・選択（文法）	○	○	○	○	○	○	○	○	○	○
		語形変化	○	○	○	○	○	○	○	○	○	○
		語句の並べ換え	○	○	○	○	○	○	○	○	○	○
		言い換え・書き換え										
		英文和訳										
		和文英訳	○	○	○	○	○	○	○	○	○	○
		自由・条件英作文	○	○	○	○	○	○	○	○	○	○
文法事項		現在・過去・未来と進行形	○	○	○	○	○	○	○	○	○	○
		助動詞	○			○	○	○	○	○	○	○
		名詞・冠詞・代名詞			○	○	○	○	○	○	○	○
		形容詞・副詞			○	○	○	○	○	○	○	○
		不定詞	○	○	○	○	○	○	○	○	○	○
		動名詞	○		○		○		○	○		○
		文の構造（目的語と補語）	○					○	○	○	○	○
		比較	○	○			○	○	○	○	○	○
		受け身	○				○		○		○	
		現在完了	○	○	○	○	○	○	○	○	○	
		付加疑問文										
		間接疑問文		○		○			○		○	
		前置詞	○	○	○	○	○	○	○		○	○
		接続詞	○	○		○	○	○	○	○	○	○
		分詞の形容詞的用法			○							
		関係代名詞		○			○	○	○	○		○
		感嘆文										
		仮定法										

―香川県公立高校―

理科 出題傾向の分析と合格への対策

出題傾向とその内容

〈最新年度の出題状況〉

大問数は，第1分野から2題，第2分野から2題の合計4題の出題が続いている。さらに各大問の中には2～3単元にわたって小問群があり，全体としてかたよりのない出題傾向である。身近に起こる科学的なニュースに普段から意識を向けておくことも大切である。

〈出題傾向〉

大問数は少ないとはいえ，多くの小問群があることから，出題範囲は非常に広く，問題数も多い。例年，解答は記号選択，記述のほか，グラフの作成，作図などがあるので，時間配分を考えて手際よく解いていかなければならない。計算問題は，特に第1分野で多く出題されており，時間の使いすぎに気をつけたい。標準的な内容をしっかりおさえておけば，十分対応できる出題であった。

物理的領域　1～3年内容からまんべんなく出題されていた。提示された実験・現象を詳細まで理解し，内容をおさえて考える必要があるので，落ち着いて問題文を読まねばならない。様々な現象の原理さえ理解していれば難なく進む。根本からおさえておこう。

化学的領域　1～3年内容から広く出題されていた。幅広い確かな知識をもとにした正確な思考力，表現力を問われた内容の問題もあり，原理の理解と思考力を見るための良問が多かった。基本原理をおさえた学習を進めよう。

生物的領域　スタンダードな問題が多かったため，基本をおさえていれば，解答に困る問題はない。生物に見られるあらゆる現象の原因や理由をしっかり理解しておこう。実験の問題では，授業内で説明された考え方や分析のしかたを身につけるため，多くの問題にチャレンジしよう。

地学的領域　資料の読み取り力，分析力が問われた。文字数が多く，正しい判断力を必要とする問題群なので，丁寧に取り組もう。落ち着いて考えれば解答できる内容であった。

来年度の予想と対策

来年度も出題傾向に大きな変化はないと予想され，全単元からかたよりなく出題されるであろう。

原理や現象，実験の意味などを問うものが多いので，日ごろの学習においても結果を覚えるだけではなく，解答した理由や実験操作の意味を考え，簡潔に理由を書けるようにしておくとよい。第1分野では，さまざまな計算問題を練習しておくとよい。与えられた条件や数値を整理し，どの公式をどの時点で使えばよいのか，数多く演習をこなすことで慣れておきたい。日頃から長文の問題に慣れる練習をしておくとよい。

⇨学習のポイント

・語句や現象が起こるしくみなど，あらゆることを文で説明する練習をしよう。
・教科書にのっている基礎的事項は，完璧な理解に達するまで学習しておこう。

年度別出題内容の分析表　理科

分野	学年	出題内容	26年	27年	28年	29年	30年	2019年	2020年	2021年	2022年	2023年
第一分野	第1学年	身のまわりの物質とその性質		○							○	○
		気体の発生とその性質	○	○		○		○	○	○	○	
		水溶液			○		○		○			○
		状態変化		○				○				
		力のはたらき(2力のつり合いを含む)	○			○	○		○		○	○
		光と音		○		○		○		○		○
	第2学年	物質の成り立ち		○	○	○	○		○			○
		化学変化，酸化と還元，発熱・吸熱反応	○			○		○		○	○	○
		化学変化と物質の質量	○	○	○	○		○	○	○	○	○
		電流(電力，熱量，静電気，放電，放射線を含む)	○	○	○	○	○	○	○	○	○	○
		電流と磁界	○			○			○			○
	第3学年	水溶液とイオン，原子の成り立ちとイオン	○	○			○		○	○	○	○
		酸・アルカリとイオン，中和と塩	○		○	○	○	○			○	○
		化学変化と電池，金属イオン	○	○						○		
		力のつり合いと合成・分解(水圧，浮力を含む)	○	○	○	○	○	○	○	○	○	○
		力と物体の運動(慣性の法則を含む)	○	○	○		○	○		○	○	
		力学的エネルギー，仕事とエネルギー	○	○	○	○	○	○	○	○	○	○
		エネルギーとその変換，エネルギー資源		○							○	
第二分野	第1学年	生物の観察と分類のしかた			○			○		○		
		植物の特徴と分類	○		○		○		○			
		動物の特徴と分類				○				○		
		身近な地形や地層，岩石の観察	○		○	○				○	○	
		火山活動と火成岩	○			○		○			○	
		地震と地球内部のはたらき			○		○	○				
		地層の重なりと過去の様子	○		○			○		○	○	
	第2学年	生物と細胞(顕微鏡観察のしかたを含む)								○	○	
		植物の体のつくりとはたらき		○	○	○	○	○	○	○	○	○
		動物の体のつくりとはたらき	○	○	○		○	○	○		○	○
		気象要素の観測，大気圧と圧力		○	○			○			○	○
		天気の変化			○			○	○		○	
		日本の気象	○		○				○			○
	第3学年	生物の成長と生殖	○		○			○		○		○
		遺伝の規則性と遺伝子	○				○	○				
		生物の種類の多様性と進化				○				○		
		天体の動きと地球の自転・公転		○		○	○			○		○
		太陽系と恒星，月や金星の運動と見え方		○		○			○			
		自然界のつり合い		○		○			○		○	
自然の環境調査と環境保全，自然災害				○		○						
科学技術の発展，様々な物質とその利用												
探究の過程を重視した出題			○	○	○	○	○	○	○	○	○	○

社会 ●●●● 出題傾向の分析と合格への対策 ●●●●

出題傾向とその内容

〈最新年度の出題状況〉

本年度の出題数は例年同様，大問3題で小問は46題である。解答形式は記号選択式が21題，並べかえ3題，語句記入が12題，短文記述が10題とバランスよく扱われている。大問数は，日本・世界地理1題，歴史1題，公民1題であり，小問数は各分野のバランスがとれていると言える。各設問は細かい知識を問うものではなく，どの分野も広範囲から出題されていて，基礎・基本の定着と，資料を活用する力を試す総合的な問題が出題の中心となっている。

地理的分野では，略地図・表・グラフ・地形図・雨温図などを読み取り，諸地域の特色・産業・貿易・気候などを考える出題となっている。また，実際の経度差・時差による日時や距離を計算で求めるものもある。

歴史的分野では，資料・図版・略年表などをもとに，日本の歴史の流れを総合的に問う内容となっている。

公民的分野では，政治のしくみ，基本的人権，財政，消費生活，経済一般，国際社会に関する基礎的な知識が問われている。

〈出題傾向〉

地理的分野では，略地図・表・グラフなどの資料と地形図が用いられ，それらの読み取りを中心とした出題となっている。また，歴史的分野では，各種資料が用いられており，重要事項を書かせるものが多く，歴史の流れと，出来事の関連性など基本的な事項を正確に把握しているかどうかが問われている。

公民的分野では，政治・経済・国際社会などの広い範囲から，基本事項が出題されている。また，表などの資料を読み取る問題が出題されている。

来年度の予想と対策

来年度も例年通りの出題が予想される。出題数にも大きな変動はないと思われる。また，内容も基本的なものが中心となるであろう。しかし，記述問題がかなり高い比重を占めているので，基礎的な事項を漢字で書けるようにしておくことはもちろんのこと，それらの事項について正確に説明できるようにしておく必要がある。

3分野とも教科書の基本用語を確実にマスターすることが重要である。その際に，本文の内容だけではなく，グラフや表，写真や図，地図なども一緒に活用することが大切である。そして，地形図や各種資料において，計算で求める経度差や時差・距離・輸出入額などについても注意したい。また，教科書の範囲に限らず，それぞれの重要事項と現在の社会の動きとのかかわりにも関心を持つようにしたい。日ごろから，新聞やテレビやインターネットなどで取り上げられた出来事などに関心をもつ必要がある。

⇨学習のポイント

- 地理では略地図や地形図の読み取り力を高め，各種資料の分析に慣れよう！
- 歴史では基礎的な知識を整理し，テーマごとに略年表の形でまとめてみよう！
- 公民では政治・経済や国際社会の基礎的知識とニュースを結び付けて考えてみよう！

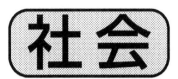

年度別出題内容の分析表　社会

出題内容			26年	27年	28年	29年	30年	2019年	2020年	2021年	2022年	2023年
地理的分野	日本	地形図の見方	○	○	○	○	○	○	○	○	○	○
		日本の国土・地形・気候		○	○	○	○	○	○	○	○	○
		人口・都市	○	○	○	○	○	○		○	○	○
		農林水産業			○			○	○	○		○
		工業	○		○		○	○	○		○	○
		交通・通信			○	○	○		○		○	
		資源・エネルギー				○				○	○	
		貿易		○					○	○	○	
	世界	人々のくらし・宗教			○			○		○		
		地形・気候	○	○	○	○	○	○	○	○	○	○
		人口・都市									○	○
		産業		○		○						○
		交通・貿易		○	○	○				○	○	○
		資源・エネルギー	○				○					
	地理総合											
歴史的分野	日本史―時代別	旧石器時代から弥生時代	○		○		○			○	○	○
		古墳時代から平安時代	○	○	○	○	○	○	○	○	○	○
		鎌倉・室町時代	○	○	○	○	○	○	○	○	○	○
		安土桃山・江戸時代	○	○	○	○	○	○	○	○	○	○
		明治時代から現代	○	○	○	○	○	○	○	○	○	○
	日本史―テーマ別	政治・法律	○	○	○	○	○	○	○	○	○	○
		経済・社会・技術	○	○	○	○	○	○	○	○	○	○
		文化・宗教・教育	○	○	○	○	○	○	○	○	○	○
		外交	○	○	○	○	○	○	○	○	○	○
	世界史	政治・社会・経済史			○		○	○	○			
		文化史										
		世界史総合										
	歴史総合											
公民的分野	憲法・基本的人権			○	○	○		○	○	○	○	○
	国の政治の仕組み・裁判		○		○	○	○	○	○	○	○	○
	民主主義											
	地方自治			○	○				○	○	○	○
	国民生活・社会保障		○	○		○	○	○	○		○	○
	経済一般		○	○	○	○	○	○	○	○	○	○
	財政・消費生活		○	○	○	○	○	○	○	○	○	○
	公害・環境問題						○		○			
	国際社会との関わり			○	○		○	○	○	○	○	○
時事問題							○					
その他												

—香川県公立高校—

国語

出題傾向の分析と合格への対策

出題傾向とその内容

〈最新年度の出題状況〉

本年度も，ここ数年と同じ傾向で，小説，古文，説明的文章，課題作文の大問4題の出題であった。大問の中で漢字の読み書きや語句の意味，文法なども問われている。

問題一の小説では，登場人物の心情を読み取る問題が出された。漢字の読みや文法，比喩表現について問う問題が出題された。

問題二の古文は，内容の読解を問う問題の他，歴史的仮名遣いを問う問題もあった。

問題三の論説文では，脱文・脱語補充や内容吟味，文脈把握の問題を解くことで文脈を追っていき，筆者の主張を正確に読み取る力が問われた。70字程度の記述問題もあった。漢字の書き取りに関する問題も出された。

問題四は，「これからの社会で求められる力」について，友達の意見をふまえ，自分の考えを述べる作文が出された。

〈出題傾向〉

小説は，心情の読み取りや行動の理由などを問うものが中心に構成されている。行動や心情のきっかけとなる部分を探すという問題もよく見られる。

古文は，歴史的仮名遣い，会話文の指摘，口語訳，内容理解に関する問いが多い。文章全体の内容を正しく読み取る力も求められている。

論説文は，内容の読解に関する問いがほとんどである。脱語・脱文補充，段落構成の出題もよく見られる。

読解問題の解答形式は，記述が多い。本文中からの抜き出しもあるが，指定された語を用いた60字前後の記述問題などもあり，内容を的確にまとめる力が求められていると言える。

作文は，人間関係・学校生活・国際協力における大切なことなど様々なテーマが与えられる。文字数は250字程度で，自分の意見と，そのように考える理由をまとめるものだ。具体例を示すことも求められている。

知識問題は，漢字の読みと書き取りが必ず出題される。また，品詞や用法の違いを見分ける力が問われる問題が出題されることが多い。

来年度の予想と対策

出題傾向には，大きな変化はないと思われる。

長文の読解力をつけるためには，ふだんから，文章を読み進めるうえでの集中力を養っておくことが有効である。新聞や小説などを読む機会を増やすようにしたい。論説文では文脈と筆者の主張を，小説では情景や人物の心情を常に意識してとらえる読み方をするとよい。

漢字の読み書きや，文法，語句の意味などの基礎知識は，教科書や問題集を使って，しっかりと身につけよう。

古文も基本中心の出題なので，まず教科書や授業の内容をきちんと復習する。その際，重要な古語の意味をおさえること，主語を正確に把握することなどに気をつける。

課題作文に対応するためには，ふだんから身のまわりのできごとを取り上げ，それについての考えを原稿用紙にまとめる練習をしておくとよい。

⇨学習のポイント

- 過去問を解いて，出題形式に慣れよう。
- 問題集などで，多くの読解問題に取り組もう。
- さまざまなテーマで作文の練習をしておこう。

年度別出題内容の分析表 国語

		出題内容	26年	27年	28年	29年	30年	2019年	2020年	2021年	2022年	2023年
内容の分類	読解	主題・表題	○							○		
		大意・要旨	○	○	○	○	○	○	○	○	○	○
		情景・心情	○	○	○	○	○	○	○	○	○	○
		内容吟味	○	○	○	○	○	○	○	○	○	○
		文脈把握	○	○	○	○	○	○	○	○	○	○
		段落・文章構成	○		○	○	○	○	○	○	○	
		指示語の問題										
		接続語の問題					○					
		脱文・脱語補充	○	○	○	○	○	○	○	○	○	○
	漢字・語句	漢字の読み書き	○	○	○	○	○	○	○	○	○	○
		筆順・画数・部首										
		語句の意味	○						○	○	○	○
		同義語・対義語										
		熟語		○	○	○	○				○	
		ことわざ・慣用句		○								
		仮名遣い	○	○	○	○	○	○	○	○	○	○
	表現	短文作成										
		作文(自由・課題)	○	○	○	○	○	○	○	○	○	○
		その他										
	文法	文と文節										
		品詞・用法	○	○	○	○	○	○	○	○		○
		敬語・その他										
	古文の口語訳							○	○	○	○	
	表現技法・形式				○							○
	文学史											
	書写											
問題文の種類	散文	論説文・説明文	○	○	○	○	○	○	○	○	○	○
		記録文・報告文										
		小説・物語・伝記	○	○	○	○	○	○	○	○	○	○
		随筆・紀行・日記										
	韻文	詩										
		和歌(短歌)										
		俳句・川柳										
	古文		○	○	○	○	○	○	○	○	○	○
	漢文・漢詩											
	会話・議論・発表											
	聞き取り											

—香川県公立高校—

不安という人なつっこい怪物。

曽我部恵一｜ミュージシャン

曽我部恵一
'90年代初頭よりサニーデイ・サービスのヴォーカリスト／ギタリストとして活動を始める。2004年，自主レーベルROSE RECORDSを設立し，インディペンデント／DIYを基軸とした活動を開始する。以後，サニーデイ・サービス／ソロと並行し，プロデュース・楽曲提供・映画音楽・CM音楽・執筆・俳優など，形態にとらわれない表現を続ける。

受験を前に不安を抱えている人も多いのではないでしょうか。今回はミュージシャンであり，3人の子どもたちを育てるシングルファーザーでもある曽我部恵一さんにご自身のお子さんに対して思うことをまじえながら，“不安”について思うことを聞いた。

── 子どもの人生を途中まで一緒に生きてやろうっていうのが，何だかおこがましいような気がしてしまう。

子どもが志望校に受かったらそれは喜ばしいことだし，落ちたら落ちたで仕方がない。基本的に僕は子どもにこの学校に行ってほしいとか調べたことがない。長女が高校や大学を受験した時は，彼女自身が行きたい学校を選んで，自分で申し込んで，受かったからそこに通った。子どもに「こういう生き方が幸せなんだよ」っていうのを教えようとは全く思わないし，勝手につかむっていうか，勝手に探すだろうなと思っているかな。

僕は子どもより自分の方が大事。子どもに興味が無いんじゃないかと言われたら，本当に無いのかもしれない。子どもと仲良いし，好きだけど，やっぱり自分の幸せの方が大事。自分の方が大事っていうのは，あなたの人生の面倒は見られないですよって意味でね。あなたの人生はあなたにしか生きられない。自分の人生って，設計して実際動かせるのは自分しかいないから，自分のことを責任持ってやるのがみんなにとっての幸せなんだと思う。

うちの子にはこの学校に入ってもらわないと困るんですって言っても，だいたい親は途中で死ぬから子どもの将来って最後まで見られないでしょう。顔を合わせている時，あのご飯がうまかったとか，風呂入るねとか，こんなテレビやってたよ，とかっていう表面的な会話はしても，子どもの性格とか一緒にいない時の子どもの表情とか本当はちゃんとは知らないんじゃないかな。子どもの人生を途中まで一緒に生きてやろうっていうのが，何だかおこがましいような気がしてしまう。

── 不安も自分の能力の一部だって思う。

一生懸命何かをやってる人，僕らみたいな芸能をやっている人もそうだけど，みんな常に不安を抱えて生きていると思う。僕も自分のコンサートの前はすごく不安だし，それが解消されることはない。もっと自分に自信を持てるように練習して不安を軽減させようとするけど，無くなるということは絶対にない。アマチュアの時はなんとなくライブをやって，なんとなく人前で歌っていたから，不安はなかったけど，今はすごく不安。それは，お金をもらっているからというプロフェッショナルな気持ちや，お客さんを満足させないとというエンターテイナーとしての意地なのだろうけど，本質的な部分は“このステージに立つほど自分の能力があるのだろうか”っていう不安だから，そこは受験をする中学生と同じかもしれない。これは不安を抱えながらぶつかるしかない。それで，ぶつかってみた結果，ライブがイマイチだった時は，僕は今でも人生終わったなって気持ちになる。だから，不安を抱えている人に対して不安を解消するための言葉を僕はかけることができない。受験生の中には高校受験に失敗したら人生終わると思ってる人もいるだろうし，僕は一つのステージを失敗したら人生終わると思ってる。物理的に終わらなくても，その人の中では終わる。それに対して「人生終わらないよ」っていうのは勝手すぎる意見。僕たちの中では一回の失敗でそれは終わっちゃうんだ。でも，失敗しても相変わらずまた明日はあるし，明後日もある。生きていかなきゃいけない。失敗を繰り返していくことで，人生は続くってことがわかってくる。子どもたちの中には，そこで人生を本当に終わらそうっていう人が出てくるかもしれないけど，それは大間違い。同じような失敗は生きてるうちに何度もあって，大人になっている人は失敗を忘れたり，見ないようにしたりするのをただ単に繰り返して生きてるだけなんだと思う。失敗したからこそできるものがあるから，僕は失敗するっていうことは良いことだと思う。挫折が多い方が絶対良い。若い頃に挫折とか苦い経験っていうのはもう財産だから。

例えば，「雨が降ってきたから，カフェに入った。そしたら偶然友達と会って嬉しかった」。これって，雨が降る，晴れるとか，天気みたいなもうどうしようもないことに身を委ねて，自然に乗っかっていったら，結局はいい出来事があったということ。僕は，無理せずにそういう風に生きていきたいなと思う。失敗しても，それが何かにつながっていくから，失敗したことをねじ曲げて成功に持っていく必要はないんじゃないかな。

不安を感じてそれに打ち勝つ自信がないのなら，逃げたらいい。無理して努力することが一番すごいとも思わない。人間，普通に生きると70年とか80年とか生きるわけで，逃げてもどこかで絶対勝負しなきゃいけない瞬間っていうのがあるから，その時にちゃんと勝負すればいいんじゃないかな。受験がどうなるか，受かるだろうか，落ちるだろうか，その不安を抱えている人は，少なからず，勝負に立ち向かっていってるから不安を抱えているわけで。それは素晴らしいこと。不安っていうのは自分の中の形のない何かで自分の中の一つの要素だから，不安も自分の能力の一部だって思う。不安を抱えたまま勝負に挑むのもいいし，努力して不安を軽減させて挑むのもいい。または，不安が大きいから勝負をやめてもいいし，あくまでも全部自分の中のものだから。そう思えば，わけのわからない不安に押しつぶされるってことはないんじゃないかな。

MEMO

大切なことはメモしておこうネ！

ダウンロードコンテンツのご利用方法

※弊社 HP 内の各書籍ページより，解答用紙などのデータダウンロードが可能です。

※巻頭「収録内容」ページの下部 QR コードを読み取ると，書籍ページにアクセスが出来ます。（ Step 4 からスタート）

Step 1 東京学参 HP（https://www.gakusan.co.jp/）にアクセス

Step 2 下へスクロール『フリーワード検索』に書籍名を入力

Step 3 検索結果から購入された書籍の表紙画像をクリックし，書籍ページにアクセス

Step 4 書籍ページ内の表紙画像下にある『ダウンロードページ』をクリックし，ダウンロードページにアクセス

Step 5 巻頭「収録内容」ページの下部に記載されているパスワードを入力し，『送信』をクリック

解答用紙・+αデータ配信ページへスマホでアクセス! ⇒

※データのダウンロードは 2024 年 3 月末日まで。

※データへのアクセスには，右記のパスワードの入力が必要となります。 ⇒ ●●●●●●

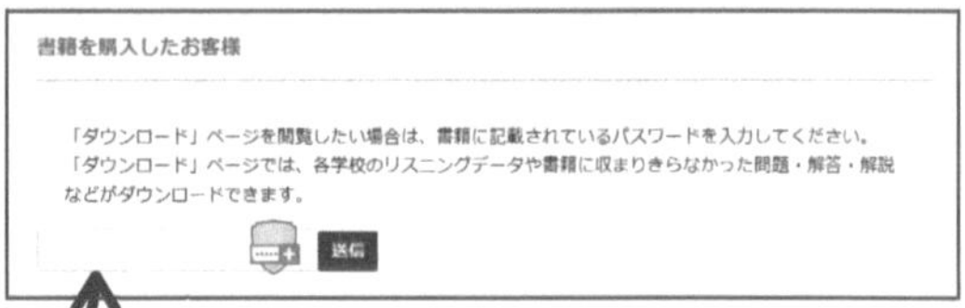

Step 6 使用したいコンテンツをクリック

※ PC ではマウス操作で保存が可能です。

香川県公立高等学校

2023年度

★★★★★★★★★★★★★★★★★★★★★★

入 試 問 題

●くわしい解説……49ページ

＜数学＞　時間　50分　満点　50点

問題１　次の(1)~(7)の問いに答えなさい。

(1)　$3+8\div(-4)$ を計算せよ。

(2)　$6\times\frac{5}{3}-5^2$ を計算せよ。

(3)　$\frac{x+2y}{2}+\frac{4x-y}{6}$ を計算せよ。

(4)　$\sqrt{8}-\sqrt{3}(\sqrt{6}-\sqrt{27})$ を計算せよ。

(5)　$(x+1)(x-3)+4$ を因数分解せよ。

(6)　x についての２次方程式 $-x^2+ax+21=0$ の解の１つが３のとき，a の値を求めよ。

(7)　次の㋐～㋓の数のうち，12の倍数であるものはどれか。正しいものを１つ選んで，その記号を書け。

㋐　2×3^4　㋑　$2\times3^2\times7$　㋒　$2^2\times3^2\times5$　㋓　$2^3\times5\times7$

問題２　次の(1)~(3)の問いに答えなさい。

(1)　右の図のような，線分ABを直径とする円Oがあり，円周上に２点A，Bと異なる点Cをとる。線分AB上に，２点A，Bと異なる点Dをとる。２点C，Dを通る直線と円Oとの交点のうち，点Cと異なる点をEとする。点Aと点C，点Bと点Eをそれぞれ結ぶ。

∠BCE＝35°，∠ADC＝60°であるとき，∠BECの大きさは何度か。

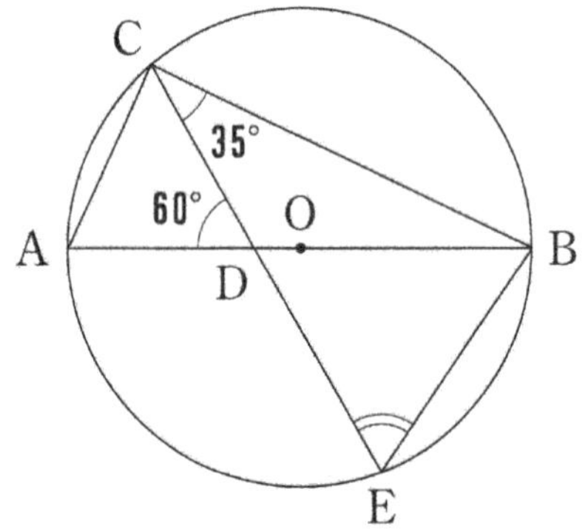

(2)　右の図のような三角柱がある。辺DE上に２点D，Eと異なる点Gをとり，点Gを通り，辺EFに平行な直線と，辺DFとの交点をHとする。

AB＝12cm，BC＝５cm，DG＝９cm，∠DEF＝90°で，この三角柱の表面積が240cm²であるとき，次のア，イの問いに答えよ。

ア　線分GHの長さは何cmか。

イ　この三角柱の体積は何cm³か。

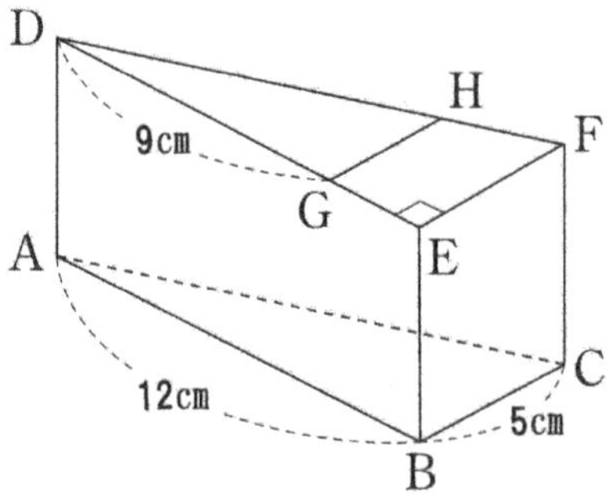

(3) 下の図のような，正方形ABCDがある。辺CD上に，２点C，Dと異なる点Eをとり，点Aと点Eを結ぶ。点Dから線分AEに垂線をひき，その交点をFとし，直線DFと辺BCとの交点をGとする。点Aを中心として，半径ABの円をかき，線分DGとの交点のうち，点Dと異なる点をHとする。

AB＝５㎝，DE＝２㎝であるとき，線分GHの長さは何㎝か。

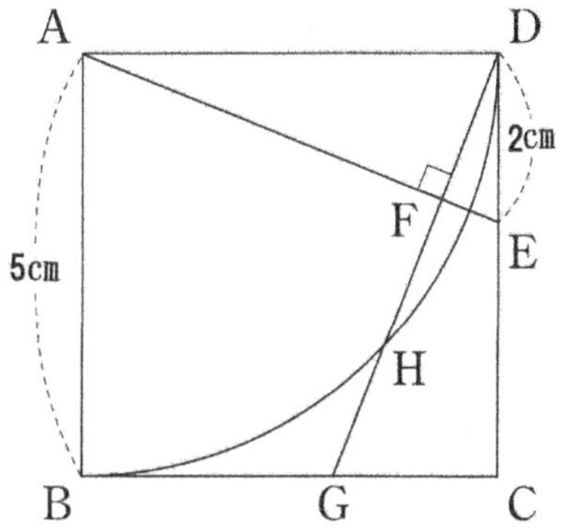

問題３　次の(1)～(4)の問いに答えなさい。

(1) y は x に反比例し，$x=2$ のとき $y=5$ である。$x=3$ のときの y の値を求めよ。

(2) ２つのくじA，Bがある。くじAには，５本のうち，２本の当たりが入っている。くじBには，４本のうち，３本の当たりが入っている。くじA，Bからそれぞれ１本ずつくじを引くとき，引いた２本のくじのうち，少なくとも１本は当たりである確率を求めよ。

(3) 右の図は，A駅，B駅，C駅それぞれの駐輪場にとまっている自転車の台数を，６月の30日間，毎朝８時に調べ，そのデータを箱ひげ図に表したものである。次の㋐～㋓のうち，この箱ひげ図から読みとれることとして，必ず正しいといえることはどれか。２つ選んで，その記号を書け。

㋐　A駅について，自転車の台数が200台以上であった日数は15日以上である

㋑　A駅とB駅について，自転車の台数が150台未満であった日数を比べると，B駅の方が多い

㋒　B駅とC駅について，自転車の台数の四分位範囲を比べると，C駅の方が大きい

㋓　A駅，B駅，C駅について，自転車の台数の最大値を比べると，C駅がもっとも大きい

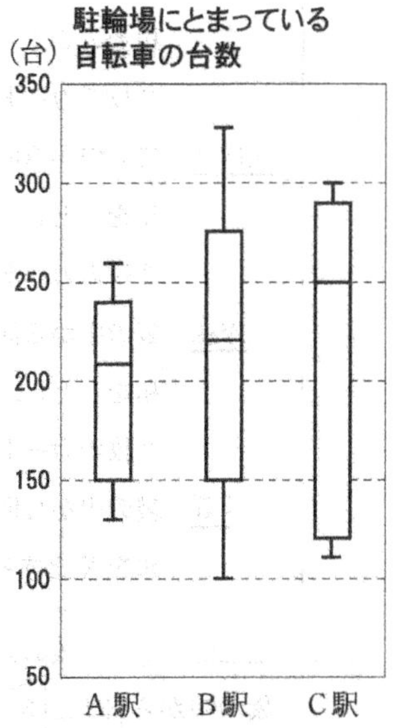

⑷　右の図で，点Oは原点であり，放物線①は関数 $y=x^2$ のグラフである。

2点A，Bは放物線①上の点で，点Aの x 座標は -2 であり，線分ABは x 軸に平行である。点Cは放物線①上の点で，その x 座標は負の数である。点Cを通り，x 軸に平行な直線をひき，直線OBとの交点をDとする。

これについて，次のア，イの問いに答えよ。

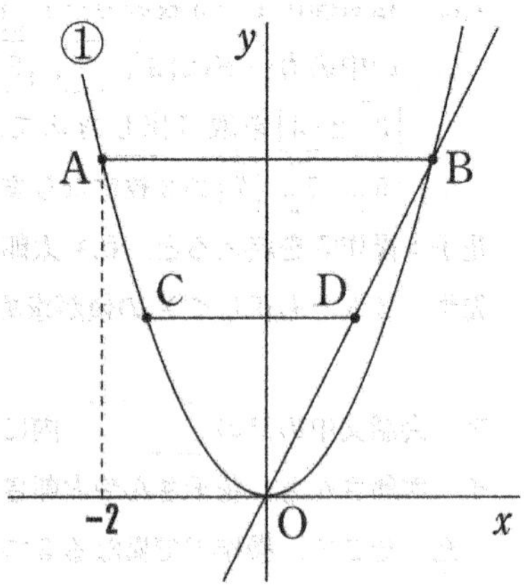

ア　関数 $y=x^2$ で，x の変域が $-\frac{3}{2} \leqq x \leqq 1$ のとき，y の変域を求めよ。

イ　AB：CD＝8：5であるとき，点Cの x 座標はいくらか。点Cの x 座標を a として，a の値を求めよ。a の値を求める過程も，式と計算を含めて書け。

問題4　次の⑴，⑵の問いに答えなさい。

⑴　次の会話文を読んで，あとのア，イの問いに答えよ。

先生：ここに何も書かれていないカードがたくさんあります。このカードと何も入っていない袋を使って，次の操作①から操作⑤を順におこなってみましょう。

操作①	5枚のカードに自然数を1つずつ書き，その5枚のカードをすべて袋に入れる。
操作②	袋の中から同時に2枚のカードを取り出す。その2枚のカードに書いてある数の和を a とし，新しい1枚のカードに a の値を書いて袋に入れる。取り出した2枚のカードは袋に戻さない。
操作③	袋の中から同時に2枚のカードを取り出す。その2枚のカードに書いてある数の和を b とし，新しい1枚のカードに $b+1$ の値を書いて袋に入れる。取り出した2枚のカードは袋に戻さない。
操作④	袋の中から同時に2枚のカードを取り出す。その2枚のカードに書いてある数の和を c とし，新しい1枚のカードに $c+2$ の値を書いて袋に入れる。取り出した2枚のカードは袋に戻さない。
操作⑤	袋の中から同時に2枚のカードを取り出す。その2枚のカードに書いてある数の和をXとする。

花子：私は操作①で5枚のカード[1]，[2]，[3]，[5]，[7]を袋に入れます。次に操作②をします。袋の中から[3]と[5]を取り出したので，[8]を袋に入れます。操作②を終えて，袋の中のカードは[1]，[2]，[7]，[8]の4枚になりました。

太郎：私も操作①で5枚のカード[1]，[2]，[3]，[5]，[7]を袋に入れました。操作②を終えて，袋の中のカードは[3]，[3]，[5]，[7]の4枚になりました。次に操作③をします。袋の中から[3]と[3]を取り出したので，[7]を袋に入れます。操作③を終えて，袋の中のカードは[5]，[7]，[7]の3枚になりました。

花子：操作⑤を終えると，私も太郎さんもX＝［　P　］になりました。

先生：２人とも正しくXの値が求められましたね。

ア　会話文中のPの［　］内にあてはまる数を求めよ。

イ　次郎さんも，花子さんや太郎さんのように，操作①から操作⑤を順におこなってみることにした。そこで，操作①で異なる５つの自然数を書いた５枚のカードを袋に入れた。操作②で取り出した２枚のカードの一方に書いてある数は３であった。操作③で取り出した２枚のカードの一方に書いてある数は１であり，操作③を終えたとき，袋の中にある３枚のカードに書いてある数はすべて同じ数であった。操作⑤を終えるとX＝62になった。このとき，次郎さんが操作①で書いた５つの自然数を求めよ。

(2)　２日間おこなわれたバザーで，太郎さんのクラスは，ペットボトル飲料，アイスクリーム，ドーナツの３種類の商品を仕入れて販売した。バザーは，１日目，２日目とも９時から15時まで実施された。

１日目の８時に，太郎さんのクラスへ，１日目と２日目で販売するペットボトル飲料とアイスクリームのすべてが届けられた。このとき，１日目に販売するドーナツも届けられた。また，２日目の８時に，２日目に販売するドーナツが届けられ，その個数は，１日目の８時に届けられたドーナツの個数の３倍であった。

ペットボトル飲料は，１日目と２日目で合計280本売れ，１日目に売れたペットボトル飲料の本数は，２日目に売れたペットボトル飲料の本数よりも130本少なかった。

１日目において，1日目の８時に届けられたドーナツはすべて売れた。１日目に売れたアイスクリームの個数は，1日目の８時に届けられたアイスクリームの個数の30％で，1日目に売れたドーナツの個数よりも34個多かった。

２日目は，アイスクリーム１個とドーナツ１個をセットにして販売することにした。１日目が終了した時点で残っていたアイスクリームの個数が，２日目の８時に届けられたドーナツの個数よりも多かったので，ドーナツはすべてセットにできたが，いくつかのアイスクリームはセットにできなかった。セットにできなかったアイスクリームは１個ずつで販売され，セットにしたアイスクリームとは別に４個が売れた。２日目が終了した時点で，アイスクリームは５個，ドーナツは３個残っていた。

これについて，次のア～ウの問いに答えよ。

ア　１日目に売れたペットボトル飲料の本数は何本か。

イ　下線部について，１日目に届けられたアイスクリームの個数をx個，１日目に届けられたドーナツの個数をy個として，yをxを使った式で表せ。

ウ　１日目に届けられたアイスクリームの個数をx個，１日目に届けられたドーナツの個数をy個として，x，yの値を求めよ。x，yの値を求める過程も，式と計算を含めて書け。

問題5 右の図のような，鋭角三角形ABCがあり，辺ACを1辺にもつ正方形ACDEを△ABCの外側につくる。辺ACと線分BEとの交点をFとする。点Cから線分BEに垂線をひき，その交点をGとする。点Aを通り，辺ABに垂直な直線をひき，直線CGとの交点をHとする。また，点Fを通り，線分GCに平行な直線をひき，辺CDとの交点をIとする。

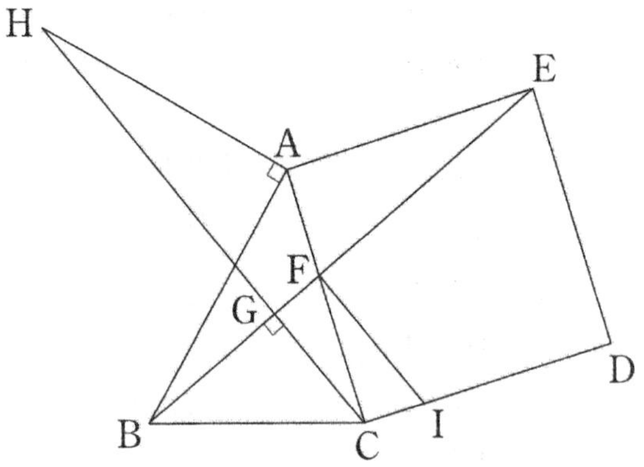

このとき，次の(1)，(2)の問いに答えなさい。

(1) △CFG∽△FIC であることを証明せよ。

(2) 直線AHと線分BEとの交点をJ，辺ABと線分CHとの交点をKとする。このとき，BJ＝HK であることを証明せよ。

＜英語＞　時間　50分　満点　50点

問題1　英語を聞いて答える問題

A　絵を選ぶ問題

①

②

③

④

B　学校行事を選ぶ問題

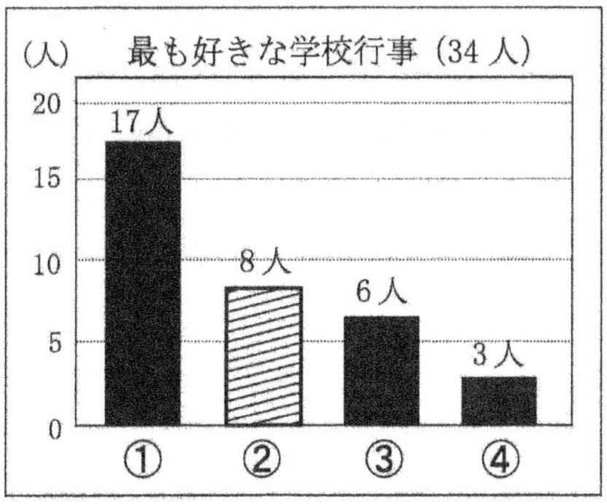

ア　sports day
イ　school festival
ウ　chorus competition
エ　English drama competition

C　応答を選ぶ問題

ア　Don’t drink too much.　イ　OK.　I’ll buy some milk at the supermarket.
ウ　My pleasure.　エ　Oh, good.　Let’s use your milk.

D　対話の内容を聞き取る問題

E　文章の内容を聞き取る問題

No. 1
ア　A mountain.
イ　A bike shop.
ウ　The sea.
エ　The station.

No. 2
ア　To visit temples.
イ　To enjoy nature.
ウ　To work in Shikoku.
エ　To talk to Ken.

No. 3
ア　To thank Ken for taking Jim to a bike shop.
イ　To ride a bike and go around Shikoku with Ken.
ウ　To tell Ken about the temples in Shikoku.
エ　To take Ken to wonderful places in the U.K.

問題2　次の対話文は，中学生の Aya と，アメリカから来た留学生の Bob との，学校からの帰り道での会話である。これを読んで，あとの(1)～(3)の問いに答えなさい。(＊印をつけた語句は，あとの㊟を参考にしなさい。)

Aya:　Hi, Bob. [(a)]

Bob:　It was a lot of fun. *Especially, a history class was very interesting.

Aya:　[(b)]

Bob:　I studied about some famous castles in Japan. I want to visit them.

Aya:　That's great. Do you know there is a famous castle in Kagawa? [(c)]

Bob:　Thank you. Hey, what is that *shed? I see many vegetables in the shed.

Aya:　That is a vegetable store. Many *kinds of vegetables are sold there. ①<u>They are [　　] than the vegetables in supermarkets.</u>

Bob:　Oh, really? That's interesting! Where is the staff member?

Aya:　That store has no staff member. *Farmers come there and just put their vegetables.

Bob:　Is it true? ②<u>It's incredible that there is no staff member.</u> I can't believe that. [(d)]

Aya:　You choose vegetables you want to buy and put money into the box.

Bob:　I see. Farmers and *customers believe each other. That may also be one of the wonderful Japanese cultures.

㊟ especially：特に　shed：小屋　kind(s) of：種類の　farmer(s)：農家　customer(s)：客

(1) 本文の内容からみて，文中の(a)～(d)の[　　]内にあてはまる英文は，次のア～クのうちのどれか。最も適当なものをそれぞれ一つずつ選んで，その記号を書け。

ア　How can we buy those vegetables?
イ　What do you want to buy?
ウ　I want to go to those places someday.
エ　What's your favorite class?
オ　How are you today?
カ　I'll take you there someday.
キ　What did you study in the class?
ク　How was school today?

(2) 下線部①を，「それらは，スーパーマーケットの野菜より安いです。」という意味にするには，[　　]内に　どのような語を入れたらよいか。最も適当な語を一つ書け。

(3) 下線部②に incredible という語があるが，この語と同じような意味を表す語は，次のア～エのうちのどれか。最も適当なものを一つ選んで，その記号を書け。

ア　popular　イ　amazing　ウ　important　エ　useful

問題3　次の文章は，香川県の中学校に通う蓮が，英語の授業で発表したスピーチである。これを読んで，あとの(1)～(9)の問いに答えなさい。(＊印をつけた語句は，あとの㊟を参考にしなさい。)

I *moved to Kagawa two years ago. Since I came here, I have found many interesting things such as *udon*, *Konpirasan*, and *olives. Every culture has a long history and makes me ①(excite).

One day, when I was having dinner with my family, my grandmother was using a new *plate. The plate was very beautiful and ②［　　］ special. I said to her, ③“Please (me plate your let see new). I like the beautiful *patterns *drawn by hand. Where did you buy that plate?” My grandmother said, “Oh, I didn’t buy it. ④［　　］, I *drew the patterns on it. Have you ever heard of *lacquer art? *Lacquer is used to make this plate and I drew some patterns on it. My friend is an *instructor of lacquer art. ⑤彼は私にそれのやり方を見せました。 Why don’t you join the class?” I was surprised and said, “I’ve heard of lacquer art, but I didn’t know that we could try it in Kagawa. I want to try it.”

A few days later, I went to the lacquer art class. ⑥［　　］ first, it was difficult for me to draw patterns. However, an instructor helped me a lot to make a plate. After the class, I said to the instructor, “Thank you for helping me. It was fun.” The instructor said, “I’m glad to hear that. Lacquer art is one of the traditional *crafts in Kagawa. To tell many people about lacquer art, I started this class and have been making new lacquer art *works to *match our life. I think we have to tell this traditional craft to the next *generation. ⑦私は，もっと多くの若い人々が，それに興味をもつことを望みます。” When I went home, I *thought about her words and called my friend to talk about it. And I decided to join ⑧［　　］ traditional craft class with him.

Do you like Kagawa? My answer is yes. I love Kagawa and I’m happy to live in Kagawa. ⑨I think Kagawa (cultures　don’t　has　we　traditional　know　which　many). I want to learn about them more. Why don’t we find those cultures?

㊟ moved：move(引っ越す)の過去形　olive(s)：オリーブ　plate：皿　pattern(s)：模様
drawn by hand：手描きの　drew：draw (描く)の過去形　lacquer art：漆芸　lacquer：漆
instructor：講師　craft(s)：工芸　work(s)：作品　match：合う　generation：世代
thought： think(考える)の過去形

(1) ①の（　）内の excite を，最も適当な形になおして一語で書け。

(2) ②の［　　］内にあてはまる語は，本文の内容からみて，次のア～エのうちのどれか。最も適当なものを一つ選んで，その記号を書け。

ア looked　イ made　ウ found　エ sounded

(3) 下線部③が，「あなたの新しい皿を私に見せてください。」という意味になるように（　）内のすべての語を，正しく並べかえて書け。

(4) ④の［　　］内にあてはまる語は，本文の内容からみて，次のア～エのうちのどれか。最も適当なものを一つ選んで，その記号を書け。

ア Also　イ Then　ウ Usually　エ Actually

(5) 下線部⑤の日本文を英語で書き表せ。

(6) ⑥の［　　］内にあてはまる語は，次のア～エのうちのどれか。最も適当なものを一つ選んで，その記号を書け。

ア To　イ At　ウ For　エ With

(7) 下線部⑦の日本文を英語で書き表せ。

(8) ⑧の［　　］内にあてはまる語は，次のア～エのうちのどれか。最も適当なものを一つ選んで，その記号を書け。

ア　another　　イ　other　　ウ　others　　エ　many

(9) 下線部⑨が，「私は，香川には私たちが知らない多くの伝統的な文化があると思います。」という意味になるように，（　）内のすべての語を，正しく並べかえて書け。

問題 4　次の英文を読んで，あとの(1)～(8)の問いに答えなさい。（＊印をつけた語句は，あとの㊟を参考にしなさい。）

Genki is a junior high school student in Kagawa. He is a member of the soccer club and practices soccer after school every day. He plays soccer very well, so he has been a *regular player in the team since he was a first-year student. In the team, the *coach, Mr. Tanaka, always tells the players to run hard for the team during games. However, Genki didn't like running and often *skipped it. Also, he sometimes *blamed his team members for their *mistakes.

When Genki became a second-year student, he *thought he could be *captain of the team. However, he couldn't. One of his team members, Wataru, was *chosen as captain. He couldn't play as well as Genki, and he was a *bench player. Genki didn't understand why Wataru was chosen as captain.

One day, a practice game was held. Genki was not in the members for the game. He got ①［　　］ and asked Mr. Tanaka, "Why am I a bench member?" He answered, "Think about ②it *by yourself. When you know the answer, you will be a better player." Genki watched the game next to Wataru. Then, he found some good points in Wataru. During the game, when team members made mistakes, Wataru was always *encouraging them. Also, he brought some *drinks quickly and gave them to the players with some helpful messages. Genki was surprised and asked Wataru, "Why are you working so hard?" He answered, "Because it's all for the team. Well, I often feel sad because I can't become a regular player. But I want to do anything I can do for the team." From those words, Genki found that he was only thinking about himself and Wataru was thinking about others. After the game, Wataru started to clean the ground *ahead of anyone else. Genki said, "③［　　］?" Wataru said with a smile, "Of course, you can." Then, they cleaned the ground together. After that, Mr. Tanaka asked Genki, "Did you understand why Wataru was captain?" He answered, "Yes. Wataru showed me that it was important to think about others and work hard for the team. He is a great person. I want to ④［　　］."

Genki and Wataru became third-year students, and the last *tournament started. In the tournament, Genki was a regular player, but Wataru was still a bench player. During the games, Genki didn't skip running and kept encouraging his team members. It was all for team. They kept winning and finally won the tournament. Also, Genki got The Best Player *Award. He was *interviewed and said, “I got this award because all the members worked hard for the team.” ⑤His team members were happy to hear that. Genki also said, “I want to say ‘thank you’ to Wataru, our captain. I learned a lot of important things from him. He ⑥□ me a lot.” Wataru was looking at him with a smile.

㊟ regular player：レギュラー選手　coach：監督　skipped：skip（サボる）の過去形
blamed：blame（責める）の過去形　mistake(s)：失敗　thought：think（思う）の過去形
captain：キャプテン　chosen：choose（選ぶ）の過去分詞　bench player：控え選手
by yourself：あなた自身で　encouraging：encourage（励ます）の現在分詞　drink(s)：飲み物
ahead of ～：～より先に　tournament：トーナメント　award：賞
interviewed：interview（インタビューする）の過去分詞

(1) ①の □ 内にあてはまる語は，本文の内容からみて，次のア～エのうちのどれか。元気《げんき》の様子を表すものとして，最も適当なものを一つ選んで，その記号を書け。

ア busy　イ angry　ウ sleepy　エ tired

(2) 下線部②の it が指しているのはどのようなことがらか。日本語で書け。

(3) ③の □ 内には，元気の質問が入る。本文の内容を参考にして，その質問を 4 語以上の英文一文で書け。ただし，疑問符，コンマなどの符号は語として数えない。

(4) ④の □ 内にあてはまるものは，本文の内容からみて，次のア～エのうちのどれか。最も適当なものを一つ選んで，その記号を書け。

ア play soccer well like him　イ play soccer well like you
ウ be the person like him　エ be the person like you

(5) 下線部⑤に，His team members were happy to hear that とあるが，チームのメンバーは元気のどのような発言をうれしく思ったのか。その内容を日本語で書け。

(6) ⑥の □ 内にあてはまる語は，本文の内容からみて，次のア～エのうちのどれか。最も適当なものを一つ選んで，その記号を書け。

ア watched　イ asked　ウ studied　エ changed

(7) 次の(a)，(b)の質問に対する答えを，本文の内容に合うように，(a)は 9 語以上，(b)は 3 語以上の英文一文で書け。ただし，ピリオド，コンマなどの符号は語として数えない。

(a) What does Mr. Tanaka always tell the players to do during games?

(b) Did Genki become captain of the team when he became a second-year student?

(8) 次の㋐～㋕のうちから，本文中で述べられている内容に合っているものを二つ選んで，その記号を書け。

㋐ Before Genki became a second-year student, he often skipped running for the team.

㋑ Genki couldn’t play soccer as well as Wataru, so he was a bench player.

㋒ During the practice game, Genki gave his team members some drinks quickly.

㊏ Wataru often felt sad because he had a lot of things to do for the team.

㊍ Wataru showed Genki that it was important to think about himself more without thinking about others.

㋕ During the last tournament, Genki was a regular player and worked hard for the team.

問題 5　英語の授業で，次のテーマについて意見を書くことになりました。あなたなら，一人での旅行と友人との旅行のどちらを選び，どのような意見を書きますか。あなたの意見を，あとの〔注意〕に従って，英語で書きなさい。

旅行に行くなら，一人での旅行と友人との旅行のどちらがよいか。 一人での旅行　traveling alone 友人との旅行　traveling with my friends

〔注意〕

① 解答用紙の □ 内に traveling alone または traveling with my friends のどちらかを書くこと。

② I think □ is better. の文に続けて，4 文の英文を書くこと。

③ 一文の語数は 5 語以上とし，短縮形は一語と数える。ただし，ピリオド，コンマなどの符号は語として数えない。

④ 一人での旅行または友人との旅行を選んだ理由が伝わるよう，まとまりのある内容で書くこと。

＜理科＞　時間　50分　満点　50点

問題１　次のA，Bの問いに答えなさい。

A　太郎さんは，日本のある地点Xで，７月上旬のある日，太陽の動きを観察した。これに関して，次の(1)，(2)の問いに答えよ。

(1)　太郎さんは，下の図Ⅰのように，９時から15時まで，１時間ごとの太陽の位置を，透明半球上にフェルトペンで記録した。このとき，フェルトペンの先のかげが透明半球の中心である図Ⅰ中の点Oの位置にくるように記録した。その後，記録した点をなめらかな線で結び，透明半球上に太陽の動いた道筋をかいた。下の図Ⅱは，この観察結果を記録した透明半球を，真上から見たものであり，図Ⅱ中の点Oは，透明半球の中心である。図Ⅱ中の点P，点Qは，太陽の動いた道筋を延長した線と透明半球のふちとが交わる点であり，点Pは日の出の位置を，点Qは日の入りの位置を表している。下の表Ⅰは，図Ⅱ中の点Pから点Qまで透明半球上にかいた太陽の動いた道筋に紙テープを重ねて，点Pと１時間ごとの太陽の位置と点Qを紙テープに写しとり，点Pから各時刻の点までの長さと点Pから点Qまでの長さをそれぞれはかった結果をまとめたものである。これに関して，あとのa～eの問いに答えよ。

図Ⅰ

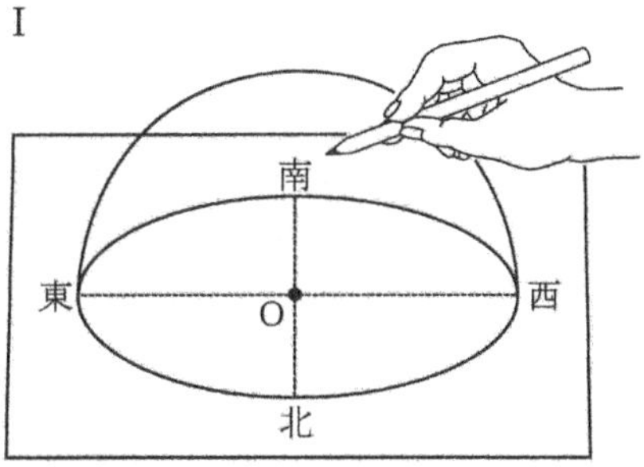

図Ⅱ

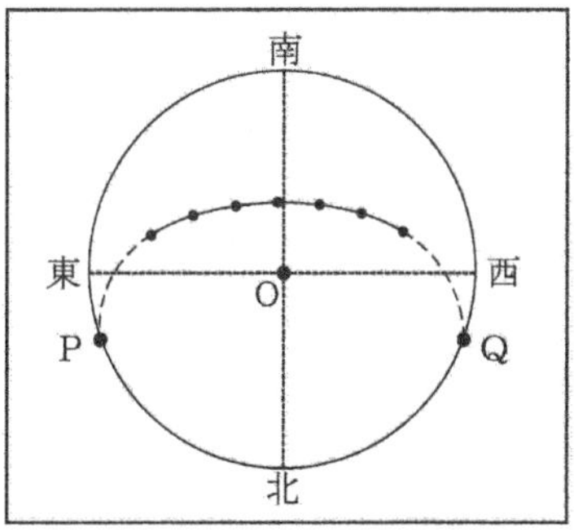

表Ⅰ

点の位置	点P	9時	10時	11時	12時	13時	14時	15時	点Q
点Pから各点までの長さ[cm]	0	10.4	13.0	15.6	18.2	20.8	23.4	26.0	37.2

a　天体の位置や動きを示すために，空を球状に表したものを天球という。太陽の動きを観察するために用いた透明半球は，天球を表している。図Ⅰ，図Ⅱ中の透明半球の中心である点Oは，何の位置を表しているか。簡単に書け。

b　次の文は，透明半球上に記録された太陽の動きをもとに，地上から見た太陽の１日の動きについて述べようとしたものである。文中の［　］内にあてはまる言葉を，㋐，㋑から一つ選んで，その記号を書け。また，文中の□内にあてはまる最も適当な言葉を書け。

図Ⅱの記録から，地上から見た太陽は透明半球上を東から西へ移動していることがわかる。これは，地球が地軸を中心にして［㋐東から西　㋑西から東］へ自転しているために起こる見かけの動きで，太陽の□と呼ばれる。

c　表Ⅰの結果から，太郎さんが観察した日の，地点Xにおける日の入りの時刻は，いつごろであると考えられるか。次のア～エから最も適当なものを一つ選んで，その記号を書け。

ア　18時40分ごろ　　イ　19時00分ごろ　　ウ　19時20分ごろ　　エ　19時40分ごろ

d　太郎さんは，地点Xとは異なる地点において，この日の太陽の動きについて調べることにした。下の表Ⅱは，日本の同じ緯度にある地点Yと地点Zでの，この日における日の出の時刻と日の入りの時刻を示したものである。次の文は，地点Yと地点Zにおけるこの日の太陽の南中時刻と南中高度について述べようとしたものである。文中の2つの〔　〕内にあてはまる言葉を，㋐，㋑から一つ，㋒～㋔から一つ，それぞれ選んで，その記号を書け。

表Ⅱ

地　点	日の出の時刻	日の入りの時刻
Y	4時34分	18時59分
Z	5時01分	19時26分

この日の太陽の南中時刻は，地点Yの方が地点Zよりも〔㋐早い　㋑遅い〕。また，この日の地点Yの太陽の南中高度は，〔㋒地点Zより高く　㋓地点Zと同じに，　㋔地点Zより低く〕なる。

e　北半球では，太陽の南中高度は，夏至の日は高く，冬至の日は低くなる。地点Xにおける太陽の南中高度が，太郎さんが観察した7月上旬のある日の太陽の南中高度と再び同じ高度になるのはいつごろか。次のア～エのうち，最も適当なものを一つ選んで，その記号を書け。

ア　この日から約2か月後　　イ　この日から約5か月後

ウ　この日から約8か月後　　エ　この日から約11か月後

(2)　地球は公転面に垂直な方向に対して地軸を約23.4°傾けたまま公転しているため，季節によって太陽の南中高度や昼の長さに違いが生じる。夏は太陽の南中高度が高くなることで，太陽の光が当たる角度が地表に対して垂直に近づくとともに，太陽の光が当たる昼の長さが長くなるため，気温が高くなる。太陽の光が当たる角度が地表に対して垂直に近づくと，気温が高くなるのはなぜか。**面積**　の言葉を用いて簡単に書け。

B　次の(1)，(2)の問いに答えよ。

(1)　大気（空気）に関して，あとのa～cの問いに答えよ。

a　気圧について調べるために，空き缶に水を少し入れて加熱し，沸騰させたあと加熱をやめて，ラップシートで空き缶全体を上からくるみ，空き缶のようすを観察した。しばらくすると，空き缶がつぶれた。次の文は，空き缶がつぶれた理由について述べようとしたものである。文中の2つの〔　〕内にあてはまる言葉を，㋐，㋑から一つ，㋒，㋓から一つ，それぞれ選んで，その記号を書け。

空き缶の加熱をやめたあと，ラップシートで全体を上からくるんだ空き缶の中では，しばらくすると，水蒸気が液体の水に状態変化した。そのため，空き缶の中の気体の量が〔㋐増え　㋑減り〕，空き缶の中の気体の圧力が，空き缶の外の気圧よりも〔㋒大きく　㋓小さく〕なったことで，空き缶がつぶれた。

b　空気は，海上や大陸上に長くとどまると，気温や湿度が広い範囲でほぼ一様なかたまりになる。たとえば，日本付近では，夏に南の海上でとどまると，あたたかく湿った性質をもち，冬に北の大陸上でとどまると，冷たく乾いた性質をもつようになる。このような，性質が一様で大規模な空気のかたまりは，一般に何と呼ばれるか。その名称を書け。

c　地球の各緯度帯では，年間を通じて大規模で規則的な風が吹き，地球規模での大気の動きが見られる。北半球における極付近および赤道付近の地表近くで吹く風の向きを模式的に表すとどうなるか。次の㋐～㋓のうち，最も適当なものを一つ選んで，その記号を書け。

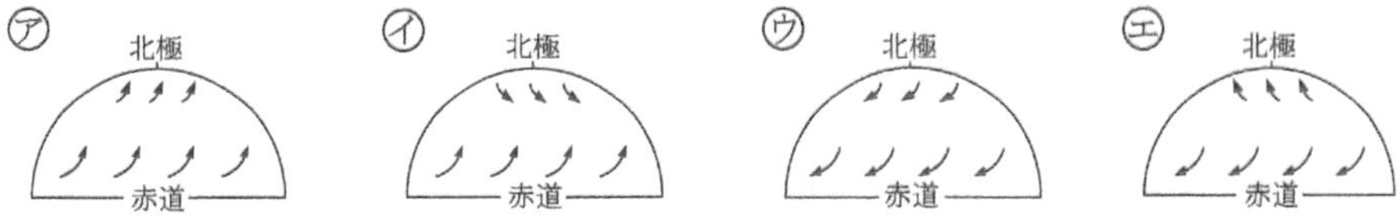

(2)　台風に関して，あとのａ～ｃの問いに答えよ。

a　次の文は，台風の発生と進路について述べようとしたものである。文中の２つの［　］内にあてはまる言葉を，㋐，㋑から一つ，㋒，㋓から一つ，それぞれ選んで，その記号を書け。

日本の南のあたたかい海上で発生した［㋐温帯低気圧　㋑熱帯低気圧］のうち，最大風速が約17m／ｓ以上に発達したものを台風という。日本付近に近づく台風は，太平洋高気圧の［㋒ふちに沿って　㋓中心付近を通って］進むため，夏から秋にかけて太平洋高気圧が弱まると，北上することが多くなる。北上した台風は，偏西風の影響を受け，東よりに進路を変える傾向がある。

b　北半球の低気圧の中心付近では，周辺から低気圧の中心に向かって，反時計回りにうずをえがくように風が吹き込む。次の図は，ある年の９月に発生したある台風の進路を模式的に表したものである。図中の○は，９月29日９時から９月30日６時までの，3時間ごとのこの台風の中心の位置を表している。次の表は，日本のある地点において，９月29日９時から９月30日６時までの気圧と風向を観測したデータをまとめたものである。図中に●で示したア～エのうち，この観測をおこなった地点だと考えられるのはどこか。最も適当なものを一つ選んで，その記号を書け。

図

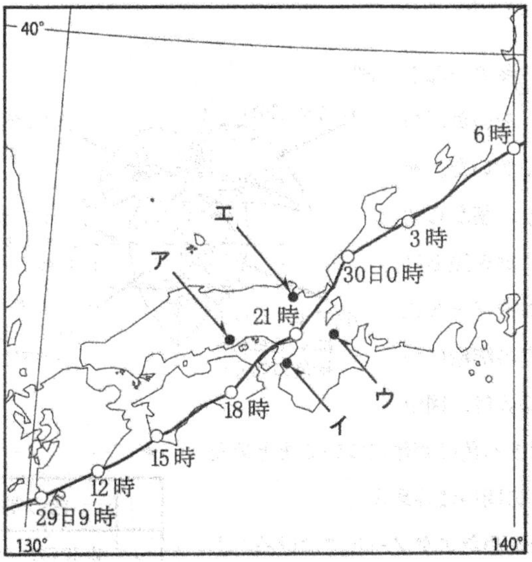

表

日　時		気　圧 [hPa]	風　向
9月 29日	9 時	1009.6	東北東
	12 時	1005.6	東北東
	15 時	1001.1	北　東
	18 時	997.5	北
	21 時	1002.4	西
9月 30日	0 時	1007.3	西
	3 時	1009.8	西北西
	6 時	1013.0	西

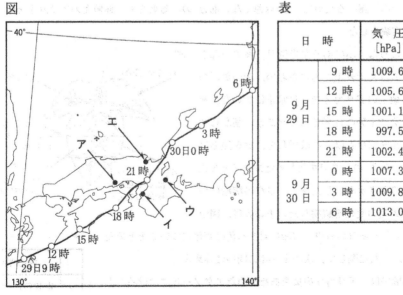

c　台風の中心付近では，あたたかく湿った空気が集まり，強い上昇気流が生じる。次のア～エのうち，強い上昇気流により発達し，短い時間に強い雨を降らせることが多い雲はどれか。最も適当なものを一つ選んで，その記号を書け。

ア　高積雲　　イ　積乱雲　　ウ　高層雲　　エ　乱層雲

問題２　次のA，B，Cの問いに答えなさい。

A　生物の生殖やその特徴について，次の(1)，(2)の問いに答えよ。

(1)　ヒキガエルは，雌がつくる卵《らん》と雄がつくる精子が受精して受精卵となり，細胞分裂をくり返しながら個体としてのからだのつくりを完成させていく。これについて，次のa，bの問いに答えよ。

a　ヒキガエルのように，雌の卵と雄の精子が受精することによって子をつくる生殖は，何と呼ばれるか。その名称を書け。

b　次の㋐～㋔は，ヒキガエルの発生における，いろいろな段階のようすを模式的に示したものである。㋐の受精卵を始まりとして，㋑～㋔を発生の順に並べると，どのようになるか。左から右に順に並ぶように，その記号を書け。

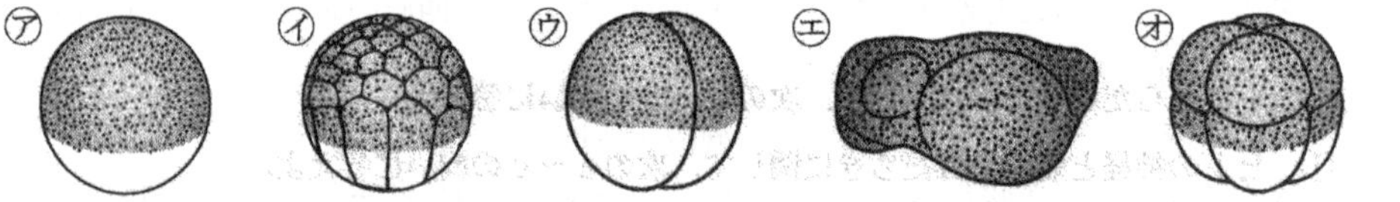

(2)　イソギンチャクのなかまの多くは，雌雄の親を必要とせず，受精をおこなわない生殖によって子をつくることができる。このような生殖によってつくられた子の形質は，親の形質と比べてどのようになるか。簡単に書け。

B　光合成について調べるために，ふ（緑色でない部分）のある葉をもつ鉢植えのアサガオを使って，次のような実験をした。

右の図のような，ふのある葉を選び，葉の一部をアルミニウムはくで表裏ともにおおい，その葉がついている鉢植えのアサガオを一日暗室に置いた。その後，その葉に十分に日光を当てたあと，茎から切り取り，アルミニウムはくをはずして，葉を熱湯につけてから，90℃のお湯であたためたエタノールにつけた。その葉を水洗いしたあと，ヨウ素溶液につけてその葉の色の変化を観察した。下の表は，図中のa～dで示した部分のヨウ素溶液に対する色の変化についてまとめたものである。これに関して，あとの(1)～(4)の問いに答えよ。

図

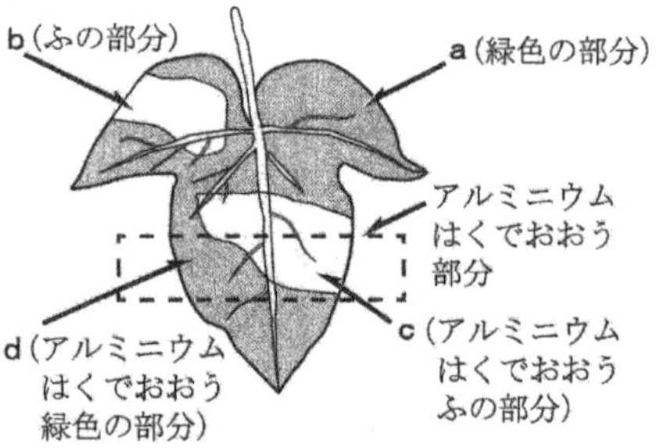

表

	色の変化
a	青紫色になった
b	変化しなかった
c	変化しなかった
d	変化しなかった

(1)　この実験では，アサガオの葉をあたためたエタノールにつけることによって，ヨウ素溶液につけたときの色の変化が観察しやすくなる。それはなぜか。その理由を簡単に書け。

(2)　実験の結果，図中のaで示した部分がヨウ素溶液によって青紫色に変化したことから，ある有機物がその部分にあったことがわかる。この有機物は何と呼ばれるか。その名称を書け。

(3)　次の文は，実験の結果をもとに光合成について述べようとしたものである。文中のP，Qの□内にあてはまる図中のa～dの記号の組み合わせとして最も適当なものを，あとの㋐～㋕からそれぞれ一つずつ選んで，その記号を書け。

図中の［P］の部分を比べることによって，光合成には光が必要であることがわかる。また，図中の［Q］の部分を比べることによって，光合成は緑色の部分でおこなわれていることがわかる。

㋐　aとb　　㋑　aとc　　㋒　aとd
㋓　bとc　　㋔　bとd　　㋕　cとd

(4)　アサガオの葉は，上から見たときに重なり合わないように茎についているものが多い。葉が重なり合わないように茎についていることの利点を，簡単に書け。

C　ヒトのからだとつくりに関して，あとの(1)，(2)の問いに答えよ。

(1)　ヒトの神経と筋肉のはたらきに関して，次のa～cの問いに答えよ。

a　ヒトは，いろいろな刺激を受けとって反応している。目は光の刺激を受けとり，耳は音の刺激を受けとる。目や耳などのように，外界からの刺激を受けとる器官は，一般に何と呼ばれるか。その名称を書け。

b　ヒトが，目の前のものを手に取ろうとしてうでを動かすとき，目で受けとった光の刺激が，信号として神経系を伝わり，やがて命令の信号としてうでの筋肉に伝わる。次の㋐～㋓のうち，この反応において，信号が神経系を伝わる経路を模式的に表しているものはどれか。最も適当なものを一つ選んで，その記号を書け。

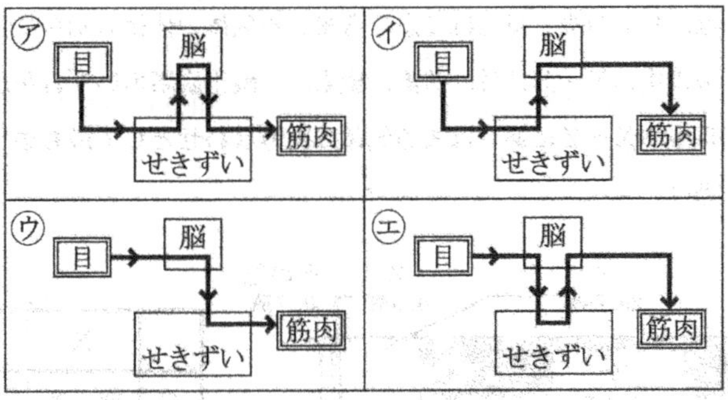

c　右の図Ⅰは，ヒトのうでの筋肉と骨格のようすを模式的に表したものである。次のページの文は，ヒトがうでを曲げている状態からうでをのばすときの筋肉と神経について述べようとしたものである。文中のP～Rの□内にあてはまる言葉の組み合わせとして最も適当なものを，次のページの表のア～エから一つ選んで，その記号を書け。

図Ⅰ

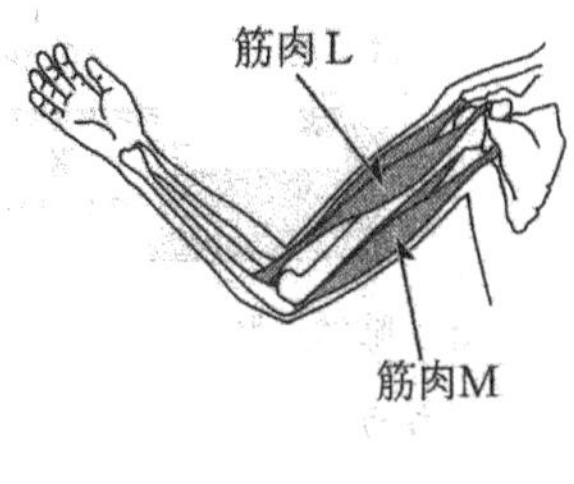

うでを曲げている状態からのばすとき，図Ⅰ中の筋肉Lは［P］，筋肉Mは［Q］。うでを曲げている状態からのばすとき，筋肉に命令の信号を伝える運動神経は，［R］神経の一つである。

	P	Q	R
ア	縮　み	ゆるむ	中　枢
イ	縮　み	ゆるむ	末しょう
ウ	ゆるみ	縮　む	中　枢
エ	ゆるみ	縮　む	末しょう

(2)　ヒトの肺による呼吸のしくみに関して，次のa～cの問いに答えよ。

a　ヒトの肺による呼吸のしくみについて考えるため，下の図Ⅱのように，穴をあけたペットボトルのふたにゴム風船を固定したストローをさしこみ，これを下半分を切りとってゴム膜をはりつけたペットボトルにとりつけた装置を用いて実験をした。この装置のゴム膜を手でつまんで引き下げると，ゴム風船はふくらんだ。次のページの文は，ゴム膜を手でつまんで引き下げたときのゴム風船の変化から，ヒトの肺による呼吸のしくみについて述べようとしたものである。文中の2つの〔　〕内にあてはまる言葉を，㋐，㋑から一つ，㋒，㋓から一つ，それぞれ選んで，その記号を書け。

図Ⅱ

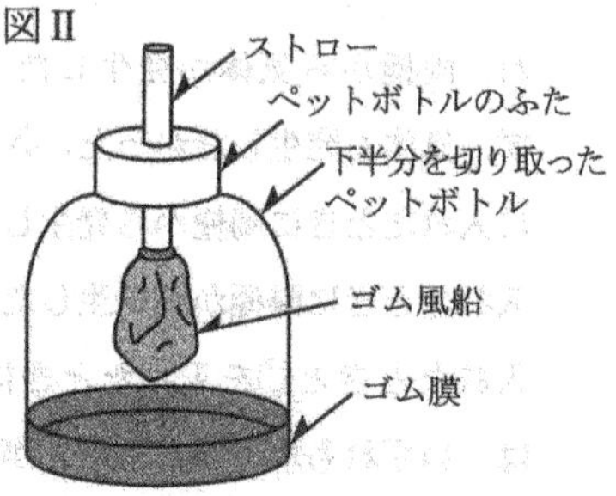

図Ⅱの実験では，ゴム膜を引き下げると，〔㋐ゴム風船内に空気が入った　㋑ゴム風船内から空気が出ていった〕。この装置のペットボトル内の空間を胸部の空間，ゴム膜を横隔膜，ゴム風船を肺と考えると，ヒトのからだでは，横隔膜が下がることで，胸部の空間が広がり，空気が〔㋒肺から押し出される　㋓肺に吸いこまれる〕と考えられる。

b　下の図Ⅲは，ヒトの吸う息とはく息に含まれる気体の体積の割合（％）の例を表そうとしたものであり，図Ⅲ中のX～Zには，酸素，窒素，二酸化炭素のいずれかが入る。下の表のア～エのうち，図Ⅲ中のX～Zにあてはまる気体の組み合わせとして最も適当なものを一つ選んで，その記号を書け。

図Ⅲ

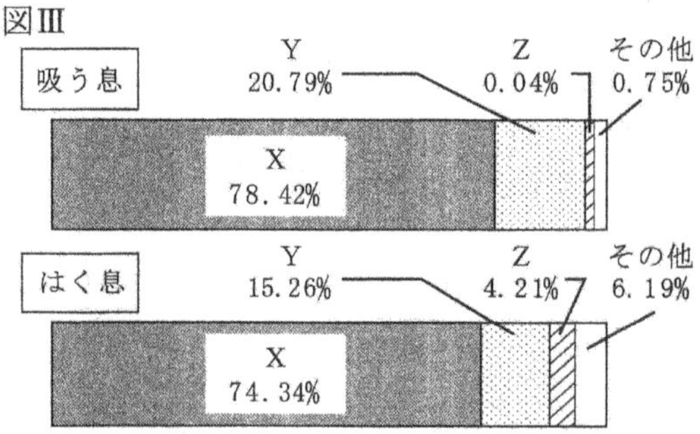

	X	Y	Z
ア	窒　素	二酸化炭素	酸　素
イ	窒　素	酸　素	二酸化炭素
ウ	酸　素	窒　素	二酸化炭素
エ	酸　素	二酸化炭素	窒　素

c　肺は，肺胞という小さな袋がたくさんあることで，酸素と二酸化炭素の交換を効率よくおこなうことができる。それはなぜか。簡単に書け。

問題 3　次のA，Bの問いに答えなさい。

A　異なる5種類の水溶液Ⓐ～Ⓔがある。これらの水溶液は，下の □ 内に示した水溶液のうちのいずれかである。

うすい塩酸	うすい水酸化ナトリウム水溶液	砂糖水	食塩水	エタノール水溶液

水溶液Ⓐ～Ⓔを用いて，次の実験Ⅰ～Ⅲをした。これに関して，あとの(1)～(5)の問いに答えよ。

実験Ⅰ　右の図Ⅰのような装置を用意し，Ⓐ～Ⓔをそれぞれ装置に入れて電流を流すと，Ⓐ，Ⓑ，Ⓒには電流が流れ，両極から気体が発生した。Ⓓ，Ⓔには電流が流れず，気体も発生しなかった。Ⓐ，Ⓑ，Ⓒをそれぞれ装置に入れたときに陽極から発生した気体を調べると，Ⓐを入れたときに陽極から発生した気体は酸素であり，Ⓑを入れたときとⒸを入れたときに陽極から発生した気体は，いずれも塩素であることがわかった。

図Ⅰ

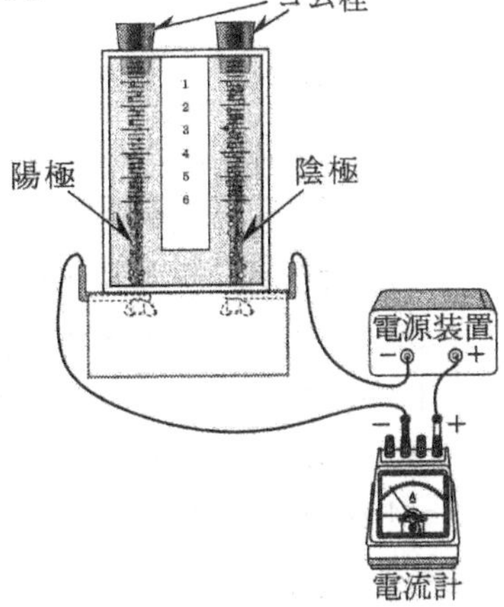

実験Ⅱ　右の図Ⅱのように，緑色のpH試験紙を，電流を流しやすくするために硝酸カリウム水溶液でしめらせてガラス板の上に置き，両端をクリップでとめて電源装置につないだ。pH試験紙の上にⒷとⒸを1滴ずつつけると，ⒷをつけたところのpH試験紙の色は赤色に変化したが，Ⓒをつけたところの色は緑色のまま変化しなかった。次に，電源装置から電圧を加え，時間の経過とともにpH試験紙がどのように変化するかを観察した。

図Ⅱ

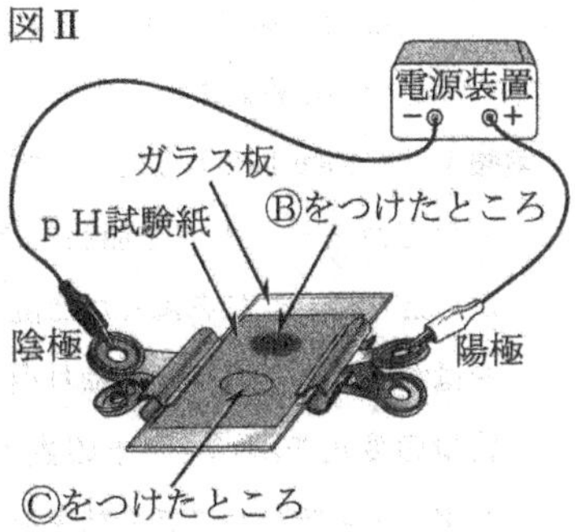

実験Ⅲ　Ⓐをビーカーに10.0cm^3とり，BTB溶液を1～2滴加えてガラス棒でよくかき混ぜながら，Ⓑを少しずつ加えていった。Ⓑを2.0cm^3加えるごとに，できた水溶液の色を調べた。下の表は，その結果をまとめたものである。Ⓑを合計8.0cm^3加えたときにできた水溶液のpHの値は，ちょうど7であった。

表

加えたⒷの体積の合計[cm^3]	2.0	4.0	6.0	8.0	10.0
できた水溶液の色	青色	青色	青色	緑色	黄色

(1)　実験Ⅰで，Ⓐを入れたときに装置の陰極から発生した気体は何か。その名称を書け。

(2)　Ⓓ，Ⓔがそれぞれどの水溶液であるかを調べるためには，**実験Ⅰ**に加えてどのような操作をおこなえばよいか。次のページの操作㋐～操作㋒のうち最も適当なものを一つ選び，操作をおこなったときの変化とそのことからわかる水溶液の種類について簡単に書け。

操作㋐　石灰石を加える

操作㋑　スライドガラスに1滴とり，水を蒸発させる

操作㋒　フェノールフタレイン溶液を1～2滴加える

(3)　次の文は，実験Ⅱで電圧を加えたときのpH試験紙の変化について述べようとしたものである。文中の2つの〔　〕内にあてはまる言葉を，㋐，㋑から一つ，㋒，㋓から一つ，それぞれ選んで，その記号を書け。

電圧を加えてしばらくすると，pH試験紙にⒷをつけて赤色に変化したところが〔㋐陽極　㋑陰極〕に向かって移動した。このことから，pH試験紙の色を赤色に変化させるイオンは〔㋒＋《プラス》の電気　㋓−《マイナス》の電気〕を帯びていると考えられる。

(4)　実験Ⅰと実験Ⅱの結果から，Ⓒの水溶液の種類と，Ⓒの溶質が水溶液中で電離していることがわかる。Ⓒの溶質の電離を表す式を，化学式を用いて書け。

(5)　実験Ⅲにおいて，Ⓑを2.0 cm^3ずつ加えてできる水溶液中には何種類かのイオンが含まれている。Ⓑを合計6.0 cm^3加えて水溶液の色が青色のままであるとき，この水溶液に含まれているイオンのうち，数が最も多いイオンは何か。その名称を書け。

B　物質と酸素の結びつきについて調べるために，次の実験Ⅰ～Ⅲをした。これに関して，あとの(1)～(4)の問いに答えよ。

実験Ⅰ　右の図Ⅰのように，けずり状のマグネシウムを，ステンレス皿に入れてガスバーナーで加熱したあと，よく冷やしてから質量をはかった。さらに，これをよくかき混ぜて再び加熱し，よく冷やしてから質量をはかった。この操作を繰り返しおこない，ステンレス皿の中の物質の質量の変化を調べた。下の表Ⅰは，1.20 gのけずり状のマグネシウムを用いて実験したときの結果をまとめたものである。けずり状のマグネシウムを加熱すると，はじめは質量が増加したが，やがて増加しなくなった。

図Ⅰ

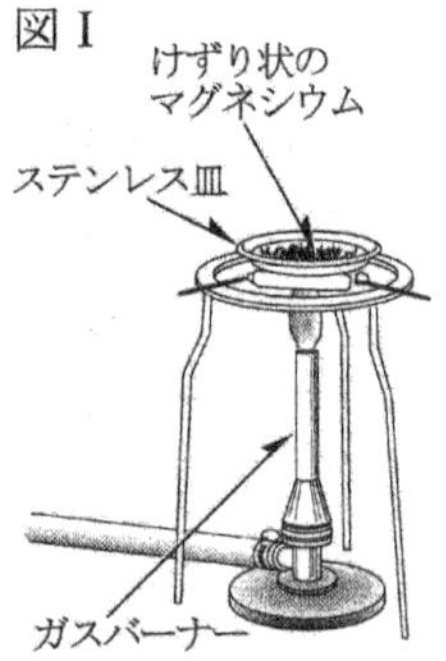

表Ⅰ

加熱回数[回]	0	1	2	3	4	5
加熱後のステンレス皿の中の物質の質量[g]	1.20	1.60	1.80	2.00	2.00	2.00

(1)　表Ⅰから，はじめは質量が増加したが，やがて増加しなくなったことがわかる。質量が増加しなくなったのはなぜか。その理由を簡単に書け。

(2)　実験Ⅰでは，けずり状のマグネシウムが酸素と結びついて酸化マグネシウムができた。実験Ⅰにおいて，1回目に加熱したあとのステンレス皿の中の物質の質量は1.60 gであった。このとき，酸素と結びつかずに残っているマグネシウムは何gであったと考えられるか。

実験Ⅱ　実験Ⅰと同じようにして，けずり状のマグネシウムの質量を変えて実験した。次のページの表Ⅱは，けずり状のマグネシウムの質量を1.20 g，1.50 g，1.80 g，2.10 gにしてそれぞれ実験し，加熱後の物質の質量が増加しなくなったときの物質の質量をまとめたものである。

表Ⅱ

けずり状のマグネシウムの質量[g]	1.20	1.50	1.80	2.10
加熱後の物質の質量が増加しなくなったときの物質の質量[g]	2.00	2.50	3.00	3.50

(3)　表Ⅱをもとにして，加熱後の物質の質量が増加しなくなったときの，けずり状のマグネシウムの質量と，結びついた酸素の質量との関係をグラフに表せ。

実験Ⅲ　右の図Ⅱのように，空気中でマグネシウムリボンに火をつけ，火のついたマグネシウムリボンを二酸化炭素の入った集気びんの中に入れた。マグネシウムリボンは，空気中では強い光を発生させながら燃焼していたが，集気びんの中に入れてもしばらくの間，火がついたまま燃焼し続け，あとに白色の物質と黒色の物質ができた。できた物質を調べたところ，白色の物質は酸化マグネシウムで，黒色の物質は炭素であることがわかった。

図Ⅱ

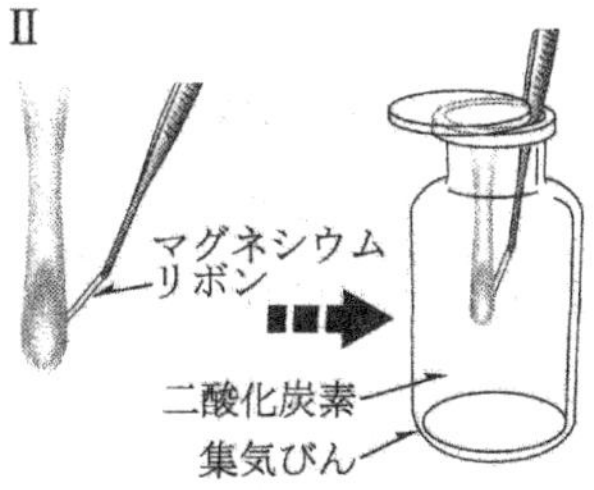

次に，酸化銅と乾燥した炭素粉末を混ぜ合わせた混合物を試験管に入れて加熱すると，気体が発生した。発生した気体を調べると二酸化炭素であることがわかった。気体が発生しなくなったところで加熱をやめ，試験管に残っていた赤色の固体を調べると，銅であることがわかった。

(4)　実験Ⅲの結果から考えて，次の㋐～㋒の物質を酸素と結びつきやすい順に並べかえると，どのようになるか。左から右に順に並ぶように，その記号を書け。

㋐　マグネシウム　　㋑　銅　　㋒　炭　素

問題４　次のA，B，Cの問いに答えなさい。

A　凸レンズによる像のでき方について，あとの(1)，(2)の問いに答えよ。

(1)　下の図Ⅰのように，光源とK字型に切り抜いた厚紙，凸レンズ，スクリーンを光学台に並べた装置を用いて，スクリーンにうつる像のでき方を調べる実験をした。K字型に切り抜いた厚紙の下の端を光軸（凸レンズの軸）に合わせ，光軸とスクリーンの交点をX点とし，スクリーンに鮮明な像ができるようにした。スクリーンの凸レンズ側にはどのような像ができるか。あとの㋐～㋓から最も適当なものを一つ選んで，その記号を書け。

図Ⅰ

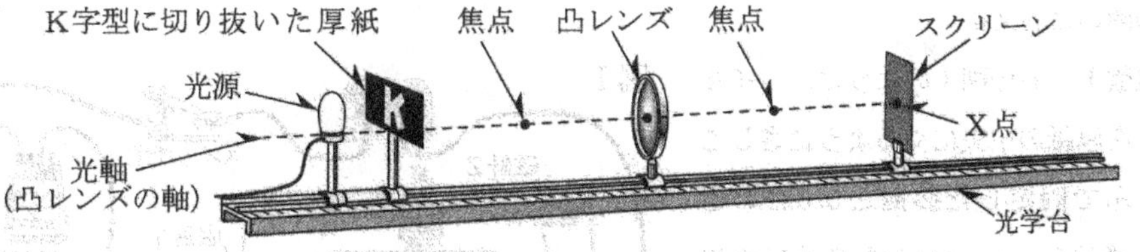

㋐

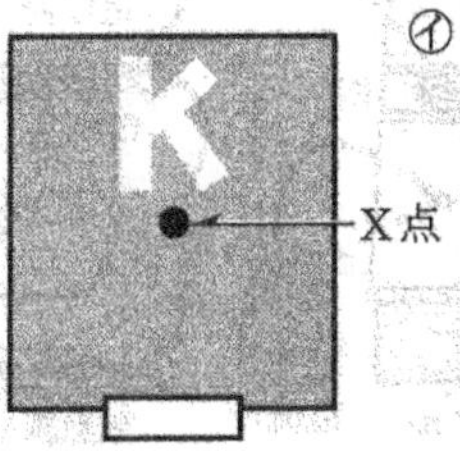

㋑

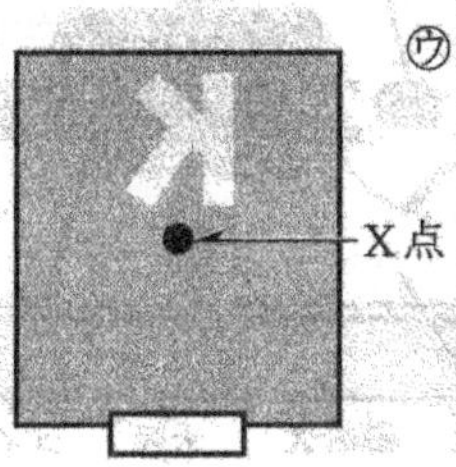

㋒

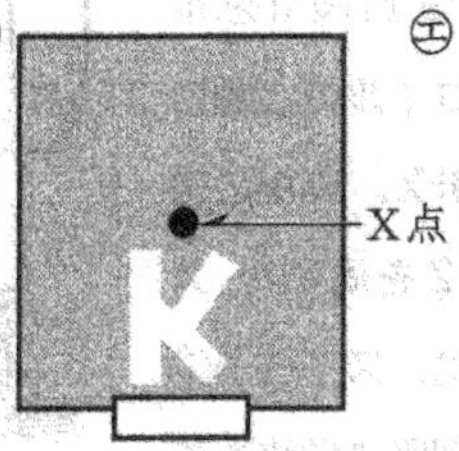

㋓

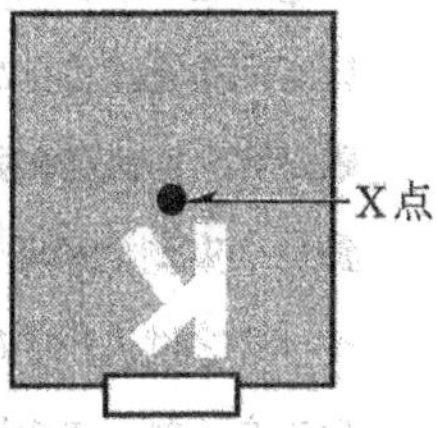

(2) 下の図IIのように，物体（光源）と凸レンズ，スクリーンを光学台に並べた装置を用いて，凸レンズによる物体の像のでき方を調べる実験をした。下の図IIIは，それを模式的に表したものである。あとの文は，スクリーンにできる物体の鮮明な像の大きさと，物体とスクリーンの位置について述べようとしたものである。文中の2つの〔　〕内にあてはまる言葉を，㋐，㋑から一つ，㋒，㋓から一つ，それぞれ選んで，その記号を書け。

図II

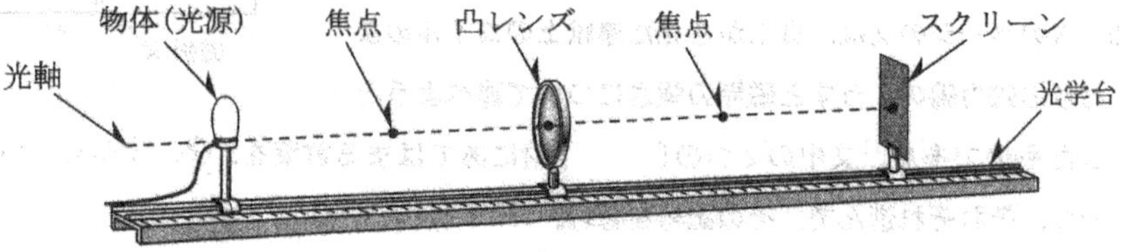

図III

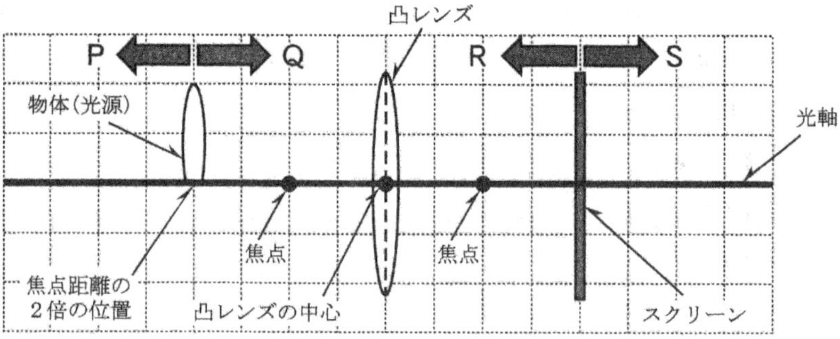

図IIIのように，物体を凸レンズの焦点距離の2倍の位置に置き，スクリーンを物体の鮮明な像ができる位置に置いた。このとき，像の大きさは，物体の大きさと同じであった。物体の大きさに比べて，スクリーンにできる物体の鮮明な像の大きさを小さくするには，物体を図III中の〔㋐P　㋑Q〕の向きに，スクリーンを図III中の〔㋒R　㋓S〕の向きにそれぞれ移動させるとよい。

B　電流がつくる磁界や，電磁誘導について調べる実験I，IIをした。これに関して，あとの(1)～(5)の問いに答えよ。

実験I　右の図Iのように，コイルを厚紙の中央にくるようにさしこんで固定した装置と3.0Ωの電熱線Lと6.0Ωの電熱線Mを用いて回路を作り，コイルの北側に磁針W，西側に磁針X，南側に磁針Y，東側に磁針Zを置いた。スイッチ②は入れずに，スイッチ①のみを入れ，この回路に電流を流し，この装置を真上から観察すると，次のページの図IIのように，磁針W及び磁針YのN極は北を，磁針X及び磁針ZのN極は南をさした。

図I

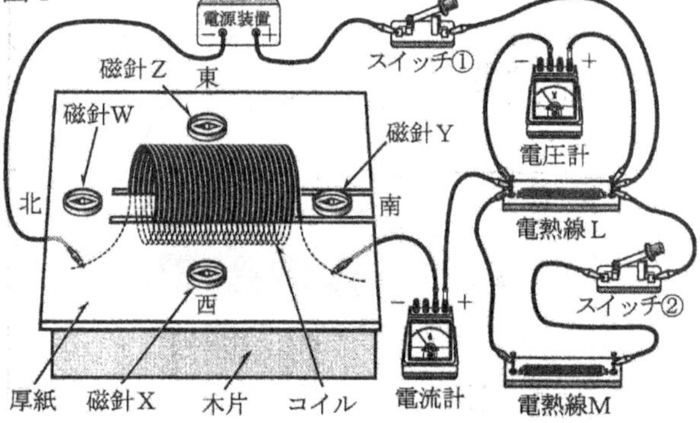

(1)　このとき，電流計は1.5Aを示していた。電圧計は何Vを示していると考えられるか。

(2)　次の文は，真上から見た厚紙上のコイルのまわりの磁力線のようすと磁界の強さについて述べようとしたものである。文中の2つの〔　〕内にあてはまる言葉を，㋐，㋑から一つ，㋒，㋓から一つ，それぞれ選んで，その記号を書け。

図II
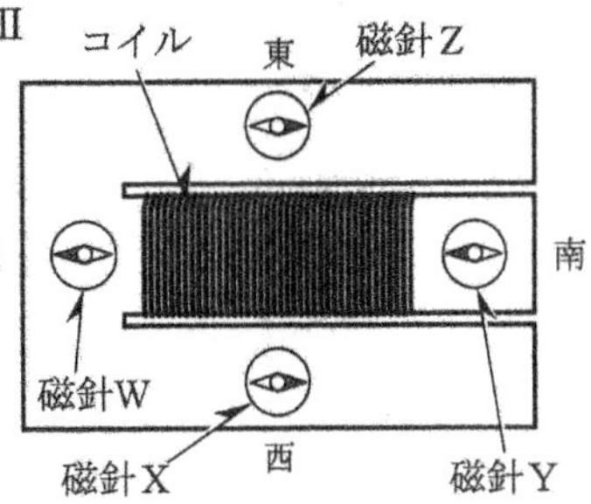

図Iの回路に電流を流した状態で，厚紙の上に鉄粉を一様にまいて，厚紙を指で軽くたたくと鉄粉の模様が現れた。鉄粉の模様や磁針のさす向きをもとに，真上から見た厚紙上のコイルのまわりの磁力線のようすを模式的に表すと，下の〔㋐図III　㋑図IV〕のようになると考えられる。また，このとき，図II中において，磁針Xの位置の磁界に比べて，磁針Yの位置の磁界は〔㋒強い　㋓弱い〕と考えられる。

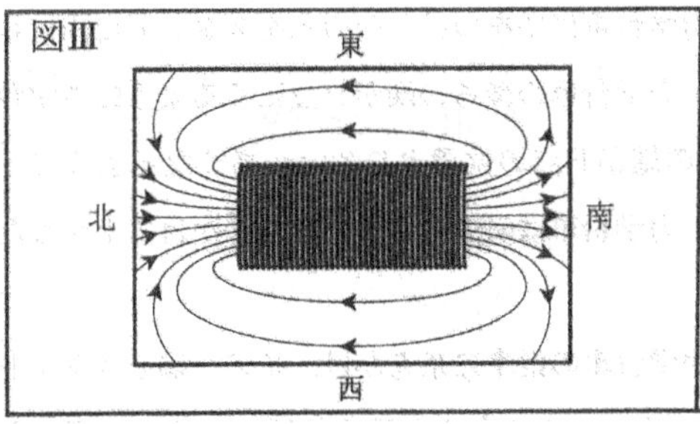

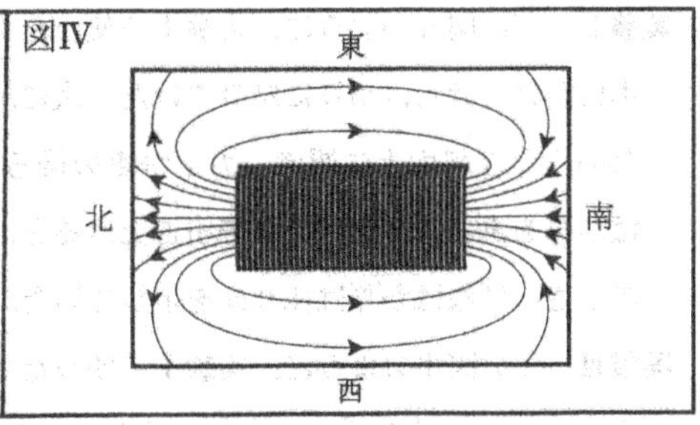

(3)　図Iの装置で，スイッチ①のみを入れた状態で，さらにスイッチ②を入れ，電源装置の電圧を変化させると，電流計は1.8Aを示していた。このとき，電圧計は何Vを示していると考えられるか。

実験II　右の図Vのように，コイルを検流計につなぎ，棒磁石のN極を下向きにして，棒磁石のN極を水平に支えたコイルの上からコイルの中まで動かす実験をすると，検流計の針は左に少し振れた。

図V
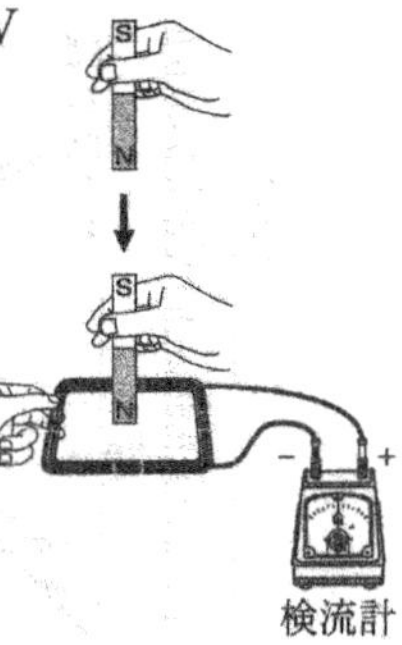

(4)　検流計の針の振れをこの実験より大きくするには，どのようにすればよいか。その方法を一つ書け。

(5)　次のページの図VIのように，水平に支えたコイルの面の向きと検流計のつなぎ方は実験IIと同じ状態で，棒磁石のS極を上向きにして，棒磁石のS極をコイルの下からコイルの中まで動かし，いったん止めてから元の位置まで戻した。このとき，検流計の針の振れ方はどのようになると考えられるか。あとのア～エのうち，最も適当なものを一つ選んで，その記号を書け。

ア　右に振れて，一度真ん中に戻り，左に振れる
イ　左に振れて，一度真ん中に戻り，右に振れる
ウ　右に振れて，一度真ん中に戻り，再び右に振れる
エ　左に振れて，一度真ん中に戻り，再び左に振れる

図Ⅵ

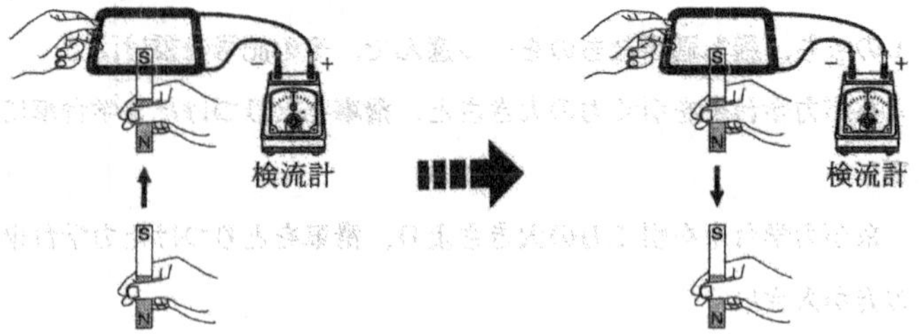

C　滑車をとりつけた力学台車を用いて，次の実験Ⅰ～Ⅲをした。これに関して，あとの(1)～(5)の問いに答えよ。

実験Ⅰ　下の図Ⅰのように，力学台車につけた糸をばねばかりに結びつけた。次に，力学台車が図の位置より30cm高くなるように，ばねばかりを真上に5.0cm／ｓの一定の速さで引き上げた。このとき，ばねばかりは6.0Nを示していた。

実験Ⅱ　下の図Ⅱのように，実験Ⅰで使った力学台車に糸をつけ，その糸をスタンドに固定した滑車にかけ，ばねばかりに結びつけた。次に，力学台車の後ろの端がＰ点にくるように力学台車をなめらかな斜面上に置き，力学台車の後ろの端がＰ点の位置より30cm高くなるように，ばねばかりを真上に一定の速さで引き上げると，力学台車は斜面にそって9.0秒かけて上がった。このとき，ばねばかりは4.0Nを示していた。

実験Ⅲ　下の図Ⅲのように，実験Ⅰで使った力学台車の滑車に糸をかけ，糸の一端をスタンドに固定し，もう一端をばねばかりに結びつけた。次に，力学台車が図の位置より30cm高くなるように，ばねばかりを真上に8.0cm/ｓの一定の速さで引き上げた。

図Ⅰ

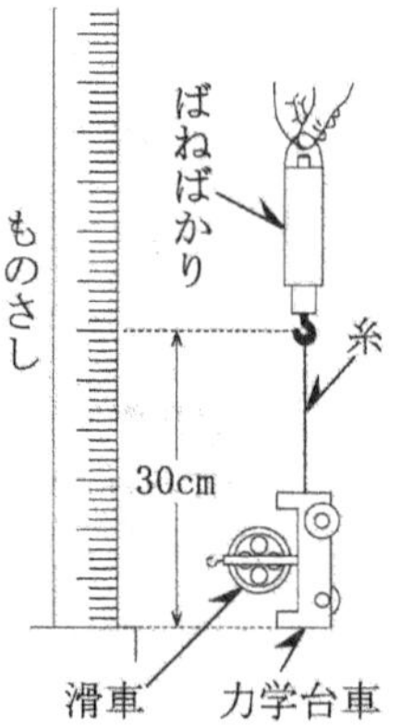

図Ⅱ

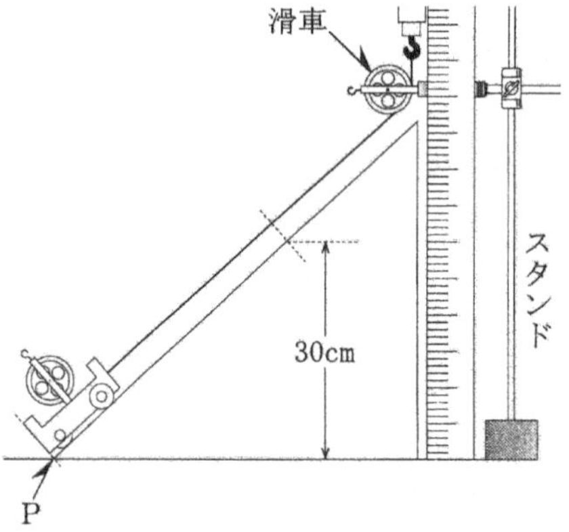

図Ⅲ

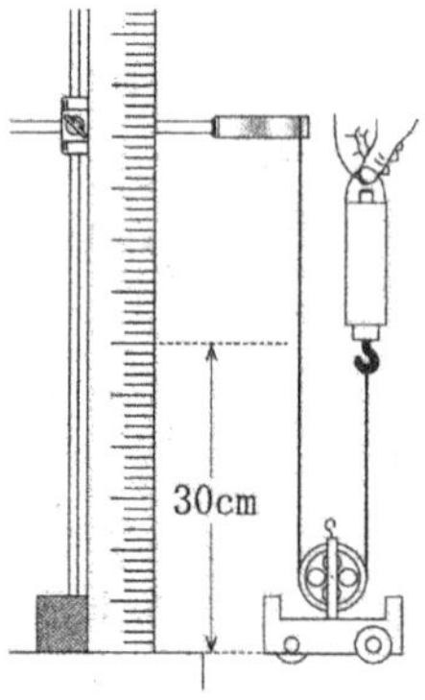

(1)　実験Ⅰにおいて，滑車をとりつけた力学台車を引き始めて１秒後から３秒後までの間の，糸が力学台車を引く力と，滑車をとりつけた力学台車にはたらく重力の関係について述べた，あとのア～エのうち，最も適当なものを一つ選んで，その記号を書け。

ア　糸が力学台車を引く力の大きさと，滑車をとりつけた力学台車にはたらく重力の大きさは等しい

イ　糸が力学台車を引く力の大きさより，滑車をとりつけた力学台車にはたらく重力の大きさの方が大きい

ウ　滑車をとりつけた力学台車にはたらく重力の大きさより，糸が力学台車を引く力の大きさの方が大きい

エ　滑車をとりつけた力学台車にはたらく重力の大きさより，糸が力学台車を引く力の大きさの方が大きく，その差はだんだん大きくなる

(2)　実験Ⅱにおいて，糸が力学台車を引く力がした仕事の大きさは何Ｊか。

(3)　次の文は，実験Ⅲにおける力学台車のもつエネルギーの変化について述べようとしたものである。文中のＱ，Ｒの［　］内にあてはまる言葉の組み合わせとして最も適当なものを，下の表のア～エから一つ選んで，その記号を書け。

力学台車を引き始めて１秒後から３秒後までの間に，力学台車のもつ運動エネルギーは［Ｑ］。このとき，力学台車のもつ力学的エネルギーは［Ｒ］。

	Q	R
ア	大きくなる	大きくなる
イ	大きくなる	変わらない
ウ	変わらない	大きくなる
エ	変わらない	変わらない

(4)　実験Ⅰ～Ⅲにおいて，力学台車を図Ⅰ～Ⅲの位置より30cm高くなるまで引き上げるとき，実験Ⅰでの糸が力学台車を引く仕事率をｓ，実験Ⅱでの糸が力学台車を引く仕事率をｔ，実験Ⅲでの糸が力学台車を引く仕事率をｕとする。ｓ～ｕを仕事率の小さい順に並べかえたとき，１番目と３番目はそれぞれどれになると考えられるか。その記号を書け。

(5)　右の図Ⅳのように，実験Ⅲにおいて，力学台車におもりＸをとりつけ，実験Ⅲと同じようにばねばかりを引き上げたところ，ばねばかりは4.0Ｎを示していた。次に，おもりＸをとりはずし，力学台車におもりＹをとりつけ，実験Ⅲと同じようにばねばかりを引き上げたところ，ばねばかりは5.0Ｎを示していた。実験Ⅲの力学台車におもりＸとおもりＹを同時にとりつけ，実験Ⅲと同じようにばねばかりを引き上げるとき，ばねばかりは何Ｎを示していると考えられるか。

図Ⅳ

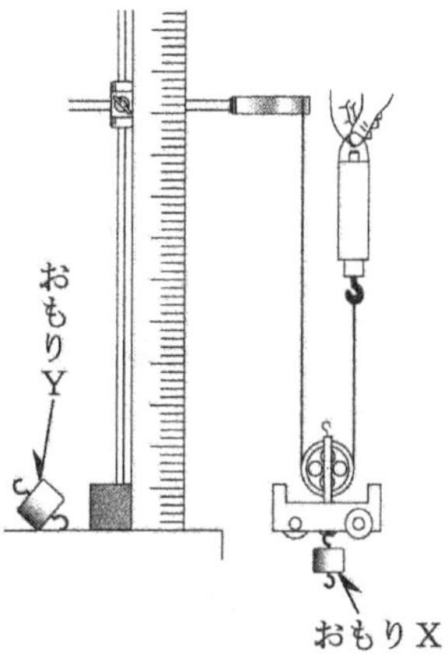

＜社会＞　時間　50分　満点　50点

問題１　次の(1)~(9)の問いに答えなさい。

(1)　日本国憲法では，人間らしい豊かな生活を送るための権利として，社会権が保障されている。次のア～エのうち，日本国憲法で保障されている社会権にあてはまるものはどれか。一つ選んで，その記号を書け。

ア　選挙に立候補する権利

イ　国が保有する情報の公開を求める権利

ウ　個人が財産を所有する権利

エ　労働者が労働組合を結成する権利

(2)　わが国の政治に関して，次のａ～ｃの問いに答えよ。

ａ　わが国の政治は，議院内閣制を採用している。次のア～エのうち，わが国の議院内閣制のしくみについて述べたものとしてあてはまらないものはどれか。一つ選んで，その記号を書け。

ア　内閣総理大臣は，国会議員の中から，国会の指名によって選ばれる

イ　国会議員は，国会での発言について，免責特権をもっている

ウ　衆議院は，内閣不信任決議をおこなうことができる

エ　内閣は，国会に対して連帯して責任を負う

ｂ　刑事裁判は，私たちの生命や身体に直接かかわるため，被疑者や被告人に対する権利が日本国憲法で保障されており，定められた手続きによって裁判が進められる。次の文は，わが国の刑事裁判の手続きについて述べようとしたものである。文中の二つの〔　〕内にあてはまる言葉を，㋐，㋑から一つ，㋒，㋓から一つ，それぞれ選んで，その記号を書け。

刑事裁判は，殺人や盗みのような，法律などに違反する犯罪があったかどうかを判断し，犯罪があった場合はそれに対する刑罰を決める裁判である。警察は，原則として〔㋐裁判官　㋑弁護人〕が発行する令状がなければ，逮捕することはできない。〔㋒警察官　㋓検察官〕は，被疑者が罪を犯した疑いが確実で，刑罰を科すべきだと判断すると，被疑者を被告人として起訴する。

ｃ　地方公共団体は，地域の身近な仕事をにない，住民の意思や要望を反映させながら，さまざまな仕事をおこなっている。次のア～エのうち，地方公共団体の仕事としてあてはまらないものはどれか。一つ選んで，その記号を書け。

ア　交通違反の取り締まり　　イ　上下水道の整備

ウ　家庭裁判所の運営　　エ　火災の予防や消火

(3)　右の写真は，国際連合のある機関の会議のようすを写したものである。この機関では，国際連合のすべての加盟国が平等に１票をもっており，世界のさまざまな問題について話し合ったり，決議を出したりする。この機関は何と呼ばれるか。その呼び名を書け。

(4)　先進国と発展途上国の間には，大きな経済格差が存在している。また，発展途上国のなかでも，急速に工業化が進むなどして，大きく経済発展している国と，産業の発展や資源の開発がおくれている国との間で経済格差が広がっている。このように発展途上国の間で経済格差が広がっていることは何と呼ばれるか。その呼び名を書け。

(5)　税金に関して，次のa，bの問いに答えよ。

a　右の表は，アメリカ，日本，イギリス，フランスにおける2019年度の国と地方の税収全体に占める，直接税と間接税の割合をそれぞれ示そうとしたものであり，表中のⓍ，Ⓨには，直接税，間接税のいずれかが入る。また，次の文は，直接税と間接税について述べようとしたものである。文中のA，Bの □ 内にあてはまる言葉の組み合わせとして最も適当なものは，あとのア～エのうちのどれか。一つ選んで，その記号を書け。

	Ⓧ	Ⓨ
アメリカ	24％	76％
日　本	33％	67％
イギリス	44％	56％
フランス	46％	54％

(財務省資料により作成)

直接税，間接税は，税を負担する人と税を納める人が一致しているかどうかによる分類であり，税を負担する人と税を納める人が異なる税のことを [A] という。また，表中の各国のⓍとⓎの割合に着目すると，Ⓧに入るのは [B] である。

ア〔A　直接税　B　直接税〕　イ〔A　直接税　B　間接税〕
ウ〔A　間接税　B　直接税〕　エ〔A　間接税　B　間接税〕

b　わが国は，所得税に累進課税と呼ばれるしくみを採用している。この累進課税は，どのようなしくみか。**所得　税率**　の二つの言葉を用いて，簡単に書け。

(6)　次の文は，大学生のあきおさんが自転車を購入した状況について述べたものである。文中の下線部㋐～㋓のうち，自転車の購入についての契約が成立したのはどの時点か。最も適当なものを一つ選んで，その記号を書け。

香川県内の大学に通っているあきおさんが，新しい自転車を買いたいと思い，大学近くの自転車店を訪れ，㋐<u>店員に「かっこいい自転車を探しているんです。」と言ったところ，店員から新製品の自転車をすすめられた</u>。店員から「今ならキャンペーンで割引があるので，この値段で購入できますよ。」と言われたあきおさんは，㋑<u>「じゃあ，これを買います。」と言い，店員が「お買い上げありがとうございます。」と答えた</u>。そして，あきおさんは，㋒<u>注文票に住所や氏名などを記入し，代金を支払った</u>。後日，あきおさんは，㋓<u>自宅に配達された自転車を受け取った</u>。

(7)　わが国で設立される株式会社のしくみについて述べた次のア～エのうち，<u>誤っているもの</u>はどれか。一つ選んで，その記号を書け。

ア　株主は，株式会社が借金を抱えて倒産した場合，出資した金額以上の負担を負う必要がある

イ　株主は，株式会社の生産活動などで得られた利潤の一部を配当として受け取る権利を有する

ウ　株主は，株式会社の経営方針などについて，株主総会で意見を述べることができる

エ　株式会社は，株式を発行することで必要な資金を多くの人々から集めることができる

(8)　市場に関して，次のページのa，bの問いに答えよ。

a 次の文は，景気変動と市場における価格の関係について述べようとしたものである。文中の三つの〔 〕内にあてはまる言葉を，㋐，㋑から一つ，㋒から一つ，㋔，㋕から一つ，それぞれ選んで，その記号を書け。

不況の時期には，一般的に〔㋐デフレーション ㋑インフレーション〕と呼ばれる，物価が〔㋒上昇 ㋓下落〕し続ける現象が生じやすい。このような現象が生じるのは，不況の時期の市場においては，需要が供給を〔㋔上回る ㋕下回る〕状態になりやすく，需要と供給のバランスがとれるように価格が変動するためである。

b 市場において商品を供給する企業が１社のみ，または少数しかないときには，企業どうしの競争がおこりにくいため，価格が不当に高く維持され，消費者が不利益を受けることがある。そこで，わが国では，市場における健全な競争を促すためのある法律が1947年に制定されており，公正取引委員会がその運用をになっている。この法律は一般に何と呼ばれるか。その呼び名を書け。

(9) 花子さんは，社会科の授業で，わが国の労働環境に関する問題点と今後の課題というテーマで探究し，その成果を発表することにした。下の図は，その成果をまとめようとしたものの一部である。これを見て，あとのａ～ｃの問いに答えよ。

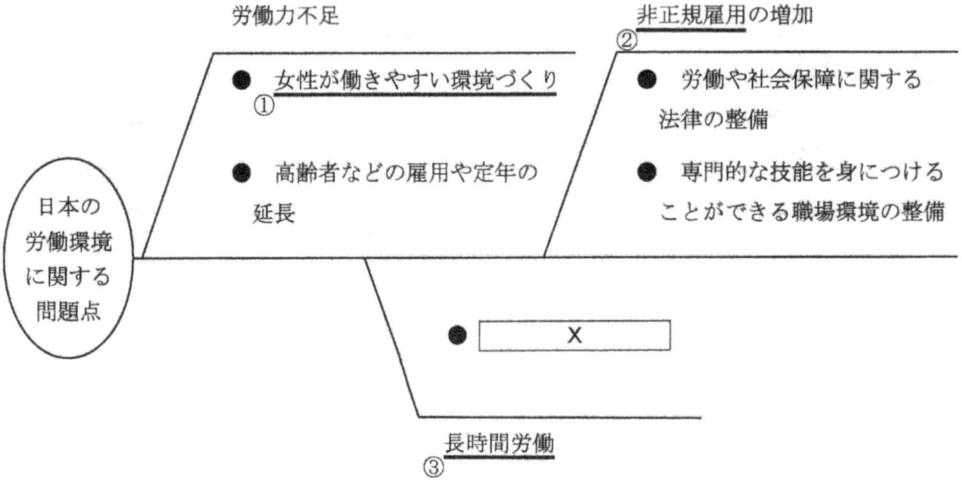

a 下線部①に女性が働きやすい環境づくりとあるが，右のグラフは，2001年と2021年における，女性の年齢別にみた働いている割合を，それぞれ示したものである。また，次のページの文は，このグラフから考えられることについて述べようとしたものである。文中の □ 内には，30代の女性の働いている割合が，20代後半と比べて低くなっている理由として考えられる内容が入る。その内容を簡単に書け。

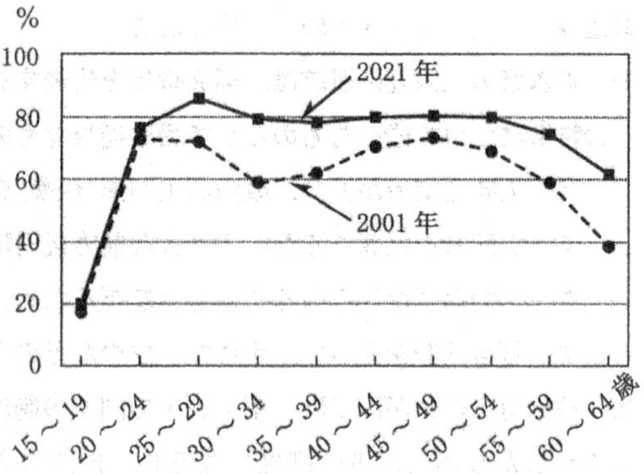

(総務省資料により作成)

2021年における女性の働いている割合は，2001年と比べて増加しており，女性の働く環境は改善されつつあると考えられる。しかし，依然として，30代の女性の働いている割合は20代後半と比べて低くなっている。その理由の一つとして，□状況にあることが考えられる。共生社会の実現に向けて，男性と女性が対等な立場で活躍できる社会のしくみをつくる取り組みが引き続き求められている。

b　下線部②に非正規雇用とあるが，下のグラフは，2019年における正社員と，アルバイトや派遣社員などの非正規雇用の形態で働く労働者（非正規労働者）の年齢別の1時間あたりの賃金をそれぞれ示したものである。このグラフから，非正規労働者の賃金には，どのような特徴があると読み取れるか。**年齢**　という言葉を用いて，簡単に書け。

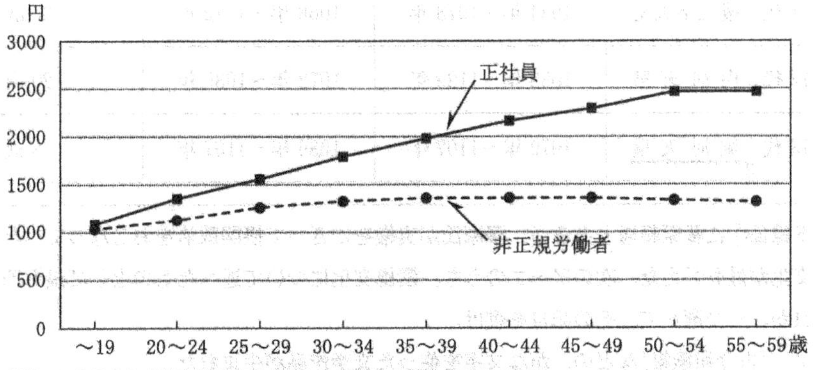

（注）10人以上の企業で働くフルタイムの労働者の賃金を示している

（厚生労働省資料により作成）

c　下線部③に長時間労働とあるが，わが国では，長時間労働に伴う健康への悪影響などが問題になっており，長時間労働を改善するための取り組みが求められている。図中の X 内には，企業が労働時間の短縮のためにおこなっていると考えられる取り組みの内容が入る。その内容を一つ簡単に書け。

問題2　次の(1)～(8)の問いに答えなさい。

(1)　青森県の三内丸山遺跡は，縄文時代を代表する遺跡の一つである。次のア～エのうち，縄文時代の特徴について述べたものとして最も適当なものはどれか。一つ選んで，その記号を書け。

ア　大陸と交流があり，奴国《なこく》の王が漢（後漢）の皇帝から金印を授けられた

イ　支配者を埋葬するための巨大な前方後円墳が，各地につくられるようになった

ウ　食物が豊かにみのることなどを祈るために，土偶がつくられた

エ　打製石器を使って，ナウマンゾウなどの大型動物を捕まえるようになった

(2)　飛鳥時代のわが国では，東アジアの国々の制度を取り入れながら，国家のしくみが整えられた。こうしたなかで，唐の制度にならい，刑罰のきまりと政治のきまりについて定めたある法律が701年に完成した。701年に完成したこの法律は何と呼ばれるか。その呼び名を書け。

(3)　次のページの資料は，平安時代の学習をした花子さんが，摂関政治が終わりをむかえた時期に着目し，調べた結果をまとめたものの一部である。これを見て，あとのa～cの問いに答えよ。

摂関政治の終わりについて

・藤原氏との血縁関係がうすい後三条天皇が即位した

・後三条天皇が天皇中心の政治をおこない，①藤原頼通《よりみち》をはじめとする貴族の②荘園《しょうえん》を停止するなど，荘園の管理を強化した

・下の表の時代や，それ以降も，摂政や関白になっている藤原氏は存在するが，その政治への影響力は抑えられていたようだ

天皇	生没年	在位期間	即位した年齢
71代　後三条天皇	1034年～1073年	1068年～1072年	35歳
72代　白河天皇	1053年～1129年	1072年～1086年	20歳
73代　③堀河天皇	1079年～1107年	1086年～1107年	8歳

a　下線部①に藤原頼通とあるが，藤原氏が実権をにぎって摂関政治をおこなっていた頃には，国風文化が最も栄えた。次のア～エのうち，国風文化について述べたものとして最も適当なものはどれか。一つ選んで，その記号を書け。

ア　「古今和歌集」などの，かな文字を使った文学作品が生まれた

イ　地方の国ごとに，自然や産物などをまとめた「風土記《ふどき》」がつくられた

ウ　「一寸法師」や「浦島太郎」などの，お伽《とぎ》草子と呼ばれる絵入りの物語がつくられた

エ　平氏の繁栄や戦いをえがいた「平家物語」が，琵琶《びわ》法師により弾き語られた

b　下線部②に荘園とあるが，わが国の土地の所有に関する次の㋐～㋒のできごとが，年代の古い順に左から右に並ぶように，記号㋐～㋒を用いて書け。

㋐　全国の田畑の検地がおこなわれ，実際に耕作している農民に土地の所有権が認められた

㋑　口分田が不足してきたために，新たな開墾地の私有を認める法が定められた

㋒　有力貴族や大寺社が寄進を受けて領主となることで，その保護を受けた荘園が増えた

c　下線部③に堀河天皇とあるが，次の文は，花子さんが，幼少の堀河天皇が即位したとき，だれがどのような立場で政治を動かすようになったのかについて説明しようとしたものである。文中の〔　〕内にあてはまる言葉を，㋐，㋑から一つ選んで，その記号を書け。また，文中の□内にあてはまる最も適当な言葉を書け。

幼少の堀河天皇が即位したとき，摂政や関白の力を抑えて〔㋐後三条天皇　㋑白河天皇〕が上皇として政治を動かすようになった。このときからみられるようになった，位をゆずった天皇が上皇という立場で実権をにぎっておこなう政治を□という。

(4)　2022年に瀬戸内国際芸術祭が開催されたことで，香川県内の芸術や文化に興味をもった太郎さんは，香川県のさまざまな文化財を調べた。次のページのⒶ，Ⓑのカードは，太郎さんが香川県の文化財について調べたことをまとめたものの一部である。これを見て，あとのa，bの問いに答えよ。

Ⓐ　花園上皇の書

鎌倉時代末期の1332年に書かれたとされる花園上皇自筆の手紙であり，高松藩主の家に伝えられてきた。この書には，戦乱の鎮圧を祈願する儀式の準備をすることや，①楠《くすの》木《き》正成《まさしげ》の行方の捜索をすることについての指示などが書かれている。

Ⓑ　久米《くめ》通賢の測量の道具

江戸時代後期に坂出《さかいで》の塩田開発などに貢献した久米通賢が，独自の発想で自作した「地平儀」である。これを用いてつくられた香川県内の詳細な地図は，②江戸時代後期につくられた正確な日本地図と同様に精度が高い。

a　下線部①に楠木正成とあるが，この人物は後醍醐《ごだいご》天皇のもと，鎌倉幕府をほろぼすために幕府軍と戦った。鎌倉幕府を倒すことに成功した後醍醐天皇は，天皇中心の新しい政治を始めた。後醍醐天皇による天皇中心のこの政治は，何と呼ばれるか。その呼び名を書け。

b　下線部②に江戸時代後期につくられた正確な日本地図とあるが，江戸時代後期に全国の海岸線を測量して歩き，正確な日本地図をつくった人物はだれか。次のア～エから一つ選んで，その記号を書け。

ア　伊能忠敬　　イ　本居宣長　　ウ　杉田玄白　　エ　滝沢馬琴

(5)　室町時代から江戸時代の社会に関して，次のa，bの問いに答えよ。

a　次の文は，室町時代後期のある都市について述べたものである。この都市は，右の略地図中にア～エで示した都市のうちのどれか。一つ選んで，その記号を書け。

戦乱から復興したこの都市では，町衆と呼ばれる裕福な商工業者たちによって町の自治がおこなわれ，中断されていた祭りも盛大に催されるようになった。また，この都市の西陣では，絹織物の生産が盛んになった。

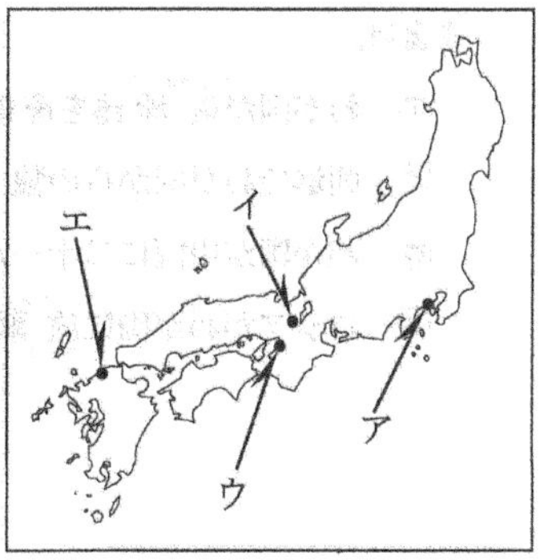

b　江戸時代中期の18世紀になると，問屋と農民とが結びつくようになる。この結びつきから生まれた生産形態の一つに問屋制家内工業がある。この問屋制家内工業のしくみはどのようなものであったか。**材料や道具　製品**　の二つの言葉を用いて，簡単に書け。

(6)　次のページのⒶ，Ⓑのカードは，太郎さんが18世紀から19世紀の欧米諸国について調べたことをまとめようとしたものの一部である。それぞれのカードの〔　〕内にあてはまる言葉を，㋐，㋑から一つ，㋒，㋓から一つ，それぞれ選んで，その記号を書け。

Ⓐ　アメリカの独立

北アメリカの〔㋐スペイン　㋑イギリス〕植民地は，新たな課税をめぐって関係の悪化した本国との間に独立戦争をおこし，独立宣言を出した。植民地側がこの戦争に勝利したことで，独立が認められ，合衆国憲法が定められた。

Ⓑ　フランス革命

フランスでは，市民が立ち上がって革命が始まり，王政が廃止された。革命の広がりをおそれた他のヨーロッパ諸国による攻撃を受けたが，〔㋒ナポレオン　㋓クロムウェル〕がこれをしりぞけ，市民の自由や平等を保障した法典を定めて，革命の成果を守った。

(7)　右の略年表を見て，次のａ～ｃの問いに答えよ。

年代	できごと	
1868	戊辰《ぼしん》戦争が始まる	↕Ⓟ
1885	内閣制度がつくられる	
1895	下関条約が結ばれる	↕Ⓠ
1914	第一次世界大戦が始まる	

ａ　下線部に戊辰戦争とあるが，この戦争に勝利した新政府は，わが国を中央集権国家とするため，1869年に全国の藩主に土地や人民を天皇（政府）に返させた。この土地や人民を天皇（政府）に返させた政策は何と呼ばれるか。その呼び名を書け。

ｂ　年表中のⓅの時期におこった次のア～ウのできごとが，年代の古い順に左から右に並ぶように記号ア～ウを用いて書け。

㋐　西郷隆盛を中心として，最大規模の士族の反乱がおこった

㋑　国会開設を求めて，大阪で国会期成同盟が結成された

㋒　岩倉使節団が欧米諸国に派遣された

ｃ　年表中のⓆの時期におこったできごとは，次の㋐～㋓のうちのどれか。一つ選んで，その記号を書け。

㋐　わが国が琉球《りゅうきゅう》藩を廃止し，沖縄県を設置した

㋑　朝鮮でわが国からの独立を求める三・一独立運動がおこった

㋒　わが国が中国に二十一か条の要求を示し，その大部分を認めさせた

㋓　ロシアがわが国に旅順《リュイシュン》《りょじゅん》と大連《ターリエン》《だいれん》の租借権をゆずりわたした

(8)　20世紀のわが国のあゆみに関して，次のａ～ｄの問いに答えよ。

ａ　次のア～エのうち，大正時代の社会や文化について述べたものとして最も適当なものはどれか。一つ選んで，その記号を書け。

ア　新たな情報源となるラジオ放送が，はじめて開始された

イ　各地に高速道路がつくられ，新幹線も開通した

ウ　作曲家の滝廉太郎が，西洋の音楽を取り入れた数々の名曲をつくった

エ　映画監督の黒澤明《くろさわあきら》の作品が，世界的にも高い評価を受けた

ｂ　右の写真は，中国の訴えを受けて国際連盟が派遣したリットン調査団が調査をしているようすを写したものである。この

調査団の報告をもとに国際連盟で決議された内容に反発したわが国は，国際連盟を脱退した。わが国が国際連盟を脱退したのは，国際連盟においてどのようなことが決議されたからか。決議された内容を簡単に書け。

総選挙実施年	全人口に占める有権者の割合(%)
1942年	20.0
1946年	48.7

（総務省資料などにより作成）

c　1945年にわが国の選挙法が改正され，選挙権が認められる有権者の資格が変わった。右上の表は，1942年と1946年に実施された衆議院議員総選挙のときの，わが国における全人口に占める有権者の割合をそれぞれ示したものである。1946年のわが国における全人口に占める有権者の割合を，1942年と比較すると，大幅に増加していることがわかる。わが国における全人口に占める有権者の割合が大幅に増加したのは，1945年に有権者の資格がどのようになったからか。簡単に書け。

d　わが国は，サンフランシスコ平和条約に調印していなかったある国と，1956年に両国の戦争状態を終了して国交を回復する宣言を結んだ。この結果，わが国の国際連合への加盟が実現した。1956年にわが国が，サンフランシスコ平和条約に調印していなかったある国と結んだこの宣言は，何と呼ばれるか。その呼び名を書け。

問題 3　次の(1)～(6)の問いに答えなさい。

(1)　下の略地図は，アテネからの距離と方位が正しくあらわされているものである。この略地図を見て，あとのa～dの問いに答えよ。

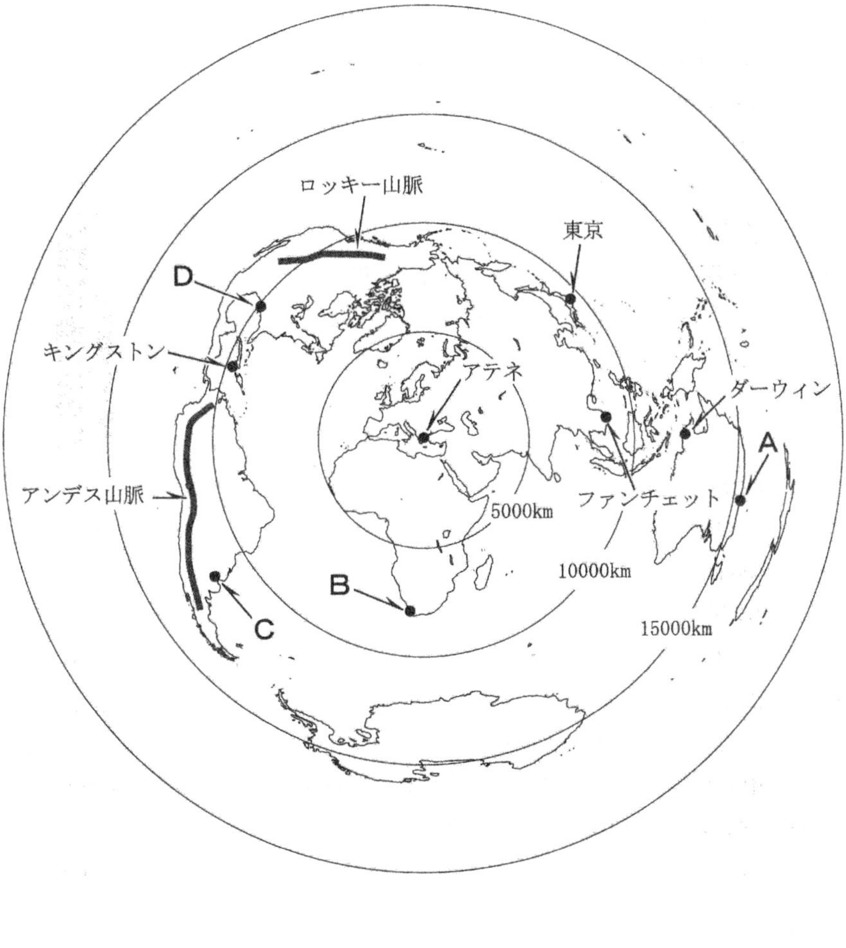

a　略地図中にＡ～Ｄで示した都市のうち，アテネからの距離が最も遠い都市はどこか。一つ選んで，その記号を書け。

b　略地図中のキングストンは，西経75度の経線を標準時子午線としている。東京が３月20日午後３時であるとき，キングストンの日時は３月何日の何時であるか。その日時を午前，午後の区別をつけて書け。

c　略地図中のロッキー山脈やアンデス山脈，日本列島を含む造山帯は何と呼ばれるか。その造山帯名を書け。

d　下の資料Ⅰ，Ⅱは，略地図中のファンチェット，ダーウィンのいずれかの月平均気温と月降水量をそれぞれ示したものである。また，あとの文は，花子さんと先生が，資料Ⅰ，Ⅱを見て会話した内容の一部である。文中の二つの〔　〕内にあてはまる言葉を，㋐，㋑から一つ，㋒，㋓から一つ，それぞれ選んで，その記号を書け。また，文中の X 内にあてはまる内容を **赤道** という言葉を用いて，簡単に書け。

資料Ⅰ

	1月	2月	3月	4月	5月	6月	7月	8月	9月	10月	11月	12月
気　温(℃)	28.3	28.2	28.3	28.3	27.0	25.2	24.8	25.5	27.7	29.0	29.3	28.9
降水量(mm)	468.0	412.1	317.9	106.4	21.5	0.4	0.0	0.7	14.3	70.4	145.1	270.4

（気象庁資料により作成）

資料Ⅱ

	1月	2月	3月	4月	5月	6月	7月	8月	9月	10月	11月	12月
気　温(℃)	25.6	26.0	27.2	28.7	29.1	28.3	27.8	27.6	27.6	27.5	27.2	26.3
降水量(mm)	6.8	0.8	1.1	26.8	140.9	154.8	176.2	158.7	167.8	165.1	96.8	23.9

（気象庁資料により作成）

花子：資料Ⅰ，Ⅱにおいて，二つの都市は一年を通じて気温が高く，とても暑いことがわかります。月ごとの気温の変化をよく見ると，気温が比較的高い時期と比較的低い時期があることもわかります。また，降水量は多い月と少ない月がはっきりとしています。

先生：そうですね。これらの都市は，気温の比較的高い時期は降水量が多い雨季に，気温が比較的低い時期は降水量の少ない乾季になっています。これらの特徴から資料Ⅰの都市はどちらの都市だといえますか。

花子：はい。資料Ⅰの都市は〔㋐ファンチェット　㋑ダーウィン〕です。資料Ⅰの気温と降水量の特徴をみると，６月から８月が〔㋒雨季　㋓乾季〕になっていることから，資料Ⅰの都市が X と考えられるからです。

先生：そのとおりです。

(2)　次のページの文は，山梨県で撮影した次のページの写真にみられる地形とその特徴について述べようとしたものである。文中の A 内にあてはまる最も適当な言葉を書き，B 内にあてはまる地形の特徴を簡単に書け。

川が山間部から平野や盆地に出た所に土砂がたまってできた［ A ］と呼ばれる地形がみられる。この地形の中央部はつぶが大きい砂や石でできていて，［ B ］ため，古くから果樹園などに利用されている。

(3) 下の資料Ⅰは，世界全体の米の生産量と輸出量の変化をそれぞれ示したものである。また，資料Ⅱは，2018年における世界全体の米の生産量と輸出量に占めるおもな国の割合をそれぞれ示したものである。これに関して，あとのa，bの問いに答えよ。

資料Ⅰ　世界全体の米の生産量と輸出量の変化

	生産量（万 t）	輸出量（万 t）
2006 年	64108	3055
2009 年	68509	2973
2012 年	73301	3982
2015 年	74009	4242
2018 年	76284	4567

（「世界国勢図会 2021/2022」などにより作成）

資料Ⅱ　2018 年における世界全体の米の生産量と輸出量に占めるおもな国の割合

米の生産国	世界全体の米の生産量に占める割合（%）	米の輸出国	世界全体の米の輸出量に占める割合（%）
中国	27.8	インド	25.4
インド	22.9	タイ	24.2
インドネシア	7.8	ベトナム	10.7
バングラデシュ	7.1	パキスタン	8.6
ベトナム	5.8	アメリカ合衆国	5.9
タイ	4.2	中国	4.5
その他	24.4	その他	20.7

（「世界国勢図会 2021/2022」により作成）

a　資料Ⅰで示した世界全体の米の生産量の変化と，資料Ⅱで示した2018年における世界全体の米の生産量に占めるおもな国の割合を，それぞれグラフを用いて表したい。下の表中のア～エのうち，それぞれを表すグラフの組み合わせとして最も適当なものはどれか。一つ選んで，その記号を書け。

	ア	イ	ウ	エ
資料Ⅰで示した世界全体の米の生産量の変化	棒グラフ	帯グラフ	折れ線グラフ	円グラフ
資料Ⅱで示した 2018 年における世界全体の米の生産量に占めるおもな国の割合	折れ線グラフ	棒グラフ	円グラフ	帯グラフ

b　資料Ⅰ，Ⅱからわかることを述べたあとのア～エのうち，誤っているものはどれか。一つ選んで，その記号を書け。

ア　世界全体の米の生産量は，2006年と比べて2015年の方が多い

イ　世界全体の米の生産量に占める輸出量の割合は，2006年と比べて2009年の方が大きい

ウ　2018年において，タイの米の輸出量は1000万ｔ以上ある

エ　2018年において，インドの米の生産量は，インドの米の輸出量の10倍以上ある

(4)　わが国の工業は，加工貿易を通じて発展してきたが，1980年代に入ってから，アメリカ合衆国やヨーロッパ諸国に進出して，自動車などの工業製品を現地でも生産するようになった。それはなぜか。その理由を簡単に書け。

(5)　下の㋐～㋒の略地図は，1955～1975年，1975～1995年，1995～2015年のいずれかの期間における，都道府県別の20年間での人口増加率をそれぞれ示したものである。㋐～㋒の略地図が，期間の古い順に左から右に並ぶように，記号㋐～㋒を用いて書け。

㋐

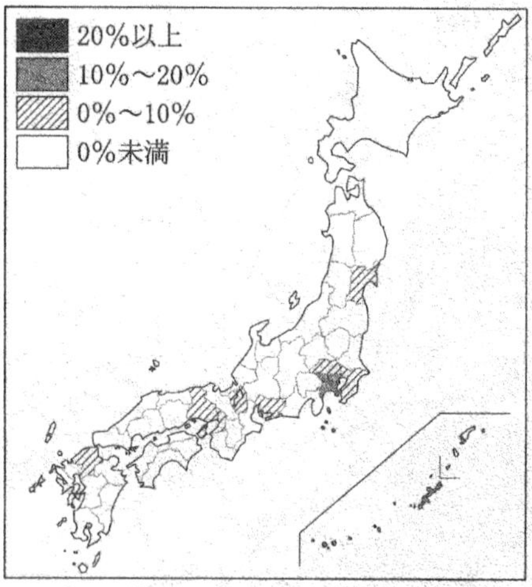

㋑

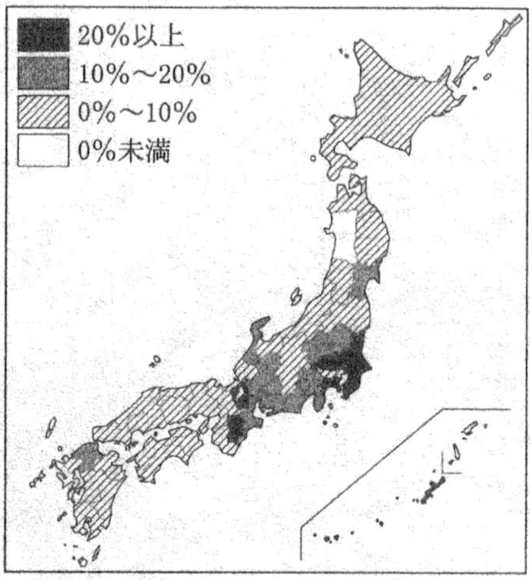

㋒

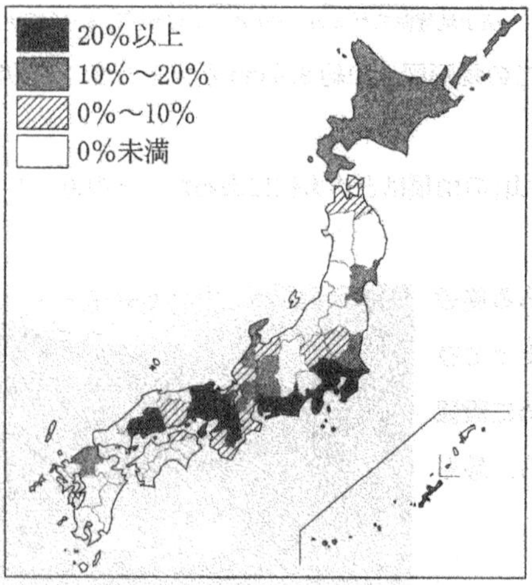

(総務省資料により作成)

(6)　次のページの地形図は，旅行で栃木県を訪れた中学生の太郎さんが，日光市で地域調査をおこなった際に使用した，国土地理院発行の２万5000分の１の地形図（日光北部）の一部である。これに関して，あとのａ～ｅの問いに答えよ。

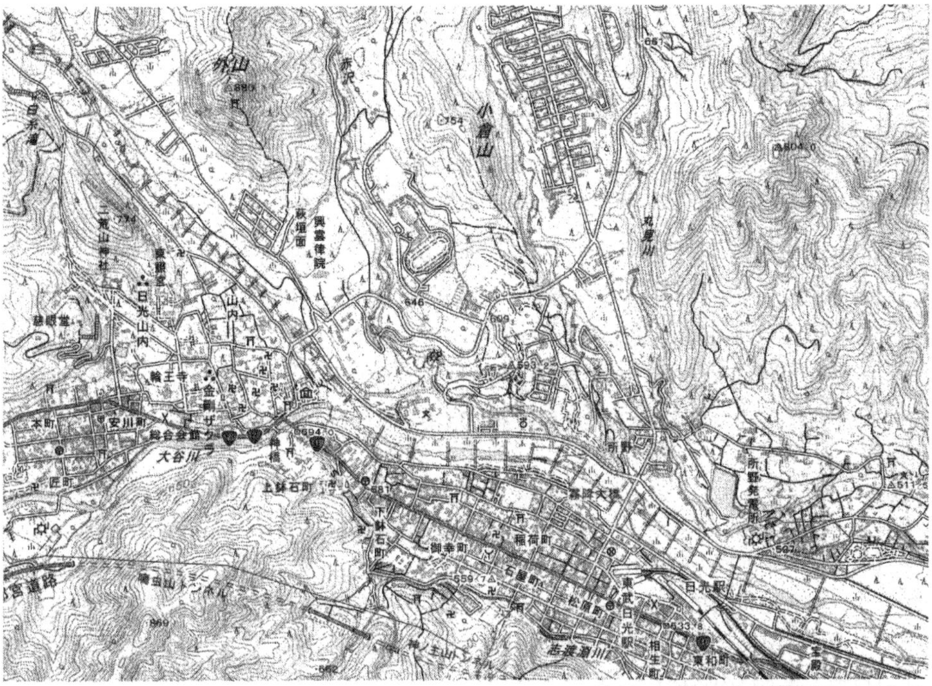

（国土地理院発行２万5000分の１地形図により作成）

a　地形図中の「東照宮」と［日光駅］の直線距離を，この地形図上で約9.6㎝とするとき，この間の実際の距離は約何ｍか。その数字を書け。

b　この地形図において，警察署から見たとき，「外山」の山頂はどの方位にあるか。その方位を８方位で書け。

c　右の写真は，地形図中の河川に設置されているある施設を写したものの一部である。この施設は，大雨によってひきおこされる，ある自然現象による災害を防ぐために設置されている。この自然現象は何か。次のア～エから，最も適当なものを一つ選んで，その記号を書け。

ア　火砕流　　イ　液状化
ウ　土石流　　エ　高潮

d　太郎さんは，日光市には多くの森林があることを知り，わが国の林業について興味をもった。次のページの表は，1965年，1990年，2015年におけるわが国の木材の生産量，消費量，輸入量をそれぞれ示そうとしたものである。表中のＸ～Ｚは，わが国の木材の生産量，消費量，輸入量のいずれかを示している。Ｘ～Ｚにあてはまるものの組み合わせとして正しいものは，あとのア～エのうちのどれか。一つ選んで，その記号を書け。

ア〔Ｘ　生産量　　Ｙ　消費量　　Ｚ　輸入量〕
イ〔Ｘ　消費量　　Ｙ　生産量　　Ｚ　輸入量〕
ウ〔Ｘ　生産量　　Ｙ　輸入量　　Ｚ　消費量〕
エ〔Ｘ　消費量　　Ｙ　輸入量　　Ｚ　生産量〕

	1965 年	1990 年	2015 年
X	75210	113070	72871
Y	20182	81945	50242
Z	56616	31297	24918

(注)単位は千 m^3　　(林野庁資料により作成)

e　下の資料Ⅰは，太郎さんが，北関東工業地域，京葉工業地域，東海工業地域，瀬戸内工業地域の特徴についてまとめたものの一部である。また，資料Ⅱは，この四つの工業地域の2018年における製造品出荷額等の総額と，金属，機械，化学，食料品，繊維の製造品出荷額等が総額に占める割合を，それぞれ示そうとしたものである。資料Ⅱ中のア～エのうち，資料Ⅰから考えると，北関東工業地域にあてはまるものはどれか。一つ選んで，その記号を書け。

資料Ⅰ

【北関東工業地域の特徴】
大消費地に近接した内陸部に位置しており，製造品出荷額等の総額が高い。自動車や電子製品など機械の製造が盛んである。

【京葉工業地域の特徴】
臨海部に位置しており，鉄鋼業や石油化学工業が発達している。金属と化学の製造品出荷額等の合計額が総額の6割以上を占めている。

【東海工業地域の特徴】
京浜工業地帯と中京工業地帯の中間に位置している。オートバイや自動車などの製造が盛んで，機械の製造品出荷額等が総額の半分以上を占めている。

【瀬戸内工業地域の特徴】
高度経済成長期に急成長し，製造品出荷額等の総額が高い。臨海部に位置しており，機械だけでなく，鉄鋼業や石油化学工業など，金属や化学の製造品も盛んに出荷している。

資料Ⅱ

	製造品出荷額等の総額(億円)	金属(%)	機械(%)	化学(%)	食料品(%)	繊維(%)	その他(%)
ア	323038	18.8	34.7	23.1	7.6	2.0	13.8
イ	315526	14.3	44.8	10.2	15.3	0.6	14.8
ウ	176639	8.2	52.0	10.9	13.2	0.7	15.0
エ	132118	20.8	13.0	41.5	15.4	0.2	9.1

(「日本国勢図会 2021/22」により作成)

ます。そのような中で、相手の発言にこめられた思いや考え方を理解しようと努力して、相手の存在を受け入れていく力が大切になるのではないでしょうか。皆さんは、これからの社会では、私たちにどのような力が求められると思いますか。

条件1　花子さんの意見をふまえて、「これからの社会で私たちに求められる力」に対するあなたの意見を書くこと。

条件2　身近な生活における体験や具体例などを示して書くこと。

条件3　原稿用紙の正しい使い方に従って、二百五十字程度で書くこと。ただし、百五十字（六行）以上書くこと。

〔注意〕

一　部分的な書き直しや書き加えなどをするときは、必ずしも「ますめ」にとらわれなくてよい。

二　**題名や氏名は書かないで**、本文から書き始めること。また、本文の中にも氏名や在学（出身）校名は書かないこと。

2　私たちは他者からの評価を得ることで、自分の生きる目的が見つかると考えているから

3　私たちは集団の中で生きていくために、周囲からの理解が必要であると考えているから

4　私たちの行為は全て芸術的な表現であり、あらゆる人の人生は芸術だと考えているから

(五)　④に　現実と十分に噛み合わず、宙に浮いてしまうことになる　とあるが、筆者が、知識や理論や技法が現実と十分に噛み合わず、宙に浮いてしまうことになるといっているのはどうしてか。「知識や理論や技法が」という書き出しに続けて、**日常生活**　という語を用いて七十字以内で書け。

(六)　⑤の　とらえ　の活用形を、次の1～4から一つ選んで、その番号を書け。

1　未然形　　2　連用形　　3　連体形　　4　仮定形

(七)　本文中の□内に共通してあてはまる言葉は何か。次の1～4から最も適当なものを一つ選んで、その番号を書け。

1　否定的　　2　効果的　　3　固定的　　4　総合的

(八)　⑥に　立ち入った専門的な知識や理論や技法　とあるが、専門的な知識や理論や技法とはどのようなものであると筆者はいっているか。それを説明しようとした次の文の□内にあてはまる最も適当な言葉を、本文中からそのまま抜き出して、十五字以内で書け。

特定の社会や文化においてのみ通用する日常経験の知とは異なり、□もの

(九)　⑦に　さきにふれたデュシャンとケージの企て　とあるが、筆者は彼らの企てを、どのようなものだととらえているか。それを説明しようとした次の文のア、イの□内にあてはまる最も適当な言葉を、アは第1段落～第3段落の中から、イは第4段落～第7段落の中からそのまま抜き出して、アは十字以内、イは三十字以内でそれぞれ書け。

筆者は、デュシャンとケージの企てを、展覧会場などの芸術がなされる場での行為の本質を□ア□ことによって、芸術における□イ□ものだととらえている

(十)　本文を通して筆者が特に述べようとしていることは何か。次の1～4から最も適当なものを一つ選んで、その番号を書け。

1　社会と無関係には生きられない人間という存在を自覚し、社会に浸透している知識を生活の中で生かすことも重要である

2　高度な知識は特別な文化や社会の中でしか成立しないため、人間と社会の関係をとらえ直し改めていくことが求められる

3　人間は社会との関係の中に生きていることを認識し、何の疑問もなく受け入れてきた事柄を見つめ直すことも大切である

4　人間と社会の関係が人間同士の関係に与える影響の強さを理解し、社会通念の正しさを確認していくことが必要とされる

問題四

あなたは国語の授業の中で、「これからの社会で私たちに求められる力」について議論しています。最初にクラスメートの花子さんが次のような意見を発表しました。あなたなら、花子さんの発言に続いてどのような意見を発表しますか。あなたの意見を、あとの**条件1～条件3**と**〔注意〕**に従って、解答用紙（その二）に書きなさい。

花子――私は、これからの社会では自分以外の人々のことを受け入れる力が求められると思います。私たちの社会では、海外に住む人たちとも協力して、様々なことを行う必要があり

して［　］にとらえられたからであろう。私たち一人ひとりの間では日常経験は一般に共通性と安定性を持ったものとしてあるが、そのような共通性と安定性の上に立った知としての常識である。その共通性と安定性は、概して一つの文化、一つの社会のうちのものである。けれども、ともかくこうして、私たちの間の共通の日常経験の上に立つ知が、〈常識〉として［　］にとらえられたのである。そして一方で、常識が常識としてこのように考えられるとき、他方で、⑥立ち入った専門的な知識や理論や技法も、それと独立した別個のものとして考えられることになるのである。たしかに高度の知識や理論や技法は、日常経験の知をこえ、また限られた社会や文化をこえて広い範囲に有効性を持ちうるだろう。しかしそれは、そうした知識や理論や技法が、さまざまな社会や文化のうちで人々の日常経験に広く開かれ、それらと結びつくからである。また逆に日常経験の知としての常識も、本来はそうした知識や理論や技法に向かって開かれているものなのである。

7　常識とは、私たちの間の共通の日常経験の上に立った知であるとともに、一定の社会や文化という共通の意味場のなかでの、わかりきったもの、自明になったものを含んだ知である。ところが、このわかりきったもの、自明になったものは、そのなんたるかが、なかなか気づきにくい。常識の持つ曖昧さ、わかりにくさもそこにある。その点で、⑦さきにふれたデュシャンとケージの企てが、〈芸術作品〉の通念（約束事）の底を突き破り、そこに芸術の分野で、日常化された経験の底にある自明性をはっきり露呈させたことは、甚だ興味深い。この場合、日常経験の自明性が前提とされ、信じられていなければ、その二つの企ては共にもともと根拠を失い、〈作品〉として成り立たないだろう。しかしながら二人の作品の場合、そのような日常経験の自明性は、もはや単に信じられているのではない。信じられていると同時に、実は宙《ちゅう》吊《づ》りにされ、問われているのである。

（中村雄二郎の文章による。一部省略等がある。）

(一)　a～dの＝＝のついているかたかなの部分にあたる漢字を楷書で書け。

(二)　①に　意味を持った関係のなかにある　とあるが、これはどのようなことをいっているのか。次の1～4から最も適当なものを一つ選んで、その番号を書け。

1　私たちが自らの意思を態度で示すことで、周囲との間に新たな関わりが生じるということ

2　私たちのふるまいは他者の行為に意味をもたらし、社会の価値観を変化させるということ

3　私たちにとって社会と関わることには、自己の存在価値を発見する意義があるということ

4　私たちは自分の意図にかかわらず意味付けされ、常に周囲と影響しあっているということ

(三)　②の　おもむろに　の意味として最も適当なものを、次の1～4から一つ選んで、その番号を書け。

1　慌ただしく　2　落ち着いて

3　形式ばって　4　上品ぶって

(四)　③に　それは、生きるということとほとんど同義語でさえある　とあるが、筆者がこのようにいうのはどうしてか。あとの1～4から最も適当なものを一つ選んで、その番号を書け。

1　私たちの日常生活の中におけるあらゆる行いは、自己表現となりうると考えているから

力を尽くしてこそ、良い政治を行う主君である

4 自分が楽しむ姿を見せることにより、民に国の豊かさを示し安心感を与えてこそ、良い政治を行う主君である

問題三

次の文章を読んで、あとの㈠～㈩の問いに答えなさい。なお、[1]～[7]は段落につけた番号です。

[1] 私たちの一人ひとりは、ただ個人として在るのでないばかりか、単に集団の一員として在るのでもなくて、①意味を持った関係のなかにある、とこそ言わなければならない。だからこそ、自分では社会や政治にまったく関心を持たなくとも、私たちはそれらと無関係でいることはありえないことにもなるのである。むろんそれは、物理的、自然的な関係ではなくて、意味的、価値的な関係である。そうした関係のなかでは、すべての態度、なにもしないことでさえ、いわば一つの行為になり、なんらかの意味を帯びてくる。

[2] そのことをきわめて鋭くとらえ、表わしているのは、現代芸術である。たとえば或《あ》る画家は、白い便器になにもaカコウせずにそのまま「泉」と名づけて、展覧会に出品しようとした（マルセル・デュシャン）。また或る作曲家は、ピアニストに対して演奏会場のステージのピアノの前に②おもむろに腰を掛けるなり四分三十三秒間なにもしないままでいるように指示し、その間にきこえてくる自然音に聴衆の耳を傾けさせて、それを「四分三十三秒」と名づけた（ジョン・ケージ）。bイップウ変わったこの二つの例が現代芸術にとって画期的な〈作品〉であるとされるのも、そこにあるのが単なる奇抜な思いつきではなくて、それをこえたものだからであろう。展覧会場や演奏会場という特定の意味場そのものを生かして、つくることや表現することのなんたるかを、根本から問いなおしたものだからであろう。

[3] このように私たち人間にとって、なにかをつくり出したり表現したりすることは、なんら特別のことではない。③それは、生きるということとほとんど同義語でさえある。

[4] ところで私たちは、そのようにして生き、なにかをつくり出し、表現していくとき、否応《いやおう》なしに、日常生活のなかで自己をとりまくものについて、自分の感じたこと、知覚したこと、思ったことにのっとり、それらを出発点としないわけにはいかない。もっとも能動的な制作や創造や表現についても、やはりそうである。もとより複雑化した世界にcセッキョク的に対処して活動するためには、いろいろとそれなりに立ち入った知識や理論や技法が必要とされるだろう。けれどもそれらの知識や理論や技法は、日常生活のなかで何気なしに自分が感じ、知覚し、思ったことと結びつくことなしには、生かされることができない。たとえ、それ自身としてどんなにすぐれた知識や理論や技法であっても、その結びつきを欠くときには④現実と十分に噛《か》み合わず、宙に浮いてしまうことになるだろう。それらが私たちにとって内面化されず、私たち自身のものにならないからである。知恵の喪失といわれることもそこから出てくる。

[5] いや、もともと、知識も理論も技法も私たちの一人ひとりによってよく使いこなされてはじめて、すぐれた知識、理論、技法になりうるのだから、dゲンミツにいえば、およそ私たち一人ひとりの日常経験とまったく切りはなされた、それ自身としてすぐれた知識や理論や技法などというものは、どこにも存在しない。

[6] にもかかわらず、通常私たちは、それらを日常の経験とはまったく別個の、独立したものとして考え、⑤とらえている。どうしてであろうか。それはなによりも、日常経験の上に立つ知が〈常識〉と

(一) ①の あたへ は、現代かなづかいでは、どう書くか。ひらがなを用いて書きなおせ。

(二) ②に 糠を求めずともすぐに米をくはせよ とあるが、臣下がこのように言ったのはなぜか。次の1～4から最も適当なものを一つ選んで、その番号を書け。

1　鴈の餌である糠の値段が上がり、手に入りにくくなったため、より安価で多くの蓄えがある米を食べさせた方が出費を抑えられると考えたから

2　王のまねをして鴈を飼う民が増えたことで、餌となる糠が足りなくなることを心配して、国が保管している米を先に消費すべきだと考えたから

3　鴈の餌には米よりも糠の方がよいという情報が広まり、買い求める人が増えたため、鴈の飼育を続けるには米を餌にするしかないと考えたから

4　糠と米の値段を比べてみると、どちらを餌にしても金銭的な負担に差が無くなったので、国が蓄えている米を食べさせる方がいいと考えたから

(三) ③に 国中にぎはひてよろこびけり とあるが、国中が豊かになり、人々がよろこんだのはどうしてか。それを説明しようとした次の文の □ 内にあてはまる言葉を、本文中からそのまま抜き出して、五字以内で書け。

晋の大王が、国や臣下の都合よりも、□ にどうするのがよいかを重視して、国が持っている米を糠と交換したから

(四) 本文中には、「　」で示した会話の部分以外に、もう一箇所会話の部分がある。その会話の言葉はどこからどこまでか。初めと終わりの三字をそれぞれ抜き出して書け。

(五) 次の会話文は、この文章についての、先生と花子さんの会話の一部である。会話文中の □ 内にあてはまる最も適当な言葉を、あとの1～4から一つ選んで、その番号を書け。

先生――実はこの文章は、あるお坊さんが、民を困らせている主君に対して忠告をする物語の一部であり、晋の大王の例え話が用いられています。お坊さんに忠告されているこの主君は、鷹《たか》を使った狩りを楽しむために、獲物となる野鳥の退治を禁止しました。その結果、野鳥によって畑は荒らされ、民は困っていたのです。

花子――それは、本文中で述べられている、良い政治を表す「仁政」とは正反対ですね。

先生――そうですね。では、このお坊さんは、主君に対してどのようなことを特に伝えたかったのだと思いますか。

花子――□ ということではないでしょうか。「仁政」をおこなった晋の大王の例え話を用いることで、説得力を持たせ、何とか主君に理解してもらおうとしたのだと思います。

先生――その通りですね。ただ意見を述べるのではなく、より分かりやすく伝えようとしたところにお坊さんの工夫が感じられますね。

1　自分の楽しみとしてすることでも、国や民への負担がないように気を配ってこそ、良い政治を行う主君である

2　自分が楽しいと思うことは、国中に広めて民が楽しく暮らせるように努めてこそ、良い政治を行う主君である

3　自分の楽しみは後回しにして、国の安定と民の幸せを願って全

3　広い世界への純粋な好奇心をみずみずしい言葉選びで見事に表現したチャオミンの歌に感じ入り、きらめくような若い才能をいつくしんでいる

4　チャオミンの幼い言葉づかいとあどけなく純真な様子に親心を刺激されて、守り導いていくことが年長者の使命であると決意を新たにしている

(七)　本文中には、知っている限りの知識から未知の光景を懸命に思い描こうとして、気持ちを高ぶらせているチャオミンの様子を、比喩を用いて表している一文がある。その一文として最も適当なものを見つけて、初めの五字を抜き出して書け。

(八)　本文中のチャオミンについて述べたものとして最も適当なものはどれか。本文全体の内容をふまえて、次の1～4から一つ選んで、その番号を書け。

1　言葉の世界の魅力をまだ実感できていなかったが、グンウイの博識さに接することで、今後は自分も海の向こうで学んでいきたいと考えている

2　父の胸に秘められた思いを受け継ぎ、グンウイに温かな励ましをもらって、優しく美しい言葉には人の心を開く力があることを強く感じている

3　字を書けるようになりたい一心で練習に励んでいたが、グンウイに才能を見いだされたことで、言葉を学び学問の道をきわめたいと考え始めた

4　筆を買ってきてくれた父の思いに触れ、グンウイと話すうちに、言葉の力で自分の世界をいろどり豊かなものにしたいという思いを抱き始めた

問題二　次の文章を読んで、あとの(一)～(五)の問いに答えなさい。

むかし(注1)晋《しん》といふ国の大王、(注2)鴈《がん》をおもしろがりて、多く飼はせらるるに、(注3)糠《ぬか》を餌に①あたへらる。糠すでに(注4)皆になりしかば、市に行きて買ひ求む。後には米と糠との値段おなじ物になる。臣下申すやう、「米と糠と同じ値段ならば、②糠を求めずともすぐに米をくはせよ」と申されしを、(注5)君仰《おほ》せ有りけるは、米は人の食物なり。糠を食《じき》することかなはず。鴈は糠をくらふことなれば、米と糠と同じ値段なりとも、米にかへて鴈にあたへよ。百姓のためよき事なりと仰せられし。米を出《い》だして糠に替へしかば、③国中にぎはひてよろこびけり。これを思ふに、国主の好み給《たま》ふ物ありとも、国家のために(注6)費《つひえ》ならず、百姓の痛み愁《うれ》へにならざるをこそ、仁政ともいふべきを、わがおもしろき遊びのため人をいたむる政《まつりごと》は、よき事にあらず。

(注1)　晋＝中国に存在した国。
(注2)　鴈＝水鳥の仲間。
(注3)　糠＝玄米を白米にする過程で出た皮などが砕けて粉となったもの。
(注4)　皆になりしかば＝全て無くなったので。
(注5)　君＝君主。ここでは晋の大王のこと。
(注6)　費ならず＝無駄とならず。

書こう。
チャオミンはぎゅっと筆を握りしめた。
筆はまるで生きているようにあたたかかった。

（まはら三桃の文章による。一部省略等がある。）

㈠ a～dの══のついている漢字のよみがなを書け。

㈡ ①に　チャオミンは大きくうなずくと、両手に持った筆を胸に押しつけてぎゅうっと抱きしめるようにした　とあるが、このときのチャオミンの気持ちはどのようなものだと考えられるか。次の1～4から最も適当なものを一つ選んで、その番号を書け。

1　自分の心の中の思いを父がいつも察してしまうことに照れくささを感じながらも、自分だけの力で美しい筆を手に入れたことを誇らしく思っている
2　自分の思いを父が受けとめて字を学ぶことを応援してくれていることに感謝しつつ、これからこの筆で字の練習ができる喜びに心をおどらせている
3　自分を喜ばせようと父が色々と考えてくれたことへのお礼の言葉をこの筆で書こうと思いながら、かわいらしい飾りのついた筆に心を奪われている
4　自分の才能を評価してくれる父の気持ちを裏切るまいと気を引き締めることで、筆を手に入れて浮かれがちになる気持ちを落ち着けようとしている

㈢ ②の　の　は、次の1～4のうちの、どの　の　と同じ使われ方をしているか。同じ使われ方をしているものを一つ選んで、その番号を書け。

1　満天の星を眺めるのが楽しみだな
2　コーヒーの味がなんとなく苦手だ
3　君の選ぶ服はどれもおしゃれだね
4　あの柱のところまで競走しようよ

㈣ ③に　そして海の向こうは異国だ　とあるが、このときグンウイは、チャオミンにどのようなことを気づかせようとしたと考えられるか。それを説明しようとした次の文のア、イの□内にあてはまる最も適当な言葉を、本文中からそのまま抜き出して、アは五字程度、イは十五字以内でそれぞれ書け。

サンゴや海がどういうものなのかを知らず、説明されても少しも［ア］ほどに、ごく身近な限られた世界の中で生きていたチャオミンに、海の中や海の向こうの異国など、この世界は広く、まだまだ［イ］のだということを気づかせようとした

㈤ ④に　ああ　この筆は　海を行く船の櫂　とあるが、このときチャオミンが、筆を「海を行く船の櫂」と例えたのは、筆をどのようなものだととらえたからだと考えられるか。「この筆で、」という書き出しに続けて、五十字程度で書け。

㈥ ⑤に　長い眉毛の下の落ちくぼんだ目が、やわらかな光を放っている　とあるが、このときのグンウイの思いはどのようなものだと考えられるか。あとの1～4から最も適当なものを一つ選んで、その番号を書け。

1　鋭い感性を持ち豊かな言葉の知識を身につけているチャオミンの利発さに驚かされ、自分に匹敵する知性の持ち主と実感して胸を熱くしている
2　チャオミンの個性的な言葉選びと屈託のない明るさに引き込まれ、自分のために作ってくれた歌を聞き感謝の思いが胸いっぱいに広がっている

「瀟川《しょうせん》みたいなところですか」

瀟川は、隣の町との境目を作る大きな川で、渡し船が行き交い、水牛がぷかぷかと水浴びをしている。チャオミンが知っている川の中でいちばん大きい。

けれどもグンウイはゆっくりと首を左右に振った。

「もっともっと大きなところだ。海は見渡す限りに広い。そしていつも動いている。川のような流れはないが、ザブンザブンと寄せてはかえす波がある」

「ザブンザブン」と、チャオミンはくりかえしてみた。口の中が楽しくc弾んだ。

「たくさんの生命がそこから生まれる。朝日ものぼる」

「ほーっ」

頭の中が水でいっぱいになった。

チャオミンは改めて筆を見る。確かに赤い持ち手の飾りは、水にとけるお日様の光みたいにd透きとおって見えた。

「③そして海の向こうは異国だ」

続いた声に、チャオミンは、はっと顔をあげた。グンウイは、はるか遠くを見渡すように空の向こうをながめていた。

「異国?」

「そうだ。ちがう国。そこには、俺たちとはちがう顔の人たちが、知らない暮らしをしているんだ」

少年が言った。チャオミンはじっと考えてみた。山のほうにはハル族が住んでいて、町には漢族が住んでいるのと同じように、海の向こうにはちがう人が住んでいるのだろうか。

どんな人たちかな、としきりに頭をひねってみたが、チャオミンにはまったく想像がつかなかった。

「この国は広い。そして長い歴史も持っている。けれども世界はもっと広い。わたしたちの知らないことに満ちている。そういうことも、その筆で勉強なさい」

「はい」

チャオミンはかみしめるように返事をして、筆をそっと握ってみた。見たことのない大きな大きな水の大地に触れたような気分になった。きいたことのない、波の音をきいたような気分にもなった。心がすっと広がったように、晴れ晴れとする。

チャオミンの口からおもわず歌がこぼれた。

——ザブンザブン
海から生まれたサンゴの筆で
一生懸命おけいこしよう
ザブンザブン
そして異国のことも知りたいな
④ああ　この筆は　海を行く船の櫂《かい》（船をこぐための道具）——

するとグンウイは嬉しそうに笑った。

「ああ、おじょうさんは歌が上手だなあ。歌うのもうまいが、歌詞がいい。母さんに教わったのかい?」

「いいえ、今考えたの」

「ほう、それはいい」と、グンウイのしわがれ声が優しくなった。⑤長い眉毛の下の落ちくぼんだ目が、やおらかな光を放っている。

「言葉を大事にするんだよ」

そう言われてチャオミンはうなずいた。

この筆で一生懸命おけいこをして、いつか歌うようにニュウシュを

＜国語＞

時間　五〇分　　満点　五〇点

問題一　次の文章は、女性が文字を学ぶことが珍しかった時代、漢族とハル族が住む山間部の村に暮らす十歳のチャオミンが、女性だけが用いる美しい文字「ニュウシュ」の存在を知って夢中で勉強していたところ、村はずれに少年と住むグンウイの畑でチャオミンが拾わせてもらった落花生を、ある日、父がふもとの町で売り、土産を買って帰った場面に続くものである。これを読んで、あとの㈠～㈧の問いに答えなさい。

それは筆だった。父さんのものよりもかなり細く、赤い石のような飾りがついている。

「これを、私に？」

「ああ、チャオミンの筆だよ」

「わあ、嬉《うれ》しい！　ありがとう、父さん」

思いがけない贈り物に、チャオミンが目をまん丸にしてお礼を言うと、父さんは静かに首を横に振った。

「いいや、それはチャオミンが自分で買ったものだよ」

「私が？」

「ああ、そうだ。落花生を拾ってね」

a不思議そうに首をかしげたチャオミンに、父さんはいたずらっぽく笑った。

「それでもっとニュウシュを練習するといい」

「えっ？」

思わぬ言葉にチャオミンは目を見開いて、父さんを見た。

「うん、わかった」

①チャオミンは大きくうなずくと、両手に持った筆を胸に押しつけてぎゅうっと抱きしめるようにした。

「私、これを見せてくる。お礼を言わなくちゃ」

チャオミンがたどりついたのは、山のふもとの畑だった。ちょうど畑にはグンウイと少年の姿があった。寒さから作物を守るためか、畑にわらをかけている。

「グンウイさーん」

大きな声でチャオミンが呼ぶと、おじいさんはかがめていた腰を伸ばした。そばで少年が何事かという顔でこちらを見ている。チャオミンはそばへ急いだ。

「お礼に来ました。ここの落花生のおかげで、これを買ってもらったんです」

チャオミンは切れた息のまま、両手に乗せた筆を二人に見せた。

「ほう。サンゴだね」

グンウイはチャオミンの筆に目をやって言った。グンウイの声は少ししわがれている。b乾いた地面のひび割れみたいな声だ。

「サンゴ？　これは筆です。私の筆です」

チャオミンがしげしげと手のひらを見ると、

「この竹軸の飾りだよ」と、グンウイは筆に張りつけてある赤い部分を指さした。

「サンゴという②のは、海の底にあるんだよ。海というのは、見渡す限りの豊かな水だ。広い広い水の大地だ」

「水の大地？」

チャオミンは首をひねった。なにしろ生まれてこのかた、海というものを見たことがない。そう言われてもぜんぜんぴんとこないのだ。

MEMO

大切なことはメモしておこうネ!

2023年度

解 答 と 解 説

《2023年度の配点は解答用紙集に掲載してあります。》

＜数学解答＞

問題1　(1)　1　(2)　-15　(3)　$\dfrac{7x+5y}{6}$　(4)　$9-\sqrt{2}$　(5)　$(x-1)^2$
(6)　$a=-4$　(7)　㋒

問題2　(1)　65度　(2)　ア　$\dfrac{15}{4}$cm　イ　180cm^3　(3)　$\dfrac{9\sqrt{29}}{29}$cm

問題3　(1)　$y=\dfrac{10}{3}$　(2)　$\dfrac{17}{20}$　(3)　㋐と㋒　(4)　ア　$0\leqq y\leqq \dfrac{9}{4}$　イ　$1-\sqrt{6}$ (aの値を求める過程は解説参照)

問題4　(1)　ア　21　イ　1，3，17，18，20　(2)　ア　75本　イ　$y=\dfrac{3}{10}x-34$
ウ　xの値：480，yの値：110(x，yの値を求める過程は解説参照)

問題5　(1)　解説参照　(2)　解説参照

＜数学解説＞

問題1　(小問群―数と式の計算，文字式，根号を含む計算，因数分解，2次方程式，約数と倍数)

(1)　$3+8\div(-4)=3-2=1$

(2)　$6\times\dfrac{5}{3}-5^2=10-25=-15$

(3)　$\dfrac{x+2y}{2}+\dfrac{4x-y}{6}=\dfrac{3(x+2y)+4x-y}{6}=\dfrac{3x+6y+4x-y}{6}=\dfrac{7x+5y}{6}$

(4)　$\sqrt{8}-\sqrt{3}(\sqrt{6}-\sqrt{27})=2\sqrt{2}-3\sqrt{2}+9=9-\sqrt{2}$

(5)　$(x+1)(x-3)+4=x^2-2x-3+4=x^2-2x+1=(x-1)^2$

(6)　$x=3$を代入して　$-3^2+3a+21=0$　$3a=-12$　よって，$a=-4$

(7)　12の倍数は，素因数分解したときに$2^2\times3$を含むので，これを含むのは㋒しかない。

問題2　(図形の小問群―円の性質と円周角の定理，平行線と線分の比，三角柱の表面積と体積，三平方の定理の利用)

(1)　線分ABは円の直径なので，$\angle$ACB$=90°$であり，$\angle$BCE$=35°$なので，$\angle$ACE$=(90-35)°=55°$　また，$\overset{\frown}{\mathrm{AE}}$に対する円周角の定理より，$\angle$ACE$=\angle$ABE$=55°$　対頂角は等しいので，$\angle$ADC$=\angle$BDE$=60°$　よって，$\triangle$BDEの内角の和から，$\angle$BED$=180°-(55+60)°=65°$

(2)　ア　$\triangle$DEFにて，DE$=12$cm，EF$=5$cm，$\angle$DEF$=90°$より三平方の定理からDF$=\sqrt{12^2+5^2}=13$(cm)　また，GH//EFより，$\triangle$DGH∽$\triangle$DEFなので，対応する辺の長さの比は等しく，DG：DE$=$GH：EF　よって，$9:12=$GH：5　これより，12GH$=45$　GH$=\dfrac{15}{4}$(cm)　イ　三角柱の高さをh(cm)とすると，表面積が240cm^{2}であることから，$\left(\dfrac{1}{2}\times5\times12\right)\times2+(5+12+13)\times h=240$　$60+30\mathrm{h}=240$　よって，$h=6$　以上より，三角柱の体積は，$\left(\dfrac{1}{2}\times5\times12\right)\times6=180$(cm^3)

(3)　正方形の1辺は5cmであり，DE$=2$cmなので，$\triangle$AEDにおいて三平方の定理より，AE$=$

$\sqrt{5^2+2^2}=\sqrt{29}$(cm) また，△AED∽△ADFより，**対応する辺の比は等しい**ので，AE：AD＝ED：DF すなわち，$\sqrt{29}$：5＝2：DF これを解いて，DF＝$\frac{10}{\sqrt{29}}=\frac{10\sqrt{29}}{29}$(cm) さらに，**円の中心から弦に引いた垂線はその弦を二等分する**ので，DF＝HF＝$\frac{10\sqrt{29}}{29}$(cm)となり，DH＝$\frac{20\sqrt{29}}{29}$(cm)である。△ADE≡△DCGより，AE＝DG＝$\sqrt{29}$(cm)なので，GH＝DG−DH＝$\sqrt{29}-\frac{20\sqrt{29}}{29}=\frac{9\sqrt{29}}{29}$(cm)

問題3 （小問群―反比例の性質，確率，箱ひげ図の読み取り，$y=ax^2$のグラフの性質とその利用）

(1) yはxに反比例し，$x=2$のとき$y=5$より，その式は$y=\frac{10}{x}$ よって，$x=3$のとき$y=\frac{10}{3}$

(2) くじA，Bからそれぞれ1本ずつくじを引く方法は，5×4＝20(通り)。この中で，2本ともはずれになる引き方は，3×1＝3(通り)。したがって，2本ともはずれになる確率は，$\frac{3}{20}$ ゆえに，少なくとも1本は当たりである確率は，**2本とも外れになる場合以外**なので，$1-\frac{3}{20}=\frac{17}{20}$

(3) ㋐ A駅の箱ひげ図から，中央値が200を超えているので，自転車の台数が200台以上であった日数は15日以上あり，正しい。 ㋑ A駅とB駅の箱ひげ図から，ともに第三四分位数が150台となっていることから，自転車の台数が150台未満であった日数はどちらが多いか確定できず，間違い。 ㋒ B駅とC駅の箱ひげ図から，四分位範囲はC駅の方が大きく，正しい。
㋓ A駅とB駅とC駅の箱ひげ図から，最大値はB駅が最も大きく，間違い。

(4) ア $x=-\frac{3}{2}$のときyの値は最大で$y=\frac{9}{4}$ また，$x=0$のときyの値は最小で$y=0$ したがって，$0\leqq y\leqq\frac{9}{4}$ イ aの値を求める過程 (例)$y=x^2$のグラフは，y軸について対称だから，点Bのx座標は2であり，AB＝4 点Cの座標は$(a,\ a^2)$であり，点Cと点Dのy座標は等しいから，点Dのy座標もa^2である。点Dは直線$y=2x$上の点だから，点Dのx座標は$\frac{a^2}{2}$であり，CD＝$\frac{a^2}{2}-a$ AB：CD＝8：5だから，$4:\left(\frac{a^2}{2}-a\right)=8:5$ 整理すると，$a^2-2a-5=0$ よって，$a=1\pm\sqrt{6}$ 点Cのx座標は負の数だから，$a<0$でなければならない。$\sqrt{6}>1$だから，$a=1-\sqrt{6}$は問題にあうが，$a=1+\sqrt{6}$は問題にあわない。

問題4 （整数の性質と数学的思考，連立方程式の応用）

(1) ア 太郎さんは，操作③を終えた段階で残っている3枚のカードが$\boxed{5}$，$\boxed{7}$，$\boxed{7}$であり，ここから操作④で取り出すカードに書いてある数は$\boxed{5}$，$\boxed{7}$か$\boxed{7}$，$\boxed{7}$である。$\boxed{5}$，$\boxed{7}$の場合，操作⑤で(5＋7＋2)＋7＝21となる。また，$\boxed{7}$，$\boxed{7}$の場合でも，操作⑤で(7＋7＋2)＋5＝21となる。よって，X＝21である。 イ 操作⑤を終えた段階でX＝62なので，操作④を終えたとき残っている2枚のカードの和も62。すると，操作③を終えたときに残っている3枚のカードの和は60とわかり，その3枚のカードに書いてある数はすべて同じ数なので，その3枚のカードは$\boxed{20}$，$\boxed{20}$，$\boxed{20}$とわかる。これより，操作②を終えたときに残っている4枚のカードの和は59であり，その中に$\boxed{1}$が入っているので，その4枚は$\boxed{1}$，$\boxed{18}$，$\boxed{20}$，$\boxed{20}$とわかる。よって，操作①を終えたときに入っている5枚のカードの和は59で，異なる5つの自然数が書かれていることになり，$\boxed{3}$のカードを含むことから，その5枚のカードは，$\boxed{1}$，$\boxed{3}$，$\boxed{17}$，$\boxed{18}$，$\boxed{20}$の5枚となる。

(2) ア 1日目に売れたペットボトル飲料の数をa本，2日目に売れたペットボトル飲料の数をb本とすると，次の連立方程式が成り立つ。

$\begin{cases} a+b=280 \\ a=b-130 \end{cases}$ これを解いて，$a=75$，$b=205$ よって，1日目に売れたペットボトル飲料の数は

75本　イ　1日目に届けられたアイスクリームの個数をx個，ドーナツの個数をy個とすると，2日目に届けられたドーナツの数は$3y$個となる。すると，下線部より$0.3x=y+34$　これをyについて解いて，$y=\frac{3}{10}x-34$　ウ　x，yの値を求める過程　(例)イの結果より，$y=\frac{3}{10}x-34$…①
2日目に売れたアイスクリームの個数は，$x-\frac{3}{10}x-5=\left(\frac{7}{10}x-5\right)$個　この中に，セットにできなかったアイスクリームが4個含まれているから，2日目にセットにして売れたアイスクリームの個数は，$\left(\frac{7}{10}x-5\right)-4=\left(\frac{7}{10}x-9\right)$個　2日目に売れたドーナツの個数は，$(3y-3)$個　したがって，2日目にセットにして売れたアイスクリームの個数と，2日目に売れたドーナツの個数は等しいから，$\frac{7}{10}x-9=3y-3$　整理すると，$y=\frac{7}{30}x-2$…②　①，②を連立方程式として解くと，$x=480$，$y=110$　答　(xの値)　480，(yの値)　110

問題5　(平面図形―三角形が相似であることの証明，三角形の合同を利用した証明)

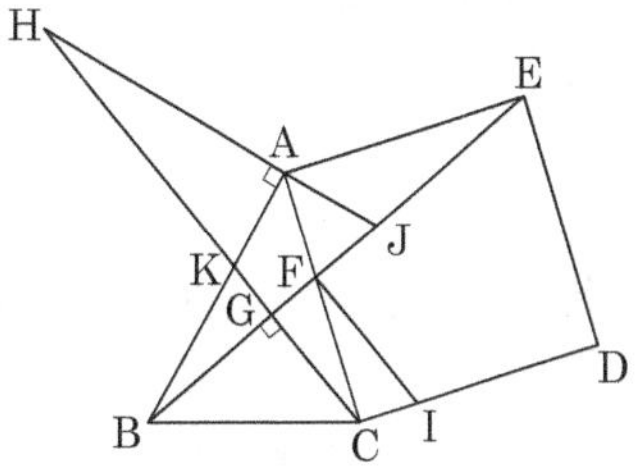

(1)　証明　(例)△CFGと△FICにおいて，CG//IFより，錯角は等しいから，∠FCG＝∠IFC…①　仮定より，∠CGF＝90°　四角形ADCEは正方形だから，∠FCI＝90°　よって，∠CGF＝∠FCI…②　①，②より，2組の角がそれぞれ等しいから，△CFG∽△FIC

(2)　証明　(例)△ABEと△AHCにおいて，四角形ACDEは正方形だから，AE＝AC…①，∠EAC＝90°　仮定より，∠HAB＝90°だから，∠EAC＝∠HAB…②　∠BAE＝∠BAC＋∠EAC，∠HAC＝∠HAB＋∠BAC，②より，∠BAE＝∠HAC…③　∠EAF＝∠EAC＝90°　仮定より，∠CGF＝90°　△EAFは直角三角形だから，∠AEF＝90°－∠AFE　△CGFは直角三角形だから，∠FCG＝90°－∠CFG　対頂角は等しいから，∠AFE＝∠CFG　よって，∠AEF＝∠FCG　∠AEF＝∠AEB，∠FCG＝∠ACHだから，∠AEB＝∠ACH…④　①，③，④より，1組の辺とその両端の角がそれぞれ等しいから，△ABE≡△AHC　よって，AB＝AH…⑤，∠ABJ＝∠AHK…⑥　△ABJと△AHKにおいて，仮定より，∠BAJ＝∠HAK＝90°…⑦　⑤，⑥，⑦より，1組の辺とその両端の角がそれぞれ等しいから，△ABJ≡△AHK　よって，BJ＝HK

＜英語解答＞

問題1　A　③　B　エ　C　イ　D　(待ち合わせ場所)　(例)公園　(待ち合わせ時刻)　午前8時30分　(Yuji が Nancy に持ってくるように言ったもの)　(例)お金
E　No. 1　ウ　No. 2　ア　No. 3　エ

問題2　(1)　(a)　ク　(b)　キ　(c)　カ　(d)　ア　(2)　cheaper　(3)　イ

問題3　(1)　excited　(2)　ア　(3)　(Please) let me see your new plate(.)
(4)　エ　(5)　(例)He showed me how to do it.　(6)　イ
(7)　(例)I hope that more young people will be interested in it.
(8)　ア　(9)　(I think Kagawa)has many traditional cultures which we don't know.

問題4　(1)　イ　(2)　(例)なぜ元気が控え選手なのかということ　(3)　(例) Can I join you(?)　(4)　ウ　(5)　(例)メンバー全員がチームのために一生懸命に働いたか

らこそ，元気はこの賞を手に入れた(という発言)　(6)　エ　(7)　(a)　(例)He always tells them to run hard for the team.　(b)　(例)No, he didn't.
(8)　㋐と㋕

問題5　(例1) I think traveling alone is better. I don't have to think about other people. So, I can go to the places I want to visit. I can also change my plan easily. If I find my favorite place, I can stay there for a long time.
(例2)I think traveling with my friends is better. First, when I'm in trouble, they will help me. So I feel safe to travel with them. Second, we can enjoy many things together. So, it is also fun to talk about the same experience later.

＜英語解説＞

問題1　(リスニング)

放送台本の和訳は，55ページに掲載。

問題2　(会話文問題：文の挿入，語句補充，語句の解釈)

(全訳)　アヤ：ハイ，ボブ。(a)今日学校はどうだった？
ボブ：とても楽しかったよ。特に，歴史の授業がとても興味深かったよ。
アヤ：(b)その授業では何を勉強したの？
ボブ：いくつかの日本の有名な城について勉強したよ。僕はそこへ行ってみたいな。
アヤ：それはいいわね。香川には有名なお城があることを知ってる？　(c)いつかそこへ連れて行ってあげるわ。
ボブ：ありがとう。ねえ，あの小屋は何？　小屋の中にたくさん野菜があるのが見えるよ。
アヤ：あれは八百屋さんよ。そこではたくさんの種類の野菜が売られているの。①それらはスーパーマーケットの野菜よりも安いのよ。
ボブ：ええ，そうなの？　おもしろいね！　店員さんはどこにいるの？
アヤ：あのお店に店員はいないのよ。農家がそこへ来て，野菜を置いていくだけなの。
ボブ：本当に？　②店員がいないなんて驚きだよ。信じられないな。(d)どうやってそれらの野菜を買うことができるの？
アヤ：買いたい野菜を選んで，箱の中にお金を入れるのよ。
ボブ：なるほど。農家とお客が信頼し合っているんだね。それも素晴らしい日本の文化のひとつかもしれないね。

(1)　全訳参照。(a)　空所(a)直後のボブの発言に注目。「とても楽しかったよ」と答えているのでクが適当。　(b)　空所(b)直後のボブの発言に注目。歴史の授業で勉強した内容を話しているので，キが適当。　(c)　空所(c)の直前のアヤの発言，及び直後のボブの発言に注目。　(d)　空所(d)の直後のアヤの発言に注目。野菜の買い方を説明しているのでアが適当。

(2)　全訳参照。**<A is (are)＋比較級～＋ than B>＝「A は Bより～だ」(比較級の表現)** cheap＝(値段が)安いの比較級 cheaper を入れればよい。

(3)　incredible は「信じられないほどの，素晴らしい」の意味を表す。popular ＝人気のある　amazing ＝驚くべき，みごとな　important ＝大切な　useful ＝役に立つ

問題3 （長文読解問題・エッセイ：語形変化，語句補充・選択，語句の並べ換え，和文英訳）

（全訳）　僕は2年前に香川県に引っ越してきました。ここに来てから，たくさんの興味深いものを見つけました，*うどん*，*金毘羅山*，そしてオリーブなどです。全ての文化には長い歴史があり，僕を①ワクワクさせてくれました。

ある日，家族と夕食をとっていた時，祖母が新しいお皿を使っていました。その皿はとても美しく特別に②見えました。僕は彼女に言いました，③「おばあちゃんの新しいお皿を見せて。手描きのきれいな模様が好き。そのお皿はどこで買ったの？」祖母は言いました，「まあ，買ったんじゃないのよ。④実はね，お皿に私が模様を描いたのよ。漆芸について聞いたことはあるかしら？このお皿を作るために漆が使われていて，私はその上に模様を描いたのよ。私の友だちが漆芸の講師なの。⑤彼が私にそれのやり方を教えてくれたのよ。あなたもその講座に参加してみる？」僕は驚いて言いました，「漆芸については聞いたことはあるけれど，香川県でやってみることができることは知らなかったよ。やってみたいな。」

数日後，僕は漆芸の講座に行きました。⑥はじめは，模様を描くのは難しかったです。でも，講師の先生がお皿を作るのをたくさん手伝ってくれました。講座の後，僕は講師の先生に言いました，「手伝ってくださってありがとうございました。楽しかったです。」その先生は言いました，「それを聞いて嬉しいです。漆芸は香川県の伝統工芸の1つなのです。漆芸についてたくさんの人たちに伝えるために私はこの講座を始め，私たちの生活に合う新しい漆芸の作品を制作しています。次の世代にこの伝統工芸を伝えなければならないと思っているのです。⑦私は，もっと多くの若い人々がそれに興味をもつことを望んでいます。」僕は家に帰って，彼女の言葉について考え，それについて友だちと話すために電話をかけました。そして僕は彼と一緒に⑧他の伝統工芸の講座に参加することに決めました。

皆さんは香川県が好きですか？　僕の答えは「はい」です。僕は香川県が大好きで，香川県に住んでいて嬉しいです。⑨僕は，香川県には僕たちが知らない多くの伝統的な文化があると思います。僕はそれらについてもっと学びたいと思っています。それらの文化を見つけませんか？

(1)　全訳参照。**<make ＋人(物)＋形容詞～>＝人(物)を～にする(させる)**　excite(興奮させる，ワクワクさせる)を excited の形にすればよい。この場合のexcited は形容詞として扱われる。

(2)　全訳参照。**<look ＋形容詞～>＝～に見える**

(3)　Please let me see your new plate.　**<let ＋人＋動詞の原形～>＝(人)に～することを許す**

(4)　全訳参照。　Also ＝～もまた，さらに　Then ＝それから，次に　Usually ＝たいてい，ふつう　Actually ＝実は，実際には

(5)　**<show ＋人…＋物～>＝…に～を見せる，示す　how to ～＝～の方法，仕方**

(6)　全訳参照。　At first ＝最初は

(7)　**<hope ＋ that ＋主語＋動詞～>で「～ということを望む，～だといいと思う」**

(8)　全訳参照。　**another ＝別の，もう1つ別の(同じ種類のもので別の，という意味を表す)**　other ＝他の，別の(名詞の前に使い，その語が数えられる名詞の場合は複数形)　others ＝他の，別の(不特定の他のもの，人)　many ＝たくさんの

(9)　I think Kagawa has many traditional cultures which we don't know.　**関係代名詞 which** を使って many traditional cultures を後ろから修飾する文を作ればよい。which は目的格の関係代名詞なので <which ＋主語＋動詞～>の語順になる。

問題4 (長文読解問題・エッセイ：語句補充，日本語で答える問題，英問英答，内容真偽)

(全訳) ゲンキは香川県の中学生です。彼はサッカー部の部員で毎日放課後サッカーの練習をしています。彼はサッカーがとても上手なので，1年生の頃からチームのレギュラー選手をしています。そのチームでは，コーチのタナカ先生がいつも選手たちに試合の間一生懸命走るように言っています。でも，ゲンキは走るのが好きではないので，よくそれをさぼっていました。また，彼は時々部員たちのミスを責めていました。

ゲンキが2年生になった時，彼はチームのキャプテンになれると思っていました。しかし，彼は(なることが)できませんでした。彼のチームのメンバーの1人，ワタルがキャプテンとして選ばれました。彼はゲンキほどサッカーが上手ではなく，控え選手でした。ゲンキはなぜワタルがキャプテンとして選ばれたのかわかりませんでした。

ある日，練習試合が行われました。ゲンキはその試合のメンバーに入りませんでした。彼は①腹をたてて田中先生に聞きました，「なぜ僕が控え選手なのですか？」 彼は答えました，「自分自身で②それについて考えてみなさい。答えが分かったら，君はより良い選手になれるでしょう。」ゲンキはワタルの隣でその試合を見ました。すると，彼はワタルのいいところが分かりました。試合中，部員がミスをすると，ワタルはいつも彼らを励ましていました。また，彼は素早く飲み物を彼らのところへ持って行って選手たちに助けになる一言を添えて渡していました。ゲンキは驚いてワタルに聞きました，「なぜそんなに一生懸命働いているの？」 彼は答えました，「全部チームのためだよ。まあ，レギュラー選手になれないから悲しく思うことはよくあるよ。でも僕はチームのために僕ができることをしたいんだ。」この言葉から，ゲンキは，自分は自分のことだけを考えていること，そしてワタルは他の人のことを考えていることに気づきました。試合の後，ワタルは誰よりも先にグランドの掃除(整備)を始めました。ゲンキは言いました，③「仲間に入れてくれる？」ワタルは笑顔で言いました，「もちろんいいよ。」そして，彼らは一緒にグランドを掃除しました。その後，田中先生はゲンキに聞きました，「なぜワタルがキャプテンなのか分かったかい？」 彼は答えました，「はい，ワタルは僕に他の人たちのことを考えて，チームのために一生懸命働くことが大切だということを教えてくれました。彼はすばらしい人です。僕は④彼のような人になりたいです。」

ゲンキとワタルは3年生になり，最後のトーナメントが始まりました。トーナメントで，ゲンキはレギュラー選手でしたが，ワタルはまだ控え選手でした。試合中，ゲンキは走ることをさぼらずチームの部員を励まし続けました。それはすべてチームのためでした。彼らは勝ち続け，ついにそのトーナメントで優勝しました。その上，ゲンキは最優秀選手賞を獲得しました。彼はインタビューされてこう言いました，「僕がこの賞をとれたのは，部員全員がチームのために一生懸命努力したからです。」⑤彼のチームの部員たちはそれを聞いて嬉しく思いました。ゲンキはこうも言いました，「僕たちのキャプテンであるワタルに『ありがとう』と言いたいです。僕は彼から大切なことをたくさん学びました。彼は僕を大きく⑥変えてくれました。」ワタルは彼を笑顔で見ていました。

(1) 全訳参照。 get angry ＝腹をたてる busy ＝忙しい sleepy ＝眠い tired ＝疲れている

(2) 全訳参照。下線部②を含む文の直前の一文に注目。ゲンキがコーチに「なぜ僕が控え選手なのですか？」と聞いている。it はそのことを指す。

(3) 全訳参照。**<Can you ＋動詞の原形～？>**で「～してもいいですか？」を表す。join ＝参加する，(仲間に)加わる

(4) 全訳参照。ここでの like は前置詞で「～のような」の意味。

(5)　全訳参照。下線部⑤を含む文の直前のゲンキの発言に注目。that はゲンキの発言内容を指す。
(6)　全訳参照。watch ＝見る　ask ＝たずねる，頼む　study ＝勉強する　change ＝変える，変わる
(7)　(a)　タナカ先生は試合中選手たちにいつも何をするように言っていますか？／彼はいつも彼らにチームのために一生懸命走るように言っています。第1段落4文目参照。　(b)　ゲンキは2年生になった時，チームのキャプテンになりましたか？／いいえ，なりませんでした。第2段落1，2文目参照。
(8)　㋐　ゲンキは2年生になる前は，チームのために走ることをよくさぼっていた。(○)　第1段落最後から2文目参照。　㋑　ゲンキはワタルほどサッカーが上手ではなかったので，控え選手だった。　㋒　練習試合の間，ゲンキはチームの部員たちに素早く飲み物を渡した。　㋓　ワタルは悲しく感じることがよくあった，なぜなら彼はチームのためにやることがたくさんあったからだ。　㋔　ワタルはゲンキに，他の人たちのことを考えずにもっと自分のことを考えることが大切だと教えた。　㋕　最後のトーナメントの間，ゲンキはレギュラー選手で，チームのために一生懸命努力した。(○)　第4段落2文目から4文目参照。

問題5　(自由・条件英作文)

(解答例訳)　私は1人で旅行する方がいいと思います。他の人たちのことを考える必要がありません。だから行きたいところに行くことができます。自分の計画を簡単に変えることもできます。気に入った場所を見つけたら，長い間そこに滞在することができるのです。／私は友だちと旅行する方がいいと思います。ひとつめに，困ったことがあったら，友だちが助けてくれるでしょう。だから，彼らと一緒に安心して旅行ができます。ふたつめに，一緒にたくさんのことを楽しむことができます。だから，あとで同じ経験について話をするのも楽しいのです。

2023年度英語　英語を聞いて答える問題

〔放送台本〕

今から，「英語を聞いて答える問題」を始めます。問題は，A，B，C，D，Eの5種類です。

Aは，絵を選ぶ問題です。今から，Koji が昨日の昼食後にしたことについて，説明を英語で2回くりかえします。よく聞いて，その説明にあてはまる絵を，①から④の絵の中から一つ選んで，その番号を書きなさい。

Koji washed the dishes with his father after lunch yesterday.

〔英文の訳〕

昨日コウジはお父さんと一緒に昼食の後，お皿を洗いました。

〔放送台本〕

Bは，学校行事を選ぶ問題です。問題用紙のグラフを見てください。Junko が，クラスの34人の生徒に，「最も好きな学校行事」をたずねたところ，四つの学校行事があげられました。今から，Junko がその結果を英語で発表します。よく聞いてグラフの②にあてはまる学校行事として最も適当なものをアからエのうちから一つ選んで，その記号を書きなさい。英文は2回くりかえします。

Our school has interesting school events. Half of my classmates like the school festival the best. You may think that the sports day is also popular, but the English drama competition is more popular than that. Three students like the chorus competition the best.

〔英文の訳〕

私たちの学校にはおもしろい行事があります。クラスメイトの半分は学園祭が一番好きです。スポーツの日も人気があると思うかもしれませんが，英語劇コンテストがそれよりも人気があります。3人の生徒は合唱コンテストが一番好きです。

〔放送台本〕

Cは，応答を選ぶ問題です。今から，Megu と George の対話を英語で2回くりかえします。よく聞いて，Megu の最後のことばに対する George の応答として最も適当なものをアからエのうちから一つ選んで，その記号を書きなさい。

Megu : Let's make fruit juice! I have apples and bananas. Do we need anything else?

George : How about milk?

Megu : I wish I had it.

〔英文の訳〕

メグ　　：フルーツジュースを作りましょう！　リンゴとバナナはあるわ。他に何か必要かしら？

ジョージ：牛乳はどうかな？

メグ　　：あった方がいいわ。

答え　　：イ　分かったよ。僕がスーパーマーケットで牛乳を買うよ。

〔放送台本〕

Dは，対話の内容を聞き取る問題です。今から，Nancy と Yuji の対話を英語で2回くりかえします。よく聞いて，NancyとYuji の待ち合わせ場所，待ち合わせ時刻，および Yuji がNancy に持ってくるように言ったものを，それぞれ日本語で書きなさい。

Nancy : Let's finish our project in the library on Saturday.

Yuji : Sounds nice. Where will we meet?

Nancy : How about meeting at the park next to the library? It will take about five minutes to the library.

Yuji : OK. So, will we meet at 8:50?

Nancy : Well, is 8:30 too early? I think there will be a lot of people in front of the library at 9.

Yuji : All right. It's not too early. We will do the project all day, so let's have lunch together. Please bring some money.

〔英文の訳〕

ナンシー：土曜日に図書館で研究課題を終わらせましょう。

ユージ　：いいね。どこで会う？

ナンシー：図書館の隣の公園で会うのはどうかしら？　図書館まで5分くらいのところよ。

ユージ　：分かったよ。それなら8時50分に会う？

ナンシー：そうねえ，8時30分は早すぎるかしら？　9時にはたくさんの人が図書館の前にいると思うの。

ユージ　：いいよ。早すぎないよ。一日中研究課題をやるから，一緒にお昼ご飯を食べよう。お金を持って来てね。

〔放送台本〕

Eは，文章の内容を聞き取る問題です。はじめに Ken についての英文を読みます。そのあとで，英語でNo. 1, No. 2, No. 3の三つの質問をします。英文と質問は，2回くりかえします。よく聞いて，質問に対する答えとして最も適当なものを，アからエのうちからそれぞれ一つずつ選んで，その記号を書きなさい。

Ken's hobby is riding a bike. He liked the sea, so he often went to see it by bike. He wanted to cross it someday to see a wider world.

One day, when Ken was riding a bike, he found the man who was in trouble. He didn't look Japanese, so Ken asked him in English, "Can I help you?" The man said to him, "I have a problem with my bike." Ken decided to take him to the nearest bike shop. The man's name was Jim, and he came from the U.K. to visit temples in Shikoku by bike. He almost finished visiting 88 temples. Ken said to Jim, "I want to be a strong man like you." Jim said to him, "You are already strong, because you tried to help me without anyone's help." Ken was happy to hear that. Ken said to Jim, "I'll go to the U.K. in the future, so please take me to wonderful places there by bike." Jim said with a smile, "Of course!"

質問です。

No. 1： Where did Ken like to go by bike?

No. 2： Why did Jim come to Shikoku?

No. 3： What did Ken ask Jim to do in the future?

〔英文の訳〕

ケンの趣味は自転車に乗ることです。彼は海が好きだったので，よく自転車で海を見に行っていました。彼はより広い世界を見るためにいつか海を渡りたいと思っていました。

ある日，ケンが自転車に乗っていた時，困っている人を見つけました。彼は日本人には見えなかったので，ケンは英語で聞きました，「お手伝いしましょうか？」 その男性は彼に言いました，「自転車に不具合があるのです。」ケンは彼を一番近い自転車屋さんに連れていくことにしました。その男性の名前はジムと言いました，そして彼は自転車で四国の寺を訪れるためにイギリスから来ていました。彼は88の寺をほぼ回り終えていました。ケンはジムに言いました，「僕はあなたのような強い人になりたいです。」ジムは彼に言いました，「あなたはもう強いですよ，だって誰の助けもなしに僕を助けようとしてくれましたから。」ケンはそれを聞いて嬉しくなりました。ケンはジムに言いました，「将来イギリスに行きます，そうしたら自転車でイギリスの素晴らしいところへ連れて行ってください。」ジムは笑顔で言いました，「もちろんです！」

No. 1　ケンは自転車でどこへ行くことが好きでしたか？

答え ：ウ　海

No. 2　ジムはなぜ四国に来ましたか？

答え ：ア　寺を訪れるため。

No. 3　ケンはジムに将来何をすることを頼みましたか？

答え ：エ　ケンをイギリスで素晴らしいところへ連れていくこと。

＜理科解答＞

問題1　A　(1)　a　(例)観測者の位置　b　(記号)　㋑　(言葉)　日周運動　c　ウ　d　㋐と㋓　e　エ　(2)　(例)単位面積あたりに地面が得るエネルギーが多くなるため。[同じ面積に当たる光の量が多くなるため。]　B　(1)　a　㋑と㋓　b　気団　c　㋒　(2)　a　㋑と㋒　b　ア　c　イ

問題2　A　(1)　a　有性生殖　b　㋐→㋒→㋔→㋑→㋓　(2)　(例)親の形質と同じになる。　B　(1)　(例)エタノールにつけることによって，葉が脱色されるため。　(2)　デンプン　(3)　P　㋒　Q　㋐　(4)　(例)光をたくさん受けることができる。　C　(1)　a　感覚器官　b　㋒　c　エ　(2)　a　㋐と㋓　b　イ　c　(例)肺胞がたくさんあることで，空気にふれる表面積が大きくなるから。

問題3　A　(1)　水素　(2)　(例)Ⓓと Ⓔに操作㋑をおこなったとき，スライドガラスに白い固体が残ったほうの水溶液の種類が砂糖水であることがわかり，スライドガラスに何も残らなかったほうの水溶液の種類がエタノール水溶液であることがわかる。[ⒹとⒺに操作㋑をおこなったとき，スライドガラスに何も残らなかったほうの水溶液の種類がエタノール水溶液であることがわかり，スライドガラスに白い固体が残ったほうの水溶液の種類が砂糖水であることがわかる。]　(3)　㋑と㋒　(4)　$NaCl \rightarrow Na^{+} + Cl^{-}$　(5)　ナトリウムイオン　B　(1)　(例)すべてのマグネシウムが酸素と結びついたから。　(2)　0.60〔g〕　(3)　右図　(4)　㋐→㋒→㋑

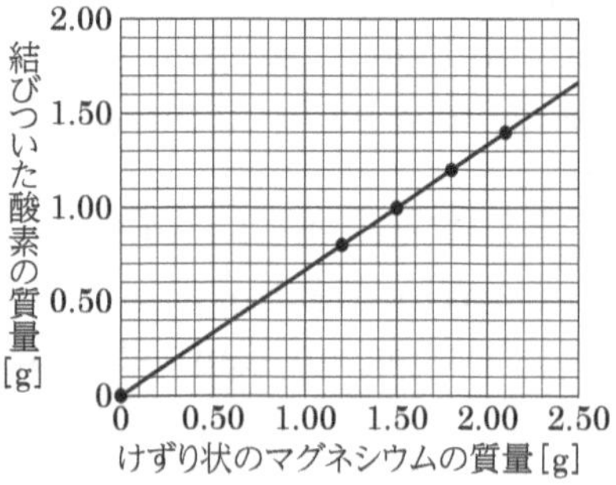

問題4　A　(1)　㋓　(2)　㋐と㋒　B　(1)　4.5〔V〕　(2)　㋑と㋒　(3)　3.6〔V〕　(4)　(例)磁石を速く動かす。[コイルの巻き数を増やす。／磁力の強い磁石を近づける。]　(5)　イ　C　(1)　ア　(2)　1.8〔J〕　(3)　ウ　(4)　1番目　t　3番目　s　(5)　6.0〔N〕

＜理科解説＞

問題1　(地学総合)

A　(1)　a　透明半球を天球としたとき，透明半球の中心が観測者の位置となる。　b　地球の**自転は西から東**なので，天球上の天体は，東から西へ日周運動を行って見える。　c　1時間(60分)に太陽が天球上を動いている長さは，13.0－10.4＝2.6〔cm〕　15時から日の入りを表す点Qまでの長さは，37.2－26.0＝11.2〔cm〕なので，11.2cm動くのにかかる時間をx分とすると，60：2.6＝x：11.2より，x＝258.4…〔分〕だから，15時のおよそ4時間18分後が日の入りの時刻である。よって，19時18分と求められる。　d　南中時刻は日の出が早かった地点Yのほうが早い。また，地点YとZの昼の長さを求めると，どちらも14時間25分で等しい。よって，どちらも**緯度が等しいので，南中高度は等しくなる。**　e　夏至の日は6月下旬である。7月上旬は夏至の日よりも南中高度は低くなっている。この南中高度とほぼ同じになるのは，次の年の夏至の日の少し前(6月中旬ごろ)であると考えられる。よって，およそ11か月後となる。

(2)　一定の面積に当たる光の角度が地面と垂直に近くなるほど，その面積に当たる光の量が多くなる。

B (1) a 空き缶の中の水蒸気が水滴に変化するため，空き缶の中の気体の量が減り，空き缶の内側の気圧が外側よりも低くなる。よって，空き缶がまわりの大気におされてつぶれる。
b 性質が一様な大規模な空気のかたまりを，気団という。 c 極付近と赤道付近にふく風は東風である。温帯付近をふいている偏西風は，西風である。

(2) a 台風は**熱帯低気圧**が発達したものである。台風は，はじめは南の海上から西へ進みながら北上するが，日本付近にくると偏西風の影響を受けて進路を東寄りに変える。このとき，太平洋高気圧のふちに沿うように進む。 b 表より，気圧が最も低くなっているのは15時から21時の間なので，図から15時から21時の間に台風の中心が通過した位置にあるアかイとなる。また，台風の西側では，台風の中心が通過する前後の風向が北寄りから西寄りに変化する。一方，台風の東側では，台風の中心が通過する前後の風向は，東寄りから南寄りへ変化する。この条件から，観測地点はアであると考えられる。 c 積乱雲は，強い上昇気流によって縦長の雲をつくる。積乱雲は短時間の強い雨を降らせる。

問題2 (生物総合)

A (1) a 受精をともなう生物のふえ方を，有性生殖という。 b 1個の細胞からなる受精卵は，細胞分裂を繰り返して細胞数を増やしていく。

(2) 無性生殖は，親の体の一部を利用して子を増やすため，親と同一の遺伝子の組み合わせをもつ。よって，**形質は親と同じ**である。

B (1) あたためたエタノールで葉を脱色すると，ヨウ素液による色の変化を観察しやすくなる。

(2) デンプンにヨウ素液を加えると，ヨウ素液が青紫色に変化する。

(3) P 光合成を行ったaと，光の条件だけが異なるdを比べる。 Q 光合成を行ったaと葉の色が異なるbを比べる

(4) 葉を重ならないようにつけることで，葉で効率よく日光を受けることができる。

C (1) a 外界の刺激を受け取るための器官をまとめて，感覚器官という。 b 目で受けた刺激の信号は，直接脳へ伝わる。脳から出た命令はせきずいを通って筋肉へ伝わる。 c 筋肉は，関節をまたいで対になるようについている。このうち一方が縮むと，他方がゆるむ。

(2) a ゴム膜を下げると，容器内の空間が広がるため，ゴム風船内に空気が吸いこまれる。
b 空気中の約8割を占めているのは窒素，約2割を占めているのは酸素である。呼吸によって増加する気体は二酸化炭素である。 c 肺胞があることによって，気体の交換を行う表面積が広くなる。

問題3 (化学総合)

A (1) 実験Ⅰ～Ⅱの結果から，**Ⓐはうすい水酸化ナトリウム水溶液，Ⓑはうすい塩酸，Ⓒは食塩水，ⒹとⒺは，砂糖水かエタノール水溶液**である。よって，Ⓐを用いた実験Ⅰは，水の電気分解となるため，陰極からは水素が発生する。

(2) どちらの水溶液も二酸化炭素をふくんでいないので，石灰水を加えても変化しない。また，どちらの水溶液も中性であるため，フェノールフタレイン溶液を加えても無色のままである。砂糖水は，加熱するとやがてこげ始めるが，エタノール水溶液は，加熱するとすべて蒸発し，何も残らない。

(3) Ⓑはうすい塩酸であるため，pH試験紙は酸性の性質をもつ水素イオンに反応して色が変化する。また，水素イオンは＋の電気を帯びているため陰極へ向かって移動する。そのため，pH試験紙の色の変化した部分は，陰極へ向かって移動していく。

(4)　Ⓒは食塩水であり，溶質は塩化ナトリウム(NaCl)である。塩化ナトリウムが電離すると，ナトリウムイオンと塩化物イオンを生じる。

(5)　Ⓐは水酸化ナトリウム水溶液，Ⓑはうすい塩酸である。ⒶにⒷを混ぜていくと，混合液は，アルカリ性→中性→酸性の順に変化していく。BTB溶液が青色を示しているときは，水溶液がアルカリ性になっていることから，水溶液中には水酸化物イオンとナトリウムイオンが存在していることがわかる。ただし，水酸化物イオンは一部が中和に使われて水に変化しているが，ナトリウムイオンは塩酸を加えても減少しない。

B　(1)　この実験では，マグネシウムと酸素が結合する化学変化が起きている。化学変化では，反応する物質の**質量の割合が決まっている**ため，加熱を続ければ質量が増え続けるわけではない。

(2)　加熱回数が3回以降になると質量の変化がなくなるので，未反応のマグネシウムがなくなっている。つまり，1.20gのマグネシウムを加熱すると，2.00－1.20＝0.80〔g〕の酸素と反応することがわかる。1回目では，1.60－1.20＝0.40〔g〕の酸素がマグネシウムに結合したので，この酸素に結合したマグネシウムの質量をxgとすると，1.20：0.80＝x：0.40　x＝0.60〔g〕　よって，未反応のマグネシウムの質量は，1.20－0.60＝0.60〔g〕

(3)　結びついた酸素の質量は，加熱後に質量が増加しなくなったときの物質の質量とけずり状のマグネシウムの質量の差から求められる。

(4)　マグネシウムは，二酸化炭素から酸素をうばって燃えたので，酸素との結びつきやすさは，マグネシウム＞炭素となる。また，炭素は，酸化銅から酸素をうばって二酸化炭素に変化したので，酸素との結びつきやすさは，炭素＞銅となる。これらを整理すると，酸素との結びつきやすさは，**マグネシウム＞炭素＞銅**となる。

問題4 (物理総合)

A　(1)　スクリーンにできる像は，実際の厚紙と，上下左右が逆になっている。

(2)　スクリーンにできる像の大きさは，物体と凸レンズの間の長さが長くなるほど小さくなり，短くなるほど大きくなる。ただし，物体と凸レンズの間の長さが焦点距離以下になると，スクリーン上に像はできない。

B　(1)　3Ωの抵抗に1.5Aの電流が流れているので，1.5〔A〕×3〔Ω〕＝4.5〔V〕

(2)　方位磁針のN極が指す向きが磁界の向きである。

(3)　回路は，電熱線Lと電熱線Mの並列回路になっている。回路の全抵抗は，$\frac{1}{3}+\frac{1}{6}=\frac{3}{6}=\frac{1}{2}$より，2Ωである。この回路に1.8Aの電流が流れると，1.8〔A〕×2〔Ω〕＝3.6〔V〕より，電源電圧は3.6Vとなる。電圧計が示す値は，電源電圧に等しい。

(4)　誘導電流を大きくするためには，コイルの巻き数を増やす，磁石を速く動かす，磁石を強い磁石に変えるなどの方法がある。

(5)　コイルの上と下で磁石の同じ極を近づけ(遠ざけ)ると，誘導電流の向きが逆になる。図ⅤでN極をコイルに近づけると検流計の針は左に振れたので，S極をコイルの上から近づけると，検流計の針は右に振れる。S極をコイルの下から近づけるときは，上からS極を近づけるときと逆向きの誘導電流が流れるため，検流計の針は左に振れる。磁石の動きが止まると検流計の針は振れないが，S極をコイルの下から遠ざけると，S極をコイルの下から近づけたときと逆向きの誘導電流が流れるので，検流計は右に振れる。

C　(1)　一定の速さで引き上げているので等速直線運動である。よって，糸が力学台車を引く力と，力学台車にはたらく重力は，つり合っている。

(2)　実験Ⅰで行った仕事は，6.0〔N〕×0.3〔m〕=1.8〔J〕である。**仕事の原理**より，実験Ⅱで行った仕事は実験Ⅰで行った仕事に等しい。

(3)　一定の速さでばねばかりを引いているので，力学台車も一定の速さで引き上げられている。よって，運動エネルギーは変化しない。ただし，このとき力学台車の高さはしだいに高くなっているので，位置エネルギーは増加していることから，運動エネルギーと位置エネルギーの和である力学的エネルギーは増加する。

(4)　実験Ⅰで行う仕事の大きさは，6.0〔N〕×0.3〔m〕=1.8〔J〕であり，30cm引き上げるために，ばねばかりを30〔cm〕÷5.0〔cm/s〕=6〔s〕引くことがわかる。よって仕事率は，1.8〔J〕÷6〔s〕=0.3〔W〕　実験Ⅱで行う仕事は，仕事の原理から実験Ⅰと等しいので1.8J。よって仕事率は，1.8〔J〕÷9.0〔s〕=0.2〔W〕　同様に，実験Ⅲで行う仕事の大きさは仕事の原理より1.8J。また，動滑車を使っているため，力学台車を30cm引き上げるために糸を30〔cm〕×2=60〔cm〕引く。60cmの糸を引くのにかかる時間は，60〔cm〕÷8.0〔cm/s〕=7.5〔s〕　よって仕事率は，1.8〔J〕÷7.5〔s〕=0.24〔W〕　仕事率を小さい順に並べると，**実験Ⅱ(t)＜実験Ⅲ(u)＜実験Ⅰ(s)**となる。

(5)　実験Ⅰより，力学台車の重さは6.0Nである。おもりXをつけて持ち上げたときに，ばねばかりは4.0Nを示したことから，力学台車とおもりXの合計の重さは，4.0〔N〕×2=8.0〔N〕となる。よって，おもりXの重さは，8.0−6.0=2.0〔N〕　同様に，おもりYをつけて持ち上げるとばねばかりは5.0Nを示したので，力学台車とおもりYの合計の重さは，5.0〔N〕×2=10.0〔N〕となる。よって，おもりYの重さは，10.0−6.0=4.0〔N〕　よって，力学台車におもりXとYをつけると，全体の重さが6.0+2.0+4.0=12.0〔N〕となるので，図Ⅳでばねばかりが示す値は，12.0〔N〕÷2=6.0〔N〕

＜社会解答＞

問題1　(1)　エ　(2)　a　イ　b　㋐と㋓　c　ウ　(3)　総会　(4)　南南問題　(5)　a　エ　b　(例)所得が高い人ほど，税率が高くなるしくみ。　(6)　㋑　(7)　ア　(8)　a　㋐と㋓と㋕　b　独占禁止法　(9)　a　(例)育児と仕事が両立しにくい　b　(例)年齢が高くなるにつれて，正社員との賃金の格差が拡大している。[年齢が高くても，賃金が低く抑えられている。]　c　情報通信技術を活用した業務の効率化[多様な働き方を労働者が選択できる制度の整備]

問題2　1　(1)　ウ　(2)　大宝律令　(3)　a　ア　b　㋑→㋒→㋐　c　(記号)　㋑　(言葉)　院政　(4)　a　建武の新政　b　ア　(5)　a　イ　b　(例)問屋が，農民に材料や道具を貸して，生産させた製品を買い取るしくみ。[問屋が，農民に材料や道具を貸して，製品をつくらせるしくみ。]　(6)　㋑と㋒　(7)　a　版籍奉還　b　㋒→㋐→㋑　c　㋓　(8)　a　ア　b　(例)満州国を承認しないことや，日本軍の撤兵を求めることが決議された。　c　(例)20歳以上の男女に選挙権が認められることになったから。[女性の選挙権が認められるようになったから。]　d　日ソ共同宣言

問題3　(1)　a　A　b　3月20日午前1時　c　環太平洋(造山帯)　d　(記号)　㋑と㋓　(内容)　(例)赤道より南に位置している　(2)　A　扇状地　B　(例)　水はけがよい[水が地下にしみこみやすい]　(3)　a　ウ　b　イ　(4)　(例)　わが国と，アメリカ合衆国やヨーロッパ諸国との間で，貿易摩擦が激しくなったから。[わが

国と，アメリカ合衆国やヨーロッパ諸国との間で，関税などをめぐって貿易上の対立がおこったから。]　(5)　㋒→㋑→㋐　(6)　a　約2400(m)　b　北西　c　ウ　d　エ　e　イ

＜社会解説＞

問題1　(公民的分野－憲法・政治・経済・国際関係などに関する問題)

(1)　**日本国憲法第28条**の内容である。アは参政権，イは知る権利，ウは財産権である。

(2)　a　議院内閣制に関する規定ではなく，**日本国憲法第51条に規定された国会議員の免責**に関する規定である。　b　逮捕に関しては，**日本国憲法第33条**の規定から判断すればよい。起訴に関しては，刑事訴訟法第247条の規定から判断すればよい。　c　**日本国憲法第76条**の規定から判断すればよい。

(3)　**国際連合の全加盟国が出席**して，毎年9月の第3火曜日からアメリカ合衆国の**ニューヨークにある国連本部で開催**される会議である。議決に関しては，**一般事項は投票国の過半数，重要事項は投票国の3分の2以上の多数**が必要とされている。

(4)　1980年代以降，アフリカやアジアの国々の間でも経済格差が生じるようになったことから，指摘されるようになった問題である。

(5)　a　Aは，**税の負担者と納税者が同じ場合は直接税，異なる場合は間接税**となることから判断すればよい。Bは，日本は直接税の割合が高いことから判断すればよい。　b　所得税や相続税などの徴収に採用されている，所得の再分配を目的とした課税方法である。

(6)　買い物の契約が成立するのは，購入者の申し出に対して販売者が承諾をしたタイミングであるとされていることから判断すればよい。

(7)　株式会社の株主は有限責任を負うに過ぎないことから判断すればよい。無限責任を負うのは，合名会社・合資会社の無限責任社員である。

(8)　a　不況の時期には需要が供給を下回り，物価は下落することになる。この状態をデフレーションという。これらを併せて判断すればよい。　b　市場における公正・自由な競争を実現することで，商品やサービスの品質向上・価格の適正化を目指す目的で制定された法律である。

(9)　a　30代の女性が出産・育児をする年代の中心であることに注目し，働く割合が低下する原因を考えればよい。　b　それぞれの賃金のピークが，正社員は50~59歳，非正規労働者は35~49歳であること，どの年代においても正社員の賃金が高くなっていることなどに注目すればよい。　c　労働時間短縮には，業務の効率化や適正配分，新しい技術の導入などが必要であることに注目して説明すればよい。

問題2　(歴史的分野－各時代の様子に関する問題)

(1)　**土偶は，縄文時代にまじないをする**ためのものであるとされていることから判断すればよい。アは弥生時代，イは古墳時代，エは旧石器時代のことである。

(2)　文武天皇の時代に，**天武天皇の皇子である刑部親王**や**中臣鎌足の子である藤原不比等**らがまとめたものである。

(3)　a　**かな文字**とは，**漢字を崩したひらがな，一部を取ったカタカナ**のことであり，平安時代後半の国風文化における最大の特徴であることから判断すればよい。イは奈良時代，ウは室町時代，エは鎌倉時代のものである。　b　㋐は**1582年から始まった太閤検地**，㋑は**743年に出された墾田永年私財法**，㋒は平安時代のことである。　c　天皇を退位した上皇が行う政治を**院政**

といい，**1086年に白河上皇が始めた**ことから判断すればよい。

(4)　a　**後醍醐天皇が，1333年に鎌倉幕府を滅ぼした後，1334年から始めた天皇中心の政治**のことである。　b　家督を譲った後55歳から測量を始め，大日本沿海輿地全図を作成する中心となった人物である。イは**国学**を大成した人物，ウは**ターヘルアナトミアを翻訳して解体新書**をまとめた人物，エは**南総里見八犬伝**の作者である

(5)　a　京都の裕福な商工業者を町衆といったこと，**西陣は応仁の乱で西軍の陣地が置かれていた場所**につけられた名前であることから，祭りが**祇園祭**であると判断できる。これらを併せて判断すればよい。　b　仕事のとりまとめを行う問屋が，農家の副業的な意味合いで製品の製造を委託した仕組みのことである。

(6)　アメリカ合衆国は1776年にイギリスからの独立を宣言したこと，フランスでは1804年にナポレオン法典が成立したことに注目すれば良い。

(7)　a　版は土地，籍は人民を表わしていることから判断すればよい。　b　㋐は1877年，㋑は1880年，㋒は1871~1873年の出来事である。　c　㋐は1879年，㋑は1919年，㋒は1915年，㋓は1905年のことであることから判断すればよい。

(8)　a　**日本でラジオ放送が始まったのは1925年(大正14年)**である。イは1964年の出来事，ウは明治時代の音楽家，エは昭和時代の映画監督である。　b　リットン調査団は1931年に日本軍が起こした鉄道爆破事件である柳条湖事件の調査のために派遣されたものである。調査の結果，爆破は満州への進出を狙う日本軍の自作であることが判明し，国際連盟では日本軍に対して満州からの撤退を求める決議が行われた。　c　**1945年12月の選挙法の改正**により，それまでは25歳以上の男子に認められていた**選挙権が，20歳以上の男女に認められる**ようになったことに注目すればよい。　d　**鳩山一郎首相**がモスクワを訪れて調印したものである。

問題3　(地理的分野－世界地理・日本地理・地形図などに関する問題)

(1)　a　略地図は，中心からの距離と方位が正しい**正距方位図法**で描かれていることから判断すればよい。　b　**日本標準時子午線は東経135度**であることから，**2地点間の経度の差は135＋75＝210(度)**となる。360÷24＝15であることから，経度15度は時間に直すと1時間であることになる。したがって，**2地点間の時差は210÷15＝14(時間)**，すなわち，**日本が14時間進んでいること**になる。このことから，3月20日午後3時－14時間＝3月20日午前1時であることが分かるはずである。　c　太平洋を取り囲む火山の連なりのことである。　d　**略地図では，中心からの距離が10000kmの線が赤道**になっていることから，ファンチェットは北半球，ダーウィンは南半球に位置していることが分かる。最低気温は，資料Ⅰでは8月，資料Ⅱでは1月になっていることから，それぞれの月が冬に当たることが分かる。また，資料Ⅰの6月から8月は降水量が少ないことが読み取れる。これらを併せて判断すればよい。

(2)　A　山間部を勢いよく流れてきた川が平野や盆地に移るところに粒が大きい砂や石を扇形に堆積させた地形である。　B　堆積物の粒が大きいということは，水はけが良いことにつながる点に注目すればよい。

(3)　a　**棒グラフは数量の大小の比較，折れ線グラフは数量の変化，円グラフは割合の大小，帯グラフは割合の変化**を表すのに，それぞれ適していることに注目して判断すればよい。　b　米の生産量に占める輸出量の割合は，2006年は3055÷64108×100＝4.76(%)，2009年は2973÷68509×100＝4.33(%)となっていることから，イは誤りである。

(4)　1980年代に自動車生産台数が世界一になった日本は，自動車輸出に関してアメリカ合衆国やヨーロッパ諸国との間で貿易摩擦を起こすことになった。その対応策として，輸出を制限する自

主規制，相手国に工場を作る現地生産，農産物の輸入を増やす市場開放などの取り組みを行った点に注目して説明すればよい

(5)　1947年からの第一次ベビーブームの後，一旦人口増加のペースが落ち着いた時期，1971年からの第二次ベビーブームで全国的に人口増加率が上昇した時期，人口減少が始まっている現在という，それぞれの時期の特徴に注目して判断すればよい。

(6)　a　縮尺25000分の1とあることから，地図上の1cmの実際の長さは25000cm＝250mとなる。したがって，9.6×250＝2400(m)であることが分かる。　b　地形図には方位記号が描かれていないことから，地形図の上が北になることが分かる。警察署⊗は東武日光駅の北側に位置しているので，そこから外山の方位を確認すればよい。　c　写真が砂防ダムであることから判断すればよい。アは火山の噴火，イは地震，エは台風・低気圧によってもたらされる災害である。　d　木造建築の減少の影響で，国内の林業は生産量を大きく減らしていることから判断すればよい。　e　機械工業の割合が高いが50％をこえていないものに注目すればよい。アは瀬戸内工業地域，ウは東海工業地域，エは京葉工業地域である。

＜国語解答＞

問題一　(一)　a　ふしぎ　b　かわ　c　はず　d　す　(二)　2　(三)　1
(四)　ア　ぴんとこない　イ　知らないことに満ちている　(五)　(例)文字を勉強して広い世界について学ぶことによって，海の向こうの異国などの知らない世界と自分をつないでくれる　(六)　3　(七)　頭の中が水　(八)　4

問題二　(一)　あたえ　(二)　4　(三)　百姓のため
(四)　(初め)米は人　(終わり)事なり　(五)　1

問題三　(一)　a　加工　b　一風　c　積極　d　厳密　(二)　4　(三)　2
(四)　1　(五)　(例)日常生活のなかで何気なしに自分が感じ，知覚し，思ったこととの結びつきを欠くときには，私たちにとって内面化されず，私たち自身のものにならない　(六)　2　(七)　3　(八)　広い範囲に有効性を持ちうる
(九)　ア　根本から問いなおした　イ　日常化された経験の底にある自明性をはっきり露呈させた　(十)　3

問題四　(例)私はこれからの社会では，さまざまな事柄に対して柔軟に対応する力が求められると思う。自分とは違う考えを持ち，行動する人と一緒に生きていく上で，多様性を認めることはとても大切だ。先日参加したキャンプでは，いろんな人と協力したことで，想定外の事態にも様々なアイデアが出て，乗り越られた。

　自分一人では無理だった。これからの社会は思いもしないことの連続だ。自分とは違う他者を受け入れ，力を合わせて未知なる世界を生きていこうとする心構えを持って，どんなことにも対応していく力が必要だ。

＜国語解説＞

問題一　(小説―情景・心情，内容吟味，文脈把握，脱文・脱語補充，漢字の読み，品詞・用法，表現技法・形式)

(一)　a　不思議の「議」にはごんべんが付くことに注意。　b　「乾」の訓読みは「かわ・く」，

音読みが「カン」。

c 「弾」の訓読みは「はず・む」，音読みは「ダン」。　d 「透」の訓読みは「す・く」，音読みは「トウ」。「透明(トウメイ)」。

(二)　チャオミンは「わあ，嬉しい！ありがとう，父さん」と言っていた。そこには**父への感謝と筆をもらった喜び**が表れている。さらに，父への感謝は単に筆を買ってくれたことにとどまらず，「それでもっとニュウシュを練習するといい」と**学びを応援してくれることへの感謝**もあることをふくめて，選択肢を選ぶ。

(三)　傍線②「の」は，**準体格の「の」であり，「もの」や「こと」に置き換えられる。**1も準体格の「の」で，「こと」に置き換えられる。2は連体修飾格の「の」で，体言「味」にかかる。3は主格の「の」で，「が」に置き換えられる。4は連体詞「あの」の一部。

(四)　海の説明が始まった部分から探そう。すると「そう言われてもぜんぜんぴんとこないのだ」とあるので，ア はここから抜き出せる。また，イ は，**「気づかせよう」とした内容**が入る。それは**グンウイがチャオミンに教えたいこと**であり，グンウイの「この国は広い。……その筆で勉強なさい。」という言葉の中から抜き出せる。世界は広く，「わたしたちの知らないことに満ちている」ということを伝えたのである。

(五)　**筆で文字を勉強することで，チャオミンは知らない世界を知る**ことができる。つまり，櫂が船に乗る者をどこか遠くの目的地へ運ぶための道具であるように，**筆はチャオミンを海の向こうの知らない世界へと連れて行ってくれる道具**なのである。

(六)　グンウイは，チャオミンの歌声や歌詞を褒め，彼女が持つ才能を認めている。さらに**学ぶことへの意欲に満ちたチャオミンを慈愛のまなざし**で見つめるのだ。グンウイの「やわらかな光」を放つ目にはチャオミンを**見守るような感じ**がある。

(七)　**チャオミンにとって未知の光景とは，海**である。海を想像する場面に「頭の中が水でいっぱいになった」という比喩表現がある。

(八)　ここで描かれたチャオミンからはまず，**筆を買ってくれた父への感謝**が読み取れる。さらに，グンウイとの会話によって，**知らない世界を学び，言葉を大事にしていこうとする思い**が生まれた。そこには，学ぶことにより自分の内面を豊かにすることへの意欲が含まれている。1「海の向こうで学んでいきたい」，2「言葉には人の心を開く力がある」，3「学問の道をきわめたい」という説明が，それぞれ不適切。

問題二　(古文—要旨・大意，文脈把握，脱文・脱語補充，仮名遣い)

【現代語訳】　昔，晋という国の大王が，鳫を気に入って，たくさんお飼いになっていたが，糠を餌に与えられた。糠はもうすべて無くなったので，市場に行って買い求めた。そのうち，米と糠との値段が同じになった。臣下が申し上げることに「米と糠が同じ値段ならば，糠を買い求めずにすぐに米を食べさせください。」と申し上げたところ，大王がおっしゃることには「米は人の食べ物だ。(人は)糠を食べることはできない。鳫は糠を食べることができるのだから，米と糠が同じ値段でも，米に変わって糠を与えよ。百姓のために良いことだ。」とおっしゃった。蓄えている米を出して糠に変えたところ，国中が豊かになって人々は喜んだ。このことから考えるに，国王が好んでいらっしゃるものがあっても，国家のために無駄とならず，百姓の痛みや悲しみにならないことをするのが，仁政というのであり，自分の面白い遊びのために人を痛みつける政治は，良いことではない。

(一)　語中・語尾の「は・ひ・ふ・へ・ほ」は，現代仮名遣いでは「ワ・イ・ウ・エ・オ」と読む。

(二)　傍線②の前に「米と糠と同じ値段ならば」という節がある。これを理由として傍線②に続くことをふまえて選択肢を選ぶ。

(三)　大王は米と糠の交換を「百姓のためよき事なり」と言っているので「百姓のため」と補える。

(四)　会話を探す際は，**「言う」という類いの動詞**を目安とするのがよい。すると「君仰せ有りけるは」とあるので，会話はその後の「米は」から始まり，「と仰せられし」に**引用の助詞「と」**があるので，その直前までである。

(五)　この話は，「**百姓の痛み愁へにならざる**をこそ，仁政ともいふ」「**わがおもしろき遊びのため人をいたむる政は，よき事にあらず**」と締めくくっている。これをふまえて選択肢を選ぶ。

問題三　(論説文―大意・要旨，内容吟味，文脈把握，脱文・脱語補充，漢字の書き取り，語句の意味，品詞・用法)

(一)　a　手を加えて，前の違ったものを作ること。　b　同類のものと変わった所が見られること。c 「積」は，のぎへん。　d　抜けるところがないように，細かなところまで気をつける様子。

(二)　[1]段落に「自分では社会や政治にまったく関心を持たなくとも，私たちはそれらと無関係でいることはありえない」とある。すべての態度がなんらかの意味を帯びるのだから，他と影響を及ぼし合うことも汲み取って選択肢を選ぶ。1は「自らの意思を態度で示す」という点，2は「他者の行為に意味をもたらし」という点，3は「自己の存在価値を発見する意義」という点が不適切だ。

(三)　「おもむろに」は，あわてずゆっくり何かをすることを表す。

(四)　なにもしないことを含め，**すべての態度がなんらかの意味をおびるのだから，日常生活のあらゆる行いが自己の表現だ**と捉えられる。2は「他者からの評価を得ることで」とする点，3は「周囲からの理解が必要」とする点，4は「行為は全て芸術的な表現」とする点が不適切だ。

(五)　傍線④の理由はその後に述べられたように「それらが**私たちにとって内面化されず，私たち自身のものにならないから**」だ。ここが解答の要となる。その前提となる，**知識や理論や技法は日常生活のなかにおいて自分が感じ，知覚し，思ったことと結びついて生かされる**という内容を説明に含めてまとめればよい。**自分の思考や感情との結びつきを欠いては，内面化されないから自分のものにならない**のだ。内面化とは，それを自分のものとして受け入れることである。

(六)　傍線⑤「とらえ」は助詞**「て」に接続しているから連用形**だ。

(七)　〈常識〉という**固定的**な見方をするということだ。

(八)　傍線⑥のあとに「たしかに高度の知識や理論や技法は，日常経験の知をこえ，また限られた社会や文化をこえて**広い範囲に有効性を持ちうる**だろう」とあり，ここから知識や理論や技法の特性がわかるから，[　　]に抜き出せる。

(九)　デュジャンとケージの企てが画期的な〈作品〉とされたのは，**創作や表現を「根本から問いなおした」から**だ。これを[ア]に補う。また，二人の企てについては筆者が**「日常化された経験の底にある自明性をはっきり露呈させた」**と[7]段落で述べているので，ここから[イ]に補えばよい。

(十)　[7]段落に「日常経験の自明性は，もはや単に……問われているのである。」という記述をおさえよう。この文章は，**人間が社会と必ず関係しあって存在している**ということ，わかりきったものだと捉えられている**常識を問いなおす大切さ**を述べている。

問題四　(作文)

構成は一段落でも二段落構成でもよいだろう。まず,「これからの社会で私たちに求められる力」というテーマに対して，簡潔に考えを示し，それからその理由を述べるという流れがわかりやすい。

理由を述べる際には，体験などの具体例を根拠に挙げる必要がある。具体例はできるだけ短くまとめて，自分の考えを丁寧に示すように気をつけたい。社会は**共同生活の場**である。**他者と生きていく上で大切にしたいこと，必要なことはなにかを考えてみると，求められる力が見えてくる**だろう。

MEMO

大切なことはメモしておこうネ！

香川県公立高等学校

2022年度

★★★★★★★★★★★★★★★★★★★★★★★

入　試　問　題

2022年度

●くわしい解説……51ページ

＜数学＞　時間　50分　　満点　50点

問題１　次の(1)~(7)の問いに答えなさい。

(1)　$3\times(-5)+9$　を計算せよ。

(2)　$5(x-2y)-(4x+y)$　を計算せよ。

(3)　$(6a^2-4ab)\div 2a$　を計算せよ。

(4)　$(\sqrt{8}+1)(\sqrt{2}-1)$　を計算せよ。

(5)　$3x^2-12$　を因数分解せよ。

(6)　2次方程式 $(x-2)^2=5$　を解け。

(7)　次の㋐~㋓のうち，n がどのような整数であっても，連続する2つの奇数を表すものはどれか。正しいものを1つ選んで，その記号を書け。

㋐　n，$n+1$　　㋑　$n+1$，$n+3$　　㋒　$2n$，$2n+2$　　㋓　$2n+1$，$2n+3$

問題２　次の(1)~(3)の問いに答えなさい。

(1)　右の図のような，AD∥BCの台形ABCDがあり，AB＝BDである。

∠ABD＝50°，∠BDC＝60°であるとき，∠BCDの大きさは何度か。

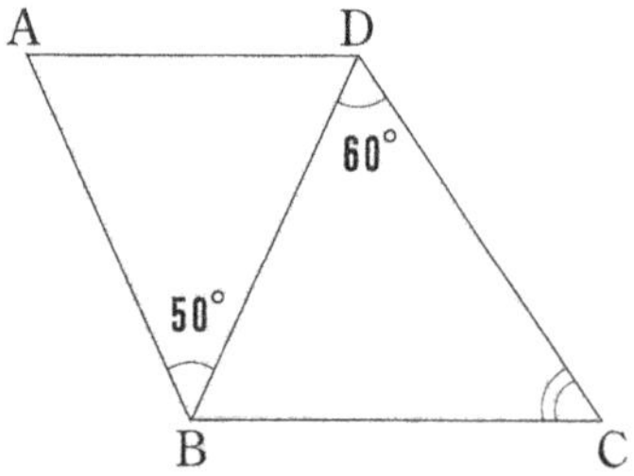

(2)　右の図のような四角すいがあり，底面は長方形で，4辺AB，AC，AD，AEの長さはすべて等しい。点Cと点Eを結ぶ。

BC＝8cm，CD＝4cm，△ACEの面積が30cm²であるとき，次のア，イの問いに答えよ。

ア　次の㋐~㋓の辺のうち，面ABCと平行な辺はどれか。正しいものを1つ選んで，その記号を書け。

㋐　辺BE　　㋑　辺DE　　㋒　辺AD　　㋓　辺AE

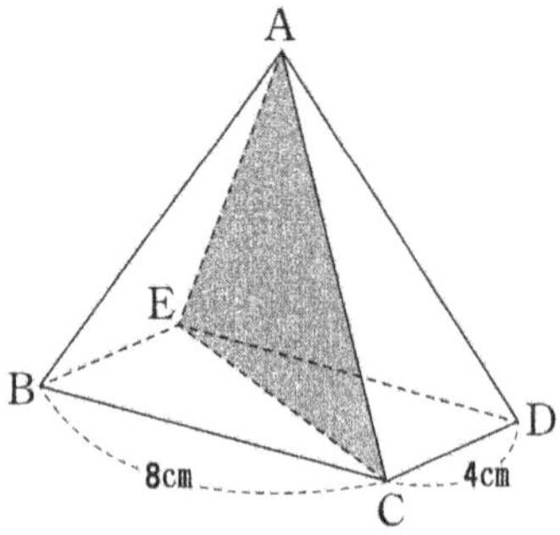

イ　この四角すいの体積は何cm³か。

(3)　右の図のような円があり，異なる３点Ａ，Ｂ，Ｃは円周上の点で，△ABCは正三角形である。辺BC上に，２点Ｂ，Ｃと異なる点Ｄをとり，２点Ａ，Ｄを通る直線と円との交点のうち，点Ａと異なる点をＥとする。また，点Ｂと点Ｅを結ぶ。

AB＝４ cm，BD：DC＝３：１であるとき，△BDEの面積は何cm^{2}か。

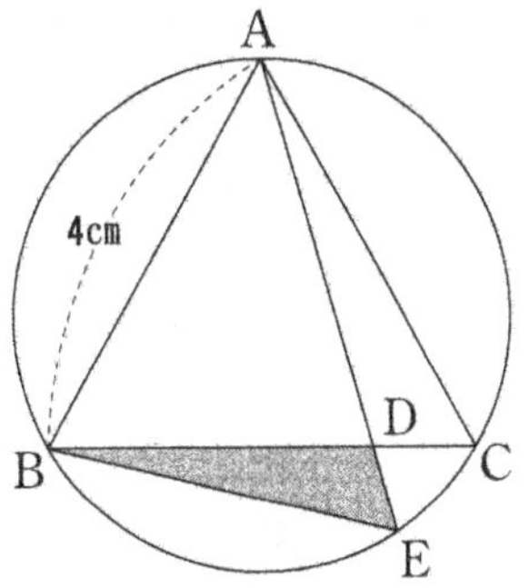

問題３　次の(1)～(4)の問いに答えなさい。

(1)　１から６までのどの目が出ることも，同様に確からしいさいころが１個ある。このさいころを２回投げて，１回目に出た目の数を a，２回目に出た目の数を b とするとき，$10a+b$ の値が８の倍数になる確率を求めよ。

(2)　右の表は，４月から９月までの６か月間に，太郎さんが図書館で借りた本の冊数を月ごとに記録したものである。太郎さんは，10月に４冊の本を図書館で借りたので，10月の記録をこの表に付け加えようとしている。次の文は，10月の記録をこの表に付け加える前後の代表値について述べようとしたものである。文中の２つの〔　〕内にあてはまる言葉を，㋐～㋒から１つ，㋓～㋕から１つ，それぞれ選んで，その記号を書け。

月	4	5	6	7	8	9
冊数(冊)	1	6	4	2	8	3

太郎さんが図書館で借りた本の冊数について，４月から９月までの６か月間における月ごとの冊数の平均値に比べて，４月から10月までの７か月間における月ごとの冊数の平均値は，〔㋐大きい　㋑変わらない　㋒小さい〕。また，４月から９月までの６か月間における月ごとの冊数の中央値に比べて，４月から10月までの７か月間における月ごとの冊数の中央値は，〔㋓大きい　㋔変わらない　㋕小さい〕。

(3)　右の図で，点Oは原点であり，放物線①は関数 $y=\frac{1}{4}x^2$ のグラフである。

点Ａは放物線①上の点て，その x 座標は６である。点Ａを通り，x 軸に平行な直線をひき，y 軸との交点をＢとする。また，点Oと点Ａを結ぶ。

これについて，次のア，イの問いに答えよ。

ア　関数 $y=\frac{1}{4}x^2$ について，x の値が－３から－１まで増加するときの変化の割合を求めよ。

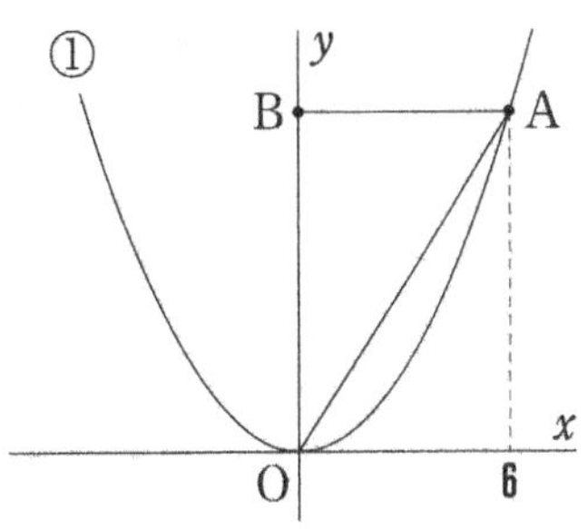

イ　x 軸上に，x 座標が負の数である点Ｐをとり，点Ｐと点Ｂを結ぶ。∠OAB＝∠BPOであるとき，直線APの式を求めよ。

(4)　ある店で売られているクッキーの詰め合わせには，箱Ａ，箱Ｂ，箱Ｃの３種類があり，それぞれ決まった枚数のクッキーが入っている。箱Cに入っているクッキーの枚数は，箱Aに入っているクッキーの枚数の２倍で，箱A，箱B，箱Cに入っているクッキーの枚数の合計は27枚である。花子さんが，箱A，箱B，箱Cを，それぞれ８箱，４箱，３箱買ったところ，クッキーの枚数の合計は118枚であった。このとき，箱A，箱Bに入っているクッキーの枚数をそれぞれ a 枚，b 枚として，a，b の値を求めよ。a，b の値を求める過程も，式と計算を含めて書け。

問題４　次の(1)，(2)の問いに答えなさい。

(1)　右の図１のような立方体や正四面体があり，次のルールにしたがって，これらの立体に●印をつける。

図１

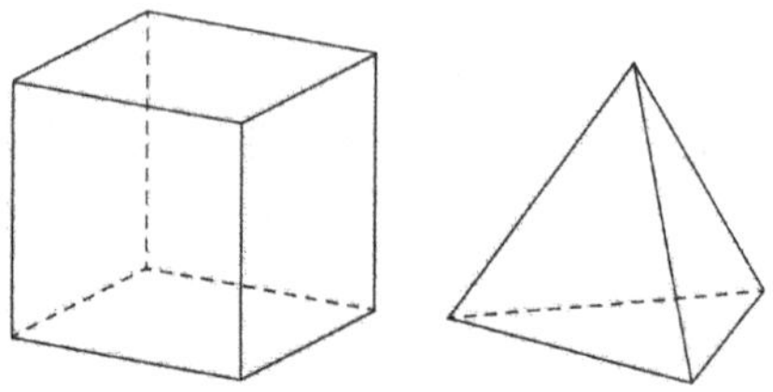

【ルール】

①　最初に，２以上の自然数を１つ決め，それを n とする。

②　①で決めた n の値に対して，図１のような立方体と正四面体に，次のように●印をつける。

立方体については，

各辺を n 等分するすべての点とすべての頂点に●印をつける。

正四面体については，

各辺を n 等分するすべての点とすべての頂点に●印をつける。また，この正四面体の各辺の中点に●印がつけられていない場合には，この正四面体の各辺の中点にも●印をつける。

③　②のようにして，立方体につけた●印の個数を a 個，正四面体につけた●印の個数を b 個とする。

たとえば，最初に，n を２に決めて●印をつけたとき，●印をつけた立方体と正四面体は右の図２のようになり，$a=20$，$b=10$ である。

図２

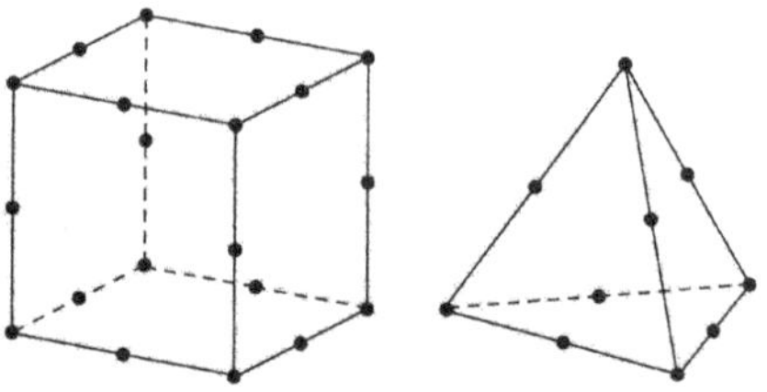

また，最初に，n を３に決めて●印をつけたとき，●印をつけた立方体と正四面体は右の図３のようになり，$a=32$，$b=22$ である。

図３

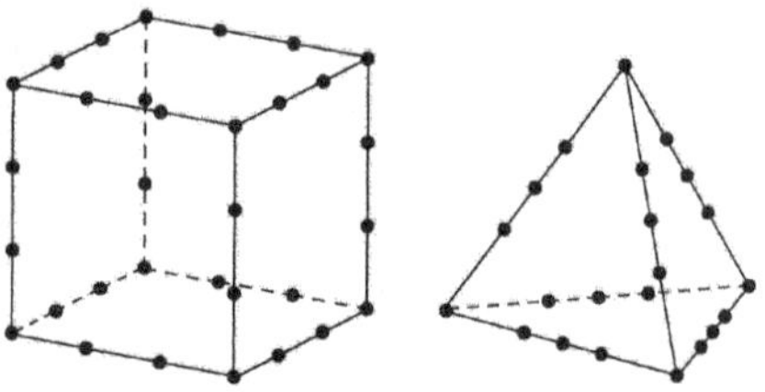

これについて，次のア，イの問いに答えよ。

ア　最初に，n を５に決めて●印をつけたときの，a の値を求めよ。

イ　２以上の自然数 n の値に対して，ルールにしたがって●印をつけたとき，$a-b=70$ となった。このようになる n の値をすべて求めよ。

(2)　下の図1のように，BC＝6cm，CD＝8cmの長方形ABCDと，FG＝6cm，GH＝4cmの長方形EFGHがある。点Aと点Eは重なっており，点Fは辺ABをAの方に延長した直線上にあり，点Hは辺DAをAの方に延長した直線上にある。

図1の状態から，長方形ABCDを固定して，点Eが対角線AC上にあるようにして，矢印の向きに長方形EFGHを平行移動させる。下の図2は，移動の途中の状態を示したものである。

点Eが，点Aを出発して，毎秒1cmの速さで，対角線AC上を点Cに重なるまで動くとき，点Eが点Aを出発してから x 秒後に，長方形ABCDと長方形EFGHが重なってできる図形を S として，あとのア～ウの問いに答えよ。

図1

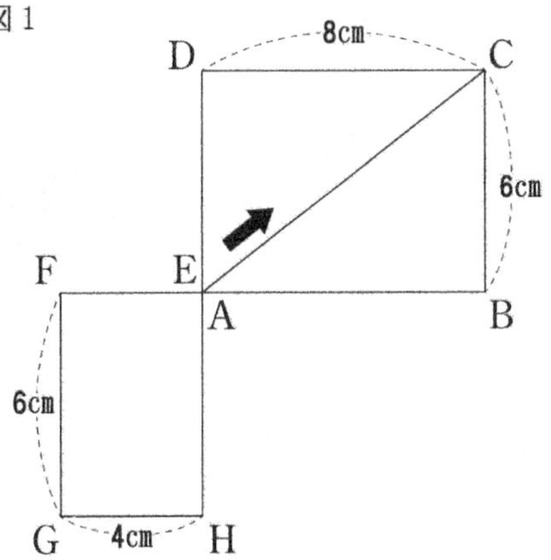

図2

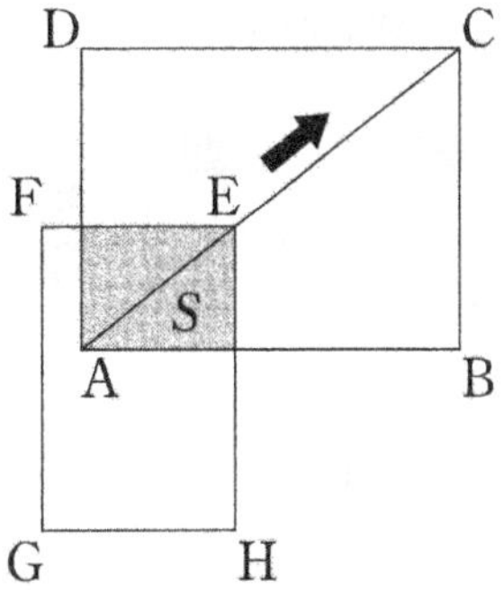

ア　点Fが辺DA上にあるとき，図形 S の面積は何cm^{2}か。

イ　$0 \leqq x \leqq 5$，$5 \leqq x \leqq 10$のそれぞれの場合について，図形 S の面積は何cm^{2}か。xを使った式で表せ。

ウ　点Eが点Aを出発してから t 秒後にできる図形Sの面積に比べて，その6秒後にできる図形 S の面積が5倍になるのは，t の値がいくらのときか。t の値を求める過程も，式と計算を含めて書け。

問題5　右の図のような，線分ABを直径とする半円Oがあり，$\overset{\frown}{AB}$上に2点A，Bと異なる点Cをとる。∠BACの二等分線をひき，半円Oとの交点のうち，点Aと異なる点をDとする。線分ADと線分BCとの交点をEとする。また，点Cと点Dを結ぶ。

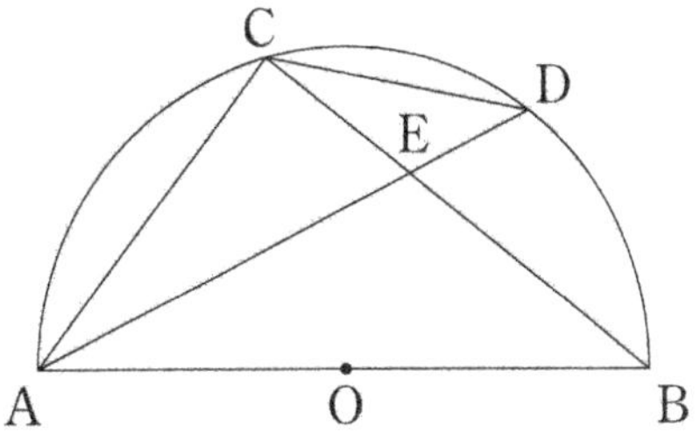

このとき，次の(1)，(2)の問いに答えなさい。

(1)　△ACD∽△AEB　であることを証明せよ。

(2)　点Dから線分ABに垂線をひき，その交点をFとする。線分DFと線分BCとの交点をGとする。点Oと点Dを結び，線分ODと線分BCとの交点をHとする。点Oと点Gを結ぶとき，△OFG≡△OHG　であることを証明せよ。

＜英語＞

時間 50分 満点 50点

問題1 英語を聞いて答える問題

A 絵を選ぶ問題

①

②

③

④

B 予定表を選ぶ問題

①

曜日	予定
月	サッカー
火	サッカー
水	買い物
木	サッカー
金	

②

曜日	予定
月	サッカー
火	
水	サッカー
木	買い物
金	サッカー

③

曜日	予定
月	サッカー
火	サッカー
水	
木	サッカー
金	買い物

④

曜日	予定
月	サッカー
火	買い物
水	サッカー
木	
金	サッカー

C 応答を選ぶ問題

ア Here's your change.　イ I'm fine.

ウ OK. I'll take it.　エ Please come again.

D 対話の内容を聞き取る問題

E 文章の内容を聞き取る問題

No. 1
- ア A city library.
- イ A language school.
- ウ A museum.
- エ A supermarket.

No. 2
- ア To listen to English songs.
- イ To go to America, China, and India.
- ウ To read an English newspaper.
- エ To speak English more.

No. 3
- ア　Because it was easy to learn some English words and expressions.
- イ　Because he wanted to have more time to speak English at home.
- ウ　Because he didn't like to speak English with his friends at school.
- エ　Because it was the homework which his teacher told him to do.

問題 2　次の対話文は，日本の中学校に来ている留学生の Emma と，クラスメートの Riko の会話である。これを読んで，あとの(1)～(3)の問いに答えなさい。（*印をつけた語句は，あとの注を参考にしなさい。）

Riko:　Hi, Emma.　[(a)]

Emma: I'm OK, but I've been busy this week.　[(b)]

Riko:　I'm going to go to a new *aquarium on Sunday.　I love *penguins.

Emma: Oh, you love penguins.　In my country, Australia, you can see penguins *in wildlife.

Riko:　Wow, ①I can't [　　] it!　If I were in Australia, I could see penguins in wildlife.　They are small and so cute!

Emma: I know.　But I watched the news about a *giant penguin.

Riko:　What?　A giant penguin?　Tell me more about it.

Emma: The news said a penguin's leg *fossil was found.　It was from about 60 *million years ago.　And the giant penguin was about 1.6 meters tall and 80 *kilograms.

Riko:　Really?　[(c)]　I don't like big sea animals.　If giant penguins were in this world, ②I would be very scared of them.

Emma: Don't worry.　That's a very long time ago, and penguins in this world are so cute.　I want to see penguins in the new aquarium.　[(d)]

Riko:　Sure.　Let's enjoy cute little penguins in this world!

㊟　aquarium：水族館　　penguin(s)：ペンギン　　in wildlife：野生の　　giant：巨大な
　　fossil：化石　　million：100 万　　kilogram(s)：キログラム

(1)　本文の内容からみて，文中の(a)～(d)の [　] 内にあてはまる英文は，次のア～クのうちのどれか。最も適当なものをそれぞれ一つずつ選んで，その記号を書け。

- ア　What were you doing?
- イ　They are too expensive!
- ウ　How are you?
- エ　What are your plans for this weekend?
- オ　What did you do last night?
- カ　They help me with my English.
- キ　It is taller and bigger than me!
- ク　Can I join you?

(2)　下線部①を，「私はそれを信じることができない。」という意味にするには，[　] 内に，どのような語を入れたらよいか。最も適当な語を一つ書け。

(3) 下線部②にscaredという語があるが，この語と同じような意味を表す語は，次のア～エのうちのどれか。最も適当なものを一つ選んで，その記号を書け。

ア angry　　イ happy　　ウ excited　　エ afraid

問題 3　次の文章は，中学生の晃二《こうじ》が，英語の授業で発表した，「剣道から学んだこと」というタイトルのスピーチである。これを読んで，あとの(1)～(9)の問いに答えなさい。（＊印をつけた語句は，あとの㊟を参考にしなさい。）

My grandfather is 70 years old. He has a *kendo school and *teaches kendo to many people. He sometimes *gives trial lessons to people who are interested in kendo, and I often help him in the lessons.

One day, a boy came to the trial lesson. I knew him. His name was John. He came to Japan one year ago. I said to him, "I didn't know that you were interested in kendo." He said, "I'm interested in Japanese culture. I've heard ①□ kendo, but I've never *done it before. When did you begin to practice kendo?" I answered, "I ②(begin) it ten years ago. Today I will help you learn kendo."

When we were talking about kendo, John said to me, "When I was learning Japanese, I found that some Japanese words such as judo, shodo, and kendo have the same sound '*dou*'. ③それが何を意味するのかを私に言うことはできますか。" I said, "It means a 'way' in English. Becoming a good player is *the same as walking on a long way. Look at my grandfather. Now he is an *expert ④□ he has practiced again and again to become a better player. He has not only good kendo *skills but also *respects for his *opponents. ⑤A (called my like person is grandfather) an expert." My grandfather heard this and said, "A good kendo player should not forget respects for all people. This is the kendo *spirit." John said, "Wow, kendo is great. I ⑥□ all people in the world were kendo players." I asked him, " Why?" He answered, "Because if everyone had this kendo spirit, the world would be ⑦□ of respects and a more wonderful place!" When I heard this, I found kendo's great *power. I said to him, "I will become a good player and ⑧I (popular try kendo to will make) in the world." John said to me, "Great! You can do it!" Everyone, ⑨剣道が，将来，他の国々に広がるだろうことを想像してください。Such a world is cool, isn't it? If you are interested in kendo, why don't you walk on a long way to the same dream together?

㊟ kendo school：剣道の道場　teach(es)：教える　gives trial lessons：体験レッスンを開く
done：do の過去分詞　the same as ～：～と同じ　expert：熟練者　skill(s)：技術
respect(s)：敬意　opponent(s)：対戦相手　spirit：精神　power：ちから

(1) ①の □ 内にあてはまる語は，本文の内容からみて，次のア～エのうちのどれか。最も適当なものを一つ選んで，その記号を書け。

ア in　イ of　ウ on　エ at

(2) ②の（ ）内の begin を，最も適当な形になおして一語で書け。

(3) 下線部③の日本文を英語で書き表せ。

(4) ④の □ 内にあてはまる語は，本文の内容からみて，次のア～エのうちのどれか。最も適当なものを一つ選んで，その記号を書け。

ア because　イ when　ウ while　エ if

(5) 下線部⑤が，「私の祖父のような人が，熟練者と呼ばれているのです。」という意味になるように，（ ）内のすべての語を，正しく並べかえて書け。

(6) ⑥の □ 内にあてはまる語は，本文の内容からみて，次のア～エのうちのどれか。最も適当なものを一つ選んで，その記号を書け。

ア know　イ agree　ウ want　エ wish

(7) ⑦の □ 内にあてはまる語は，本文の内容からみて，次のア～エのうちのどれか。最も適当なものを一つ選んで，その記号を書け。

ア free　イ tired　ウ full　エ little

(8) 下線部⑧の（ ）内のすべての語を，本文の内容からみて，意味が通るように，正しく並べかえて書け。

(9) 下線部⑨の日本文を英語で書き表せ。

問題 4　次の英文を読んで，あとの(1)～(8)の問いに答えなさい。（＊印をつけた語句は，あとの㊟を参考にしなさい。）

Yuta is a junior high school student. One day, his father, Kazuo, asked Yuta, “What are you going to do during summer vacation?” Yuta answered, “I’m not going to do anything special. Our town is so *boring.” Kazuo said, “Really? ① □ ?” Yuta said, “Because this town doesn’t have anything interesting for me.” Kazuo said, “Are you sure? We have many *chances to enjoy interesting events in our town. For example, every summer, a vegetable cooking contest is held at the park. Why don’t you join it?” Yuta said, “That’s nice. I like cooking.” Yuta decided to join the contest.

On Saturday, Yuta searched for a *recipe for a dish with vegetables on the Internet and *served the dish to Kazuo. Yuta said to Kazuo, “It’s delicious, right?” Kazuo said, “It tastes good. *By the way, where are these vegetables from?” Yuta answered, “I don’t know.” Kazuo asked Yuta, “Then, do you know why the contest is held in our town?” Yuta said, “No. Tell me the reason.” Kazuo said, “A cooking *workshop will be held at a *community center tomorrow. The answer will be there.” Then Yuta said, “I’ll go there to find the answer.”

On Sunday, people cooked their dishes and served them at the workshop.

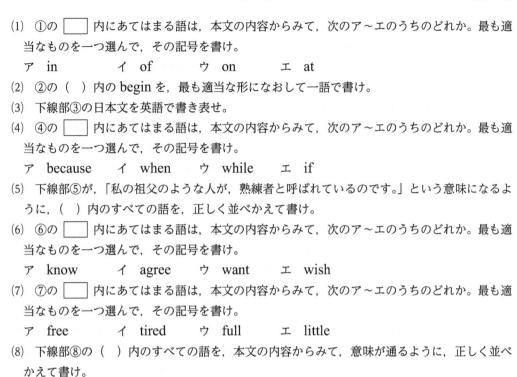

Every dish was made with only local summer vegetables from his town. Yuta enjoyed eating them. He was ②□ to know that his town had many local delicious summer vegetables. Yuta said to people around him, "All the summer vegetables here are so great. I like these *tomatoes the best." A man who *grows tomatoes said, "I'm glad to hear ③ that. I want many people to know tomatoes here are so nice. However, I have ④□ to *introduce these tomatoes to many people." Just after Yuta heard about that, Yuta remembered his father's words. Then, ⑤ he finally found the answer he wanted. The contest is held to introduce delicious vegetables in this town to many people. Then, Yuta decided to cook a dish with the tomatoes for the contest and said to the man, "I'll introduce these sweet tomatoes to many people!"

A week later, a lot of people from Yuta's town and other towns came to the contest. Yuta *did his best but couldn't win the contest. However, he was very happy to get *comments such as "Delicious! I love this tomato." and "I didn't know our town has such a sweet tomato." After the contest, Yuta walked with Kazuo around the park and saw a lot of people who were talking about the dishes of the contest. They looked happy. Yuta said to Kazuo, "Through this great experience, I ⑥□. So, I want to know more about my *hometown." Then, a little girl came to Yuta and said, "Your dish was best for me. What's the name of the dish?" Yuta answered with a smile, "Sweet hometown."

㊟ boring：退屈な　chance(s)：機会　recipe：調理法　served：serve（出す）の過去形
by the way：ところで　workshop：勉強会　community center：公民館
tomato(es)：トマト　grow(s)：育てる　introduce：紹介する
did his best：最善を尽くした　comment(s)：コメント　hometown：故郷

(1) ①の□内には，勇太《ゆうた》に対する和夫《かずお》の質問が入る。本文の内容を参考にして，その質問を4語以上の英文一文で書け。ただし，疑問符，コンマなどの符号は語として数えない。

(2) ②の□内にあてはまる語は，本文の内容からみて，次のア～エのうちのどれか。最も適当なものを一つ選んで，その記号を書け。

ア sad　イ surprised　ウ tired　エ kind

(3) 下線部③の that が指しているのはどのようなことがらか。日本語で書け。

(4) ④の□内にあてはまる語は，本文の内容からみて，次のア～エのうちのどれか。最も適当なものを一つ選んで，その記号を書け。

ア no reason　イ no chance　ウ some ideas　エ some places

(5) 下線部⑤に，he finally found the answer he wanted とあるが，勇太はどのようなことがわかったのか。その内容を日本語で書け。

(6) ⑥の□内にあてはまるものは，本文の内容からみて，あとのア～エのうちのどれか。最も適当なものを一つ選んで，その記号を書け。

ア studied everything about tomatoes

イ　learned how to grow vegetables

ウ　knew the way of using the Internet

エ　found a good point of this town

(7)　次の(a)，(b)の質問に対する答えを，本文の内容に合うように，(a)は５語以上，(b)は３語以上の英文一文で書け。ただし，ピリオド，コンマなどの符号は語として数えない。

(a)　What is held every summer in Yuta's town?

(b)　Did Yuta win the contest?

(8)　次の㋐～㋕のうちから，本文中で述べられている内容に合っているものを二つ選んで，その記号を書け。

㋐　Yuta had no plans to do during summer vacation before deciding to join the contest.

㋑　Kazuo tried to hold the workshop to sell local summer vegetables in his town.

㋒　Yuta enjoyed eating many vegetables from different places in Japan at the workshop.

㋓　There were only a few people who came to the vegetable cooking contest.

㋔　Kazuo wanted to cook a dish with sweet tomatoes with Yuta after the contest.

㋕　Yuta became interested in his hometown after the vegetable cooking contest.

問題５　英語の授業で，次のテーマについて意見を書くことになりました。あなたなら，田舎と都会のどちらを選び，どのような意見を書きますか。あなたの意見を，あとの〔**注意**〕に従って，英語で書きなさい。

将来，あなたが暮らしたい場所は，田舎と都会のどちらか。 田舎　the country 都会　a city

〔**注意**〕

①　解答用紙の □ 内に the country または a city のどちらかを書くこと。

②　I think living in □ is better.　の文に続けて，４文の英文を書くこと。

③　一文の語数は５語以上とし，短縮形は一語と数える。ただし，ピリオド，コンマなどの符号は語として数えない。

④　田舎または都会を選んだ理由が伝わるよう，まとまりのある内容で書くこと。

＜理科＞　時間　50分　　満点　50点

問題１　次のＡ，Ｂの問いに答えなさい。

Ａ　気象に関して，次の⑴～⑶の問いに答えよ。

⑴　太郎さんは，学校の校庭で，ある年の11月19日９時に，気象観測をおこなった。下の表Ⅰは，そのときの気象観測の結果の一部であり，下の図Ⅰは，そのときの乾湿計の一部を示したものである。また，下の表Ⅱは，湿度表の一部である。これに関して，あとのａ，ｂの問いに答えよ。

表Ⅰ

観測場所	学校の校庭
天気	くもり
雲量	10
風向	西南西
風力	2

図Ⅰ

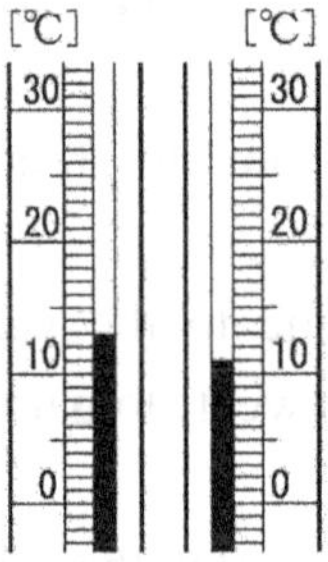

表Ⅱ

乾球の示度[℃]	乾球と湿球の示度の差[℃]					
	0.0	1.0	2.0	3.0	4.0	5.0
15	100	89	78	68	58	48
14	100	89	78	67	57	46
13	100	88	77	66	55	45
12	100	88	76	65	53	43
11	100	87	75	63	52	40

ａ　次のア～エのうち，気象観測についての説明として最も適当なものを一つ選んで，その記号を書け。

ア　天気は，雲が空をしめる割合である雲量と，雲の形を観測して決める

イ　気温と湿度は，風通しのよい直射日光の当たる場所に乾湿計を置いて測定する

ウ　風向は，風向計やけむりがたなびく向きなどで調べ，風が吹いていく方位を16方位で表す

エ　風力は，風力階級表を用いて，０～12の13段階で判断する

ｂ　図Ⅰと表Ⅱより，太郎さんが観測をおこなった11月19日９時の湿度を求めよ。

⑵　右の図Ⅱは，太郎さんが観測をおこなった11月19日９時における日本付近の天気図である。太郎さんは，図Ⅱの天気図から，太郎さんが住んでいる地域では，11月20日に前線が通過すると予測した。これに関して，次のａ，ｂの問いに答えよ。

図Ⅱ

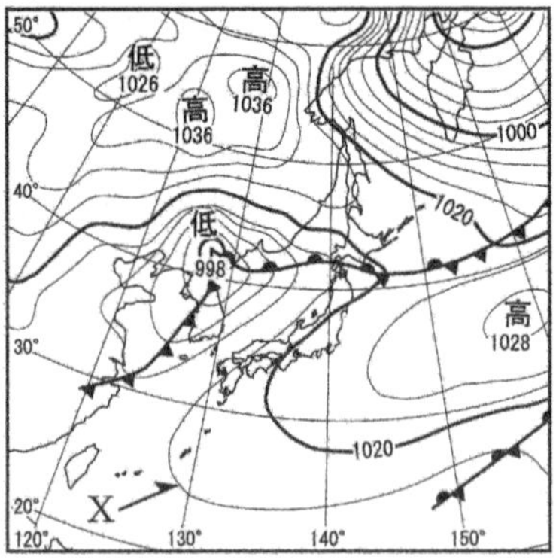

ａ　図Ⅱ中にＸで示した等圧線は，何hPaを示しているか。

ｂ　太郎さんは，気象庁ホームページを利用して11月20日の気象観測のデータを集めた。次のページの表Ⅲは，太郎さんが住んでいる地域のある地点における，11月20日３時から24時までの気象観測のデータ

をまとめたものである。また，この日，この地点では，前線が通過したことを確認できた。あとの文は，この地点を前線が通過した時刻と，この地点を通過した前線について述べようとしたものである。表Ⅲの気象観測のデータから考えて，文中の２つの〔　〕内にあてはまる言葉を，㋐，㋑から一つ，㋒，㋓から一つ，それぞれ選んで，その記号を書け。

表Ⅲ

時　刻	3	6	9	12	15	18	21	24
天　気	雨	雨	くもり	くもり	雨	くもり	晴　れ	晴　れ
気温[℃]	17.0	15.8	18.2	22.3	17.7	17.6	16.0	15.1
湿度[%]	86	87	83	69	92	86	72	67
気圧[hPa]	1002.7	1002.9	1001.5	997.1	998.7	999.7	1001.4	1002.6
風　向	南南西	北　西	南南西	南南東	北	東南東	北北西	北　西
風　力	1	2	1	2	2	2	2	4

11月20日の〔㋐９時から12時　㋑12時から15時〕にかけての気温と風向の変化から，この時間帯に，この地点を〔㋒温暖　㋓寒冷〕前線が通過したと考えられる。

(3)　次の文は，「山がかさ雲をかぶれば近いうちに雨」という天気にかかわるいい伝えについての太郎さんと先生の会話の一部である。これについて，あとのａ，ｂの問いに答えよ。

太郎：「山がかさ雲をかぶれば近いうちに雨」といういい伝えにある，かさ雲は，どのようなときにできるのですか。

先生：低気圧や前線が接近すると，あたたかくしめった空気が入ってきます。その空気が，山の斜面に沿って上昇すると，かさ雲ができることがありますよ。あたたかくしめった空気が上昇すると，どのように変化するか覚えていますか。

太郎：はい。［　X　］そのため，上昇した空気の温度は下がります。

先生：そうですね。では，次に，しめった空気の温度が下がることで雲ができるしくみについて考えてみましょう。

太郎：はい。［　Y　］

先生：その通りです。かさ雲ができるしくみは，低気圧や前線による天気の変化と関係しているのですよ。

ａ　次の文は，会話文中のＸの［　］内にあてはまる，あたたかくしめった空気が上昇するときの変化について述べようとしたものである。次の文中の２つの〔　〕内にあてはまる言葉を，㋐，㋑から一つ，㋒，㋓から一つ，それぞれ選んで，その記号を書け。

あたたかくしめった空気が上昇すると，上空ほど気圧は〔㋐高い　㋑低い〕ので，上昇する空気は〔㋒膨張　㋓収縮〕します。

ｂ　会話文中のＹの［　］内にあてはまる，しめった空気の温度が下がることで雲ができるしくみについての説明を，**露点　水蒸気**　の言葉を用いて，簡単に書け。

Ｂ　次の(1)～(3)の問いに答えよ。

(1)　次のページの図は，太郎さんが，花こう岩と安山岩，香川県で産出される庵治《あじ》石を観察したときのスケッチである。太郎さんは，スケッチしたあと，花こう岩を鉄製の乳鉢の中で細かく砕いた。細かく砕いた破片をルーペで観察したところ，色や形が異なる３種類の鉱物Ｐ～Ｒが見られた。あとの表Ⅰは，鉱物Ｐ～Ｒを観察し，その主な特徴をまとめたものである。これについて，あとのａ～ｃの問いに答えよ。

図
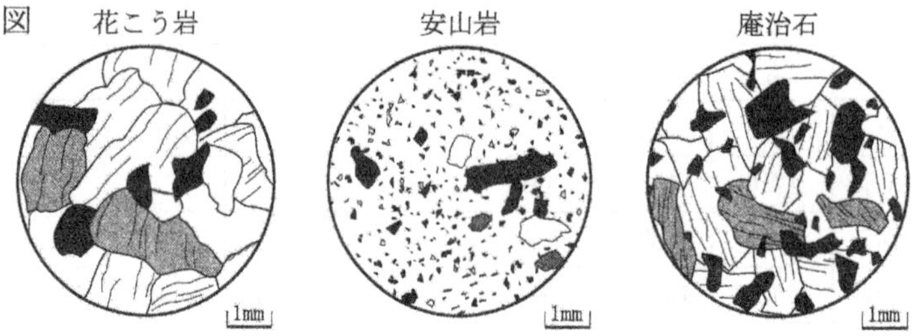

表Ⅰ

	鉱物Ｐ	鉱物Ｑ	鉱物Ｒ
主な特徴	黒色の板状で，決まった方向にうすくはがれる	無色で，不規則な形に割れる	白色の柱状で，決まった方向に割れる

ａ　表Ⅰ中の鉱物Ｐ～Ｒの鉱物名の組み合わせとして最も適当なものを，右の表のア～エから一つ選んで，その記号を書け。

	鉱物Ｐ	鉱物Ｑ	鉱物Ｒ
ア	キ　石	セキエイ	チョウ石
イ	クロウンモ	セキエイ	チョウ石
ウ	キ　石	チョウ石	セキエイ
エ	クロウンモ	チョウ石	セキエイ

ｂ　太郎さんが観察した安山岩は，比較的大きな結晶になった鉱物の部分と，大きな結晶になれなかった細かい粒などの部分からできている。このうち，比較的大きな結晶になった鉱物の部分は何と呼ばれるか。その名称を書け。

ｃ　図のスケッチから考えると，庵治石は，比較的大きな結晶になった鉱物だけでできており，花こう岩とつくりが似ていることがわかる。次の文は，庵治石のつくりやでき方について述べようとしたものである。文中の２つの〔　〕内にあてはまる言葉を，㋐，㋑から一つ，㋒，㋓から一つ，それぞれ選んで，その記号を書け。

庵治石のように，比較的大きな結晶になった鉱物だけでできている岩石は，マグマが〔㋐地下深く　㋑地表や地表付近〕で，〔㋒ゆっくり　㋓急に〕冷えて固まってできたと考えられる。

(2)　次の文は，マグマと火山に関しての太郎さんと先生の会話の一部である。これについて，次のページのａ，ｂの問いに答えよ。

先生：太郎さんが観察した岩石は，マグマが冷えて固まってできる火成岩のなかまですね。
太郎：はい。たしか，マグマは火山の特徴とも関係していましたよね。
先生：そうですね。特に，マグマのねばりけは，溶岩の色や噴火のようすと関係が深かったですね。

太郎：火成岩のほかにも火山に関係する岩石はありますか。
先生：堆積岩には，火山と関係しているものがありますよ。火山から噴出した火山灰が堆積して固まると［ X ］という岩石になります。

a　会話文中の下線部に，マグマのねばりけとあるが，次の文は，マグマのねばりけと火山の噴火のようすについて述べようとしたものである。次の文中の２つの［　］内にあてはまる言葉を，㋐，㋑から一つ，㋒，㋓から一つ，それぞれ選んで，その記号を書け。

　マグマのねばりけが〔㋐小さい（弱い）　㋒大きい（強い）〕火山ほど，噴火によってふき出す溶岩や火山灰などの噴出物の色は白っぽいことが多く，〔㋒激しく爆発的な　㋓比較的おだやかな〕噴火になることが多い。

b　会話文中のXの［　］内にあてはまる言葉として最も適当なものを，次の㋐～㋓から一つ選んで，その記号を書け。

㋐　チャート　　㋑　れき岩　　㋒　石灰岩　　㋓　凝灰岩

(3)　火山のもたらす恵みの一つに地熱発電がある。地熱発電は，地下のマグマの熱エネルギーを利用して発電しているため，発電量が天候に左右されず，二酸化炭素を排出しないという長所がある。下の表のア～エのうち，発電方法と発電に利用するエネルギー，長所の組み合わせとして最も適当なものを一つ選んで，その記号を書け。

	発電方法	発電に利用するエネルギー	長　所
ア	風力発電	風による空気の運動エネルギー	発電量が天候に左右されない
イ	バイオマス発電	生物資源の燃焼による熱エネルギー	大気中の二酸化炭素を減少させる
ウ	水力発電	高い位置にある水の位置エネルギー	エネルギー変換効率が高い
エ	太陽光発電	太陽光の熱エネルギー	発電量が安定している

問題２　次のA，B，Cの問いに答えなさい。

A　自然界の生態系に関して，次の(1)，(2)の問いに答えよ。

(1)　次の文は，自然界における生物どうしのつながりについて述べようとしたものである。文中のP，Qの［　］内にあてはまる最も適当な言葉を，それぞれ書け。

　自然界では，生物どうしの間に，食べる，食べられるという関係が見られる。このような生物どうしのひとつながりの関係を［ P ］という。実際には，多くの動物が複数の種類の植物や動物を食べるため，一通りの単純なつながりではなく，［ P ］が複雑な網の目のようにからみあっている。この網の目のようなつながりを［ Q ］という。

(2)　右の図は，自然界における生物どうしの数量的関係を模式的に示したものであり，つり合いが保たれた状態を表している。図の状態から，何らかの原因で，肉食動物の数量が減ってつり合いがくずれたが，長い時間をかけて，つり合いが保たれたもとの状態にもどった場合，生物の数量はその間，どのように変化したと考えられるか。次の㋐～㋒が，最も適当な順に左から右に並ぶように，その記号を書け。

図

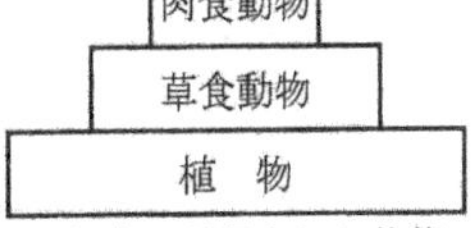

つり合いが保たれた状態

㋐　草食動物の数量がふえ，植物の数量が減る

㋑　肉食動物の数量が減り，植物の数量がふえる

㋒　肉食動物の数量がふえ，草食動物の数量が減る

B　デンプンの消化とそれにかかわる消化酵素のはたらきについて調べるために，次の実験をした。これに関して，あとの(1)～(5)の問いに答えよ。

実験　下の図Ⅰのように，４本の試験管ａ～ｄにデンプン溶液を５㎤ずつ入れ，試験管ａとｂには水でうすめただ液１㎤を，試験管ｃとｄには水１㎤を，それぞれ入れた。次に，約40℃の湯に10分間つけたあと，試験管ａ～ｄを湯から取り出し，試験管ａとｃには，ヨウ素液をそれぞれ２滴加えて，色の変化を観察した。試験管ｂとｄには，ベネジクト液をそれぞれ少量加え，十分に加熱したあと，色の変化を観察した。下の表は，そのときの色の変化をまとめたものである。

図Ⅰ

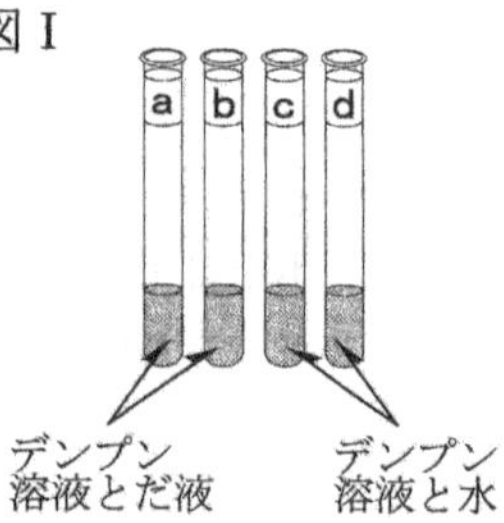

表

	加えた液	色の変化
試験管ａ	ヨウ素液	変化なし
試験管ｂ	ベネジクト液	赤褐色になった
試験管ｃ	ヨウ素液	青紫色になった
試験管ｄ	ベネジクト液	変化なし

(1)　下線部に十分に加熱したとあるが，次の㋐～㋓のうち，試験管に入った溶液をガスバーナーで加熱するときの操作として最も適当なものを一つ選んで，その記号を書け。

㋐　ゴム栓で試験管にすきまなくふたをしてから加熱する

㋑　加熱を始めてしばらくたってから沸騰石を入れる

㋒　ときどき試験管の口から中をのぞきこんで，ようすを確認する

㋓　試験管を軽くふりながら加熱する

(2)　次の文は，実験の結果からわかることを述べようとしたものである。文中のＰ，Ｑの［　］内にあてはまる試験管の組み合わせとして最も適当なものを，後のア～カからそれぞれ一つずつ選んで，その記号を書け。

この実験において，試験管［ P ］で見られた溶液の色の変化を比べることで，だ液のはたらきにより，デンプンがなくなったことがわかる。また，試験管［ Q ］で見られた溶液の色の変化を比べることで，だ液のはたらきにより，麦芽糖などができたことがわかる。

ア　ａとｂ　　イ　ａとｃ　　ウ　ａとｄ　　エ　ｂとｃ　　オ　ｂとｄ　　カ　ｃとｄ

(3)　次の文は，デンプンの消化について述べようとしたものである。文中の２つの［　］内にあてはまる言葉を，㋐，㋑から一つ，㋒，㋓から一つ，それぞれ選んで，その記号を書け。

デンプンは，だ液にふくまれる消化酵素である〔㋐ペプシン　㋑アミラーゼ〕によって分解されたあと，〔㋒胃液　㋓すい液〕にふくまれる消化酵素や，小腸のかべの消化酵素によって，さらに分解されてブドウ糖になる。

(4)　デンプンは，さまざまな消化酵素のはたらきでブドウ糖に分解されたのち，小腸のかべから吸収される。小腸のかべには，たくさんのひだがあり，その表面には小さな突起が多数ある。次のページの図Ⅱは，この小さな突起の断面を模式的に示したものである。これに関して，次

のａ，ｂの問いに答えよ。

図Ⅱ

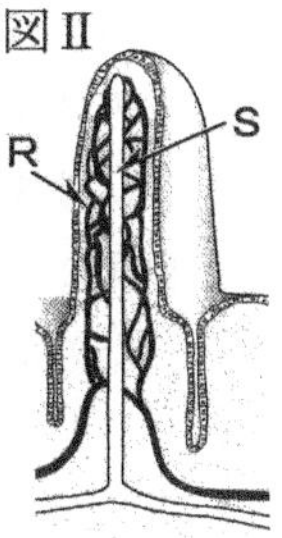

ａ　小腸のかべのひだの表面にある小さな突起は何と呼ばれるか。その名称を書け。

ｂ　小腸のかべから吸収された栄養分（養分）のうち，アミノ酸は図Ⅱ中にRで示した管に入り，脂肪酸とモノグリセリドは脂肪となって図Ⅱ中にSで示した管に入る。次の文は，ブドウ糖が小腸のかべから吸収されて入る管と吸収されたあとに運ばれる器官について述べようとしたものである。文中の２つの［　］内にあてはまる言葉を，㋐，㋑から一つ，㋒，㋓から一つ，それぞれ選んで，その記号を書け。

ブドウ糖は，小腸のかべから吸収されて図Ⅱ中に〔㋐R　㋑S〕で示した管に入る。吸収されたブドウ糖が最初に運ばれる器官は，〔㋒肝臓　㋓心臓〕である。

(5)　ブドウ糖をはじめとして，消化管で吸収された栄養分は，全身の細胞に運ばれ，成長や活動に使われる。栄養分が使われると不要な物質が生じ，体外に排出される。じん臓は，排出にかかわる器官の一つである。じん臓のはたらきを一つ，簡単に書け。

C　植物の蒸散について調べるために，単子葉類の一つであるムラサキツユクサを用いて，次の実験Ⅰ，Ⅱをした。これに関して，あとの(1)～(5)の問いに答えよ。

実験Ⅰ　ムラサキツユクサの葉の表側の表皮と裏側の表皮をそれぞれはぎ取り，その表皮を小さく切ってスライドガラスの上に広げて置いた。次に，水を１滴落としてからカバーガラスをかけてプレパラートをつくり，それぞれ顕微鏡で観察した。

(1)　プレパラートをつくるときには，観察しやすくするために，右の図Ⅰに示すように，カバーガラスを端からゆっくりと静かにおろしてかけるのがよい。それはなぜか。その理由を簡単に書け。

図Ⅰ

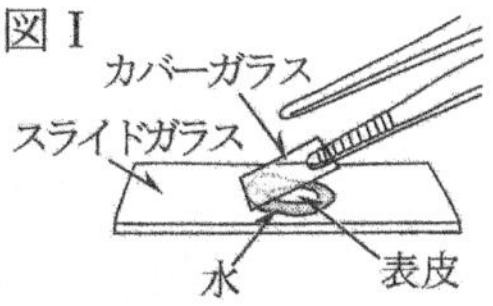

(2)　次の文は，顕微鏡で観察したときの，倍率や対物レンズの先端からプレパラートまでの距離について述べようとしたものである。文中の□内にあてはまる数値を書け。また，文中の［　］内にあてはまる言葉を，㋐～㋒から一つ選んで，その記号を書け。

まず，15倍の接眼レンズと10倍の対物レンズを用いて観察した。このとき顕微鏡の倍率は，□倍である。この倍率で観察した後，接眼レンズの倍率はそのままで，対物レンズの倍率を40倍にかえて観察した。それぞれピントを合わせて観察したとき，40倍の対物レンズの先端からプレパラートまでの距離は，10倍の対物レンズの先端からプレパラートまでの距離と比べて〔㋐近くなる　㋑変わらない　㋒遠くなる〕。

③　右の図Ⅱは，顕微鏡で観察した葉の裏側の表皮の細胞を模式的に示したものである。葉の裏側の表皮では，三日月形の細胞が，葉の表側の表皮よりも多く見られた。図Ⅱ中にXで示した，２つの三日月形の細胞に囲まれたすきまは何と呼ばれるか。その名称を書け。

図Ⅱ

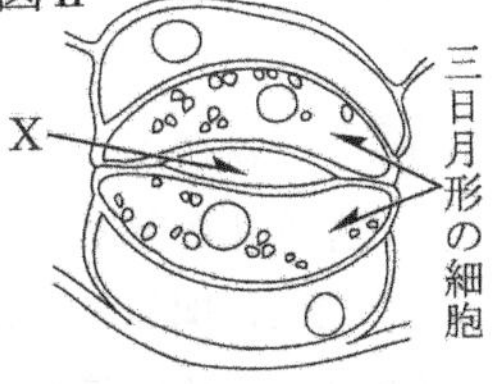

実験Ⅱ　葉の大きさと枚数がほとんど等しいムラサキツユクサの茎を４本，同じ量の水を入れた

メスシリンダーP～S，蒸散を防ぐためのワセリンを用意した。メスシリンダーPにはそのままの茎を，メスシリンダーQにはすべての葉の表側にワセリンをぬった茎を，メスシリンダーRにはすべての葉の裏側にワセリンをぬった茎を，メスシリンダーSにはすべての葉の表側と裏側にワセリンをぬった茎を入れ，それぞれのメスシリンダーの水面に，水面からの蒸発を防ぐために同じ量の油を注いだ。下の図Ⅲは，そのようすを模式的に示したものである。メスシリンダー全体の質量をそれぞれ電子てんびんで測定し，風通しのよい明るいところに3時間放置したあと，再び全体の質量をそれぞれ測定すると，メスシリンダーP～Sのすべてで質量の減少がみられた。あとの表は，その質量の減少量の結果をまとめたものである。

図Ⅲ

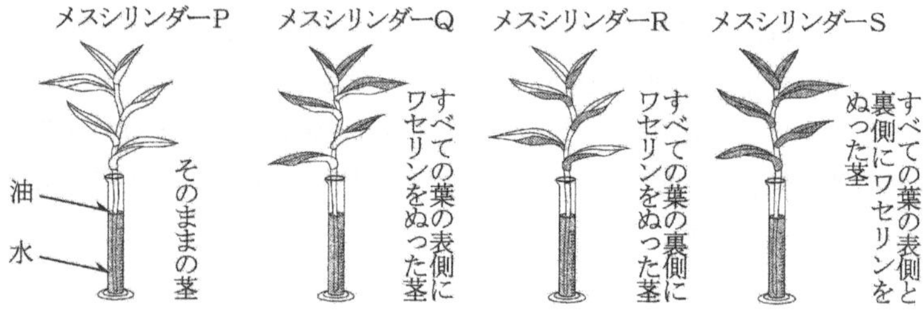

表

メスシリンダー	P	Q	R	S
質量の減少量[g]	1.24	0.95	0.65	0.40

(4)　次のア～カのうち，実験Ⅱの結果からわかることについて述べたものとして，最も適当なものを一つ選んで，その記号を書け。

ア　葉の表側と裏側の蒸散量に差はなく，葉以外からも蒸散していることがわかる
イ　葉の表側と裏側の蒸散量に差はなく，葉以外からは蒸散していないことがわかる
ウ　葉の表側は裏側よりも蒸散量が多く，葉以外からも蒸散していることがわかる
エ　葉の表側は裏側よりも蒸散量が多く，葉以外からは蒸散していないことがわかる
オ　葉の裏側は表側よりも蒸散量が多く，葉以外からも蒸散していることがわかる
カ　葉の裏側は表側よりも蒸散量が多く，葉以外からは蒸散していないことがわかる

(5)　ムラサキツユクサの茎を，赤インクで着色した水の入った三角フラスコに入れたまま，3時間放置した。その後，この茎をできるだけうすく輪切りにし，顕微鏡で観察した。右の図Ⅳは，このときの茎の横断面の一部のようすを模式的に示したものである。図Ⅳ中にYで示した管は濃く着色されており，根から吸収した水や，水にとけた肥料分の通り道になっている。この管は何と呼ばれるか。その名称を書け。

図Ⅳ

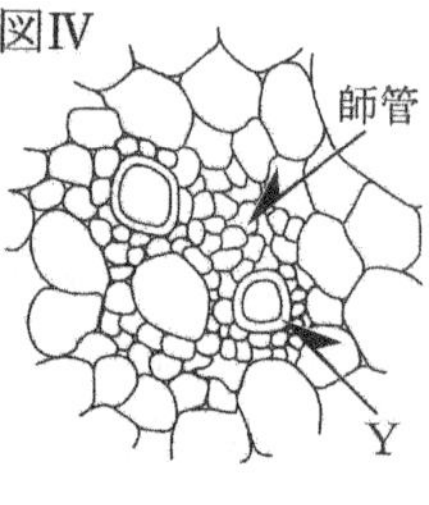

問題3　次のA，Bの問いに答えなさい。

A　化学変化の前後で，物質の質量がどのように変化するかを調べるために，次の実験Ⅰ～Ⅲをした。これに関して，あとの(1)～(4)の問いに答えよ。

実験Ⅰ　うすい硫酸10cm^3が入ったビーカーと，うすい水酸化バリウム水溶液10cm^3が入ったビーカーの質量をまとめて電子てんびんではかった。次に，そのうすい硫酸をうすい水酸化バリウ

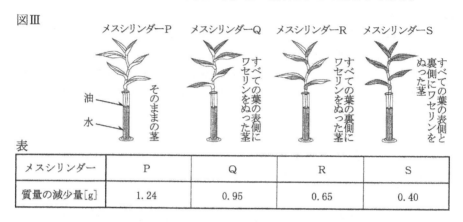

ム水溶液に静かに加えたところ，水溶液が白くにごった。これを静かに置いておくと，ビーカーの底に白い固体が沈殿した。この白い固体が沈殿しているビーカーと，うすい硫酸が入っていたビーカーの質量をまとめて電子てんびんではかったところ，反応の前後で質量の変化はなかった。

(1)　実験Ⅰにおける，うすい硫酸とうすい水酸化バリウム水溶液が反応して白い固体ができたときの化学変化を，化学反応式で表せ。

実験Ⅱ　下の図Ⅰのように，うすい塩酸と炭酸水素ナトリウムをプラスチックの容器に入れて密閉し，その容器全体の質量を電子てんびんではかった。次に，その密閉したプラスチックの容器の中で，うすい塩酸と炭酸水素ナトリウムを混ぜ合わせると気体が発生した。反応後のプラスチックの容器全体の質量を電子てんびんではかったところ，反応の前後で質量の変化はなかった。

図Ⅰ　反応前の質量をはかる。　　反応後の質量をはかる。

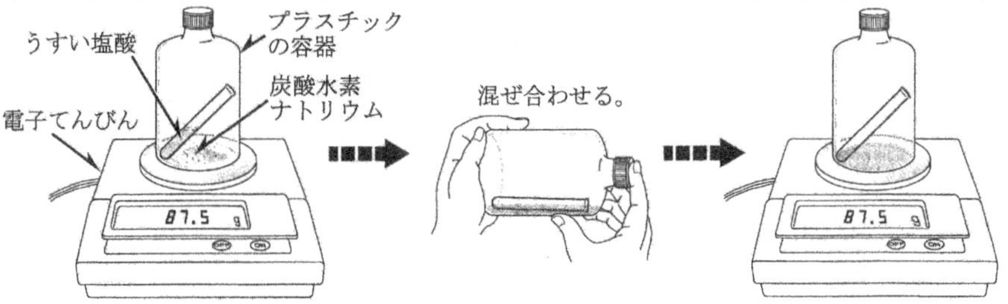

(2)　実験Ⅰ，Ⅱのそれぞれの文中の下線部に，反応の前後で質量の変化はなかったとあるが，次の文は，化学変化の前後で，その反応に関係している物質全体の質量が変化しない理由について述べようとしたものである。文中の２つの〔　〕内にあてはまる言葉を，㋐，㋑から一つ，㋒，㋓から一つ，それぞれ選び，その記号を書け。また，文中の□内にあてはまる最も適当な言葉を書け。

化学変化の前後で，その反応に関係している物質全体の質量が変化しないのは，反応に関わった物質をつくる原子の組み合わせは変化〔㋐する　㋑しない〕が，反応に関わった物質をつくる原子の種類と数は変化〔㋒する　㋓しない〕ためである。このように，化学変化の前後で，その反応に関係している物質全体の質量が変わらないことを□の法則という。

(3)　実験Ⅱで，気体が発生しなくなってから，プラスチックの容器のふたをゆっくりとあけ，もう一度ふたを閉めてから，再びプラスチックの容器全体の質量を電子てんびんではかったところ，質量は減少していた。ふたをあけて，もう一度ふたを閉めたプラスチックの容器全体の質量が減少したのはなぜか。その理由を簡単に書け。

実験Ⅲ　次のページの図Ⅱのように，うすい塩酸20 cm^3 が入ったビーカーの質量を電子てんびんではかった。次に，そのうすい塩酸に炭酸水素ナトリウムを静かに加えて反応させたところ，気体が発生した。気体が発生しなくなったあと，反応後のビーカー全体の質量をはかった。この方法で，うすい塩酸20 cm^3 に対して，加える炭酸水素ナトリウムの質量を，0.5 g，1.0 g，1.5 g，2.0 g，2.5 g，3.0 gにして，それぞれ実験した。あとの表は，その結果をまとめたものである。

図II

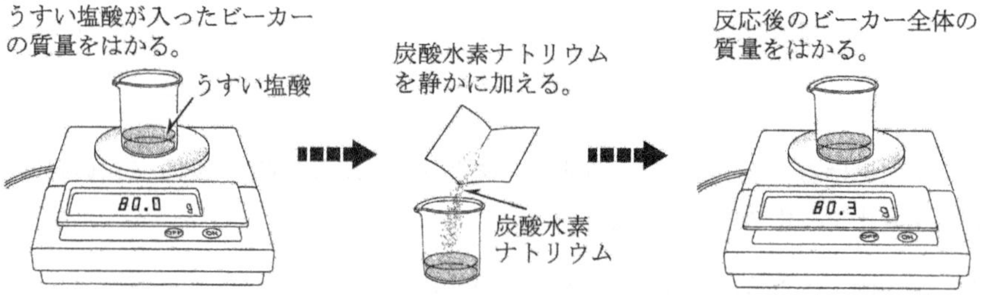

表

うすい塩酸 20 cm^3 が入ったビーカーの質量[g]	80.0	80.0	80.0	80.0	80.0	80.0
加えた炭酸水素ナトリウムの質量[g]	0.5	1.0	1.5	2.0	2.5	3.0
反応後のビーカー全体の質量[g]	80.3	80.6	80.9	81.2	81.7	82.2

(4) 実験Ⅱ，Ⅲの結果から考えて，実験Ⅲで用いたのと同じうすい塩酸をビーカーに30cm^3とり，それに炭酸水素ナトリウム4.0 g を加えて，十分に反応させたとき，発生する気体は何 g と考えられるか。

B　太郎さんは次の実験Ⅰ～Ⅲをした。これに関して，あとの(1)～(6)の問いに答えよ。

実験Ⅰ　砂糖，食塩，エタノール，プラスチック，スチールウールをそれぞれ燃焼さじの上にのせ，炎の中に入れて加熱し，燃えるかどうかを調べた。加熱したときに火がついて燃えたものは，右の図Ⅰのように石灰水が入った集気びんの中に入れて，火が消えるまで燃焼させた。そのあと，燃焼さじを集気びんから取り出し，集気びんをよくふって石灰水の変化を調べた。加熱したときに火がつかず燃えなかったものも，石灰水が入った集気びんの中に入れて，温度が下がるまでしばらく待った。そのあと，燃焼さじを集気びんから取り出し，集気びんをよくふって石灰水の変化を調べた。下の表Ⅰは，その結果をまとめたものである。

図Ⅰ

表Ⅰ

調べたもの	砂　糖	食　塩	エタノール	プラスチック	スチールウール
加熱したときのようす	燃えた	燃えなかった	燃えた	燃えた	燃えた
石灰水のようす	白くにごった	変化なし	白くにごった	白くにごった	変化なし

(1) 実験Ⅰで調べたもののうち，砂糖は有機物に分類される。次の㋐～㋓のうち，表Ⅰの結果と調べたものの特徴をふまえて，実験Ⅰで調べたものが有機物かどうかを説明したものとして，最も適当なものを一つ選んで，その記号を書け。

㋐　食塩は燃えなかったが，砂糖と同じように白い固体なので有機物である

㋑　エタノールは燃えたが，砂糖と違って液体なので有機物ではない

㋒　プラスチックは燃えたが，砂糖と違って人工的に合成された物質なので有機物ではない

㊤　スチールウールは燃えたが，砂糖と違って燃えたあとに集気びんの中の石灰水を変化させなかったので有機物ではない

(2)　火がついて燃える物質には，実験Ⅰで調べた固体や液体以外にも，天然ガスに含まれるメタンや，水の電気分解で生成する水素などの気体がある。メタンや水素は，燃焼するときに熱が発生するため，エネルギー源として利用される。一方で，空気中でメタンと水素がそれぞれ燃焼するときに発生する物質には違いがある。どのような違いがあるか。簡単に書け。

実験Ⅱ　鉄粉と活性炭をビーカーに入れてガラス棒で混ぜ，温度計で温度をはかった。そのときの物質の温度は23.0℃であった。次に，右の図Ⅱのように，ビーカー内に食塩水をスポイトで5，6滴加えてガラス棒でかき混ぜると，反応が起こって物質の温度が上がった。最も高くなったときの物質の温度は75.0℃であった。

図Ⅱ

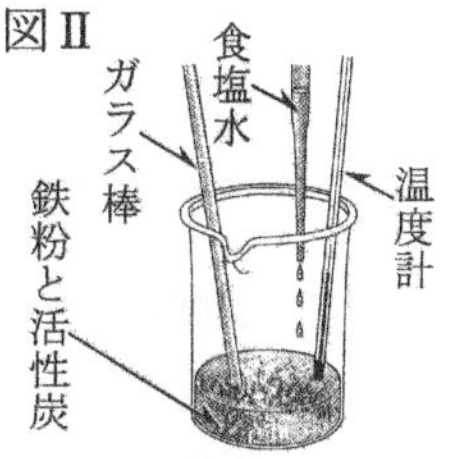

(3)　次の文は，実験Ⅱで起こった化学変化に関して述べようとしたものである。文中のP，Qの［　］内にあてはまる最も適当な言葉を，それぞれ書け。

実験Ⅱでは，ビーカー内の鉄粉が空気中にある酸素と化合して温度が上がった。このような，物質が酸素と化合する化学変化を［　P　］といい，この反応は市販の化学かいろにも利用されている。このように，化学変化のときに温度が上がる反応を［　Q　］反応という。

実験Ⅲ　太郎さんは実験Ⅱの結果から，「化学変化が起こるときにはいつも温度が上がる」という仮説を立てた。その仮説を確かめるために，先生と相談して，室温と同じ温度になったいろいろな物質をビーカー内で混ぜ合わせて，反応が起こる前の物質の温度と，反応により最も温度が変化したときの物質の温度を記録した。下の表Ⅱは，その結果をまとめたものである。

表Ⅱ

混ぜ合わせた物質	反応が起こる前の物質の温度[℃]	最も温度が変化したときの物質の温度[℃]
塩酸と水酸化ナトリウム水溶液	23.0	29.5
塩化アンモニウムと水酸化バリウム	23.0	5.0
酸化カルシウムと水	23.0	96.0

(4)　塩酸は塩化水素が水にとけた水溶液である。塩化水素は水にとけると電離する。塩化水素の電離を表す式を化学式を用いて書け。

(5)　塩化アンモニウムと水酸化バリウムを混ぜ合わせると，アンモニアが発生する。次のア～ウのうち，アンモニアの集め方として，最も適しているものを一つ選んで，その記号を書け。また，その集め方をするのは，アンモニアがどのような性質をもつからか。その性質を　**水**　**空気**　の言葉を用いて書け。

ア　上方置換法　　イ　下方置換法　　ウ　水上置換法

(6)　次のページの文は，実験Ⅱと実験Ⅲの結果についての太郎さんと先生の会話の一部である。あとのア～エのうち，文中のXの［　］内にあてはまる言葉として最も適当なものを一つ選んで，その記号を書け。

> 太郎：鉄粉と活性炭に食塩水を加えて混ぜ合わせたときや，塩酸と水酸化ナトリウム水溶液を混ぜ合わせたときのように，化学変化が起こるときには温度が上がるということがわかりました。特に，酸化カルシウムと水を混ぜ合わせたときには70℃以上も温度が上がって驚きました。
> 先生：太郎さんの仮説は「化学変化が起こるときにはいつも温度が上がる」というものでしたね。では，塩化アンモニウムと水酸化バリウムを混ぜ合わせてアンモニアが発生したときの結果はどう考えますか。
> 太郎：化学変化が起こるときには［　　X　　］のではないかと思います。
> 先生：その通りです。

ア　温度が上がるはずなので，この反応は化学変化とはいえない
イ　温度が上がるはずなので，混ぜ合わせる量を増やせば熱が発生して温度が上がる
ウ　温度が上がると考えていましたが，温度が下がる反応もある
エ　温度が上がると考えていましたが，温度が下がったのでこの結果は除いたほうがよい

問題4　次のA，B，Cの問いに答えなさい。

A　太郎さんは，スキー競技のテレビ中継の録画を見ながら，理科の授業で学習したことについて考えた。これに関して，次の(1)～(5)の問いに答えよ。

(1)　下の図Ⅰは，ある選手が水平面上を滑っているようすを模式的に表したものであり，この選手にはたらく重力を矢印（•⟶）で，水平面に平行な方向とそれに垂直な方向を，等間隔にひいた破線（┈┈）で表してある。また，下の図Ⅱは，この選手が斜面上を滑っているようすを模式的に表したものであり，この選手にはたらく重力を矢印（•⟶）で，斜面に平行な方向とそれに垂直な方向を，等間隔にひいた破線（┈┈）で表してある。図Ⅱの斜面上で，この選手にはたらく重力の斜面に平行な分力の大きさは，この選手にはたらく重力の大きさの何倍と考えられるか。

図Ⅰ

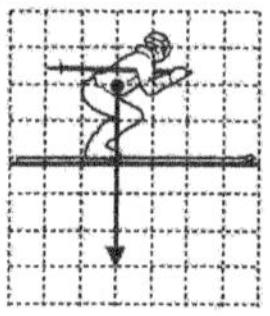

図Ⅱ

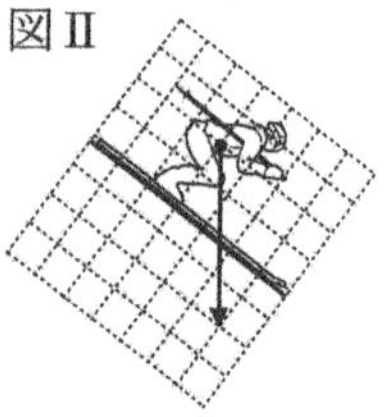

(2)　下の図Ⅲは，ある選手が起伏のあるコースを滑っているようすを模式的に表したものである。この選手はX点を通過したあと，X点より下にあるY点を通過して，X点より下にあり，Y点より上にあるZ点を通過した。この選手がX点，Y点，Z点を通過するときの速さをそれぞれx，y，zとする。このとき，x，y，zの関係はx＜z＜yであった。このときのX～Z点でこの選手がもつ運動エネルギーや位置エネルギーの関係について述べた，次のページのア～エのうち，最も適当なものを一つ選んで，その記号を書け。

図Ⅲ

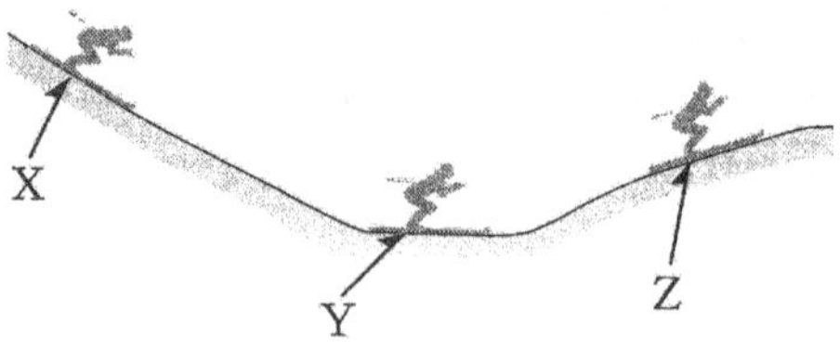

ア　Y点はX点に比べ，位置エネルギー，運動エネルギーともに増加している
イ　Z点はY点に比べ，位置エネルギーは増加しているが，運動エネルギーは変化していない
ウ　Z点はX点に比べ，位置エネルギーは減少しているが，運動エネルギーは増加している
エ　X点，Y点，Z点のうち，運動エネルギーが最小のところはY点である

(3)　太郎さんは，テレビの録画の映像が$\frac{1}{30}$秒で１コマになっていることを用いて，スロー再生を行い，ある選手の速さを調べた。右の図Ⅳは，この選手のスキー板の前の端がちょうどゴールライン上に達した瞬間のようすである。この瞬間から，テレビの録画の映像を６コマ進めたときに，スキー板の後ろの端がちょうどゴールライン上に達した。この選手のスキー板の，前の端から後ろの端までの長さは1.8mであり，この選手がゴールライン上を通過する間，スキー板はゴールラインに対して垂直であった。ゴールライン上を通過する間の，この選手の平均の速さは何m/sと考えられるか。

図Ⅳ
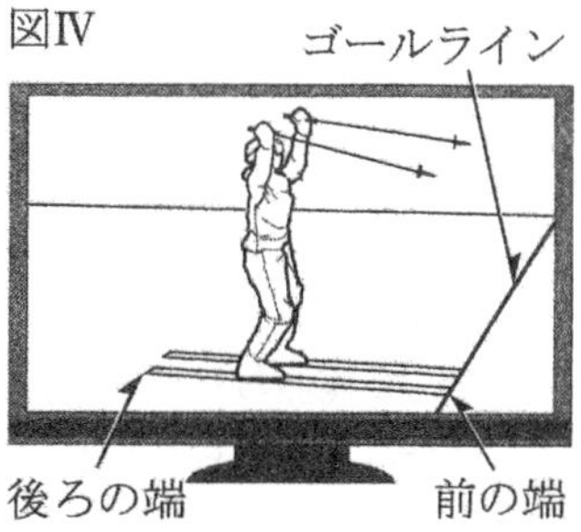

(4)　右の図Ⅴは，選手がコースを滑り降りたあと，リフトで山頂のスタート地点まで登るようすを示したものである。リフトは選手に仕事をすることで，重力に逆らって，高い位置に移動させている。次の文は，リフトが選手にする仕事と仕事率について述べようとしたものである。文中の２つの〔　〕内にあてはまる言葉を，㋐～㋒から一つ，㋓～㋕から一つ，それぞれ選んで，その記号を書け。

図Ⅴ

リフトで選手を山頂のスタート地点まで運ぶとき，体重が重い選手にリフトがする仕事の大きさに比べて，体重が軽い選手にリフトがする仕事の大きさは〔㋐大きい　㋑変わらない　㋒小さい〕。また，同じ選手を運ぶとき，山頂に着くまでの時間が長い低速リフトの仕事率に比べて，山頂に着くまでの時間が短い高速リフトの仕事率は〔㋓大きい　㋔変わらない　㋕小さい〕。

(5)　靴で雪の上に立つと雪に沈むが，それに比べて，スキー板を履いて雪の上に立つと沈みにくい。スキー板は，力のはたらく面積を大きくすることで圧力を小さくし，雪に沈みにくくなるという利点がある道具である。これとは逆に，力のはたらく面積を小さくすることで圧力を大きくした身近な道具の例を一つあげ，その一つの例について，圧力を大きくすることの利点を簡単に書け。

B　右の図のような装置を用いて，ばねを引く力の大きさと，ばねの長さとの関係を調べる実験をした。ばねXの上端をスタンドに固定し，ばねXの下端におもりPをつるして，おもりPが静止したときのばねXの長さを，スタンドに固定したものさしを用いて測定する。この方法で同じ質量のおもりPの個数を増やしながら，ばねXの長さを測定した。次に，強さの異なるばねYにとりかえて，同様にして，ばねYの長さを測定した。次ページの表は，その結果をまとめたものである。これに

図
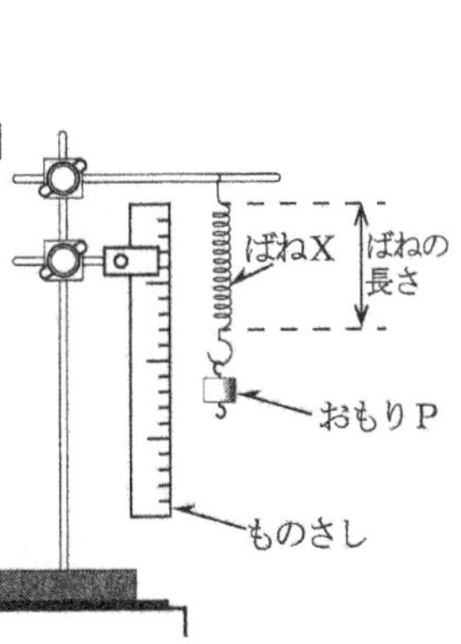

ついて，次の⑴，⑵の問いに答えよ。

表

おもりＰの個数［個］	0	1	2	3	4	5
ばねＸの長さ［cm］	6.0	8.0	10.0	12.0	14.0	16.0
ばねＹの長さ［cm］	4.0	4.8	5.6	6.4	7.2	8.0

⑴　ばねを引く力の大きさとばねののびは比例することから考えて，ばねＸののびとばねＹののびを同じにするとき，ばねＸを引く力の大きさは，ばねＹを引く力の大きさの何倍になると考えられるか。

⑵　実験で用いたおもりＰとは異なる質量のおもりＱを用意した。図の装置を用いて，ばねＸに１個のおもりＱをつるしたところ，ばねＸの長さは7.0cmであった。次に，ばねＹにとりかえて，２個のおもりＰと３個のおもりＱを同時につるすと，表から考えて，ばねＹののびは何cmになると考えられるか。

Ｃ　電熱線に加わる電圧と流れる電流を調べる実験Ⅰ，Ⅱをした。これに関して，あとの⑴～⑸の問いに答えよ。

実験Ⅰ　右の図Ⅰのように電熱線Ｐと電熱線Ｑをつないだ装置を用いて，電熱線Ｐと電熱線Ｑに加わる電圧と流れる電流の関係を調べた。まず，電熱線Ｐに加わる電圧と流れる電流を調べるために，図１のスイッチ①だけを入れて電圧計と電流計の示す値を調べた。下の表Ⅰは，その結果をまとめたものである。次に，図１のスイッチ①とスイッチ②を入れ，電圧計と電流計の示す値を調べた。下の表Ⅱは，その結果をまとめたものである。

図Ⅰ

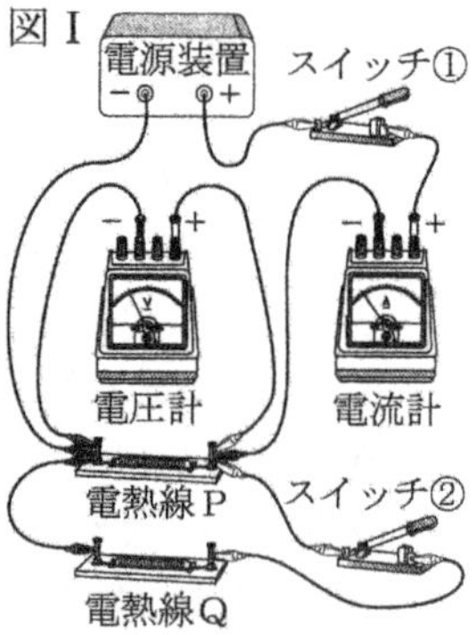

表Ⅰ

電圧［V］	0	1.0	2.0	3.0	4.0
電流［mA］	0	25	50	75	100

表Ⅱ

電圧［V］	0	1.0	2.0	3.0	4.0
電流［mA］	0	75	150	225	300

⑴　次の文は，電流計の使い方について述べようとしたものである。文中の２つの［　］内にあてはまる言葉を，㋐，㋑から一つ，㋒～㋔から一つ，それぞれ選んで，その記号を書け。

電流計は，電流をはかろうとする回路に対して〔㋐直列　㋑並列〕につなぐ。また５Ａ，500mA，50mAの３つの−《マイナス》端子をもつ電流計を用いて電流をはかろうとする場合，電流の大きさが予想できないときは，はじめに〔㋒５Ａ　㋓500mA　㋔50mA〕の−端子につなぐようにする。

⑵　電熱線Ｐの抵抗は何Ωか。

⑶　表Ⅰ，Ⅱをもとにして，電熱線Ｑに加わる電圧と，電熱線Ｑに流れる電流の関係をグラフに表したい。グラフの縦軸のそれぞれの（　）内に適当な数値を入れ，電熱線Ｑに加わる電圧と，電熱線Ｑに流れる電流の関係を，グラフに表せ。

実験Ⅱ　実験Ⅰと同じ電熱線Ｐと電熱線Ｑを用いた右の図Ⅱのような装置のスイッチを入れ，電圧計と電流計の示す値を調べた。このとき，電圧計は3.0V，電流計は50mAを示した。

図Ⅱ

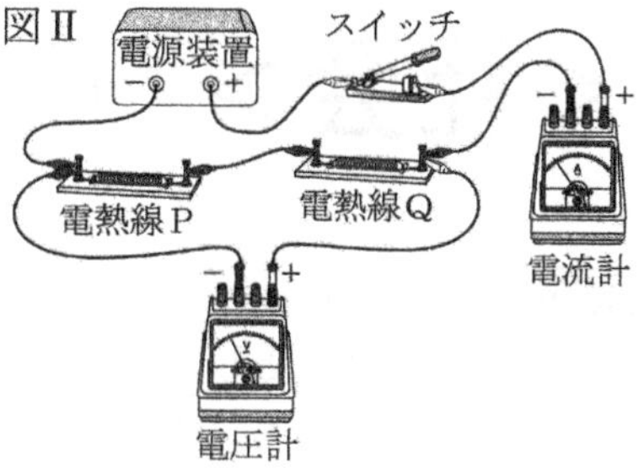

(4)　実験Ⅰ，Ⅱの結果から考えて，実験Ⅱの電熱線Ｑに加わっている電圧は何Ｖであると考えられるか。

(5)　図Ⅰの装置のすべてのスイッチと，図Ⅱの装置のスイッチを入れた状態から，それぞれの回路に加わる電圧を変えたとき，電流計はどちらも75mAを示した。このときの図Ⅱの電熱線Ｐで消費する電力は，このときの図Ⅰの電熱線Ｐで消費する電力の何倍か。

＜社会＞　時間　50分　満点　50点

問題1　次の(1)～(5)の問いに答えなさい。

(1)　私たちが個人として尊重され，国家から不当に強制や命令をされない権利が自由権である。次のア～エのうち，日本国憲法が定める自由権にあてはまるものはどれか。一つ選んで，その記号を書け。

ア　国や地方公共団体が保有している情報の公開を求める権利
イ　労働者が団結して行動できるように，労働組合を結成する権利
ウ　自分の権利や利益を守るために，裁判所に公正に判断してもらう権利
エ　宗教を信仰するかどうかや，どの宗教を信仰するかを自分で決める権利

(2)　わが国の政治のしくみに関して，次のａ～ｄの問いに答えよ。

ａ　わが国の政治は，国会，内閣，裁判所のそれぞれが独立し，権力の抑制を図る三権分立を採用している。国会の各議院には，証人喚問をおこなったり，政府に記録の提出を求めたりするなど，正しい政策の決定に必要な情報を収集する権限が与えられている。この権限は何と呼ばれるか。その呼び名を書け。

ｂ　下の表は，平成30年から令和２年の国会における議員提出法案の提出件数と成立件数，内閣提出法案の提出件数と成立件数をそれぞれ示そうとしたものである。表中のⒶ～Ⓒには，議員提出法案の成立件数，内閣提出法案の提出件数，内閣提出法案の成立件数のいずれかが入る。Ⓐ～Ⓒにあてはまる言葉の組み合わせとして最も適当なものは，あとのア～エのうちのどれか。一つ選んで，その記号を書け。

	平成30年	平成31年及び令和元年	令和２年
議員提出法案の提出件数(件)	159	96	89
Ⓐ	78	72	66
Ⓑ	73	68	62
Ⓒ	29	22	13

(内閣法制局資料により作成)

ア
- Ⓐ　内閣提出法案の提出件数（件）
- Ⓑ　内閣提出法案の成立件数（件）
- Ⓒ　議員提出法案の成立件数（件）

イ
- Ⓐ　内閣提出法案の提出件数（件）
- Ⓑ　議員提出法案の成立件数（件）
- Ⓒ　内閣提出法案の成立件数（件）

ウ
- Ⓐ　内閣提出法案の成立件数（件）
- Ⓑ　内閣提出法案の提出件数（件）
- Ⓒ　議員提出法案の成立件数（件）

エ
- Ⓐ　議員提出法案の成立件数（件）
- Ⓑ　内閣提出法案の提出件数（件）
- Ⓒ　内閣提出法案の成立件数（件）

ｃ　国会における内閣総理大臣の指名について，投票の結果が次のページの表のようになったとする。あとの文は，この投票の結果の場合において，国会がＸ～Ｚのうちのどの人物を内閣総理大臣に指名するかについて述べようとしたものである。文中の〔　〕内にあてはまる

人物として適当なものを，㋐～㋒から一つ選んで，その記号を書け。また，文中の □ 内には，日本国憲法の規定により，国会がその人物を内閣総理大臣に指名する理由が入る。その理由を簡単に書け。

衆議院（総議員数 465）		参議院（総議員数 245）	
人物	得票数(票)	人物	得票数(票)
X	55	X	130
Y	170	Y	95
Z	240	Z	20

上のような結果の場合，衆議院はZを，参議院はXを，それぞれ内閣総理大臣として指名する議決をおこなうこととなる。衆議院と参議院が異なった議決をおこなったため，日本国憲法の規定により，両院協議会を必ず開かなければならない。両院協議会において意見が一致しない場合，国会は〔㋐X　㋑Y　㋒Z〕を内閣総理大臣として指名する。その理由は，日本国憲法の規定により，□からである。

d　太郎さんは，社会科の授業で，学習のまとめとして，わが国の政治のしくみを発表することになった。下の資料Ⅰ，Ⅱは，太郎さんが発表するために，国または地方公共団体の政治のしくみの一部をそれぞれ示そうとしたものである。図中の**ア**～**エ**は，国会，内閣，地方議会，地方公共団体の首長，のいずれかにあたる。**ア**～**エ**のうち，地方議会にあたるものはどれか。一つ選んで，その記号を書け。

資料Ⅰ

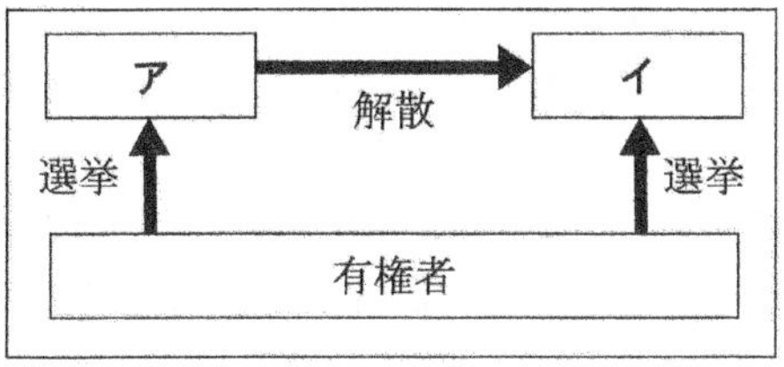

資料Ⅱ

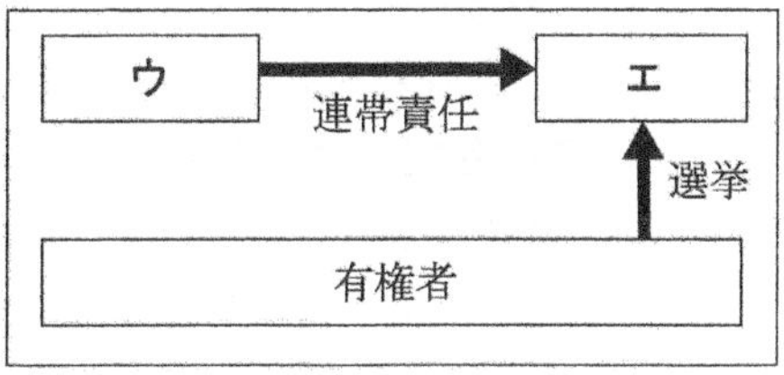

(3)　地球環境問題の解決には，国際協力が必要である。1997年に温室効果ガスの排出量の削減目標を定めた京都議定書が採択された。京都議定書は，先進国と発展途上国との間で温室効果ガスの排出量の削減に対する考え方に違いがあるなど，課題が指摘されていた。この課題を解決するために，ある合意が2015年に多くの国家間で採択され，先進国も発展途上国も温室効果ガスの排出削減に取り組むことが決められた。この合意は何と呼ばれるか。その呼び名を書け。

(4)　次のページの図は，起業に興味をもった中学生の花子さんが，株式会社における資金の流れについて調べ，まとめたものの一部である。これを見て，あとのａ～ｅの問いに答えよ。

ａ　下線部①（次のページ）に資金とあるが，次の㋐～㋓の資金の集め方のうち，直接金融にあてはまるものはどれか。二つ選んで，その記号を書け。

㋐　銀行からお金を借りる　　　　　　　　㋑　銀行から預金を引き出す

㋒　社債などの債券を発行してお金を借りる　㋓　株式を発行する

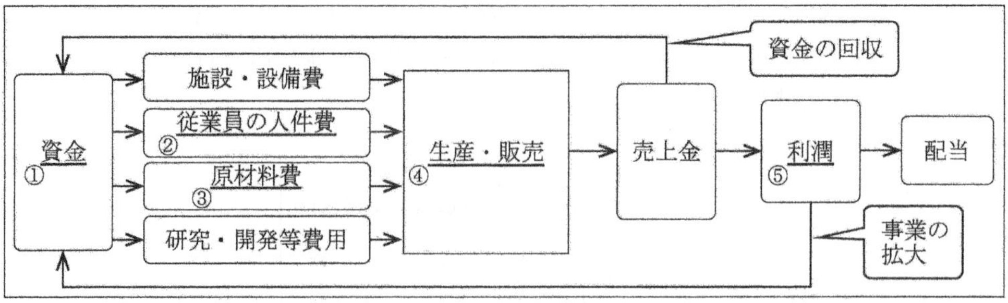

b　下線部②に従業員の人件費とあるが，下の表は，ある従業員のある月の給与明細を示したものである。給与は，労働の対価として支給される賃金や各種の手当の合計である総支給額から，所得税や健康保険などが総控除額として差し引かれて支給される。あとのア～エのうち，この表から読み取れるものとして最も適当なものはどれか。一つ選んで，その記号を書け。

総支給額	基本給	残業代	休日出勤手当	住宅手当	通勤手当
257,706	191,000	13,566	10,260	10,000	32,880
総控除額	所得税	住民税	健康保険	厚生年金	雇用保険
45,083	5,700	9,900	9,265	18,935	1,283
差引支給額	212,623				

（東京都主税局ホームページにより作成）

ア　この従業員が勤める企業の配当　　イ　この従業員の間接税の納税額
ウ　この従業員が納める社会保険料　　エ　この従業員の公的扶助の受給額

c　下線部③に原材料費とあるが，下の資料Ⅰは，コーヒー豆１ポンド（約454グラム）あたりの国際価格の推移を，資料Ⅱは，コーヒー豆１ポンドあたりの，フェアトレードの取り組みによる価格の推移をそれぞれ示したものである。フェアトレードとは，何を目的にどのようなことをする取り組みか。資料Ⅰ，Ⅱを見て，**発展途上国　価格**　の二つの言葉を用いて，簡単に書け。

資料Ⅰ

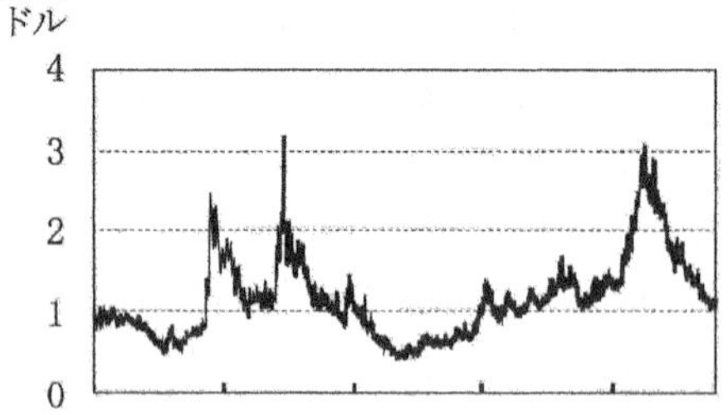

資料Ⅱ

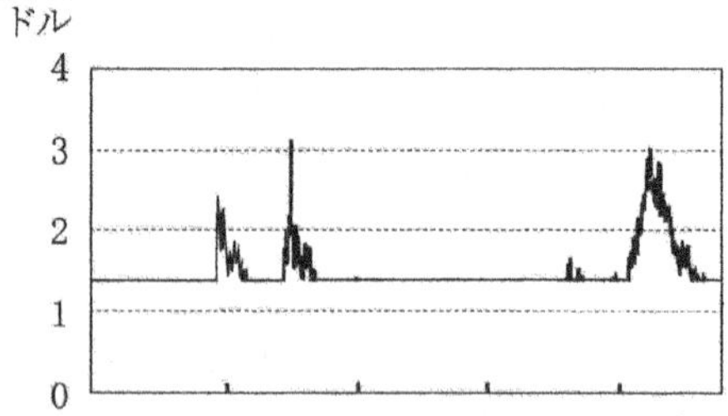

(FAIRTRADE INTERNATIONAL ホームページなどにより作成)

d　下線部④に生産･販売とあるが，次のページのア～エのうち，製造物責任法（PL法）について述べたものとして最も適当なものはどれか。一つ選んで，その記号を書け。

ア　消費者が不当に高い価格で購入することを防ぐため，企業の健全な競争の促進と公正な取り引きの確保について定めている

イ　容器包装，小型家電，自動車，食品などのリサイクルについて定めている

ウ　訪問販売などによる契約の場合，一定期間内であれば消費者側から無条件に契約を解除できることについて定めている

エ　消費者が欠陥商品により被害をうけた場合，企業に対して賠償請求ができることについて定めている

e　下線部⑤に利潤とあるが，近年では，企業は利潤を求めるだけではなく，社会的責任を果たすべきであると考えられている。企業が果たすことを求められている社会的責任には，どのようなことがあるか。一つ簡単に書け。

(5)　国際連合について，次のa，bの問いに答えよ。

a　国際連合は，国連憲章にもとづいた安全保障理事会の決定により，侵略などをした国に対して制裁を加えることができる。このようにして国際社会の平和と安全の維持を図ることは，何と呼ばれるか。次のア～エから一つ選んで，その記号を書け。

ア　集団的自衛権　　イ　平和維持活動　　ウ　集団安全保障　　エ　人間の安全保障

b　次の文は，安全保障理事会の決議のルールについて述べようとしたものである。文中の〔　〕内にあてはまる言葉を，㋐，㋑から一つ選んで，その記号を書け。また，文中の□内にあてはまる最も適当な言葉を書け。

安全保障理事会は，常任理事国５か国，非常任理事国10か国で構成され，平和に関する決議をおこなうことができる。その決議において，〔㋐常任理事国　㋑常任理事国と非常任理事国〕のすべての国は□と呼ばれる権限をもつため，1か国でも反対すると決議ができなくなる。

問題２　次の(1)～(7)の問いに答えなさい。

(1)　佐賀県の吉野ケ里《よしのがり》遺跡は，弥生時代を代表する遺跡の一つである。次のア～エのうち，弥生時代におこなわれたこととしてあてはまらないものはどれか。一つ選んで，その記号を書け。

ア　稲作　　イ　鉄器の使用　　ウ　青銅器の使用　　エ　国分寺の建立《こんりゅう》

(2)　中学生の太郎さんは，2021年11月に新500円硬貨が発行されたことをきっかけに，わが国で使用された貨幣の歴史に興味をもった。下の表（次のページに続く）は，太郎さんがわが国で使用された貨幣について調べ，まとめたものの一部である。これを見て，あとのa～eの問いに答えよ。

富本銭	 	①7世紀ごろの天武《てんむ》天皇の時代に，わが国でつくられた，最も古い銅銭ではないかと考えられている。
和同開珎《わどうかいちん》		唐の貨幣にならってわが国でつくられた貨幣である。本格的に物と交換できるお金として使用された。

宋銭《そうせん》		②宋との貿易のなかで輸入されて国内に流通した。③鎌倉時代にも国内に流通し，室町時代に入っても使用された。
明銭《みんせん》		④明との貿易のなかで大量に輸入されて，広く国内に流通した。定期市でも多く使用された。
寛永通宝		江戸幕府が新たにつくった銅貨である。広く流通して，農民も貨幣を使う機会が増えた。米の生産を中心としていた農民の生活が変化するなかで，⑤諸産業が発達した。

a　下線部①に７世紀ごろの天武天皇の時代とあるが，次のア～エのうち，天武天皇がおこなったこととして最も適当なものはどれか。一つ選んで，その記号を書け。

ア　十七条の憲法を定めて，役人の心構えを示した

イ　壬申《じんしん》の乱に勝利して，天皇を中心とする政治のしくみをつくっていった

ウ　わが国ではじめて，全国の戸籍を作成した

エ　平安京に都を移して，政治を立て直すために国司に対する監督を強化した

b　下線部②に宋との貿易とあるが，次のア～エのうち，日宋貿易について述べたものとして最も適当なものはどれか。一つ選んで，その記号を書け。

ア　平清盛が，現在の神戸市にあった港を整備し，積極的に貿易をおこなった

イ　貿易をおこなう港が長崎に限定されて，生糸などの輸入がおこなわれた

ウ　朱印状によって海外への渡航を許可された船が，貿易をおこなった

エ　菅原道真《すがわらのみちざね》によって停止が提案されるまで，派遣がおこなわれた

c　下線部③に鎌倉時代とあるが，この時代には，2度にわたって元軍がわが国に襲来した。この元軍の襲来があったときに，幕府の執権であった人物はだれか。その人物名を書け。

d　下線部④に明との貿易とあるが，次の文は，日明貿易が開始された頃のわが国の文化の特色について述べようとしたものである。文中の二つの［　］内にあてはまる言葉を，㋐，㋑から一つ，㋒，㋓から一つ，それぞれ選んで，その記号を書け。

日明貿易が開始された頃のわが国の文化は，〔㋐足利義満　㋑足利義政〕が京都に建てた金閣にその特色がよく表れている。〔㋒北山文化　㋓東山文化〕と呼ばれるこの頃の文化は，貴族の文化と武士の文化を合わせた特色をもち，禅宗や大陸の文化の影響も見られる。

e　下線部⑤に諸産業が発達したとあるが，右の図は，江戸時代に現在の千葉県の九十九里浜でおこなわれていた鰯《いわし》漁のようすを描いたものである。江戸時代の九十九里浜では，鰯漁が盛んにおこなわれていた。その主な理由の一つに，綿《わた》（綿花）などの商品作物の栽培が盛んになったことがあげられる。

鰯は，綿（綿花）などの商品作物の栽培においてどのように用いられたか。簡単に書け。

(3)　安土桃山時代から江戸時代の政治や社会に関して，次のａ～ｃの問いに答えよ。

ａ　次のア～エのうち，豊臣秀吉が国内の統治のためにおこなったこととして最も適当なものはどれか。一つ選んで，その記号を書け。

ア　関白として，朝廷の権威を利用して，全国の大名の争いに介入し停戦を命じた

イ　幕府と藩の力で，全国の土地と民衆を支配する体制をつくった

ウ　琵琶《びわ》湖のほとりに安土城を築いて，全国統一のための拠点とした

エ　守護大名の細川氏と対立して，京都から全国に広がる戦乱を繰り広げた

ｂ　次の㋐～㋒のできごとが，年代の古い順に左から右に並ぶように，記号㋐～㋒を用いて書け。

㋐　裁判や刑の基準を定めた公事方御定書《くじかたおさだめがき》が制定された

㋑　物価の上昇をおさえるため，株仲間の解散が命じられた

㋒　大名に江戸と領地を１年ごとに往復させる参勤交代の制度が定められた

ｃ　江戸時代には，幕府によって宗門改《しゅうもんあらため》が命じられ，宗門改帳が各地で作成された。この宗門改は，どのような目的でおこなわれたのか。簡単に書け。

(4)　幕末から明治時代のできごとに関して，次のａ，ｂの問いに答えよ。

ａ　次の㋐～㋒のできごとが，年代の古い順に左から右に並ぶように，記号㋐～㋒を用いて書け。

㋐　江戸幕府の15代将軍であった徳川慶喜《よしのぶ》は，政権を朝廷に返上した

㋑　尊王攘夷《じょうい》の考え方をとる長州藩は，関門（下関）海峡を通る外国船を砲撃した

㋒　土佐《とさ》藩出身の坂本龍馬《りょうま》らのなかだちにより，薩摩《さつま》藩と長州藩の間で同盟が結ばれた

ｂ　わが国は，1875年に，ロシアと樺太《からふと》・千島交換条約を結び，両国の国境を確定した。次のア～エのうち，この条約によって定められたわが国の領土を　　　で示した略地図として最も適当なものはどれか。一つ選んで，その記号を書け。

ア

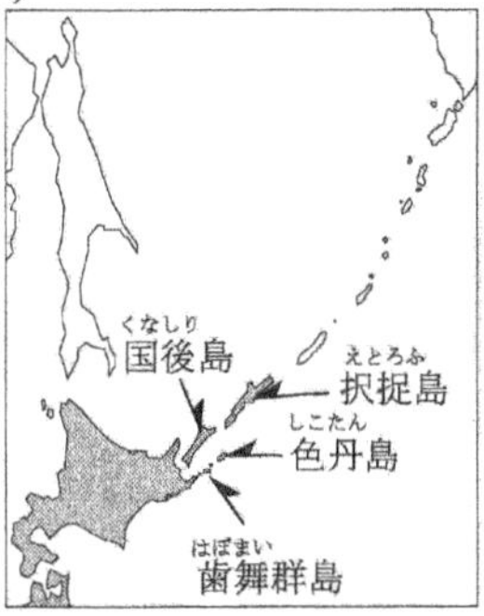

イ

ウ

エ

(5) 下の略年表を見て，次のa～dの問いに答えよ。

年代	できごと	
1894	日英通商航海条約が結ばれる	↑Ⓟ
1904	日露戦争が始まる	↓
1914	①第一次世界大戦が始まる	
1921	②ワシントン会議が開かれる	
1929	③世界恐慌《きょうこう》がおこる	

a　年表中のⓅの時期におこったできごととしてあてはまらないものは，次のア～エのうちのどれか。一つ選んで，その記号を書け。

ア　官営の八幡《やはた》製鉄所が操業を開始した

イ　大日本帝国憲法が発布された

ウ　清《しん》で義和団事件がおこり，列強の連合軍に鎮圧された

エ　三国干渉により，わが国は遼東《リアオトン》《りょうとう》半島を清に返還した

b　年表中の下線部①に第一次世界大戦とあるが，右のグラフは，大正時代のわが国の輸出額の推移を示したものであり，第一次世界大戦中の1914年～1918年頃は輸出額が大幅に伸びていることがわかる。この頃のわが国は，大戦景気と呼ばれるかつてない好況であった。わが国の輸出額が大幅に伸びたのはなぜか。その理由を，わが国における第一次世界大戦の経済的な影響に着目して，簡単に書け。

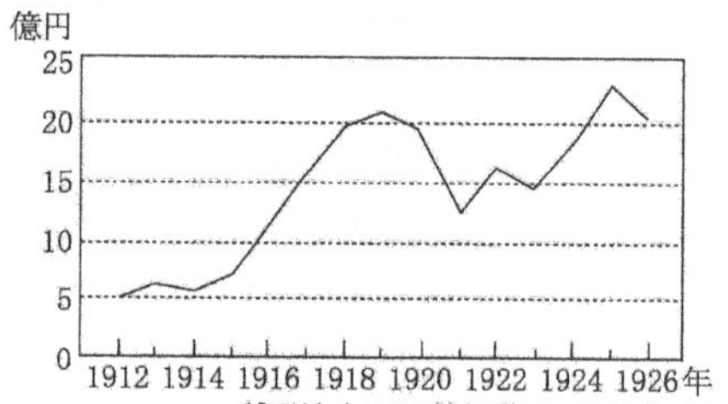

（「明治大正国勢総覧」により作成）

c　年表中の下線部②にワシントン会議とあるが，次のア～エのうち，この会議で決められた内容について述べたものはどれか。一つ選んで，その記号を書け。

ア　わが国は日英同盟を解消し，列強とともに海軍の軍備を制限した

イ　わが国はソ連との国交を回復した

ウ　わが国はアメリカとの間で，関税自主権を回復した

エ　わが国は中国の山東《シャントン》《さんとう》省の旧ドイツ権益を引きついだ

d　年表中の下線部③に世界恐慌とあるが，次の文は，世界恐慌に対する欧米諸国の政策について述べようとしたものである。文中の二つの〔　〕内にあてはまる言葉を，㋐，㋑から一つ，㋒，㋓から一つ，それぞれ選んで，その記号を書け。

世界恐慌とその後の不況に対して，イギリスやフランスなどは，本国と植民地や，関係の深い国や地域との貿易を拡大する一方，それ以外の国から輸入される商品にかける税（関税）を〔㋐高く　㋑低く〕するブロック経済と呼ばれる政策をおこなった。ソ連は，〔㋒レーニン　㋓スターリン〕の指導の下，計画経済をおし進めた結果，世界恐慌の影響をほとんど受けず，国内生産を増強し，アメリカに次ぐ工業国となった。

(6)　右の新聞記事は，1945年８月15日に重大な放送がおこなわれることを予告したものの一部である。1945年８月14日にわが国は，アメリカなどの連合国が無条件降伏を求めたある宣言を受け入れて降伏することを決定し，８月15日に昭和天皇がラジオ放送で国民に知らせた。連合国がわが国に無条件降伏を求めたこの宣言は何と呼ばれるか。その呼び名を書け。

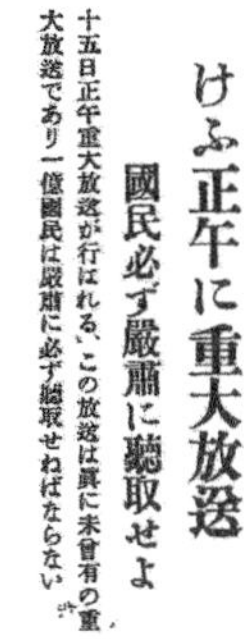
けふ正午に重大放送
國民必ず嚴肅に聽取せよ
十五日正午重大放送が行はれる、この放送は眞に未曾有の重大放送であり一億國民は嚴肅に必ず聽取せねばならない

(7)　20世紀のわが国の政治や外交に関して，次のａ，ｂの問いに答えよ。

ａ　1950年に連合国軍総司令部（GHQ）は，わが国の政府に指令を出して，警察予備隊を創設させた。次の㋐～㋓のうち，GHQが警察予備隊の創設の指令を出すきっかけとなった当時の国際的なできごととして最も適当なものはどれか。一つ選んで，その記号を書け。

㋐　朝鮮戦争が始まった　　㋑　中国で五・四運動がおこった
㋒　日中共同声明が発表された　　㋓　ソ連が解体した

ｂ　サンフランシスコ平和条約が結ばれた後も，引き続きアメリカの統治下におかれた沖縄では，長い間，わが国への復帰を求める運動がおこなわれていた。わが国の政府は，アメリカ政府と交渉を進め，1972年，ある内閣のときに沖縄のわが国への復帰が実現した。この内閣の内閣総理大臣はだれか。次のア～エから一つ選んで，その記号を書け。

ア　吉田茂《しげる》　　イ　岸信介《のぶすけ》　　ウ　池田勇人《はやと》　　エ　佐藤栄作

問題３　次の(1)～(6)の問いに答えなさい。

(1)　次の略地図は，緯線と経線が直角に交わる地図で，経線は等間隔で引かれている。この略地図を見て，あとのａ～ｅの問いに答えよ。

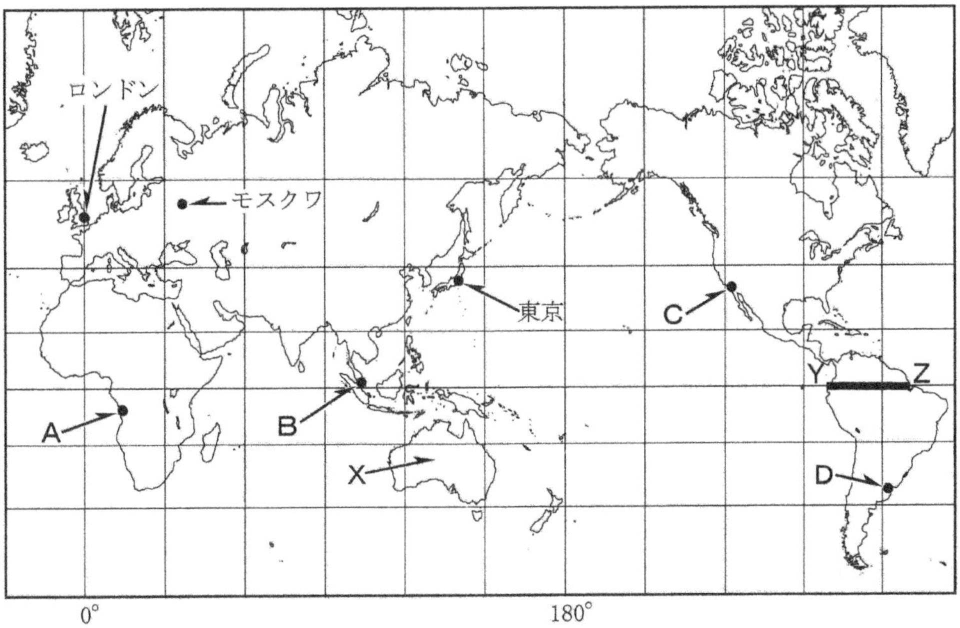

ａ　略地図中にＡ～Ｄで示した都市のうち，赤道をはさんで反対側に移すと，東京と緯度がほぼ同じになる都市はどれか。最も適当なものを一つ選んで，その記号を書け。

b　下の表は，前のページの略地図中のロンドンから東京に向かうある飛行機の，ロンドンを出発した日時をイギリスの標準時で，東京に到着した日時をわが国の標準時で示したものである。この飛行機がロンドンを出発してから東京に到着するまでにかかった時間は，何時間何分か。その数字を書け。

ロンドンを出発した日時	東京に到着した日時
2月9日19時00分	2月10日15時50分

c　略地図中にXで示した大陸は，六大陸の一つである。この大陸は何と呼ばれるか。その呼び名を書け。

d　略地図中のモスクワはロシアの首都であり，亜寒帯（冷帯）に属している。次のア～エのグラフのうち，モスクワの月平均気温と月降水量を表したものはどれか。一つ選んで，その記号を書け。

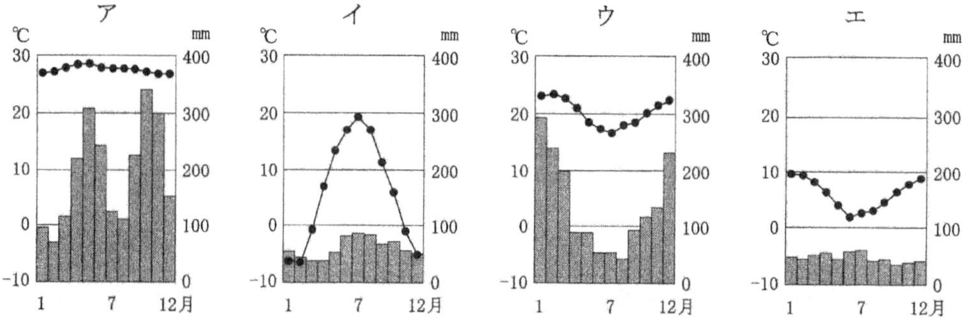

（「理科年表 2021」により作成）

e　次のア～エのうち，略地図中のY▬▬Zの断面図として最も適当なものはどれか。一つ選んで，その記号を書け。

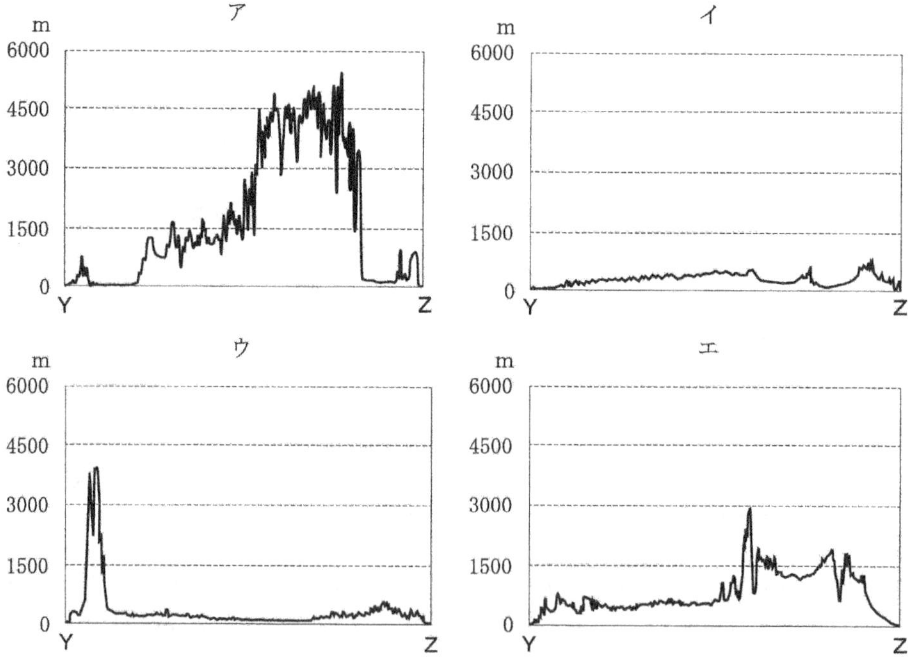

（「地理院地図」により作成）

(2) 下の資料は，2015年におけるインドの年齢別人口構成比を示したものである。また，下の図は，その資料をもとに作成しようとしている人口ピラミッドである。資料を用いて，解答欄の人口ピラミッドを完成させよ。

資料

年齢(歳)	男(%)	女(%)	年齢(歳)	男(%)	女(%)
0～ 4	9	9	45～49	5	5
5～ 9	10	10	50～54	5	5
10～14	10	9	55～59	4	4
15～19	10	9	60～64	3	3
20～24	9	9	65～69	2	2
25～29	9	9	70～74	1	2
30～34	8	8	75～79	1	1
35～39	7	7	80 以上	1	1
40～44	6	6			

(注) 表中の数字は，小数点以下を四捨五入してある。
(総務省資料により作成)

図

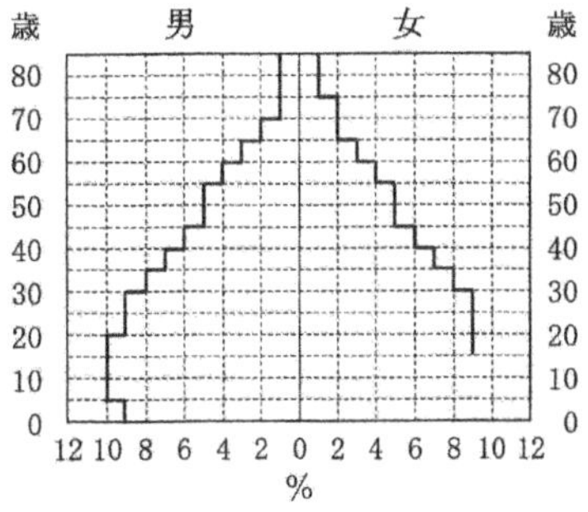

(3) 下の資料Ⅰ，Ⅱ（次のページ）は，わが国とタイとの貿易について，1970年と2018年における，タイへの輸出品の構成とタイからの輸入品の構成をそれぞれ示したものである。資料Ⅰ，Ⅱからわかることについて述べた次の㋐～㋓のうち，誤っているものはどれか。一つ選んで，その記号を書け。

㋐ 1970年において，タイからの輸入総額は，タイへの輸出総額よりも少ない

㋑ タイへの機械類の輸出額は，1970年と比べて2018年の方が多い

㋒ タイからの魚介類の輸入額は，1970年と比べて2018年の方が少ない

㋓ 2018年において，自動車部品のタイへの輸出額は，タイからの輸入額よりも多い

資料Ⅰ　タイへの輸出品の構成

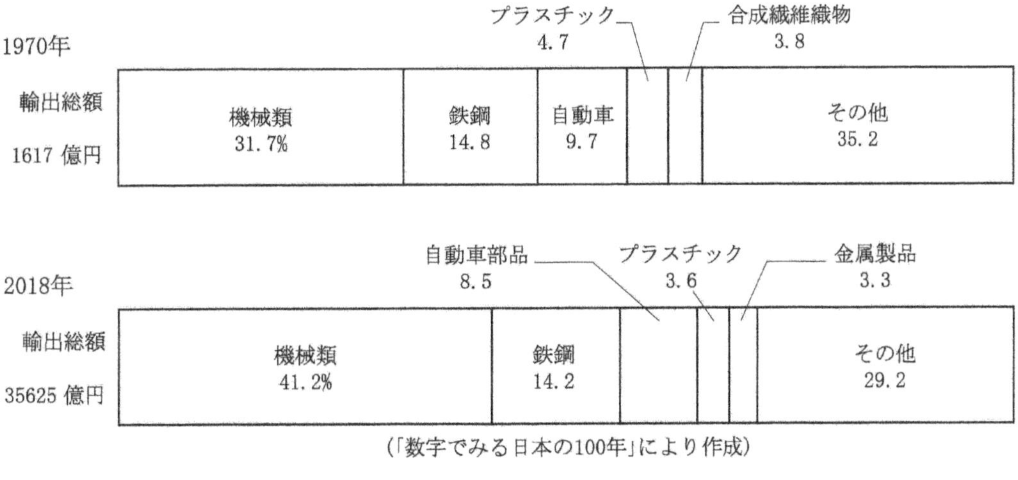

(「数字でみる日本の100年」により作成)

資料Ⅱ　タイからの輸入品の構成

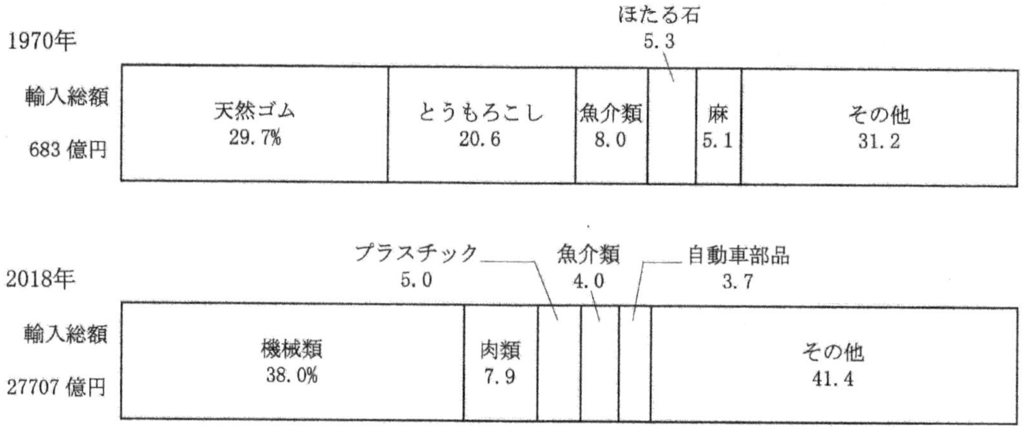

（「数字でみる日本の100年」により作成）

(4)　次のア～エ（ウ，エは次のページ）の略地図は2017年における都道府県別の，第三次産業就業者の割合，総人口に占める65歳以上の人口の割合，人口密度，工業生産額（製造品出荷額等）のいずれかについて，それぞれ上位10都道府県を ▒ で示したものである。ア～エのうち，工業生産額（製造品出荷額等）を示した略地図はどれか。一つ選んで，その記号を書け。

ア

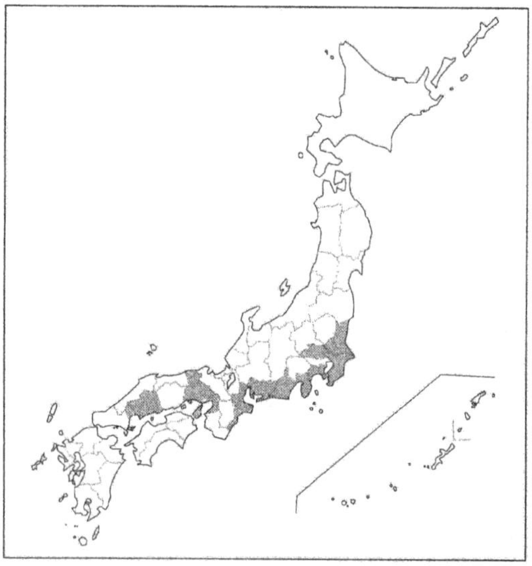

イ

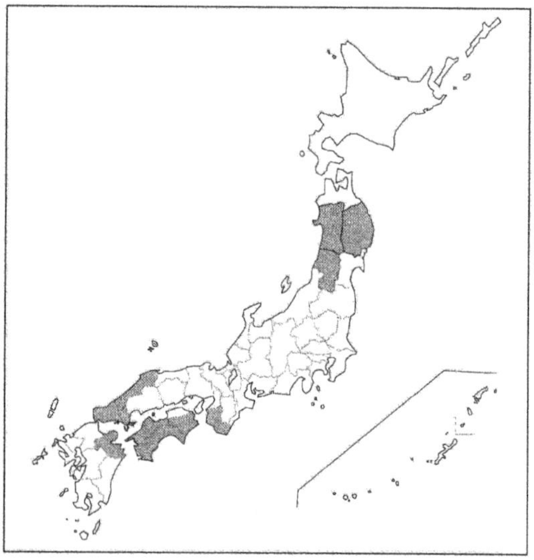

ウ

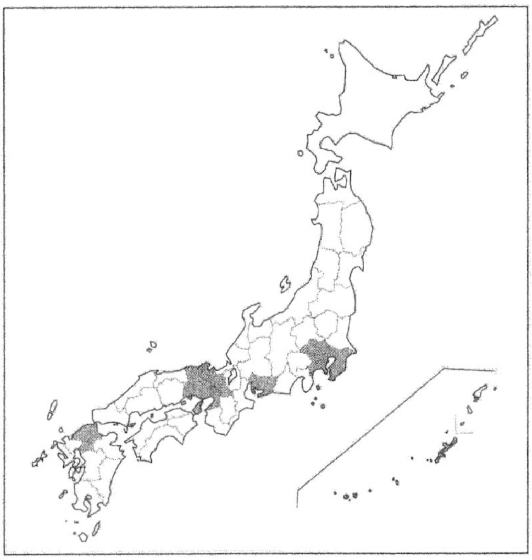

エ

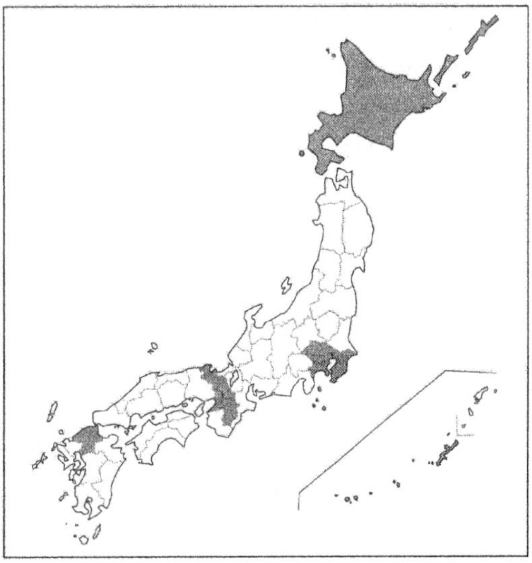

（日本国勢図会2020/21などにより作成）

(5)　下の地形図は，旅行で秋田県を訪れた中学生の太郎さんが，大潟《おおがた》村で地域調査をおこなった際に使用した，国土地理院発行の２万5000分の１の地形図（大潟）の一部である。これに関して，あとのａ～ｆの問いに答えよ。

（編集の都合で90％に縮小してあります。）

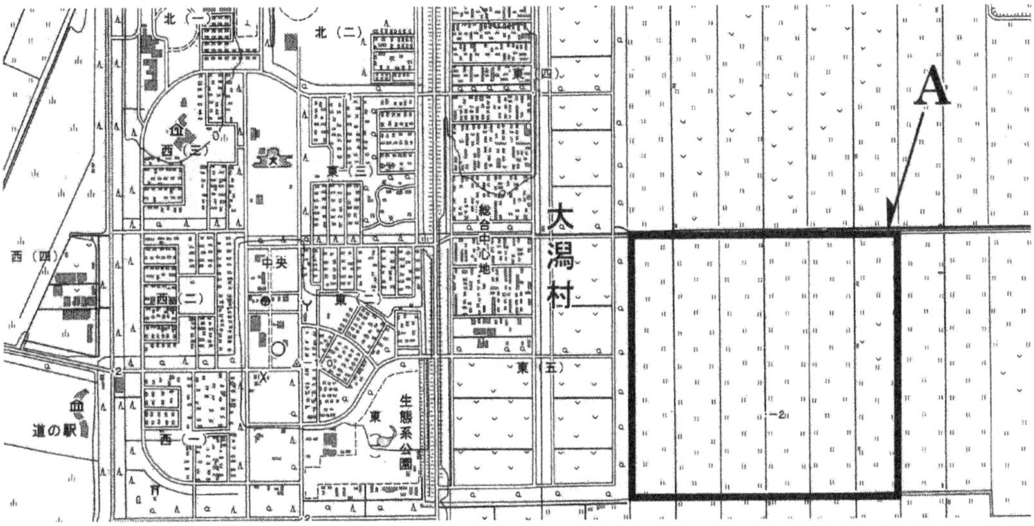

（国土地理院発行の２万5000分の１の地形図により作成）

ａ　地形図中にＡで示した範囲を，この地図上で縦約3.9㎝，横約4.1㎝の長方形とするとき，Ａで示した範囲の周囲の実際の距離は約何ｍか。その数字を書け。

ｂ　次のア～エのうち，地形図中にみられないものはどれか。一つ選んで，その記号を書け。

ア　寺院　　イ　消防署　　ウ　老人ホーム　　エ　交番

c　大潟村には，東経140度の経線が通っている。右の略地図は，東経140度の経線が通る地域を示している。東経140度の経線が通る県のうち，県名と県庁所在地の都市名が異なる県は二つある。その二つの県の県庁所在地の都市名は，次の㋐～㋓のうちのどれか。二つ選んで，その記号を書け。

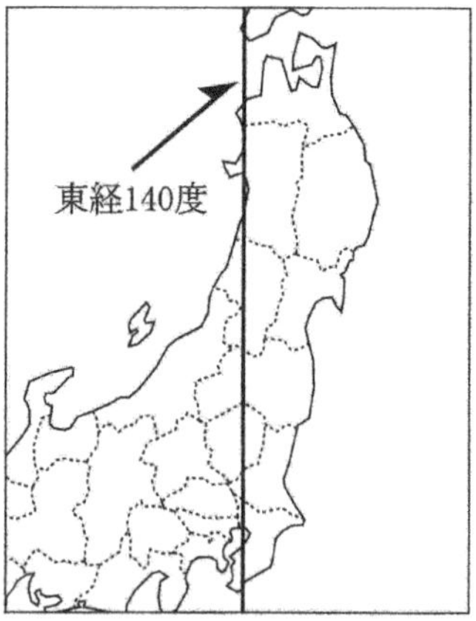

㋐　水戸市　　㋑　宇都宮市

㋒　前橋市　　㋓　甲府市

d　大潟村が属する秋田県の沖合には，ある暖流が流れている。この暖流は何と呼ばれるか。その呼び名を書け。

e　太郎さんは，大潟村の農業について調べた。次の資料Ⅰは，2015年における大潟村の耕地面積別農家戸数を，資料Ⅱは，2015年における全国の農家一戸あたりの耕地面積を，資料Ⅲは，2015年における大潟村と全国の農家一戸あたりの農業産出額をそれぞれ示したものである。資料Ⅰ～Ⅲから，大潟村の農業にはどのような特徴があると読みとれるか。 **耕地　高い** の二つの言葉を用いて，簡単に書け。

資料Ⅰ

耕地面積	戸数(戸)
10 ha 未満	14
10 ha 以上 20 ha 未満	339
20 ha 以上	147

資料Ⅱ

全国の農家一戸あたりの耕地面積(ha)	2.5

資料Ⅲ

	大潟村	全国
農家一戸あたりの農業産出額(万円)	2106	639

(農林水産省資料などにより作成)

f　太郎さんは，秋田市にある秋田空港を訪れ，秋田空港からわが国のいくつかの都市やその近郊にある空港に旅客機が就航していることを知った。下の図は，秋田空港，新千歳《ちとせ》空港(札幌)，東京国際空港（東京)，中部国際空港（名古屋)，大阪国際空港（大阪）について，それぞれの空港間の2018年における旅客輸送数を示そうとしたものである。図中のア～エのうち，東京国際空港（東京）にあたるものはどれか。一つ選んで，その記号を書け。

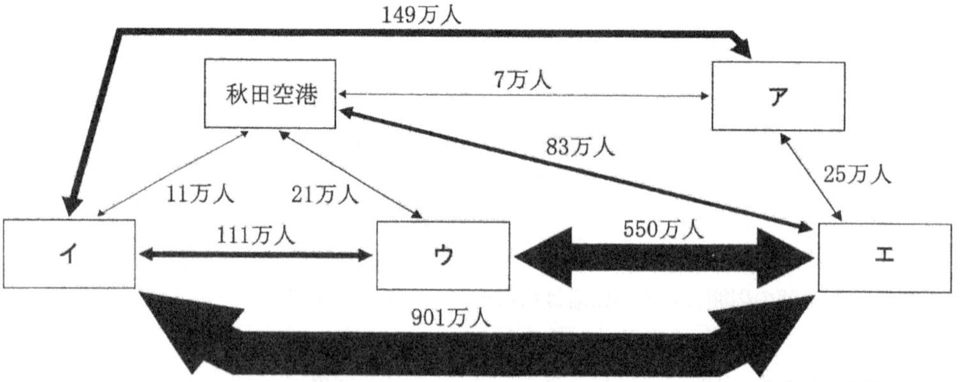

(総務省資料により作成)

(6) 現在，わが国では，発電量全体の中で火力発電が大きな割合を占めている。下の図は，わが国の主な火力発電所の位置を示しており，わが国の火力発電所の多くは臨海部に立地していることがわかる。また，下の表は，2019年におけるわが国の石炭，石油，天然ガスの自給率をそれぞれ示したものである。わが国の火力発電所の多くが臨海部に立地しているのはなぜか。表をもとに，その理由を簡単に書け。

図

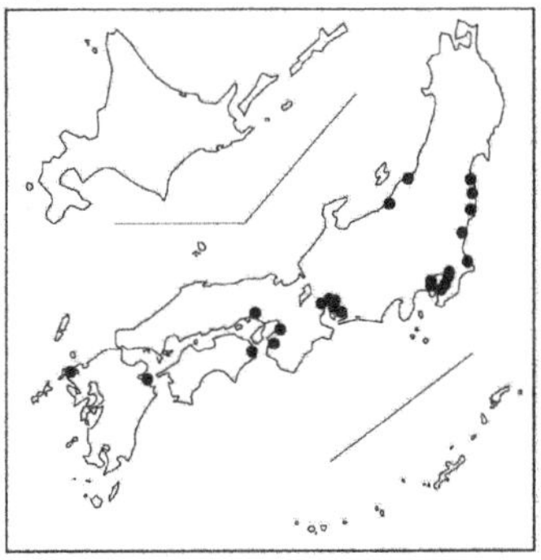

(注) 最大出力200万kW以上の発電所のみを示している。
(「日本国勢図会2020/21」により作成)

表

	自給率(%)
石　炭	0.4
石　油	0.3
天然ガス	2.3

〔注意〕

一　部分的な書き直しや書き加えなどをするときは、必ずしも「ますめ」にとらわれなくてよい。

二　**題名や氏名は書かないで、**本文から書き始めること。また、本文の中にも氏名や在学（出身）校名は書かないこと。

夏希――自分と同じ体験をした他の人が、その体験をどう思っているかについて考えるときは、できるだけ相手の立場に立って考えようとしても、Ⓑ人によって生活や文化が違うので、相手と全く同じ枠組みで見ているとは限らないと思うよ。

秋人――同じ枠組みを選ぼうと努力しても、それぞれの生き方が違うわけだから、やっぱり違いは生じてくるよ。けれど、自分を取りまく世界を認識するのに枠組みを通さずにいられない以上、Ⓒ自分や相手の枠組みを意識しながら相手の話を聞くことが大切だと思うんだ。だって、自分の枠組みの幅を広げないと、世界への認識は深まらないから。

冬美――相手がどのような枠組みで世界を理解しているかを常に意識して、Ⓓ相手と同じ枠組みで物事を捉えようとすることで揺るぎない枠組みを構築していくことが大切になるよね。

(十)　本文を通して筆者が特に述べようとしていることは何か。次の1～4から最も適当なものを一つ選んで、その番号を書け。

1　「聞く」という行為は他者との関わりを通して共同認識を構築してくれるだけでなく、物事の真実を明らかにすべき時にも非常に有効なものとなる

2　想像力を働かせて「聞く」ことが地域社会を理解する唯一の手段であるため、みずからの認識の再構築よりも想像力を養うことを優先すべきである

3　相手の全体性を会話の中で再構築するためには、言葉や感覚に対して自分の感性を働かせることなく受け身の姿勢で話を「聞く」ことが必要である

4　多面的で流動的な自然や社会と私たちとの関係の再構築のため、社会全体への感受性を働かせて「聞く」という行為を続けていくことが求められる

問題 四

あなたは国語の授業の中で、「成長するために大切なこと」について議論しています。最初にクラスメートの太郎さんが次のような意見を発表しました。あなたなら、太郎さんの発言に続いてどのような意見を発表しますか。あなたの意見を、あとの**条件1**～**条件3**と次のページの〔**注意**〕に従って、解答用紙（その二）に書きなさい。

太郎――私は、成長するためにはいろいろな人からの助言をしっかり受け止めることが大切だと思います。実際に、部活動で悩んでいたときに、先輩からアドバイスをいただいて、新しい考え方に気づくことができました。周囲の助言をよく聞くことで、これからも私は成長していけると思います。皆さんは、成長するためにはどのようなことが大切だと思いますか。

条件1　太郎さんの意見をふまえて、「成長するために大切なこと」に対するあなたの意見を書くこと。

条件2　身近な生活における体験や具体例などを示しながら書くこと。

条件3　原稿用紙の正しい使い方に従って、二百五十字程度で書くこと。ただし、百五十字（六行）以上書くこと。

次の1～4から最も適当なものを一つ選んで、その番号を書け。

1 既に述べられた「感受性」とはつながりのない一般的な具体例を用いることで、この後に話の内容が大きく変化することを伝える役割

2 聞くべきことの内容を分かりやすく挙げることにより、後で述べられる「共同認識」を構築する際に用いる問いかけ方を例示する役割

3 相手の全体性を再構築するために想像すべきことの具体例を示して、ここまでに述べられてきた「物語」の創造についてまとめる役割

4 話を聞くときに働かせるべき「想像力」の例を挙げることにより、後に述べられている感受性がどういうものかを捉えやすくする役割

(六) ④に生活者の「意味世界」を重視し　とあるが、生活者の「意味世界」を重視するべきだと筆者がいうのはどうしてか。それを説明しようとした次の文のア、イの□内にあてはまる最も適当な言葉を、本文中からそのまま抜き出して、アは十字以内、イは二十字以内でそれぞれ書け。

[ア] を用いて解釈するのではなく、現場の人びとの視点に立ち、物事を見たり考えたりすることによって、それぞれの世界には、[イ] ということに気づくことができるから。

(七) ⑤に社会のダイナミズムや多元性への想像力　とあるが、これはどのような想像力のことをいっているのか。次の1～4から最も適当なものを一つ選んで、その番号を書け。

1 自分が現在直面している事象そのものだけではなく、その変化や背後にあるであろう多くの要素に対してできる限り広範に想像できる力

2 自分が実感している現実の表面的な部分の観察に基づいた客観的な考察を通して、過去に起こった事実とその背景を鮮明に想像できる力

3 実際に見聞きしたことで地域社会の全体像を把握するために、現実の様々な情報を集めて今後の社会の変化について明確に想像できる力

4 地域社会では様々な事実がからみ合い広がっていることを理解した上で、その歴史にとらわれず未来のことについて多様に想像できる力

(八) ⑥の一様でない　の意味として最も適当なものを、次の1～4から一つ選んで、その番号を書け。

1 同じ状態ではない　2 見通しが立たない

3 すぐに理解できない　4 意思が統一できない

(九) 次の会話文は、⑦の「フレーム」とはどのような枠組みであるかを理解するために、春男さんたちが授業で話し合ったときの内容の一部である。次の文中のⒶ～Ⓓの＝＝をつけた部分のうち、本文から読み取れる内容と**異なっているもの**を一つ選んで、その記号を書け。

春男――私たちは、自分の身のまわりで起きていることの意味を自分なりに捉えるときには、Ⓐ意識しているかどうかは別にして、必ず何かしらの枠組みを通して考えることになるんだね。そんなことは、気にしたことなんてなかったね。

況、背景にあるcセイサク。それらに思いをいたす。その人がもっている人的ネットワークの広がりを想像する。地域社会の中でのその人の位置はどのようなものか、その人の話の前の時代には何があったか。その人の話は、地域の歴史の中で、どう位置づけられるか。一年後に同じことを聞いても同じ話になりそうか。

17　社会も個人も、つねに動いている。また⑥一様でない。そうしたことへの想像力が求められる。

18　そして社会学的感受性の第三は、「フレーミング（枠組み形成）」への意識である。

19　いくら現場のディテール（全体の中の細部）から物事を見ようとしても、ディテールは無数にある。そのどこに注目するかは、私たちの⑦「フレーム」にかかっている。「フレーム」とは、私たちが物事を見るときの「枠組み」である。「フレーム」を通さないで物事を見ることは不可能と言ってよい。人びとの「生活」について話を聞きたいと考えたとき、すでに「生活」という「フレーム」がdゼンテイになっている。こちらの思う「生活」と相手の「生活」では、その範囲は違っているかもしれない。

20　「フレーム」があること自体は悪いことではないし、人間の認識はそれから完璧に逃れることはできない。求められるのは、つねに「フレーム」について意識をすることだ。現実を見るなかで、あるいは、話を聞く中で、その「フレーム」を絶えず壊したり再構築したりすることが求められる。実のところ、これはなかなかむずかしい。しかし、それを助けてくれるのも、やはり現場のディテールである。現場のディテールを見落とさないという意識があれば、あらかじめ持っている「フレーム」の組み直しが必ず必要になってくるに違いない。

（宮内泰介の文章による。一部省略等がある。）

(一)　a～dの＝のついているかたかなの部分にあたる漢字を楷書で書け。

(二)　①の相互と、上下の文字の意味のつながり方が同じ熟語を、次の1～4から一つ選んで、その番号を書け。

1　就職　2　歓喜　3　必要　4　温泉

(三)　②に聞き手がしゃしゃり出ては、そのダイナミズムは絶たれてしまうとあるが、筆者がこのようにいうのは、聞き手にはどのようなことが求められると考えているからか。「物語は、それが語られたときの雰囲気や」という書き出しに続けて、本文中の言葉を用いて、五十字以内で書け。

(四)　③に聞くという行為が根本的であるとあるが、筆者がこのようにいうのはどうしてか。次の1～4から最も適当なものを一つ選んで、その番号を書け。

1　相手の全体性をより強く認識するためには、意識的に新しい物語を生み出していく必要があり、聞くという行為はその手段として最も効果的だから

2　人は聞かれるという行為を経て認識を再構築するものであり、聞くという行為そのものが、自然や社会との関係の再構築を促すはたらきを持つから

3　合意形成のために必要なコミュニケーションには、みずからの認識よりも、聞くという行為を通して構築されていく新しい物語のほうが重要だから

4　私たちが新しい物語を創造するためには、誰かに聞かれるという行為を通して、みずからの認識を周りに深く理解させていかなければならないから

(五)　第9段落は、本文中においてどのような役割を果たしているか。

ものが、他人との関係のなかで成立している。それは日々構築されるものだとも言える。何かを聞かれる者は、その聞かれるという行為によって、みずからの認識を再構築する。

5 語られたことは、「真実」であるというよりも、聞き手と語り手の相互作用やその場の空気といった条件下で創造された「物語」である。社会的真実とは、常にそうした「物語」である。聞き書きは、それ自体が新たに作られた「物語」であり、だからこそダイナミックないとなみたりえる。

6 だからといって、②聞き手がしゃしゃり出ては、そのダイナミズム(活発さ)は絶たれてしまう。聞き手の姿勢としては、まずもって耳を傾けること、受容的に聞くことが重要になってくる。もちろん、耳を傾けるというのは透明人間になることではない。積極的に相手を受容することで、物語が生まれる。

7 聞くこと自体が共同認識の構築であり、新しい物語の創造であり、そして合意形成のプロセスでもある。自然との関係、社会の中での関係を再構築するときの、最も基本的かつ根本的な方法が「聞く」という行為である。

8 ③聞くという行為が根本的であるだけに、ただ聞けばよいというわけにはいかない。「聞く」にあたっての感受性、人や社会に対する聞き手の感受性が大事になってくる。

9 聞いている相手の話が、地域社会のさまざまないとなみや歴史の中でどういう位置づけにあるか。(たとえば昭和三〇年ごろの話を聞いているとすれば)昭和三〇年ごろというと、この地域全体はどういう様子だったか。食べものの話、電気の話、学校の話、親族の話、祭りの話、そうした地域の多面性が、その人の話の中でどう位置づけられそうか。

10 そのような想像力を働かせながら、話を聞く。相手の話の向こうにある家族や友人関係、あるいは小さいころの経験や大人になってからの経験、そうしたものへの想像力も大切だ。

11 マクロ(非常に大きいこと)からミクロ(非常に小さいこと)までのさまざまな社会のなかにその人のいとなみがあり、地域の自然がある。狭い「自然」だけ、狭い「文化」だけでない、生活の全体性に対する感受性。地域社会全体に対する感受性。社会学的感受性とでもいうべき、そのような感受性が重要になってくる。

12 社会学的感受性のまず第一は、現場の事実、④生活者の「意味世界」を重視し、そのリアリティから物事を見ようとする姿勢だ。

13 「意味世界」とは、人が、自分を取りまく世界について、こうなっている、あるいはこうあるべきだ、と解釈しているその体系だ。決められた枠組みで物事を見るのではなく、現場の人びとの意味世界から何かを見よう、考えようという姿勢が、社会学的感受性の第一だ。

14 数字で表されない、言葉や感覚で表されるものへの感性、「自然との共生」「持続可能性」といった大きな物語にぶ収斂《しゅうれん》(集まって一つにまとまること)されないものへの感性とも言ってよいだろう。それぞれの地域、それぞれの人生には、決して代替できない固有の価値があり、意味がある。そこに思いをいたすことが、まずもって大切なことだ。

15 社会学的感受性の第二は、⑤社会のダイナミズムや多元性への想像力である。

16 今見ている「現実」、今聞いている「歴史」は地域社会のダイナミックな動きの一局面に過ぎない。その「現実」の背景には、マクロからミクロまでのさまざまな背景がbフクザツにからみあっている。語りの向こうにあるもの、その時代時代の状況、地域の揺れ動く状しているのか。次の1～4から最も適当なものを一つ選んで、その番号を書け。

1　京の知人を訪ねていた中納言が、京の町で若者が歌っていた謡について尋ねたこと
2　中納言を訪ねてきた京の人が、京の若者の間で流行している謡を話題に出したこと
3　京の町中で中納言に出会った若者が、近頃気に入っている謡を中納言に教えたこと
4　中納言の館に滞在していた京の若者が、中納言に求められて京の謡を披露したこと

㈢　③に中納言殿感じ給ひて　とあるが、中納言が感心したのはなぜか。それを説明しようとした次の文の□内にあてはまる言葉を、本文中からそのまま抜き出して、五字以内で書け。

「なんと趣深い春雨だことよ。花が散らない程度に降ってくれ」という意味を持つ謡が、広く一般に通用する世の□を含んでいると感じたため

㈣　④にいかで本業を失ふべきや　とあるが、これはどういう意味か。次の1～4から最も適当なものを一つ選んで、その番号を書け。

1　どうして本業を失わないといえるのか
2　どうすれば本業を失っても許されるか
3　どうして本業を失うことがあるものか
4　どうすれば本業を失わなくてすむのか

㈤　本文の中で述べられている、茶や香、猿楽などの諸芸と学問についての、中納言と筆者の考えとして最も適当なものを、次の1～4から一つ選んで、その番号を書け。

1　中納言は諸芸や学問を本来の職務を果たしたうえでなすべきものと考えており、筆者は諸芸や学問を追究することを最優先とするべきと考えている
2　中納言は諸芸や学問を文化として奨励するべきと考えており、筆者は本来の職務を果たす妨げにならない程度に諸芸を楽しむのがよいと考えている
3　中納言は諸芸や学問をいずれもやりすぎないことがよいものと考えており、筆者は天下を治める道に通じる学問は諸芸とは異なるものと考えている
4　中納言は諸芸や学問を国を治めるために必要な教養と考えており、筆者は諸芸や学問などよりも家や国のことを大切に思うべきであると考えている

問題 三

次の文章を読んで、あとの㈠～㈩の問いに答えなさい。なお、[1]～[20]は段落につけた番号です。

[1]　聞くという作業は、たいへんおもしろく、奥深い作業だ。聞くといういとなみの中には、私たちが自然や社会とどう向き合うべきかについての示唆が含まれている。

[2]　聞き取り調査というと、あらかじめ作っておいた質問があって、それに対して話し手が「答《こたえ》」を語る、というイメージをもつかもしれない。しかし、聞き取り調査はそういうものではない。実際にやってみると、それはすぐにわかる。

[3]　聞くといういとなみは、aタンなるQ&Aでなく、①相互的なコミュニケーションを通して、相手の全体性を話の中で再構築することだ。

[4]　私たちの認識は、一人では成り立たない。一人ひとりの認識その

しく思っている

3　川木は、妥協せず努力を続ける徹の姿に励まされてきたため、これからも徹の存在を感じることで、前向きな自分であり続けたいと思っている

4　川木は、いつも冷静な態度で試合に臨む徹を目標にしており、一時の感情のすれ違いで、尊敬し合える徹との関係を壊したくないと思っている

(七)　本文中には、徹に自分の思いを伝えようとして空回りしている川木の様子を、徹が比喩的に捉えたことが表されている一文がある。その一文として最も適当なものを見つけて、初めの三字を抜き出して書け。

(八)　本文中の徹について述べたものとして最も適当なものはどれか。本文全体の内容をふまえて、次の1～4から一つ選んで、その番号を書け。

1　川木の才能に引け目を感じていたが、川木の言葉に向き合ってその思いを知ったことで、新たな視点で川木との関係を捉え始めている

2　川木をうらやましく思うばかりで視野を狭くしていたが、川木が悩みを打ち明けたことで、川木に対して仲間意識が生まれ始めている

3　川木の留学にあせりと失望を感じていたが、出会ってからの思い出を語り合ったことで、共に目標に向け努力する決意が芽生えている

4　川木を説得することを半ばあきらめかけていたが、人知れず努力する川木の姿に気づいたことで、憧れの思いがわき上がってきている

問題　二

次の文章を読んで、あとの(一)～(五)の問いに答えなさい。

(注1)小早川中納言《こばやかはちゅうなごん》殿、三原《みはら》の館に①おはしける時、京の人来りて、この頃(注2)京わらんべの(注3)謡《うたひ》に、「おもしろの春雨《はるさめ》や。花のちらぬほどふれかし」とうたふよし②語りければ、③中納言殿感じ給《たま》ひて、「それはすべての物事に渉《わた》りてことわりある謡なり。いかばかりおもしろき物も、よき程といふ事ありて、茶や(注4)香やおもしろくても、(注5)猿楽がおもしろくても、学問がおもしろくても、本業を喪《うしな》はぬほどになすべき事なり」と(注6)仰《おほ》せられしよし。いかにも茶香猿楽の類《たぐひ》はさる事なれども、学問して本業を喪ふとおほせしは本意違《たが》へり。学問は身を修め家を斉《ととの》へ、国天下を(注7)平治するの道なれば、その本業を失ふは学問にはあらず。身修まり家斉ひては、④いかで本業を失ふべきや。

(注1)　小早川中納言＝小早川隆景《たかかげ》。戦国時代・安土桃山時代の武将。
(注2)　京わらんべ＝京の町の若者。
(注3)　謡＝詩歌や文章に節をつけて歌ったもの。
(注4)　香＝香木の香りを楽しむ芸道。
(注5)　猿楽＝能楽の古い呼び方。
(注6)　仰せられしよし＝おっしゃったということだ。
(注7)　平治する＝世の中を平和に治める。

(一)　①の　おはし　は、現代かなづかいでは、どう書くか。ひらがなを用いて書きなおせ。

(二)　②に　語りければ　とあるが、これはだれが何をしたことを表現

で、すげえ助けられてるんだ」

「そんな精神論……」

苦し紛れの反論は、自分でも無意味だとわかっていた。なぜなら、

「テニスはメンタルスポーツだからな」

川木はにやっと笑う。

そうだ。

③そしてダブルスにおいて選手の精神は、二つで一つだ。

当たり前のようで、わかっていなかったこと。

「ダブルスパートナー、誰だってよかったわけじゃねえよ」

ぼそりと、川木はそう言って、遠くを見る目になった。

「なあ徹、おまえはずっと前見ててくれよ。俺がアメリカ行っても、どこにいても、④俺の背中ちゃんと見ててくれよ」

その目に何が映っているのか、その日、俺はようやく少しだけわかったような気がする。

（天沢夏月の文章による。一部省略等がある。）

（一）　a～dの══のついている漢字のよみがなを書け。

（二）　①に　俺は言葉を失いかけた　とあるが、徹が言葉を失いかけたのは、これまで川木をどのようなものと感じていた徹が、川木の発言のどのような点を意外に感じたからか。「川木に『勝ったときは徹のおかげだ』と言われ、これまで川木を」という書き出しに続けて、三十五字以内で書け。

（三）　②に　追い越し走とか俺すげえキツくってさ　とあるが、川木は追い越し走についての話をする中で、徹にどのようなことを伝えようとしていると考えられるか。次の1～4から最も適当なものを一つ選んで、その番号を書け。

1　徹に印象的な出来事を思い出してもらうことで、日本で最後に出る試合でも、二人で一緒に勝負に挑みたいと伝えようとしている

2　川木を過大評価していた徹に、川木も様々な悩みを抱えながら練習に取り組む、ごく普通の選手であることを伝えようとしている

3　川木の言葉にいまだ納得しきれない徹に対し、具体的な出来事を通して、川木には真似のできない徹の良さを伝えようとしている

4　徹の卑屈な態度を指摘することを通して、徹が逃げずに川木を乗り越えていくことが、徹の成長につながると伝えようとしている

（四）　本文中の□内にあてはまる表現として最も適当なものを、次の1～4から一つ選んで、その番号を書け。

1　笑いが止まらなくなって　　2　和やかな気持ちになって

3　寂しさがこみ上げて　　4　居心地が悪くなって

（五）　③に　そしてダブルスにおいて選手の精神は、二つで一つだ　とあるが、徹がこのことを意識したきっかけは、徹がどのようなことを知ったことだと考えられるか。その内容を　**信念**　という語を用いて、四十字程度で書け。

（六）　④に　俺の背中ちゃんと見ててくれよ　とあるが、このように言ったときの川木の気持ちはどのようなものだと考えられるか。次の1～4から最も適当なものを一つ選んで、その番号を書け。

1　川木は、負けても平常心を失わない徹に憧れていたため、日本で暮らす徹と遠く離れることになっても、自分を忘れてほしくないと思っている

2　川木は、地道な練習を欠かさない徹を温かく見守っており、新たな道へ踏み出す自分を誇らしく感じながらも、徹との別れを寂

「この世界には、調子崩さないし、調子崩しても自力で戻せるし、朝練は毎日出るし、ラリー長くなっても根気強くチャンス待つし、決め所はきちんとエース決めるようなやつが、いるんだよ」

川木が言いながら、またボールを拾いにいった。なにをしているんだ、こいつは。

「そんな化け物みたいなやつ、いねえよ」

俺が言うと、川木は笑った。

「おまえのことだよ、徹」

ぽーん、とボールが放られて、無意識に手を伸ばしていたようだった。ぽすっと手の中に収まったボールを見て、川木を見た。

「……は？」

「だから、徹のことだって」

もう一度言って、川木は空を見上げた。

ついこないだまで桜の花びらが舞っていたはずの空は、一層青さを増して、初夏の気配をb漂わせている。風が吹いて、鼻孔をくすぐる。薬を飲んだはずの鼻がむずがゆい。

くしゃみを一つした。川木が笑った。

「一年の頃からずっと、すげーなあって思ってた。入部した最初の頃ってさ、一年は全然打たせてもらえなくて外周とかめっちゃ走らされるじゃん。②追い越し走とか俺すげえキツくってさ」

追い越し走というのは、部員が一列になって一定の速度で走りながら、一番後ろの人が列の一番先頭まで走って先頭者になる、というのを延々繰り返すランニングだ。ただ走り続けるのと比べて加減速を繰り返すので負担が大きく、体力のないやつはそのうち追い越せなくなって列から脱落していく。

「翼がスタミナ馬鹿だろ。あいつが先頭になるとなんかペース上がって追い越すのほんとしんどいんだよ。絶対嫌がらせしてんだぜ」

確かに山本は強かった。追い越し走で脱落したことがないのは山本と、それから、

「でも徹だけは、いつも山本に食らいついていってたからな」

……そう。最後にはいつも、俺と山本が二人で追い越し走するという地獄絵図になっていたっけ。

「最初はなんか弱っちそうだなと思ってた。でも徹は朝練は絶対毎日最初に出てるし、練習中もすげえ真面目だし、冷静だし、どんどん上手《うま》くなるし、プレーはc丁寧でミスもないし、決め所は絶対ミスんねえし」

俺はだんだん□きて、遮ろうと思った。でもそのとき、川木が言ったのだ。

「なにより徹は、下を見ないから」

――下を見るな。

コーチに言われた言葉。自分の中にd刻まれている信念。

誰にも気づかれていないと思っていた。ましてや自分のことなんか、まるで眼中にないだろうと思っていた川木なんかに。

ずっと見ていたのだろうか。

俺が川木の背中を見続けたように。

その背中は振り返らないと思っていた。

俺のことなんか見ていないのだと思っていた。

同じ場所にはいないのだと思っていた。

――でも。

「おまえが前見てるから、俺も下見ないようにしようって思うんだぜ。おまえが背中見てるって思うと、なんか背筋が伸びるんだ。だからダブルスの方が安定してるんだよ。おまえが同じコートにいるだけ

＜国語＞

時間　五〇分　　満点　五〇点

問題一　次の文章は、高校のテニス部に所属する俺（徹《てつ》）が、ダブルスでペアを組んでいる川木がスカウトされてアメリカに留学すると知り、部長の山本翼と同様に割り切れなさを抱いていたところ、ある日、川木と言い合いになり、「勝てば川木のおかげだと思うし、負けたら俺のせいだと思う」という日頃の思いを告げ、ペアを解消したいと伝えた場面に続くものである。これを読んで、あとの㈠～㈧の問いに答えなさい。

テニスコートは校舎を挟んでa校庭の反対側にあるので、昼休みにこっちの方にくる人は少なくて、なんだか別世界のように感じる。コートの上に、俺と川木だけ。だけど、俺は一人だ。ここには俺しかいない。川木は別次元の存在だ。同じコートの上に立っていても、川木は俺と同じ土俵でテニスをしていたことなんて、一度だってないのだ。

でも、どうせあと数《すう》ヶ《か》月《げつ》待てば川木はいなくなる。今揉《も》める必要なんてなかったのに、言ってしまった自分にちくちくと後悔が込み上げてきたとき、

「嫌だ」

川木の声は小さかったが、やけに大きくコートに響いて、俺は顔を上げた。

川木の真顔がそこにあった。

テニスをしているときだけに見せる、ぎらぎらとした夏の日差しのようなまなざし。

「話聞いてたのか？」

「聞いてたけど納得はしてねえ」

「納得なんか求めてねえよ。どうせ川木にはわからない」

「俺は勝ったとき徹のおかげだと思うし、負けたら自分のせいだと思ってる」

①俺は言葉を失いかけた。

かろうじて言い返した。

「真似《まね》すんな」

「マジなんだな、これが」

いつぞや聞いた口調で川木は笑う。なぜ笑うのだろう。俺は今度こそ言葉を失う。

「なあ徹。俺はおまえが思ってくれてるほどすげえ選手じゃねえよ」

コートの隅っこに落ちているボールを見つけて、川木が小走りに拾いにいく。拾ったボールをくるくると手の中で転がしてから俺に向かって投げる。俺がひょいと避《よ》けると「避けんなよッ」と怒鳴る。

「すぐ調子崩すし、調子崩れたら戻らねーし、朝練は気分乗らなきゃ出ねーし、ラリー長くなるとついつい一発エース（相手にボールを打ち返すチャンスを与えずに得点すること）に頼っちまうし、でもミスるし」

言いながら川木は、俺が避けたボールを拾いにいった。一人で「取ってこい」をやっている犬みたいだ。

「それでも川木は、インハイ（全国高等学校総合体育大会）に出てる。それだけの力がある。海外にだって呼ばれてる。それだけ認められてるってことだろ。誰でもいいわけじゃない。それは、川木じゃなきゃダメってことだろ」

俺は淡々と事実を述べる。川木がもう一度ボールを投げる。俺は避ける。

MEMO

大切なことはメモしておこうネ！

2022年度

解答と解説

《2022年度の配点は解答用紙集に掲載してあります。》

<数学解答>

問題1　(1)　-6　(2)　$x-11y$　(3)　$3a-2b$　(4)　$3-\sqrt{2}$　(5)　$3(x+2)(x-2)$
(6)　$x=2\pm\sqrt{5}$　(7)　㋓

問題2　(1)　55度　(2)　ア　㋑　イ　$32\sqrt{5}\,\mathrm{cm}^3$　(3)　$\dfrac{9\sqrt{3}}{13}\mathrm{cm}^2$

問題3　(1)　$\dfrac{5}{36}$　(2)　㋑と㋓　(3)　ア　-1　イ　$y=\dfrac{3}{4}x+\dfrac{9}{2}$
(4)　(aの値)　5　(bの値)　12(途中の式は解説参照)

問題4　(1)　ア　$a=56$　イ　12, 13　(2)　ア　$12\mathrm{cm}^2$
イ　$0\leqq x\leqq 5$のとき　$\dfrac{12}{25}x^2(\mathrm{cm}^2)$　$5\leqq x\leqq 10$のとき　$\dfrac{12}{5}x(\mathrm{cm}^2)$
ウ　tの値　3(tの値を求める過程の例は解説参照)

問題5　(1)　解説参照　(2)　解説参照

<数学解説>

問題1　(小問群―数と式の計算，根号を含む計算，因数分解，2次方程式，文字式の利用)

(1)　$3\times(-5)+9=-15+9=-6$

(2)　$5(x-2y)-(4x+y)=5x-10y-4x-y=x-11y$

(3)　$(6a^2-4ab)\div 2a=\dfrac{6a^2}{2a}-\dfrac{4ab}{2a}=3a-2b$

(4)　$(\sqrt{8}+1)(\sqrt{2}-1)=(2\sqrt{2}+1)(\sqrt{2}-1)=4-2\sqrt{2}+\sqrt{2}-1=3-\sqrt{2}$

(5)　まずは**共通因数**でくくってから，**因数分解の公式$a^2-b^2=(a+b)(a-b)$**にあてはめる。
$3x^2-12=3(x^2-4)=3(x+2)(x-2)$

(6)　$(x-2)^2=5$　$x-2=\pm\sqrt{5}$　$x=2\pm\sqrt{5}$

(7)　㋐：連続する2つの整数を表す。
㋑：nが偶数のとき連続する2つの奇数，nが奇数のとき連続する2つの偶数を表す。
㋒：連続する2つの偶数を表す。
㋓：連続する2つの奇数を表す。

問題2　(図形の小問群―平行線の性質と角度の求値，空間内における平行な関係と四角すいの体積の求値，円の性質と面積の求値)

(1)　△ABDはBA＝BDの二等辺三角形なので，その**底角は等しく**∠BAD＝∠BDA＝$(180-50)\div 2=65(°)$　また，**平行線の錯角は等しい**ので，∠BDA＝∠DBC＝65°　よって，△BCDの内角の和より，∠BCD＝$180-65-60=55(°)$

(2)　ア　空間内で，面ABCと交わらないのは㋑の辺DEである。
イ　三平方の定理から，長方形の対角線ECの長さは，EC＝$\sqrt{8^2+4^2}=4\sqrt{5}$(cm)　△AECにおいて，点Aから辺ECに垂線AHをひくと，△ACEの面積が30cm^2なので，$\text{EC}\times\text{AH}\times\frac{1}{2}=30$　これより，$4\sqrt{5}\times\text{AH}\times\frac{1}{2}=30$　$\text{AH}=\frac{15}{\sqrt{5}}=3\sqrt{5}$ (cm)　したがって，四角すいの体積は，(四角形BCDE)$\times\text{AH}\times\frac{1}{3}=(4\times8)\times3\sqrt{5}\times\frac{1}{3}=32\sqrt{5}$ (cm^3)

(3)　△ABCは正三角形なので，AB＝BC＝CA＝4cm　ここで，点Aから辺BCに垂線AHをひくと，点Hは辺BCの中点となり，BH＝CH＝2cm　また，BD：DC＝3：1より，BD＝3cm，CD＝1cmとわかるので，DH＝CD＝1cm　さらに，△ABHは∠ABH＝60°よりBH：AB：AH＝1：2：$\sqrt{3}$の3辺の比を持つ直角三角形なので，$\text{AH}=2\sqrt{3}$ cm　△ADHにて三平方の定理より，$\text{AD}=\sqrt{\text{AH}^2+\text{DH}^2}=\sqrt{(2\sqrt{3})^2+1^2}=\sqrt{13}$(cm)　また，$\overset{\frown}{\text{CE}}$に対する円周角の定理より∠CAD＝∠EBD，$\overset{\frown}{\text{AB}}$に対する円周角の定理より∠ACD＝∠BEDなので，2組の角がそれぞれ等しく△DAC∽△DBE　したがって，**相似な図形の対応する辺の比はすべて等しいことから**，DA：DB＝CD：ED　$\sqrt{13}:3=1:\text{ED}$　$\sqrt{13}\text{ED}=3$　$\text{ED}=\frac{3}{\sqrt{13}}=\frac{3\sqrt{13}}{13}$(cm)　これより，$\text{AD}:\text{DE}=\sqrt{13}:\frac{3\sqrt{13}}{13}=13:3$　ゆえに，$\triangle\text{BDE}=\triangle\text{ABD}\times\frac{\text{DE}}{\text{AD}}=\left(\frac{1}{2}\times3\times2\sqrt{3}\right)\times\frac{3}{13}=\frac{9\sqrt{3}}{13}$ (cm^2)

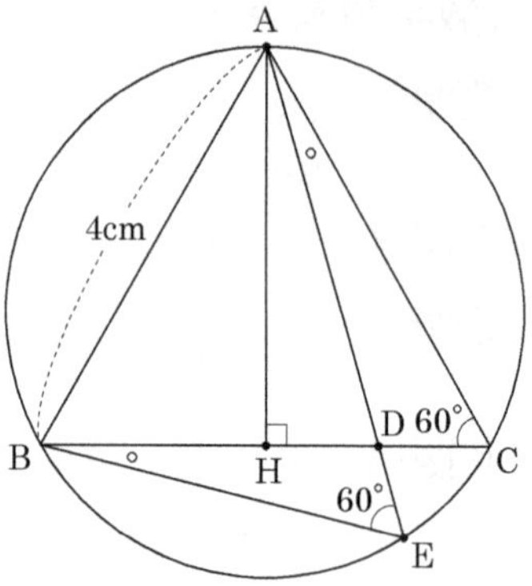

問題3 (小問群一確率と8の倍数，平均値と中央値，関数と図形，連立方程式の応用)

(1)　$10a+b$は2けたの整数でa，bはともに1～6までの自然数なので，考えられる8の倍数は，「16，24，32，56，64」の5つ。したがって，2つのさいころの出る目は全部で6×6＝36(通り)なので，求める確率は$\frac{5}{36}$

(2)　4月から9月までの平均値は$\frac{1+6+4+2+8+3}{6}=4$(冊)，10月に太郎さんは9月までの平均値と同じである4冊を借りたので，平均値は変わらず4冊のままである。また，4月から9月までの借りた冊数を少ない順に並べると，「1，2，3，4，6，8」となるので，その中央値は$\frac{3+4}{2}=3.5$(冊)　10月に太郎さんは4冊の本を借りたのでこれを加えて小さい順に並べると，「1，2，3，4，4，6，8」となるので，その中央値は4冊

(3)　ア　$y=\frac{1}{4}x^2$において，$x=-3$のとき$y=\frac{9}{4}$，$x=-1$のとき$y=\frac{1}{4}$なので，xの値が-3から-1まで増加するときの**変化の割合は，(yの増加量)÷(xの増加量)**より，$\left(\frac{9}{4}-\frac{1}{4}\right)\div\{-3-(-1)\}=2\div(-2)=-1$となる。

イ　四角形OABPが平行四辺形となるように点Pを取ればよい。したがって，P$(-6,\ 0)$　よって，A$(6,\ 9)$，P$(-6,\ 0)$より直線APは傾きが$\frac{0-9}{-6-6}=\frac{3}{4}$なので，$y=\frac{3}{4}x+b$とおける。これに，P$(-6,\ 0)$を代入して，$0=\frac{3}{4}\times(-6)+b$　$b=\frac{9}{2}$　よって，直線APの式は$y=\frac{3}{4}x+\frac{9}{2}$

(4)　a，bの値を求める過程(例)　箱Cに入っているクッキーの枚数は，箱Aに入っているクッキーの枚数の2倍だから，$2a$枚である。箱A，箱B，箱Cに入っているクッキーの枚数の合計は27枚だから，$a+b+2a=27$　整理すると，$3a+b=27$…①　箱A，箱B，箱Cを，それぞれ8箱，4箱，3箱買ったときのクッキーの枚数の合計は118枚だから，$8a+4b+3\times2a=118$　整理すると，$7a+2b=59$…②　①，②を連立方程式として解くと，$a=5$，$b=12$　　答　aの値　5，bの値　12

問題4 (数学的思考力の利用，文字式の利用と1次方程式の応用，図形上の動点と面積の求値，関数の利用と2次方程式の応用)

(1) ア　立方体の頂点を除く辺上に，各辺4個ずつ点がつき辺は12本ある。それに頂点上の点を加えると，$a=4\times12+8=56$

0≦x≦5 のとき

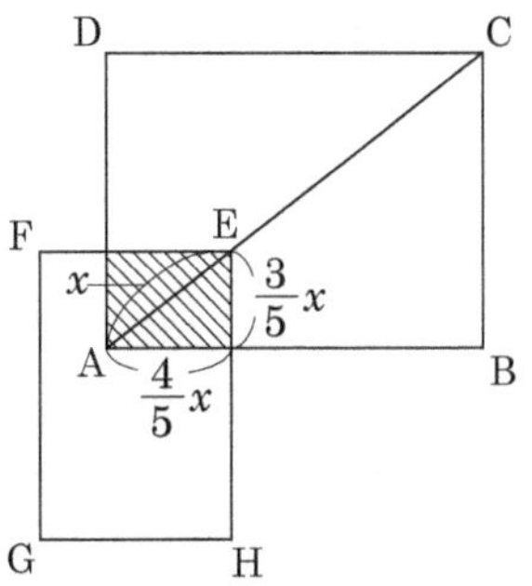

イ　$a=(n-1)\times12+8=12n-4$と表せ，またbの値はnが偶数のとき，$b=(n-1)\times6+4=6n-2$　nが奇数のとき，中点が追加で各辺に加えられるので，$b=6n-2+6=6n+4$　したがって，$a-b=70$なら，nが偶数のとき，$(12n-4)-(6n-2)=70$　これを解いて，$n=12$　nが奇数のとき，$(12n-4)-(6n+4)=70$　これを解いて，$n=13$

(2) ア　点Fが辺DA上にあるとき，$n=5$のときである。このとき重なってできる長方形の面積はBC：CD＝6：8＝3：4より，3：4：5の直角三角形を考えてS＝3×4＝12

5≦x≦10 のとき

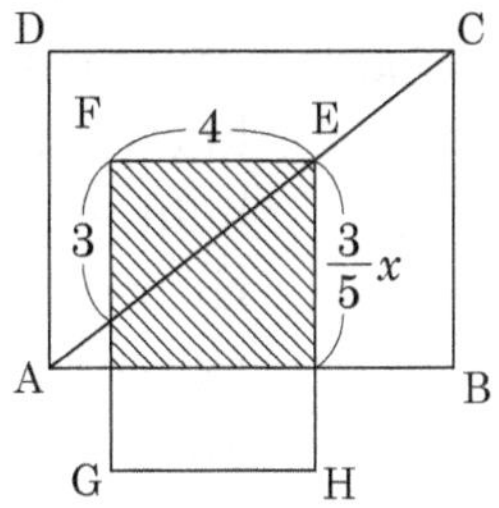

イ　それぞれ右図のようになる。したがって，$0\leqq x\leqq5$のとき，$S=\frac{4}{5}x\times\frac{3}{5}x=\frac{12}{25}x^2(\mathrm{cm}^2)$　$5\leqq x\leqq10$のとき，$S=4\times\frac{3}{5}x=\frac{12}{5}x(\mathrm{cm}^2)$

ウ　tの値を求める過程(例)　点Eが点Aから点Cまで動く10秒間の途中の6秒間を考えるから，tの値のとりうる範囲は$0\leqq t\leqq4$である。よって，t秒後の図形Sの面積は，イの結果より$\frac{12}{25}t^2\mathrm{cm}^2$である。また，$t$秒後からさらに6秒後は$t+6$秒後で，$t+6\geqq6$である。よって，$t+6$秒後の図形Sの面積は，イの結果より$\frac{12}{5}(t+6)\mathrm{cm}^2$である。したがって，$5\times\frac{12}{25}t^2=\frac{12}{5}(t+6)$となる。整理すると，$t^2-t-6=0$　$(t-3)(t+2)=0$　よって，$t=3$　または　$t=-2$　$0\leqq t\leqq4$だから，$t=3$は問題にあうが，$t=-2$は問題にあわない。　<u>答　tの値　3</u>

問題5 (平面図形―三角形が相似であることの証明，三角形が合同であることの証明)

(1) 証明　(例)△ACDと△AEBにおいて，仮定より，∠CAD＝∠EAB…①　$\overset{\frown}{\mathrm{AC}}$に対する円周角は等しいから，∠ADC＝∠ABC　∠ABC＝∠ABEだから，∠ADC＝∠ABE…②　①，②より，2組の角がそれぞれ等しいから，△ACD∽△AEB

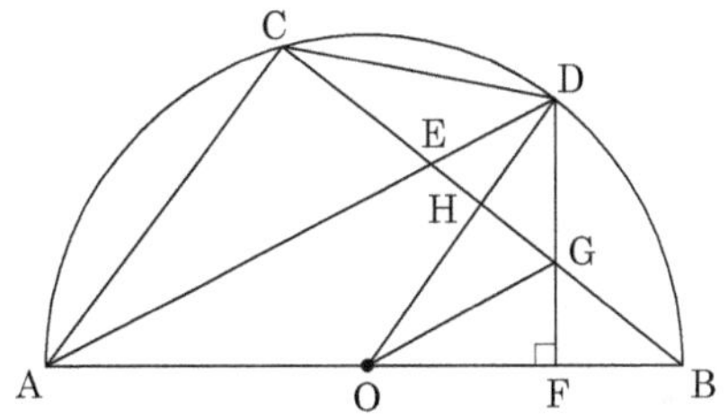

(2) 証明　(例)半円Oの半径だから，OA＝OD…①，OD＝OB…②　①より，△OADは二等辺三角形　よって，∠OAD＝∠ODA　仮定より，∠CAD＝∠OADだから，∠CAD＝∠ODA　錯角が等しいから，AC//OD…③　△ODFと△OBHにおいて，共通な角だから，∠DOF＝∠BOH…④　ABは直径だから，∠ACB＝90°　③より，同位角が等しいから，∠OHB＝∠ACB＝90°　仮定より，∠OFD＝90°　よって，∠OFD＝∠OHB＝90°…⑤　②，④，⑤より，直角三角形の斜辺と1つの鋭角がそれぞれ等しいから，△ODF≡△OBH　よって，OF＝OH…⑥　△OFGと△OHGにおいて，OGは共通…⑦　⑤より，∠OFG＝∠OFD，∠OHG＝∠OHBだから，∠OFG＝∠OHG＝90°…⑧　⑥，⑦，⑧より，直角三角形の斜辺と他の1辺がそれぞれ等しいから，△OFG≡△OHG

＜英語解答＞

問題1　A ③　B ④　C ウ　D (Emiが行こうとしている場所) (例)駅　(Emiが選ぶ交通手段でその場所までかかる時間) 15(分)　(Emiが楽しみにしていること) (例)アップルパイを食べる(こと)　E No. 1 イ　No. 2 エ　No. 3 イ

問題2　(1) (a) ウ　(b) エ　(c) キ　(d) ク　(2) believe　(3) エ

問題3　(1) イ　(2) began　(3) (例)Can you tell me what it means(?)
(4) ア　(5) (A) person like my grandfather is called (an expert.)
(6) エ　(7) ウ　(8) (I) will try to make kendo popular (in the world.)
(9) (例)(Everyone,) please imagine that kendo will spread to other countries in the future.

問題4　(1) (例)Why do you think so(?)　(2) イ　(3) (例)勇太がこれらのトマトが一番好きだということ　(4) イ　(5) (例)コンテストは，この町のおいしい野菜を多くの人に紹介するために開かれること　(6) エ　(7) (a) (例)A vegetable cooking contest is.　(b) (例)No, he didn't.　(8) ㋐と㋕

問題5　(例1)I think living in the country is better. People in the country know each other well. So, when we have problems there, we try to help each other. Also, there are quiet places with mountains and rivers. So, we can enjoy climbing mountains and fishing in the rivers.
(例2)I think living in a city is better. First, there are many trains and buses in a city. It is helpful when we are out. Second, we can find many big stores in a city. So, it is easy to buy things we want.

＜英語解説＞

問題1 (リスニング)

放送台本の和訳は，58ページに掲載。

問題2 (会話文問題：文の挿入，語句補充，語句の解釈)

(全訳)　リコ：ハイ，エマ。(a)元気？

エマ：元気よ，でも今週は忙しいの。(b)あなたの今週末の予定は何？

リコ：日曜日に新しい水族館に行くつもりなの。私はペンギンが大好きなのよ。

エマ：まあ，ペンギンが大好きなのね。私の国，オーストラリアでは，野生のペンギンを見ることができるのよ。

リコ：わあ，①信じられないわ！　私がオーストラリアにいたら，野生のペンギンが見られたのに。小さくてとてもかわいいのよ！

エマ：そうね。でも私は巨大ペンギン(ジャイアントペンギン)についてのニュースを見たわ。

リコ：どんなこと？　巨大ペンギン？　それについてもっと教えて。

エマ：そのニュースによると，ペンギンの脚の化石が発見されたそうよ。それは約6000万年前の物だったの。そしてその巨大ペンギンは背の高さが約1.6mで重さは80キログラムあったのよ。

リコ：本当に？　(c)私よりも背が高くて大きいわ！　私は大きな海の生き物は好きではないの。もしこの時代に巨大ペンギンがいたら，②私はとても彼らにおびえると思うわ。

エマ：心配しないで。それは大昔のことで，今のペンギンはとてもかわいいの。私は新しい水族館でペンギンを見たいわ。(d)一緒に行ってもいい？

リコ：もちろんよ。今の時代のかわいくて小さいペンギンを楽しんで見ましょう。

(1)　全訳参照。　(a)　空所(a)直後のエマの発言に注目。「元気よ」と答えているのでその前の質問として「元気？」が適当。　(b)　空所(b)の直後のリコの発言に注目。週末の予定を答えている。　(c)　空所(c)の直前のエマの発言に注目。巨大ペンギンの背の高さと重さについて話している。　(d)　空所(d)の直後のリコの発言に注目。「もちろんよ」と答えているのでその前の質問として「一緒に行ってもいい？」が適当。

(2)　全訳参照。驚いた気持ちを表す英文にすればよい。believe ＝信じる，本当だと思う

(3)　be scared of ～＝～におびえる，恐れる　angry ＝怒った，腹を立てた　happy ＝幸せな，嬉しい　excited ＝ワクワクした　afraid ＝恐れて，怖がって　be afraid of ～＝～を恐れる

問題3　(長文読解問題・エッセイ：語句補充・選択，語形変化，和文英訳，語句の並べ換え)

(全訳)　僕の祖父は70歳です。彼は剣道の道場をやっていてたくさんの人たちに剣道を教えています。彼は時々剣道に興味のある人たちに向けて体験レッスンを開きます，そして僕もよくそのレッスンで祖父の手伝いをします。

ある日，一人の少年が体験レッスンにやって来ました。僕は彼を知っていました。彼の名前はジョンといいました。彼は1年前に日本にやって来ました。僕は彼に言いました，「君が剣道に興味をもっているとは知らなかったよ。」彼は言いました，「僕は日本の文化に興味があるんだ。剣道の①ことは耳にしていたけど，今まで一度もやったことはないんだ。君はいつ剣道の稽古を始めたの？」僕は答えました，「10年前に②始めたんだ。今日は君が剣道を習うのをお手伝いするよ。」

僕たちが剣道について話していた時，ジョンは僕にこう言いました，「僕は日本語を学んでいた時，柔道，書道，そして剣道のような日本語は同じ‘どう’という音をもっていることに気づいたよ。③それが何を意味するのかを私に言うことはできますか。(その言葉がどういう意味か教えてくれる？)」僕は言いました，「それは英語で‘way (道)’という意味だよ。良い選手になることは，長い道を歩くことと同じなんだ。僕の祖父を見て。今彼が熟練者になっているのは，彼が良い選手になるために何度も何度も稽古をしてきた④からなんだ。彼は優れた剣道の技術をもっているだけでなく，対戦相手に敬意をもち合わせてもいるんだよ。⑤僕の祖父のような人が，熟練者と呼ばれているんだ。」祖父はこれを聞いてこう言いました，「良い剣道の選手はすべての人たちへの敬意を忘れてはいけません。これは剣道の精神です。」ジョンは言いました，「わあ，剣道はすばらしいですね。世界のすべての人たちが剣道の選手⑥だったらいいなあ。」僕は彼に聞きました，「どうして？」　彼はこう答えました，「みんながこの剣道の精神をもてば，世界は敬意⑦でいっぱいになってもっと素晴らしい場所になるからだよ！」僕はそれを聞いて，剣道の偉大な力が分かりました。僕は彼に言いました，「僕は良い選手になって，⑧世界に剣道を普及させるように頑張るよ。」ジョンは僕に言いました，「すごいよ！君ならできるよ！」皆さん，⑨剣道が，将来，他の国々に広がるだろうことを想像してください。そんな世界はすばらしいですよね？　もし剣道に興味があれば，一緒に同じ夢に向かって長い道のりを歩きませんか？

(1)　全訳参照。hear of ～ ＝～のことを耳にする，～が存在することを知る

(2)　②を含む発言の中で晃二はten years ago (10年前)と言っていることから，begin の過去形 began が適当。

(3)　全訳参照。Can you ～？で「～できますか」または「～してもらえますか」を表す。「何を

意味するのか」は what it means で表すことができる。**疑問文ではなく文の目的語なので語順は＜疑問詞＋主語＋動詞＞になることに注意。(間接疑問)**

(4)　全訳参照。　because ＝なぜなら　when ＝～の時　while ＝～している間，～なのに対して，～だけれども　if ＝ もし～なら

(5)　A person like my grandfather is called an expert.　like はここでは「～のような」の意味を表す前置詞。**＜ be 動詞＋過去分詞＞で「～される」を表す。(受け身)**

(6)　全訳参照。know ＝知っている　agree ＝同意する　want ＝欲しい　wish ＝～であればいいなあと思う　**空所⑥の後に続く節の動詞が were であることに注意。現在事実とは異なる願望や理想を表す仮定法過去の表現。＜ I wish ＋仮定法過去(be 動詞はwere を用いる)＞で「(今)～であればいいなあと思う」という意味を表す。**

(7)　free ＝自由な　tired ＝疲れて，あきて　full ＝いっぱいの　be full of ～＝～でいっぱいの　little ＝小さい

(8)　全訳参照。I will try to make kendo popular in the world.　try to ～＝～しようとする　**＜ make ＋物・人＋形容詞＞で「(物・人)を～にさせる，する」**

(9)　「～ということを想像してください」は please imagine の後に**＜接続詞that＋主語＋動詞＞**を用いて表現できる。想像する＝ imagine　広がる＝spread

問題4　(長文読解問題・物語文：語句補充，日本語で答える問題，英問英答，内容真偽)

(全訳)　勇太は中学生です。ある日，彼の父の和夫が勇太に聞きました，「夏休み中，何をするつもりだい？」　勇太は答えました，「特に何かするつもりはないよ。僕たちの町はすごく退屈だよ。」和夫は言いました，「そうかい？　①<u>どうしてそう思うんだい？</u>」　勇太は答えました，「だってこの町には僕にとっておもしろいものがないんだもん。」和夫は言いました，「本当にそうかな？　私たちの町にはおもしろいイベントを楽しむ機会がたくさんあるよ。例えば，毎年夏に，野菜料理コンテストが公園で開催されるんだ。参加してみないかい？」　勇太は言いました，「それはいいね。僕は料理をするのが好きだよ。」勇太はそのコンテストに参加することを決めました。

土曜日，勇太はインターネットで野菜を使った料理のレシピを調べ，その料理を和夫に出しました。勇太は和夫に言いました，「おいしいでしょう？」　和夫は言いました，「いい味だね。ところで，これらの野菜はどこで採れたものかな？」　勇太は答えました，「分からないよ。」和夫は勇太に聞きました，「それじゃあ，なぜコンテストが私たちの町で開催されるか分かるかな？」　勇太は言いました，「ううん知らないな。理由を教えて。」和夫は言いました，「明日料理の勉強会が公民館で開かれるんだよ。答えはそこにあるよ。」すると勇太は言いました，「そこへ行って答えを見つけるよ。」

日曜日，勉強会で多くの人たちが料理をしてそれらの料理を出しました。それぞれの料理はこの町で採れた地元の夏野菜だけで作られていました。勇太はそれらをおいしく食べました。彼は彼の町にはたくさんの地元のおいしい夏野菜があることを知って②<u>驚きました</u>。勇太は彼の周りにいる人たちに言いました，「ここにあるすべての夏野菜はすばらしいですね。僕はこのトマトが一番好きです。」そのトマトを育てた人が言いました，「③<u>それ</u>を聞いて嬉しいです。私は多くの人たちにここのトマトはとてもおいしいということを知ってもらいたいのです。でも，多くの人にこれらのトマトを紹介する④<u>機会がない</u>のです。」勇太はそれを聞いてすぐに，彼の父の言葉を思い出しました。そして，⑤<u>彼はとうとう求めていた答えを見つけました</u>。そのコンテストはこの町のおいしい野菜をたくさんの人たちに紹介するために開催されるのです。そして，彼はコンテストでトマトを使った料理をすることを決め，その人に言いました，「僕がこの甘いトマトをたくさんの人たち

に紹介します！」

1週間後，勇太の町と他の町のたくさんの人たちがコンテストにやって来ました。勇太は最善を尽くしましたがコンテストに優勝することはできませんでした。しかし，彼は「おいしい！このトマトが大好きです。」や「私たちの町にこんなに甘いトマトがあるなんて知らなかったです」というようなコメントをもらうことができてとても嬉しかったのでした。コンテストの後，勇太は和夫と一緒に公園を歩いてまわり，コンテストの料理について話しているたくさんの人たちを目にしました。彼らは楽しそうでした。勇太は和夫に言いました，「この素晴らしい経験を通して，僕はこの町の⑥良いところを見つけたよ。だから僕は僕の故郷についてもっとたくさん知りたいと思うんだ。」すると，小さな女の子が勇太のところに来て言いました，「私はあなたの料理が一番おいしかったわ。あの料理の名前はなんていうの？」 勇太は笑顔で答えました，「‘スイートホームタウン(大好きなふるさと)’だよ。」

(1)　全訳参照。　空所①の直後の勇太の発言に注目。Because と続けていることから，和夫が「理由」を聞いたことが推測できる。

(2)　全訳参照。　sad ＝悲しい　surprised ＝驚く　**＜ be 動詞＋ surprised to ～＞＝～して驚く**　tired ＝疲れる，退屈な　kind ＝親切な

(3)　全訳参照。　下線部③直前の勇太の発言に注目。 that はその前に出た内容を指している。

(4)　全訳参照。空所④の直前の内容に対して，However ～と続けているので「トマトのおいしさを紹介したい，しかし～」という文脈になると考えるのが自然。

(5)　全訳参照。下線部⑤の直後の文に注目。

(6)　全訳参照。空所⑥の直後の一文に注目。また，第1段落の勇太と和夫の会話の内容をふまえるとエが最適。

(7)　(a)　勇太の町では毎年夏に何が開催されますか？／野菜料理コンテストです。第1段落最後から3文目参照。　(b)　勇太はコンテストで優勝しましたか？／いいえ，しませんでした。第4段落2文目参照。

(8)　㋐　勇太は，コンテストに参加すると決めるまでは夏休み中の計画がなかった。(○)　第1段落3文目参照。　㋑　和夫は彼の町で地元の野菜を売るために勉強会を開こうとした。　㋒　勇太は勉強会で日本のさまざまな土地で採れたたくさんの野菜をおいしく食べた。　㋓　野菜料理コンテストに来たのはほんのわずかな人たちだった。　㋔　和夫はコンテストの後，勇太と一緒に甘いトマトを使った料理を作りたいと思った。　㋕　勇太は野菜料理コンテストの後，彼の故郷に興味をもつようになった。(○)　第4段落最後から3文目参照。

問題5 (自由・条件英作文)

(解答例訳)　私は田舎に住むことの方がいいと思います。田舎の人たちはお互いによく知っています。だから，そこで問題を抱えた時に，お互いに助け合おうとするのです。また，山や川のある静かな場所があります。だから，私たちは山に登ったり，川で釣りをしたりして楽しむことができます。私は都会に住むことの方がいいと思います。第一に，都会には多くの電車やバスがあります。私たちが外出する時には役に立ちます。第二に，都会には多くの大きなお店があります。だから，欲しいものを買うことが楽にできます。

2022年度英語　英語を聞いて答える問題

〔放送台本〕

今から，「英語を聞いて答える問題」を始めます。問題は，A，B，C，D，Eの5種類です。

Aは，絵を選ぶ問題です。今から，Yumi が今していることについて，説明を英語で 2 回くりかえします。よく聞いて，その説明にあてはまる絵を，①から④の絵の中から一つ選んで，その番号を書きなさい。

Yumi is making a cake with her mother now.

〔英文の訳〕

ユミは今，お母さんとケーキを作っているところです。

〔放送台本〕

次は，Bの問題です。Bは，予定表を選ぶ問題です。問題用紙の四つの予定表を見てください。今から，MikiとKotaの来週の放課後の予定についての対話を英語で2回くりかえします。よく聞いて，①から④の予定表のうち，Kotaの来週の放課後の予定表として最も適当なものを一つ選んで，その番号を書きなさい。

Miki: I'm going to go to a movie on Monday. I'm excited. How about you, Kota?

Kota: That's good. I'm very busy next week. I'm going to practice soccer on Monday, Wednesday, and Friday. And I'm going to go shopping to buy soccer shoes on Tuesday. I have no plans on Thursday, so I'm thinking about what I can do on that day.

〔英文の訳〕

ミキ　：私は月曜日に映画を見に行くつもりなの。ワクワクしているわ。あなたはどう，コウタ？

コウタ：それはいいね。僕は来週はとても忙しいんだ。月曜日，水曜日，金曜日にサッカーの練習をするつもりなんだ。そして火曜日にはサッカーのシューズを買いに行くことになっているんだよ。木曜日には予定がないから，その日に何ができるかを考えているところなんだ。

〔放送台本〕

次は，Cの問題です。Cは，応答を選ぶ問題です。今から，店員と Takashi の対話を英語で2回くりかえします。よく聞いて，店員の最後のことばに対する Takashi の応答として最も適当なものを，アからエのうちから一つ選んで，その記号を書きなさい。

Salesclerk: Hello. May I help you?

Takashi: Yes, please. I like this sweater. How much is this?

Salesclerk: It's 20 dollars.

〔英文の訳〕

店員　：いらっしゃいませ。何かご用はございますか？

タカシ：はい，お願いします。このセーターが気に入りました。おいくらですか？

店員　：20ドルです。
答え　：　ウ　分かりました。これをいただきます。

〔放送台本〕

次は，Dの問題です。Dは，対話の内容を聞き取る問題です。今から，Emi とホテルの受付係の対話を英語で2回くりかえします。よく聞いて，Emi が行こうとしている場所，Emi が選ぶ交通手段でその場所までかかる時間，および Emi が楽しみにしていることを，それぞれ日本語で書きなさい。

Emi: Excuse me.
Staff: Yes.
Emi: I'm trying to go to the station around here. Could you tell me how to get there?
Staff: Sure. You can use a bus or a taxi. It's 15 minutes by bus or 5 minutes by taxi.
Emi: OK. I'll use a bus because I have enough time. Oh, I have one more question. Is there any good food to eat?
Staff: Well, apples are famous here. You should eat apple pies.
Emi: That's nice. I can't wait to eat apple pies! Thank you for your help.

〔英文の訳〕

エミ　：すみません。
受付係：はい。
エミ　：この辺の駅に行こうとしています。どうやって行くのか教えていただけますか？
受付係：かしこまりました。バスかタクシーをご利用いただくことができます。バスで15分，タクシーだと5分です。
エミ　：分かりました。時間は十分あるのでバスを利用します。ああ、もうひとつ質問があります。何かおいしい食べ物はありますか？
受付係：そうですね，リンゴがここでは有名です。アップルパイを召し上がるといいと思います。
エミ　：それはいいですね。アップルパイを食べるのが楽しみです！お助けいただきありがとうございます。

〔放送台本〕

最後は，Eの問題です。Eは，文章の内容を聞き取る問題です。はじめに，Takuya による英語のスピーチを読みます。そのあとで，英語で No. 1, No.2, No.3の三つの質問をします。英文と質問は，2回くりかえします。よく聞いて，質問に対する答えとして最も適当なものを，アからエのうちからそれぞれ一つずつ選んで，その記号を書きなさい。

I like English. I'm studying English hard. This summer, I went to a language school in my town to join an English program. I met people from different countries such as America, China, and India there. They all talked with each other in English, but I couldn't speak English well.

The next day, I told my English teacher about it and said, "I have studied English hard during class. Is there any other good way to improve my

English?" She said, "You should have more time to speak English. For example, after you learn some English words and expressions during class, you should try to talk with someone and use them. Practice is important in learning English."

After that, I started to speak English more. At school, I talk with my English teacher only in English. And at home, I want to talk with someone in English, but my family cannot speak English. So I talk to "myself" in English at home. Now, I've got more time to speak English. I will improve my English more.

質問です。

No. 1 Where did Takuya go in summer?

No. 2 What did the teacher tell Takuya to do?

No. 3 Why did Takuya start to talk to himself in English?

〔英文の訳〕

僕は英語が好きです。一生懸命英語を勉強しています。この夏，英語のプログラムに参加するために僕の町の語学学校に行きました。そこで，アメリカ，中国，そしてインドというようなさまざまな国から来た人たちに会いました。彼らは皆お互いに英語で話していましたが，僕は英語を上手に話すことができませんでした。

次の日，僕はそのことについて担当の英語の先生に話し，こう言いました，「僕は授業中一生懸命英語を勉強してきました。僕の英語を上達させるために何か他に良い方法はありますか？」 彼女は言いました，「英語を話す時間をより多くとった方がいいですね。例えば，授業の中で英語の言葉や表現を学んだら，誰かと話してそれらを使ってみようとした方がいいです。練習することが英語を学ぶときには大切です。」

その後，僕は英語をより多く話し始めました。学校では，英語の先生と英語だけで話をしました。そして家でも，誰かと英語で話したいのですが，僕の家族は英語を話すことができません。そこで僕は家で"自分自身に"英語で話すことにしました。そうして，僕はより多くの英語を話す時間を手に入れました。僕はもっと英語を上達させます。

No. 1　夏にタクヤはどこへ行きましたか？

答え：　イ　語学学校

No. 2　先生はタクヤに何をするようにいいましたか？

答え：　エ　英語をもっと話すこと。

No. 3　なぜタクヤは自分自身に英語で話し始めたのですか？

答え：　イ　なぜなら彼は家で英語を話す時間をもっともちたいと思ったから。

＜理科解答＞

問題1　A　(1)　a…エ　　b…77〔%〕　　(2)　a…1016〔hPa〕　　b…㋑と㋓

(3)　a…㋑と㋒　　b…(例)しめった空気の温度が下がることで，露点に達した空気中の水蒸気が水滴に変わり，雲ができます。

B　(1)　a…イ　　b…斑晶　　c…㋐と㋒　　(2)　a…㋑と㋒　　b…㋓　　(3)　ウ

問題2　A　(1)　P…食物連鎖　Q…食物網　(2)　肉食動物の数量が減少→㋐→㋒→㋑→もとの状態　B　(1)　㋓　(2)　P　イ　Q　オ　(3)　㋑と㋓
(4)　a　柔毛　b　㋐と㋒　(5)　(例)血液中の尿素などの不要な物質をとり除くはたらき。[栄養分などの必要なものを血液中に戻すはたらき。／血液中の塩分などの量を一定に保つはたらき。]　C　(1)　(例)気泡が入らないようにするため。
(2)　数値　150　記号　㋐　(3)　気孔　(4)　オ　(5)　道管

問題3　A　(1)　$H_2SO_4+Ba(OH)_2 \rightarrow BaSO_4+2H_2O$　(2)　記号　㋐と㋓　言葉　質量保存の法則　(3)　(例)容器内の気体の一部が容器から逃げたから。　(4)　1.2〔g〕
B　(1)　㋓　(2)　(例)メタンが燃焼するときには二酸化炭素と水が発生するが，水素が燃焼するときには水だけが発生するという違いがある。[メタンが燃焼するときには二酸化炭素が発生するが，水素が燃焼するときには二酸化炭素が発生しないという違いがある。]　(3)　P　酸化　Q　発熱　(4)　$HCl \rightarrow H^{+}+Cl^{-}$
(5)　記号　ア　性質　(例)水にとけやすく，空気より軽いという性質。　(6)　ウ

問題4　A　(1)　0.60〔倍〕　(2)　ウ　(3)　9.0〔m/s〕　(4)　㋒と㋓
(5)　(例)包丁は，力のはたらく面積を小さくすることで圧力を大きくし，食品を切りやすくする道具である。[フォークは，力のはたらく面積を小さくすることで圧力を大きくし，食品にささりやすくする道具である。／針は，力のはたらく面積を小さくすることで圧力を大きくし，布にささりやすくする道具である。]
B　(1)　0.40〔倍〕　(2)　2.8〔cm〕
C　(1)　㋐と㋒　(2)　40〔Ω〕　(3)　右図
(4)　1.0〔V〕　(5)　9.0〔倍〕

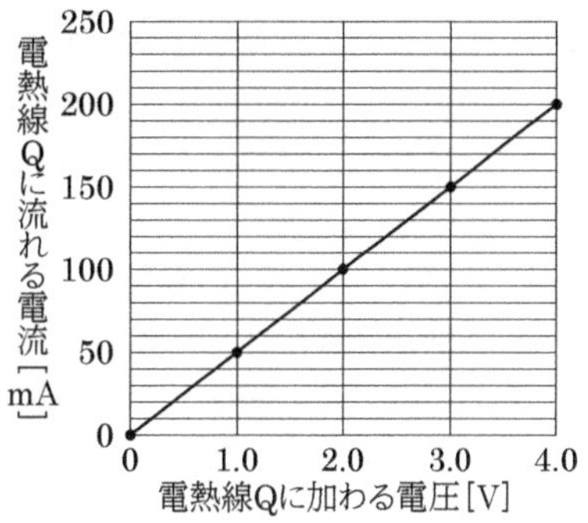

＜理科解説＞

問題1　(地学総合)

A　(1)　a　天気は雲量によって決まる。気温や湿度を測定するときは，風通しのよい日かげに設置した乾湿計で測定する。風向は風が吹いてくる方位をさす。　b　図Ⅰより，乾球は13.0℃，湿球は11.0℃を指している。よって，表Ⅱを用いて，乾球の示度が13の行，乾球と湿球の示度の差が2.0℃の列が交差する欄の値を読む。

(2)　a　等圧線は1000hPaの太い線を基準に，4hPaおきに引かれている。　b　寒冷前線が通過すると，**急激に気温が低下し，風向が北寄りに変化**する。

(3)　a　気圧は地表からの高さが高くなるほど低くなる。気圧が低くなると空気は膨張する。
b　空気の温度が下がると露点に達する。露点からさらに温度が下がると，空気中にふくみきれなくなった水蒸気が水滴に変化し始める。

B　(1)　a　有色鉱物のうち，板状でうすくはがれるのはクロウンモである。無色鉱物のうち，不規則に割れるのはセキエイ，決まった方向に割れるのはチョウ石である。　b　安山岩は，粒のよく見えないつくりの石基と，大きな結晶の粒の斑晶からなるつくりをしている。　c　花こう岩のような**等粒状組織**は，地下深くでゆっくりと冷え固まってできる。

(2)　a　火山噴出物が白っぽい色をしている場合，無色鉱物を多くふくんでいる。無色鉱物を

多くふくむマグマは**ねばりけが大きい**ため，激しく爆発的な噴火をする。　b　火山灰が地表や海底に堆積して岩石になると，凝灰岩という岩石となる。

(3)　風力発電は，発電量を天候に左右される。バイオマス発電では，生物由来の有機物を燃やすので空気中に二酸化炭素を放出するが，その二酸化炭素はもとをたどれば植物に由来している。植物に由来した有機物は，大気中の二酸化炭素をとり込んで，光合成によりつくられたものなので，「排出した二酸化炭素量＝光合成でとり込んだ二酸化炭素量」と考えることができる。よって，燃焼によって二酸化炭素が発生しても，長い目で見れば大気中の二酸化炭素の増加には影響しないと考えることができる。太陽光発電は，太陽の光エネルギーを利用している。また，発電量が天候に左右される。

問題2　(生物総合)

A　(1)　自然界に見られる食物網は，いくつもの食物連鎖のつながりが網目のようにからみあったものである。

(2)　肉食動物の数量が減ることで，捕食される草食動物が減少するため，草食動物の個体数が増加する。草食動物の数量が増加すると，捕食される植物の量が増え，植物の総数が減少する。また，草食動物が増加すると，食べ物が増えるために肉食動物が増加する。肉食動物の増加によって増えすぎた草食動物が減少し，草食動物に捕食される植物の量が減少するため，植物の総数が増加する。このようにして，全体のつり合いはもとの状態に戻る。

B　(1)　液体を熱するときは，沸騰石を入れて，軽くふりながら加熱する。

(2)　P…デンプンの有無を調べているので，ヨウ素液を用いている試験管aとcを比べる。Q…麦芽糖ができたことを調べるので，ベネジクト液を用いている試験管bとdを比べる。

(3)　デンプンの消化に関わる消化液は，**だ液**中の消化酵素(アミラーゼ)，**すい液**中の消化酵素，**小腸**のかべの消化酵素である。

(4)　a　小腸の表面に見られる図Ⅱのような無数にある突起を，柔毛という。　b　ブドウ糖はRの毛細血管に吸収された後，肝臓へ運ばれて，余分な栄養分を一時的に蓄え，必要な分だけ全身に出される。

(5)　じん臓では尿をつくっているが，尿は血液から余分な水分，尿素，塩分などをこしとったものからつくられる。また，このはたらきを通して，血液中の塩分濃度を一定に保っている。

C　(1)　スライドガラスとカバーガラスの間に気泡が入ると観察しづらくなるため，カバーガラスを静かにかぶせて気泡が入るのを防ぐ。

(2)　**倍率＝接眼レンズの倍率×対物レンズの倍率**より，15×10＝150〔倍〕　また，倍率の高い対物レンズを用いると，対物レンズの先端とプレパラートのとの間の距離が短くなるので，顕微鏡の扱い方には注意をする。

(3)　気孔からは，酸素や二酸化炭素が出入りし，水蒸気が出ていく。

(4)　P＝葉の表側＋裏側＋葉以外の部分からの蒸散量，Q＝葉の裏側＋葉以外の部分からの蒸散量，R＝葉の表側＋葉以外の部分からの蒸散量，S＝葉以外の部分からの蒸散量を表している。Q>Rより，葉の表側と裏側を比べると，葉の裏側からのほうが蒸散量が多く，Sから，葉以外の部分からも蒸散していることがわかる。

(5)　維管束のうち，水や水にとけて肥料分が通る管を，道管という。

問題3　(化学総合)

A　(1)　化学反応式では，矢印の左右における原子の種類と数が同じになるようにする。

(2) 化学変化において**質量保存の法則**が成り立つのは，化学変化の前後で原子の組み合わせは変化するが，原子の種類と数は変化しないからである。
(3) 実験Ⅱでは気体が生じる。容器のふたをあけると，この気体が空気中へ出て行ってしまうため，全体の質量は反応前よりも小さくなってしまう。
(4) 発生した気体の質量は，次の表を用いて，A＋B－Cで求められる。

A：うすい塩酸20cm^{3}が入ったビーカーの質量〔g〕	80.0	80.0	80.0	80.0	80.0	80.0
B：加えた炭酸水素ナトリウムの質量〔g〕	0.5	1.0	1.5	2.0	2.5	3.0
C：反応後のビーカー全体の質量〔g〕	80.3	80.6	80.9	81.2	81.7	82.2
D：発生した気体の質量〔g〕	0.2	0.4	0.6	0.8	0.8	0.8

上の表より，うすい塩酸20cm^{3}を用いた場合，過不足なく反応する炭酸水素ナトリウムの質量は，2.0gである。うすい塩酸30cm^{3}を用いた場合，過不足なく反応する炭酸水素ナトリウムの質量をxgとすると，$20:2.0=30:x$　$x=3.0$〔g〕　よって，うすい塩酸30cm^{3}を用いると，炭酸水素ナトリウムは一部未反応のまま残る。塩酸20cm^{3}を用いてすべて反応したとき気体が0.8g発生するので，塩酸30cm^{3}を用いたときに発生する気体の質量をygとすると，$20:0.8=30:y$　$y=1.2$〔g〕

B (1) 有機物は炭素をふくむので，加熱すると燃え，二酸化炭素が発生する。よって燃えない食塩は有機物ではない。また，スチールウールは燃えているが，二酸化炭素を発生していないので，有機物ではない。砂糖，エタノール，プラスチックは有機物である。
(2) メタン(CH_4)は炭素と水素からなるので，燃焼の結果発生する物質は炭素の酸化物である二酸化炭素と，水素の酸化物である水である。一方，水素(H_2)が燃焼すると，水素の酸化物である水のみが生じる。
(3) 鉄が酸素と反応して酸化するとき，熱が発生する。よって，この反応は発熱反応である。
(4) 塩化水素1分子が電離すると，水素イオンと塩化物イオンがそれぞれ1個ずつ生じる。
(5) アンモニアは水にとけやすい気体のため，水上置換法が使えない。そのため，空気よりも軽い性質を利用して，上方置換法で集める。
(6) 化学変化には，まわりの温度が上がる**発熱反応**やまわりの温度が下がる**吸熱反応**がある。

問題4 (物理総合)

A (1) 重力を長方形(平行四辺形)の対角線として，斜面に垂直な方向と斜面に平行な方向に分解すると，斜面に垂直な方向の力は4目盛り分，斜面に平行な方向の力は3目盛り分となる。これをもとにすると，三平方の定理より，**斜面に平行な力の大きさ：斜面に垂直な力の大きさ：重力＝3：4：5**となる。よって，$3\div5=0.60$〔倍〕
(2) 位置エネルギーは，高さが高くなるほど大きい。運動エネルギーは高さが低くなるほど大きい。よって，X点からY点に向かうときは，位置エネルギーは減少し，運動エネルギーは増加する。Y点からZ点に向かうときは，位置エネルギーは増加するが運動エネルギーは減少する。
(3) 1.8mを移動するのに$\frac{1}{30}\times6=\frac{1}{5}$〔s〕かかっているので，1.8〔m〕$\div\frac{1}{5}$〔s〕＝9.0〔m/s〕
(4) **仕事〔J〕＝力の大きさ〔N〕×力の向きに移動した距離〔m〕**なので，選手の体重が軽いほど，同じ高さまで持ち上げるために行う仕事の大きさは小さくなる。また，仕事率とは，1秒間に行う仕事の量なので，同じ大きさの仕事をするのにかかった時間が短いほど，仕事率は大きくなる。
(5) 包丁，フォーク，針など，力がはたらく面積が小さくなっている道具が当てはまる。

B (1) おもりPを1個をつるしたときにばねがのびる長さは，ばねXが2.0cm，ばねYが0.8cmである。このことから，ばねを4.0cmのばすために必要なおもりPの数は，ばねXは4.0÷2.0＝2〔個〕，ばねYは4.0÷0.8＝5〔個〕　よって，ばねXを引く力の大きさは，ばねYを引く力の大きさに対し，2÷5＝0.40〔倍〕

(2)　ばねXは，おもりPを1個つるすと2.0cmのびる。また，おもりQを1個つるすと6.0cmのばねXが7.0cmになったことから，おもりQ1個でばねXは1.0cmのびる。したがって，ばねXを1.0cmのばすために必要なおもりPの数は，1.0÷2.0＝0.5〔個〕と表せ，おもりQ1個の重さは，おもりPの0.5倍である。おもりP2個とおもりQ3個をつるした合計の重さは，おもりPを2＋0.5×3＝3.5個つるしていることに等しい。ばねYは，おもりP1個をつるすと0.8cmのびるので，おもりPを3.5個つるしたときにのびる長さは，0.8〔cm〕×3.5＝2.8〔cm〕

C　(1)　電流計は，測定したい部分に対して直列につなぐ。回路に流れる電流の大きさが予想できない場合には，－端子は値が最も大きい5Aのものを使用する。

(2)　表Ⅰより，4.0〔V〕÷0.1〔A〕＝40〔Ω〕

(3)　表Ⅱは，電熱線PとQの並列回路における結果をまとめたものである。表Ⅰから，電熱線Pは2.0Vの電圧を加えると50mAの電流が流れることがわかる。表Ⅱの並列回路でも2.0Vの電圧を加えると電熱線Pに50mAの電流が流れていることは変わらないことから，電熱線Qに流れる電流は，150－50＝100〔mA〕　よって，電熱線Qの抵抗は，2.0〔V〕÷0.1〔A〕＝20〔Ω〕　よって，抵抗の値が20Ωになるようにグラフを作成する。

(4)　実験Ⅱで，電熱線Q(20Ω)にも50mA(0.05A)の電流が流れている。よって，電熱線Qに加わる電圧は，20〔Ω〕×0.05〔A〕＝1.0〔V〕

(5)　図Ⅰですべてのスイッチを入れて並列回路にした場合，表Ⅱより，回路に流れる電流が75mAであるとき，回路に加わる電圧は1.0V。電熱線Pの電気抵抗は40Ωなので，電熱線Pに流れる電流は，1.0〔V〕÷40〔Ω〕＝0.025〔A〕　よって，消費する電力は，1.0〔V〕×0.025〔A〕＝0.025〔W〕　一方，図Ⅱで電熱線Pに流れる電流は75mAであることから，電熱線Pに加わる電圧は，40〔Ω〕×0.075〔A〕＝3.0〔V〕　よって消費した電力は，3.0〔V〕×0.075〔A〕＝0.225〔W〕　よって，0.225÷0.025＝9.0〔倍〕

＜社会解答＞

問題1　(1)　エ　(2)　a　国政調査権　b　ア　c　(記号)　㋒　(理由)　(例)衆議院の優越が認められている［衆議院の議決が国会の議決になる］(からである。)　d　イ　(3)　パリ協定　(4)　a　㋒と㋓　b　ウ　c　(例)発展途上国の生産者の自立した生活を支えることを目的に，農作物などを一定以上の価格で買い取る取り組み。　d　エ　e　(例)従業員の生活を守ること。［社会貢献活動をすること。／環境に配慮すること。］　(5)　a　ウ　b　(記号)　㋐　(言葉)　拒否権

問題2　(1)　エ　(2)　a　イ　b　ア　c　北条時宗　d　㋐と㋒　e　(例)肥料として用いられた。　(3)　a　ア　b　㋒→㋐→㋑　c　(例)領民の信仰する宗教が仏教であることを証明させるため。［領民の信仰する宗教がキリスト教ではないことを証明させるため。］　(4)　a　㋑→㋒→㋐　b　イ　(5)　a　イ　b　(例)戦争に必要な船舶や鉄鋼などを生産し，重工業が急成長したから。［戦場とならなかったわが国に，軍需品の注文があいついだから。／連合国などへの工業製品の輸出が大幅に増えたから。］　c　ア　d　㋐と㋓　(6)　ポツダム宣言　(7)　a　㋐　b　エ

問題3　(1)　a　D　　b　11時間50分　　c　オーストラリア(大陸)　　d　イ　　e　ウ　　(2)　右図　　(3)　㋒　(4)　ア　　(5)　a　(約)4000(m)　　b　ア　c　㋐と㋑　　d　対馬(海流)　　e　(例)広い耕地で農業をおこなっており，農家一戸あたりの農業産出額が高い。　　f　エ　　(6)　(例)火力発電の燃料の自給率が低いので，燃料を船で輸入しやすいから。[火力発電の燃料の自給率が低いので，燃料を輸入に頼っているから。]

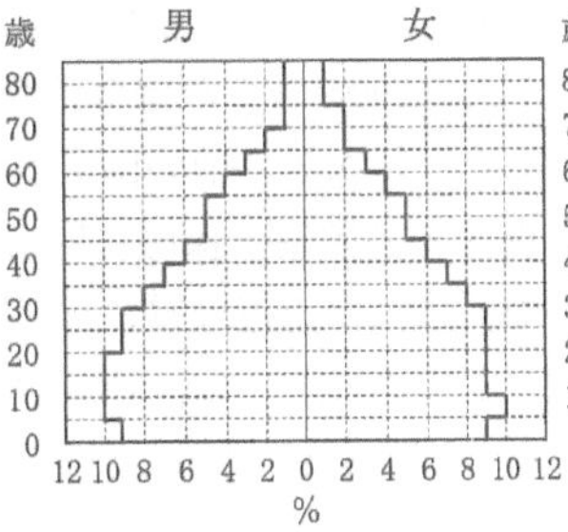

＜社会解説＞

問題1　(公民的分野－基本的人権・日本国憲法・議院内閣制・地球環境などに関する問題)

(1)　**日本国憲法第20条**の内容である。**2001年に施行された情報法公開法**で認められたものであることから，アは誤りである。**日本国憲法第28条**に規定された**社会権**の内容であることから，イは誤りである。**日本国憲法第32条**に規定された**請求権**の内容であることから，ウは誤りである。

(2)　a　**日本国憲法第62条**の規定で，衆議院・参議院が証人の出頭や証言・記録の提出を求めることによって，国政に関する様々な調査を行うことができるものである。この調査権には**衆議院の優越は認められていない**。　b　議院内閣制では，与党の信任に基づいて内閣が成立するので，内閣提出法案の成立率が高く，議員提出法案の成立率が低くなる傾向が強いことから判断すれば良い。　c　**日本国憲法第67条**の規定から判断すれば良い。この規定に基づくと，衆議院の優越が認められていることから，衆議院で過半数の支持を得たZが指名されることになる。　d　国の仕組みでは，立法に関わる国会議員は国民の選挙によって選出されるが，行政に関わる内閣は国民が直接選出することはできない。また，地方自治においては，地方議員・首長ともに地域住民の直接選挙によって選出される。これらを併せて判断すると，資料Ⅰが地方自治，資料Ⅱが国であることが分かる。次に，解散させられるのは首長ではなく議会であることから，イが地方議会ということになる。

(3)　国連気候変動枠組条約第21回締約国会議で採択された，2020年以降の気候変動問題に関する国際的な枠組みである。**2016年に55か国以上の国の批准は実現**し，さらに，その**排出量が世界の温室効果ガス排出量の55％に達したことで，正式に発効**されたものである。

(4)　a　お金を借りたい人とお金を貸したい人の**間に第三者が存在しない取引**のことであることから判断すれば良い。　b　社会保険料にあたる健康保険・厚生年金・雇用保険の金額が示されていることから判断すれば良い。配当は株主が受け取るものであることから，アは誤りである。間接税は消費税や酒税や入湯税など，商品やサービスに対して掛けられるものであることから，イは誤りである。公的扶助は，社会保障制度の仕組みの中で個人が受け取るものであることから，エは誤りである。　c　資料Ⅱでは，コーヒー豆1ポンド当たりの最低価格が1ドル強を下回ることがない点に注目すれば良い。すなわち，原料の購入価格を維持することで，発展途上国でコーヒー豆をつくっている農家に一定額以上の収入が生じるようにすることを説明すれば良い。
d　消費者保護の観点から，商品の欠陥に関しては製造者が責任を負うことを定めた，1995年に施行された法律である。アは独占禁止法，イはリサイクル法，ウはクーリングオフの内容である。　e　Corporate Social Responsibility－CSRのことで，企業が倫理的観点から事業活動を通じて自主的に社会に貢献する責任のことであることに注目して説明すれば良い。

(5) a 地域的または全世界的な国家集合を組織し，紛争を平和的に解決する。また，武力行使した国に対して他の国家が集合的に強制措置を行うことにより，侵略を阻止し国際的な安全を確保する国際安全保障体制のことである。アは，自国と密接な関係にある外国に対する武力攻撃を，自国が直接攻撃されていないにも関わらず実力をもって阻止することが正当化される権利のことである。イは，地域紛争へ対処するため，あるいは停戦合意成立後の紛争防止のために，停戦や戦争実施の監視，復興・復旧援助などを国際連合が主体となって行うことである。エは，一人一人の人間の安寧を保障すべきであるという安全保障の考え方で，伝統的な国家の安全保障の概念と相互依存・相互補完するものである。 b **アメリカ・イギリス・フランス・ロシア・中国の五大国にだけ認められた**もので，**安全保障理事会の決定を阻止**出来る特権である。

問題2 (歴史的分野－各時代の特色に関する問題)

(1) **国分寺建立の詔**は，奈良時代の**741年に聖武天皇によって出された**ものであることから判断すれば良い。

(2) a **天武天皇は，大海人皇子が即位**したことから判断すれば良い。壬申の乱は，672年に起きた，天智天皇の弟である大海人皇子と息子である大友皇子による跡継ぎ争いで，大海人皇子が勝利を収めたものある。アは聖徳太子，ウは天智天皇，エは桓武天皇によるものである。 b **日宋貿易は，平安時代末期に平清盛が大輪田泊を拠点にして始めた**ものである。宋からは，銅銭・陶磁器などを輸入し，日本からは刀剣・硫黄などを輸出していた。イは江戸時代のオランダとの貿易，ウは豊臣秀吉が始めた東南アジアとの貿易，エは遣唐使のことである。 c 鎌倉時代の1268年にその地位に就いた8代執権である。 d 1404年に日明貿易を始めたのは，室町幕府3代将軍足利義満である。金閣は，武家造と寝殿造が融合した建物で，京都の北山に造立されたものである。 e 江戸時代に大量にとれた**鰯**は，干して田畑の肥料である**金肥**の代表例であることから判断すれば良い。

(3) a 源氏の血統ではなかったので征夷大将軍になることができなかった豊臣秀吉は，1585年に関白に就任することで，自らの権威を高めようとしたことから判断すれば良い。イは徳川家光，ウは織田信長，エは山名持豊のことである。 b ㋐は1742年，㋑は1841年，㋒は1635年であることから判断すれば良い。 c 江戸幕府がキリスト教禁止を徹底するために行った寺請制度を進めるために，人々の宗教を調べたものであることに注目して説明すれば良い。

(4) a ㋐は1868年，㋑は1863年，㋒は1866年のことである。 b 千島列島が日本領，樺太がロシア領と定めた条約であることから判断すれば良い。

(5) a **大日本帝国憲法発布は1889年2月11日**であることから判断すれば良い。アは1901年，ウは1899年，エは1895年のことである。 b 第一次世界大戦では，日本が戦場にならなかったこと，戦場となった国々から軍需品の注文が増大したことに注目して説明すれば良い。 c 日本の勢力を押さえるために，アメリカが中心となって，イギリス・フランス・イタリア・オランダ・ベルギー・ポルトガル・中国・日本が参加して開かれた会議であることから判断すれば良い。イは1956年の日ソ共同宣言，ウは1911年の不平等条約改正，エは1915年のベルサイユ条約の内容である。 d 本国と植民地間で関税同盟を結び第三国には高い関税を課すことがブロック経済であることから判断すれば良い。1924年にレーニンが亡くなった後にソ連を指導したのがスターリンであることから判断すれば良い。

(6) **アメリカ・イギリス・ソ連の話し合い**の下，**1945年7月26日にアメリカ・イギリス・中国の名前で出された**，日本に無条件降伏を求める宣言である。

(7)　a　**1950年に北朝鮮が事実上の国境線とされていた北緯38度線を越えて南側に攻め込んだ**ことで始まった戦争である。㋑は1919年，㋒は1972年，㋓は1991年のことである。　b　沖縄の復帰なくして日本の戦後は終わらないと発表し，アメリカとの交渉を進めた人物である。アは1951年のサンフランシスコ平和条約締結時の首相，イは1960年の日米安全保障条約改定時の首相，ウは国民所得倍増計画を発表した首相である。

問題3 (地理的分野－世界の地理・日本の地理に関する様々な問題)

(1)　a　東京都庁の経度はおよそ北緯35度であることから，赤道をはさんだ反対側の緯度は南緯35度となる。Y－Zが描かれている横線が赤道であることと併せて判断すれば良い。　b　**日本標準時は東経135度**であることから，**イギリスとの時差は＋9時間**であることが分かる。このことから，ロンドンを出発した日時を東京の日時に直すと，2月10日4時となる。したがってかかった時間は，2月10日15時50分－2月10日4時＝11時間50分となることが分かる。　c　世界最小の大陸である。　d　冷帯に属しているとあることから，冬の平均気温が0℃を下回る雨温図を選べば良い。　e　南アメリカ大陸北部はアマゾンが広がっていること，太平洋側にはアンデス山脈があることを併せて判断すれば良い。

(2)　資料をもとに，下から9%・10%・9%のグラフを描けば良い。

(3)　資料Ⅱから，タイからの魚介類の輸入額は，1970年は683億円×8.0%＝54.64億円，2018年は27707億円×4.0%＝1108.28億円となっていることから判断すれば良い。

(4)　**太平洋ベルトが，日本の工業生産額の3分の2を占めている**ことから判断すれば良い。アとウは似ているが，ウは沖縄県が示されていることから該当しないことが分かるはずである。

(5)　a　地図上の周囲の距離は(3.9＋4.1)×2＝16(cm)になることが分かる。**縮尺25000分の1**なので，**地図上の1cmの実際の距離は25000cm＝250m**となるので，16×250＝4000(m)となることが分かる。　b　アは卍，イはY，ウは⌂，エはXであることから判断すれば良い。　c　問題の略地図から，東経140度経線は，茨城県・栃木県は通過しているが，群馬県・山梨県は通過していないことが読み取れるはずである。　d　日本海側を流れる暖流である。　e　資料Ⅰ・Ⅱから，農家一戸当たりの耕地面積が広いことが読み取れる。資料Ⅲから，農業産出額が高いことが読み取れる。これらを併せて判断すれば良い。　f　一番多くの利用客がいる空港が東京国際空港であることから判断すれば良い。

(6)　図から，火力発電所が太平洋側に集中していることが読み取れる。表から，燃料は海外からの輸入に頼っていることが読み取れる。これらを併せて説明すれば良い。

＜国語解答＞

問題一　(一)　a　こうてい　b　ただよ　c　ていねい　d　きざ　(二)　(例)別次元の存在だと感じていた徹が，川木の発言の自分を頼りにしている　(三)　3　(四)　4　(五)　(例)誰にも気づかれていないと思っていた下を見ないという自分の信念に，川木が気づいていたこと　(六)　3　(七)　一人で　(八)　1

問題二　(一)　おわし　(二)　2　(三)　ことわり　(四)　3　(五)　3

問題三　(一)　a　単　b　複雑　c　政策　d　前提　(二)　2　(三)　(例)聞き手と語り手の相互作用といった条件のもとで創造されるもので，聞き手には積極的に相手を受容すること　(四)　2　(五)　4　(六)　ア　決められた枠組み　イ　代

替できない固有の価値があり，意味がある　（七） 1　（八） 1　（九） Ⓓ
（十） 4

問題四 （例） 私は，いろいろな人の助言を受けた上で，何が自分に必要かを自分で考えることが大切だと考える。

　中3になって進路について考えていたとき，両親にも担任の先生にも祖父母にも相談した。するといろいろな助言があって，どれを参考にすべきか悩んでしまった。みんな最も良いアドバイスを話してくれたのだから，どれも大切すべきだが，どれか一つに絞ることは難しい。むしろ，どの考えも良いならば，いろいろな人の知恵を材料にして，自分なりの最善策を考え出すことで成長できると私は考えている。

＜国語解説＞

問題一 （小説―情景・心情，内容吟味，文脈把握，脱文・脱語補充，漢字の読み）

（一） a 「庭」の訓読みは「にわ」，音読みは「テイ」。「庭園(テイエン)」。 b 「漂」は，訓読みの送りがなに注意。「ただよ - う」。音読みは「ヒョウ」。 c 「寧」は13画目以降に注意。残りは「丁」の2画のみ。 d 心にしっかりとどめる，という意味。

（二） まず，「俺」は**これまで川木のことを，「別次元の存在」と感じていた**ことをおさえる。その次に意外に感じた理由をおさえよう。意外に感じたのは発言から**川木が自分を頼りにしていると感じた**からだ。この二点をふまえて指定字数でまとめればよい。

（三） 川木は徹を「化け物みたい」なほどすごいと考えている。**徹自身も気づいていない徹のすごさを，追い越し走の例を挙げ**て，川木は脱落してしまうが**徹は最後まで走り抜けるという徹のすごさ・長所を伝えよう**としているのだ。

（四） 「遮ろうと思った」ということは，話をやめてほしくなったのだ。話が続くことで居心地が悪くなることが読み取れる。

（五） 傍線部「二つで一つ」というのは，ダブルスを組む二人が同じ一つの信念を持っているということだ。**徹の中には「下を見ない」という信念が刻まれていて，それは誰も気づいていない**と思っていた。それなのに，**川木は気づいていて，同じように「下を見ないようにしよう」と思っていた**のだ。それを知ったときに**二人が同じ信念を持っている「二つで一つ」の状態だと気づかされた**のである。

（六） 川木は，地道な努力を怠らない徹をすごいと感じ，徹が前を見てるから自分も前を向こうと思うようにしていた。つまり，**川木は徹の姿に励まされるように努力を重ねていた**のだ。徹が背中を見ていると思うと背筋が伸びるとも言っていて，徹の存在が川木を逆境においても前向きにさせていることがわかる。**徹が自分の背中を見ていてくれれば，前向きでいられる**はずだから，川木は徹に「俺の背中をちゃんと見ててくれよ」とお願いしたのだ。

（七） 「思いを伝えようとして空回りしている」ということは，川木が徹とうまくコミュニケーションをとれていない描写のことだ。前半部を探そう。**比喩表現「～ようだ」「～みたい」という言葉遣い**を探すのもヒントになる。「一人で『取ってこい』をやっている犬みたいだ」とあるのが正解。**キャッチボールが成立していないということは，気持ちのやりとりもうまくできていない**ことを意味してもいる。

（八） 最後に「その目に何が映っているのか，その日，俺はようやく少しだけわかったような気がする。」とある。**今までが徹は川木のことを別次元の存在としてとらえ，ダブルスを組む者として引け目を感じていた**が，自分が川木を助けうる存在であり，頼りにされていると知ったのだ。

これからは負い目を感じず，お互いが励まし合って高め合うという新しい関係が始まるのである。

問題二　(古文―要旨・大意，文脈把握，脱文・脱語補充，仮名遣い，古文の口語訳)

【現代語訳】 小早川中納言殿が，三原の館にいらっしゃった時，京の人がやってきて，最近京の町の若者の歌に，「趣深い春の雨だ。花が散らない程度に降っておくれ」と歌うのだということを語ったところ，中納言殿は感心なさって，「それはあらゆることにおいて道理である内容の歌だ。どんなに趣深いものでも，良い程度というものがあって，茶道や香道が趣深くても，能楽が趣深くても，学問が趣深くても，本業を見失わない程度にするのがよいものだ。」とおっしゃったということだ。たしかに茶道・香道・能楽などはそういう類のことであるが，学問をしすぎると本業を見失うとおっしゃったのは，本来の志とは違っている。学問は修身し家を安定させ，世の中を平和に治めるための道であるから，その本業を失うのは学問ではない。修身し家が安定したら，どうして本業を失うだろうか，いやそんなことはない。

(一) 語中・語尾の「は・ひ・ふ・へ・ほ」は，現代仮名遣いでは「ワ・イ・ウ・エ・オ」と読む。

(二) 「京の人来りて」とあるので，**京の人が中納言宅を訪ねた**ことがわかる。そして京の町で流行していることについて中納言に語ったのだ。

(三) 中納言の言葉に「すべての物事に渉りてことわりある謡なり」とある。

(四) 「いかで～や」は**係助詞「や」があるので，反語**。傍線部に打ち消しの内容は含まれていない。助動詞「べし」は推量。

(五) 中納言は「いかばかりおもしろき……なすべき事なり」と述べ，**諸芸も学問もおなじようにやり過ぎはいけない**と考えているが，筆者は「いかにも茶香猿楽……本意違へり。」と述べて，**学問は天下平治のためのものだから諸芸と区別すべきものだ**と考えている。

問題三　(論説文―大意・要旨，内容吟味，文脈把握，段落・文章構成，脱文・脱語補充，漢字の書き取り，語句の意味，熟語)

(一) a 特別なことではない，ただの。 b 「複」は，ころもへん。 c 「策」は，たけかんむり。 d 物事が成り立つために必要な，土台となる条件。

(二) 似た意味の組み合わせ。 1 下の語が上の語を修飾する関係。 2 似た意味の語という関係。 3・4 上の語が下の語を修飾する関係。

(三) [5]段落と[6]段落の内容に着目する。**「物語」とは，「聞き手と語り手の相互作用やその場の空気といった条件下で創造された」もの**だとある。さらに**物語が生まれるためには「積極的に相手を受容すること」が求められる**ことが読み取れよう。この二点をふまえて指定字数でまとめる。

(四) 傍線部「聞く行為が根本的である」という表現を捉え直す。[7]段落に，「聞くこと自体が共同認識の構築」であって，「自然との関係，社会の中での関係を再構築するときの，最も基本的かつ根本的な方法」とある。つまり**「聞く」とは，自然や社会との関係を再構築する根本的な方法だ**ということだ。ここから，適切な選択肢を選べよう。

(五) [8]段落に「感受性が大事になってくる」と述べられ，これ以降は「感受性」について論が展開されていくのだが，話を聞くときに，感受性と共に大切にしたい**想像力の具体例を挙げた**のが[9]段落だ。相手の話から社会や歴史について**想像力を働かせることは，社会学的感受性にかかわってくる**ので，感受性を論じていく文章において，**[9]段落目は感受性をとらえるのに役立つ役割**を担っている段落だといえる。

(六) 社会学的感受性の第一の姿勢として[13]段落に「**決められた枠組みで物事を見るのではなく，**現場の人びとの意味世界から何かを見よう，考えようという姿勢」が説明されているので[ア]

には「決められた枠組み」が入る。[イ] にはこうした**感受性によって気づけること**を補充する。⑭段落に「それぞれの地域，それぞれの人生には，決して代替できない固有の価値があり，意味がある。そこに思いをいたすことが，まずもって大切なことだ」とある。「思いをいたす」とはじっくり考えることだ。**じっくり考えるためには，考えるべきものの存在を感受性によって気づかなくてはならない。**したがって思いをいたす(考えるべき)ものである「それぞれの……意味がある」という記述から指定字数で抜き出そう。

(七)　⑯段落の内容を参考にすればよい。「今」は一局面にすぎず，その背景には様々な要素が絡み合っているのだとある。**「語りの向こうにあるもの，その時代時代の状況，地域の揺れ動く状況，背景にある政策」に思いをいたすとは，考えることであり，想像すること**になる。従って時代の変化や背後にある状況といった「多くの要素に対してできる限り広範に想像できる力」とする1の選択肢が正解。それ以外は「過去」もしくは「未来」に偏っている。

(八)　**「一様(いちよう)だ」は，形容動詞で〝どれも同じで変わったところがない〟**の意。それを打ち消した言い回しである。

(九)　Aは「『フレーム』を通さないで物事を見ることは不可能といってよい」という記述から，Bは「こちらの思う『生活』と相手の『生活』では，その範囲は違っているかもしれない」という記述から，Cは「つねに『フレーム』について意識をすることだ。現実を見るなかで，あるいは，話を聞く中で，その『フレーム』を絶えず壊したり再構築したりすることが求められる」という記述から，それぞれ本文の内容と一致する。Dは「相手と同じ枠組みで物事を捉えよう」という点も「揺るぎない枠組みを構築していく」ことを大切としている点も，本文の内容と合わない。筆者は，**自分の「フレーム」を通さないで物事を見ることは不可能だ**と述べている。また，相手の話を聞く過程で「フレーム」を絶えず壊したり再構築することの必要性を述べており，**「『フレーム』の組み直しは必ず必要になってくる」**と本文を結んでいる。

(十)　筆者が「聞く」ことに着目したのは，①段落にあるように，私たちの自然や社会との向き合い方すなわち関係性を考えるためだ。そのために社会学的感受性について言及している。**私たちが，変化する自然や多面的な社会との関係を絶えず再構築していくために，感受性を用いて「聞く」ことを提唱**している。　1「物事の真実を明らかにすべき時」という内容は含まれていない。　2「地域社会を理解する唯一の手段」とは述べられていない。また，**「フレーム」の再構築と想像力の養成を比較することも不適切な内容**だ。　3「相手の全体性」という内容には触れていない。また，「聞く」際の受容的姿勢は大切だという部分は適切だが，本文では**感性を働かせることは大切だ**と述べている。

問題四　(作文)

二段落構成で書くとよいだろう。まず，第一段落では太郎さんの意見を受けて**成長するために大切なこと**に対して自分の意見を明確に示す。身近な例を挙げるように指示があるので，第二段落の冒頭で例を挙げる。自分の主張の根拠となるような内容にすることが大切だ。その例をふまえて，あなたが**成長のために大切だと思うこと**をまとめればよい。

香川県公立高等学校

2021年度

★★★★★★★★★★★★★★★★★★★★★★★

入　試　問　題

2021
年
度

●くわしい解説……49ページ

＜数学＞　時間　50分　満点　50点

問題１　次の⑴～⑺の問いに答えなさい。

⑴　$2-(-5)-4$ を計算せよ。

⑵　$3\div\frac{1}{4}\times(-2^2)$ を計算せよ。

⑶　等式 $3(4x-y)=6$ を y について解け。

⑷　$\sqrt{12}-\frac{9}{\sqrt{3}}$ を計算せよ。

⑸　$xy-6x+y-6$ を因数分解せよ。

⑹　２次方程式　$x^2+5x+2=0$ を解け。

⑺　次の㋐～㋒の数の絶対値が，小さい順に左から右に並ぶように，記号㋐～㋒を用いて書け。

㋐　-3　　㋑　0　　㋒　2

問題２　次の⑴～⑶の問いに答えなさい。

⑴　右の図のような，線分ABを直径とする半円Oがある。$\overset{\frown}{AB}$上に２点A，Bと異なる点Cをとる。また，点Oを通り，線分ACに垂直な直線をひき，半円Oとの交点をDとする。

∠OAC＝20°であるとき，∠ACDの大きさは何度か。

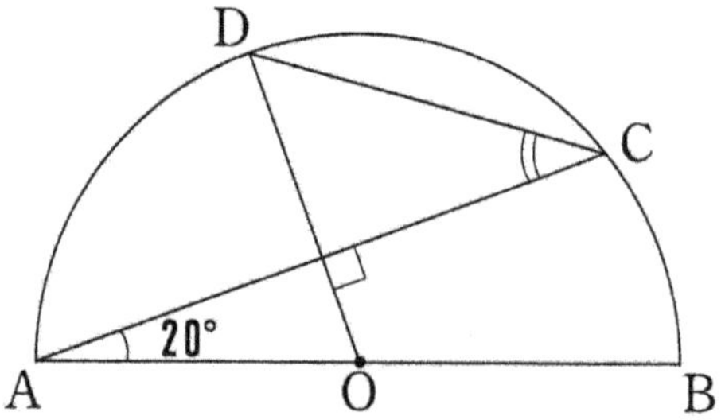

⑵　右の図のような，∠OAB＝∠OAC＝∠BAC＝90°の三角すいOABCがある。辺OBの中点をDとし，辺AB上に２点A，Bと異なる点Pをとる。点Cと点D，点Dと点P，点Pと点Cをそれぞれ結ぶ。

OA＝６㎝，AC＝４㎝，BC＝８㎝であるとき，次のア，イの問いに答えよ。

ア　次の㋐～㋓のうち，この三角すいに関して正しく述べたものはどれか。１つ選んで，その記号を書け。

㋐　∠OCA＝60°である

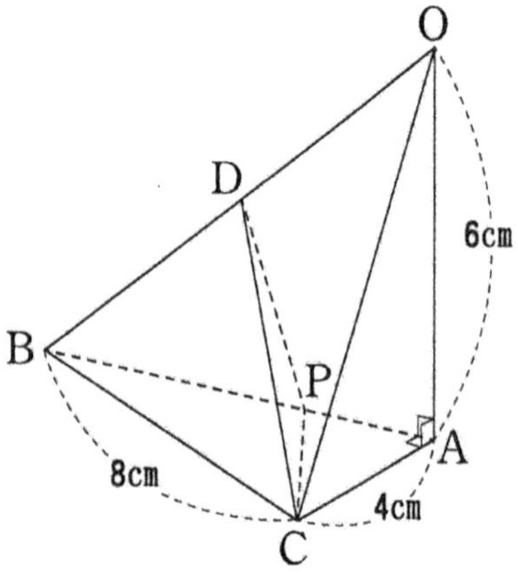

㋑　面OABと面OACは垂直である
㋒　辺OCと面ABCは垂直である
㋓　辺OAと線分CDは平行である

イ　三角すいDBCPの体積が，三角すいOABCの体積の$\frac{1}{3}$倍であるとき，線分BPの長さは何㎝か。

⑶　右の図のような，∠ACB＝90°の直角三角形ABCがある。∠ABCの二等分線をひき，辺ACとの交点をDとする。また，点Cを通り，辺ABに平行な直線をひき，直線BDとの交点をEとする。

AB＝5㎝，BC＝3㎝であるとき，線分BEの長さは何㎝か。

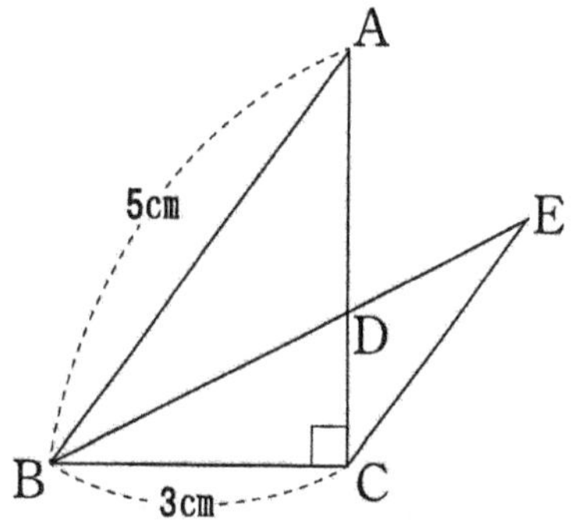

問題3　次の⑴～⑷の問いに答えなさい。

⑴　右の表は，ある学級の生徒10人について，通学距離を調べて，度数分布表に整理したものである。この表から，この10人の通学距離の平均値を求めると何㎞になるか。

通学距離

階級(km)	度数(人)
以上　　未満	
0　～　1	3
1　～　2	4
2　～　3	2
3　～　4	1
計	10

⑵　数字を書いた5枚のカード [1]，[1]，[2]，[3]，[4] がある。この5枚のカードをよくきって，その中から，もとにもどさずに続けて2枚を取り出し，はじめに取り出したカードに書いてある数をa，次に取り出したカードに書いてある数をbとする。このとき，$a \geqq b$になる確率を求めよ。

⑶　次のページの図で，点Oは原点であり，放物線①は関数$y=-\frac{1}{3}x^2$のグラフである。放物線②は関数$y=ax^2$のグラフで，$a>0$である。

2点A，Bは，放物線②上の点で，点Aのx座標は-3であり，線分ABはx軸に平行である。また，点Aを通り，y軸に平行な直線をひき，放物線①との交点をCとし，直線BCをひく。

これについて，次のア，イの問いに答えよ。

ア　関数$y=-\frac{1}{3}x^2$で，xの変域が$-1 \leqq x \leqq 2$のとき，yの変域を求めよ。

イ　直線ＢＣの傾きが$\frac{5}{4}$であるとき，a の値を求めよ。

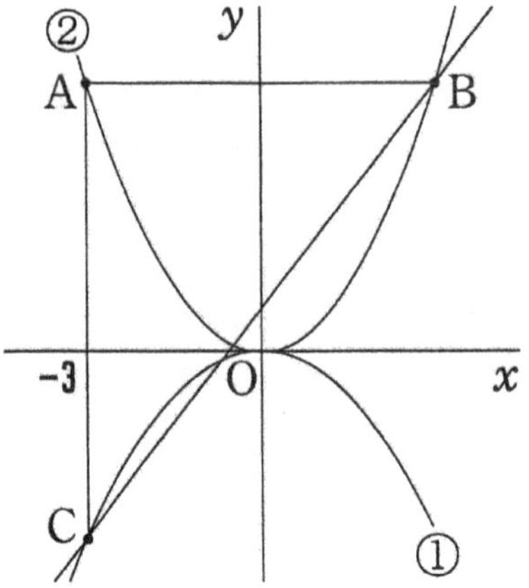

(4)　右の図のように，AB＝20cm，AD＝10cmの長方形ABCDの紙に，幅が x cmのテープを，辺ABに平行に２本，辺ADに平行に４本はりつけた。図中の  は，テープがはられている部分を示している。テープがはられていない部分すべての面積の和が，長方形ABCDの面積の36％であるとき，x の値はいくらか。x の値を求める過程も，式と計算を含めて書け。

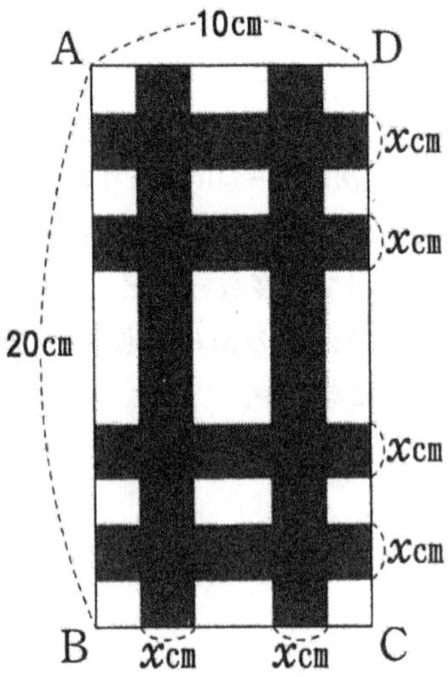

問題４　次の(1)，(2)の問いに答えなさい。

(1)　下の図１のような，１面だけ黒く塗られた，１辺の長さが１cmの立方体がたくさんある。この立方体を，黒く塗られた面をすべて上にして，すきまなく組み合わせ，いろいろな形の四角柱をつくる。たとえば，下の図２の四角柱は，図１の立方体をそれぞれ３個，４個，６個，27個組み合わせたものである。

図１

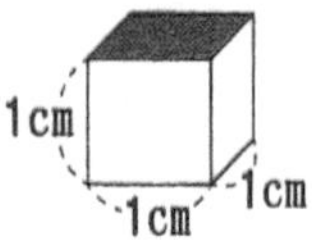

図２

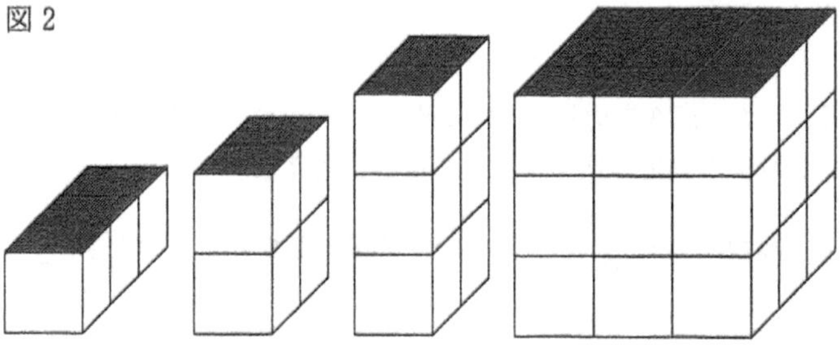

このとき，高さが等しく，上の面の黒い長方形が合同な四角柱は，同じ形の四角柱だとみなす。たとえば，下の図３の２つの四角柱は，高さが２㎝で等しく，上の面の黒い長方形が合同であるから，同じ形の四角柱だとみなす。したがって，図１の立方体を４個組み合わせた四角柱をつくるとき，下の図４のように，異なる形の四角柱は，全部で４通りできる。

図３

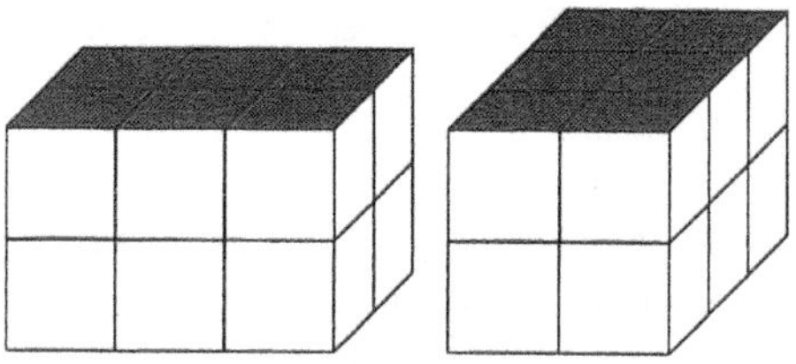

図４

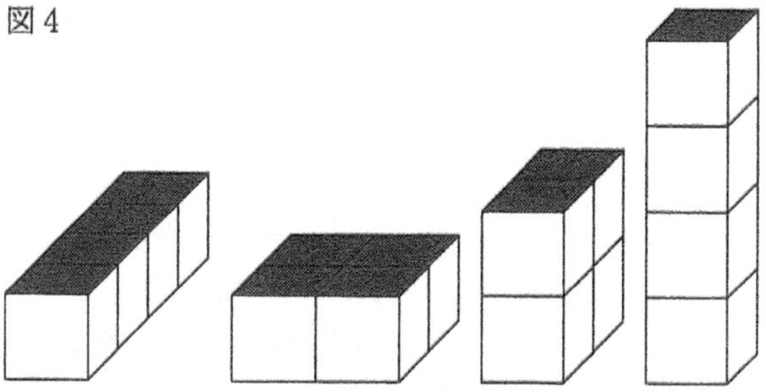

下の表は，図１の立方体を n 個組み合わせた四角柱をつくるとき，異なる形の四角柱が全部で m 通りできるとして，n と m の値をまとめようとしたものである。

四角柱をつくるために組み合わせた図１の立方体の数 n（個）	2	3	4	5	6	7	8	9	…
異なる形の四角柱の数 m（通り）	2	2	4	2	p	2	6	4	…

これについて，次のア，イの問いに答えよ。

ア　表中の p の値を求めよ。

イ　$m=4$ となる n のうち，２けたの数を１つ求めよ。

⑵　太郎さんと次郎さんは，次のルールにしたがって，ゲームをおこなった。
これについて，あとのア～ウの問いに答えよ。

【ルール】

太郎さんと次郎さんのどちらか１人が，表と裏の出方が同様に確からしい硬貨を３枚同時に投げる。この１回のゲームで，表と裏の出方に応じて，次のように得る点数を決める。

３枚とも表が出れば，
　太郎さんの得る点数は４点，次郎さんの得る点数は０点
２枚は表で１枚は裏が出れば，
　太郎さんの得る点数は２点，次郎さんの得る点数は１点
１枚は表で２枚は裏が出れば，
　次郎さんの得る点数は２点，太郎さんの得る点数は１点
３枚とも裏が出れば，
　次郎さんの得る点数は４点，太郎さんの得る点数は０点

ア　太郎さんが３回，次郎さんが３回硬貨を投げて６回のゲームをおこなったとき，１枚は表で２枚は裏が出た回数は３回であり，３枚とも表が出た回数，２枚は表で１枚は裏が出た回

数，3枚とも裏が出た回数はともに1回ずつであった。このとき，太郎さんが得た点数の合計は何点か。

イ　太郎さんが5回，次郎さんが5回硬貨を投げて10回のゲームをおこなったとき，2枚は表で1枚は裏が出た回数は1回であった。このとき，次郎さんが得た点数の合計は何点か。10回のゲームのうち，3枚とも表が出た回数を a 回，3枚とも裏が出た回数を b 回として，次郎さんが得た点数の合計を a と b を使った式で表せ。

ウ　太郎さんが5回，次郎さんが5回硬貨を投げて10回のゲームをおこなったとき，2枚は表で1枚は裏が出た回数は1回であった。また，この10回のゲームで，表が出た枚数の合計は12枚であって，次郎さんが得た点数の合計は太郎さんが得た点数の合計より7点大きかった。このとき，10回のゲームのうち，3枚とも表が出た回数と3枚とも裏が出た回数はそれぞれ何回か。3枚とも表が出た回数を a 回，3枚とも裏が出た回数を b 回として，a，b の値を求めよ。a，b の値を求める過程も，式と計算を含めて書け。

問題5　右の図のような，正方形ABCDがあり，辺AD上に，2点A，Dと異なる点Eをとる。∠BCEの二等分線をひき，辺ABとの交点をFとする。辺ABをBの方に延長した直線上にDE＝BGとなる点Gをとり，線分GEと線分CFとの交点をHとする。点Eを通り，辺ABに平行な直線をひき，線分CFとの交点をIとする。

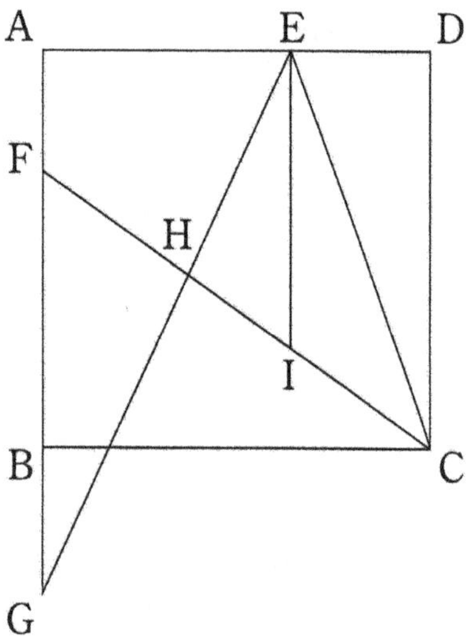

このとき，次の(1)，(2)の問いに答えなさい。

(1)　△FGH∽△IEHであることを証明せよ。

(2)　CE＝FGであることを証明せよ。

＜英語＞

時間　50分　　満点　50点

問題1　英語を聞いて答える問題

A　絵を選ぶ問題

①

②

③

④

B　スポーツを選ぶ問題

最も好きなスポーツ (35人)

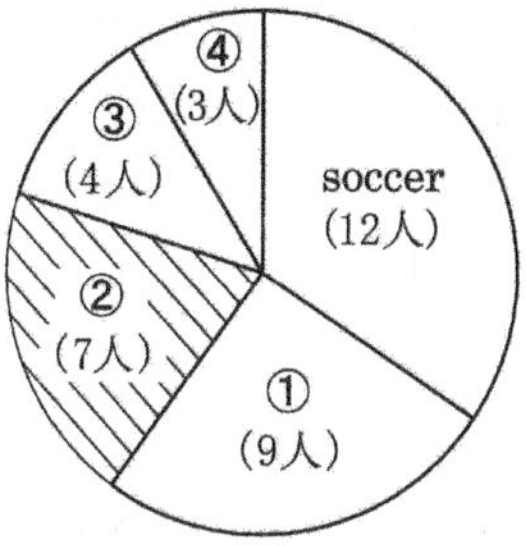

ア　badminton
イ　baseball
ウ　swimming
エ　basketball

C　応答を選ぶ問題

ア　I visited there yesterday.　　イ　You're welcome.
ウ　Because it's a beautiful picture.　　エ　That's a good idea.

D　対話の内容を聞き取る問題

E　文章の内容を聞き取る問題

No. 1
ア　On Saturday morning.　　イ　On Saturday afternoon.
ウ　On Sunday morning.　　エ　On Sunday afternoon.

No. 2
ア　To give some presents to Junko.
イ　To say to his mother "Thank you."
ウ　To make Junko's mother happy.
エ　To think about what to buy for his mother.

No. 3
ア　Because Yuta went to a flower shop and bought some flowers for her.
イ　Because Yuta told her to buy him some presents.
ウ　Because Yuta gave a letter to her and said, "Thank you for being a nice mom."
エ　Because Yuta said to her, "I couldn't decide what to do for you."

問題2 次の対話文は，日本の中学校に来ている留学生のMaryと，クラスメートのSakiが，買い物に行ったときの会話である。これを読んで，あとの(1)～(3)の問いに答えなさい。（＊印をつけた語句は，あとの㊟を参考にしなさい。）

Saki: This is the supermarket I always go to. [(a)]

Mary: No. This is my first time. It looks good. Well, what are you going to buy?

Saki: ①I need some eggs to make a cake.

Mary: OK. Let's go.

(***after shopping***)

Mary: I heard that the *cashier said, "'*My bag' o omochidesuka?*" Did she say, "Do you have 'my' bag?"

Saki: Yes, she did.

Mary: So, do you have her bag?

Saki: [(b)] I don't even know her.

Mary: ②What does that [ ]?

Saki: "Do you have 'my bag'?" is "Do you need a *plastic bag?" If you need a plastic bag, it *costs five yen in this store. All stores started to *charge us for plastic bags last July in Japan.

Mary: Oh, I see! [(c)] I always bring "my bag." But in my country, we say *reusable bags in English.

Saki: Really? I thought "my bag" was English.

Mary: [(d)] But we don't use the words to say "reusable bag." It's a different way of saying.

Saki: I see. That's interesting!

㊟ cashier：レジ係　plastic bag：プラスチック製のレジ袋　cost(s)：費用がかかる
charge ～ for…：～に…の料金を請求する　reusable：再使用可能な

(1) 本文の内容からみて，文中の(a)～(d)の[ ]内にあてはまる英文は，次のア～クのうちのどれか。最も適当なものをそれぞれ一つずつ選んで，その記号を書け。

ア No, I don't.　　イ We didn't use bags.
ウ So, where are you going?　　エ Yes, it is English.
オ I don't know how to buy it.　　カ Have you ever come here?
キ It's the same in my country.　　ク No, they speak English.

(2) 下線部①の英文の中で，ふつう最も強く発音される語は，次のア～エのうちのどれか。最も適当なものを一つ選んで，その記号を書け。

I need(ア) some eggs(イ) to make(ウ) a cake(エ).

(3) 下線部②を，「それはどういう意味ですか。」という意味にするには，[ ]内に，どのような語を入れたらよいか。最も適当な語を一つ書け。

問題3　次の文章は，中学生の隆史《たかし》が，英語の授業で発表した，「留学生 Tom から学んだこと」というタイトルのスピーチである。これを読んで，あとの(1)～(9)の問いに答えなさい。（＊印をつけた語句は，あとの㊟を参考にしなさい。）

Studying English can open a door to a new world. I learned it from my friend Tom. He is from the U.K. and stayed in my house last year. He likes Japan and came to Japan to learn Japanese *culture. I used English a lot and enjoyed ①(talk) with him.

One day, ②［　　］ we were watching TV, Japanese kabuki *appeared in a commercial on TV. Then, Tom said, "Oh, it's kabuki! Kabuki *was performed at a *theater in London about ten years ago. ③私の両親は私をその場所へ連れて行きました。 It was the first experience for me and then I became interested in kabuki. Takashi, what is your favorite kabuki *play?" I said, "I don't know.... I have never seen real kabuki." Tom looked surprised and said, "Kabuki has a long history. It is one of the ④［　　］ Japanese cultures. So I thought all Japanese knew about kabuki." I felt very sad because I ⑤［　　］ answer the question from him well.

The next day, I visited my grandmother to ask about kabuki. ⑥She likes kabuki and (lot showed of a pictures me) which were taken in **Kanamaru-za*. Those pictures made me excited. Soon I decided to go to *Kanamaru-za* to see kabuki with Tom and bought two *tickets for a kabuki play.

On the day, when I arrived at *Kanamaru-za*, ⑦私は異なる言語の話をしている多くの人々を見ました。 Tom said to me, "*You see, kabuki is very popular in other countries. Japanese people have a great culture!" I was really happy to hear that. After watching kabuki, I became interested in kabuki and felt that I wanted to know more about other Japanese cultures.

⑧From that experience, I thought that learning about our own country (as learning was other important countries as about). Studying English *broadened my view, and I got a chance to understand Japanese culture more. So now I am studying Japanese things ⑨［　　］ its history, food, and famous places. I will study English harder and tell people in other countries many good points of Japan in the future!

㊟ culture：文化　appeared in a commercial：コマーシャルで流れた　was performed：上演された
theater：劇場　play：作品　*Kanamaru-za*：琴平町にある，現存する日本最古の芝居小屋
ticket(s)：チケット　you see：ほらね　broadened my view：私の視野を広げた

(1)　①の（　）内の talk を，最も適当な形になおして一語で書け。

(2)　②の［　　］内にあてはまる語は，本文の内容からみて，次のア～エのうちのどれか。最も適当なものを一つ選んで，その記号を書け。

ア　before　　イ　after　　ウ　if　　エ　when

(3)　下線部③の日本文を英語で書き表せ。

(4) ④の □ 内にあてはまる語は，本文の内容からみて，次のア～エのうちのどれか。最も適当なものを一つ選んで，その記号を書け。

ア busy　　イ new　　ウ traditional　　エ similar

(5) ⑤の □ 内にあてはまるものは，本文の内容からみて，次のア～エのうちのどれか。最も適当なものを一つ選んで，その記号を書け。

ア could　　イ could not　　ウ must　　エ must not

(6) 下線部⑥の（　）内のすべての語を，本文の内容からみて，意味が通るように，正しく並べかえて書け。

(7) 下線部⑦の日本文を英語で書き表せ。

(8) 下線部⑧が，「その経験から，私は自分の国について学ぶことは，他の国について学ぶことと同じくらい大切だと思いました。」という意味になるように，（　）内のすべての語を，正しく並べかえて書け。

(9) ⑨の □ 内にあてはまるものは，本文の内容からみて，次のア～エのうちのどれか。最も適当なものを一つ選んで，その記号を書け。

ア such as　　イ because of　　ウ kind of　　エ look like

問題４　次の英文を読んで，あとの(1)～(8)の問いに答えなさい。（＊印をつけた語句は，あとの㊟を参考にしなさい。）

Yuki is a junior high school student. She worked hard as the leader of the brass band club. Her school was famous for its brass band, so every club member wanted to win the contest. They practiced hard and often talked about what to do to win the contest. But something was *lacking in their music. They were *irritated. One day, Ken, one of the members, said, "Our club is not ①□, so I will stop joining it." Yuki couldn't say anything to him.

On Saturday afternoon, Yuki met Ken near the school. He was going to a *retirement home to see his grandmother. He said, "My grandmother likes music, so I often visit her to talk about it." Yuki said to him, "I was going home now, but can I come with you?" He looked surprised, but said "Yes."

At the retirement home, Ken's grandmother, Masako, said to Yuki, "You will have a contest soon, right?" Yuki said to her, "Yes. But I think we can't win the contest." Masako looked at Yuki, and then said to Ken, "Please play the piano *as usual." When he began to play the piano, all the *elderly people *got together. While he was playing the piano, Ken sometimes talked to them. Yuki said to Masako, "Wow! Look at Ken! What a happy face! He doesn't look happy in our club." Masako said to Yuki, "Ken wants elderly people to enjoy music, and ② they also understand his wish. They look really happy, right?" Yuki looked at their happy faces. They looked * united through music.

Two weeks later, Yuki, Ken and other club members visited the retirement home. They wanted elderly people to listen to their music. At first, the members played music as usual. Then Ken asked the elderly people, "③□?" One of them answered, "I would like to listen to your school song. Many of us *graduated from your school." Yuki and other members wanted them to sing the song and ④□ their school days, and decided to play it slowly. When they began to play it, the *audience became excited and many of them sang it *happily. Yuki said to Ken, "*Until now, we've thought about ⑤□. However, the important thing is to think about how to make the audience happy." Ken said to her, "Yes. That is lacking in our music!"

Two months later, the day of the contest came. At the *side of the stage, the members were very nervous. Then Ken said, "My grandmother is in the audience!" Some of the elderly people in the retirement home were there to listen to their music. Yuki said to the members, "Let's make the audience happy through our music. By doing ⑥so, all the people here will be united." The members looked happy. Yuki said to them, "Now, let's go!"

㊟ lacking：足りない　irritated：いらいらして　retirement home：老人ホーム
as usual：いつものように　elderly：お年寄りの　got together：get together(集まる)の過去形
united：ひとつになって　graduated：graduate（卒業する）の過去形　audience：観客
happily：幸せそうに　until now：今まで　side：かたわら

(1) ①の□内にあてはまる語は，本文の内容からみて，次のア～エのうちのどれか。最も適当なものを一つ選んで，その記号を書け。

ア weak　イ sad　ウ young　エ fun

(2) 下線部②に，they also understand his wish とあるが，彼らが健《けん》のどのような願いを理解していると，昌子《まさこ》は思ったのか。その内容を日本語で書け。

(3) ③の□内には，健の質問が入る。本文の内容を参考にして，その質問を7語以上の英文一文で書け。ただし，疑問符，コンマなどの符号は語として数えない。

(4) ④の□内にあてはまる語は，本文の内容からみて，次のア～エのうちのどれか。最も適当なものを一つ選んで，その記号を書け。

ア learn　イ break　ウ remember　エ answer

(5) ⑤の□内にあてはまるものは，本文の内容からみて，次のア～エのうちのどれか。最も適当なものを一つ選んで，その記号を書け。

ア winning the contest　イ singing a song happily
ウ joining the club　エ playing music with elderly people

(6) 下線部⑥の so が指しているのはどのようなことがらか。日本語で書け。

(7) 次の(a)，(b)の質問に対する答えを，本文の内容に合うように，(a)は3語以上，(b)は2語以上の英文一文で書け。ただし，ピリオド，コンマなどの符号は語として数えない。

(a) Did Ken tell Yuki to come to see his grandmother when he met her near the school?

(b) Who asked Ken to play the piano in the retirement home?

(8) 次のページの㋐～㋕のうちから，本文中で述べられている内容に合っているものを二つ選んで，その記号を書け。

㋐ When Ken said, “I will stop joining the club,” Yuki said to him, “Don’t do that.”

㋑ Ken often visited the retirement home to talk about music with his grandmother.

㋒ When Ken played the piano, Yuki was surprised because he knew how to play the piano.

㋓ The club members visited the elderly people to listen to the music they were going to play.

㋔ When the club members played the school song, many elderly people sang it together.

㋕ The club members were nervous to find the elderly people in the retirement home at the contest.

問題 5　英語の授業で，次のテーマについて意見を書くことになりました。あなたなら，新聞とインターネットのどちらを選び，どのような意見を書きますか。あなたの意見を，あとの〔**注意**〕に従って，英語で書きなさい。

世の中の情報を得る手段として，新聞とインターネットのどちらがよいか。 新聞　a newspaper インターネット　the Internet

〔**注意**〕

① 解答用紙の □ 内に a newspaper または the Internet のどちらかを書くこと。

② I think getting information from □ is better. の文に続けて，4文の英文を書くこと。

③ 一文の語数は 5 語以上とし，短縮形は一語と数える。ただし，ピリオド，コンマなどの符号は語として数えない。

④ 新聞またはインターネットを選んだ理由が伝わるよう，まとまりのある内容で書くこと。

＜理科＞

時間　50分　　満点　50点

問題１　次のＡ，Ｂの問いに答えなさい。

Ａ　天体に関して，次の⑴，⑵の問いに答えよ。

⑴　下の図Ⅰは，日本のある地点で，１月１日の午後11時に見える北極星と，恒星Ｘの位置を，それぞれ示したものである。また，下の図Ⅱは，同じ地点で同じ時刻に見えるオリオン座の位置を示したものである。これに関して，あとのａ，ｂの問いに答えよ。

図Ⅰ

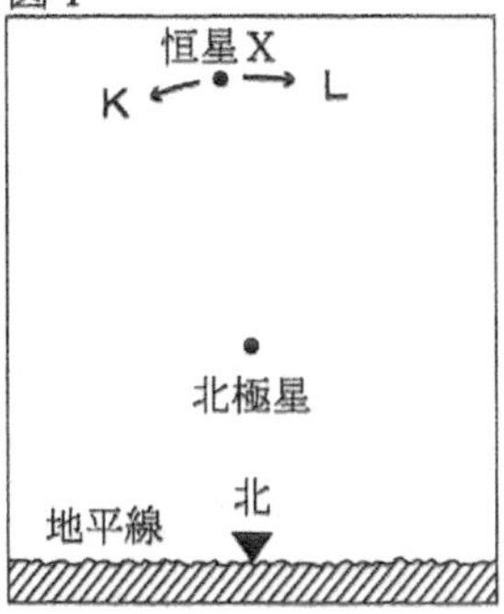

図Ⅱ

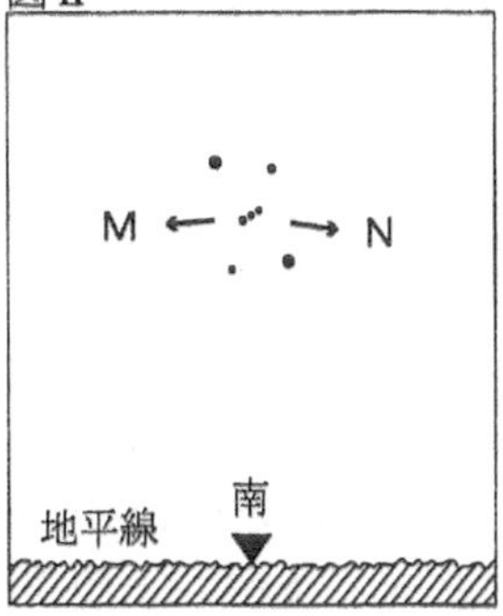

ａ　次の文は，恒星Ｘとオリオン座の動きについて述べようとしたものである。文中の２つの〔　〕内にあてはまる言葉を，㋐，㋑から一つ，㋒，㋓から一つ，それぞれ選んで，その記号を書け。また，恒星Ｘやオリオン座がこのような向きに動いて見えるのはなぜか。その理由を簡単に書け。

同じ地点で，しばらく観察をすると，恒星Ｘは，図Ⅰ中の位置から北極星を中心に，〔㋐Kの向き　㋑Lの向き〕に動いて見える。また，オリオン座は図Ⅱ中の位置から，〔㋒Mの向き　㋓Nの向き〕に動いて見える。

ｂ　同じ地点で観察するとき，オリオン座を図Ⅱとほぼ同じ位置に見ることができるのは，次のア～エのうちのどのときか。最も適当なものを一つ選んで，その記号を書け。

ア　この日から１か月後の日の午後９時ごろ

イ　この日から１か月後の日の午前１時ごろ

ウ　この日から２か月後の日の午後８時ごろ

エ　この日から２か月後の日の午前２時ごろ

⑵　右の図Ⅲは，太陽のまわりを公転する地球と，天球上の一部の星座を模式的に示したものであり，図Ⅲ中のＰ～Ｓは，春分，夏至，秋分，冬至のいずれかの日の地球の位置を示している。これに関して，

図Ⅲ

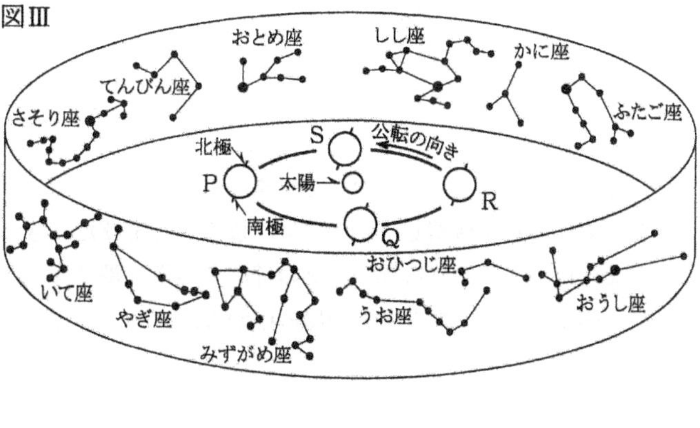

あとのａ～ｃの問いに答えよ。

ａ 図Ⅲ中のＰは，春分，夏至，秋分，冬至のうち，いずれの日の地球の位置を示しているか。次のア～エのうち，最も適当なものを一つ選んで，その記号を書け。

ア 春分の日　イ 夏至の日　ウ 秋分の日　エ 冬至の日

ｂ 次のア～エのうち，日本のある地点での星座の見え方について述べたものとして，最も適当なものを一つ選んで，その記号を書け。

ア 地球が図Ⅲ中のＱの位置にあるとき，真夜中に観察すると，南の空にはうお座が，西の空にはおうし座が見える

イ 地球が図Ⅲ中のＱの位置にあるとき，明け方に観察すると，南の空にはいて座が，西の空にはうお座が見える

ウ 地球が図Ⅲ中のＳの位置にあるとき，真夜中に観察すると，南の空にはふたご座が，西の空にはおひつじ座が見える

エ 地球が図Ⅲ中のＳの位置にあるとき，明け方に観察すると，南の空にはさそり座が，西の空にはおとめ座が見える

ｃ 地球から見た太陽は，星座の星の位置を基準にしたとき，地球が公転しているために，図Ⅲの星座の中を移動し，1年でひと回りしてもとの星座にもどっているように見える。このような，星座の中の太陽の通り道は，何と呼ばれるか。その名称を書け。

Ｂ 地層に関して，次の⑴，⑵の問いに答えよ。

⑴ 地層に興味をもった太郎さんは，クラスの友達と，学校の近くにある道路の切り通しへ出かけ，地層を観察した。右の図Ⅰは，太郎さんが観察した地層をスケッチしたものである。これに関して，次のａ～ｄの問いに答えよ。

図Ⅰ

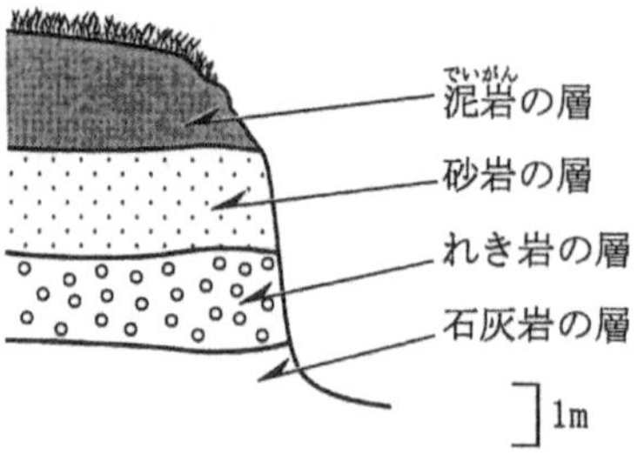

ａ 太郎さんは，地層の近くに転がっているれき岩を拾い，右の図Ⅱのようなルーペを用いて表面を観察した。次の文は，手に持ったれき岩を観察するときのルーペの使い方について述べようとしたものである。文中の２つの［　］内にあてはまる言葉を，㋐，㋑から一つ，㋒，㋓から一つ，それぞれ選んで，その記号を書け。

図Ⅱ

まず，ルーペをできるだけ［㋐手に持ったれき岩　㋑目］に近づける。次に，［㋒ルーペ　㋓手に持ったれき岩］を動かしながら，よく見える位置をさがす。

ｂ 太郎さんが観察したれき岩は，まるみを帯びたれきの粒でできていた。れきの粒がまるみを帯びているのはなぜか。その理由を簡単に書け。

ｃ 図Ⅰ中に示した石灰岩の層の中から，サンゴの化石が見つかった。サンゴの化石は，それ

を含む地層が堆積した当時の環境を知る手がかりとなる。サンゴの化石を含む石灰岩の層は，どのような環境で堆積したと考えられるか。次のア～エのうち，最も適当なものを一つ選んで，その記号を書け。

ア　あたたかくて深い海　　イ　あたたかくて浅い海

ウ　つめたくて深い海　　エ　つめたくて浅い海

d　図Ⅰのスケッチを見ると，石灰岩の層の上には，れき岩，砂岩，泥岩の層が下から順に堆積していることがわかる。次の文は，れき岩が堆積してから砂岩が堆積を始めるまでの間に，この地域でおこった変化について述べようとしたものである。文中のX，Yの［　］内にあてはまる言葉の組み合わせとして最も適当なものを，下の表のア～エから一つ選んで，その記号を書け。

図１中のスケッチに示した，れき岩，砂岩，泥岩の層が海底でできたものとすると，れき岩が堆積してから砂岩が堆積を始めるまでの間に，この地域では，［ X ］により，［ Y ］へと変わったと考えられる。

	X	Y
ア	土地の隆起や海水面の低下	海岸から近い，浅い海
イ	土地の隆起や海水面の低下	海岸から遠い，深い海
ウ	土地の沈降や海水面の上昇	海岸から近い，浅い海
エ	土地の沈降や海水面の上昇	海岸から遠い，深い海

⑵　下の図Ⅲは，ある川の河口付近の地形を模式的に示したものである。図Ⅲ中に示したP～Sは，この川の河口付近の地層を調べるためにボーリングをおこなった地点を示しており，P～Sの各地点の標高は同じである。また，この地域では，断層やしゅう曲は見られず，凝灰岩の層が一定の厚さで平面状に広がっている。下の図Ⅳは，P～Sの各地点でおこなったボーリングによって得られた試料をもとにして作成した柱状図である。これに関して，あとのa，bの問いに答えよ。

図Ⅲ

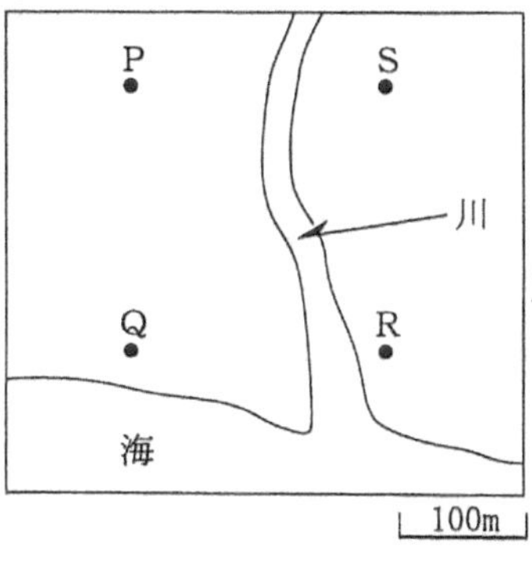

図Ⅳ

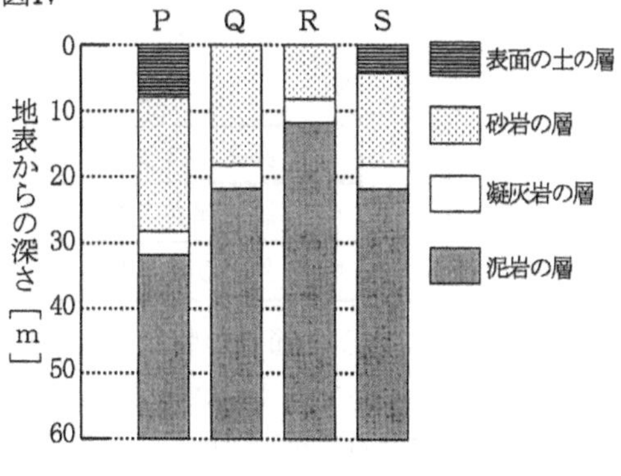

a　この地域の地層には，傾きが見られる。図Ⅲ，Ⅳから判断して，凝灰岩の層は，どの方位にいくにつれて低くなっていると考えられるか。次のア～エのうち，最も適当なものを一つ選んで，その記号を書け。

ア　北東　　イ　南東　　ウ　南西　　エ　北西

b　図Ⅳ中に示した泥岩の層の中からビカリアの化石が見つかった。ビカリアの化石は，その化石を含む層が堆積した年代を決めるのに役立つ。次の文は，ビカリアのように，その化石を含む層ができた年代を決めるのに役立つ生物のなかまがもつ特徴について述べようとしたものである。文中の２つの〔　〕内にあてはまる言葉を，㋐，㋑から一つ，㋒，㋓から一つ，それぞれ選んで，その記号を書け。

その化石を含む層ができた年代を決めるのに役立つ生物のなかまは，地球上の〔㋐広い範囲　㋑せまい範囲〕にすんでいて，〔㋒長い期間にわたって栄えた　㋓短い期間にのみ栄えて絶滅した〕という特徴をもつ。

問題２　次のA，B，Cの問いに答えなさい。

A　身のまわりの自然の中で生活している動物は，いくつかのなかまに分けることができる。これに関して，次の⑴～⑸の問いに答えよ。

⑴　下の図Ⅰは，カブトムシ，イカ，コウモリ，メダカ，イモリ，トカゲ，ハトを，からだのつくりや生活のしかたなどの特徴をもとになかま分けをしたものである。図Ⅰ中の観点①～③には，あとの表で示したア～ウのいずれかが，一つずつあてはまる。観点①～③にあてはまるものとして，最も適当なものを，表のア～ウから一つずつ選んで，その記号を書け。

図Ⅰ

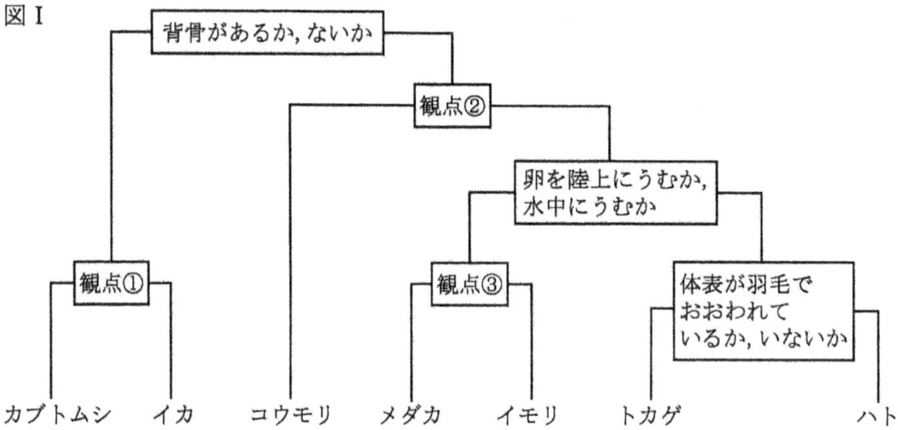

表

ア	卵生であるか，胎生であるか
イ	肺で呼吸することがあるか，肺ではしないか
ウ	外とう膜があるか，ないか

⑵　カブトムシのような節足動物は，からだをおおっている殻をもっている。からだを支えたり保護したりするはたらきをしているこの殻は，何と呼ばれるか。その名称を書け。

⑶　右の図Ⅱは，イカを解剖し，からだの中のつくりを観察したときのスケッチである。図Ⅱ中にP～Sで示した部分のうち，呼吸器官はどれか。最も

図Ⅱ

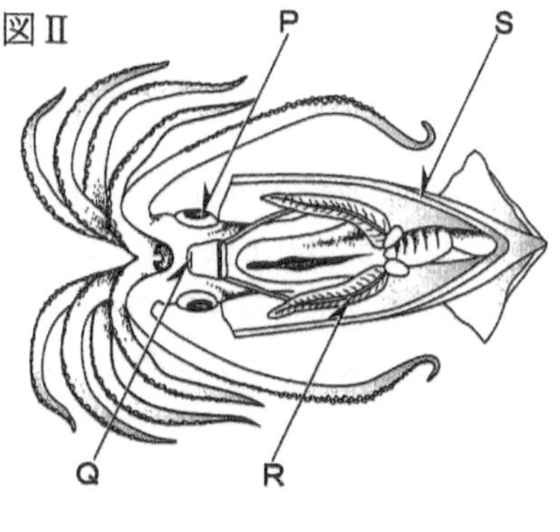

適当なものを一つ選んで，その記号を書け。

(4) 次の文は，太郎さんと先生の会話の一部である。これに関して，あとのa，bの問いに答えよ。

> 太郎：昨日，学校周辺の野外観察会に参加しました。
> 先生：それはよかったですね。どのような生物が観察できましたか。
> 太郎：コウモリやハト，トカゲやイモリも観察できました。トカゲとイモリは見た目がよく似ていますが，同じ仲間なんですか。
> 先生：トカゲとイモリをよく観察するとちがいが見られます。
> [　　　　X　　　　]
> このように，ハ虫類は，両生類よりも乾燥に強く，陸上生活に合うようにからだのしくみを変化させたと考えられています。
> 太郎：そうだったのですね。よく理解できました。そういえば，去年の冬に参加した観察会では，トカゲやイモリは観察できませんでした。
> 先生：そうですね。どうしてか考えてみましょう。

a　次の文は，会話文中のXの[　　]内にあてはまる，トカゲとイモリのちがいについて述べようとしたものである。次の文中の２つの〔　〕内にあてはまる言葉を，㋐，㋑から一つ，㋒，㋓から一つ，それぞれ選んで，その記号を書け。

トカゲは，〔㋐湿った皮膚　㋑うろこ〕でおおわれています。また，卵にもちがいがあり，トカゲは，〔㋒殻のある　㋓殻のない〕卵をうみます。

b　太郎さんが，冬に参加した観察会で，トカゲやイモリが観察できなかったのは，トカゲやイモリが活動しなくなったからである。次の文は，トカゲやイモリが冬に活動しなくなる理由について述べようとしたものである。文中のY，Zの[　　]内にあてはまる言葉の組み合わせとして，最も適当なものを，下の表のア～エから一つ選んで，その記号を書け。

トカゲやイモリのような動物は，[　Y　]と呼ばれ，冬に活動をしなくなるのは，[　　Z　　]からである。

	Y	Z
ア	変温動物	まわりの温度が下がっても，体温がほぼ一定に保たれている
イ	変温動物	まわりの温度が下がると，体温が下がる
ウ	恒温動物	まわりの温度が下がっても，体温がほぼ一定に保たれている
エ	恒温動物	まわりの温度が下がると，体温が下がる

(5) ホ乳類であるコウモリ，クジラ，ヒトについて，コウモリの翼，クジラのひれ，ヒトのうでを調べてみると，骨格の形や並び方に，基本的に共通のつくりがみられる。このことは，共通の祖先から進化したことを示す証拠と考えられる。このように，形やはたらきはちがっていても，基本的には同じつくりで，起源が同じであると考えられる器官は何と呼ばれるか。その名称を書け。

B　植物の呼吸と光合成について調べるために，次のような実験をした。

まず，透明なポリエチレンの袋ａ～ｃを用意し，下の図Ⅰのように，袋ａ，ｃに新鮮なコマツナの葉を入れ，袋ｂには植物を入れず，それぞれの袋に十分な空気を入れて口を閉じた。次に，袋ａ，ｂを光が当たらない暗いところに，袋ｃを光が十分に当たる明るいところにそれぞれ３時間置いた。その後，下の図Ⅱのように，袋ａ～ｃの中の空気をそれぞれ石灰水に通して，石灰水の変化を観察した。下の表は，その結果をまとめたものである。これに関して，あとの(1)，(2)の問いに答えよ。

図Ⅰ

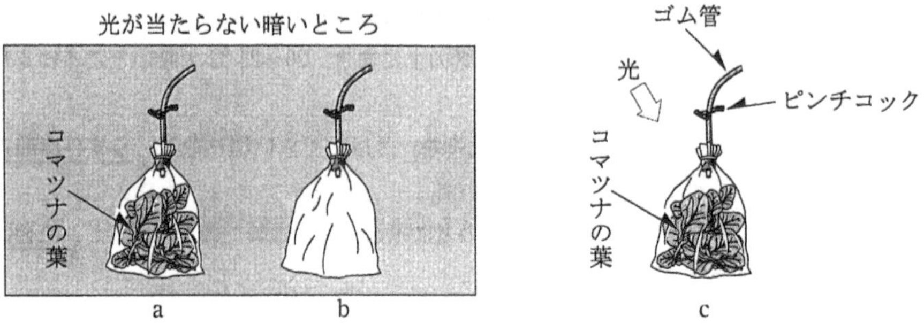

図Ⅱ

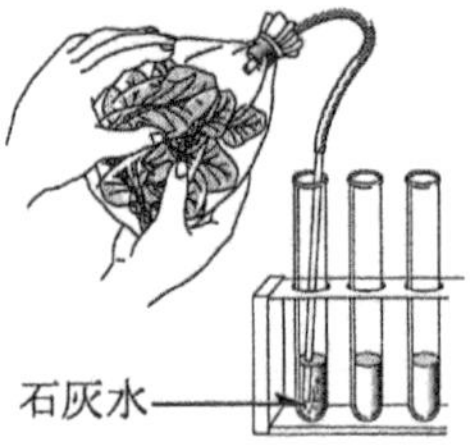

表

袋	石灰水の変化
a	白くにごる
b	変化しない
c	変化しない

(1)　植物を入れた袋ａ，ｃに加え，植物を入れず，空気だけを入れた袋ｂを含めて実験をおこなうのはなぜか。その理由を簡単に書け。

(2)　右の図Ⅲは，植物がおこなう呼吸と光合成における気体の出入りを模式的に示したものである。次の文は，袋ａ，ｃの実験結果について述べようとしたものである。文中のＰ～Ｒの［　］内にあてはまる言葉の組み合わせとして最も適当なものを，下の表のア～エから一つ選んで，その記号を書け。

図Ⅲ

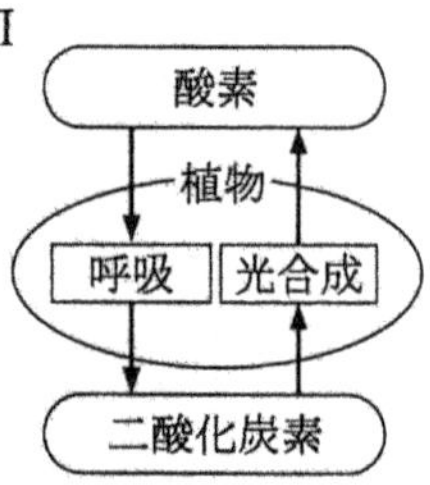

袋ａ内のコマツナの葉では，［Ｐ］のみおこなわれているため，袋ａの中の空気を通すと石灰水が白くにごった。一方，袋ｃ内のコマツナの葉では，［Ｐ］がおこなわれているが，同時に［Ｑ］もおこなわれている。このとき，［Ｐ］によって放出される二酸化炭素の量よりも，［Ｑ］によって吸収される二酸化炭素の量の方が［Ｒ］ため，袋ｃの中の空気を通しても石灰水が変化しなかった。

	P	Q	R
ア	呼　吸	光合成	少ない
イ	光合成	呼　吸	多　い
ウ	呼　吸	光合成	多　い
エ	光合成	呼　吸	少ない

C　花子さんは，植物の体細胞分裂のようすを調べる実験をした。次のレポートは，花子さんがおこなったその実験についてまとめようとしたものの一部である。これに関して，あとの⑴～⑸の問いに答えよ。

【テーマ】タマネギの根の体細胞分裂

【方法】

①　タマネギの種子を，吸水させたろ紙の上にまき，20～25℃で暗いところに４日間置いた。

②　長さが10㎜程度になった根の先端を，３㎜ぐらい切り取り，ⓐうすい塩酸に４分間ひたしたのち，取り出して水ですすいだ。

③　水ですすいだ根をスライドガラスの上に置き，えつき針で細かくほぐし，ⓑ染色液を１滴落として10分間置いた。

④　カバーガラスをかけて，さらにその上をろ紙でおおい，親指でゆっくりと押しつぶした。

⑤　できあがったプレパラートを顕微鏡で観察し，いろいろな段階のようすをスケッチした。

【スケッチ】

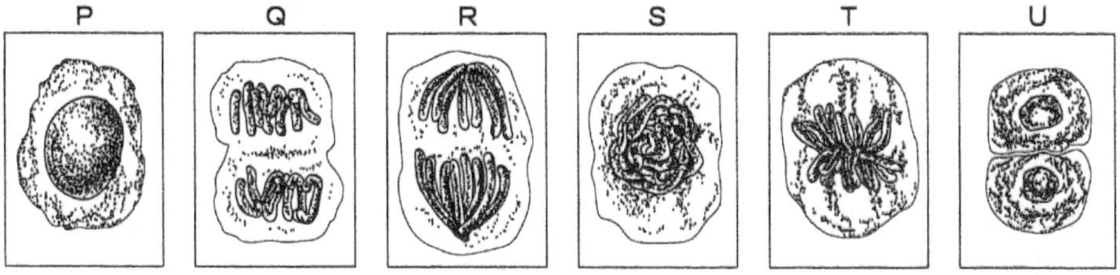

⑴　下線部ⓐにうすい塩酸に４分間ひたしたとあるが，体細胞分裂を観察しやすくするためにおこなうこの処理のはたらきを，簡単に書け。

⑵　下線部ⓑに染色液とあるが，次の㋐～㋓のうち，この実験で使用する染色液として，最も適当なものはどれか。一つ選んで，その記号を書け。

㋐　ヨウ素溶液　　　　　㋑　ベネジクト溶液

㋒　酢酸オルセイン溶液　㋓　フェノールフタレイン溶液

⑶　レポート中のP～Uは，観察した体細胞分裂のいろいろな段階のようすをスケッチしたものである。Pを始まりとして，Uが最後になるように，P～Uを体細胞分裂の順に左から右に並べるとどのようになるか。次のア～エのうち，最も適当なものを一つ選んで，その記号を書け。

ア　P→S→T→Q→R→U　　イ　P→S→T→R→Q→U

ウ　P→T→S→Q→R→U　　エ　P→T→S→R→Q→U

⑷　次の文は，細胞のつくりと体細胞分裂について述べようとしたものである。文中の［　　］内に共通してあてはまる最も適当な言葉を書け。

細胞は，核とそのまわりの［　　］からできている。［　　］のいちばん外側には細胞膜があり，植物細胞ではさらにその外側に細胞壁がある。体細胞分裂では，まず，核から染色体が生じ，それが分かれることで２個の核ができる。続いて，□が２つに分かれ，２個の細胞ができる。

⑸ 体細胞分裂では，分裂が始まる前にそれぞれの染色体が複製され，同じものが２本ずつできる。染色体が複製される理由を簡単に書け。

問題３ 次のA，Bの問いに答えなさい。

A 次の実験Ⅰ，Ⅱをした。これに関して，あとの⑴～⑸の問いに答えよ。

実験Ⅰ ５つのビーカーに蒸留水，食塩水，砂糖水，うすい塩酸，うすい水酸化ナトリウム水溶液をそれぞれとり，右の図Ⅰのような装置を用いて，ビーカー内の液体に電流が流れるかどうかを調べた。下の表Ⅰは，その結果をまとめたものである。

図Ⅰ

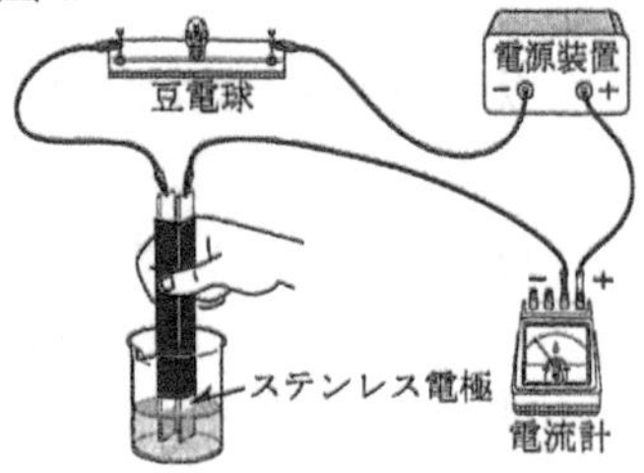

表Ⅰ

調べたもの	蒸留水	食塩水	砂糖水	うすい塩酸	うすい水酸化ナトリウム水溶液
調べた結果	流れない	流れる	流れない	流れる	流れる

⑴ 次の㋐～㋓のうち，砂糖のように蒸留水にとかしても電流が流れない物質として最も適当なものを一つ選んで，その記号を書け。

㋐ 塩化銅　㋑ 硝酸カリウム　㋒ レモンの果汁　㋓ エタノール

⑵ 水酸化ナトリウムは，蒸留水にとけると陽イオンと陰イオンを生じる。水酸化ナトリウムから生じる陽イオンと陰イオンを，イオン式でそれぞれ書け。

実験Ⅱ 亜鉛板，銅板，アルミニウム板をそれぞれ２枚ずつ用意し，そのうち２枚を金属板X，Yとして用い，右の図Ⅱのようにうすい塩酸を入れたビーカーに２枚の金属板X，Yを入れて光電池用モーターをつなぎ，モーターが回るかどうかを調べた。下の表Ⅱは，金属板X，Yをいろいろな組み合わせに変えて実験をおこない，モーターが回るかどうかを調べた結果をまとめたものである。

図Ⅱ

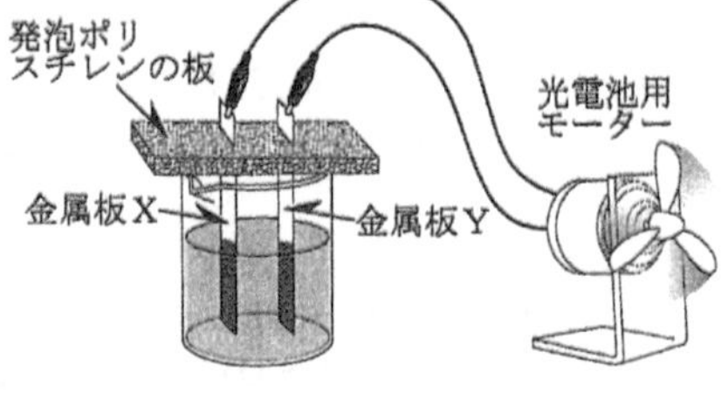

表Ⅱ

金属板X	亜鉛板	亜鉛板	亜鉛板	銅　板	銅　板	アルミニウム板
金属板Y	亜鉛板	銅　板	アルミニウム板	銅　板	アルミニウム板	アルミニウム板
調べた結果	回らない	回　る	回　る	回らない	回　る	回らない

(3)　実験Ⅱにおいて，金属板Xとして亜鉛板を，金属板Yとして銅板を用いると，モーターが回った。しばらくモーターが回ったあとで亜鉛板と銅板をとり出すと，亜鉛板がとけているようすが見られた。次の文は，亜鉛板と銅板とうすい塩酸が電池としてはたらいているときのようすについて述べようとしたものである。文中の２つの〔　〕内にあてはまる言葉を，㋐，㋑から一つ，㋒，㋓から一つ，それぞれ選んで，その記号を書け。

　モーターが回っているとき，亜鉛は電子を失って亜鉛イオンになっている。このとき，電子は導線中を〔㋐亜鉛板→モーター→銅板　㋑銅板→モーター→亜鉛板〕の向きに移動しており，亜鉛板は〔㋒＋《プラス》極　㋓－《マイナス》極〕になっている。

(4)　図Ⅱで，うすい塩酸のかわりに食塩水を入れたビーカーに２枚の金属板X，Yを入れてモーターをつなぎ，金属板X，Yの組み合わせを変えてモーターが回るか調べたところ，どの組み合わせにおいても表Ⅱと同じ結果が得られた。次に，食塩水のかわりに砂糖水を入れたビーカーに２枚の金属板X，Yを入れてモーターをつなぎ，金属板X，Yの組み合わせを変えて同じように実験をしたところ，金属板X，Yの組み合わせをどのように変えてもモーターは回らなかった。これらのことから考えて，モーターが回るためにはどのような条件が必要であると考えられるか。簡単に書け。

(5)　身のまわりにある電池の多くは，物質がもつ化学エネルギーを，化学変化によって電気エネルギーに変換してとり出している。このような電池には，使いきりタイプで充電ができない一次電池と，充電によりくり返し使える二次電池がある。次の㋐～㋓のうち，一次電池はどれか。一つ選んで，その記号を書け。

㋐　鉛蓄電池
㋑　アルカリ乾電池
㋒　ニッケル水素電池
㋓　リチウムイオン電池

B　物質の分解について調べるために，次の実験をした。これに関して，あとの(1)～(5)の問いに答えよ。

実験　右の図のように，酸化銅と乾燥した炭素粉末をよく混ぜ合わせた混合物を，試験管aに入れて熱すると，気体が発生して試験管bの石灰水が白くにごった。十分に熱して気体が発生しなくなってから，ガラス管を試験管bから抜き，ガスバーナーの火を消した。ゴム管をピンチコックでとめて冷ましてから，試験管aの中に残った固体の質量をはかった。この方法で，酸化銅12.00gに対して，混ぜ合わせる炭素粉末を0.30g，0.60g，0.90g，1.20g，1.50gにして，それぞれ実験した。次のページの表は，その結果をまとめたものである。炭素粉末を0.90g混ぜ合わせて反応させたときは，酸化銅と炭素粉末がすべて反応し，赤色の銅のみが残った。

図

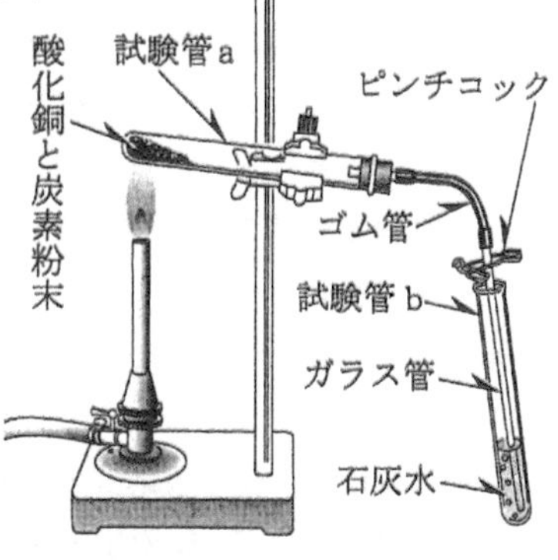

表

混ぜ合わせた炭素粉末の質量[g]	0.30	0.60	0.90	1.20	1.50
酸化銅と炭素粉末をよく混ぜ合わせた混合物の質量[g]	12.30	12.60	12.90	13.20	13.50
試験管ａの中に残った固体の質量[g]	11.20	10.40	9.60	9.90	10.20

(1)　次の文は，実験についての花子さんと先生の会話の一部である。文中のＰ，Ｑの［　］内にあてはまる最も適当な言葉を，それぞれ書け。

花子：どうしてガスバーナーの火を消す前にガラス管を石灰水から取り出さなければならないのですか。

先生：もし，ガラス管を石灰水から取り出さずにガスバーナーの火を消してしまうと，石灰水が［Ｐ］して，試験管ａが割れてしまうおそれがあるからです。そのため，火を消す前にガラス管を石灰水から取り出さなければなりません。

花子：そうなんですね。では，火を消したあと，ゴム管をピンチコックでとめるのはなぜですか。

先生：火を消すと熱された試験管ａが少しずつ冷めていき，空気が試験管ａに吸いこまれてしまいます。すると，試験管ａ内でどのようなことが起こると考えられますか。

花子：あ，試験管ａ内の銅が，吸いこまれた空気中の［Ｑ］してしまい，試験管ａの中に残った固体の質量が変化してしまうかもしれません。

先生：そうですね。そのように質量が変化することを防ぐために，火を消したあと，ゴム管をピンチコックでとめるのです。

(2)　実験で発生した気体は，石灰水を白くにごらせたことから，二酸化炭素であることがわかる。次の文は，二酸化炭素について述べようとしたものである。文中の２つの〔　〕内にあてはまる言葉を，㋐，㋑から一つ，㋒，㋓から一つ，それぞれ選んで，その記号を書け。

　二酸化炭素は，無色，無臭の気体であり，水に少しとけ，その水溶液は〔㋐酸　㋑アルカリ〕性を示す。空気よりも密度が大きいので，〔㋒上方　㋓下方〕置換法で集めることができるが，水に少しとけるだけなので，水上置換法を用いることもできる。

(3)　実験における，混ぜ合わせた炭素粉末の質量と，発生した二酸化炭素の質量との関係を，グラフに表せ。

(4)　この実験で用いた酸化銅は，銅原子と酸素原子が１：１の割合で結びついたものである。この酸化銅が炭素粉末によって酸素をうばわれ，赤色の銅となり，二酸化炭素が発生するときの化学変化を，化学反応式で表せ。

(5)　実験において，炭素粉末を0.60ｇ混ぜ合わせて反応させたとき，反応後の試験管ａの中には，銅が何ｇ生じていると考えられるか。

問題4　次のA，B，Cの問いに答えなさい。

A　次の実験Ⅰ，Ⅱについて，あとの(1)〜(5)の問いに答えよ。

実験Ⅰ　右の図Ⅰのような装置を用いて，6V−3Wの電熱線P，6V−6Wの電熱線Q，6V−12Wの電熱線Rに電流を流したときの，水の上昇温度を調べる実験をした。6V−3Wの電熱線は6Vの電圧を加えたときに消費電力が3Wになる電熱線のことである。まず，発泡ポリスチレンのカップの中に，85gの水を入れ，室温と同じくらいになるまで放置しておいた。次に，スイッチを入れ，電熱線Pに6.0Vの電圧を加え，水をときどきかき混ぜながら，1分ごとに水温を測定した。このとき，電流計の値は0.50Aを示していた。その後，電熱線Pを電熱線Q，電熱線Rにとりかえ，それぞれの電熱線に6.0Vの電圧を加えて，同じように実験をした。右の図Ⅱは，電熱線P〜Rを用いて実験したときの，電流を流した時間と水の上昇温度との関係をグラフに表したものである。

図Ⅰ

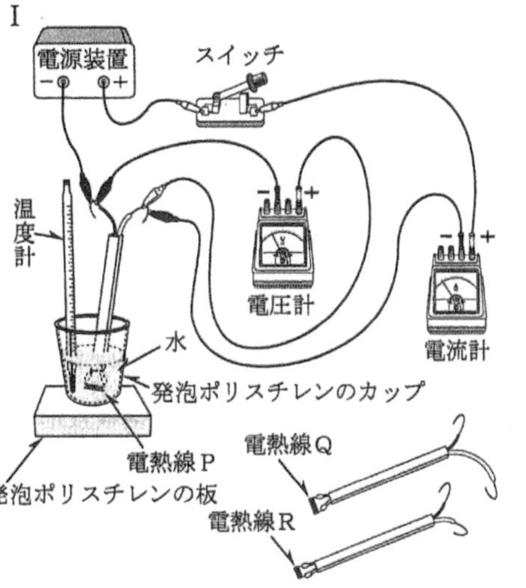

図Ⅱ

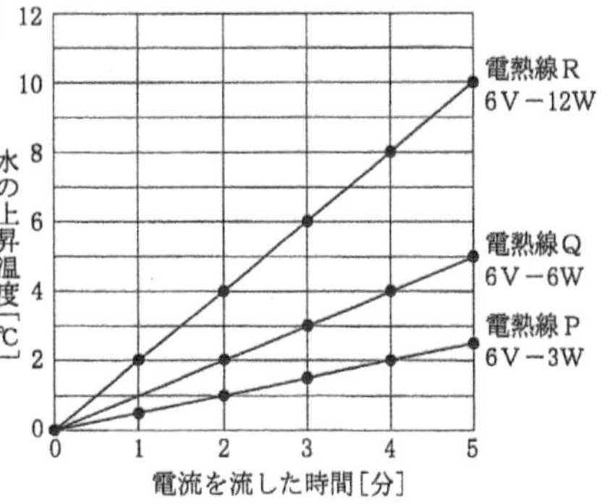

(1)　電熱線Pの抵抗は何Ωか。

(2)　次の文は，実験Ⅰの結果から考えて，わかることを述べようとしたものである。文中のX，Yの［　］内にあてはまる最も適当な言葉を簡単に書け。

どの電熱線においても，水の上昇温度は，［　X　］。また，電流を流した時間が同じであれば，水の上昇温度は，［　Y　］。

(3)　次の文は，電熱線Qと電熱線Rについて述べようとしたものである。文中の2つの〔　〕内にあてはまる言葉を，㋐，㋑から一つ，㋒〜㋔から一つ，それぞれ選んで，その記号を書け。

電熱線Qの抵抗は，電熱線Rの抵抗より〔㋐大きい　㋑小さい〕。また，電熱線Rに加える電圧を電熱線Qに加える電圧の$\frac{1}{2}$倍にしたとき，電熱線Rの消費電力は電熱線Qの消費電力と比べて〔㋒大きい　㋓変わらない　㋔小さい〕。

実験Ⅱ　実験Ⅰで用いた電熱線Pと電熱線Qを用いて次のページの図Ⅲのように，電熱線Pと電熱線Qをつなぎ，電圧を加えて，水の上昇温度を調べる実験をした。まず，発泡ポリスチレンのカップの中に，水85gを入れ，室温と同じくらいになるまで放置しておいた。次に，スイッチ②は切ったままでスイッチ①を入れ，電熱線Pに6.0Vの電圧を加え，水をときどきかき混ぜながら，水の上昇温度を調べた。スイッチ①を入れてから1分後に，スイッチ②を入れ，引き続き，水の上昇温度を調べた。このときも，電圧計の値は6.0Ｖを示していた。

図Ⅲ

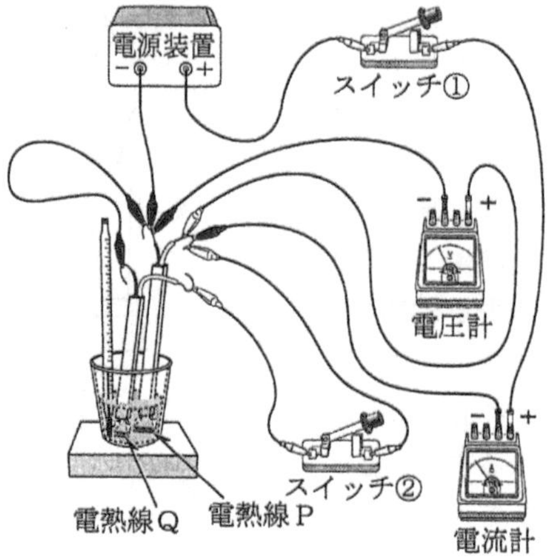

(4)　スイッチ②を入れたとき，電流計の値は何Ａを示しているか。

(5)　実験Ⅰの結果から考えて，実験Ⅱの電熱線Ｐ，Ｑを入れたカップの水温は，スイッチ①を入れて電流を流し，１分後にスイッチ①は入れたままで，スイッチ②を入れて，さらに４分間電流を流したとき，何℃上昇したと考えられるか。

Ｂ　斜面上での小球の運動を調べる実験をした。これに関して，あとの(1)～(5)の問いに答えよ。

実験　右の図Ⅰのように，なめらかな板で斜面をつくり，斜面上のＫ点に小球を置き，静かに手を離した。手を離してから0.1秒ごとの小球の位置をストロボ写真にとったところ，図Ⅰのようになった。図Ⅰ中のＬ～Ｏ点は，手を離してからの0.1秒ごとの小球の位置である。

図Ⅰ

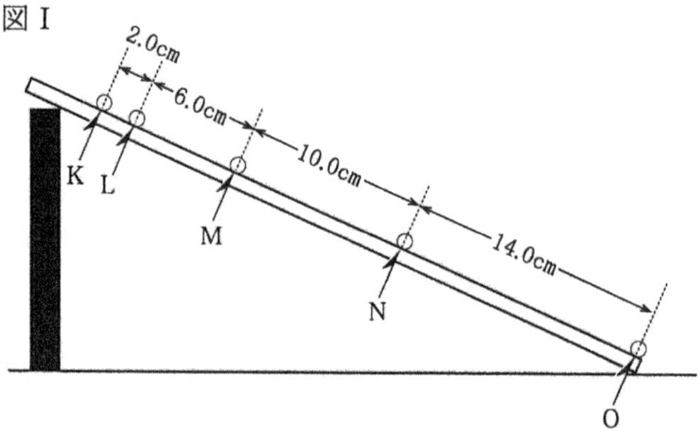

(1)　図Ⅰで，Ｌ点とＮ点の間の小球の平均の速さは何m/ｓか。

(2)　次の文は，この実験において，小球にはたらく力と小球の運動について述べようとしたものである。文中の２つの［　］内にあてはまる言葉を，㋐～㋒から一つ，㋓～㋕から一つ，それぞれ選んで，その記号を書け。

図Ⅰで，小球がＬ点を通過してからＯ点に達するまで，小球にはたらく斜面に平行な下向きの力は〔㋐大きくなっていく　㋑一定である　㋒小さくなっていく〕。また，小球がＮ点にあるときから斜面にそって5.0㎝下る時間は，小球がＭ点にあるときから斜面にそって5.0㎝下る時間に比べて〔㋓長い　㋔変わらない　㋕短い〕。

(3)　図Ⅰにおいて，小球はＫ点では位置エネルギーだけをもっており，この位置エネルギーは，小球が斜面を下るにつれて減少し，減少した分だけ，小球の運動エネルギーが増加する。小球がO点に達したときには，小球は運動エネルギーだけをもっている。小球がM点に達したとき，小球の位置エネルギーが小球の運動エネルギーの３倍であったとすると，M点での小球の運動エネルギーは，O点に達したときの小球の運動エネルギーの何倍であると考えられるか。

(4)　図Ⅰの装置を用いて，はじめに小球を置く斜面上の位置だけをK点より低い位置に変えて，同じように実験をしたところ，小球は，手を離れてから0.3秒後にO点に達した。このとき，はじめに小球を置いた位置はK点から斜面にそって下向きに何cmの位置であったと考えられるか。

(5)　太郎さんは，ジェットコースターのコースの模型を作り，小球を転がしてその運動を観察した。右の図Ⅱは，そのときのようすを示したものである。また，次のページの図Ⅲは，太郎さんが作成したジェットコースターのコースの模型を真横から見たときのようすを模式的に表したものである。P点に小球を置き，静かに手を離すと，小球はQ点，R点，S点，T点を通過し，P点と同じ高さになるU点まで達した。小球がQ点，R点，S点，T点にあるときの小球の速さをそれぞれq，r，s，tとする。エネルギーの関係から考えて，q～tを小球の速さが大きい順に並べかえたとき，１番目と４番目はそれぞれどれになると考えられるか。その記号を書け。

図Ⅱ

図Ⅲ

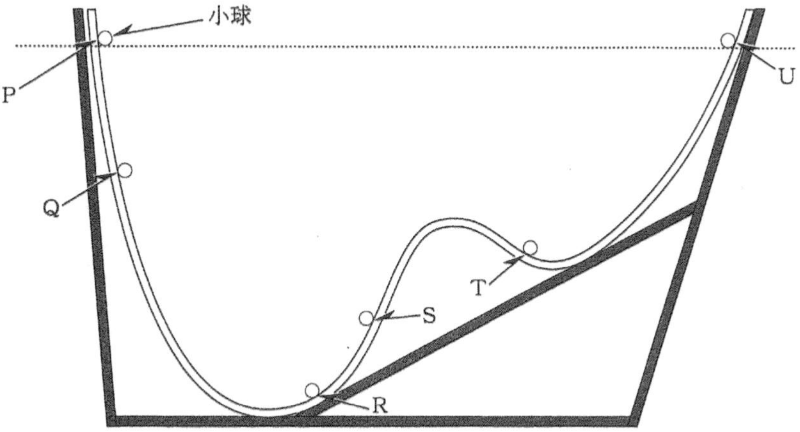

C　音に関して，次の(1)，(2)の問いに答えよ。

(1)　光は非常に速く伝わるが，音は光ほど速くは伝わらない。光の速さに比べて音の速さが遅いことがわかる身近な一つの例について，簡単に書け。

(2)　右の図Ⅰのように，モノコードを用いて，弦の張りの強さを変えずにいろいろな大きさと高さの音を出す実験をした。次のページの文は，その実験結果について述べようとしたものである。文中の２つの〔　〕内にあてはまる言葉を，㋐，㋑か

図Ⅰ

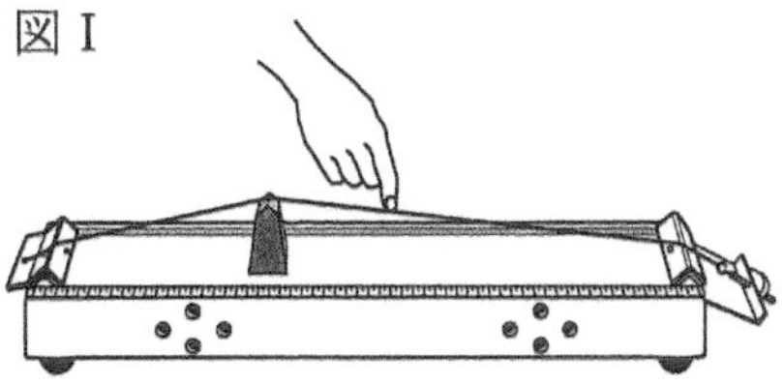

モノコード

ら一つ，㋒，㋓から一つ，それぞれ選んで，その記号を書け。

下の図Ⅱ～Ⅴは，モノコードの弦をはじいていろいろな大きさと高さの音を出しているときのようすを模式的に示したものである。モノコードの弦をはじいて，下の図Ⅱと図Ⅲのように音を出しているときを比べると，より大きい音を出しているのは下の〔㋐図Ⅱ　㋑図Ⅲ〕のように振動しているときであり，下の図Ⅳと図Ⅴのように音を出しているときを比べると，より高い音を出しているのは下の〔㋒図Ⅳ　㋓図Ⅴ〕のように振動しているときである。

図Ⅱ

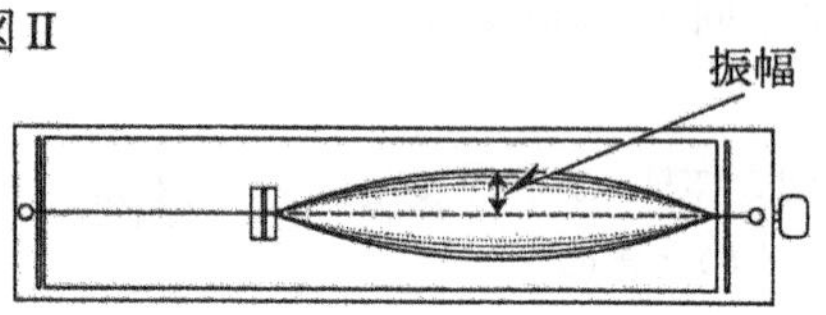

図Ⅲ

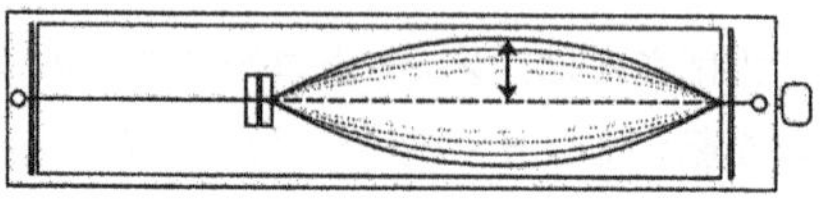

図Ⅳ

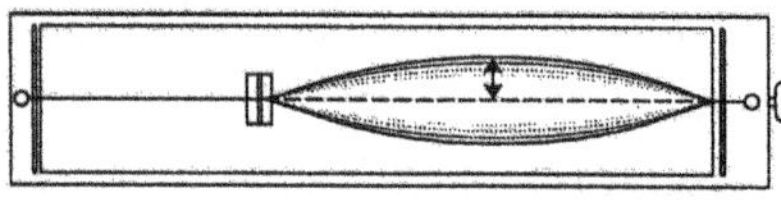

図Ⅴ

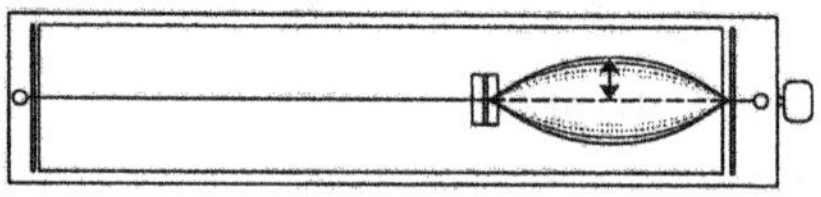

＜社会＞

時間　50分　　満点　50点

問題１　次の(1)～(7)の問いに答えなさい。

(1)　太郎さんのクラスでは，わが国の政治のしくみについての学習のまとめとして，レポートをつくった。下の表は，各班がレポートに掲載した内容を示したものである。これを見て，あとのａ～ｄの問いに答えよ。

１班	天皇の国事行為について
２班	裁判所を見学したことについて

３班	日本国憲法のしくみについて
４班	議院内閣制の特徴について

ａ　１班の内容に関して，日本国憲法では，天皇は日本国の象徴として位置づけられており，国の政治について権限をもたず，国事行為をおこなうと定められている。次のア～エのうち，日本国憲法で天皇の国事行為として定められているものはどれか。一つ選んで，その記号を書け。

ア　予算を作成すること　　　　　イ　法律を公布すること

ウ　内閣総理大臣を指名すること　エ　条約を承認すること

ｂ　２班の内容に関して，下の文は，太郎さんが，国民審査の対象となる裁判官の所属する裁判所を見学したとき，その裁判官と交わした会話の一部である。あとの表中のア～エのうち，文中のX，Yの［　］内にあてはまる言葉の組み合わせとして最も適当なものはどれか。一つ選んで，その記号を書け。

> 太郎　：さきほどは，ていねいに説明をしていただき，本当にありがとうございました。
> 裁判官：こちらこそ，見学してくださり，ありがとうございました。太郎さんが見学したこの裁判所は，［　　X　　］する権限をもっています。
> 太郎　：はい。学校でもそのように学習しました。
> 裁判官：また，さきほど見学した時にも話をしましたが，犯罪と刑罰は法律で定めなければならず，犯罪の疑いをかけられた場合でも，取り調べや裁判は，法にもとづいておこなわれます。取り調べにおいては，自白を強要されず，自分に不利なことを話す必要はありません。
> 太郎　：これらは，自由権のうち，［ Y ］を保障している内容のことですね。
> 裁判官：はい。そのとおりです。

	X	Y
ア	重大なあやまちのあった裁判官をやめさせるかどうかを決定	身体の自由（生命・身体の自由）
イ	重大なあやまちのあった裁判官をやめさせるかどうかを決定	精神の自由
ウ	法律が憲法に違反していないかどうかを最終的に決定	身体の自由（生命・身体の自由）
エ	法律が憲法に違反していないかどうかを最終的に決定	精神の自由

c　3班の内容に関して，日本国憲法は，国の理想や基本的なしくみ，政府と国民との関係などを定めている。国民の自由や権利を守るために憲法によって政治権力を制限し，憲法にのっとって国を運営することは，何主義と呼ばれるか。その呼び名を書け。

d　4班の内容に関して，わが国は議院内閣制を採用しており，内閣は国会に対して連帯して責任を負う。次の文は，国会と内閣の関係について述べようとしたものである。文中の□内には，日本国憲法の規定により，内閣不信任の決議案が可決された場合，内閣がおこなわなければならない内容が入る。その内容を簡単に書け。

内閣不信任の決議案が可決された場合，内閣は，□しなければならない。

(2)　わが国の選挙のしくみに関して，次のa，bの問いに答えよ。

a　わが国では，国民の政治参加の手段の一つとして選挙権が保障されており，四つの原則にもとづいて選挙がおこなわれている。四つの原則のうち，18歳以上のすべての国民に選挙権を保障する原則は，次のア～エのうちのどれか。一つ選んで，その記号を書け。

ア　直接選挙　　イ　普通選挙　　ウ　平等選挙　　エ　秘密選挙

b　花子さんは，社会科の授業で，わが国では，多様な民意を政治に反映させるために，さまざまな特徴がある選挙制度が採用されていることを学んだ。小選挙区制による選挙において，1区から4区までの各選挙区に，A党，B党，C党からそれぞれ一人ずつ立候補し，各選挙区における各政党の候補者の得票数が下の表のようになったとする。この選挙の結果について述べたあとのア～エのうち，正しいものはどれか。一つ選んで，その記号を書け。

	1区	2区	3区	4区	合計
A党の候補者の得票数(千票)	30	60	80	40	210
B党の候補者の得票数(千票)	40	70	30	50	190
C党の候補者の得票数(千票)	60	40	60	70	230

ア　三つの政党のうち，得票数の合計が最も少ない政党が，最も多くの議席を獲得した

イ　三つの政党のうち，議席をいずれの選挙区においても獲得できなかった政党がある

ウ　四つの選挙区のうち，当選者の得票数が最も多いのは1区である

エ　四つの選挙区のうち，いずれの選挙区においても，当選者の得票数より，死票の方が多い

(3)　下の表は，2016年度における東京都，静岡県，香川県の地方交付税交付金，人口1人あたりの地方交付税交付金，歳入総額に占める地方税の割合をそれぞれ示したものである。地域により地方交付税交付金に差が見られるのは，地方交付税交付金にはどのような役割があるからか。簡単に書け。

	東京都	静岡県	香川県
地方交付税交付金(億円)	0	1594	1114
人口1人あたりの地方交付税交付金(円)	0	43227	114625
歳入総額に占める地方税の割合(%)	74.7	47.0	29.8

(総務省資料により作成)

(4)　今日の資本主義経済では，企業の自由な競争を原則としながらも，政府による介入や調整が

おこなわれている。政府の経済へのかかわりに関して，次のａ，ｂの問いに答えよ。

ａ　わが国では，消費者の利益を守り，企業に健全な競争を促すことを目的に，独占禁止法が定められている。この法律を実際に運用するために，内閣府の下にある機関が設けられている。この機関は何と呼ばれるか。その呼び名を書け。

ｂ　わが国では，生活の基盤となる電気，ガス，水道などの料金や鉄道の運賃などは，国民生活の安定のために，国や地方公共団体の決定や認可が必要とされている。このように，国や地方公共団体の決定や認可により，市場に左右されずに決まる価格は何と呼ばれるか。その呼び名を書け。

(5)　下の資料Ⅰは，わが国の経済成長率の推移を示したものである。また，資料Ⅱは，わが国の一般会計における歳出額，税収額，国債発行額の推移をそれぞれ示したものである。これらの資料を見て，あとのａ～ｃの問いに答えよ。

資料Ⅰ

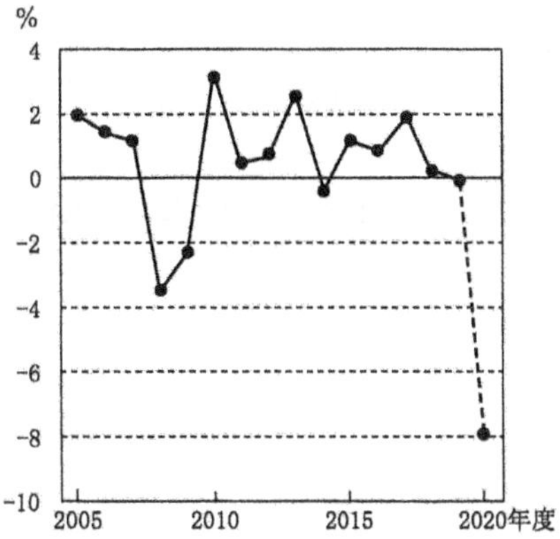

(注)経済成長率は，ＧＤＰの増加率。
2020年度は4月から6月までの速報値。
(内閣府資料により作成)

資料Ⅱ

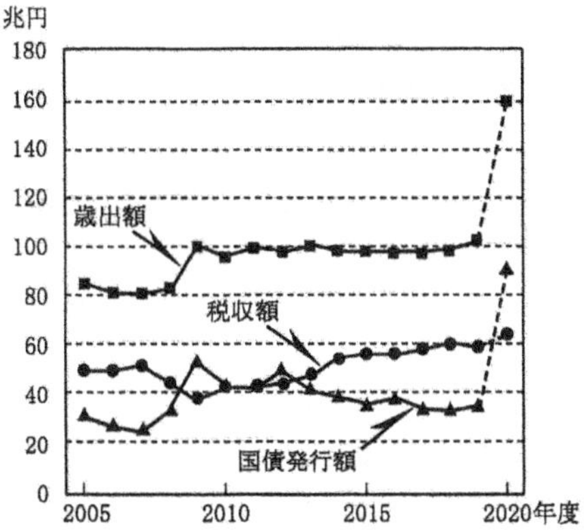

(注)2020年度は予算額。
(財務省資料により作成)

ａ　資料Ⅰと資料Ⅱに関して，次の文は，財政と景気について述べようとしたものである。文中のＰ～Ｒの［　］内にあてはまる言葉の組み合わせとして最も適当なものは，下の表中のア～カのうちのどれか。一つ選んで，その記号を書け。

経済成長率が大きく低下するなど景気の落ち込みがみられるとき，政府は［Ｐ］を増やし，景気の落ち込みを緩和しようとする。また，［Ｐ］の増加分を［Ｑ］でまかなえない場合には，［Ｒ］によってまかなわれる。

	Ｐ	Ｑ	Ｒ
ア	国債の発行	税　収	歳　出
イ	国債の発行	歳　出	税　収
ウ	税　収	歳　出	国債の発行
エ	税　収	国債の発行	歳　出
オ	歳　出	国債の発行	税　収
カ	歳　出	税　収	国債の発行

b　資料Ⅰに関して，次のア～エのうち，不景気（不況）のときにおこる一般的な傾向について述べたものとして最も適当なものはどれか。一つ選んで，その記号を書け。

ア　失業者が増えて商品の需要量が供給量より少なくなるため，物価は上昇する

イ　人々の所得が減って商品の需要量が供給量より少なくなるため，物価は下落する

ウ　企業の倒産が増えて商品の供給量が需要量より少なくなるため，物価は下落する

エ　企業の生産量が減って商品の需要量が供給量より少なくなるため，物価は上昇する

c　資料Ⅱ中に国債発行額とあるが，下の資料は，中学生の，みかさん，ゆりさん，まさしさん，けんじさんが，新たな国債発行を抑制するために考えた政策を示したものである。他の歳入額と歳出額について変化がないとした場合，新たな国債発行を抑制する効果のある政策を考えた中学生の組み合わせとして最も適当なものは，あとのア～エのうちのどれか。一つ選んで，その記号を書け。

みか	：相続税の税率を引き下げて税収を減らし，防衛関係費を増やす
ゆり	：消費税の税率を引き上げて税収を増やし，公共事業費を減らす
まさし	：所得税の税率を引き下げて税収を減らし，国債を返済するための国債費を増やす
けんじ	：法人税の税率を引き上げて税収を増やし，生活保護などの社会保障関係費を減らす

ア〔みか　と　まさし〕

イ〔みか　と　けんじ〕

ウ〔ゆり　と　まさし〕

エ〔ゆり　と　けんじ〕

(6)　わが国では，仕事や職場における，性別による差別の禁止や男女平等を定めたある法律が，1985年に制定され，1986年に施行された。この法律は一般に何と呼ばれるか。その呼び名を書け。

(7)　右のグラフは，2005年1月から2020年1月までの，アメリカの通貨1ドルに対する日本円の為替相場の推移を示したものである。グラフ中の点Aから点Bに為替相場が変化した場合について述べた次のア～エのうち，誤っているものはどれか。一つ選んで，その記号を書け。

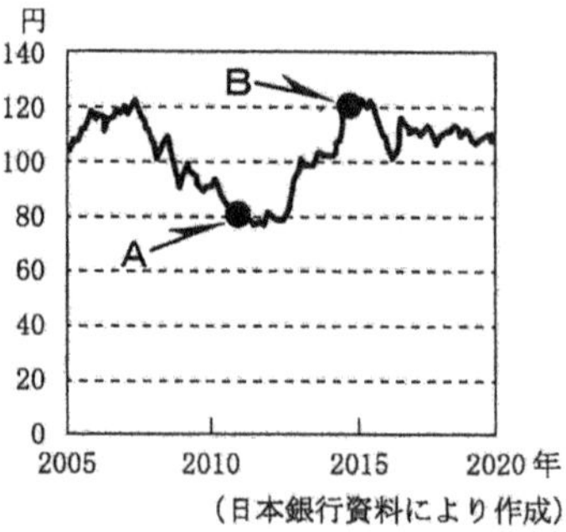

（日本銀行資料により作成）

ア　点Aから点Bの変化は，円安である

イ　点Aから点Bの変化により，アメリカから日本に輸入された商品の円での価格は上昇する

ウ　点Aから点Bの変化により，日本からアメリカに輸出された商品のドルでの価格は下落する

エ　点Aの時点で円をドルに換えて，点Bの時点でそのドルを円に再び換えると，点Aの時点よりも円でみた金額は減少している

問題２　次の(1)～(6)の問いに答えなさい。

(1)　下の資料は，中学生の太郎さんが香川県の歴史について調べたものを社会科の授業で発表するために作成したポスターの一部である。これを見て，あとのａ～ｄの問いに答えよ。

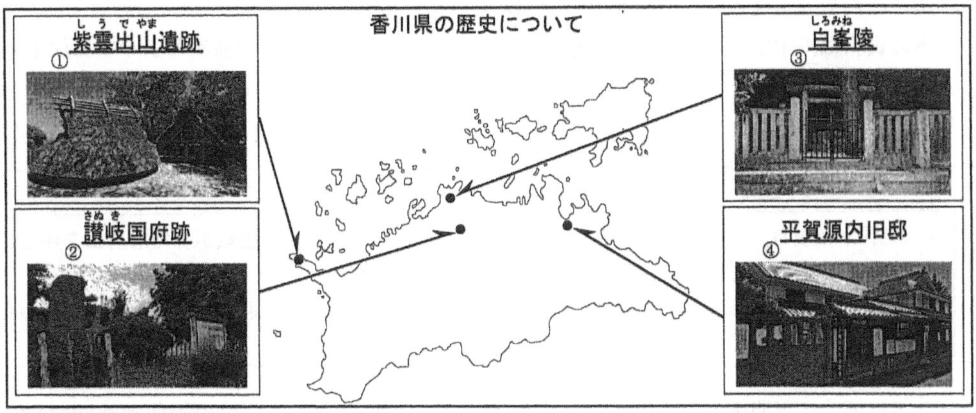

ａ　下線部①に紫雲出山遺跡とあるが，この遺跡は，瀬戸内海を見下ろす高い山の上にある弥生時代を代表する集落の遺跡の一つである。次のア～エのうち，弥生時代のできごとについて述べたものはどれか。一つ選んで，その記号を書け。

ア　邪馬台国《やまたいこく》の卑弥呼《ひみこ》が魏《ぎ》に使いを送り，倭《わ》王の称号と金印などを授けられた

イ　進んだ制度や文化を取り入れるために，遣隋使《けんずいし》が送られた

ウ　百済《ペクチェ》《くだら》の復興を助けるために送られた倭の軍が，唐・新羅《シルラ》《しらぎ》の連合軍に白村江《はくすきのえ》の戦いで敗れた

エ　唐にわたった最澄《さいちょう》が，仏教の新しい教えをわが国に伝えた

ｂ　下線部②に讃岐国府跡とあるが，この遺跡は，讃岐国の役所が８世紀頃にはこの地にあったことを示すものであり，2020年３月に国の史跡の指定を受けた。全国を統一して支配するために，８世紀頃の律令国家において，地方はどのように治められていたか。 **都　地方の豪族**　の二つの言葉を用いて，簡単に書け。

ｃ　下線部③に白峯陵とあるが，白峯陵は，現在の坂出《さかいで》市に流された崇徳《すとく》上皇の陵墓である。次の文は，太郎さんが授業で発表するために崇徳上皇について調べたことをまとめようとしたものである。文中の〔　〕内にあてはまる言葉を，㋐，㋑から一つ選んで，その記号を書け。また，文中の□内にあてはまる最も適当な言葉を書け。

崇徳上皇は，朝廷における政治の実権をめぐる後白河天皇との対立からおこった〔㋐保元《ほうげん》の乱　㋑壬申《じんしん》の乱〕で敗れたのち，現在の坂出市に流され，死後，白峯陵に葬《ほうむ》られた。この地を訪れたとされる西行は，歌人として有名であり，後鳥羽《ごとば》上皇の命令によって藤原定家らが編集した歌集である□にも西行の歌が収められている。

ｄ　下線部④に平賀源内とあるが，平賀源内は，現在のさぬき市に生まれ，西洋の学問を学び，エレキテルを製作するなど，多方面で活躍した。平賀源内が活躍した頃，江戸幕府の老中であった田沼意次《おきつぐ》は，幕府の財政を立て直すために政治改革をおこなった。次のページのア～エのうち，幕府の財政を立て直すために田沼意次がおこなったこととして最も適当なものはどれか。一つ選んで，その記号を書け。

ア　上米《あげまい》の制を定め，大名から米を幕府に献上させた

イ　株仲間の結成や長崎貿易における海産物の輸出を奨励した

ウ　各地に倉を設けて米を蓄えさせ，商品作物の栽培を制限した

エ　江戸や大阪周辺の土地を幕府の領地にしようとした

(2)　下の資料は，中学生の花子さんが鎌倉時代から室町時代にかけての産業のようすと民衆の生活のようすについてまとめたワークシートの一部である。これを見て，あとのａ，ｂの問いに答えよ。

産業のようす	民衆の生活のようす
・二毛作が始まり，牛馬による耕作や肥料の使用もおこなわれ，生産力が向上した ・各地で特産物が生産され，定期市①などで取引された	・惣《そう》と呼ばれる自治組織が有力な農民を中心に運営された ・②土一揆《いっき》がおこり，近畿地方を中心に広がった

ａ　下線部①に定期市とあるが，右の図は，鎌倉時代に現在の岡山県に開かれた定期市で，ある人物が仏教の教えを広めるようすを描いたものである。この人物は，諸国をまわり，念仏の札を配ったり，踊《おどり》念仏を取り入れたりすることで念仏の教えを広め，時宗を開いた。この人物は誰か。その人物名を書け。

ｂ　下線部②に土一揆とあるが，この土一揆では，土倉や酒屋が襲われた。土一揆で，土倉や酒屋が襲われたのは，当時の土倉や酒屋がどのようなことを営んでいたからか。簡単に書け。

(3)　下のⒶ～Ⓒのカードは，中学生のみかさんが，戦国時代の終わりから江戸時代のはじめまでの学習のまとめとして，作成したものであり，カードに書かれているできごとがおこった年代の古い順に左から右に並べられている。これを見て，あとのａ，ｂの問いに答えよ。

Ⓐ	Ⓑ	Ⓒ
Ⓐ　豊臣秀吉が関東の北条氏を倒し，全国を統一した	Ⓑ　徳川家康が関ヶ原の戦いで石田三成《みつなり》を倒した	Ⓒ　徳川家康が征夷《せいい》大将軍となり，江戸幕府を開いた

ａ　下のⓍ，Ⓨは，みかさんが新しく作成したカードである。Ⓧ，Ⓨのカードを，Ⓐ～Ⓒのカードとともに，そのできごとがおこった年代の古い順に左から右に並べたものとして正しいものは，あとのア～エのうちのどれか。一つ選んで，その記号を書け。

Ⓧ	Ⓨ
Ⓧ　織田信長が足利義昭《よしあき》を京都から追放して室町幕府を滅ぼした	Ⓨ　徳川家康が大阪城を攻めて豊臣氏を滅ぼした

ア　〔Ⓧ→Ⓐ→Ⓑ→Ⓨ→Ⓒ〕　　イ　〔Ⓐ→Ⓧ→Ⓑ→Ⓨ→Ⓒ〕

ウ　〔Ⓧ→Ⓐ→Ⓑ→Ⓒ→Ⓨ〕　　エ　〔Ⓐ→Ⓧ→Ⓑ→Ⓒ→Ⓨ〕

ｂ　Ⓒのカード中の下線部に江戸幕府とあるが，江戸幕府は，大名が幕府の許可なく城を修理

したり，大名どうしが無断で結婚したりすることなどを禁止したある法令を定めた。大名を統制するために，将軍の代替わりごとに出されたこの法令は何と呼ばれるか。その呼び名を書け。

(4)　次の文は，18世紀末から19世紀半ばの東アジア情勢とわが国の対応について述べようとしたものである。文中の二つの〔　〕内にあてはまる言葉を，㋐，㋑から一つ，㋒，㋓から一つ，それぞれ選んで，その記号を書け。

18世紀末から，わが国の沿岸には，ロシアなどの外国船が頻繁に現れるようになった。江戸幕府は，1825年に異国船打払《うちはらい》令を出して，わが国の沿岸に接近してくる外国船を追い払う方針を示した。この方針を批判した高野長英や渡辺《わたなべ》崋山《かざん》らの蘭学《らんがく》者たちが，1839年に幕府によって処罰される〔㋐蛮社の獄　㋑安政の大獄〕がおこった。しかし，1842年，アヘン戦争で清《しん》が〔㋒オランダ　㋓イギリス〕に敗れたことに大きな衝撃を受けた幕府は，異国船打払令を見直し，寄港した外国船に燃料や水を与えるように命じた。

(5)　明治時代の政治や社会に関して，次のa～cの問いに答えよ。

a　右の図は，明治時代のはじめの東京のようすを描いたものである。都市では，レンガづくりの西洋建築や馬車が見られるようになり，また，洋服の着用や牛肉を食べることも広まるなど，欧米の文化がさかんに取り入れられ，それまでの生活に変化が見られるようになった。明治時代のはじめに見られたこのような風潮は何と呼ばれるか。その呼び名を書け。

b　1881年に政府が10年後に国会を開くことを約束すると，国会開設に備えて政党をつくる動きが高まった。1882年に大隈重信が，国会開設に備えて結成した政党は何と呼ばれるか。その呼び名を書け。

c　下の図は，日露戦争の講和条約であるポーツマス条約の内容について不満をもつ人々が政府を攻撃した日比谷《ひびや》焼き打ち事件のようすを描いたものである。また，下の表は，日清戦争と日露戦争におけるわが国の動員兵力，死者数，戦費とわが国が得た賠償金についてそれぞれ示したものである。当時の国民がポーツマス条約の内容について不満をもったのはなぜか。下の表から考えて，その理由を簡単に書け。

	日清戦争	日露戦争
動員兵力(万人)	24.1	108.9
死者数(万人)	1.4	8.5
戦費(億円)	2.3	18.3
賠償金(億円)	3.1	0

(「日本長期統計総覧」などにより作成)

(6) 下の略年表を見て，次のa～dの問いに答えよ。

年代	できごと	
1914	第一次世界大戦が始まる	↑
1931	①満州事変が始まる	Ⓟ
1937	日中戦争が始まる	↓
1945	国際連合が成立する	↑
1973	②石油危機がおこる	Ⓠ
1991	ソ連が解体される	↓

a　年表中のⓅの時期におこったできごととしてあてはまらないものは，次の㋐～㋓のうちのどれか。一つ選んで，その記号を書け。

㋐　ロシア革命の影響をおそれて，わが国やアメリカなどがシベリア出兵をおこなった

㋑　民族自決の考え方に影響を受けて，三・一独立運動が，朝鮮各地に広がった

㋒　アメリカから始まった世界恐慌《きょうこう》の影響により，わが国で昭和恐慌がおこった

㋓　わが国は，ドイツ，イタリアと日独伊三国同盟を結び，結束を強化した

b　年表中の下線部①に満州事変とあるが，満州の主要地域を占領した関東軍は，1932年に満州国の建国を宣言した。この1932年に，わが国では五・一五事件がおこった。五・一五事件がもたらした影響を　**政党内閣**　という言葉を用いて，簡単に書け。

c　年表中のⓆの時期におこった次のア～ウのできごとが，年代の古い順に左から右に並ぶように，記号㋐～㋒を用いて書け。

㋐　日中平和友好条約が結ばれる

㋑　「ベルリンの壁」が取り払われる

㋒　北大西洋条約機構（NATO）が結成される

d　年表中の下線部②に石油危機とあるが，次の文は，わが国における石油危機以降の経済の状況について述べようとしたものである。文中の二つの〔　〕内にあてはまる言葉を，㋐，㋑から一つ，㋒，㋓から一つ，それぞれ選んで，その記号を書け。

1973年に，〔㋐朝鮮戦争　㋑中東戦争〕の影響を受けて，石油の価格が大幅に上がった。この石油危機によって大きな打撃を受けたわが国は，省エネルギーや経営の合理化により乗り切った。1980年代後半からは，銀行の資金援助を受けた企業が，余った資金を土地や株に投資し，地価や株価が異常に高くなる〔㋒高度経済成長　㋓バブル経済〕と呼ばれる好景気が生じた。

問題3　次の(1)～(6)の問いに答えなさい。

(1) 次のページの略地図を見て，あとのa～eの問いに答えよ。

a　地球は球体であり，北極点を，地球の中心を通って正反対側に移した地点は南極点である。略地図中の東京を，地球の中心を通って正反対側に移した地点は，略地図中のA～Dのうち，どの範囲内に位置するか。最も適当なものを一つ選んで，その記号を書け。

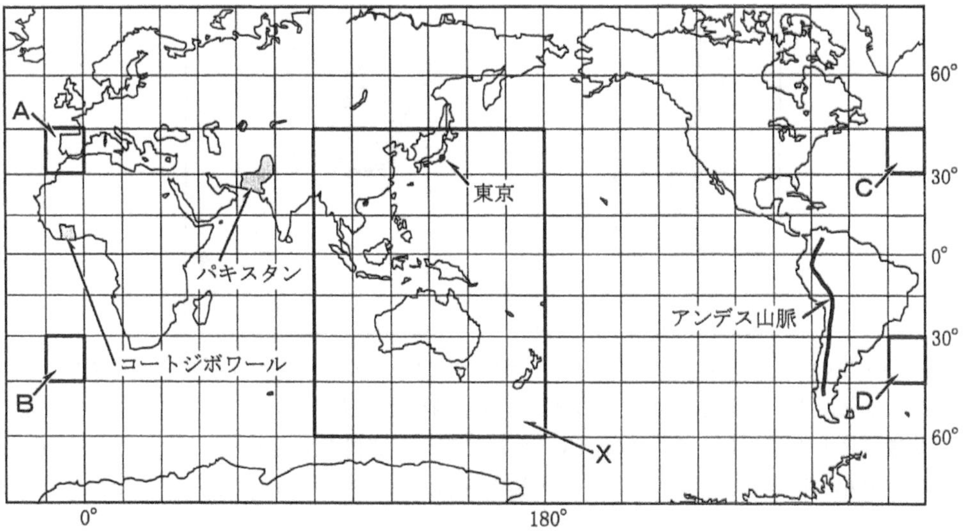

b　略地図中のアンデス山脈では，標高3000m以上の高地で暮らしている人々がいる。次の㋐～㋓のうち，アンデス山脈の標高3000m以上の高地でおこなわれている農牧業の特徴について述べたものとして最も適当なものはどれか。一つ選んで，その記号を書け。

㋐　温暖で夏が暑く乾燥する気候に適したオリーブやぶどう，オレンジなどが栽培されている

㋑　１年を通して暑い地域でよく育つキャッサバやタロいも，ヤムいもなどが栽培されている

㋒　オアシスの周辺での乾燥に強い穀物などの栽培や，らくだや羊などの遊牧がおこなわれている

㋓　寒さに強いじゃがいもなどの栽培や，リャマやアルパカなどの放牧がおこなわれている

c　右の写真は，略地図中のパキスタンにおけるある宗教の礼拝堂の前で祈りをささげる人々のようすを写したものである。この宗教を信仰する人々は，聖地メッカに向かって１日５回の礼拝をおこなうことや豚肉を食べないことなど，この宗教のきまりに従いながら生活している。この宗教は何と呼ばれるか。その呼び名を書け。

d　略地図中にXで示した地域において，主な火山を▲で示したとき，その分布を表したものとして最も適当なものは，次のア～エのうちのどれか。一つ選んで，その記号を書け。

ア

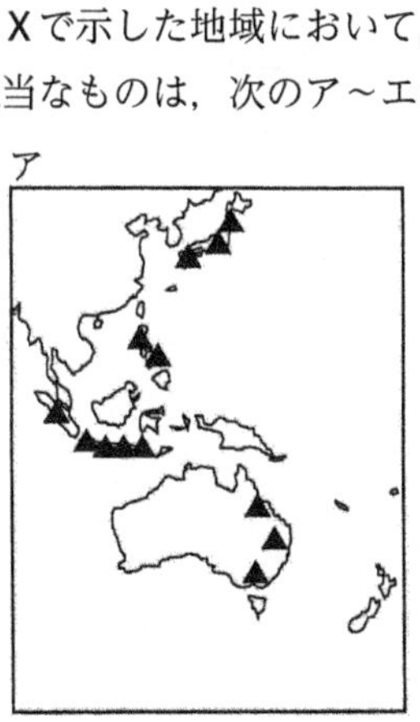

イ

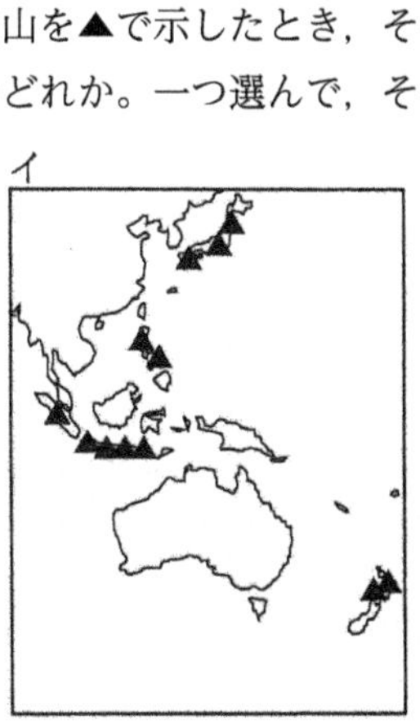

ウ

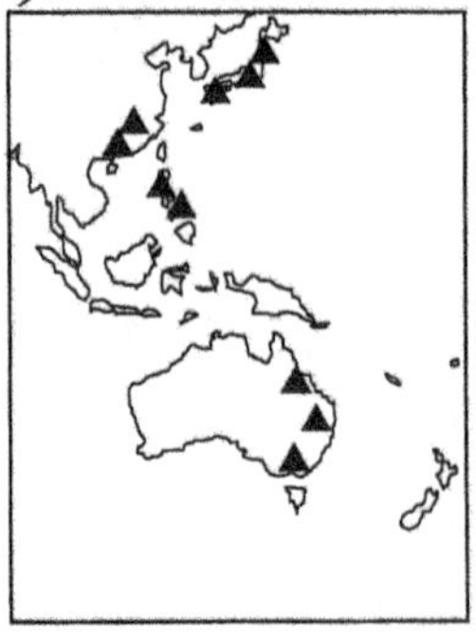

エ

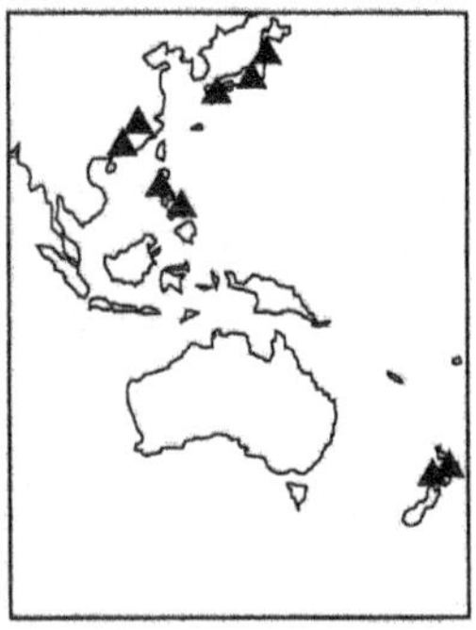

e　中学生の太郎さんは，略地図中のコートジボワールでは，カカオ豆が多く生産されていることを知った。太郎さんは，「カカオ豆の国際価格の変動が，コートジボワールの輸出総額に影響する」と予想し，それを確認するために三つの資料を用意することにした。カカオ豆の国際価格の推移とコートジボワールの輸出総額の推移を示す資料のほかに，次の㋐～㋓のうちのどの資料を準備すれば，予想を確認することができるか。最も適当なものを一つ選んで，その記号を書け。

㋐　コートジボワールにおけるカカオ豆の生産量の推移を示す資料

㋑　コートジボワールにおけるカカオ豆の消費量の推移を示す資料

㋒　コートジボワールにおけるカカオ豆の輸出額の推移を示す資料

㋓　コートジボワールにおけるカカオ豆の輸入額の推移を示す資料

⑵　下の地形図は，旅行で千葉県を訪れた中学生の太郎さんが，銚子《ちょうし》市で地域調査をおこなった際に使用した，国土地理院発行の２万５千分の１の地形図（銚子）の一部である。これに関して，あとのａ～ｅの問いに答えよ。

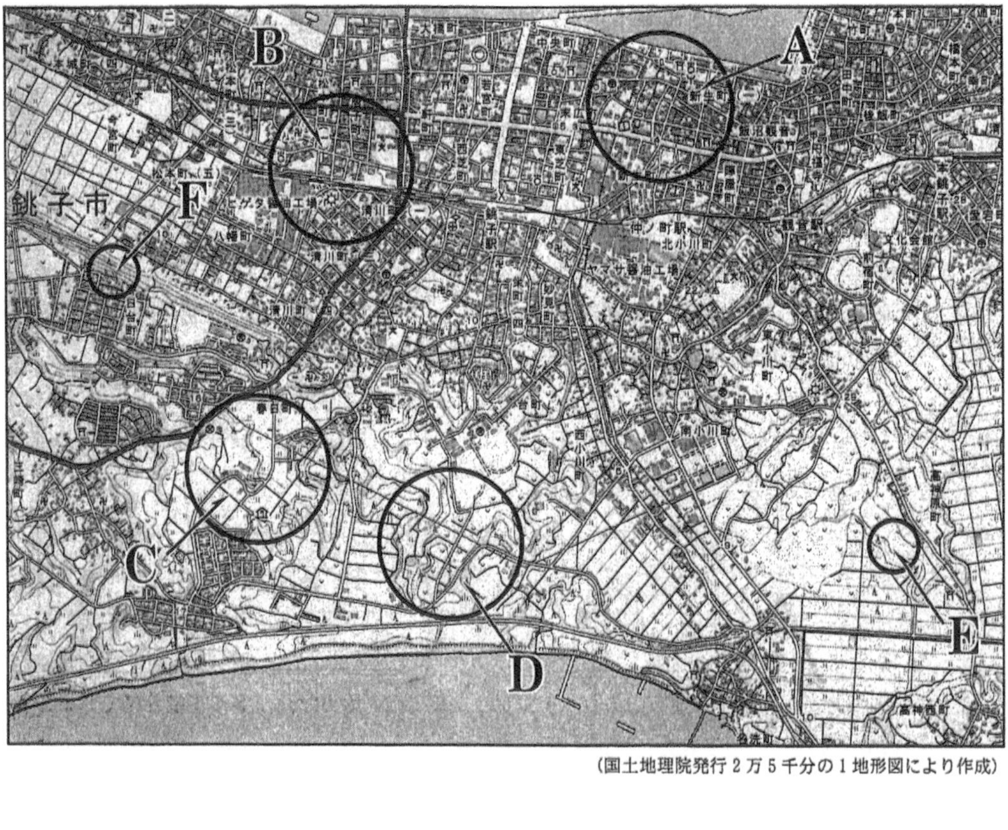

（国土地理院発行２万５千分の１地形図により作成）

a　地形図中の市役所と銚子駅を結んだ直線距離を，この地図上で約2.4㎝とするとき，この間の実際の距離は約何mか。その数字を書け。

b　この地形図から読みとれることについて述べた次のア～エのうち，誤っているものはどれか。一つ選んで，その記号を書け。

ア　地形図中にAで示した地域には，官公署がみられる

イ　地形図中にBで示した地域には，発電所または変電所がみられる

ウ　地形図中にCで示した地域には，博物館または美術館がみられる

エ　地形図中にDで示した地域には，風車がみられる

c　地形図中にEで示した地域の等高線の間隔は，地形図中にFで示した地域の等高線の間隔よりも広い。Eの地域の傾斜と，Fの地域の傾斜を比べると，Eの地域の傾斜はどうであるか。簡単に書け。

d　太郎さんは，千葉県の成田《なりた》国際空港は旅客輸送だけではなく貨物輸送もおこなっていることを知り，わが国の貨物輸送について調べた。下の表は，太郎さんが，2019年における成田国際空港，千葉港，東京港，名古屋港の輸出額と主な輸出品目をまとめたものである。表中のア～エのうち，成田国際空港にあたるものはどれか。一つ選んで，その記号を書け。

	輸出額(億円)	主な輸出品目
ア	123068	自動車，自動車部品，エンジン，金属加工機械
イ	105256	半導体等製造装置，科学光学機器(カメラなど)，金，電気回路用品
ウ	58237	半導体等製造装置，自動車部品，コンピュータ部品，エンジン
エ	7180	石油製品，化学製品(プラスチックなど)，鉄鋼，自動車

(「日本国勢図会 2020/21」により作成)

e　右の地図は，太郎さんが銚子市のホームページで見つけたハザードマップの一部である。このようなハザードマップは，全国の市町村などで作成されている。ハザードマップは，どのような目的で作成されるか。簡単に書け。

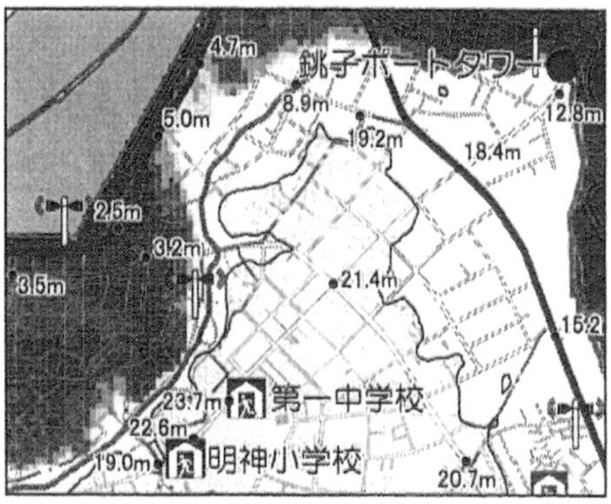

(銚子市ホームページにより作成)

(3)　太郎さんは，わが国の気候について学び，日本海側の気候の特徴について調べることにした。下の資料は，福井市の月平均気温と月降水量を示したものである。この資料を見て，次のページのa，bの問いに答えよ。

	1月	2月	3月	4月	5月	6月	7月	8月	9月	10月	11月	12月
気温(℃)	3.0	3.4	6.8	12.8	17.7	21.6	25.6	27.2	22.7	16.6	11.0	5.9
降水量(mm)	285	170	157	127	146	167	233	128	202	145	205	273

(気象庁資料により作成)

a　右のグラフは，太郎さんが福井市の月平均気温と月降水量を表そうとしたものである。資料を用いて，8月の気温と降水量について作図し，解答欄のグラフを完成させよ。

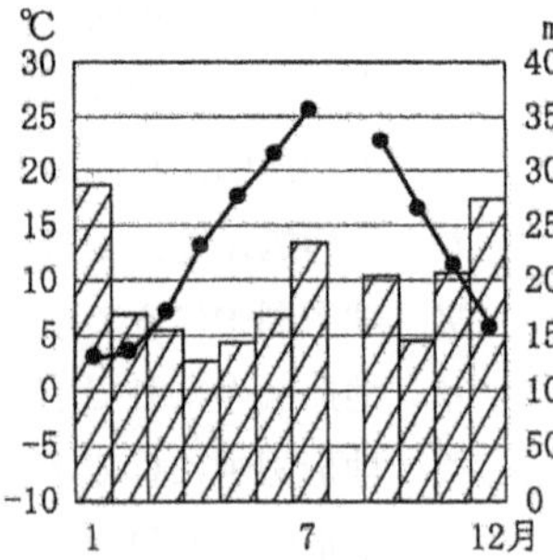

b　次の文は，太郎さんが福井市など日本海側の地域において，冬の降水量が多い理由についてまとめようとしたものである。文中の □ 内に共通してあてはまる言葉を書け。

わが国の気候には，夏に太平洋から暖かく湿った大気を運び，冬にユーラシア大陸から冷たく乾いた大気を運ぶ □ と呼ばれる風が影響している。日本海側では，北西から吹く冬の □ が，日本海をわたるときに，水蒸気を含んで雲をつくり，山地にぶつかって雨や雪を降らせる。

(4)　下の資料Ⅰは，2015年における関東地方の6県から東京都へ通勤・通学する人口をそれぞれ示したものである。また，資料Ⅱは，2015年における関東地方の6県の人口をそれぞれ示したものである。資料Ⅰ，Ⅱからわかることについて述べたあとのア～エのうち，誤っているものはどれか。一つ選んで，その記号を書け。

資料Ⅰ

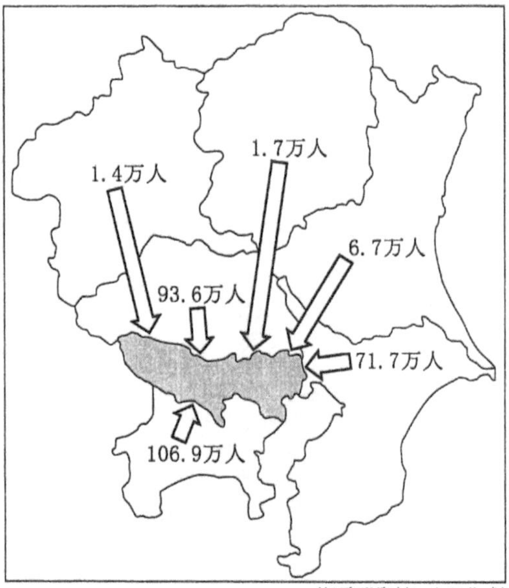

（総務省資料により作成）

資料Ⅱ

県　名	人口（万人）
茨　城	292
栃　木	197
群　馬	197
埼　玉	727
千　葉	622
神奈川	913

（総務省資料により作成）

ア　神奈川県から東京都へ通勤・通学する人口は，埼玉県から東京都へ通勤・通学する人口より多い

イ　千葉県から東京都へ通勤・通学する人口が，千葉県の人口に占める割合は10%以上である

ウ　茨城県，埼玉県，神奈川県のうち，各県の人口に占める東京都へ通勤・通学する人口の割合が最も高いのは，神奈川県である

エ　埼玉県，千葉県，神奈川県から東京都へ通勤・通学する人口の合計は，茨城県，栃木県，群馬県から東京都へ通勤・通学する人口の合計の20倍以上である

(5) 右の表は，わが国の2008年，2013年，2018年の水力発電，火力発電，原子力発電，太陽光発電の発電電力量の推移をそれぞれ示したものである。表中のア～エのうち，原子力発電と太陽光発電にあたるものはそれぞれどれか。一つずつ選んで，その記号を書け。

	発電電力量(百万 kWh)		
	2008 年	2013 年	2018 年
ア	798930	987345	823589
イ	258128	9303	62109
ウ	83504	84885	87398
エ	11	1152	18478

(経済産業省資料により作成)

(6) 下の表は，中学生の花子さんが東北地方の農業について調べるため，2019年における東北地方の各県の面積と耕地面積についてまとめようとしたものである。この表を見て，あとのa～cの問いに答えよ。

県　名	県の面積 (km^2)	耕地面積 (km^2)			X (%)
			田の面積 (km^2)	畑の面積 (km^2)	
青　森	9646	1505	796	709	52.9
岩　手	15275	1498	941	557	62.8
宮　城	7282	1263	1044	219	82.7
秋　田	11638	1471	1289	182	87.6
山　形	9323	1173	926	248	78.9
福　島	13784	1396	986	410	70.6

(総務省資料により作成)

a　表中に示した六つの県のうち，県名と県庁所在地の都市名が異なる県はいくつあるか。その数字を書け。

b　次のア～エのうち，表中の X 内にあてはまるものはどれか。一つ選んで，その記号を書け。

ア　県の面積に占める耕地面積の割合　　イ　県の面積に占める田の面積の割合
ウ　耕地面積に占める田の面積の割合　　エ　耕地面積に占める畑の面積の割合

c　下の文は，花子さんが農家の佐藤さんにインタビューしたときの会話の一部である。文中の Y 内には，農家のどのような取り組みがあてはまるか。具体的に一つ書け。

花子さん：貿易自由化によって輸入農産物が増えていますが，何か影響はありますか。
佐藤さん：はい。おおいにあります。輸入農産物は国内産と比較して安価なものが多いので，私たちは，農産物の品質や安全性を高めることを心がけています。
花子さん：農産物の品質や安全性を高めるために，具体的にどのような取り組みをしていますか。
佐藤さん：［　　　Y　　　］。
花子さん：なるほど。価格以外のところで輸入農産物と競争しているんですね。

1 平和構築を目的とし、様々な人々と対話していくことで自分と他者との差異を認識し、互いに妥協し合う合理的な文化を生み出していくべきである

2 平和をめざし、相互に連帯していく中で、互いの差異により生まれる考えの違いを限りなく少なくするための対話文化を追求することが重要である

3 平和構築を目的とし、従来の関係を互いに保ちつつ、対話により生じた相互の小さな差異を認め合うような開かれた文化を創造していくべきである

4 平和の構築をめざして、他者との差異を認めつつ、互いに互いを変容させながら相互に結びつくことを目的とした対話文化を築くことが大切である

問題四 あなたは国語の授業の中で、若者たちが中心となって生み出し、使っている、いわゆる「若者言葉」について議論しています。最初にクラスメートの花子さんが、次のような意見を発表しました。あなたなら、花子さんの発言に続いてどのような意見を発表しますか。あなたの意見を、あとの**条件1**〜**条件3**と**〔注意〕**に従って、解答用紙（その二）に書きなさい。

花子 —— 私は、若者言葉には優れた特徴があると思います。若者言葉を使って友人と会話すると、仲間意識や一体感が生まれ、楽しい気分になり、会話も弾みます。若者言葉は、私たちのコミュニケーションを豊かにする可能性を持っていると思います。

条件1 花子さんの意見をふまえて、「若者言葉」に対するあなたの意見を書くこと。

条件2 身近な生活における体験や具体例を示しながら書くこと。

条件3 原稿用紙の正しい使い方に従って、二百五十字程度で書くこと。ただし、百五十字（六行）以上書くこと。

〔注意〕

一 部分的な書き直しや書き加えなどをするときは、必ずしも「ますめ」にとらわれなくてよい。

二 **題名や氏名は書かないで**、本文から書き始めること。また、本文の中にも氏名や在学（出身）校名は書かないこと。

とは不確かで、[　　　　]ではないために、われわれはその存在を意識することもなく、知らず知らずのうちに受け入れているから

(三)　②に　この押し付けられた他律的な規律を内面化し、それに合わせようと固執し　とあるが、これは、具体的にはどうすることであると筆者はいっているか。それを説明しようとした次の文のア、イの[　]内にあてはまる最も適当な言葉を、本文中からそのまま抜き出して、アは十字以内、イは二十五字程度でそれぞれ書け。

人々は、一見、どこから発せられるかわからないようで、実際には[　ア　]から発せられる、[　イ　]といったものに従えという命令を自らのものとして取り入れ、その基準に自分自身をかたくなに合わせようとすること

(四)　③の　なろ　の活用形を、次の1～4から一つ選んで、その番号を書け。

1　未然形　　2　連用形　　3　仮定形　　4　命令形

(五)　本文中の[　]内に共通してあてはまる言葉は何か。次の1～4から最も適当なものを一つ選んで、その番号を書け。

1　内面的　　2　階層的　　3　合理的　　4　民主的

(六)　④に　哲学対話の問い　とあるが、哲学対話の問いはどのようなものであり、どうすることで社会を結びつけていくと筆者はいっているか。「哲学対話の問いは」という書き出しに続けて、本文中の言葉を用いて七十字程度で書け。

(七)　⑤に　対話と平和の関係は、さらに緊密である　とあるが、対話と平和の関係はどのようなものであると筆者はいっているか。次の1～4から最も適当なものを一つ選んで、その番号を書け。

1　対話が戦争を避けるための平和的手段となり得る上に、平和への思いが他者との対話を哲学的なものに変えていくという互いに強く結びついた関係

2　哲学的な対話をしていくことは民主的な社会の構築につながる以前に、平和的な社会の構築にも欠かすことのできない条件になってくるという関係

3　開かれた対話をしていくことは戦争を回避し平和を生み出す源になるだけでなく、その平和をより堅固に構築し直していくことにもなるという関係

4　対話をすることが平和を作り出し保持していくための条件であると同時に、平和な社会でなければ対話は成り立たないという相互に必要とする関係

(八)　⑥の　契機　の意味として最も適当なものを、次の1～4から一つ選んで、その番号を書け。

1　一つの物事を成り立たせる約束

2　未来を見とおす重要な手掛かり

3　ある事象を生じさせるきっかけ

4　自分たちにとっての大きな利益

(九)　この文章の[1]～[8]の八つの段落を、三つのまとまりに分けるとどうなるか。次の1～4から最も適当なものを一つ選んで、その番号を書け。

1　([1] [2] [3])－([4])－([5] [6] [7] [8])

2　([1] [2] [3])－([4] [5] [6])－([7] [8])

3　([1] [2])－([3] [4] [5] [6])－([7] [8])

4　([1])－([2] [3] [4])－([5] [6] [7] [8])

(十)　本文を通して筆者が特に述べようとしていることは何か。次の1～4から最も適当なものを一つ選んで、その番号を書け。

これまでの「普通」とは異なる規範かもしれない。だから、権威と権力に執着する者は対話を恐れる。

4　④哲学対話の問いは、私たちの世界の分類法を「〜とは何か」という問いによって問いただす。それは、現在の私たちの社会における物事の区別の仕方と、それに伴う物事の扱い方を再検討しようとする。「礼儀とは何か」と問うときに私たちは、何が礼儀であり、どのような行動をとれば人に礼を尽くしたといえるのかをcアラタめて議論する。それは、現在の社会における社会的な関係を考え直すことである。「仕事は何のためにあるのか」と問うことは、労働が人間にとってどのような意義を持つのか、生活と仕事のバランスや仕事の社会的な意味を問い直すことである。それは、社会の労働のあり方を変更する可能性を探ることである。「なぜ」という問いで、私たちはさまざまな事象と行為の究極の目的を探る。「なぜ勉強するのか」という問いは、現在の勉強が自分の将来の人生のあり方と目的にどのようにつながっているのかを問い直している。哲学対話が、子どもに考えさせ、子どもに対話させるのは、他者とともに人間の世界を組み直していくためである。対話は、「普通」を求める□な社会では決して得られない人間的な絆《きずな》によって社会を連帯させるのである。

5　最終的に私が主張したいことは、哲学対話を教育する目的は平和の構築の仕方を学ぶことにあることである。

6　事実として、民主主義国家内では市民戦争が起きることはほとんどなく、また民主主義国家間でも戦争がきわめて生じにくい。これは、民主主義がすべての人間が参加できる開かれた対話を基礎にした社会であることから来ている。哲学対話が民主的な社会の構築に資する（役立つ）とすれば、それは平和の構築にも資するはずである。

7　しかし⑤対話と平和の関係は、さらに緊密である。子どもの哲学の第一の意義は、真理を探求する共同体に誰をも導き入れ、互いが互いの声を傾聴し、自分を変える準備をしながら対話を行うことにある。これは戦争を止める最後の平和的手段なのだ。対話は、平和を作り出し、それを維持する条件だからである。対話とは、国際社会に見られるように、戦争を回避するための手段である。また、平和は対話を行うための条件である。平和とは対話できる状態のことであり、対話することが平和を保証する。対話において、人は互いの差異によって同じ問いに結びつく。話し合えない人として特定の「非合理な」他者を対話の相手から外していくことは、もはや互いに互いを変化させる⑥契機を失うことである。自らを変化させることのない人々の間には、妥協以外には、争いの可能性しか残されていない。平和とは、人々が対話できる状態だと定義できるだろう。

8　したがって、対話の文化を構築することとは平和構築に他ならない。対話は、戦争を、互いに結びついた差異へと変換する。対話すること、しかも誰もが参加できるもっとも広いテーマによって哲学的な対話をすることは、子どもの教育にとって、もっともdユウセンすべき必須の活動である。

（河野哲也の文章による。一部省略等がある。）

(一)　a〜dの＝のついているかたかなの部分にあたる漢字を楷書で書け。

(二)　①に「普通」の代わりに「空気」という言葉を使ってもよいかもしれない　とあるが、筆者はなぜこのようにいうのか。それを説明しようとした次の文の□内にあてはまる最も適当な言葉を、本文中からそのまま抜き出して、十五字程度で書け。

人々は「普通」と呼ばれる基準によって結びついてはいるか、「普通」

上の従者たちにひどく恥をかかされます。この事件でプライドを傷つけられた六条の御息所は、生霊《いきりょう》となり葵の上を呪い殺してしまうのです。

太郎――そういうお話だったのですね。六条の御息所のふるき例に触れ、「源氏物語」の車争いのできごとを読者に思い起こさせることで、［　　］がより際立《きわだ》つように感じます。

先生――その通りです。この言葉があることで、作品の内容がより深まりをみせています。

1　恥をかかされ人々に笑われないよう、人目につく場所からすぐに退散した小松内府の用心深さ

2　騒動を起こさないためにあらかじめ準備をし、人々が困らないようにした小松内府の思いやり

3　人々に迷惑をかけ恨みをかわないよう、自分の従者たちを厳しくいましめた小松内府の統率力

4　事の成り行きを正確に予想し、誰と争っても負けることのないよう準備した小松内府の競争心

問題三　次の文章を読んで、あとの㈠～㈩の問いに答えなさい。なお、[1]～[8]は段落につけた番号です。

[1]　現代の日本社会では、人々を結びつけているのは、「普通」と呼ばれる基準である。「普通」とされている基準に合わせることで、自分が多くの人と一緒であることを確認する。しかしその「普通」とは明確には何のことかがよくわからず、自分で選んだり決めたりしたものでもない。私たちは「普通」と呼ばれる他律的な基準を、暗黙のうちに強制されている。①「普通」の代わりに「空気」という言葉を使ってもよいかもしれない。ここで、「普通」とされていることは、「平均的」とか「通常の」を意味するのではない。「普通」とは、どこからともなく世間が求めてくる、個人が到達すべき水準のことを意味している。つまり、会社の暗黙の慣習に合わせるのが「普通」であり、学校では協調行動ができるのが「普通」である。ここでの「普通」とは能力ばかりを指しているのではない。暗黙の規律やローカルな慣習、多くの人が同調している流行に従うのが「普通」である。「普通」とは、「それに合わせよ」という、どこから発せられているのかわからない命令である。公私を厳密に切り分け、公の場では私事を慎み、公の流れを妨げてはならない。その公の流れこそが、「普通」であり、「空気」である。そして、実際には、「普通」を命じているのは特定の権威や権力である。その権威と権力の流れにaサカらうのは「普通」ではない。したがって、「普通」という言葉には、権威や権力への恭順と、それに従う人々への同調という二つの圧力が働いている。

[2]　多くの人々は、②この押し付けられた他律的な規律を内面化し、それに合わせようと固執しつつも、そうなりきれないでいる。そして、そこから生じた自己否定的な感情を他者へと投げつけ、「普通ではない」他者を排除しようとする。本人は「普通」に③なろうと頑張っているのに、「普通」ではないくせに「ノウノウと生きている」人々がbユルせなくなる。日本の社会は、この「普通」、すなわち、権威や権力への恭順によって個人が結びついている［　　］な構造をしている。

[3]　「普通」によって成り立っている社会には対話はない。対話をするならば、何が尊ぶべき規範であるかを議論できるだろう。それは

けり。かねて見所を取りて、人をわづらはさじのために、②空車《むなぐるま》を五両立て置かれたりけるなり。そのころの内府の(注5)綺羅《きら》にては、③いかなる車なりとも、あらそひがたくこそありけめども、④六条の御息所《みやすどころ》のふるき例も(注6)よしなくやおぼえ給ひけむ。さやうの(注7)心ばせ、情《なさけ》深し。

(注1)　小松内府＝平清盛の子、平重盛《しげもり》。内府とは内大臣のこと。
(注2)　賀茂祭＝京都の賀茂神社の祭り。
(注3)　車四五両ばかりにて＝牛車四、五両ほどで。
(注4)　便宜の所なる＝都合のよさそうな所にある。
(注5)　綺羅＝栄華。
(注6)　よしなく＝好ましくないと。
(注7)　心ばせ＝心配り。

(一)　本文中の　さやう　は、現代かなづかいでは、どう書くか。ひらがなを用いて書きなおせ。

(二)　①に　人々目をすましたるに　とあるが、人々がこのようにしたのはなぜか。次の1～4から最も適当なものを一つ選んで、その番号を書け。

1　小松内府が、どこに車で移動しようとしているのか知りたかったから
2　小松内府が、誰の乗った車を探そうとしているのか知りたかったから
3　小松内府が、どの車を立ちのかせようとしているのか気になったから
4　小松内府が、どうして停車を禁じようとしているのか気になったから

(三)　②に　空車　とあるが、これはどのようなもののことをいっているのか。本文中からそのまま抜き出して、五字程度で書け。

(四)　③に　いかなる車なりとも、あらそひがたくこそありけめ　とあるが、筆者はどのような思いからこのようにいったと考えられるか。次の1～4から最も適当なものを一つ選んで、その番号を書け。

1　小松内府なら、どこでも好きな場所で見物できただろうという思い
2　小松内府なら、気づかれずに見物するのは難しいだろうという思い
3　小松内府なら、どのような人にも配慮を忘れないだろうという思い
4　小松内府なら、最も早く見物場所へ到着していただろうという思い

(五)　次の会話文は、④の　六条の御息所のふるき例　についての、先生と太郎さんの会話の一部である。会話文中の□内にあてはまる最も適当な言葉を、あとの1～4から一つ選んで、その番号を書け。

先生――この六条の御息所のふるき例とは、「源氏物語」の「車争い」と呼ばれるできごとを指しています。
太郎――「源氏物語」というと、平安時代の物語ですね。車争いは聞いたことはあるけれど、詳しくは知りません。どんなお話ですか。
先生――「六条の御息所」と「葵《あおい》の上」という、二人の女性が関係するお話です。賀茂祭を訪れた六条の御息所の一行と葵の上の一行は、車の場所をめぐって激しく争うことになり、最後には六条の御息所が、葵の

ノへの思いが自覚されて伴奏者に立候補したが、［イ］しているように見られるのではないかと心配になったから

(四) ③の ない は、次の1～4のうちの、どの ない と同じ使われ方をしているか。同じ使われ方をしているものを一つ選んで、その番号を書け。

1 二人がしていることに違いはない

2 この重い荷物は簡単には運べない

3 散らかっている部屋は美しくない

4 今あきらめるなんてもったいない

(五) ④に 鶴田さんは、しくしくと泣きだした とあるが、なぜ鶴田さんは泣きだしたと考えられるか。次の1～4から最も適当なものを一つ選んで、その番号を書け。

1 クラス全体がやっとまとまってきた中で、より団結力を強めていけるよう頑張っていたのに、それを批判された上に誰も助けてくれなかったから

2 クラス全体が歌の練習に無気力な中で、行事を成功させようとひとりで奮闘していたのに、反発されやりこめられてしまったのが悔しかったから

3 クラス全体が思うようにまとまらない中で、金賞をとることに価値を見いだして何とか頑張ってきたのに、その努力さえも冷たく否定されたから

4 クラス全体が練習に熱心とはいえない中で、みんなで歌いたいという思いから一生懸命に声をかけていたのに、心ない言葉を言われ傷ついたから

(六) ⑤に 口が言う代わりに、両手を動かして弾きはじめた とあるが、このときのオレはどのような思いでピアノを弾きはじめたと考えられるか。その思いを **クラス** という語を用いて、六十字以内で書け。

(七) 本文中には、音楽室の中に、オレの弾くピアノ伴奏の音だけが鳴り続けている様子が表されている一文がある。その一文として最も適当なものを見つけて、初めの五字を抜き出して書け。

(八) 本文中のオレの気持ちを述べたものとして最も適当なものはどれか。本文全体の内容をふまえて、次の1～4から一つ選んで、その番号を書け。

1 伴奏者への立候補を通して気持ちを明確に伝えることの大切さが認識され、困ったときでも必ず助けてくれる友人のありがたさを実感している

2 伴奏者になり意気込む中でクラスの思いを一つにする困難さを実感したが、状況に合わせて演奏するやりがいを感じ意欲がさらに高まっている

3 教室の重い空気を変えることができた自分に自信が生まれ、クラスが思うようにまとまらなくても最後には必ず成功するだろうと確信している

4 先生やクラスメートに応援されていることが誇らしく、伴奏者の立場から合唱を成功させるための方法を何とか見つけようと必死になっている

問題二 次の文章を読んで、あとの(一)～(五)の問いに答えなさい。

(注1)小松内府《こまつのないふ》、(注2)賀茂祭《かもまつり》見むとて、(注3)車四五両ばかりにて、一条大路に出《い》で給《たま》へり。物見車はみな立てならべて、すきまもなし。「いかなる車か、のけられむずらむ」と、①人々目をすましたるに、ある(注4)便宜《びんぎ》の所なる車どもを、引き出しけるを見れば、みな、人も乗らぬ車なり

ない。そのために、家で毎日、たくさん練習をしているんだ。
　三十秒、四十秒……。オレの指から、ピアノのカラオケが流れていく。
　オレと同じく、勇気を出してだれかが歌いだしてくれれば……。期待しながら弾いたのに、楽譜の最後まで来てしまった。だったらもう一度。こんなにいい曲なんだ。声が聞こえるまで、弾けばいい。オレは、夢中でくり返した。
　曲の真ん中あたりまできた時、山川さんが、鶴田さんの手を引っぱって、ピアノの横まで来て、歌いだした。
　山川さんの声が、ピアノに乗ったと思ったら、つぎにひとり、男子の声が重なってきた。それから、だんだんと声は増えて、ちらっと見ると、鶴田さんも歌っていたので、ほっとしながら、一番を弾きおえた時。
　ガラッと音楽室のドアがあいて、久保先生が顔を出した。
「お、いい調子。みんながんばってるな」
　ちょうどすぐ近くにいた菅山くんを、ニコニコしながらd激励した。
「期待してるからな。金賞はどうでも、歌は楽しめ」
　まさか。先生は、今の様子を見ていた？
　オレたちが、おたがいに、まごつきながらもぞもぞする中で、
「あ、ああ、はい」
　菅山くんは、答えにつまっていた。
　オレは、菅山くんが帰らなくてよかったと思った。こうして、みんなで歌いはじめられたんだ。これなら、だいじょうぶかもしれない。
　それからの練習で、だんだん声もそろってきた。人の声は、いつも同じじゃない。「生もの」だ。弾きながら聞いているうちにわかってきた。だから、その時の歌の調子に合わせて、オレは、ピアノのテンポや強さを加減できるように努力した。
　家での練習も、ラストスパートだ。

（横田明子の文章による。一部省略等がある。）

㈠　a～dの══のついている漢字のよみがなを書け。

㈡　①に下を見て、えっ？ってなったとあるが、このときのオレの気持ちはどのようなものだと考えられるか。次の1～4から最も適当なものを一つ選んで、その番号を書け。

1　クラス内の重苦しい雰囲気にある程度理解を示しつつもなぜかいら立ちを覚え、知らず知らずのうちにとっていた自分の行動に驚き戸惑う気持ち

2　クラス内が一つにならない状況を理解しているものの、クラスの重い空気にそぐわない音をたてて貧乏ゆすりをしている自分を面白く思う気持ち

3　クラス内のしらけた空気に不満を持ちつつも仕方のないことだと納得していたつもりだったのに、思いのほかいら立っている自分にあせる気持ち

4　クラス内で遠慮しあう状況に納得ができずいら立つだけでなく、何もできないままにただ貧乏ゆすりを繰り返す自分をも腹立たしいと思う気持ち

㈢　②にとたん、オレは急に不安におそわれたとあるが、なぜオレはこのような気持ちになったのか。それを説明しようとした次の文のア、イの□内にあてはまる最も適当な言葉を、本文中からそのまま抜き出して、アは十五字以内、イは十字以内でそれぞれ書け。

無意識の指の動きが、［　ア　］だと気づき、自分のピア

目標だ。この伴奏を納得がいくように弾く。

「わかりました。任せてください！」

大口をたたいてしまった。そのままの勢いで、さっそく感じをつかんでみようと思い、音楽室に行った。

それから二週間。六年生の各クラスが、放課後順番に音楽室に集まって、歌の練習をした。塾やおけいこがある子は、家で歌うのが宿題になった。練習に出ても、ふざけてばかりでまともに歌おうとしないやつもいた。

二回目の練習の時も、学級委員の鶴田さんが、必死にまとめようとしていた。

「みんなで金賞目指そうよ」

ところが、ひとりが、鶴田さんにいじわるな質問をした。いつもテストで、鶴田さんと一、二番を競っている菅山くんだ。

「金賞とって、どうなるんだよ。賞状をもらうだけじゃん。あほらし」

「みんなで歌って金賞とれれば、うれしいでしょ」

鶴田さんは真面目に答えたのに、ふふんと鼻で笑われた。

「鶴田は一番が好きなんだよな。つきあってられ③ないよ。勝手にやれば」

「そんなこと言わないで。歌おうよ。ね。六年最後の行事なんだし。お願いっ」

「お願いってなに？　鶴田のために歌え、ってこと？」

わざとやりこめているようだ。

「そんなこと言ってない。あたしはみんなで歌おうと思っただけで……」

「だから、歌いたくないって言ってるだろ。ひとりで仕切るなよっ」

菅山くんは、一度言いだしたら引っこまずに、言い負かしてくるタイプだ。それがわかっているので、だれも取りなそうとはしない。そっぽを向いたきりだ。

④鶴田さんは、しくしくと泣きだした。横で友だちの山川さんが、こっそり「だいじょうぶ？」と顔をのぞきこんだまま、いっしょにうつむいてしまった。

菅山くんは、しらっと言った。

「みんな帰ろうよ。ぼく、塾の宿題があるんだ。練習は、はい、おしまい」

みんなが、ざわめきだした。あちこちで顔を見合わせている。

オレも、ピアノのイスにすわったまま、どうしようかとおろおろした。

鶴田さんはみんなで歌いたい。菅山くんは、歌いたくない。でも、これはきっと、ふたりだけの問題じゃない。音楽室の中で、クラスのひとりずつのちがった気持ちが、ごちゃ混ぜになっている。

だったら、同じ歌を歌えばいいじゃないか。オレは思った。歌いたくても歌いたくなくても、今ここで同じ音を聞いたらどうだろう。だったら、弾いてみよう。

オレは、ぐっと勇気を出した。⑤口が言う代わりに、両手を動かして弾きはじめた。

初めの二十秒間は、前奏だ。それに続いて、歌がはじまる。

だけど、突然、c響きはじめたピアノといっしょに歌いだす子はいなかった。みんな、ぎょっとして、身を固くしているようだ。それでも、オレは、弾くのを止めなかった。オレは、ピアノを弾くって決めたんだ。それには、みんなに歌ってもらわなくちゃ、なんにも始まら

＜国語＞

時間 五〇分 満点 五〇点

問題一 次の文章は、幼い頃から習っているピアノを続けるかどうかで悩んでいる小学六年生のオレ（沢くん）と担任の久保《くぼ》先生やクラスメートの菅山《すがやま》くん、山川さんたちが、学級委員の鶴田さんの司会のもとで、合唱コンクールのクラスのピアノ伴奏者を決めようとしているものの、なかなか決まらない場面に続くものである。これを読んで、あとの㈠～㈧の問いに答えなさい。

「六年最後の行事だぞ。だれか、ピアノで盛りあげてくれよ」
久保先生が、明るく見まわしたが、教室は、静かなまんまだ。
オレは、自分の席からこっそり首を回して、何人かをちらちら見た。

どの子も、下やそっぽを向いて、自分から手をあげる感じじゃなさそうだ。

ピアノ伴奏は、責任があるし、失敗したら、みんなになにを言われるかわからない。それに、ひとりだけ目立つのもいやだ、ってこともある。かといって、だれかをa推薦して、あとでうらまれるのもごめんだ。それもわかる。

けれど、クラスにただようどんよりとした空気を吸ったり吐いたりしているうちに、なんだか無性にイライラしてきた。机がカタカタ音をたてるので、①下を見て、えっ？ってなった。無意識にオレ、貧乏ゆすりをしていた。おまけにひざの上で、両手の指をツンツンとはじいている。いつのまにか、ひどくおちつかなくなっていたんだ。

『今日の議題 ピアノ伴奏者決め』

鶴田さんが書いた白い文字が、正面の黒板に宙ぶらりんで浮かんでいる。

それをながめながら、オレは考えた。イライラするのは、本当に、このじとっとした雰囲気のせいなんだろうか。

ますます強くなる貧乏ゆすりのひざの上で、ツンツンする指も止まらない。オレは、はっとした。この動きは、ピアノを弾いている指と同じじゃないか。

だれかが言いだせばいいことなのに。さっきからそう思っていた。そのだれかって、もしかして……。じつは、このオレだ。オレがピアノを弾きたいって思っているんだ。

オレは、おなかにぐっと力を入れた。

「やってもいいよっ」

みんなの視線がいっせいに集まった。

②とたん、オレは急に不安におそわれた。ひとりで空まわりしてるやつだ、って思われたらどうしよう。

でも、鶴田さんは、ほっとしたようだ。

「わあ、よかった。沢くん、ピアノ習ってるものね。ありがとう！」

「上手《うま》くできるかわかんないけど。オレ、歌うと音程はずしそうなんで」

てれくさくなったので、冗談を言ったら本気にされた。

なんかいい感じに教室の空気がほぐれて、『帰りの会』は終わった。

そのあとオレは、伴奏用のb楽譜をもらいに、職員室へ行った。

「沢、引き受けてくれてありがとな。あとは任せた！」

肩をバシッとたたかれた。

「任せた」なんて言われると責任重大だけど、初めて、自分で決めた

2021年度

解 答 と 解 説

《2021年度の配点は解答用紙集に掲載してあります。》

＜数学解答＞

問題1　(1)　3　　(2)　-48　　(3)　$y=4x-2$　　(4)　$-\sqrt{3}$　　(5)　$(x+1)(y-6)$
(6)　$x=\dfrac{-5\pm\sqrt{17}}{2}$　　(7)　㋑→㋒→㋐

問題2　(1)　35度　　(2)　ア　㋑　　イ　$\dfrac{8\sqrt{3}}{3}$cm　　(3)　$\dfrac{12\sqrt{5}}{5}$cm

問題3　(1)　1.6km　　(2)　$\dfrac{11}{20}$　　(3)　ア　$-\dfrac{4}{3}\leqq y\leqq 0$　　イ　$a=\dfrac{1}{2}$
(4)　xの値　2(途中の過程は解説参照)

問題4　(1)　ア　$p=5$　　イ　25，49から1つ　　(2)　ア　9点　　イ　$-2a+2b+19$点
ウ　aの値　2　　bの値　3(求める過程は解説参照)

問題5　(1)　解説参照　　(2)　解説参照

＜数学解説＞

問題1　(小問群―数と式の計算，等式の変形，根号を含む計算，因数分解，2次方程式，絶対値)

(1)　$2-(-5)-4=2+5-4=7-4=3$

(2)　$3\div\dfrac{1}{4}\times(-2^2)=3\times4\times(-2\times2)=12\times(-4)=-48$

(3)　$3(4x-y)=6$　両辺を3で割ると，$4x-y=2$　$y=4x-2$

(4)　$\sqrt{12}-\dfrac{9}{\sqrt{3}}=\sqrt{2^2\times3}-\dfrac{9}{\sqrt{3}}\times\dfrac{\sqrt{3}}{\sqrt{3}}=2\sqrt{3}-\dfrac{9\sqrt{3}}{3}=2\sqrt{3}-3\sqrt{3}=-\sqrt{3}$

(5)　$xy-6x+y-6=x(y-6)+y-6=(x+1)(y-6)$

(6)　解の公式を利用して，$x=\dfrac{-5\pm\sqrt{5^2-4\times1\times2}}{2\times1}=\dfrac{-5\pm\sqrt{17}}{2}$

(7)　-3の絶対値は3，0の絶対値は0，2の絶対値は2なので，$0<2<3$より，絶対値の小さい順に左から右に並べると，0→2→-3

問題2　(図形の小問群―円の性質と角度の求値，空間における位置関係，三角すいの体積の求値)

(1)　$\angle DOA=(90-20)^\circ=70^\circ$であり，$\overset{\frown}{AD}$に関して中心角と円周角の関係より，
$\angle DCA=\dfrac{1}{2}\angle DOA$なので，$\angle ACD=\dfrac{1}{2}\times70^\circ=35^\circ$

(2)　ア　OA⊥ABかつAB⊥ACかつOA⊥ACより，面OAB⊥面OACといえるので㋑は正しい。
㋐は，AC：OA＝4：6＝2：3であり，1：$\sqrt{3}$ でないので$\angle OCA=60^\circ$ではない。㋒は，$\angle OCA$が90°ではないのでOCと面ABCは垂直ではない。㋓は，OAとCDはねじれの関係にあり，平行ではない。

イ　(三角すいDBCPの体積)＝(三角すいOABCの体積)$\times\dfrac{DB}{OB}\times\dfrac{BP}{AB}$で求めることができる。
したがって，$\dfrac{DB}{OB}\times\dfrac{BP}{AB}=\dfrac{1}{3}$となればよく，点Dは線分OBの中点であることから，$\dfrac{1}{2}\times\dfrac{BP}{AB}=\dfrac{1}{3}$　よって，$\dfrac{BP}{AB}=\dfrac{2}{3}$　ゆえに，BP：AB＝2：3といえる。ここで，三平方の定理よりAB＝

$4\sqrt{3}$ cmなので，$BP=AB\times\frac{2}{3}=4\sqrt{3}\times\frac{2}{3}=\frac{8\sqrt{3}}{3}$cm

(3)　三平方の定理より，$AC^2=AB^2-BC^2$より，AC＝4cm
また，△ABCにおいて，BDは∠ABCの二等分線なので，
AD：DC＝AB：BC＝5：3　したがって，$CD=AC\times\frac{3}{8}=4\times\frac{3}{8}=\frac{3}{2}$(cm)　さらに，△BCDにて三平方の定理より，
$BD^2=BC^2+CD^2$なので，$BD=\sqrt{3^2+\left(\frac{3}{2}\right)^2}=\sqrt{\frac{45}{4}}=\frac{3\sqrt{5}}{2}$(cm)
また，AB//CEであることから△ABD∽△CEDとなり，その相似比はAD：CD＝5：3といえるので，対応する辺の比はすべて等しくBD：ED＝5：3　したがって，$ED=BD\times\frac{3}{5}=\frac{3\sqrt{5}}{2}\times\frac{3}{5}=\frac{9\sqrt{5}}{10}$(cm)　よって，$BE=BD+ED=\frac{3\sqrt{5}}{2}+\frac{9\sqrt{5}}{10}=\frac{12\sqrt{5}}{5}$(cm)

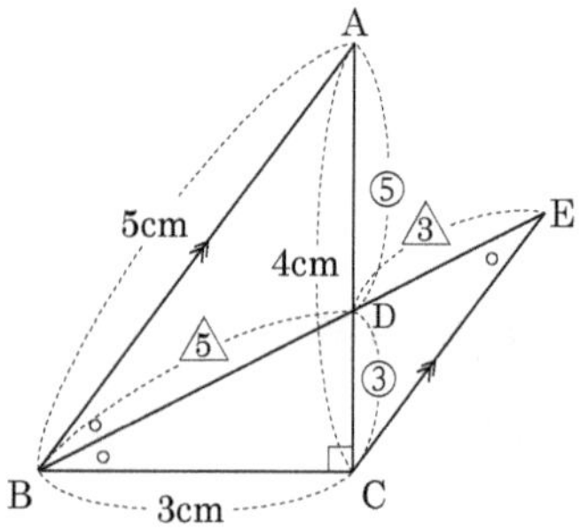

問題3 (小問群―度数分布表と平均値，区別できないものを含む場合の確率，放物線と変域，放物線と直線，2次方程式の応用)

(1)　$(0.5\times3+1.5\times4+2.5\times2+3.5)\div10=16\div10=1.6$(km)

(2)　1が書かれた2枚のカードを1A，1Bと区別する。2枚のカードの取り出し方は全部で5×4＝20通り。このうち，$a\geqq b$となるのは，$(a,\ b)$＝(1A，1B)，(1B，1A)，(2，1A)，(2，1B)，(3，1A)，(3，1B)，(3，2)，(4，1A)，(4，1B)，(4，2)，(4，3)の11通り。したがって，求める確率は，$\frac{11}{20}$

(3)　ア　$x=0$のときyは最大で$y=0$，$x=2$のときyは最小で$y=-\frac{4}{3}$である。したがって，$-\frac{4}{3}\leqq y\leqq0$

イ　点B$(3,\ 9a)$，C$(-3,\ -3)$であり，直線BCの傾きが$\frac{5}{4}$なので，$\frac{9a-(-3)}{3-(-3)}=\frac{5}{4}$　これを解いて，$9a+3=\frac{15}{2}$　$a=\frac{1}{2}$

(4)　xの値を求める過程　(例)テープの幅が$x$cmだから，テープがはられていない部分すべての面積の和は，$(10-2x)(20-4x)$cm^{2}である。また，長方形ABCDの面積は，10×20＝200cm^{2}である。よって，$(10-2x)(20-4x)=200\times\frac{36}{100}$　整理すると，$x^2-10x+16=0$　$(x-2)(x-8)=0$　したがって，$x=2$または$x=8$　$0<x<5$だから，$x=2$は問題にあうが，$x=8$は問題にあわない。

問題4 (数学的思考力の利用，図形を用いた整数の性質の利用)

(1)　ア　異なる形の四角柱の種類は，四角柱の(たて)，(横)，(高さ)の組み合わせを考えていけばよい。ただし，(たて)と(横)は入れかえて同じになるものは，同じ形の四角柱となるので重複して数えないように注意する。$n=6$なら，6＝1×1×6，1×2×3の2通り考えることができるので，(たて，横，高さ)＝(1，1，6)，(6，1，1)，(1，2，3)，(1，3，2)，(2，3，1)の5通りなので，$p=5$　ここで，(1，6，1)は(6，1，1)と同じ，(2，1，3)は(1，2，3)と同じ，(3，1，2)は(1，3，2)と同じ，(3，2，1)は(2，3，1)と同じであることに注意すること。

イ　$m=4$となるのは，**約数の数が3個であるとき，すなわち，「nが素数の2乗の値」であるとき**があてはまる。たとえば，$n=5^2=25$を考えると，25＝1×1×25か1×5×5であり，(たて，横，高さ)＝(1，1，25)，(25，1，1)，(1，5，5)，(5，5，1)の4通りのみとなる。よって，求める2けたの数nは，$n=25$または$n=49$のいずれかを答えればよい。

(2)　ア　太郎さんは，「1枚が表で2枚は裏」のとき1点でありこれが3回，「3枚とも表」のとき4点

であり，「2枚は表で1枚は裏」のとき2点，「3枚とも裏」のとき0点なので，太郎さんの得た点数は，$1\times3+4+2+0=9$点

イ　次郎さんは，「2枚は表で1枚は裏」のとき1点でありこれが1回，「3枚とも表」のとき0点でこれがa回,「3枚とも裏」のとき4点でこれがb回,「1枚が表で2枚は裏」のとき2点でこれが$(10-1-a-b)=(9-a-b)$回出ているので，次郎さんの得た得点は，$1\times1+0\times a+4\times b+2\times(9-a-b)=-2a+2b+19$(点)

ウ　a，bの値を求める過程　(例)1枚は表で2枚は裏が出た回数は$(9-a-b)$回だから，10回のゲームで，表が出た枚数の合計は，$3a+2\times1+1\times(9-a-b)=(2a-b+11)$枚である。よって，$2a-b+11=12$　整理すると，$2a-b=1$…①　イの結果より，次郎さんが得た点数の合計は，$(-2a+2b+19)$点である。また，太郎さんが得た点数の合計は，$4a+2\times1+1\times(9-a-b)=(3a-b+11)$点である。次郎さんが得た点数の合計は，太郎さんが得た点数の合計より7点大きいから，$-2a+2b+19=(3a-b+11)+7$　整理すると，$5a-3b=1$…②　①，②を連立方程式として解くと，$a=2$，$b=3$

問題5 (平面図形―三角形が相似であることの証明，線分の長さが等しいことの証明)

(1)　証明　(例)△FGHと△IEHにおいて，対頂角は等しいから，∠FHG＝∠IHE　FG//EIより，錯角は等しいから，∠GFH＝∠EIH　2組の角がそれぞれ等しいから，△FGH∽△IEH

(2)　証明　(例)点Cと点Gを結ぶ。△CDEと△CBGにおいて，仮定より，DE＝BG　四角形ABCDは正方形だから，CD＝CB，∠CDE＝∠CBA＝90°　∠CBG＝180°－∠CBA＝90°　よって，∠CDE＝∠CBG　2組の辺とその間の角がそれぞれ等しいから，△CDE≡△CBG　よって，∠DCE＝∠BCG…①　CE＝CG…②　線分CFは∠BCEの二等分線だから，∠ECF＝∠BCF…③　∠DCF＝∠DCE＋∠ECF，∠GCF＝∠BCG＋∠BCF　①，③より，∠DCF＝∠GCF…④　DC//FGより，錯角は等しいから，∠DCF＝∠GFC…⑤　④，⑤より，∠GCF＝∠GFC　2つの角が等しいから，△GCFは二等辺三角形　よって、CG＝FG…⑥　②，⑥より，CE＝FG

<英語解答>

問題1　A　③　B　ア　C　エ　D　(EllenとSamの待ち合わせ場所)　図書館の前　(EllenとSamの待ち合わせ時刻)　午前7時50分　(EllenがSamに持って行くほうがよいと言ったもの)　(例)飲み物　E　No. 1　イ　No. 2　イ　No. 3　ウ

問題2　(1)　(a)　カ　(b)　ア　(c)　キ　(d)　エ　(2)　イ　(3)　mean

問題3　(1)　talking　(2)　エ　(3)　(例) My parents took me to the place.　(4)　ウ　(5)　イ　(6)　showed me a lot of pictures　(7)　(例) I saw many people speaking different languages.　(8)　was as important as learning about other countries　(9)　ア

問題4　(1)　エ　(2)　(例)お年寄りの人たちに，音楽を楽しんでもらいたいという願い　(3)　(例) What music would you like to listen to?　(4)　ウ　(5)　ア　(6)　(例)自分たちの音楽をとおして観客を幸せにすること　(7)　(a)　(例) No, he didn't.　(b)　(例)Masako did.　(8)　㋑と㋔

問題5　(例) I think getting information from a newspaper is better. It has many kinds of news on a page. So, we can get chances to know a lot of things. For example, we can learn about the environment, sports and the world. A newspaper can make us interested in many things.

(例) I think getting information from the Internet is better. First, we can get information easily on the computer. Second, when we want to know something, we can look for it on the Internet. Third, there are a lot of videos on it. So, we can learn about what is happening in the world now.

＜英語解説＞

問題1 (リスニング)

放送台本の和訳は，55ページに掲載。

問題2 (会話文問題：文の挿入，文の強勢，語句補充，文の挿入)

(全訳) サキ：ここは私がいつも行くスーパーマーケットよ。(a)来たことはある？

メアリー：いいえ。初めてよ。良さそうなお店ね。ところで，何を買うつもりなの？

サキ　　：①ケーキを作るのに卵がいくつか必要なの。

メアリー：分かったわ。行きましょう。

(買い物の後で)

メアリー：レジ係の人が「マイバッグをお持ちですか？」と言っていたわね。彼女は「あなたは『マイ(私の)』バッグを持っていますか？」と言ったの？

サキ　　：ええ，そうよ。

メアリー：それじゃあ，あなたは彼女のバッグを持っているの？

サキ　　：(b)いいえ，持っていないわ。私は全然彼女を知らないわ。

メアリー：②あれはどういう意味？

サキ　　：「『マイバッグ』をお持ちですか？」は「レジ袋は必要ですか？」ということよ。もしレジ袋が必要なら，このお店では5円の費用がかかるのよ。日本ではこの前の6月からすべてのお店が私たち(お客)にレジ袋の料金を請求し始めたの。

メアリー：ああ，分かったわ！ (c)私の国でも同じよ。私はいつも「マイバッグ」を持って行くわ。でも私の国では，英語で再使用可能なバッグ(リユーザブルバッグ)と言うの。

サキ　　：本当に？ 私は「マイバッグ」は英語だと思っていたわ。

メアリー：(d)ええ，それは英語よ。でも私たちは「リユーザブルバッグ」を言うのにその言葉は使わないわ。言い方の違いね。

サキ　　：なるほどね。おもしろいわね。

(1) 全訳参照。 (a) 空所(a)の次のメアリーの発言に注目。サキの質問に答えている。**＜have＋過去分詞～＞で「(現在までに)～したことがある」(経験を表す現在完了)** (b) 空所(b)の直前のメアリーの発言に注目。サキに質問している。 (c) 空所(c)直後のメアリーの発言に注目。 (d) 空所(d)の直前のサキの発言に注目。「『マイバッグ』という言葉は英語だと思っていた(けれど違ったのね)」に対する答えを空所(d)で発言している。

(2) 全訳参照。このサキの発言は直前のメアリーの質問に対する答えなので，最も伝えたい情報は「卵」であるから，最も強く発音される。

(3) mean はここでは動詞で「～を意味する」という意味。

問題3 (長文読解問題・エッセイ：語形変化，語句補充・選択，和文英訳，語句の並べ換え)

(全訳)　英語を勉強することは新しい世界への扉を開いてくれます。僕はそのことを友だちのトムから学びました。彼はイギリス出身で，昨年僕の家に滞在しました。彼は日本が好きで日本の文化を学ぶために日本に来ました。僕はたくさん英語を使って彼と①話すことを楽しみました。

ある日，僕たちがテレビを見ている②時，日本の歌舞伎がテレビにコマーシャルで流れました。その時トムが言いました，「おお，歌舞伎だ！　歌舞伎は約10年前にロンドンの劇場で上演されたよ。③僕の両親は僕をその場所へ連れて行ったんだ。僕にとってはそれが初めての経験で，それから歌舞伎に興味をもつようになったんだ。タカシ，君が好きな歌舞伎の作品は何？」僕は言いました，「分からないな……僕は歌舞伎を見たことがないんだ。」トムは驚いた様子でこう言いました，「歌舞伎には長い歴史がある。④伝統的な日本の文化のひとつだ。だからすべての日本人は歌舞伎について知っていると思っていたよ。」僕はとても悲しく思いました。彼からの質問に十分に答えることができなかったからです。

その次の日，僕は祖母をたずねて歌舞伎について聞きました。⑥彼女は歌舞伎が好きで金丸座で撮られた写真をたくさん僕に見せてくれました。それらの写真は僕をワクワクさせました。すぐに僕はトムと金丸座に行って歌舞伎を見ようと決め，歌舞伎の作品のチケットを2枚買いました。

その当日，僕が金丸座についた時，⑦異なる言語を話している多くの人々を見ました。トムが僕に言いました，「ほらね，歌舞伎は他の国々でとても人気があるんだ。日本の人たちは素晴らしい文化をもっているんだよ！」僕はそれを聞いて本当にうれしかったです。歌舞伎を見てから，僕は歌舞伎に興味をもつようになり，他の日本の文化についてももっと知りたいと思いました。

⑧あの経験から，僕は自分たちの国について学ぶことは，他の国々について学ぶことと同じくらい大切だと思いました。英語を勉強することは僕の視野を広げ，日本の文化をより理解する機会を得ました。だから今は歴史，食べ物，そして有名な場所のような日本のことを学んでいるところです。将来は，より一生懸命英語を勉強し，他の国の人たちに日本の良いところを伝えるつもりです。

(1)　全訳参照。**<enjoy +〜 ing>** で「〜することを楽しむ，楽しんで〜する」 talking のスペリングに注意。

(2)　全訳参照。before ＝〜の前に　after ＝〜の後で　if ＝もし〜なら　when ＝〜の時

(3)　< take ＋人＋ to ＋場所>で「(人)を(場所)へ連れていく」

(4)　全訳参照。busy ＝忙しい　new ＝新しい　traditional ＝伝統的な　similar ＝似ている

(5)　全訳参照。第2段落内の隆史の発言で，トムの質問に十分に答えることができなかったことが分かる。could は can ＝「〜できる」の過去形。must ＝〜しなければならない　must not ＝〜してはならない

(6)　She likes kabuki and showed me a lot of pictures which were taken in *kanamaru-za*.　< **show** ＋人＋〜>で「(人)に〜を見せる」 a lot of ＝たくさんの

(7)　speaking different languages で people を後ろから修飾する形にすればよい。(現在分詞の形容詞的用法)

(8)　I thought that learning about our own country was as important as learning about other countries. < **A is as** ＋形容詞〜＋ **as B** >で「AはBと同じくらい〜だ」(比較・原級)

(9)　全訳参照。such as 〜＝〜のような　because of ＝〜のために，〜の理由で　kind of ＝ある程度，いくらか　look like ＝〜に似ている，〜のように見える

問題4 （長文読解問題・エッセイ：語句補充，日本語で答える問題，英問英答，内容真偽）

（全訳） ユキは中学生です。彼女は吹奏楽部の部長として熱心に活動していました。彼女の学校は吹奏楽部で有名だったので，各部員たちはコンテストで勝利したいと思っていました。彼らは一生懸命練習し，コンテストで勝つためには何をすればよいかについてよく話し合いました。しかし彼らの音楽には何かが欠けていました。彼らはいらいらしていました。ある日，部員の1人であるケンが言いました，「僕たちの部は①楽しくない，だから僕はやめるつもりだ。」ユキは彼に何も言うことができませんでした。

土曜日の午後，ユキは学校の近くでケンに会いました。彼は彼の祖母に会いに老人ホームへ行くところでした。彼は言いました，「僕の祖母は音楽が好きだから，僕はよく彼女を訪ねて音楽について話すんだ。」ユキは彼に言いました，「私は今家に帰るところだったんだけど，あなたと一緒に行ってもいいかしら？」 彼は驚いた様子でしたが言いました，「いいよ。」

老人ホームで，ケンの祖母のマサコはユキに言いました，「もうすぐコンテストがあるのよね？」ユキは彼女にこう言いました，「はい。でも私たちはコンテストに勝てないと思います。」マサコはユキを見て，それからケンに言いました，「いつものようにピアノを弾いてちょうだい。」彼がピアノを弾き始めるとお年寄りがみんな集まりました。ピアノを弾いている間，ケンは時々お年寄りたちに話しかけていました。ユキはマサコに言いました，「わあ！ケンを見てください！なんて楽しそうな顔！彼は私たちの部では楽しそうではないんです。」マサコはユキに言いました，「ケンはお年寄りの人たちに音楽を楽しんでほしいと思っているのよ，そして②お年寄りたちもケンの願いを理解しているの。彼らはとても楽しそうでしょう？」ユキは彼らの楽しそうな顔を見ました。彼らは音楽を通してひとつになっているように見えました。

2週間後，ユキ，ケン，そして他の部員たちは老人ホームを訪ねました。彼らはお年寄りの人たちに彼らの音楽を聴いてほしいと思ったのでした。はじめに，部員たちはいつものように音楽を演奏しました。それからケンがお年寄りの人たちに聞きました，③「どんな音楽が聴きたいですか？」お年寄りのうちの1人がこう言いました，「私はあなたたちの学校の校歌が聴きたいです。私たちの多くはあなたたちの学校を卒業したのですよ。」ユキと他の部員たちはお年寄りの人たちにその歌を歌って彼らの学生時代を④思い出してほしいと思い，その曲をゆっくり演奏することに決めました。部員たちがその曲を演奏し始めると，観客はわくわくし，その多くがその歌を幸せそうに歌い始めました。ユキはケンに言いました，「今まで，私たちは⑤コンテストに勝つことを考えてきたわ。でも，大切なことはどのように観客を幸せにするかについて考えることだわ。」ケンは彼女に言いました，「そうだね。それが僕たちの音楽に足りないことだ！」

2か月後，コンテストの日が来ました。舞台のかたわらで，部員たちはとても緊張していました。その時ケンが言いました，「僕の祖母が観客の中にいるよ！」老人ホームのお年寄りの何人かが彼らの音楽を聴きにそこに来ていたのでした。ユキは部員たちに言いました，「私たちの音楽を通して観客の皆さんを幸せにしましょう。⑥そうすることで，ここにいるすべての人たちがひとつになれるでしょう。」部員たちは楽しそうでした。ユキは彼らにいました，「さあ，行きましょう！」

(1) 全訳参照。 weak ＝弱い　sad ＝悲しい　young ＝若い　fun ＝楽しい

(2) 全訳参照。 下線部②の直前のマサコの発言に注目。

(3) 全訳参照。 下線部③直後のお年寄りの発言がケンの質問に対する答えだと推測できるので「どんな音楽が聴きたいですか？」という内容が入ると考えるのが適当。 **would like to ～＝～したいと思う（want to ～よりていねいな言い方）**

(4) 全訳参照。 learn ＝学ぶ　break ＝壊す，中断する　remember ＝思い出す，覚え

ている　　answer ＝答える

(5)　全訳参照。特に第1段落の内容に注目すると部員たちが「コンテストに勝つこと」を重要としてきたことが分かる。＜ **have** ＋過去分詞＞で「(今まで)～してきた」を表す(現在完了)。

(6)　全訳参照。下線部⑥直前の文に注目。＜ **make** ＋人＋形容詞～＞で「(人)を～にさせる」

(7)　(a)　ケンは，学校の近くでユキに会った時，彼の祖母に会いに来るように言いましたか？／いいえ，彼は言っていません。第2段落参照　(b)　老人ホームで誰がケンにピアノを弾いてほしいと頼みましたか？／マサコが頼みました。第3段落3文目参照

(8)　㋐　ケンが「部への参加をやめるつもりだ」と言った時，ユキは彼に「それはやめて(部をやめないで)」と言った。　㋑　ケンはよく老人ホームを訪ね，彼の祖母と音楽について話した。(○)　第2段落3文目参照。　㋒　ケンがピアノを弾いた時，彼がピアノの弾き方を知っていたのでユキは驚いた。　㋓　部員たちはお年寄りの人たちを訪ね，彼らが演奏する予定の曲を聴いた。　㋔　部員たちが校歌を演奏した時，多くのお年寄りの人たちが一緒に歌った。(○)　第4段落最後から4文目参照。　㋕　部員たちは，老人ホームのお年寄りの人たちがコンテストに来ているのが分かり緊張した。

問題5 (自由・条件英作文)

(解答例訳)　私は新聞から情報を得る方が良いと思います。新聞には一面に多くの種類のニュースがのっています。だから私たちはたくさんのことを知る機会を得られるのです。例えば，環境，スポーツ，世界について学ぶことができます。私たちは新聞のおかげでたくさんの物ごとに興味をもつことができるのです。(新聞は私たちにたくさんの物ごとに興味をもたせてくれるのです。)／私はインターネットから情報を得る方が良いと思います。まず，コンピューターで簡単に情報を得ることができます。ふたつ目に，何かを知りたいと思った時に，それをインターネット上で探すことができます。三つ目に，インターネット上にはたくさんの映像があります。だから，私たちは今世界で何が起こっているのかを学ぶことができるのです。

2021年度英語　英語を聞いて答える問題

〔放送台本〕

今から，「英語を聞いて答える問題」を始めます。問題は，A，B，C，D，Eの5種類です。

Aは，絵を選ぶ問題です。今から，Kentaが昨日の昼食後にしたことについて，説明を英語で2回くりかえします。よく聞いて，その説明にあてはまる絵を，①から④の絵の中から一つ選んで，その番号を書きなさい。

Kenta played the violin after lunch yesterday.

〔英文の訳〕

昨日ケンタはお昼ご飯の後，バイオリンを弾きました。

〔放送台本〕

次は，Bの問題です。Bは，スポーツを選ぶ問題です。問題用紙のグラフを見てください。Shihoが，クラスの35人の生徒に，「最も好きなスポーツ」をたずねたところ，5つのスポーツがあげられま

した。今から，Shihoがその結果を英語で発表します。よく聞いて，グラフの②にあてはまるスポーツとして最も適当なものを，アからエのうちから一つ選んで，その記号を書きなさい。英文は2回くりかえします。

The most popular sport is soccer in our class. And nine students like baseball the best. Badminton is more popular than basketball. Swimming is not so popular. Three students like swimming the best.

〔英文の訳〕

私たちのクラスで最も人気のあるスポーツはサッカーです。そして9人の生徒たちが野球がいちばん好きです。バドミントンはバスケットボールよりも人気があります。水泳はそれほど人気がありません。3人の生徒たちが水泳が最も好きです。

〔放送台本〕

次は，Cの問題です。Cは，応答を選ぶ問題です。今から，LeoとEmilyの対話を英語で2回くりかえします。よく聞いて，Leoの最後のことばに対するEmilyの応答として最も適当なものを，アからエのうちから一つ選んで，その記号を書きなさい。

Leo: Look at that beautiful mountain!

Emily: Wow, I have never seen such a beautiful mountain before.

Leo: Why don't we take a picture of it?

〔英文の訳〕

レオ　　：あの美しい山を見て！

エミリー：まあ，あんなにきれいな山を見たことがないわ！

レオ　　：あの山の写真を撮らない？

答え：　エ　それはいいアイディアだね。

〔放送台本〕

次は，Dの問題です。Dは，対話の内容を聞き取る問題です。今から，EllenとSamの対話を英語で2回くりかえします。よく聞いて，EllenとSamの待ち合わせ場所，EllenとSamの待ち合わせ時刻およびEllenがSamに持って行くほうがよいと言ったものを，それぞれ日本語で書きなさい。

Ellen: My sister, Lisa, has a tennis game tomorrow. Do you want to come?

Sam: Sure. I want to watch it.

Ellen: So, let's meet in front of the library at 7:20 tomorrow morning.

Sam: Wow, that's too early for me.

Ellen: How about meeting at 7:50? The tennis game starts at 9:00.

Sam: OK. I hope she will win the game.

Ellen: I'm very excited. Oh, you should bring something to drink. It will be sunny tomorrow.

〔英文の訳〕

エレン：私の姉(妹) のリサは明日テニスの試合があるの。行きたい？

サム　：もちろんだよ。試合を見たいな。

エレン：それじゃあ，明日の朝7時20分に図書館の前で待ち合わせしましょう。
サム　：わあ，僕には早すぎるな。
エレン：7時50分の待ち合わせではどうかしら？　テニスの試合は9時に始まるのよ。
サム　：いいよ。彼女が試合に勝つといいな。
エレン：私はとてもわくわくしているわ。ああ，何か飲み物を持って行った方がいいわ。明日は日が照るわよ。

〔放送台本〕

最後は，Eの問題です。Eは，文章の内容を聞き取る問題です。はじめに，Yutaについての英文を読みます。そのあとで，英語でNo. 1，No. 2，No. 3の三つの質問をします。英文と質問は，2回くりかえします。よく聞いて，質問に対する答えとして最も適当なものを，アからエのうちからそれぞれ一つずつ選んで，その記号を書きなさい。

Yuta is a junior high school student. On Saturday afternoon, Yuta went to the park with his classmate, Junko. She said to him, "Mother's Day is tomorrow. What are you going to do for your mother?" He said, "I have never thought about it. How about you?" She said, "I will buy some flowers." He was surprised and said, "I have never given my mother any presents." Then, he decided to give his mother something special.

On that evening, Yuta thought about what to buy for his mother, but he could not find any good presents. He felt sorry. Then, he called Junko to ask her about his mother's presents. He said, "I can't decide what to give to my mother. What should I do?" Junko answered, "Don't worry, Yuta. Just say 'Thank you' to her."

On Mother's Day, after Yuta had dinner with his family, he said to his mother, "Mom, today is Mother's Day. I have no presents but here's a letter for you. Thank you for being a nice mom." This made his mother happy.

質問です。

No. 1　When did Yuta and Junko go to the park?
No. 2　What did Junko tell Yuta to do on the phone?
No. 3　Why was Yuta's mother happy?

〔英文の訳〕

ユウタは中学生です。土曜日の午後，ユウタはクラスメイトのジュンコと公園に行きました。彼女は彼に言いました，「母の日は明日ね。お母さんにどんなことをするつもり？」彼は言いました，「そのことは考えていなかったよ。君はどう？」彼女は言いました，「私はお花を買うつもりよ。」彼は驚いて言いました，「僕はお母さんに何もプレゼントをあげたことがないよ。」その時，彼は何か特別なものをお母さんにあげようと決めました。

その日の夕方，ユウタはお母さんに何を買えばよいか考えましたが，何も良いプレゼントを見つけることができませんでした。彼は残念に思いました。そこで，彼はジュンコに電話をして彼のお母さんへのプレゼントについて相談しました。彼は言いました，「お母さんに何をあげればいいのか決められないんだ。どうすればいいのかな？」ジュンコはこう答えました，「心配ないわ，ユウタ。ただお母さんに『ありがとう』と言えばいいのよ。」

母の日，ユウタは家族と夕食を終えてから，お母さんに言いました，「お母さん，今日は母の日だよ。僕は何もプレゼントを用意していないけどお母さんへの手紙があるんだ。いいお母さんでいてくれてありがとう。」そのことは彼のお母さんを喜ばせました。

No. 1　ユウタとジュンコはいつ公園へ行きましたか？
　答え：　イ　土曜日の午後

No. 2　ジュンコは電話でユウタに何をするように言いましたか？
　答え：　イ　お母さんに「ありがとう」と言うこと。

No. 3　なぜユウタのお母さんは喜んだのですか？
　答え：　ウ　なぜならユウタが彼女に手紙を渡し，「いいお母さんでいてくれてありがとう」と言ったから。

＜理科解答＞

問題1　A　(1)　a　(言葉)　㋐と㋓　　(理由)　(例)このような向きに星が動いて見えるのは，地球が西から東へ自転しているため。　b　ア　　(2)　a　イ　　b　エ　c　黄道　　B　(1)　a　㋑と㋓　　b　(例)れきの粒がまるみを帯びているのは，流れる水で運ばれるときに角が削られたため。　c　イ　　d　エ
(2)　a　エ　　b　㋐と㋓

問題2　A　(1)　観点①　ウ　　観点②　ア　　観点③　イ　　(2)　外骨格　　(3)　R
(4)　a　㋑と㋒　　b　イ　　(5)　相同器官　　B　(1)　(例)石灰水の変化が，植物のはたらきによるものだということを確認するため。　(2)　ウ　　C　(1)　(例)植物細胞どうしをはなれやすくするはたらき。　(2)　㋒　　(3)　イ　　(4)　細胞質
(5)　(例)複製前の細胞と分裂直後の細胞の染色体の数を同じにするため。

問題3　A　(1)　㋓　　(2)　陽イオン　Na^{+}　　陰イオン　OH^{-}　　(3)　㋐と㋓
(4)　(例)異なる種類の金属板と，うすい塩酸や食塩水のように，電解質がとけてイオンが含まれている水溶液を用いる必要がある。
(5)　㋑　　B　(1)　P　(例)逆流
Q　(例)酸素と反応　　(2)　㋐と㋓
(3)　右図　　(4)　$2CuO + C \rightarrow 2Cu + CO_2$
(5)　6.40[g]

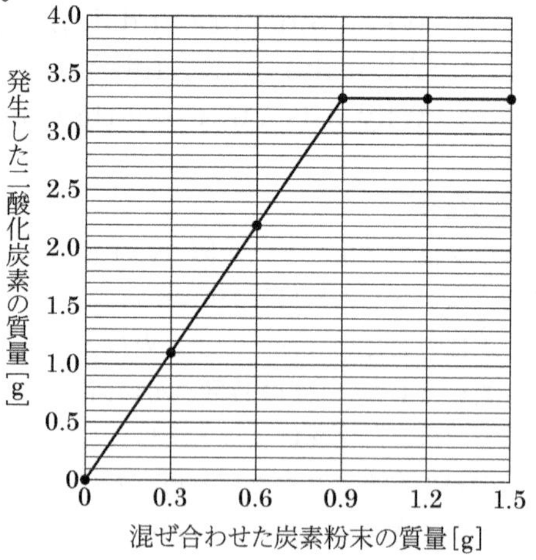

問題4　A　(1)　12[Ω]　　(2)　X　(例)電流を流した時間が長いほど大きい　　Y　(例)電熱線の消費電力が大きいほど大きい
(3)　㋐と㋔　　(4)　1.5[A]
(5)　6.5[℃]　　B　(1)　0.80[m/s]
(2)　㋑と㋕　　(3)　0.25[倍]
(4)　14.0[cm]　　(5)　1番目　r
4番目　q　　C　(1)　(例)いなずまの光が見えてから音が聞こえるまでに，少し時間がかかること。[打ち上げ花火の光が見えてから音が聞こえるまでに，少し時間がかかること。]　　(2)　㋑と㋓

＜理科解説＞

問題1 (地学総合)

A (1) a 星がはりついた天球は，東から西へ回転しているように見える。 b 1か月後の同じ時刻に星を観測すると，その位置は30度西にずれている。同じ日に観測すると，1時間後に星は15度西へ移動している。1か月後の同じ時刻には，星は30°×1〔か月〕＝30°西に移動しているので，30°÷15°＝2〔時間〕より，午後11時の2時間前に，同じ位置に見える。また，2か月後であれば，同様にして4時間前に同じ位置に見える。

(2) a 北半球の地軸が太陽のほうに傾いているのは，地球が夏のころである。 b Sの地球で，東に太陽が見える位置が明け方である。このとき，南の方向にはさそり座，西の方向にはおとめ座が見える。 c 星座の中を，太陽が動いて見える通り道を，黄道という。

B (1) a ルーペは目に近づけて持つ。観察するものを動かせるときは，観察するものを前後に動かしてよく見える位置をさがす。 b れき岩をつくる粒は，水に運ばれることで角が削れるため，まるみを帯びている。 c サンゴは，その化石を含む地層が堆積した当時，あたたかな浅い海であったことを示す示相化石である。 d れきが堆積するのは河口や陸地の付近，砂が堆積するのは，河口から離れたところなので，この地域の水深がしだいに深くなったことがわかる。

(2) a QとSにおける凝灰岩の深さがほぼ同じであることから，QS間での地層の傾きはないことがわかる。凝灰岩の深さに注目すると，QS間よりもPは低く，Rは高くなっているので，この地域は北西の方向に低くなっていることがわかる。 b 示準化石には，限られた時代に，広範囲に生息していた生物が適している。

問題2 (生物総合)

A (1) a 観点①は，無セキツイ動物を分ける観点が当てはまるので，ウが適している。軟体動物とそれ以外に分けることができる。観点②は，ホニュウ類とそれ以外を分ける観点が当てはまるので，アが適している。観点③は，魚類と両生類を分ける観点が当てはまるので，イが適している。

(2) 節足動物の体の外側をおおっているかたい殻を，外骨格という。

(3) イカは水中で生活しているので，えら呼吸を行う。

(4) a トカゲは陸上に卵を産むので，卵には殻が見られる。 b トカゲやイモリのような変温動物は，まわりの温度が下がると体温も下がるので，からだの動きがにぶくなる。

(5) 相同器官に当たる部分は，現在のはたらきは異なっていても，基本的な骨格が似通っている。

B (1) aとbの結果が異なるものであれば，aの変化は植物によるものであると考えることができる。

(2) 植物は，1日中呼吸を行っているが，光が当たると呼吸と同時に光合成を行う。光が十分に当たっている場合，ふつう，呼吸によって出入りする気体の量よりも，光合成によって出入りする気体の量のほうが多い。

C (1) 細胞どうしを離れやすくして，観察するときに細胞が重ならないようにする。

(2) 酢酸オルセイン溶液を用いると，細胞の核や染色体を染めて観察しやすくすることができる。

(3) 核の中に染色体が現れたあと，染色体が中央に集まり，細胞の両端に移動する。それぞれの染色体が新しい核を形成し，細胞質が2つに分かれる。

(4) 動物の細胞は，核とそのまわりの細胞質からなり，細胞質の外側が細胞膜になっている。

植物の細胞では，細胞質の中に葉緑体や液胞，細胞膜の外側に細胞壁が見られる。

(5)　複製された染色体が2つに分かれ，それぞれが新しい核をつくる。これにより，新しい核がもつ染色体の数は，もとの細胞のもつ染色体の数に等しくなる。

問題3　(化学総合)

A　(1)　非電解質の物質を選ぶ。

(2)　$NaOH \rightarrow Na^{+} + OH^{-}$　水酸化ナトリウムは，水に溶けるとナトリウムイオンと水酸化物イオンに電離する。

(3)　亜鉛原子は，亜鉛イオンになるときに，電子を亜鉛板内に放出して溶液内に溶け出す。電極に放出された電子は，モーターを通って銅板へ移動する。このとき，溶け出した金属のほうが－極となる。

(4)　化学電池では，**2種類の金属板と電解質の水溶液**を用いる。

(5)　乾電池は充電ができず使い捨てであるため，一次電池とわかる。

B　(1)　図の装置のまま火を消すと，石灰水が試験管aに逆流して，試験管aが割れる恐れがある。また，試験管a内には還元された銅があるため，試験管aが熱いうちに空気が入ると，銅が再び酸化してしまう。

(2)　二酸化炭素が水に溶けると，酸性の炭酸水となる。

(3)　発生した二酸化炭素の質量は，(酸化銅と炭素粉末をよく混ぜ合わせた混合物の質量〔g〕)－(試験管aの中に残った固体の質量〔g〕)で求めることができる。

混ぜ合わせた炭素粉末の質量〔g〕	0.30	0.60	0.90	1.20	1.50
発生した二酸化炭素の質量〔g〕	1.10	2.20	3.30	3.30	3.30

(4)　**酸化銅＋炭素→銅＋二酸化炭素**の化学変化を，化学反応式で表す。

(5)　(3)のグラフより，酸化銅12.00gを完全に還元するのに必要な炭素粉末の質量は，0.90gであることがわかる。このことから，炭素粉末0.60gで還元できる酸化銅の質量をxgとすると，12.00：0.90＝x：0.60　x＝8.00〔g〕　12.00gの酸化銅が完全に還元されると，9.60gの銅が生じることから，8.00gの酸化銅から還元されて生じる銅の質量をygとすると，12.00：9.60＝8.00：y　y＝6.40〔g〕

問題4　(物理総合)

A　(1)　電熱線Pに6Vの電圧を加えたときに流れる電流は，3〔W〕÷6〔V〕＝0.5〔A〕　よって，抵抗は，6〔V〕÷0.5〔A〕＝12〔Ω〕

(2)　図Ⅱの電流を流した時間が4分のときで比べると，電力の比がP：Q：R＝3W：6W：12W＝1：2：4となっているのに対し，上昇温度の比も，P：Q：R＝2℃：4℃：8℃＝1：2：4のように，同じ比になっている。

(3)　抵抗を求めると，電熱線Qは，6〔W〕÷6〔V〕＝1.0〔A〕より，抵抗は，6〔V〕÷1.0〔A〕＝6〔Ω〕電熱線Rは，12〔W〕÷6〔V〕＝2.0〔A〕より，抵抗は，6〔V〕÷2.0〔A〕＝3〔Ω〕　電熱線Rに加える電圧を$\frac{1}{2}$にすると，**オームの法則**によって流れる電流も$\frac{1}{2}$になるので，電力は$\frac{1}{4}$となる。よって，消費する電力は，12〔W〕×$\frac{1}{4}$＝3〔W〕となり，電熱線Qの消費電力よりも小さくなる。

(4)　図Ⅲの回路は，スイッチ①を入れると電熱線Pに電流が流れるが，スイッチ②を入れると電熱線Qにも電流が流れ，電熱線PとQの並列回路となる。よって，6.0Vの電圧を加えると，電熱線Pに流れる電流は，6.0〔V〕÷12〔Ω〕＝0.5〔A〕，電熱線Qに流れる電流は6.0〔V〕÷6

〔Ω〕＝1.0〔A〕　よって，回路に流れる電流は，0.5＋1.0＝1.5〔A〕

(5)　スイッチ①を入れることで，電熱線Pに5分間電流が流れるので，水の上昇温度は2.5℃になる。また，スイッチ②を入れて4分間電熱線Qに電流を流すと水の上昇温度は4℃になる。よって，カップの水温は，2.5＋4＝6.5〔℃〕上昇する。

B　(1)　(6.0＋10.0)〔cm〕÷0.2〔s〕＝80〔cm/s〕　よって，0.80m/sとなる。

(2)　斜面に平行な下向きの力は，重力の分力であるため，斜面の角度が一定であれば，力の大きさも一定である。

(3)　M点では，位置エネルギー：運動エネルギー＝3：1であることから，力学的エネルギーは4と表せる。よって，O点での運動エネルギーも4と表せる。このことから，M点での運動エネルギー「1」は，O点での運動エネルギー「4」の$\frac{1}{4}$で，0.25倍となる。

(4)　この斜面では，小球が0.3秒間に2.0＋6.0＋10.0＝18.0〔cm〕移動する。よって，O点から斜面に沿って18.0cm上の位置から小球を転がせばよい。つまり，K点よりも14.0cm斜面に沿って下の位置から小球を離せばよい。

(5)　運動エネルギーが大きくなるほど速さが大きくなる。運動エネルギーがより大きくなるには，運動を開始した点からより低い位置であればよい。よって，速さが大きい順に並べると，$r \to s \to t \to q$となる。

C　(1)　光の速さは秒速約30万kmと大変速いのに対し，音の速さは秒速約340mであり，非常に遅い。

(2)　大きな音が出ているときは，音源の**振幅が大きい**。また，同じ弦を使用し，弦の張りが同じ場合，弦の**長さが短くなるほど振動数が大きくなり**，高い音が出る。

＜社会解答＞

問題1　(1)　a　イ　　b　ウ　　c　立憲主義　　d　(例)(内閣は,)衆議院を解散するか，総辞職(しなければならない。)　　(2)　a　イ　　b　エ　　(3)　(例)地方交付税交付金には，地方公共団体の間の財政格差を減らすという役割があるから。　(4)　a　公正取引委員会　　b　公共料金　　(5)　a　カ　　b　イ　　c　エ　　(6)　男女雇用機会均等法　　(7)　エ

問題2　(1)　a　ア　　b　(例)国ごとに都から派遣された国司が，郡司として任命された地方の豪族を指揮して政治をおこなった。　　c　(記号)　㋐　　(言葉)　新古今和歌集　d　イ　　(2)　a　一遍　　b　(例)利子を取ってお金を貸していたから。[高利貸しを営んでいたから。]　　(3)　a　ウ　　b　武家諸法度　　(4)　㋐，㋓

(5)　a　文明開化　　b　立憲改進党

c　(例)日清戦争に比べ，日露戦争は，国民の負担や犠牲が大きかったにもかかわらず，賠償金が得られなかったから。　　(6)　a　㋓

b　(例)政党内閣による政治が終わった。

c　㋒→㋐→㋑　　d　㋑，㋓

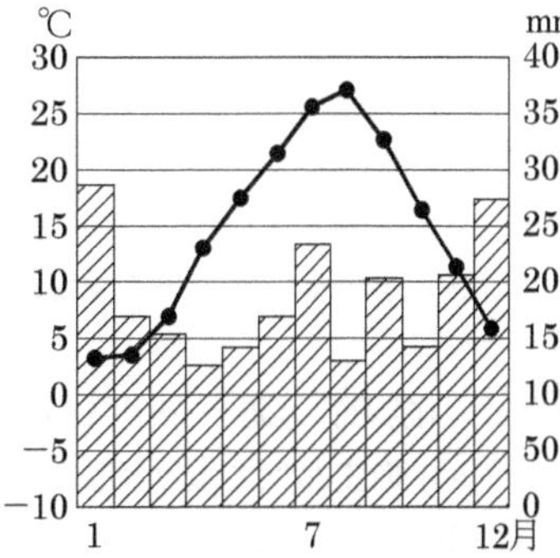

問題3　(1)　a　D　　b　㋓　　c　イスラム(教)　　d　イ　e　㋒　　(2)　a　約600m　　b　ウ

c　(例)Eの地域の傾斜の方が，ゆるやかである。

d　イ　e　(例)自然災害による被害を予測するため。[災害発生時の避難場所や防災関連施設などの情報を示すため。]　(3)　a　前ページの図の通り　b　季節風[モンスーン]　(4)　ウ　(5)　(原子力発電)　イ　(太陽光発電)　エ
(6)　a　2　b　ウ　c　(例)農薬をあまり使わない栽培方法を取り入れています[生産者についての情報を伝えています／消費者に直接新鮮な農産物を届けています]

＜社会解説＞

問題1　(公民的分野－天皇の国事行為・日本国憲法・裁判所・議院内閣制などに関する問題)

(1)　a　**日本国憲法第7条第1号の規定**である。アは内閣，ウ・エは国会が行うものである。
b　Xに示されている内容は，**違憲立法審査権**と**弾劾裁判**の内容である。前者は裁判所，後者は国会が持つ権限であることから判断すれば良い。Yは取り調べという身体を拘束する内容に関わることから，身体の自由に該当することが分かる。これらを併せて判断すれば良い。　c　政府の権威や合法性が憲法の制限下におかれるという考え方である。　d　**日本国憲法第69条**の規定である。

(2)　a　年齢制限以外の制限がないことから判断すれば良い。アは，有権者が自ら投票すること，ウは一票の価値が平等であること，エは無記名で投票が行われることである。　b　**死票は落選した候補者に投じられた票**のことである。1区は当選者が6万票で死票が7万票，2区は当選者が7万で死票が10万票，3区は当選者が8万票で死票が9万票，4区は当選者が7万票で死票が9万票である。得票が最も多いC党の当選者数が一番多いことから，アは誤りである。3つの党は少なくとも1議席を確保していることから，イは誤りである。当選者の得票を確認すると，1区は6万票であるが，3区は8万票であることから，ウは誤りである。

(3)　地方財政に占める地方税の割合に注目すれば良い。地方税の割合が低い地方自治体の方が地方交付税交付金の額が大きくなっていることから，財政格差の解消という役割を持っていることが分かるはずである。

(4)　a　1949年に設置された内閣府の外局である。　b　市場における自由な競争に基づいて価格形成されることが，国民生活の基盤の安定の妨げになる場合に設定されるものである。

(5)　a　Pは，景気が落ち込んだ場合，政府は公共事業などによって景気を刺激しようとすることから，歳出は増加することから判断すれば良い。Qは，歳出の原資である歳入は，基本的に税収であることから判断すれば良い。Rは，歳入の不足は借金，すなわち国債の発行でまかなうしかないことから判断すれば良い。　b　需要が供給を下回ると商品が余るので，価格は下落する。逆に供給が需要を下回ると商品が不足するので，価格は上昇する。これらを併せて判断すれば良い。　c　国債発行を抑制するためには，税収を増やして歳出を減らす必要があることから判断すれば良い。

(6)　**雇用分野における法の下の平等を実現**するために制定された，厚生労働省が所管する法律である。

(7)　Aの時点で80円をドルに換えると1ドルになる。1ドルをBの時点で円に換えると120円になることが分かる。円でみた金額は40円増えていることになるので，エは誤りである。

問題2　(歴史的分野－香川県の歴史を切り口にした問題)

(1)　a　**弥生時代が紀元前300年から紀元後250年**までの間であることから判断すれば良い。アは239年，イは607年，ウは663年，エは806年のことである。　b　国を治めるトップである国

司は，都から派遣された貴族だったことと，地方の豪族は郡司として国司の下で働いていたことに注目してまとめれば良い。　c　崇徳上皇と後白河天皇の対立が原因となって起きたのが1156年の保元の乱である。壬申の乱は，天智天皇の跡継ぎ争いとして，弟の大海人皇子と息子の大友皇子が戦ったものである。　d　田沼意次は，商人の持つ財力に注目し，そこから運上金・冥加金といった形で金を集めたことから判断すれば良い。アは江戸幕府8代将軍徳川吉宗による享保の改革の内容，ウは老中松平定信による寛政の改革の内容，エは老中水野忠邦による天保の改革の内容である。

(2)　a　踊念仏とあることから，時宗の開祖である一遍だと分かる。　b　土一揆では，借金を帳消しする徳政を求める例が多かったことから判断すれば良い。

(3)　a　Ⓐは1590年，Ⓑは1600年，Ⓒは1603年，Ⓧは1575年，Ⓨは1615年であることから判断すれば良い。　b　1615年に江戸幕府2代将軍徳川秀忠の名で出された元和令以降，1717年に8代将軍徳川吉宗の名で出された享保令まで，将軍の代替わりに改訂されたものである。

(4)　蛮社の獄は，1837年にアメリカ船モリソン号が浦賀に来航した際，異国船打払い令に基づいて退去させたことや，幕府の鎖国政策を批判したことを理由に，高野長英・渡辺崋山らが1839年に処罰されたできごとである。㋑は1858年から翌年にかけて行われた，大老井伊直弼による反対派の弾圧事件である。アヘン戦争は，イギリスと清の間で1840年から2年間に渡って行われた戦争である。

(5)　a　西洋文明を積極的に取り入れようとした姿勢のことである。「散切り頭を叩いてみれば文明開化の音がする」という形で，ちょん髷を落とした髪型が最先端のものであると称賛していた。　b　イギリス流立憲君主政治を目指す政党である。　c　表を見ると，動員兵力・死者数・戦費のすべてにおいて，日露戦争が日清戦争を上回っていることが読み取れる。にも拘らず，賠償金を得ることができなかった点が国民の不満の原因である点を説明すれば良い。

(6)　a　㋐は1918年~1922年，㋑は1919年，㋒は1929年，㋓は1940年であることから判断すれば良い。　b　犬養毅首相が海軍の青年将校に暗殺された事件である。これ以降，太平洋戦争終結時までは政党出身者による組閣が行われなくなった点に注目してまとめれば良い。　c　㋐は1978年，㋑は1989年，㋒は1949年のことである。　d　1973年の石油危機の原因は，イスラエルとエジプト・シリアをはじめとするアラブ諸国との間で行われた第4次中東戦争である。朝鮮戦争は，1950年に始まった大韓民国と朝鮮民主主義人民共和国との間の戦争である。土地や株の高騰による好景気は，実体を伴わない泡(バブル)に例えられたバブル景気である。高度経済成長期は1960年代の好景気である。

問題3 (地理的分野ー世界の地理・日本の地理に関する様々な問題)

(1)　a　東京のある地点の経度・緯度は，東経135度から東経150度，北緯30度から北緯45度の範囲である。したがって，正反対側の経度・緯度は，西経45度から西経30度，南緯30度から南緯45度の地点となることから判断すれば良い。　b　高地で気温が低いこと，ジャガイモの原産地がアンデスであることなどから判断すれば良い。㋐は地中海沿岸，㋑は熱帯地域，㋒は乾燥帯での農業の特色である。　c　聖地メッカや豚肉を食べないことなどから判断すれば良い。　d　環太平洋造山帯から判断すれば良い。　e　コートジボワールの輸出総額にカカオ豆の国際価格が影響しているかを確認するには，カカオ豆の生産量・消費量・輸入額ではなく，輸出額を調べる必要があると判断できるはずである。

(2)　a　縮尺25000分の1とあることから，この地図上の1cm実際の長さは25000cm＝250mであることから，2.4×250＝600(m)となる。　b　Cに見られる地図記号は博物館・美術館を表す

ではなく，老人ホームを表すであることから，ウは誤りである。　c　**等高線の間隔が広い場所は傾斜が緩やか**な場所であることから判断すれば良い。　d　現在の**成田国際空港の主要な輸出品に非貨幣用の金がある**ことに注目すれば良い。アは名古屋港，イは東京港，ウは千葉港である　e　**ハザードマップは自然災害による被害を予測し，その被害範囲を地図化**したものであることに注目して説明すれば良い

(3)　a　8月の気温と降水量が欠けている点に注目すれば良い。作図は解答に示した通りである。
b　季節によって風向きを変える風で，冬は大陸から大洋へ，夏は太陽から大陸へ向かって吹く風である。

(4)　それぞれの県の人口に対する東京都への通勤・通学者の割合を計算すると，埼玉県12.9%，千葉県11.5%，神奈川県11.7%となり，埼玉県が一番高いことから，ウは誤りである。

(5)　**2011年の東日本大震災**を境に，原子力発電の割合は低下し，再生可能エネルギーである太陽光発電が盛んになってきたことに注目すれば良いので，原子力発電はイ，太陽光発電はエであることが分かる。アは火力発電，ウは水力発電である。

(6)　a　県庁所在地は，青森県青森市，**岩手県盛岡市**，**宮城県仙台市**，秋田県秋田市，山形県山形市，福島県福島市であることから判断すれば良い。　b　青森県を例にとってそれぞれの数値を研鑽すると，アは15.6%，イは8.2%，ウは52.9%，エは47.1%となることから判断すれば良い。　c　品質や安全性を高める方法として，鮮度や有機農法などが挙げられることに注目すれば良い。

＜国語解答＞

問題一　(一)　a　すいせん　b　がくふ　c　ひび　d　げきれい　(二)　1
(三)　ア　ピアノを弾いている指と同じ　イ　ひとりで空まわり　(四)　2
(五)　4　(六)　(例)同じ音を聞き，同じ歌を歌うことで，クラスのひとりずつのちがった気持ちがごちゃ混ぜになった状況が変わるのではないかという
(七)　オレの指か　(八)　2

問題二　(一)　さよう　(二)　3　(三)　人も乗らぬ車　(四)　1　(五)　2

問題三　(一)　a　逆　b　許　c　改　d　優先　(二)　自分で選んだり決めたりしたもの　(三)　ア　特定の権威や権力　イ　暗黙の規律やローカルな慣習，多くの人が同調している流行　(四)　1　(五)　2　(六)　(例)現在の私たちの社会における物事の区別の仕方と扱い方を再検討し，さまざまな事象と行為の究極の目的を探るものであり，他者とともに人間の世界を組み直す　(七)　4　(八)　3
(九)　1　(十)　4

問題四　(例)　私も若者言葉を使うと，その場になじんだ感じがして一体感を覚える。言葉が通じるという喜びも感じる。親や先生が分からない言葉を使って，秘密めいた話をするとわくわくすることも多い。

しかし，その楽しさに甘んじているだけでよいのだろうか。一定の人としかコミュニケーションが取れないのは，豊かなコミュニケーションとは言えない。若者言葉を全否定はしない。使ってもいい。ただ，正しい言葉でいろいろな人とコミュニケーションを取り，社会を生きぬく力を養うことが必要だ。

＜国語解説＞

問題一 (小説―情景・心情，内容吟味，文脈把握，脱文・脱語補充，漢字の読み，品詞・用法)

(一) a いいと思うことを他人にすすめること。 b 「譜」は，つくりが「普」だから「フ」と読む。 c 「響」は，訓読みが「ひび・く」，音読みが「キョウ」。 d しっかりやるように元気づける。

(二) このとき「オレ」は，失敗して非難されるのも，ひとりだけ目立つのも嫌なのでピアノ伴奏の立候補がない状況に対して**「それもわかる」と理解を示している**。しかし「なんだか無性にイライラ」してくる自分に気が付いたとき，**「えっ？」と驚いた**のだ。驚きと共に，**そんな思いを抱いた自分に戸惑いがある**ことも読み取れる。

(三) 指の動きは「この動きは，ピアノを弾いている指と同じじゃないか」とある。また，立候補した後に不安になった理由は傍線②の直後に「ひとりで空まわりしてるやつだ，って思われたらどうしよう」とある。それぞれここから抜き出せる。

(四) 傍線③「ない」は，**単独で文節を作らないので，付属語の助動詞**だ。ア「違いは／ない」，ウ「美しく／ない」，エ「もったい／ない」といずれも**単独で文節になるので，自立語の形容詞**。イは「運べない」で一文節。

(五) 鶴田さんは六年最後の行事で「みんなで歌いたい」と考えている。しかし**クラスは鶴田さんが「必死にまとめようとして」もふざけている子もいてまとまりがない**。さらに鶴田さんをライバル視する**菅山くんが意地悪なことを言って攻撃するので傷ついた**のだ。

(六) 「オレ」が「弾いてみよう」と思ったのは，音楽室の中の**「クラスのひとりずつのちがった気持ちがごちゃ混ぜになっている」状態**にあって，**「同じ歌を歌えば」，「今ここで同じ音を聞いたら」**いいのではないかと考えたからだ。そうすれば**よい方向にクラスが向かう**ように感じたのだ。

(七) 伴奏の音だけが聞こえるのは，「オレの指から，ピアノのカラオケが流れていく。」という表現に一致する。歌がないのだ。

(八) 「オレ」は，**クラスをまとめることの難しさ**を実感している。そのうえで，文章の最後で「その時の歌の調子に合わせて，オレは，ピアノのテンポや強さを加減できるように努力した」と，**状況に合わせることのやりがい**を知った。**合唱コンクールへ向けて意欲的に取り組む様子**が伺える。

問題二 (古文―主題・表題，心情・情景，文脈把握，脱文・脱語補充，仮名遣い，古文の口語訳)

【現代語訳】 小松内府は，賀茂祭りを見物しようとして，牛車四，五両ほどで，一条大路にお出かけなさった。見物の車がぎっしりと並んでいて，すき間がない。「どの車を，どかそうとしているのだろうか」と，人々が見つめていたところ，ある都合の好さそうな所にある車を，引き出して見てみると，どれも人が乗っていない車であった。前もって絶好の見物場所をとっておいて，人を煩わせないようにするために，空の車を五両置いておいたのだった。そのころの内府の栄華といったら盛んで，どんな車であっても，内府と争いがたくあったであろうに，六条の御息所の前例にあったようなことになるのも好ましくないとお考えになったのでしょう。そのような心配りは情け深い。

(一) 「―au(アウ)」は「―ou(オウ)」となるので，「さやう(sayau)」は「sayou」となり「さよう」と読む。

(二) 人々はみな「いかなる車か，のけられむずらむ」と好奇心を持っていのだ。

(三) 空なのは人がいないからだ。したがって「人も乗らぬ車」ということである。

(四) どんな車も内府と争いたがらないと考えるのは，**内府なら自分の思うままにできるだろう**という思いがあるからだ。

(五) 際立たせたいのは，**内府の「心ばせ，情深し」と称する人柄**である。これが最大のポイントだ。**見物の際の場所取りで騒動を起こして人々に迷惑がかからないように準備をして**おいた内府の心遣いが光るのである。

問題三 (論説文―大意・要旨，内容吟味，文脈把握，段落・文章構成，脱文・脱語補充，漢字の書き取り，語句の意味，品詞・用法)

(一) a 自然の勢いと反対の方向に進もうとする。 b 「許」の訓読みの際は送り仮名に注意する。 c 出発点に立ち戻る。 d 「優」の「憂」の部分を正確に書こう。

(二) 傍線①の前で「『普通』とは明確には……**自分で選んだり決めたりしたものでもない。**」とあるところから抜き出せる。

(三) 傍線②は「普通」になることと同義だ。[ア]には，**「普通」であるように命令するもの**が入り，[1]段落に「『普通』を命じているのは特定の権威や権力である」とあるところから抜き出せる。[イ]には，**人が何に従うか**を考えて補う。これも[1]段落に「暗黙の規律やローカルな慣習，多くの人が同調している流行に従うのが『普通』である」とある部分から抜き出せる。

(四) 傍線③「なろ」は**「う」に接続する**ので五段活用動詞「なる」の未然形である。

(五) 個人が権威や権力に従うということは，この両者には**上下の階層がある**ことがわかる。

(六) 傍線④**「哲学対話の問い」とは，「現在の私たちの社会における物事の区別の仕方と，それに伴う物事の扱い方を再検討しようとする」もの**であり，『なぜ』という問いで，**私たちがさまざまな事象と行為の究極の目的を探る」もの**である，さらに，どうすることで社会を結びつけるかというと，**「他者とともに人間の世界を組み直」すこと**による。そうすることで生じる「人間的な絆によって社会を連帯させる」ことが可能ということになる。この三点をおさえて指定字数でまとめる。

(七) [7]段落に「対話は，平和を創り出し，それを維持するのが条件」とあると同時に「平和は対話を行うための条件」とある。つまり，**対話と平和は相互に必須の条件**となっている。

(八) 「契機」は，物事の成立に直接かかわる本質的な要素。きっかけ。

(九) [1]～[3]段落は，**「普通」であること**について論じ，「普通」の社会には対話がないという問題点を提起している。[4]段落は**「対話」に着目**し，対話が人間世界を組み直すための大切な営みであることを説明している。それを受けて，[5]～[8]段落では，**「対話」が平和構築のために必須のものである**とし，重要な教育活動であるという筆者の考えを述べて結論づけている。

(十) [5]段落以降の筆者の考えを的確におさえよう。筆者は**平和の構築のために「対話」を学ぶ重要性**を示している。相容れないからといって他者を対話の相手から外すことはお互いの変容契機を失うことになり，**対話こそ「戦争を，互いに結び付いた差異へと変換する」ことのできるもの**だと考えている。この対話こそが平和構築であり，**対話文化を築く重要性**を示している。

問題四 (作文)

二段落構成で書くとよいだろう。まず，第一段落では花子さんの意見を受けて**若者言葉を使うこと**に対してどう考えるかを述べておこう。身近な例を挙げるように指示があるので，ここで書ける。そして第二段落では，**若者言葉に対しての考え**を述べよう。**若者言葉が与える影響**がどのようなものか考察しても内容が深まる。そのうえで，**自分がどう若者言葉と向き合っていくか**を，自分の意見として発表するといい。

香川県公立高等学校

2020年度

★★★★★★★★★★★★★★★★★★★★★★★★

入試問題

2020年度

●くわしい解説……53ページ

＜数学＞　時間　50分　　満点　50点

問題１　次の(1)～(7)の問いに答えなさい。

(1)　$10 \div (-2) + 4$ を計算せよ。

(2)　$a = -3$ のとき，$a^2 - 4$ の値を求めよ。

(3)　$9 \times \dfrac{2x-1}{3}$ を計算せよ。

(4)　$(x-1) : x = 3 : 5$ が成り立つとき，x の値を求めよ。

(5)　$(3\sqrt{2}+1)(3\sqrt{2}-1)$ を計算せよ。

(6)　$x(x+1) - 3(x+5)$ を因数分解せよ。

(7)　$\sqrt{180a}$ が自然数となるような自然数 a のうち，最も小さい数を求めよ。

問題２　次の(1)～(3)の問いに答えなさい。

(1)　右の図のような，正方形ABCDがある。辺CD上に，２点C，Dと異なる点Ｅをとり，点Ｂと点Ｅを結ぶ。線分BE上に，点Ｂと異なる点Ｆを，AB＝AFとなるようにとり，点Ａと点Ｆを結ぶ。

∠DAF＝40°であるとき，∠EBCの大きさは何度か。

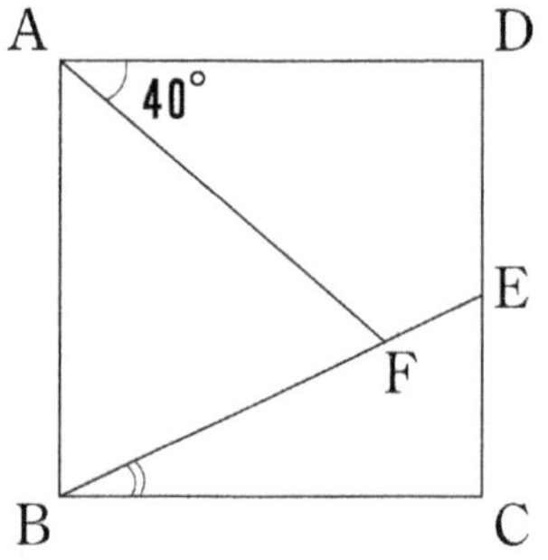

(2)　右の図のような三角柱があり，AB＝６cm，BC＝３cm，CF＝７cm，∠DEF＝90°である。辺AD上に点Ｐをとり，点Ｐと点Ｂ，点Ｐと点Ｃをそれぞれ結ぶ。

三角すいPABCの体積が15cm^{3}であるとき，次のア，イの問いに答えよ。

ア　次の㋐～㋓の辺のうち，辺BCとねじれの位置にある辺はどれか。正しいものを１つ選んで，その記号を書け。

㋐　辺EF　　㋑　辺DF

㋒　辺AC　　㋓　辺BE

イ　線分PBの長さは何cmか。

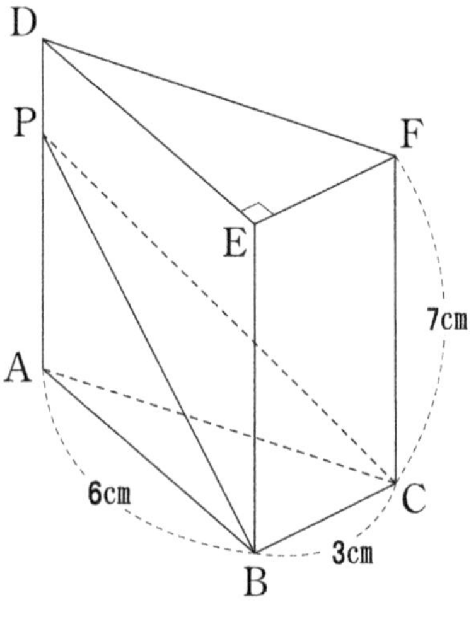

⑶　右の図のように，∠BAC＝90°の直角三角形ABCがあり，辺ABを１辺にもつ正方形ABDEと，辺BCを１辺にもつ正方形BCFGを，それぞれ直角三角形ABCの外側につくる。また，点Dと点Gを結ぶ。

AB＝４㎝，BC＝６㎝であるとき，△BDGの面積は何cm^2か。

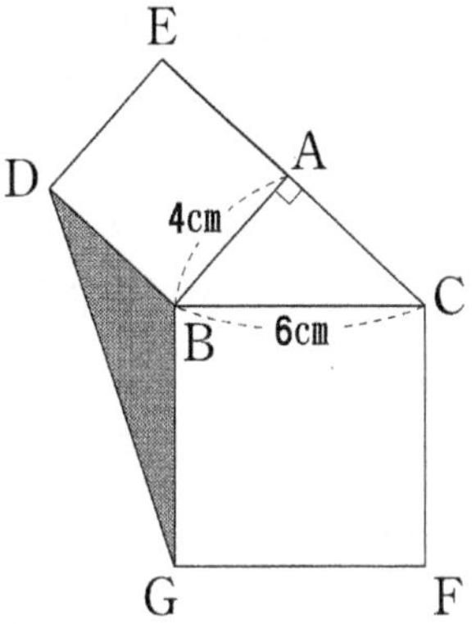

問題３　次の⑴～⑷の問いに答えなさい。

⑴　１から６までのどの目が出ることも，同様に確からしい２つのさいころA，Bがある。この２つのさいころを同時に投げるとき，2つの目の数の積が９以下になる確率を求めよ。

⑵　右の図は，花子さんのクラスの生徒30人について，通学時間をヒストグラムに表したものである。このヒストグラムでは，たとえば，通学時間が30分以上40分未満である生徒が４人いることを表している。このヒストグラムから，この30人の通学時間の最頻値を求めると何分になるか。

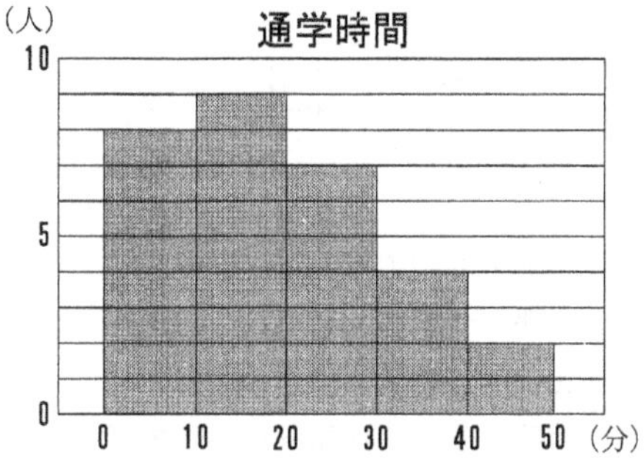

⑶　右の図で，点Oは原点であり，放物線①は関数 $y=\frac{1}{2}x^2$ のグラフで，放物線②は関数 $y=x^2$ のグラフである。

点Aは放物線①上の点で，その x 座標は－４である。点Bは y 軸上の点で，その y 座標は正の数である。また，直線ABをひき，放物線②との交点のうち，x 座標が正の数である点をCとする。

これについて，次のア，イの問いに答えよ。

ア　関数 $y=x^2$ について，x の値が１から４まで増加するときの変化の割合を求めよ。

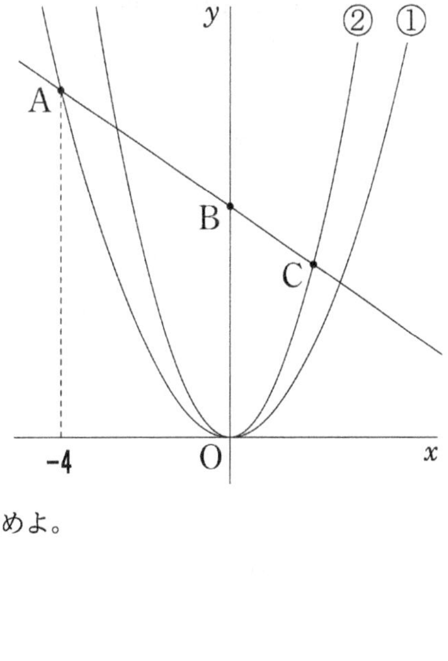

イ　AB：BC＝２：１であるとき，直線ABの式を求めよ。

⑷　太郎さんの所属するバレーボール部が，ある体育館で練習することになり，この練習に参加した部員でその利用料金を支払うことにした。その体育館の利用料金について，バレーボール部の部員全員から１人250円ずつ集金すれば，ちょうど支払うことができる予定であったが，その体育館で練習する日に，３人の部員が欠席したため，練習に参加した部員から１人280円ずつ集金して，利用料金を支払ったところ120円余った。このとき，バレーボール部の部員全員の人数は何人か。バレーボール部の部員全員の人数をx人として，xの値を求めよ。xの値を求める過程も，式と計算を含めて書け。

問題４　次の⑴，⑵の問いに答えなさい。

⑴　平方数とは，自然数の２乗で表すことができる数である。たとえば，25は，5^2と表すことができるので平方数である。下の表は，1から20までの自然数nを左から順に並べ，平方数n^2と差$n^2-(n-1)^2$のそれぞれの値をまとめようとしたものである。あとの文は，この表についての花子さんと太郎さんの会話の一部である。

これについて，あとのア，イの問いに答えよ。

自然数 n	1	2	3	4	5	6	7		16		20
平方数 n^2	1	4	9	16	25	36	49		256		400
差 $n^2-(n-1)^2$	1	3	5	7	9	11	13		a		39

花子：表の１番下の段には，奇数が並んでいるね。

太郎：それは，差$n^2-(n-1)^2$を計算すると，$2n-1$　になるからだね。

花子：ところで，その差の中には，たとえば９のように，平方数が含まれているね。

太郎：その９は$25-16=9$で求めたね。

花子：そう，$5^2-4^2=3^2$であることから$3^2+4^2=5^2$が成り立つよね。つまり，三平方の定理の逆から，３辺の長さが３，４，５の直角三角形が見つかるね。

太郎：そうか。その場合，$2n-1$が９のときのnの値は５で，$n-1$の値は４だから，３辺の長さが３，４，５の直角三角形が見つかるということだね。このようにすれば，他にも３辺の長さがすべて自然数の直角三角形を見つけることができそうだよ。

花子：差の$2n-1$が平方数になっているところに注目すればいいから，次は$2n-1$が25のときを考えてみようよ。このとき，nの値は13だから，$5^2+12^2=13^2$が成り立つことがわかるから，３辺の長さが５，12，13の直角三角形が見つかるね。

太郎：この方法で，その次に見つかる３辺の長さがすべて自然数の直角三角形は，$2n-1$が49のときだから，その場合は３辺の長さが［　P　］の直角三角形だね。

ア　表中のaの値を求めよ。

イ　会話文中のPの［　］内にあてはまる３つの自然数を求めよ。

⑵　次のページの図のような△ABCがあり，AB＝10cm，BC＝20cmで，△ABCの面積は90cm²である。

点Ｐは，点Ａを出発して，毎秒１cmの速さで，辺AB上を点Ｂまで動く点である。点Ｑは，点Ｐが点Ａを出発するのと同時に点Ｂを出発して，毎秒２cmの速さで，辺BC上を点Ｃまで動く点である。

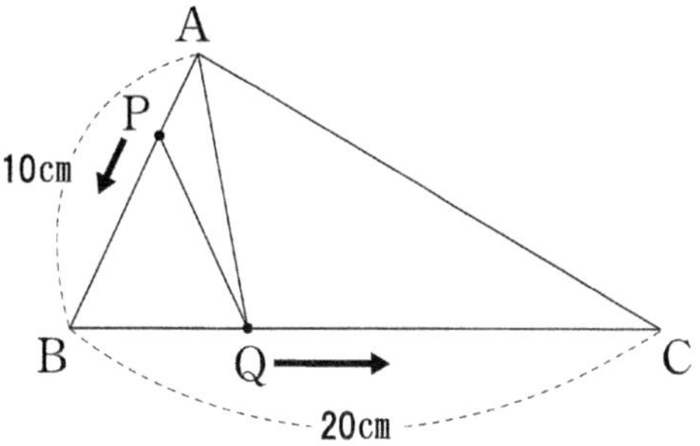

これについて，次のア～ウの問いに答えよ。

ア　点Ｐが点Ａを出発してから３秒後にできる△ABQの面積は何cm^2か。

イ　点Ｐが点Ａを出発してからx秒後にできる△APQの面積は何cm^2か。xを使った式で表せ。

ウ　$0 < x \leqq 9$とする。点Ｐが点Ａを出発してからx秒後にできる△APQの面積に比べて，その１秒後にできる△APQの面積が３倍になるのは，xの値がいくらのときか。xの値を求める過程も，式と計算を含めて書け。

問題５　右の図のような，線分ABを直径とする円Ｏがある。点Ｃは円周上の点で，∠AOCは鈍角である。円Ｏの円周上で，点Ｃと異なる点Ｄを，BC＝BDとなるようにとる。点Ｃを通り，直線ADに垂線をひき，その交点をＥとし，直線ＣＥと円Ｏとの交点のうち，点Ｃと異なる点をＦとする。また，点Ｏを通り，直線ＡＦに垂線をひき，その交点をＧとする。点Ｂと点Ｆを結ぶ。

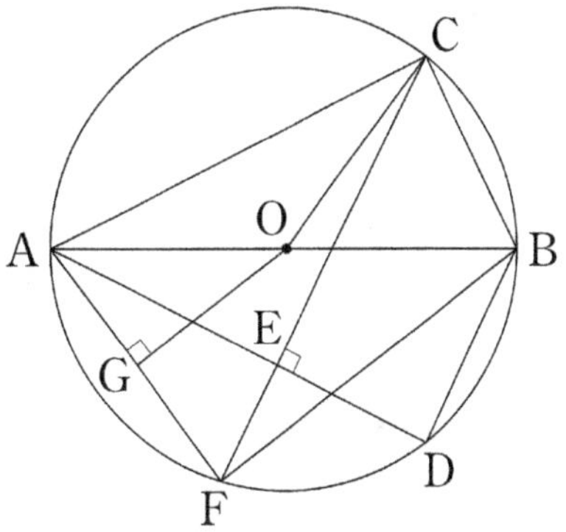

このとき，次の⑴，⑵の問いに答えなさい。

⑴　△AGO∽△AFBであることを証明せよ。

⑵　直線AFと直線BDの交点をＨとするとき，△ABC≡△AHDであることを証明せよ。

数学解答用紙

受検番号	

問題1

(1)	
(2)	
(3)	
(4)	$x =$
(5)	
(6)	
(7)	$a =$

問題2

(1)		度
(2)	ア	○
	イ	cm
(3)		cm^2

問題3

(1)		
(2)		分
(3)	ア	
	イ	$y =$
(4)	x の値を求める過程 答 x の値	

問題4

(1)	ア	$a =$
	イ	
(2)	ア	cm^2
	イ	cm^2
	ウ	x の値を求める過程 答 x の値

問題5

(1) 証　明

(2) 証　明

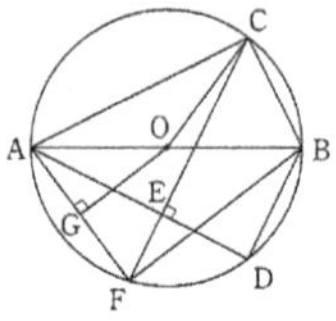

※この解答用紙は154％に拡大していただきますと，実物大になります。

＜英語＞

時間　50分　　満点　50点

問題１　英語を聞いて答える問題

A　絵を選ぶ問題

①

②

③

④

B　曜日の組み合わせを選ぶ問題

月	火	水	木	金	土	日
1	2	3	4	5	6	7
8	9	10	11	12	13	14
15	16	17	18	19	20	21
22	23	24	25	26	27	28
29	30	31				

ア　月曜日，水曜日
イ　火曜日，日曜日
ウ　月曜日，木曜日，金曜日
エ　火曜日，水曜日，土曜日

C　応答を選ぶ問題

ア　It's by the door.
イ　There is an umbrella.
ウ　They are in your school.
エ　Ask your teacher.

D　対話の内容を聞き取る問題

E　文章の内容を聞き取る問題

No. 1
ア　From China.
イ　From Canada.
ウ　From the U.K.
エ　From Australia.

No. 2
ア　To teach English.
イ　To borrow some books.
ウ　To say sorry to Aya.
エ　To play video games with Ken.

No. 3
ア　He said that it was difficult to teach English.
イ　He said that he wanted to talk with Steve more.
ウ　He said that he should know more about Japanese.
エ　He said that he tried to study English harder than Aya.

問題 2　次の対話文は，日本の中学校に来ている留学生の Ellen と，クラスメートの Misa の会話である。これを読んで，あとの(1)～(3)の問いに答えなさい。（＊印をつけた語句は，あとの㊟を参考にしなさい。）

Misa:　Hello, do you like school life in Japan?
Ellen:　Hi, Misa.　Yes.　There are many events.
Misa:　[(a)]
Ellen:　Yes, such as sports day, chorus contest, and school trip.
Misa:　What did you enjoy the most?
Ellen:　I enjoyed sports day the most.　Can I ask you a question about the school events?
Misa:　[(b)]
Ellen:　Our school had an *emergency drill last week, and a teacher talked about an earthquake in this *area in the near future.　Did you know about it?
Misa:　Yes.　①We may have a big earthquake.　So, our school has a *hazard map.　Have you ever seen it?
Ellen:　No.　[(c)]
Misa:　It's a map which shows you the dangerous places in *disasters.　②If you know about the map, you will be [　　] to save your life when a disaster happens.　[(d)]
Ellen:　Sure.　I should know it!

㊟　emergency drill：防災訓練　　area：地域　　hazard map：ハザードマップ　　disaster(s)：災害

(1)　本文の内容からみて，文中の(a)～(d)の [　　] 内にあてはまる英文は，次のア～クのうちのどれか。最も適当なものをそれぞれ一つずつ選んで，その記号を書け。

ア　I'll call you back.
イ　Do you think so many?
ウ　What is the hazard map?
エ　No, you didn't.
オ　Why don't we go to the event?
カ　Did you make the hazard map?
キ　Yes, of course.
ク　Do you want to go and look at it?

(2)　下線部①の英文の中で，ふつう最も強く発音される語は，次のア～エのうちのどれか。最も適当なものを一つ選んで，その記号を書け。

We (ア) may have (イ) a big (ウ) earthquake (エ).

(3)　下線部②を，「もし，あなたがその地図について知っていれば，災害が起きたとき，あなたはあなたの命を救うことができるでしょう。」という意味にするには，[　　] 内に，どのような語を入れたらよいか。最も適当な語を一つ書け。

問題 3　次の文章は，中学生の秀二《しゅうじ》が，香川県のある島を訪れたときの出来事について英語の授業でおこなったスピーチである。これを読んで，あとの(1)～(9)の問いに答えなさい。（＊印をつけた語句は，あとの㊟を参考にしなさい。）

This summer, I visited my friend, Hisao. He lives on an *island in Kagawa. He said to me, "Have you ever heard of *Setouchi Triennale? It is held *once every three years in many places in Kagawa and Okayama. We can see a lot of *works of art in my island, too. People from other countries also come here to see them." I said, "That ①□ interesting! I want to go and see the works."

The next day, while we were walking around the island, we saw a lot of works of art ②(make) by many *artists from all over the world. ③We (pictures our of favorite taking works enjoyed).

When we were waiting for the bus, a woman asked me in English, "Hi. I'm looking for a *restroom near here, ④あなたはそれがどこにあるのかを知っていますか。" I knew the place ⑤□ I said to her, "I'm sorry. I don't know...." At that time, I didn't want to *make a mistake when I used English. Then, she looked sad and left there. I felt very sorry about it. ⑥When I was in such a *situation, (perfect I speak to thought needed I) English.

When I came home, I talked about it to my father. He said to me, "Don't be ⑦□ of making mistakes. Just try first. *Practice makes perfect." I could understand what he wanted to tell me. I think he wanted to say that experience is one of the most important things in our lives. *The Olympics and the Paralympics will be held in Tokyo soon. So, we will have more chances to talk with people from other countries. For example, we can join international events and help people as a volunteer. Also, we can make friends from other countries through communication.

*Thanks to this experience, now I am trying to speak English ⑧□ worrying about making mistakes. In the future, I want to be a *tour guide for people from other countries. ⑨私は彼らに日本についての新しいものを見つけてほしいです。

㊟　island：島　Setouchi Triennale：瀬戸内国際芸術祭　once every three years：3年ごとに1度
work(s)：作品　artist(s)：芸術家　restroom：トイレ　make a mistake：間違う
situation：状況　practice makes perfect：習うより慣れよ
the Olympics and the Paralympics：オリンピックとパラリンピック　thanks to ～：～のおかげで
tour guide：観光ガイド

(1)　①の□内にあてはまる語は，本文の内容からみて，次のア～エのうちのどれか。最も適当なものを一つ選んで，その記号を書け。

ア　sees　イ　sounds　ウ　means　エ　hears

(2)　②の（　）内の make を，最も適当な形になおして一語で書け。

(3)　下線部③が，「私たちは，私たちの大好きな作品の写真を撮るのを楽しみました。」という意味になるように，（　）内のすべての語を，正しく並べかえて書け。

(4)　下線部④の日本文を英語で書き表せ。

(5)　⑤の□内にあてはまる語は，本文の内容からみて，次のア～エのうちのどれか。最も適当なものを一つ選んで，その記号を書け。

ア　but　　イ　because　　ウ　and　　エ　so

(6)　下線部⑥の（　）内のすべての語を，本文の内容からみて，意味が通るように，正しく並べかえて書け。

(7)　⑦の□内にあてはまる語は，次のア～エのうちのどれか。最も適当なものを一つ選んで，その記号を書け。

ア　interested　　イ　surprised　　ウ　necessary　　エ　afraid

(8)　⑧の□内にあてはまる語は，本文の内容からみて，次のア～エのうちのどれか。最も適当なものを一つ選んで，その記号を書け。

ア　through　　イ　by　　ウ　for　　エ　without

(9)　下線部⑨の日本文を英語で書き表せ。

問題4　次の英文を読んで，あとの(1)～(8)の問いに答えなさい。（*印をつけた語句は，あとの㊟を参考にしなさい。）

Takumi is a junior high school student. One day, when he was cleaning his classroom, he talked to one of his classmates, Emma, a student from London. He said to her, “I don’t like cleaning. Why do we have to clean our school?” She said, “You don’t like cleaning? When I was in my country, I heard that Japanese people like cleaning, so I thought Japan is the cleanest place in the world. I found it was true when I came to Japan.” Takumi agreed but asked, “①□?” Emma answered, “Yes, I do. I can’t *explain well why I like cleaning, but I feel very good after cleaning places with friends. You are Japanese, but you don’t like cleaning. I’m sorry but it is strange to me....”

After Takumi came back home, he told his mother about the thing Emma said to him. Then she said to him, “Have you heard that some Japanese soccer fans cleaned the stadium even after their team *lost an international game?” He answered, “No, I haven’t.” Then she continued, “OK. It became *news all over the world and people *admired such *conduct. However, it is not a ②□ thing for us Japanese to clean places we use, right? We have learned *cooperation, *responsibility, and *gratitude for things through cleaning time in school. Now some schools in the world try to begin this Japanese way of *education. It is ‘③□ through cleaning’.” Then Takumi said, “I have thought that we students clean our school just to make it clean. But now I understand why I have to clean my school. I have to change my *attitude toward cleaning.” His mother said, “Yes, you should do ④ so. I hope Emma will be happy when she sees the change of your attitude.”

The next day, when Takumi saw Emma at school, he said to her, “Let’s look for places to clean and make our school clean." Emma said, "Sure! ⑤I'm really happy to hear that!" They *listed places and began to clean them *one by one after school. Some students also started to join them, and their *activity spread to the whole school.

After three months, almost all the places they listed were cleaned. Then Takumi said to Emma, "Why don't we list places to clean in our community? Now more than twenty students have joined our activity, so we can *divide the places among us and decide what to do and when to finish it. By doing so, each student can ⑥□ for their places, right?" Emma said, "That's a good idea! I'm sure we will have the gratitude for *ordinary things around us, too." Their activity started to spread *outside their school.

㊟ explain：説明する　lost：lose（負ける）の過去形　news：ニュース
admired：admire（称賛する）の過去形　conduct：おこない
cooperation：協働（協力して共に働くこと）　responsibility：責任　gratitude for ～：～への感謝
education：教育　attitude toward ～：～に対する態度　listed：list（一覧表にする）の過去形
one by one：ひとつひとつ　activity：活動　divide：分担する　ordinary：ありふれた
outside ～：～の外へ

(1) ①の□内には，拓海《たくみ》の質問が入る。本文の内容を参考にして，その質問を4語以上の英文一文で書け。ただし，疑問符，コンマなどの符号は語として数えない。

(2) ②の□内にあてはまる語は，本文の内容からみて，次のア～エのうちのどれか。最も適当なものを一つ選んで，その記号を書け。

ア special　イ happy　ウ useful　エ favorite

(3) ③の□内にあてはまる語は，本文の内容からみて，次のア～エのうちのどれか。最も適当なものを一つ選んで，その記号を書け。

ア answering　イ taking　ウ checking　エ learning

(4) 下線部④の so が指しているのはどのようなことがらか。日本語で書け。

(5) 下線部⑤に，I'm really happy to hear that! とあるが，Emma は拓海のどのような誘いをうれしく思ったのか。その内容を日本語で書け。

(6) ⑥の□内にあてはまるものは，本文の内容からみて。次のア～エのうちのどれか。最も適当なものを一つ選んで，その記号を書け。

ア list international games　イ find many people
ウ have the responsibility　エ change their school

(7) 次の(a)，(b)の質問に対する答えを，本文の内容に合うように，それぞれ3語以上の英文一文で書け。ただし，ピリオド，コンマなどの符号は語として数えない。

(a) How did Emma feel after she cleaned places with her friends?
(b) Did Takumi understand why he should clean his school after listening to his mother's story?

(8) 次のページの㋐～㋕のうちから，本文中で述べられている内容に合っているものを二つ選んで，その記号を書け。

㋐ Emma didn't hear anything about Japan when she was in London.

㋑ Emma thought Japan was cleaner than any other country in the world.

㋒ Takumi's mother said that students cleaned their schools just to make them clean.

㋓ Takumi's mother hoped Emma was glad to know the change of his attitude toward cleaning.

㋔ Takumi and Emma listed places to clean in their school and cleaned them every weekend.

㋕ Takumi and Emma decided to clean their community with their teachers.

問題5　あなたは，日本の伝統的なものや行事などについて，海外の人に紹介することになりました。次の三つのうちから一つ選んで，それを説明する文を，あとの〔**注意**〕に従って，英語で書きなさい。

うどん	相撲	七夕
udon	*sumo*	*tanabata*

〔**注意**〕

① 4文で書き，一文の語数は5語以上とし，短縮形は一語と数える。ただし，ピリオド，コンマなどの符号は語として数えない。

② 選んだものや行事などを，海外の人に伝えることを考えて，まとまりのある内容で書くこと。

③ 日本独特のものの名前は，ローマ字で書いてもよい。

英語解答用紙

受検番号	

問題1	A		
	B		
	C		
	D	Sachiko が支払う金額	ドル
		店員が Sachiko に提案したこと	こと
	E	No. 1	
		No. 2	
		No. 3	
問題2	(1)	(a) (b) (c) (d)	
	(2)		
	(3)		
問題3	(1)		
	(2)		
	(3)	We ______.	
	(4)	______?	
	(5)		
	(6)	When I was in such a situation, ______ English.	
	(7)		
	(8)		
	(9)	______.	
問題4	(1)	______?	
	(2)		
	(3)		
	(4)		
	(5)	______という誘い	
	(6)		
	(7)	(a) ______.	
		(b) ______.	
	(8)	〇 と 〇	
問題5	______. ______. ______. ______.		

※この解答用紙は156％に拡大していただきますと，実物大になります。

＜理科＞

時間 50分 満点 50点

問題1 次のA，Bの問いに答えなさい。

A 気象に関して，次の(1)～(3)の問いに答えよ。

(1) 右の図Ⅰは，日本付近の4月のある日の天気図を示したものである。これに関して，次のa，bの問いに答えよ。

図Ⅰ

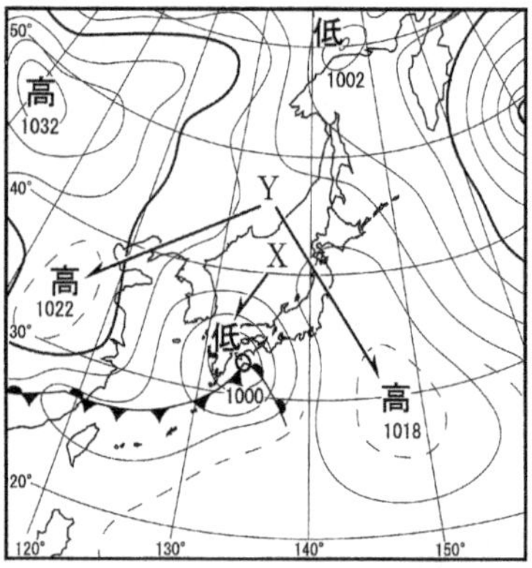

a 図Ⅰ中のXは低気圧を示している。北半球の低気圧における地表をふく風と中心付近の気流を表したものとして，最も適当なものを，次の㋐～㋓から一つ選んで，その記号を書け。

→地表をふく風 ⇨中心付近の気流

b 次の文は，日本付近における春の天気の特徴について述べようとしたものである。文中の□内にあてはまる最も適当な言葉を書け。

図Ⅰ中にYで示した移動性高気圧の前後には，図Ⅰ中にXで示したような温帯低気圧ができやすい。春には，これらの高気圧と低気圧が，中緯度帯の上空をふく□風と呼ばれる西寄りの風の影響を受けて日本付近を西から東へ交互に通過するため，「春に三日の晴れなし」とことわざにあるように，春の天気は数日の周期で変わることが多い。

(2) 右の図Ⅱは，日本付近のつゆ（梅雨《ばいう》）の時期の天気図を示したものである。次の文は，つゆ明けのしくみについて述べようとしたものである。文中のP～Rの□内にあてはまる言葉の組み合わせとして最も適当なものを，あとの表のア～エから一つ選んで，その記号を書け。

図Ⅱ

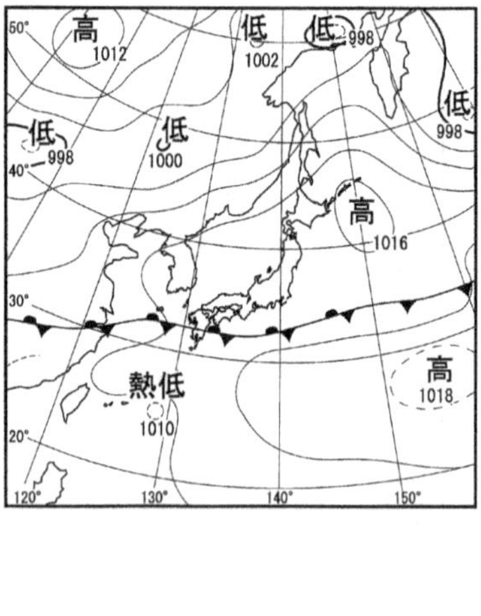

つゆが明けるころには梅雨前線の P 側の Q が勢力を強めてはり出し，梅雨前線が R に移動する。こうしてつゆ明けとなる。

	P	Q	R
ア	北	シベリア気団(シベリア高気圧)	南
イ	北	小笠原気団(太平洋高気圧)	南
ウ	南	シベリア気団(シベリア高気圧)	北
エ	南	小笠原気団(太平洋高気圧)	北

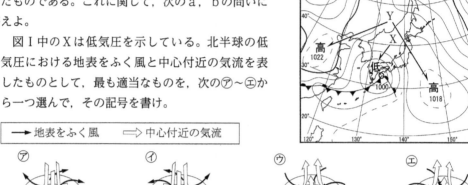

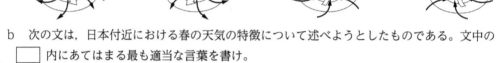

⑶　右の図Ⅲは，日本付近の8月のある日の天気図を示したものである。太郎さんは，夏にこのような気圧配置になる理由を調べるために，次の実験をした。これに関して，あとのa，bの問いに答えよ。

図Ⅲ

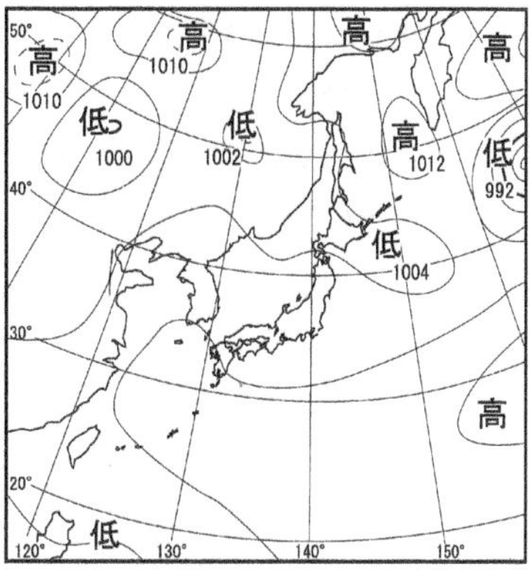

実験　下の図Ⅳのように，同じ大きさのプラスチック容器に砂と水をそれぞれ入れて，透明なふたのある水槽の中に置いた。この装置をよく日の当たる屋外に置き，3分ごとに15分間，温度計で砂と水の温度を測定し，その後，火のついた線香を入れてふたを閉め，しばらく観察した。下の図Ⅴは，砂と水の温度変化を，下の図Ⅵは，線香の煙のようすを示したものである。

図Ⅳ

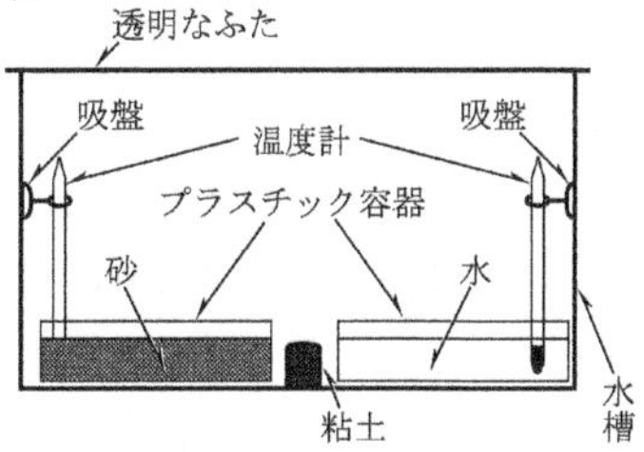

図Ⅴ

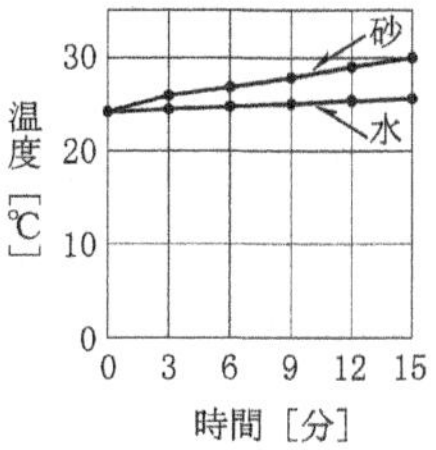

図Ⅵ

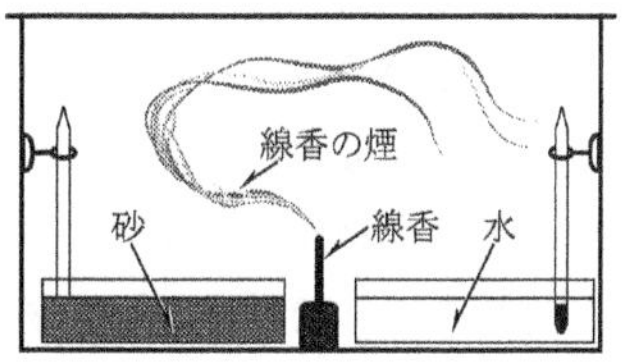

a　図Ⅵから，空気は砂の上で上昇し，水の上で下降していることがわかった。砂の上の空気が上昇したのはなぜか。その理由を，図Ⅴの結果から考えて　**密度**　の言葉を用いて書け。

b　日本付近の夏の気圧配置と季節風は，この実験と同じようなしくみで起こると考えられる。日本付近の夏の気圧配置と季節風について述べた文として最も適当なものを，次の㋐～㋓から一つ選んで，その記号を書け。

㋐　ユーラシア大陸の方が太平洋よりもあたたかくなり，ユーラシア大陸上に高気圧が，太平洋上に低気圧が発達するため，北西の季節風がふく

㋑　ユーラシア大陸の方が太平洋よりもあたたかくなり，ユーラシア大陸上に低気圧が，太平洋上に高気圧が発達するため，南東の季節風がふく

㋒　太平洋の方がユーラシア大陸よりもあたたかくなり，太平洋上に低気圧が，ユーラシア大陸上に高気圧が発達するため，北西の季節風がふく

㋓　太平洋の方がユーラシア大陸よりもあたたかくなり，太平洋上に高気圧が，ユーラシア大陸上に低気圧が発達するため，南東の季節風がふく

B　天体について，次の⑴～⑶の問いに答えよ。

⑴　右の図Ⅰは，地球の半径を1としたときの太陽系の8つの惑星の半径と，それぞれの惑星の密度の関係を表したものである。これに関して，次のa，bの問いに答えよ。

図Ⅰ

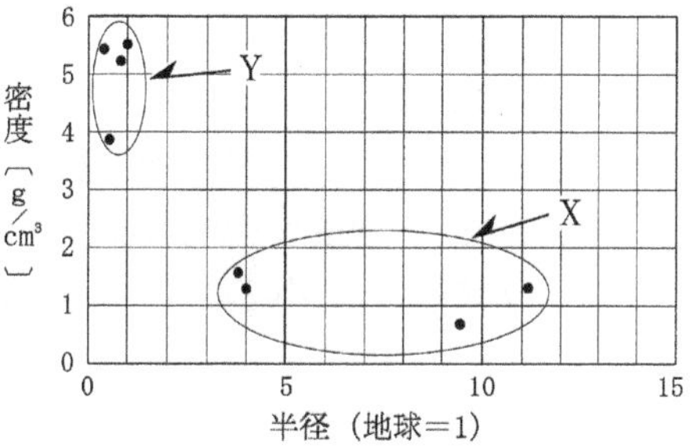

a　太陽系の8つの惑星は，その特徴から，図Ⅰ中にX，Yで示した2つのグループに分けられる。Xのグループは何と呼ばれるか。その名称を書け。

b　図Ⅰより，Yのグループの惑星は，Xのグループの惑星に比べて，半径は小さく，密度は大きいということがわかる。このことのほかに，Yのグループの惑星の特徴について，簡単に書け。

(2)　日本のある地点で，金星を観察した。これについて，次のａ，ｂの問いに答えよ。

a　下の図Ⅱは，地球を基準とした太陽と金星の位置関係を模式的に示したものである。天体望遠鏡を使って同じ倍率で図Ⅱ中の地球の位置から金星を観察したとき，金星の位置が図Ⅱ中のＰの位置にあるときに比べて，Ｑの位置にあるときの金星の見かけの大きさと欠け方は，どのように変化するか。次のア～エのうち，最も適当なものを一つ選んで，その記号を書け。

ア　見かけの大きさは小さくなり，欠け方は小さくなる
イ　見かけの大きさは小さくなり，欠け方は大きくなる
ウ　見かけの大きさは大きくなり，欠け方は小さくなる
エ　見かけの大きさは大きくなり，欠け方は大きくなる

図Ⅱ

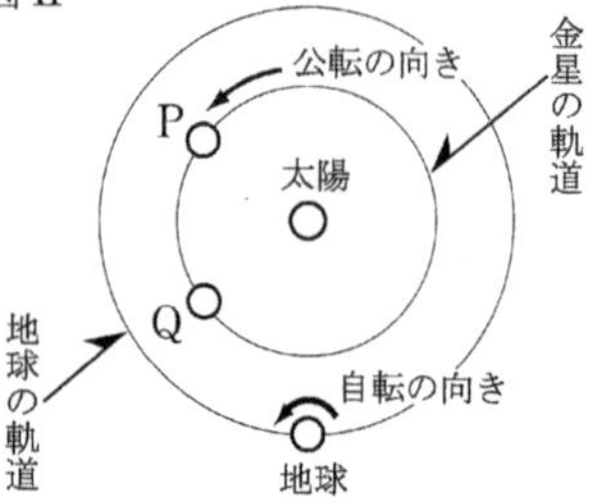

b　下の図Ⅲは，ある日の太陽と金星と地球の位置関係を模式的に示したものである。地球は太陽のまわりを１年で１回公転する。それに対して，金星は太陽のまわりを約0.62年で１回公転する。図Ⅲに示したある日から地球は，半年後に図Ⅳに示した位置にある。このときの金星の位置として最も適当なものを，図Ⅳ中のＲ～Ｕから一つ選んで，その記号を書け。また，次の文は，図Ⅲに示したある日から半年後に，日本のある地点から，金星がいつごろ，どの方向に見えるかについて述べようとしたものである。文中の２つの〔　〕内にあてはまる言葉を，㋐～㋒から一つ，㋓～㋖から一つ，それぞれ選んで，その記号を書け。

図Ⅲ

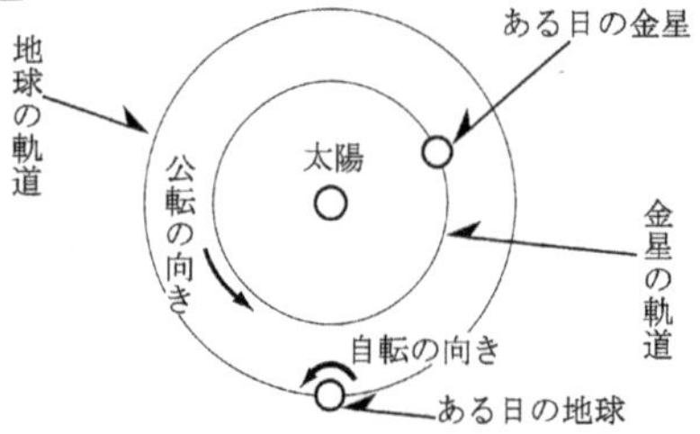

図Ⅳ

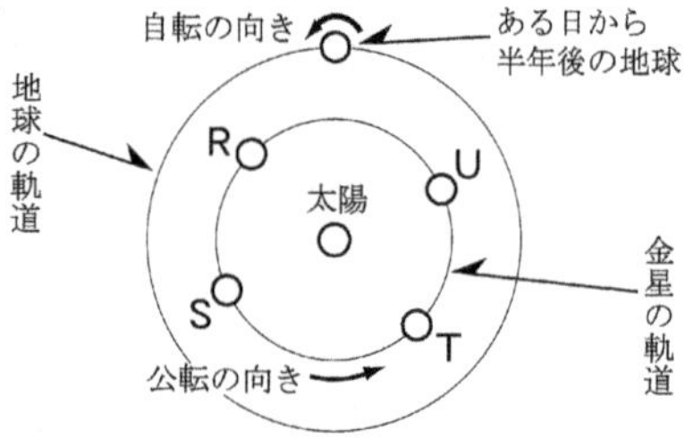

金星は〔㋐日の出直前　㋑真夜中　㋒日の入り直後〕に〔㋓北　㋔天頂付近　㋕東　㋖西〕の空に見える。

(3)　次の文は，太陽系のある天体について述べようとしたものである。文中の□内に共通してあてはまる言葉として最も適当なものを，あとのア～エから一つ選んで，その記号を書け。

太陽系の天体には，惑星以外にもさまざまな天体があり，2019年，日本の探査機「はやぶさ２」が探査したことで知られている□「リュウグウ」もその一つである。□は，主に火星と木星の軌道の間に数多く存在する天体で，太陽のまわりを公転しており，不規則な形をしているものが多い。

ア　衛星　　イ　小惑星　　ウ　すい星　　エ　太陽系外縁天体

問題２　次のＡ，Ｂ，Ｃの問いに答えなさい。

Ａ　刺激に対する反応に関して，次の(1)，(2)の問いに答えよ。

(1)　右の図Ⅰのように，太郎さん，花子さん，次郎さんが順に手をつないでいる。花子さんは，太郎さんに右手をにぎられると，すぐに次郎さんの右手をにぎり，刺激に対する反応について調べた。これに関して，次のａ，ｂに答えよ。

図Ⅰ

ａ　次の文は，花子さんが，太郎さんに右手をにぎられてから，次郎さんの右手をにぎるまでの刺激の信号の伝わるようすについて述べようとしたものである。文中の □ 内にあてはまる最も適当な言葉を書け。

花子さんが，太郎さんに右手をにぎられると，刺激の信号が末しょう神経である感覚神経を通って，□ 神経である脳やせきずいに伝わる。そのあと，信号が末しょう神経である運動神経を通って運動器官に伝わり，次郎さんの右手をにぎった。

ｂ　花子さんは，ヒトが反応するのにかかる時間に興味をもち，図書館で調べたところ，脳での判断に0.10秒から0.20秒かかり，信号が神経を伝わる速さが40m／ｓから90m／ｓであることがわかった。右の図Ⅱは，右手で受けた刺激の信号が脳に伝わり，脳で判断してから，命令の信号が左うでの筋肉まで伝わる経路を模式的に表したものである。図Ⅱ中のＰは，感覚神経と運動神経がせきずいとつながっているところを表している。右手からＰまでが75cm，Ｐから脳までが25cm，Ｐから左うでの筋肉までが55cmと仮定する。この仮定と，花子さんが図書館で調べた数値から考えて，右手で刺激の信号を受けとってから，脳で判断し，左うでの筋肉に伝わるまでの時間が最も短くなるとき，その時間は何秒と考えられるか。

図Ⅱ

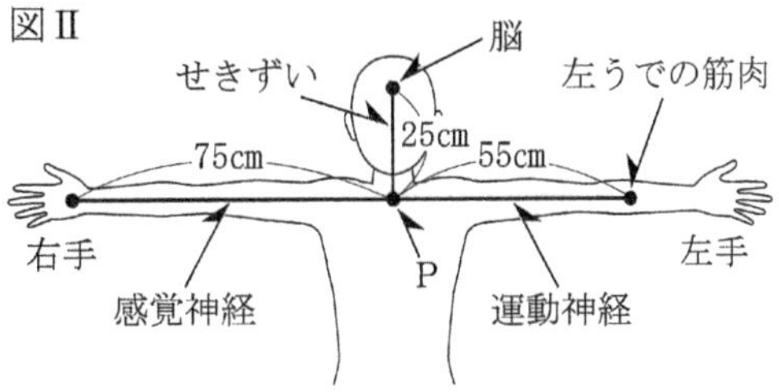

(2)　右の図Ⅲは，熱いものにふれてしまい，とっさに手を引っ込めるときのようすを模式的に示そうとしたものである。これに関して，次のａ～ｃの問いに答えよ。

図Ⅲ

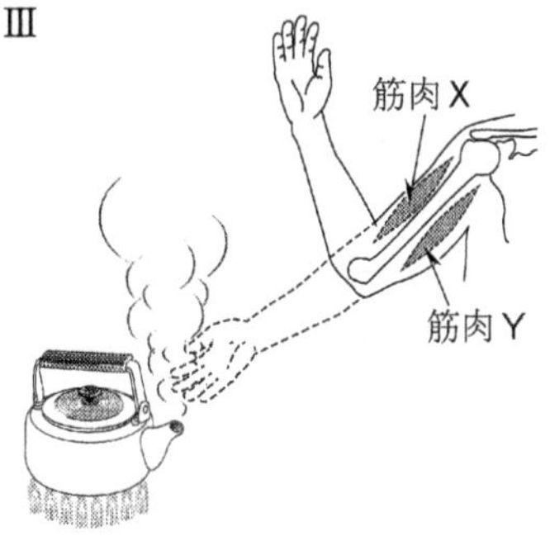

ａ　熱いものにふれてしまい，とっさに手を引っ込めるときのように，刺激に対して無意識におこる反応は何と呼ばれるか。その名称を書け。

ｂ　このとき，収縮している筋肉は，図Ⅲ中の筋肉Ｘと筋肉Ｙのどちらか。その記号を書け。また，うでを曲げのばしするためには，筋肉Ｘと筋肉Ｙは，それぞれ骨とどのようにつながっていなければならないと考えられるか。次のページの㋐～㋓のうち，最も適当なものを一つ選んで，その記号を書け。

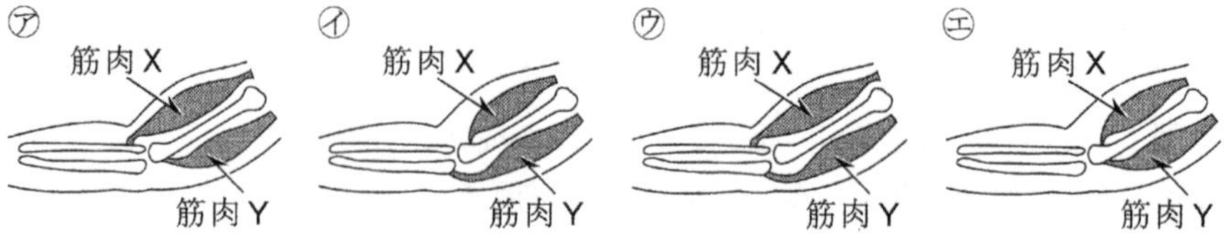

c　次の文は，熱いものに手がふれてしまったときの反応について述べようとしたものである。文中の〔　〕内にあてはまる最も適当な言葉を，㋐～㋒から一つ，㋓～㋕から一つ，それぞれ選んで，その記号を書け。

熱いものにふれてしまうと，無意識に手を引っ込める反応が起こる。このとき，手を引っ込める信号を出すのは，〔㋐脳　㋑せきずい　㋒筋肉〕である。また，熱いと意識するのは〔㋓脳　㋔せきずい　㋕手の皮膚〕である。

B　下の図は，さまざまな植物を，からだのつくりやふえ方の特徴をもとに，なかま分けしたものである。これに関して，次の(1)～(4)の問いに答えよ。

図

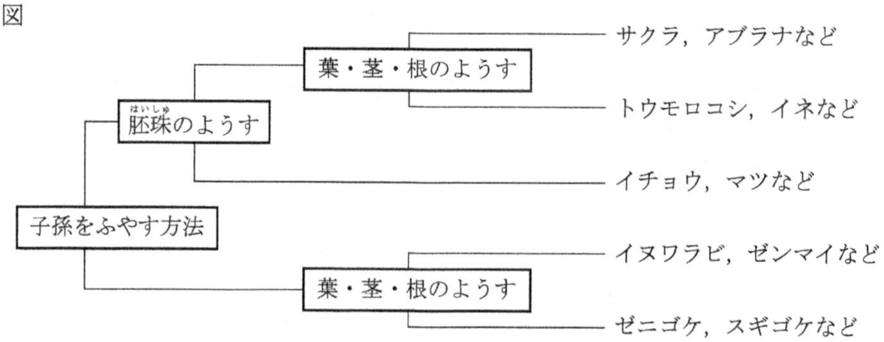

(1)　次の文は，図中に示した子孫をふやす方法について述べようとしたものである。文中の□内にあてはまる最も適当な言葉を書け。

植物には，サクラ，トウモロコシ，イチョウなどのように種子をつくって子孫をふやすものと，イヌワラビやゼニゴケなどのように種子をつくらず□をつくって子孫をふやすものがある。

(2)　図中のサクラにできた「さくらんぼ」は，食べることができる。また，図中のイチョウは，秋ごろになると，雌花がある木にオレンジ色の粒ができるようになる。この粒は，イチョウの雌花が受粉したことによってできたものであり，乾燥させたあと，中身を取り出して食べられるようにしたものを「ぎんなん」という。次の文は，「さくらんぼ」と「ぎんなん」のつくりのちがいについて述べようとしたものである。文中のP～Sの□内にあてはまる言葉の組み合わせとして，最も適当なものを，右の表のア～エから一つ選んで，その記号を書け。

「さくらんぼ」の食べている部分は［P］が成長した［Q］であり，「ぎんなん」の食べている部分は［R］が成長した［S］の一部である。

	P	Q	R	S
ア	子房	果実	胚珠	種子
イ	子房	種子	胚珠	果実
ウ	胚珠	果実	子房	種子
エ	胚珠	種子	子房	果実

(3)　次の㋐～㋓のうち，図中のアブラナとトウモロコシのからだのつくりについて述べたものとして，最も適当なものを一つ選んで，その記号を書け。

㋐　アブラナの茎の維管束は散らばっており，トウモロコシの茎の維管束は輪の形に並んでいる

㋑　アブラナの子葉は１枚であり，トウモロコシの子葉は２枚である

㋒　アブラナの葉脈は網目状であり，トウモロコシの葉脈は平行である

㋓　アブラナはひげ根をもち，トウモロコシは主根とそこから伸びる側根をもつ

(4)　次の文は，図中のイヌワラビとゼニゴケのからだのつくりについて述べようとしたものである。文中の〔　〕内にあてはまる言葉を，㋐，㋑から一つ，㋒，㋓から一つ，それぞれ選んで，その記号を書け。

イヌワラビには，葉・茎・根の区別が〔㋐あり　㋑なく〕，ゼニゴケには，維管束が〔㋒ある　㋓ない〕。

C　生態系における生物の役割やつながりに関して，次の(1)，(2)の問いに答えよ。

(1)　下の図は，ある森林の生態系における炭素の循環を模式的に示したものである。これに関して，あとのａ，ｂの問いに答えよ。

図

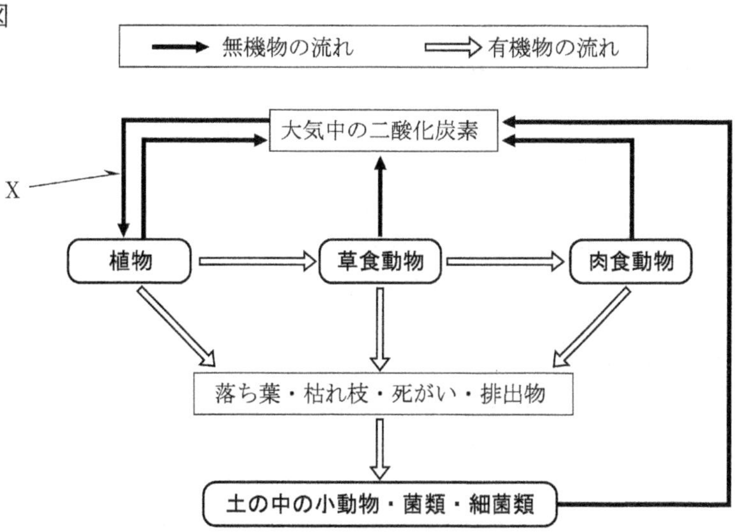

ａ　図中にXで示した炭素の流れは，植物のあるはたらきによるものである。このはたらきは何と呼ばれるか。その名称を書け。

ｂ　次のア～エのうち，図中の生物について述べたものとして誤っているものを一つ選んで，その記号を書け。

ア　土の中の小動物には，落ち葉などを食べて二酸化炭素を放出しているものがいる

イ　肉食動物は消費者と呼ばれ，有機物を消費している

ウ　生態系における生物は，植物，草食動物，肉食動物の順に数量が少なくなることが多い

エ　草食動物は，肉食動物に食べられることから，生産者と呼ばれている

(2)　土壌中の微生物のはたらきについて調べるために，次のような実験をした。

ある森林の落ち葉の下から土を採取してビーカーに入れ，そこに水を加えてよくかき回し，

布でこして，ろ液をつくった。試験管Aと試験管Bに同量のろ液を入れ，試験管Bのみ沸騰するまで加熱した。試験管Bをよく冷やしてから，試験管Aと試験管Bに同量のデンプン溶液を加え，ふたをした。3日間放置したあと，各試験管にヨウ素液を加えて，色の変化を観察した。下の表は，そのときのヨウ素液の色の変化についてまとめたものである。試験管Aの色が変化しなかった理由を **微生物** の言葉を用いて，簡単に書け。

表

	試験管A	試験管B
ヨウ素液を加えたあとの色の変化	変化なし	青紫色になった

問題3 次のA，Bの問いに答えなさい。

A 物質のとけ方について調べるために，次の実験Ⅰ～Ⅲをした。これに関して，あとの(1)～(5)の問いに答えよ。

実験Ⅰ 5つのビーカーに20℃ の水を100gずつはかりとり，それぞれのビーカーに塩化銅，砂糖，硝酸カリウム，ミョウバン，塩化ナトリウムを50gずつ入れてよくかき混ぜ，それぞれのビーカー内のようすを調べた。下の表Ⅰは，その結果をまとめたものである。

表Ⅰ

調べたもの	塩化銅	砂　糖	硝酸カリウム	ミョウバン	塩化ナトリウム
調べた結果	すべてとけた	すべてとけた	とけ残りがあった	とけ残りがあった	とけ残りがあった

(1) 実験Ⅰで水にとけた塩化銅$CuCl_2$は，水溶液中で銅イオンと塩化物イオンに電離している。その電離のようすを，化学式とイオンの記号を用いて表せ。

実験Ⅱ 砂糖を100gはかりとり，実験Ⅰで50gの砂糖がすべてとけたビーカー内に，少しずつ入れてよくかき混ぜ，その砂糖がどれぐらいまでとけるか調べた。その結果，はかりとった100gの砂糖はすべてとけた。

(2) 実験Ⅱでできた，砂糖をとかした水溶液の質量パーセント濃度は何％か。

(3) 右の図Ⅰは，実験Ⅱで砂糖を入れてかき混ぜたあとのビーカー内での砂糖の粒子のようすを，モデルで表したものである。このとき，ビーカー内の水溶液の濃さはどの部分も均一になっており，水溶液の温度は20℃ であった。このビーカーを一日置いたあとで水溶液の温度をはかると，温度は20℃ のままであった。次の㋐～㋓のうち，一日置いたあとのビーカー内での砂糖の粒子のようすを表したモデルとして，最も適当なものを一つ選んで，その記号を書け。

図Ⅰ

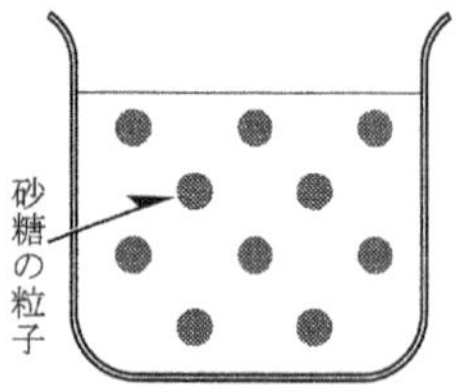

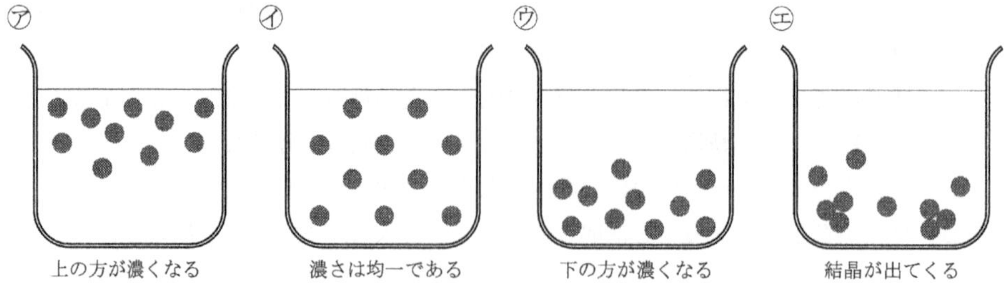

実験Ⅲ　実験Ⅰでとけ残りがあった硝酸カリウム，ミョウバン，塩化ナトリウムについてさらに調べるため，3つの試験管に20℃の水を5.0 gずつ入れて，硝酸カリウム，ミョウバン，塩化ナトリウムをそれぞれ2.5 gずつ入れた。次の図Ⅱのように，それぞれの物質を入れた試験管をビーカー内の水に入れ，温度をはかりながらガスバーナーでゆっくりと加熱し，ときどき試験管をビーカーからとり出して，ふり混ぜながら試験管内のようすを調べた。次の表Ⅱは，ビーカー内の水の温度と試験管内のようすをまとめたものである。

図Ⅱ

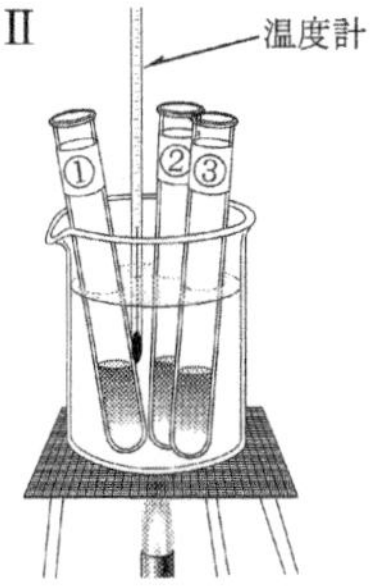

表Ⅱ

	硝酸カリウム	ミョウバン	塩化ナトリウム
40 ℃	すべてとけていた	とけ残りがあった	とけ残りがあった
60 ℃	すべてとけていた	すべてとけていた	とけ残りがあった
80 ℃	すべてとけていた	すべてとけていた	とけ残りがあった

(4)　右の図Ⅲ中にA～Cで表したグラフは，砂糖，硝酸カリウム，ミョウバンのいずれかの溶解度曲線であり，Dのグラフは塩化ナトリウムの溶解度曲線である。実験Ⅱ，Ⅲの結果から，図Ⅲ中のA～Cのグラフは砂糖，硝酸カリウム，ミョウバンのどの溶解度曲線であると考えられるか。その組み合わせとして最も適当なものを，下の表のア～エから一つ選んで，その記号を書け。

図Ⅲ

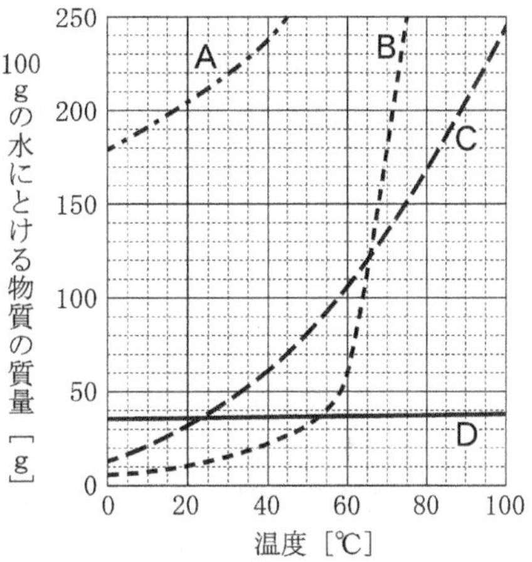

	A	B	C
ア	ミョウバン	硝酸カリウム	砂　糖
イ	硝酸カリウム	ミョウバン	砂　糖
ウ	砂　糖	硝酸カリウム	ミョウバン
エ	砂　糖	ミョウバン	硝酸カリウム

(5)　図Ⅲから，塩化ナトリウムは80℃の水100 gに38 gとけることがわかる。実験Ⅲで温度が80℃のとき，水5.0 gと塩化ナトリウム2.5 gを入れた試験管内にとけ残っている塩化ナトリウムは何gと考えられるか。

B　物質の分解について調べるために，次の実験Ⅰ，Ⅱをした。これに関して，あとの(1)～(3)の問いに答えよ。

実験Ⅰ　右の図Ⅰのような装置を用いて，水に水酸化ナトリウム水溶液を加えて電流を流すと，水が電気分解されて，それぞれの電極で気体が発生した。

図Ⅰ

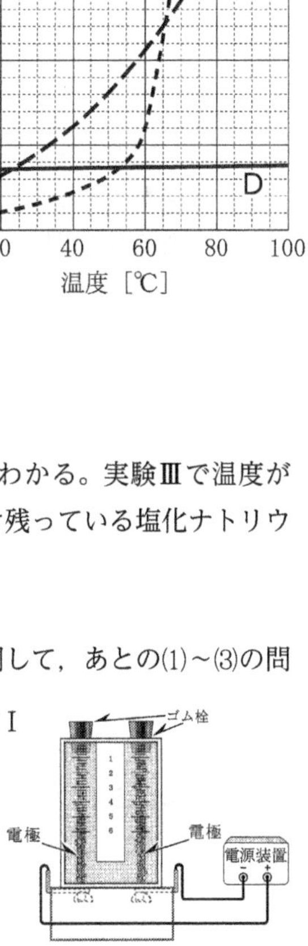

(1)　次の文は，実験Ⅰについての先生と太郎さんの会話の一部である。これに関して，あとのａ～ｃの問いに答えよ。

先生：太郎さん，水を電気分解したときにそれぞれの電極で発生した気体は何ですか。
太郎：はい。陰極で発生した気体は水素で，①陽極で発生した気体は酸素です。
先生：そうですね。つまり，水を電気分解すると，②水素と酸素が発生するということですね。では，この化学変化の化学反応式を書いてください。
太郎：はい。水分子の化学式はH_2Oで，水素分子はH_2，酸素分子はO_2なので，右の図Ⅱのようになります。
先生：その化学反応式では，式の左辺と右辺，つまり化学変化の前後で，［P］原子の数が違いますね。
太郎：では，［P］原子の数を同じにするために，水分子の係数を２にすればいいですか。
先生：それだけでは，今度は，式の左辺と右辺で，［Q］原子の数が等しくなりませんね。
太郎：ということは，正しい化学反応式は，右の図Ⅲのようになりますか。
先生：その通りです。

図Ⅱ

$H_2O \rightarrow H_2 + O_2$

（太郎さんが初めに書いた化学反応式）

図Ⅲ

［R］

（太郎さんが書き直した化学反応式）

ａ　文中の下線部①に陽極で発生した気体は酸素とあるが，気体が酸素であることを確認するため，右の図Ⅳのように，火のついた線香を陽極に発生した気体に近づける操作をおこなったとき，どのような結果が確認できればよいか。簡単に書け。

図Ⅳ

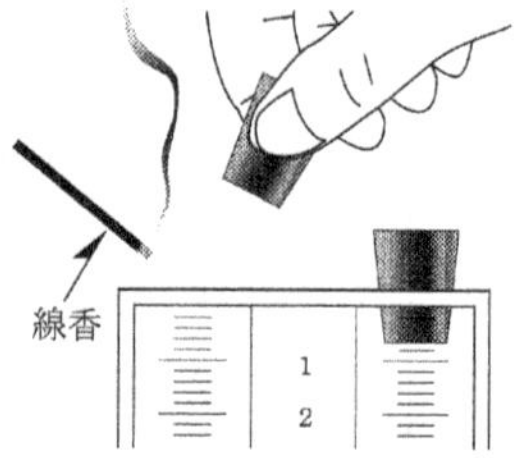

ｂ　文中の下線部②に水素とあるが，次のア～エのうち，水素について述べたものとして，最も適当なものを一つ選んで，その記号を書け。

ア　石灰水を白く濁らせる
イ　鼻をさすような特有の刺激臭がある
ウ　非常に軽い気体で，物質の中で密度が最も小さい
エ　空気中に含まれる気体のうち，最も体積の割合が大きい

ｃ　文中のＰ，Ｑの［　］内と，図Ⅲ中のＲの［　］内にあてはまるものの組み合わせとして，最も適当なものを，右の表のア～エから一つ選んで，その記号を書け。

	P	Q	R
ア	酸素	水素	$2H_2O \rightarrow H_2 + 2O_2$
イ	酸素	水素	$2H_2O \rightarrow 2H_2 + O_2$
ウ	水素	酸素	$2H_2O \rightarrow H_2 + 2O_2$
エ	水素	酸素	$2H_2O \rightarrow 2H_2 + O_2$

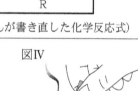

実験Ⅱ　下の図Ⅴのように，酸化銀の黒い粉末をステンレス皿に入れて加熱したあと，よく冷やしてから質量をはかった。この操作を繰り返しおこない，ステンレス皿の中の物質の質量の変化を調べた。下の図Ⅵは，5.8gの酸化銀の粉末を用いて実験したときの結果を表したものである。この実験で，酸化銀の黒い粉末は，少しずつ白い固体に変化し，3回目に加熱したあとは，すべて白い固体になり，それ以上は変化しなかった。このときの質量は5.4gであった。また，③白い固体を調べると銀であることがわかった。

図Ⅴ

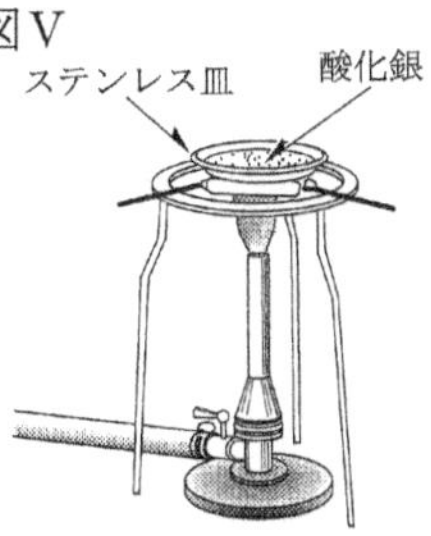

図Ⅵ

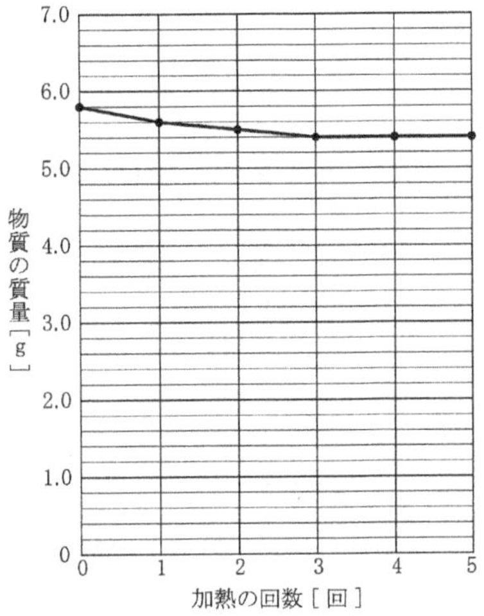

⑵　下線部③に白い固体を調べるとあるが，次の文は，実験Ⅱにおいて，加熱後に残った白い固体の性質を調べる操作とその結果について述べようとしたものである。文中のX，Yの□内にあてはまる言葉の組み合わせとして，最も適当なものを，右の表のア～エから一つ選んで，その記号を書け。

ステンレス皿に残った白い固体は，金づちでたたくとうすく広がり，その表面をみがくと［X］，電気を通すかどうか調べたとき，電流が［Y］。このことから，この白い固体には金属特有の性質があることがわかった。

	X	Y
ア	黒くなり	流れなかった
イ	黒くなり	流れた
ウ	光沢が出て	流れなかった
エ	光沢が出て	流れた

⑶　実験Ⅱにおいて，酸化銀の粉末5.8gを1回目に加熱したあと，ステンレス皿の中の物質の質量をはかると，5.6gであった。このとき，ステンレス皿の中にできた銀は何gと考えられるか。

問題4　次のA，B，Cの問いに答えなさい。

A　浮力に関する実験をした。これに関して，あとの⑴，⑵の問いに答えよ。

実験　次のページの図Ⅰのように，高さ4.0cmの円柱のおもりを，ばねばかりにつるすと1.1Nを示した。次に，おもりをばねばかりにつるしたまま，次のページの図Ⅱのように，おもりの底を水を入れたビーカーの水面につけた。さらに，ばねばかりを下げながら，水面からおもりの底までの距離が4.0cmになるところまでゆっくりとおもりを沈めた。次のページの図Ⅲは，水面からおもりの底までの距離と，ばねばかりの示す値の関係をグラフに表したものである。

⑴　実験の結果から考えて，水面からおもりの底までの距離と，おもりにはたらく浮力の大きさとの関係を，グラフに表せ。

図Ⅰ
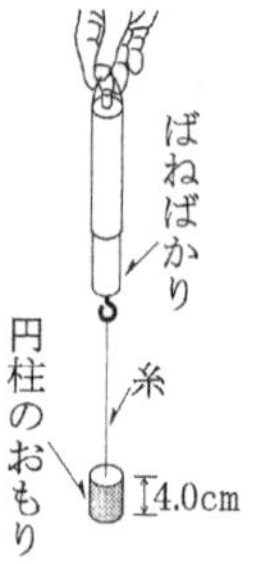

図Ⅱ
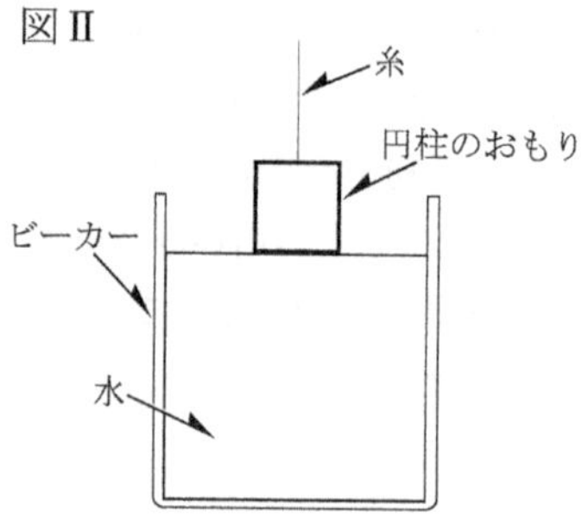

図Ⅲ
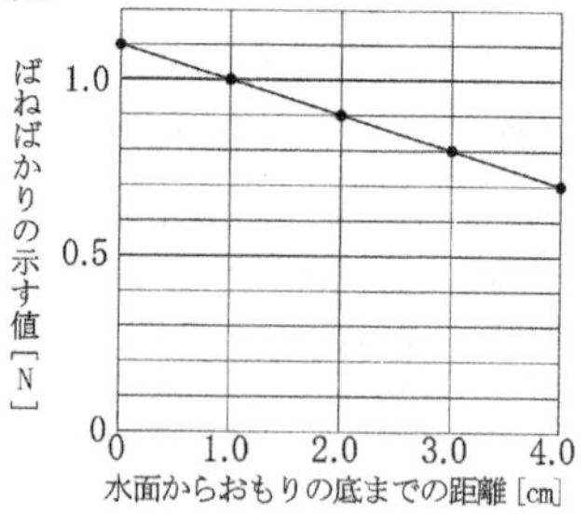

⑵　実験で用いたおもりを，水面からおもりの底までの距離が7.0cmになるところまで沈めたとき，おもりにはたらく水圧を模式的に表すとどうなるか。次の㋐～㋓のうち，最も適当なものを一つ選んで，その記号を書け。

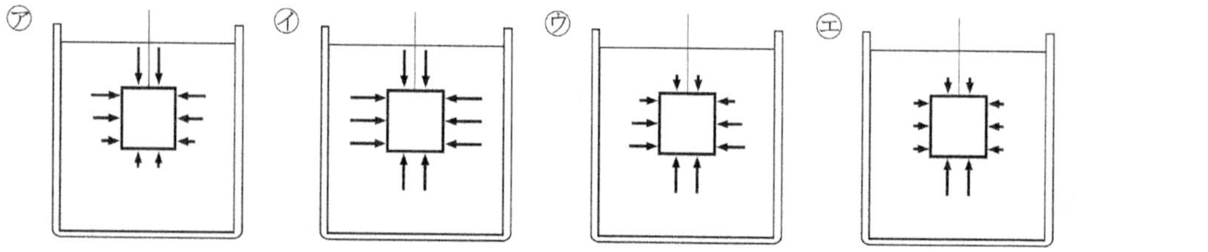

B　仕事と仕事率に関する実験Ⅰ，Ⅱをした。これに関して，あとの⑴～⑸の問いに答えよ。

実験Ⅰ　右の図Ⅰのように，おもりを滑車にとりつけ，この滑車に糸をかけ，糸の一端をスタンドに固定し，もう一端をばねばかりに結びつけた。次に，おもりが図Ⅰの位置より20cm高くなるように，ばねばかりを4.0cm/sの一定の速さで真上に引き上げた。このとき，ばねばかりは5.0Nを示していた。

図Ⅰ
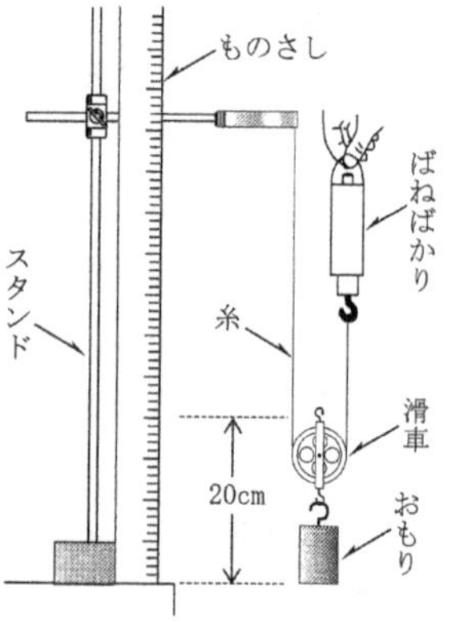

⑴　実験Ⅰにおいて，おもりが動きはじめてから，図Ⅰの位置より20cm高くなるまでにかかった時間は何秒か。

⑵　実験Ⅰにおいて，糸がおもりをとりつけた滑車を引く力がした仕事の大きさは何Jか。

⑶　次の文は，実験Ⅰにおけるおもりのエネルギーの変化について述べようとしたものである。文中の２つの〔　〕内にあてはまる言葉を，㋐，㋑から一つ，㋒～㋔から一つ，それぞれ選んで，その記号を書け。

おもりが動きはじめてから，１秒後から４秒後までの間に，おもりの〔㋐運動　㋑位置〕エネルギーは増加するが，おもりの〔㋒運動　㋓位置　㋔力学的〕エネルギーは変化しない。

実験Ⅱ　次のページの図Ⅱのように花子さん，太郎さん，春子さんは，それぞれおもりP，おもりQ，おもりRにつけたひもを天井に固定した滑車にかけ，その一端を真下に引き下げて，それぞれのおもりが図Ⅱの位置より2.0m高くなるまでひもを引き，その高さでとめた。おもりを引き上げ始めてから，2.0mの高さでとめるまでの時間をはかり，そのときの仕事率を調べた。次のページの表は，その結果をまとめたものである。

図Ⅱ

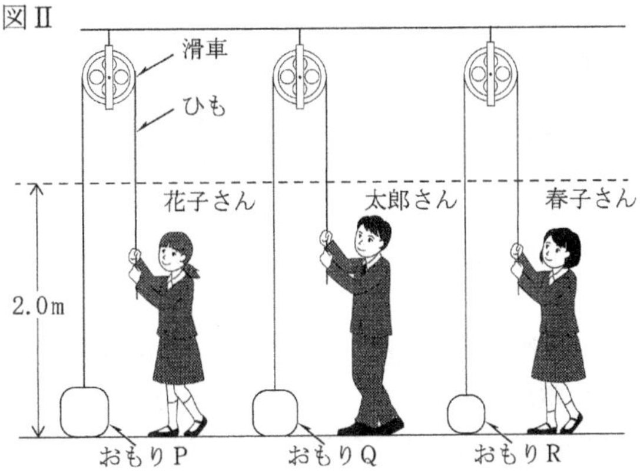

表

引く人	花子さん	太郎さん	春子さん
おもり	P	Q	R
おもりの重さ[N]	240	210	110
時間[秒]	6.0	5.0	2.5

(4)　次の文は，重さと質量について述べようとしたものである。文中の2つの〔　〕内にあてはまる言葉を，㋐，㋑から一つ，㋒，㋓から一つ，それぞれ選んで，その記号を書け。

重さと質量は，区別して使う必要がある。〔㋐重さ　㋑質量〕は場所によって変わらない物質そのものの量であり，地球上と月面上でその大きさは変わらない。また，ばねばかりは物体の〔㋒重さ　㋓質量〕を測定するので，地球上と月面上で同じおもりをつり下げたとき，異なる値を示す。

(5)　実験Ⅱにおいて，おもりP，おもりQ，おもりRを図Ⅱの位置より2.0m高くなるまで引き上げるときの，それぞれのひもがおもりを引く仕事率のうち，最も大きい仕事率は何Wか。

C　電流と磁界に関する実験をした。これに関して，あとの(1)～(5)の問いに答えよ。

実験　右の図Ⅰのような装置を用いて，スイッチを入れたとき，コイルには電流が流れ，コイルが動いた。

図Ⅰ

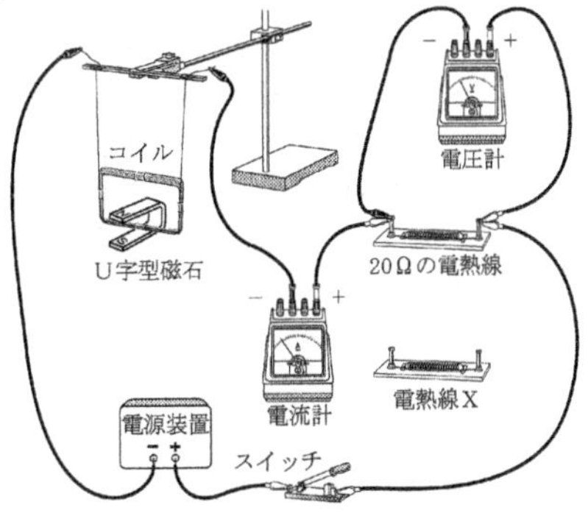

(1)　スイッチを入れたとき，電流計は180mAを示していた。このとき，抵抗の大きさが20Ωの電熱線につないだ電圧計は何Vを示していると考えられるか。

(2)　次のページの図Ⅱのように，コイルにA→B→C→Dの向きに電流を流した。このとき，コイルのB→Cの向きに流れる電流のまわりには磁界ができる。このコイルのB→Cの向きに流れる電流がつくる磁界の向きを磁力線で表した図として最も適当なものを，次のページの㋐～㋓から一つ選んで，その記号を書け。

図Ⅱ

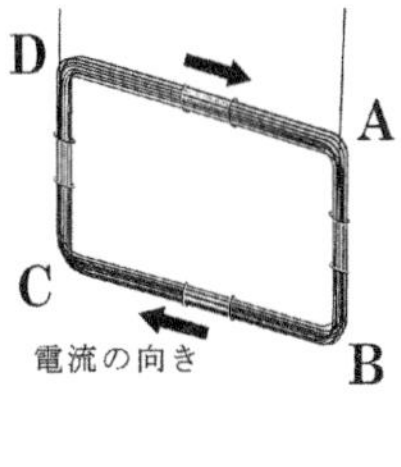

㋐
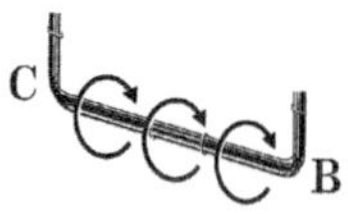

㋑

㋒
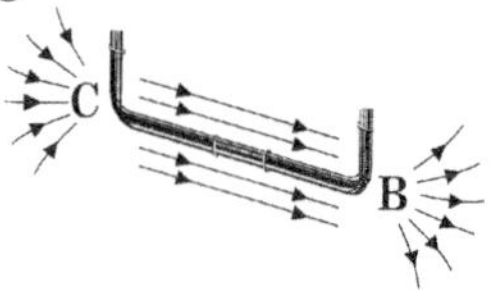

㋓
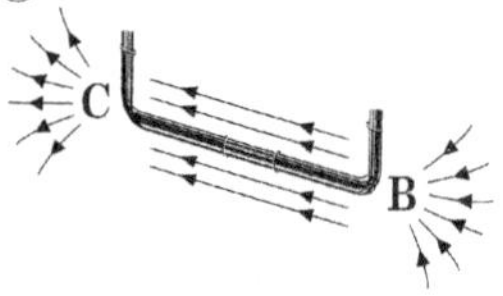

⑶　この実験において，コイルの動き方をより大きくするためには，どのようにすればよいか。その方法を一つ書け。

⑷　図Ⅰの装置を用いて，電熱線Xを抵抗の大きさが20Ωの電熱線に並列につないでからスイッチを入れた。電源装置の電圧を変化させ，20Ωの電熱線と電熱線Xの両方に4.8Vの電圧を加えたところ，電流計は400mAを示した。電熱線Xの抵抗は何Ωか。

⑸　コイルに流れる電流が磁界から受ける力を利用したものとして，モーターがある。下の図Ⅲ，図Ⅳは，コイルが回り続けるようすを示そうとしたものである。次の文は，コイルのEFの部分に流れる電流と，コイルのEFの部分が磁界から受ける力について述べようとしたものである。文中の２つの〔　〕内にあてはまる言葉を，㋐，㋑から一つ，㋒，㋓から一つ，それぞれ選んで，その記号を書け。

図Ⅲは，コイルにE→Fの向きに電流を流したときに，コイルのEFの部分が，磁石がつくる磁界から受ける力の向きを矢印（➡）で示している。このコイルが図Ⅲの状態から，180度回転して図Ⅳのようになったときに，コイルのEFの部分に流れる電流の向きは〔㋐E→F　㋑F→E〕となり，コイルのEFの部分が，磁石がつくる磁界から受ける力は図Ⅳ中の〔㋒P　㋓Q〕の矢印の向きである。

図Ⅲ

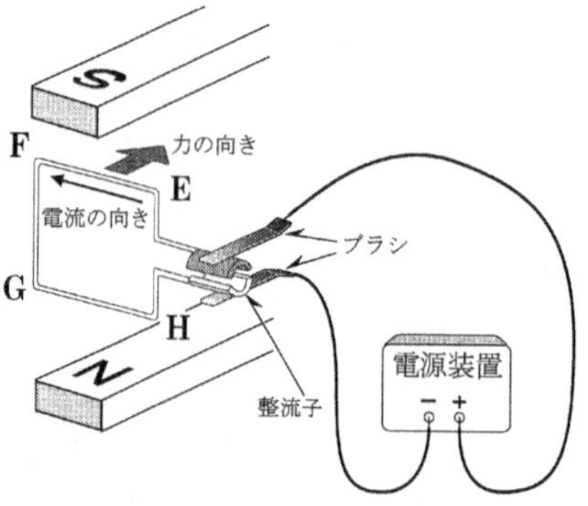

図Ⅳ

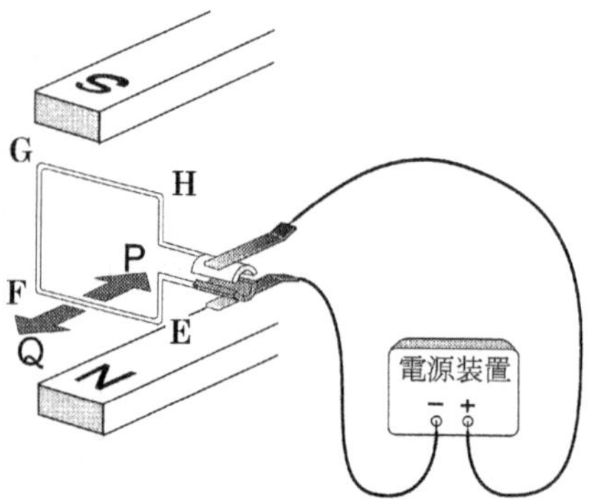

理 科 解 答 用 紙

受検番号	

問題1

A	(1)	a	○
		b	＿＿＿＿風
	(2)		
	(3)	a	日が当たったとき，砂は水と比べて＿＿＿＿。このため，砂の上の空気が，水の上の空気より＿＿＿＿ため。
		b	○
B	(1)	a	＿＿＿＿型惑星
		b	Yのグループの惑星は，Xのグループの惑星に比べて，質量は＿＿＿＿，太陽からの距離は＿＿＿＿。
	(2)	a	
		b	位置
			言葉 ○ と ○
	(3)		

問題2

A	(1)	a	＿＿＿＿神経
		b	秒
	(2)	a	
		b	筋肉 ＿＿ つながり方 ○
		c	○ と ○
B	(1)		
	(2)		
	(3)		○
	(4)		○ と ○
C	(1)	a	
		b	
	(2)		

問題3

A	(1)		→ ＋
	(2)		%
	(3)		○
	(4)		
	(5)		g
B	(1)	a	火のついた線香を陽極に発生した気体に近づけると，＿＿＿＿ことを確認する。
		b	
		c	
	(2)		
	(3)		g

問題4

A	(1)	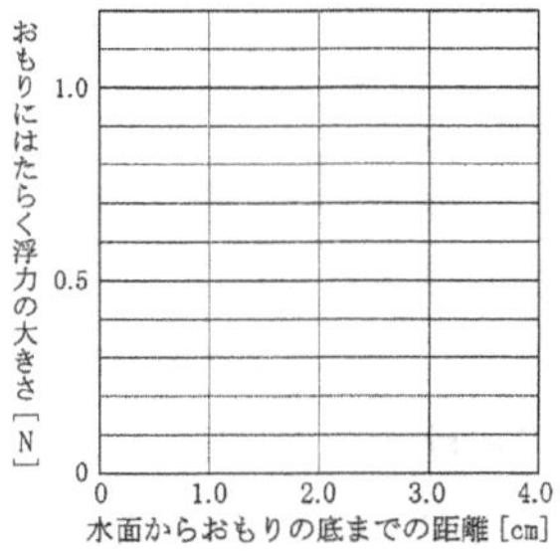
	(2)	○
B	(1)	秒
	(2)	J
	(3)	○ と ○
	(4)	○ と ○
	(5)	W
C	(1)	V
	(2)	○
	(3)	
	(4)	Ω
	(5)	○ と ○

※この解答用紙は154％に拡大していただきますと，実物大になります。

＜社会＞

時間　50分　　満点　50点

問題１　次の(1)～(4)の問いに答えなさい。

(1)　花子さんは，美化委員の役割として，クラスの清掃計画の案をつくることになった。次の㋐～㋓の観点は，花子さんが案をつくる上で，みんなが納得できるものにするために，効率と公正の考え方にもとづいて考えたものである。次の㋐～㋓のうち，効率の考え方にもとづいて考えた観点として最も適当なものはどれか。一つ選んで，その記号を書け。

㋐　時間内で清掃を終えるために，それぞれの清掃場所に何人の生徒が必要か

㋑　クラスの生徒全員が清掃に参加しているか

㋒　当番の割りあてが，一部の生徒に過大な負担となっていないか

㋓　清掃計画の案に対する意見をクラスの生徒全員からきく機会を設けているか

(2)　わが国の政治のしくみに関して，次のａ～ｅの問いに答えよ。

ａ　太郎さんは，社会科の授業で，日本国憲法はわが国の最高法規であり，憲法改正については，厳格な手続きや条件が定められていることを学んだ。憲法改正の発議について，賛成か反対かを問う衆参両議院での投票結果が，下の図のようになったとする。あとの文は，この投票結果の場合における憲法改正の発議について述べようとしたものである。文中の［　］内にあてはまる言葉を，㋐，㋑から一つ選んで，その記号を書け。また，文中の□内には，憲法改正の発議ができるかできないかの理由が入る。その理由を　**総議員**　という言葉を用いて，簡単に書け。

衆議院における投票結果

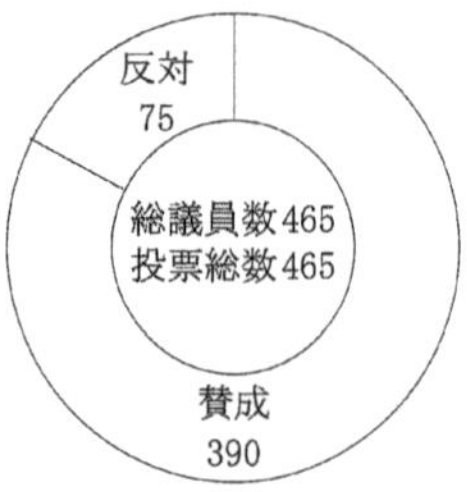

参議院における投票結果

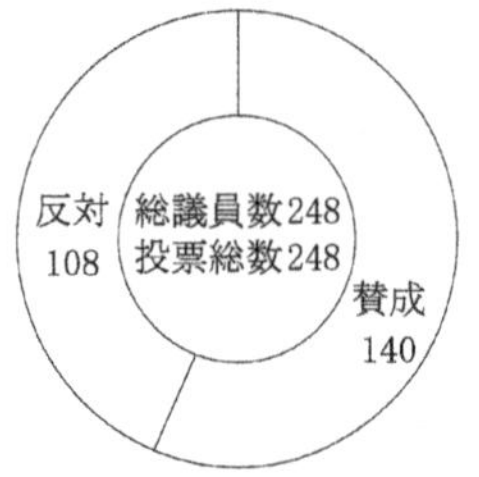

上のような結果の場合，日本国憲法の規定により，国会は憲法改正を発議することが［㋐できる　㋑できない］。その理由は□ためである。

ｂ　太郎さんは，社会科の授業で，基本的人権は最大限尊重されなければならないが，公共の福祉によって制限される場合があることを学んだ。下の表は，公共の福祉によって自由権が制限される事例をまとめようとしたものである。あとのア～エのうち，表中の X 内にあてはまる言葉として最も適当なものはどれか。一つ選んで，その記号を書け。

公共の福祉によって自由権が制限される事例	制限される自由権の種類
・他人の名誉を傷つける行為を禁止すること	表現の自由
・新しい道路を建設するために住居の立ち退《の》きを求めること ・耐震基準を満たさない建物の建築を禁止すること	X

ア　財産権　　イ　思想・良心の自由　　ウ　黙秘権　　エ　苦役からの自由

c　わが国では，国民の中からくじなどで選ばれた人が，裁判に参加する制度が2009年から実施されている。この制度では，重大な犯罪についての刑事裁判が対象となり，国民が裁判に参加することにより，司法に対する国民の理解と信頼が深まることが期待されている。この制度は何と呼ばれるか。その呼び名を書け。

d　わが国では，国民の自由や権利を守るために，国会，内閣，裁判所が互いに抑制し合い，均衡を保つことで，権力が集中しないようにしている。次のア～エのうち，内閣の権限でおこなわれるものはどれか。一つ選んで，その記号を書け。

ア　違憲審査権（違憲立法審査権）を行使する
イ　国政調査権を行使する
ウ　最高裁判所長官を指名する
エ　外国と結ぶ条約を承認する

e　下の表は，ある人物の経歴の一部を示したものである。あとのア～エのうち，下の表から考えて，この人物が28歳の時に選挙で当選して就いた職はどれか。一つ選んで，その記号を書け。

22歳	大学を卒業し，国会議員の秘書となる
28歳	初めて選挙に立候補し，当選する
30歳	28歳で当選して就いた職において解職請求があったが，失職せずにすむ
32歳	4年の任期を終え，2期目に向けて立候補する

ア　衆議院議員　　イ　参議院議員　　ウ　都道府県の知事　　エ　都道府県議会の議員

(3)　花子さんは，社会科の授業で，できるだけ環境への負担を減らすためには，循環型社会の形成に向けた取り組みが必要であることを学習し，自分でできることを考えてみた。下のⒶ，Ⓑのカードは，花子さんが考えた提案をまとめたものであり，リデュース，リユース，リサイクルのいずれかにあてはまる。あとのア～エのうち，その組み合わせとして最も適当なものはどれか。一つ選んで，その記号を書け。

Ⓐ　家族への提案
ストローを使用しないようにすることで，プラスチックのごみを減らす

Ⓑ　生徒会への提案
ペットボトルを分別して回収することで，再資源化を図る

ア［Ⓐ　リデュース　Ⓑ　リユース］　イ［Ⓐ　リデュース　Ⓑ　リサイクル］
ウ［Ⓐ　リユース　Ⓑ　リデュース］　エ［Ⓐ　リサイクル　Ⓑ　リデュース］

(4)　下の文は，「わたしたちの暮らしと消費税」をテーマに，すずさんたちの班が討論した内容の一部である。これを読んで，あとのa～fの問いに答えよ。

すず：わが国では，1989年に消費税が導入されて以来，消費税の増税について，さまざまな意見が交わされてきました。皆さんの意見はどうですか。

太郎：消費税は，所得に関係なく，同じ金額の商品を購入したら同じ金額の税金を負担するしくみなので，逆進性があります。消費税の増税には疑問をもっています。

花子：これからの①社会保障を幅広い世代で支える②財源として，消費税増税は必要だと思います。わが国の消費税率は，諸外国と比べて，そんなに高くはありません。また，消費税は他の税金に比べて，③景気が後退していても税収が確保できる安定的な財源です。

太郎：景気との関係でいうと，1990年代において，消費税増税のあと，景気が悪化して，増税前よりもむしろ法人税や所得税による税収が下がってしまうこともありました。④経済活動全体への影響を考えると，増税はやはり慎重に考えるべきではないでしょうか。

花子：経済への悪影響を小さくするためには，技術革新を促して⑤企業の競争力を高めたり，諸外国でもおこなわれているように，食料品の税率を下げたりすることなども考えられます。

すず：国民の公平な税負担のあり方について話し合ってきましたが，私たちは納税者の一人として，政府が税金を有効に使っているのか，関心をもって見ていく必要があります。

a　下線部①に社会保障とあるが，次のA～Dは，わが国の社会保障の四つの柱について説明したものである。社会保障の四つの柱の説明とその呼び名の組み合わせとして正しいものは，あとのア～エのうちのどれか。一つ選んで，その記号を書け。

A　病気やけがで医療を受けた者，一定の年齢に達した者などへの給付
B　伝染病，感染症の予防や公害対策などの環境改善
C　生活保護法にもとづく最低限度の生活の保障
D　障害者や高齢者，児童などへの支援

ア〔A　社会福祉　B　公衆衛生　C　公的扶助　D　社会保険〕
イ〔A　社会保険　B　公的扶助　C　公衆衛生　D　社会福祉〕
ウ〔A　社会保険　B　公衆衛生　C　公的扶助　D　社会福祉〕
エ〔A　社会福祉　B　公的扶助　C　公衆衛生　D　社会保険〕

b　下線部②に財源とあるが，次のア～エのうち，地方公共団体の自主財源を増額する政策として最も適当なものはどれか。一つ選んで，その記号を書け。

ア　国庫支出金を増やす　　イ　地方交付税交付金を増やす
ウ　税源を国から地方に移す　　エ　地方債の発行を減らす

c　下線部③に景気とあるが，景気の安定化を図る金融政策を実施しているのは日本銀行である。日本銀行は，一般の銀行とは異なり，「銀行の銀行」と呼ばれている。それは日本銀行がどのような役割を果たしているからか。簡単に書け。

d　下線部④に経済活動全体とあるが，右の図は，経済の循環を示そうとしたものであり，図中の → は，モノやサービス，お金などの流れを示している。図中のXには，家族や個人などの経済活動の単位を表す言葉が入る。Xにあてはまる最も適当な言葉を書け。また，次のア～エのうち，図中にPで示した → にあてはまるものとして最も適当なも

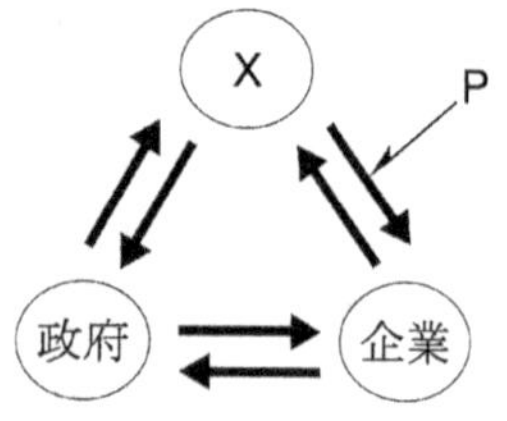

のはどれか。一つ選んで，その記号を書け。

ア　税金　　イ　賃金　　ウ　公共サービス　　エ　労働力

e　下線部⑤に企業の競争力とあるが，市場での競争の結果，商品を供給する企業が１社だけの状態は独占と呼ばれるのに対し，商品を供給する企業が少数である状態は一般に何と呼ばれるか。その呼び名を書け。

f　次の㋐～㋒の資料は，太郎さんと花子さんが，討論の中で自分の意見を支える根拠として用いたものである。次の㋐～㋒のうち，太郎さんのみが用いた資料として適当なものを一つ，花子さんのみが用いた資料として適当なものを一つ，太郎さんも花子さんも用いた資料として適当なものを一つ，それぞれ選んで，その記号を書け。

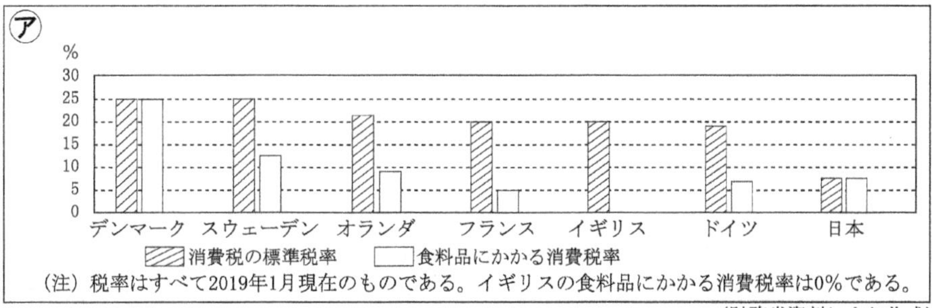

(財務省資料により作成)

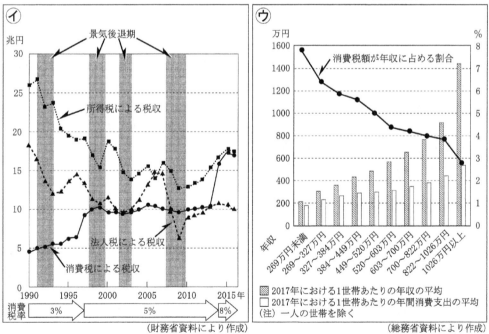

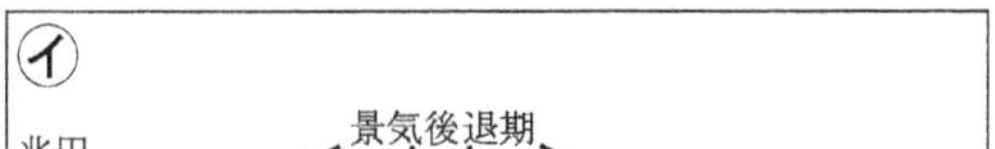

(財務省資料により作成)

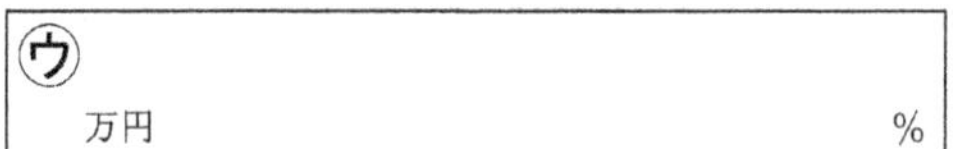

(総務省資料により作成)

問題２　次の⑴～⑼の問いに答えなさい。

⑴　中学生のすずさんは，わが国の古代についての学習のまとめとして歴史新聞をつくることにした。次のページの資料Ⓐ～Ⓒは，その取材メモの一部である。これを見て，あとのａ～ｃの問いに答えよ。

Ⓐ 百舌鳥《もず》・古市古墳群

・大仙(大山《だいせん》)古墳を含む49基の古墳が世界文化遺産に登録された

Ⓑ 柿本人麻呂の碑
①

・柿本人麻呂が現在の坂出《さかいで》市沙弥《しゃみ》島に立ち寄り，歌をよんだ

Ⓒ 桓武《かんむ》天皇の政治改革
②

・政治を立て直そうとした
・東北地方に大軍を送り，支配を広げた

a 資料Ⓐの写真は，世界文化遺産に登録された「百舌鳥・古市古墳群」を写したものの一部である。この古墳群の中でも大仙（大山）古墳は，5世紀頃につくられたわが国で最大の前方後円墳であり，大和政権（ヤマト王権）の勢力の大きさを示すものと考えられている。中国の南朝の歴史書には，5世紀頃から大和政権（ヤマト王権）の王が南朝の皇帝にたびたび使者を送っていたことが記録されている。大和政権（ヤマト王権）の王が中国の南朝の皇帝にたびたび使者を送っていたのはなぜか。その理由を **朝鮮半島** という言葉を用いて，簡単に書け。

b 下線部①に柿本人麻呂とあるが，この人物が現在の坂出市沙弥島に立ち寄ってよんだ歌は，奈良時代に大伴家持《おおとものやかもち》らによってまとめられたとされる歌集に収められている。天皇や貴族だけでなく，防人《さきもり》や農民がつくった歌も収められたこの歌集は何と呼ばれるか。その呼び名を書け。

c 下線部②に桓武天皇とあるが，次のア～エのうち，桓武天皇がおこなったことについて述べたものはどれか。一つ選んで，その記号を書け。

ア 和同開珎《わどうかいちん》を発行した
イ 口分田の不足に対応するため，墾田永年私財法を定めた
ウ 都を平城京から長岡京にうつした
エ 菅原道真《すがわらのみちざね》の提案により，遣唐使の派遣の停止を決定した

(2) 次の文は，鎌倉時代の武士について述べようとしたものである。文中の □ 内にあてはまる最も適当な言葉を書け。また，文中の二つの［ ］内にあてはまる言葉を，㋐，㋑から一つ，㋒，㋓から一つ，それぞれ選んで，その記号を書け。

鎌倉幕府の将軍に忠誠を誓い，その家来となった武士は □ と呼ばれ，幕府から荘園《しょうえん》や公領の［㋐守護 ㋑地頭］などに任命された。また，武士の間では，［㋒栄西 ㋓日蓮《にちれん》］らによって宋《そう》から伝えられた禅宗が広く受け入れられ，幕府も積極的に保護した。

(3) 次の㋐～㋒のできごとが，年代の古い順に左から右に並ぶように，記号㋐～㋒を用いて書け。

㋐ イエズス会によって，大友氏らキリシタン大名の使節がローマ教皇のもとへ派遣された
㋑ フランシスコ・ザビエルが，キリスト教を伝えるために鹿児島に上陸した
㋒ 重い年貢《ねんぐ》の取り立てやキリスト教徒への弾圧に抵抗して，島原・天草一揆《いっき》がおこった

⑷　太郎さんは，友人と一緒に参加した瀬戸内国際芸術祭について調べた。下の資料は，この芸術祭のテーマについて述べた文章の一部である。これを見て，あとのａ，ｂの問いに答えよ。

> 「海の復権」をテーマに掲げ，美しい自然と人間が交錯し交響してきた瀬戸内の島々に活力を取り戻し，瀬戸内が地球上のすべての地域の「希望の海」となることを目指しています。

ａ　下線部に瀬戸内の島々とあるが，右の写真は，豊臣秀吉が全国統一をめざす戦いの中で，瀬戸内海の塩飽《しわく》諸島の人々に与えた朱印状を写したものの一部である。豊臣秀吉は，太閤《たいこう》検地をおこない，統一した基準で全国の田畑の面積やよしあしを調べ，収穫量を米の体積である石高で表した。この太閤検地の結果，武士は領地から年貢を徴収する一方，石高に応じてどのようなことが義務づけられるようになったか。簡単に書け。

ｂ　太郎さんは，この芸術祭が開催された瀬戸内には多くの港町が発展しており，江戸時代にはこれらの港町が大阪とつながり，当時の大阪は各地から多くの物資が集まることで，商業の中心として発展していったことを知った。次のア～エのうち，江戸時代の物資の輸送について述べたものとしてあてはまらないものはどれか。一つ選んで，その記号を書け。

ア　東北地方から日本海沿岸をまわって大阪まで物資を運ぶ西廻《まわ》り航路がひらかれた

イ　大阪と江戸を結ぶ航路では，定期的に物資を輸送する菱垣廻船《ひがきかいせん》や樽《たる》廻船が活躍した

ウ　五街道が整備され，手紙や荷物を運ぶ飛脚の制度がつくられた

エ　問（問丸）と呼ばれる荷物の保管や輸送をおこなう業者が活躍するようになった

⑸　右の写真は，本居宣長《もとおりのりなが》が学問の研究を続けた鈴屋《すずのや》と呼ばれる書斎を写したものの一部である。本居宣長は18世紀後半に「古事記伝」をあらわして，ある学問を大成させた。この学問は，当時の社会を批判する考えや天皇を尊ぶ思想と結びつき，幕末の尊王攘夷《じょうい》運動にも影響をあたえた。18世紀後半に本居宣長によって大成されたこの学問は何と呼ばれるか。その呼び名を書け。

⑹　アメリカは，1854年に日米和親条約によりわが国を開国させ，さらに，貿易を始めることを強く要求した。そのため，江戸幕府は，1858年に日米修好通商条約を結んだが，この条約はわが国にとって不利な不平等条約であり，この条約の改正には長い年月を費やすことになった。1858年に結ばれた日米修好通商条約の内容のうち，どのようなことがわが国にとって不利であったか。二つ簡単に書け。

⑺　右の略年表を見て，次のａ～ｄの問いに答えよ。

年代	できごと	
1867	①王政復古の大号令が出される	
1868	五箇条の御誓文が出される	Ⓟ
1880	国会期成同盟が結成される	
1912	②第一次護憲運動がおこる	
1925	③治安維持法が成立する	

ａ　年表中の下線部①に王政復古の大号令とあるが，この王政復古の大号令によって成立した新政府は，さらに徳川慶喜《よしのぶ》に対して官職や領地の返還を求めた。このことをきっかけとしておこった，1868年の鳥《と》羽《ば》・伏見《ふしみ》の戦いに始まり，約１年５か月にわたる，新政府軍と旧幕府側との戦争は何と呼ばれるか。その呼び名を書け。

ｂ　年表中のⓅの時期におこったできごととしてあてはまらないものは，次のア～エのうちのどれか。一つ選んで，その記号を書け。

ア　新橋・横浜間に鉄道が開通した

イ　徴兵令が出され，20歳になった男子に兵役が義務づけられた

ウ　内閣制度がつくられ，初代内閣総理大臣に伊藤博文《いとうひろぶみ》が任命された

エ　学制が公布され，6歳以上の子どもに教育を受けさせるように定められた

ｃ　年表中の下線部②に第一次護憲運動とあるが，これは憲法にもとづく政治を守ることをスローガンとする運動であり，民衆もこれを支持した。この運動の結果，陸軍や藩閥に支持されたある内閣が退陣した。この内閣の内閣総理大臣はだれか。次のア～エから一つ選んで，その記号を書け。

ア　大隈重信《おおくましげのぶ》　　イ　桂《かつら》太郎　　ウ　原敬《たかし》　　エ　近衛文麿《このえふみまろ》

ｄ　年表中の下線部③に治安維持法とあるが，この法律が成立した1925年に，わが国では選挙権が与えられる有権者の資格が変わった。右の表は1924年と1928年にそれぞれ実施された衆議院議員総選挙における有権者数と全人口に占める有権者数の割合を，それぞれ示したものである。1928年のわが国における全人口に占める有権者数の割合を1924年と比較すると，大幅に増加していることがわかる。わが国における全人口に占める有権者数の割合が大幅に増加したのは，1925年に有権者の資格がどのようになったからか。簡単に書け。

	有権者数(万人)	全人口に占める有権者数の割合(%)
1924年	329	5.6
1928年	1241	19.8

（総務省資料により作成）

⑻　右の絵画は，ある人物が明治時代に描いた「湖畔」である。この人物は，フランスで絵画を学び，明るい画風の西洋画を描いて，わが国に欧米の新しい表現方法を紹介した。この絵画を描いたのはだれか。次のア～エから一つ選んで，その記号を書け。

ア　尾形光琳《こうりん》　　イ　横山大観

ウ　狩野《かのう》芳崖　　エ　黒田清輝

(9) 20世紀の国際関係に関して，次のa，bの問いに答えよ。

a　次の㋐〜㋒のできごとが，年代の古い順に左から右に並ぶように，記号㋐〜㋒を用いて書け。

㋐　国際連盟が設立される

㋑　ワシントン会議が開かれる

㋒　ベルサイユ条約が結ばれる

b　1955年にインドネシアで，第二次世界大戦後に植民地支配から独立した国々を中心に，植民地支配の反対や冷戦の下での平和共存の路線が確認されたある会議が開かれた。この会議は何と呼ばれるか。その呼び名を書け。

問題3　次の(1)〜(8)の問いに答えなさい。

(1) 下の略地図は，緯線と経線が直角に交わる地図で，経線は等間隔で引かれている。この略地図を見て，あとのa〜eの問いに答えよ。

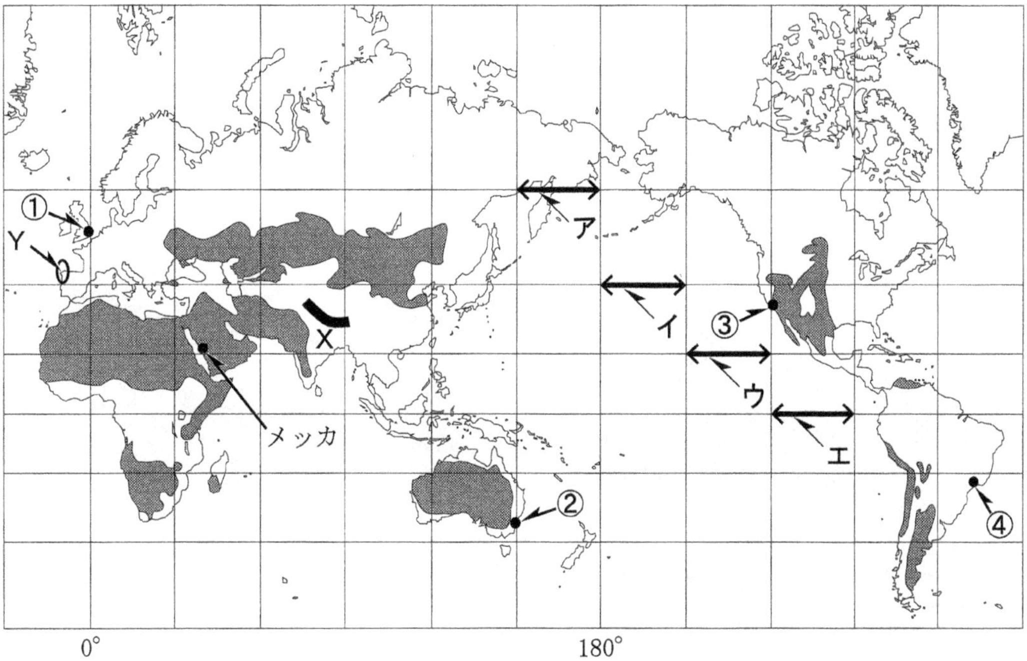

a　略地図中のア〜エの⟷で示した長さは，地図上ではすべて同じであるが，実際の距離はそれぞれ異なっている。略地図中のア〜エの⟷のうち，実際の距離が最も長いものはどれか。一つ選んで，その記号を書け。

b　下の表は，略地図中に①〜④で示した都市の標準時子午線をそれぞれ示したものである。略地図中の①〜④の都市のうち，わが国との時差が最も大きい都市はどれか。一つ選んで，その番号を書け。

都市	①	②	③	④
標準時子午線	経度0度	東経150度	西経120度	西経45度

c　略地図中にXで示した山脈を含む，ヨーロッパからアジアにつらなる造山帯は何と呼ばれるか。その造山帯名を書け。

d　略地図中に　　　で示した地域は，ある気候帯の分布を示したものである。また，右のグラフは，この気候帯に属する略地図中のメッカの月平均気温と月降水量を表したものである。この気候帯は何と呼ばれるか。次のア～エから一つ選んで，その記号を書け。

ア　熱帯　　イ　乾燥帯　　ウ　温帯　　エ　寒帯

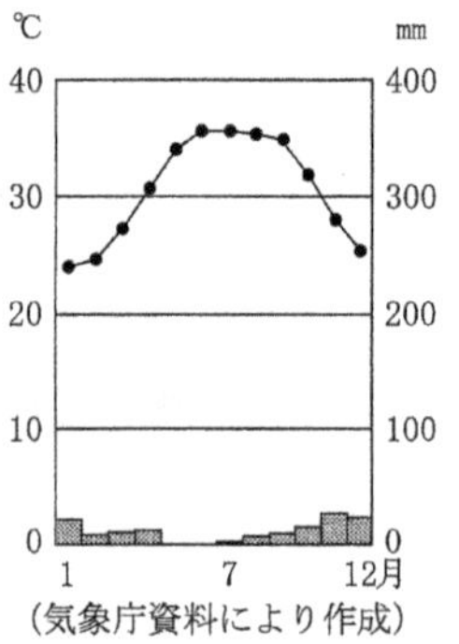

(気象庁資料により作成)

e　略地図中にYで示した地域の海岸には，わが国の志摩半島，三陸海岸のように，山地が海にせまり，奥行きのある湾と小さな岬が連続する入り組んだ海岸がみられる。このような海岸の地形は何と呼ばれるか。その呼び名を書け。

(2)　下の資料Ⅰは，中国の年降水量を，資料Ⅱは，中国の1月の平均気温をそれぞれ示したものである。資料Ⅰ，Ⅱからわかることについて述べたあとの㋐～㋓のうち，誤っているものはどれか。一つ選んで，その記号を書け。

資料Ⅰ　中国の年降水量

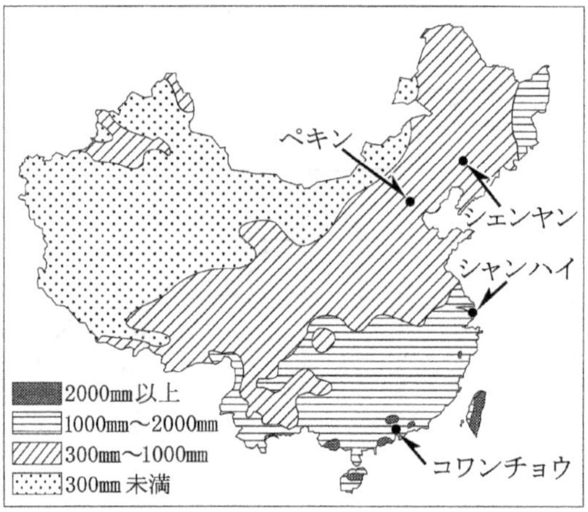

資料Ⅱ　中国の1月の平均気温

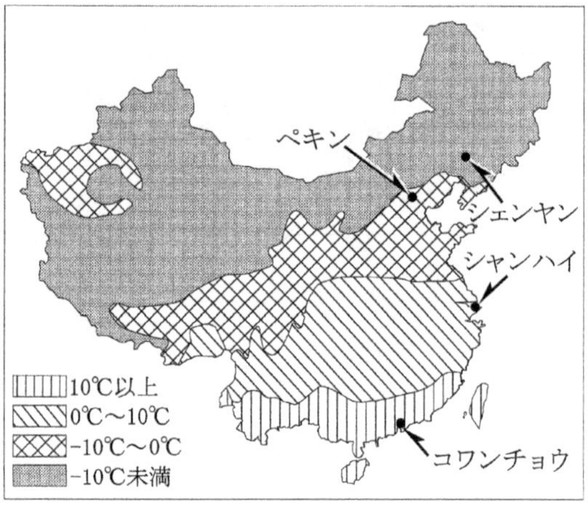

(「中国地図帳」などにより作成)

㋐　ペキンの年降水量は，1000㎜未満である

㋑　シェンヤンの1月の平均気温は，－10℃ 未満である

㋒　シェンヤンとコワンチョウの年降水量を比べると，コワンチョウの方が多い

㋓　シャンハイの年降水量は，1000㎜未満であり，1月の平均気温は，0℃ 以上である

(3)　次のページの略地図中に　　　で示した範囲は，わが国の領海と排他的経済水域を示そうとしたものである。また，次のページの表は，アメリカ合衆国，ブラジル，オーストラリアとわが国の国土面積，領海と排他的経済水域を合わせた面積を示したものである。わが国が，国土面積に比較して，領海と排他的経済水域を合わせた面積が広いのはなぜか。簡単に書け。

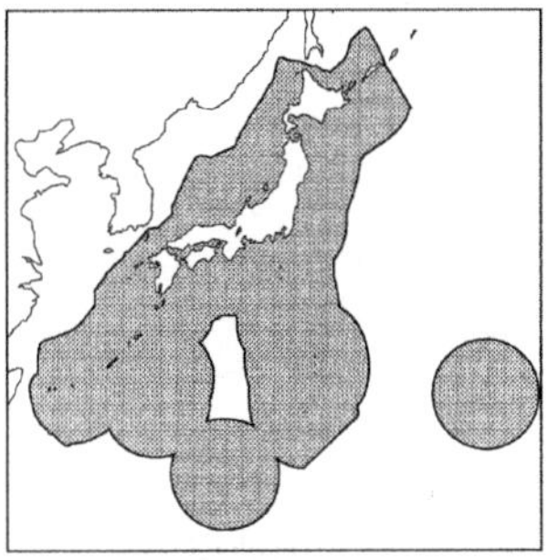

国名	国土面積（万 km^2）	領海と排他的経済水域を合わせた面積（万 km^2）
アメリカ合衆国	983	762
ブラジル	852	317
オーストラリア	769	701
日本	38	447

（「海洋白書 2015」により作成）

(4)　下の地形図は，旅行で島根県を訪れた中学生のりょうたさんが，奥出雲《おくいずも》町で地域調査をおこなった際に使用した，国土地理院発行の２万５千分の１の地形図（湯村）の一部である。これに関して，あとのａ～ｅの問いに答えよ。

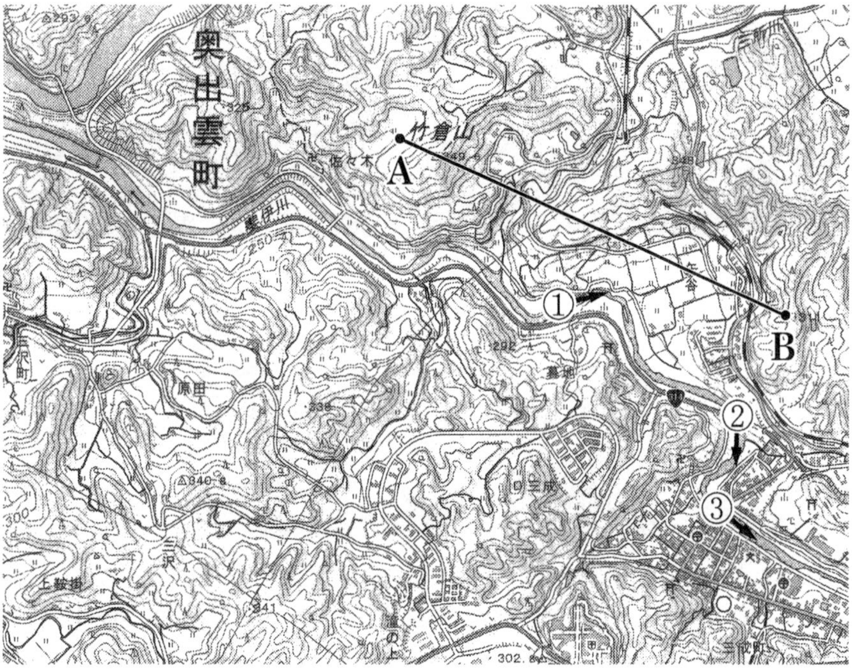

（国土地理院発行２万５千分の１地形図により作成）

ａ　地形図中の町役場と交番を結んだ直線距離を，この地図上で約1.6㎝とするとき，この間の実際の距離は約何ｍか。その数字を書け。

ｂ　次のア～エのうち，地形図中の A—B の断面図として最も適当なものはどれか。一つ選んで，その記号を書け。

ア

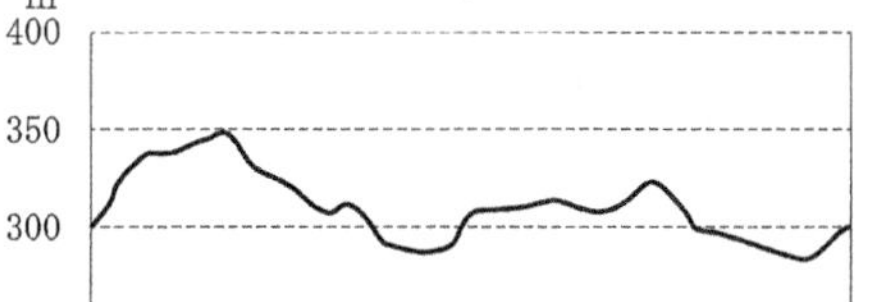

イ

ウ

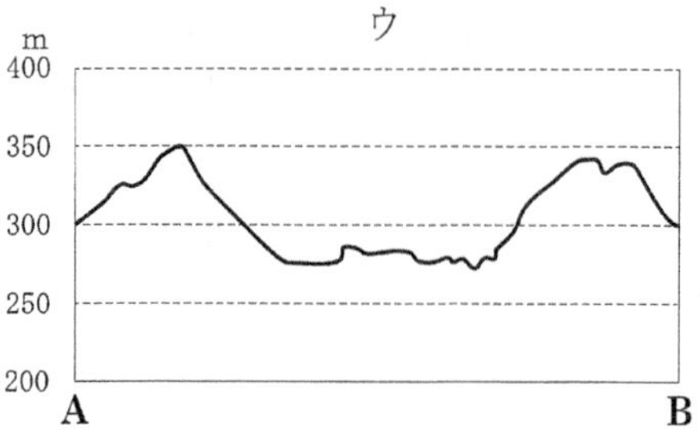

エ

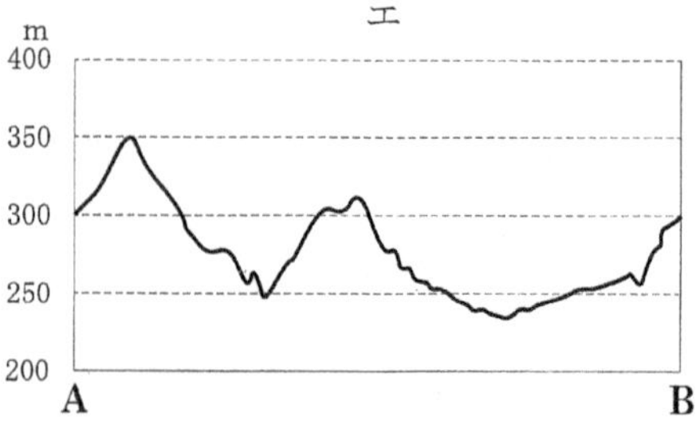

c　次のア～ウの写真は，りょうたさんが地形図中の①～③のいずれかの地点から，矢印の向きの風景を撮影したものである。①の地点と②の地点から撮影した写真として最も適当なものは，それぞれア～ウのうちのどれか。一つずつ選んで，その記号を書け。

ア

イ

ウ

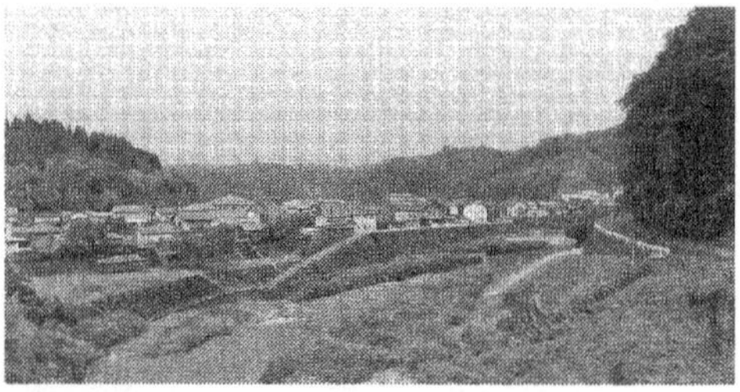

d　りょうたさんは，奥出雲町では，かつて砂鉄と木炭を使用して鉄を作るたたら製鉄が盛んにおこなわれていたことを知り，わが国の鉄鋼業について調べた。下の資料Ⅰは，2017年の鉄鋼業の製造品出荷額等の上位４県における鉄鋼業の製造品出荷額等とその事業所数をそれぞれ示したものである。また，資料Ⅱは，わが国の主な鉄鋼工場の位置を示したものである。

資料Ⅰ

	鉄鋼業の製造品出荷額等(百億円)	鉄鋼業の事業所数
愛知県	232	486
兵庫県	195	259
千葉県	168	230
広島県	140	143
全国	1769	4051

(注)従業員３人以下の事業所を除く

(経済産業省資料により作成)

資料Ⅱ

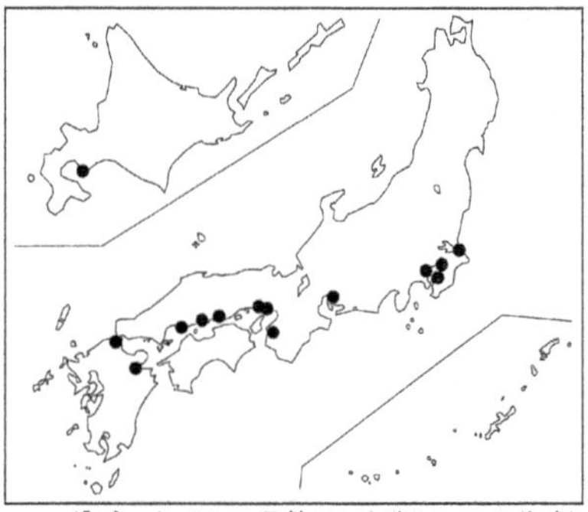

(「データでみる県勢2017年版」により作成)

資料Ⅰ，Ⅱからわかることを述べたあとのア～エのうち，誤っているものはどれか。一つ選んで，その記号を書け。

ア　鉄鋼業の製造品出荷額等の上位４県は，太平洋ベルトを構成する工業地帯や工業地域を有する県である

イ　わが国の主な鉄鋼工場は，臨海部に立地している

ウ　鉄鋼業の製造品出荷額等の上位３県の合計額が，全国の鉄鋼業の製造品出荷額等に占める割合は，30％以上である

エ　愛知県と広島県の１事業所あたりの鉄鋼業の製造品出荷額等を比べると，愛知県の方が多い

e　りょうたさんは，斐伊川《ひい》には尾原《おばら》ダムなどのダムが設置されていることを知った。わが国の川は，アマゾン川などの大陸にある川に比べ，標高の高いところから海までの短い距離を急流となって流れる特徴があるため，川の上流には多くのダムが建設されている。これは主に，農業，工業などの産業や生活に必要な水を確保したり，水力発電をおこなったりする目的がある。このように水資源を活用する以外に，ダムにはどのような目的があると考えられるか。簡単に書け。

(5)　花子さんは，わが国の農業に興味をもち，その特色について調べた。下の資料Ⅰは，花子さんが，わが国の農業の特色についてまとめたものの一部である。また，資料Ⅱは，2017年における北海道，茨城県，新潟県，鹿児島県の農業産出額の総計と米，野菜，畜産の産出額についてそれぞれ示そうとしたものである。資料Ⅱ中のア～エのうち，資料Ⅰから考えると，鹿児島県にあてはまるものはどれか。一つ選んで，その記号を書け。

資料Ⅰ

【わが国の農業の特色】

・稲作がとくに盛んな地域は，北海道や東北地方，北陸などである

・北海道や近郊農業がおこなわれている地域では，野菜の生産が盛んである

・畜産の産出額が多い地域は，大規模な経営がおこなわれている北海道や九州地方南部などである

資料Ⅱ

	農業産出額の総計（億円）	米の産出額（億円）	野菜の産出額（億円）	畜産の産出額（億円）
ア	12762	1279	2114	7279
イ	5000	221	657	3162
ウ	4967	868	2071	1336
エ	2488	1417	352	517

（農林水産省資料により作成）

(6)　次のページのア～エのグラフはそれぞれ，右の略地図中の小樽《おたる》，松本，敦賀《つるが》，延岡《のべおか》のいずれかの都市の月平均気温と月降水量を表したものである。松本にあたるものはア～エのうちのどれか。一つ選んで，その記号を書け。

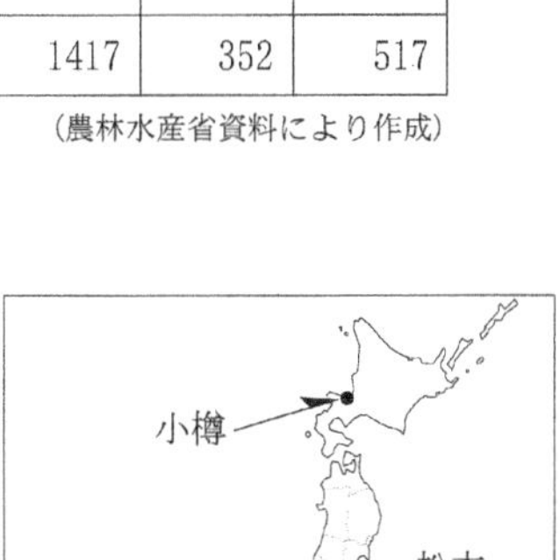

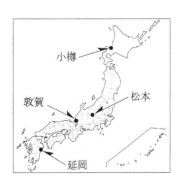

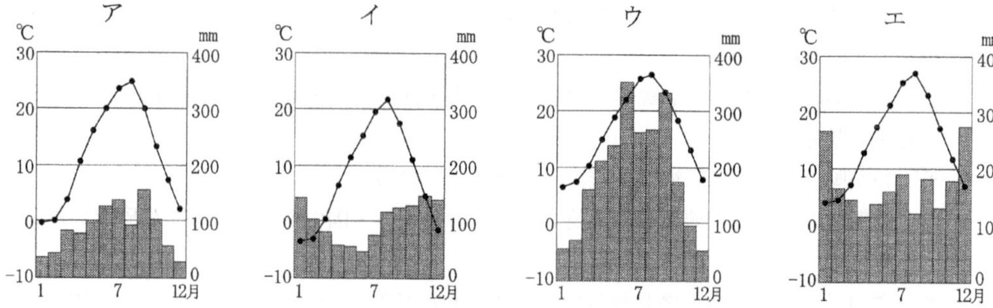

（気象庁資料により作成）

(7)　貿易に関して，次のａ，ｂの問いに答えよ。

ａ　わが国は，加工貿易を通して発展してきた。加工貿易とはどのような貿易か。**原料　工業製品**　の二つの言葉を用いて，簡単に書け。

ｂ　下の資料Ⅰ，Ⅱは，わが国の1960年と2017年における輸入品の構成と輸出品の構成をそれぞれ示したものである。資料Ⅰ，Ⅱからわかることについて述べたあとのア～エのうち，正しいものはどれか。一つ選んで，その記号を書け。

資料Ⅰ　わが国の輸入品の構成

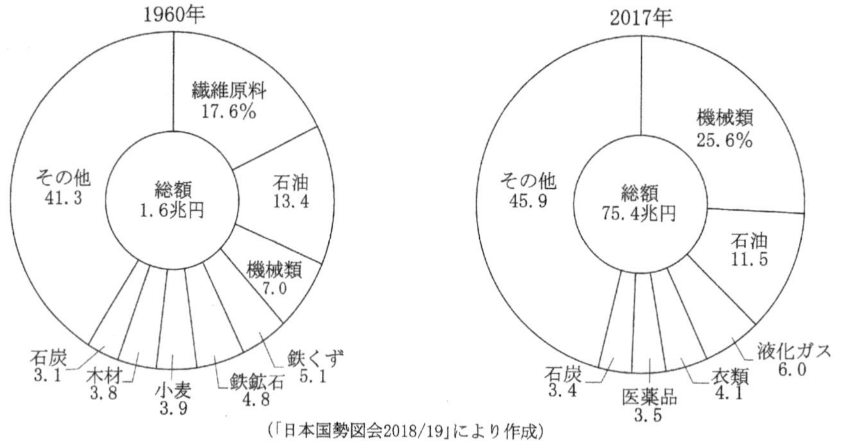

（「日本国勢図会2018/19」により作成）

資料Ⅱ　わが国の輸出品の構成

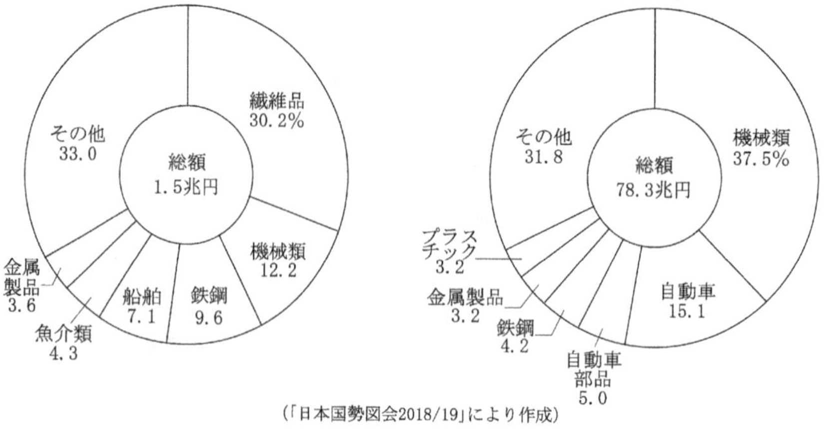

（「日本国勢図会2018/19」により作成）

ア　1960年と2017年はそれぞれ，輸入総額に比べて輸出総額の方が多い

イ　機械類の輸出額は，1960年と比べて2017年の方が少ない

ウ　石油の輸入額は，1960年と比べて2017年の方が多い

エ　2017年の自動車の輸出額は，10兆円よりも少ない

(8)　右のグラフは，四国地方と四国地方以外を行き来するときに利用した交通手段のうち，船舶，航空機，鉄道，自動車の利用者について，それぞれの年間の延べ人数の推移を示そうとしたものである。グラフ中のA～Dは，船舶，航空機，鉄道，自動車のいずれかを示している。次のア～エのうち，Aにあたる交通手段はどれか。一つ選んで，その記号を書け。

ア　船舶　　イ　航空機

ウ　鉄道　　エ　自動車

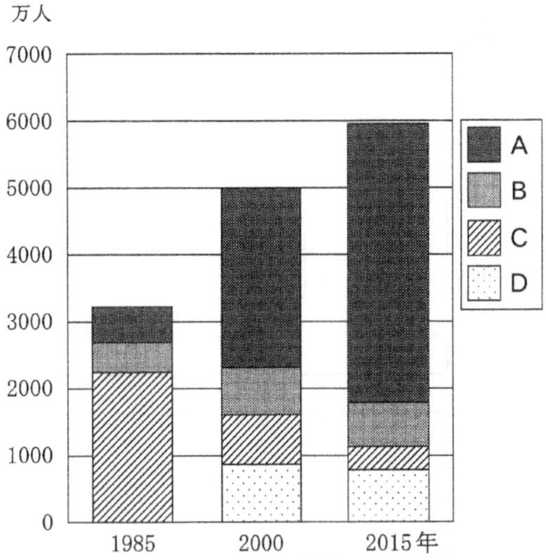

（四国運輸局資料により作成）

社会解答用紙

受検番号

問題1

(1)		
(2)	a	記号
		理由　ためである。
	b	
	c	
	d	
	e	
(3)		
(4)	a	
	b	
	c	日本銀行が，　役割を果たしているから。
	d	言葉
		記号
	e	
	f	太郎さんのみが用いた資料
		花子さんのみが用いた資料
		太郎さんも花子さんも用いた資料

問題2

(1)	a	
	b	
	c	
(2)	言葉	
	記号	と
(3)		→ →
(4)	a	石高に応じて　こと。
	b	
(5)		
(6)		こと。
		こと。
(7)	a	
	b	
	c	
	d	
(8)		
(9)	a	→ →
	b	

問題3

(1)	a	
	b	
	c	造山帯
	d	
	e	
(2)		
(3)		
(4)	a	約　m
	b	
	c	①　②
	d	
	e	
(5)		
(6)		
(7)	a	
	b	
(8)		

※この解答用紙は154％に拡大していただきますと，実物大になります。

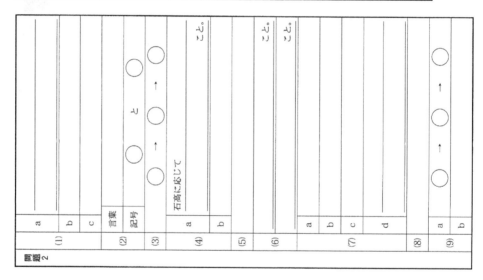

国語解答用紙（その二）

問題四

(150)

(250)

1行25字

受検番号

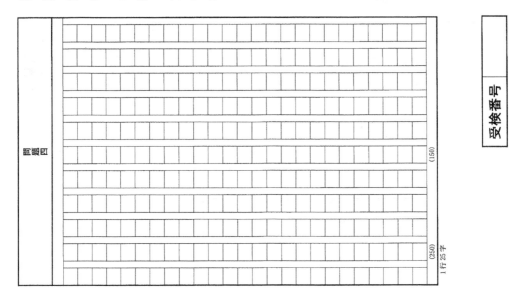

国語解答用紙（その一）

受検番号

問題一

(一) a 衝動 b 挑み c 若干 d 見据えて

(二)

(三)

(四)

(五) 自分の、 ところと同じだと感じたから

(六) ア イ

(七)

(八)

問題二

(一)

(二)

(三)

(四) 初め 終わり

(五)

問題三

(一) a ヒテイ b セイコウ c ツネに d ハイ

(二) ア イ

(三)

(四) 当時の哲学は と考えていたところに問題があった

(五)

(六)

(七) われわれには 生きてゆく必要がある

(八)

(九) 第 段落

(十)

問題四

別紙の国語解答用紙（その二）に書きなさい。

※この解答用紙は154％に拡大していただきますと、実物大になります。

るが、元来科学は哲学から派生していったもので、科学と哲学は不可分なものである

3　科学は現在では人類の脅威となる可能性があるので、科学の持つ価値をしっかりと見極めたうえで、科学的知識を利用するように努めねばならない

4　われわれが科学を賢明に駆使して生きるには、哲学によって価値の問題にしっかりと向き合うことが必要だということを、十分に認識すべきである

問題四　あなたの学校の図書委員会では、読書に親しんでもらうために、スローガン（標語）を考えることになりました。その結果、次のA、Bの二つのスローガンが提案され、この中から一つを採用することになりました。あなたなら、どちらを読書に親しんでもらうためのスローガンとして選びますか。AとBの違いと、どちらのスローガンを採用するのがよいかについて、あなたの意見を、あとの**条件1**～**条件3**と〔**注意**〕に従って、解答用紙（その二）に書きなさい。

A　**「出会おう　まだ見ぬ多くの本に」**

B　**「見つけよう　心にずっと残る一冊を」**

条件1　二段落構成で書くこと。

条件2　第一段落にはAとBの違いについて書き、第二段落にはどちらのスローガンを採用するのがよいかについてのあなたの意見を、その理由がよくわかるように、身近な生活における体験などを示しながら、具体的に書くこと。

条件3　原稿用紙の正しい使い方に従って、二百五十字程度で書くこと。ただし、百五十字（六行）以上書くこと。

〔**注意**〕

一　部分的な書き直しや書き加えなどをするときは、必ずしも「ますめ」にとらわれなくてよい。

二　**題名や氏名は書かない**で、本文から書き始めること。また、本文の中にも氏名や在学（出身）校名は書かないこと。

えようとしたり、哲学が事柄の真実のすがたをとらえるものであるのに対して、科学は事柄をただ［　イ　］ものであると考えようとしたりすること

(三) ②に 科学は事実についての知識を得ようとするもの とあるが、これはどのようなことをいっているのか。次の1～4から最も適当なものを一つ選んで、その番号を書け。

1 科学は、科学自身が適切な価値判断を行うために、客観的な事実を見つけ出そうとするものであるということ

2 科学は、人間生活をより豊かにするために、事実についての価値判断を試みようとするものであるということ

3 科学は、価値判断を伴わずに、事実がどのようなものであるかを明らかにしようとするものであるということ

4 科学は、事実についての価値判断を避けることで、より多くの知識を獲得しようとするものであるということ

(四) ③に 単に事実がいかにあるかということにとどまらず、事実の奥にある本質をとらえようとした当時の哲学 とあるが、当時の哲学は何と何を混同して、何ができると考えていたところに問題があったと筆者はいっているのか。「当時の哲学は」という書き出しに続けて、本文中の言葉を用いて三十字以内で書け。

(五) ④の れ は、次の1～4のうちの、どの れ と同じ使われ方をしているか。同じ使われ方をしているものを一つ選んで、その番号を書け。

1 校長先生が全校集会で話されます

2 遠く離れた故郷がしのばれた

3 雨に降られて試合は延期になった

4 友人に紹介されて挨拶をした

(六) ⑤に いっさいの問題は科学によって解決されると考える とあるが、これは、科学はどのようなものであると考えることか。それを説明しようとした次の文の［　］内にあてはまる最も適当な言葉を、第1段落～第4段落からそのまま抜き出して、漢字二字で書け。

科学は［　］であると考えること

(七) ⑥に われわれは、どんな目的のためにも科学的知識を利用することができるのです とあるが、科学的知識を利用するにあたって、われわれにはどのような存在でいることが求められ、哲学を用いてどのように生きてゆく必要があると筆者はいっているのか。「われわれには」という書き出しに続けて五十五字以内で書け。

(八) ⑦に 割り切ろう とあるが、「割り切る」の意味として最も適当なものを、次の1～4から一つ選んで、その番号を書け。

1 他人の心中を推し量る　　2 思い切って受け入れる

3 きっぱりと結論を出す　　4 困難なことを排除する

(九) 次の〔 〕内の文は、第5段落～第11段落のいずれかの段落の最後に続く文である。それはどの段落か。最も適当な段落の番号を書け。

〔しかし、このこともまた、科学が自己の領域を越えた越権行為をしようとすることに外なりません。〕

(十) 本文を通して筆者が特に述べようとしていることは何か。次の1～4から最も適当なものを一つ選んで、その番号を書け。

1 科学が驚異的に発展している現在、自然の奥には神の力が存するという考え方は意味をなさないので、しっかりと事実を見つめることが大切である

2 われわれは時として科学と哲学は互いに対立関係にあると考え

う意味をもっていることはヒテイできません。その奥に神の力が存するなら、自然というものもまた価値高いものであるという見方が、そこに含まれることになるからです。このように価値の問題と事実の問題が区別されていなかったため、哲学は事実についても判断を下しうると考えられていたわけです。こうして哲学は科学と対立したのです。

7　しかし、事実についての判断に関しては、哲学は科学に譲らねばなりませんでした。なぜなら、人間は事実について知ろうとするとき、単に事実がいかにあるかということを知ることができるのみであり、この人間の知識の本質的性格をはっきり自覚したのが科学であったからです。③単に事実がいかにあるかということにとどまらず、事実の奥にある本質をとらえようとした当時の哲学は、この点でまったく誤っていたといわねばなりません。科学はセイコウし、そして哲学に対して不信の目を向けて、続々と哲学から独立してゆきました。

8　だが、このことはけっして哲学にとって悲しむべきことではなかったのではないかと④思われます。なぜなら、このことによって、価値と事実の問題がまったく異なるものであるということを、われわれは十分に知ることができたからです。われわれは哲学の領域は価値判断であるということをはっきり意識すべきです。そうすれば、哲学が科学と対立するというような誤解はまったく氷解してしまうでしょう。

9　同様にまた、われわれが、科学が事実についての知識であるということを忘れて、⑤いっさいの問題は科学によって解決されると考えるとき、科学は哲学と対立するにいたります。

10　科学が驚くべき発展をとげている現在、われわれはともすると、このような誤りに陥りがちです。しかし、科学というものが事実についての知識であるということさえ、しっかり頭においておけば、われわれはこの種の誤りから免《まぬか》れることができるでしょう。われわれが人間として生きてゆくかぎり、われわれはツネに価値判断を行わねばなりません。価値判断を行わないでは、自分の行為を選ぶことができないからです。そしてこの価値判断の問題は、事実についての知識である科学の領域外の問題です。⑥われわれは、どんな目的のためにも科学的知識を利用することができるのです。

11　もしもわれわれがこの点を忘れ、科学によっていっさいを⑦割り切ろうとすると、われわれは人間みずからのつくりだした科学によって、かえってシハイされてしまうという結果になってしまうのではないでしょうか。科学は人類にとってかえって害悪をもたらすものとなるのではないでしょうか。科学をつくりだした人間はあくまでも科学を自由に用いる、科学の主人としてとどまらねばなりません。そして、このためには、われわれは科学によっては解決できない価値の問題が存するということ、そしてまた哲学というものが必要であるということを、十分に理解しなければならないと思うのです。

（岩崎武雄の文章による。一部省略等がある。）

(一)　a～dの＝のついているかたかなの部分にあたる漢字を楷書で書け。

(二)　①に　このような考え　とあるが、これはわれわれが科学と哲学をどのように考えようとすることをいっているのか。それを説明しようとした次の文のア、イの□内にあてはまる最も適当な言葉を、本文中からそのまま抜き出して、それぞれ十字以内で書け。

　われわれが科学と哲学を対立するものとみなして、科学の時代である現代において、哲学は今となっては［　ア　］ものだと考りの四字をそれぞれ抜き出して書け。

(五) ④にいみじき高名なりとあるが、保昌は人々からどのようなところを評価されたと考えられるか。次の1〜4から最も適当なものを一つ選んで、その番号を書け。

1　老翁の態度に誰よりも腹立たしさを感じたが、表には出さずに家来たちの行き過ぎた行動をくい止め、その場をやり過ごしたところ

2　老翁の様子から勇猛な人物ではないかと気づき、決して見くびることなく適切に状況を判断し、何事もなくその場をおさめたところ

3　老翁の言動に家来たちの身の危険を感じ取り、彼らを守るためにあえて弱者を演じることにより、うまくその場を切り抜けたところ

4　老翁の雰囲気から手ごわい人物だと判断し、相手を見下したような家来の言動を厳しく罰して、何とかその場の危機を逃れたところ

問題三　次の文章を読んで、あとの(一)〜(十)の問いに答えなさい。なお、1〜11は段落につけた番号です。

1　われわれはときどき、「科学か哲学か」という形で、問題を考えようとします。現代は科学の時代であるから、哲学というようなものはもはや存在理由をもたないとか、あるいは科学というものは事象を単に外面的にしか見ないものであり、哲学こそ事象の真相をとらえるものであるとかいうような考えは、いずれも、「科学か哲学か」という形で問題を考え、その問題に対してなんらかの解答を与えようとするものといえるでしょう。

2　しかしわたくしは、①このような考えは根本的に誤っているのではないかと考えます。「科学か哲学か」という問題提出そのものが間違っているのです。誤って立てられたこの問題に対して、どういう解答を与えようとも、その解答の正しいはずはありません。哲学と科学はけっして相対立するものではありません。むしろ両者は相補うべきものといわねばなりません。

3　哲学と科学が対立するものと考えられるのは、ただ哲学がその本来の領域を越えようとし、また科学が自分を万能と考えようとするときです。

4　哲学が価値判断という問題を取り扱うにとどまらず、事実の問題にまで、口をさしはさもうとすると、そこには当然科学との衝突が生じてきます。なぜなら、②科学は事実についての知識を得ようとするものですから、もしも哲学が事実について科学とは異なった知識をもつことができると主張するならば、科学が正しいか哲学が正しいか、という問題が生じてくるからです。

5　近世になってから、自然科学をはじめとして多くの科学が哲学から独立していったが、それはそれ以前の哲学にあっては、価値の問題と事実の問題とが意識的に分けられていず、そのため哲学は事実の問題についても発言する権利があると考えていたからではなかったかと思うのです。

6　このことは、たとえばその当時の哲学が、「自然の奥には神の力がある」というような主張をしていたことを見てもわかると思われます。「自然の奥に神の力がある」ということは、それ自身としては事実に関する判断です。なぜなら、それは自然の奥に事実神の力があるということを述べているからです。しかし同時にそれは、神の力というような価値的な概念を考えることによって、価値判断とい

1　喜一との対話を通し、働くことについて思いを巡らせる中、思いがけず自分を高く評価する喜一の言葉を聞いて前向きな感情を抱き始めている

2　有機農業に一心に取り組む喜一の話を聞き、その生き方に共感を覚えて、自分も家族のためにさらに仕事に励みたいと気持ちを新たにしている

3　様々な困難を乗り越えて農業に取り組んできた喜一と、定職に就かず今も親に頼っている自分を比較して、これではいけないと焦り始めている

4　苦労を重ね農業に精を出してきた喜一と語り合う中で、祖父として自分を温かく見つめる喜一のやさしさに気づき、その愛情をかみしめている

問題二　次の文章は、丹後《たんご》（現在の京都府北部）の国司である藤原保昌《ふじわらのやすまさ》が任国（国司として任命された国）へ向かう途中で起きた出来事について書かれたものである。なお、保昌は武人としても名高い人物であった。これを読んで、あとの㈠～㈤の問いに答えなさい。

丹後守《たんごのかみ》保昌、任国に下向（注1）の時、与謝《よさ》の山にて、白髪の武士一騎①あひたりけり。木の下に少しうち入りて、笠《かさ》をかたぶけて立ちたりけるを、国司の郎等（注2）《らうどう》いはく、「この老翁、なんぞ馬より下りざるや。とがめ下ろすべし」といふ。ここに国司のいはく、「一人当千の馬の立てやうなり。ただものにあらず。あるべからず」と②制止して、うち過ぐるあひだ、三町ばかりさがりて（注3）、大矢《おほや》右《う》衛《ゑ》門尉《もんのじよう》致経《むねつね》あひたり。国司に会《ゑ》釈《しやく》のあひだ、致経いはく、ここに老翁や一人、あひ奉《たてまつ》りて候《さぶら》ひつらむ。あれは（注4）父平五大夫《へいごだいふ》にて候ふ。堅固の田舎人にて、子細（注5）を知らず。（注6）さだめて無礼をあらはし候ふらむといひけり。致経過ぎてのち、国司、③「さればこそ。致頼《むねより》にてありけり」といひけり。保昌、かれが振舞を見知りて、さらに侮《あなづ》らず。郎等をいさめて、無為（注7）なりけり。④いみじき高名なり。

（注1）　下向＝都から地方へ行くこと。
（注2）　郎等＝家来。
（注3）　三町ばかりさがりて＝三町ほど遅れて。町は距離の単位。一町は約一〇九メートル。
（注4）　平五大夫＝致経の父である平致頼。武人として名高い。
（注5）　子細＝詳しい事情。
（注6）　さだめて＝きっと。
（注7）　無為＝無事。

㈠　①の　あひたり　は、現代かなづかいでは、どう書くか。ひらがなを用いて書きなおせ。

㈡　②に　制止して　とあるが、保昌が家来を制止したのはなぜか。それを説明しようとした次の文の□内にあてはまる言葉を、本文中からそのまま抜き出して、五字以内で書け。

老翁の振る舞いを見て、□ではないと感じたため

㈢　③に　さればこそ。致頼にてありけり　とあるが、これはどういう意味か。次の1～4から最も適当なものを一つ選んで、その番号を書け。

1　やはりそうだった。あれは致頼だったのだ
2　なぜそう思うのか。致頼であるはずがない
3　そうだろう。致頼に似ていると思ったのだ
4　そうだったのか。致頼だとは思わなかった

㈣　本文中には、「　」で示した会話の部分以外に、もう一箇所会話の部分がある。その会話の言葉はどこからどこまでか。初めと終わ

「だがな。それが本来の意味での仕事かもしれん。今はわけがわからなくても、いつかわかる日がくる。おまえは一年以上かけて本当の仕事をしてきたんだ。俺が保証してやる」

ふいに胸が熱くなり、翔太は狼狽《ろうばい》（あわてふためくこと）した。経験したことのない感情だった。

（浜口倫太郎の文章による。一部省略等がある。）

(一)　a～dの＝＝のついている漢字のよみがなを書け。

(二)　①に「なるほどなあ」と翔太は膝を叩いた　とあるが、なぜ翔太は喜一の考えを聞いて膝を叩いたと考えられるか。次の1～4から最も適当なものを一つ選んで、その番号を書け。

1　便利な方法を捨てることで考え方が整理でき、より効率的な方法を生み出せるということを発見したから

2　逃げ場をなくすことで固い意志を持つことができ、必死に考え新たな発想が得られることに感心したから

3　遠回りで困難な手段をとればとるほど、それに見合った大きな利益が手に入るということを理解したから

4　昔ながらの不便なやり方にこだわりつつ、今どきのやり方や考え方を取り入れていることに共感したから

(三)　②の　あえて　の品詞は何か。次の1～4から最も適当なものを一つ選んで、その番号を書け。

1　動　詞　2　連体詞　3　副　詞　4　接続詞

(四)　③に　過去を振り返るように、喜一が体を沈ませた。それから小さく息を吐いた　とあるが、このとき喜一はこれまでのどのような人生を振り返ってこのような行動をとったと考えられるか。次の1～4から最も適当なものを一つ選んで、その番号を書け。

1　米を作ることを家族のために仕方なく選んだものの、心の奥にある別の生き方への未練を断ち切れなかった人生

2　農薬を使えない厳しい制約の中で、自分なりに知恵をしぼり工夫を重ねて生き生きと米作りにはげんできた人生

3　有機農業を始めるきっかけでもあり、米作りへの情熱を理解してくれた今は亡き妻と歩んできたこれまでの人生

4　家族を養うためには農家として生きるほかなく、それを当然のことだと受け止めて米作りに打ち込んできた人生

(五)　④に　翔太は同意の笑みを浮かべる　とあるが、このとき翔太が喜一の言葉に同意して笑みを浮かべたのは、自分のどのようなところが、米作りのどのようなところと同じだと感じたからだと考えられるか。「自分の、」という書き出しに続けて、本文中の言葉を用いて六十字以内で書け。

(六)　⑤に　本当の意味での仕事だ　とあるが、喜一は、本当の意味での仕事とはどのようなことであると考えているのか。それを説明しようとした次の文のア、イの［　］内にあてはまる最も適当な言葉を、本文中からそのまま抜き出して、アは十字以内、イは十五字以内で書け。

生業が［　ア　］ことであるのに対して、本当の意味での仕事は目先の利益を追うのではなく、その結果がいつか、じかにではなくとも［　イ　］ということを疑わずに働くことであると喜一は考えている

(七)　本文中には、静けさの中、集中力が高まっていく翔太の様子が幻想的に表されている一文がある。その一文として最も適当なものを見つけて、初めの五字を抜き出して書け。

(八)　本文中の翔太の気持ちを述べたものとして最も適当なものはどれか。本文全体の内容をふまえて、次の1～4から一つ選んで、その番号を書け。

「答えてくれんのかよ」
「今は気分がいいからな」
喜一が右斜め上を指さした。
「希美子《きみこ》がきっかけだな」
鴨居《かもい》の上だ。ばあさんの遺影が飾られている。
「希美子って……ばあさんか」
「そうだ。希美子は病弱だったからな。農薬を使わない安全な米を食べさせてやろうと思っただけだ。昔は今ほど農薬が安全じゃなかったからな。ただそれだけのつまらん理由だ」
じじいも親父《おやじ》もばあさんが好きだったんだな……
ばあさんは自分が生まれる前に亡《な》くなっている。一度でいいから会ってみたかったな、と翔太はふと思った。
「じゃあじじいはなんで農家になったんだ？」
③過去を振り返るように、喜一が体を沈ませた。それから小さく息を吐いた。
「……理由なんてない。これしかなかったからだ。家族を養うためには、俺が米を作って生計を立てるしか道がなかった。俺の世代の人間はみんなそうだ」
ただ、それはあきらめ混じりの息ではない。なるべくしてそうなった。そんな実感が込められていた。
翔太が背中のうしろで両手をついた。
「そうかあ。俺みてえに何がしたいのかわかんねえってのは贅沢《ぜいたく》な悩みなんだなあ」
④「今の若い奴《やつ》らは選択肢が多すぎる。だから迷うんだ」
翔太は同意の笑みを浮かべる。「ほんとだな。米と同じだな」
喜一がだしぬけに訊《き》いた。
「……翔太、おまえ仕事と生業《なりわい》の違いがわかるか？」
「なんだそりゃ。どっちも同じだろうが？」
「今の連中はそう思ってるがな。本来はc若干意味が異なるもんだ」
「何がどう違うんだよ？」
「生業ってのはすぐに金になる仕事だ。農家で例えるなら田植えをしたり、稲刈りをしたりするのが生業だ。これはすぐに金になるのはわかるな？」
翔太はうなずいた。
「けれど仕事ってのはそうじゃない。荒地を耕して新しい田んぼを作るための準備をすることだ。これはすぐには金にならない。つまり目先ではなく、先をd見据えて働いている。これが仕事だ」
「ふーん」と翔太は話をまとめる。「じゃあ今すぐじゃなくても将来金になるために働くことが仕事なのか？」
「……いや、それだけじゃないな」
喜一が一旦言葉を切った。そして、こう言い換えた。自分で言っておいて、しっくりいかない様子だ。
「金にならないかもしれない。なんの意味もないかもしれない。ただ、いつか巡り巡って自分や他の人間に返ってくる。そう信じて働くこと——それが、⑤本当の意味での仕事だ」
「そう信じて、ね……」
一応理解はできたが、どうもぴんとこない。
「翔太、おまえは今、自分がなんのために米作っているのかわからないだろう？」
「まあな」
翔太はおかしくなった。もうミニバンのローンも関係なくなっている。なりゆきでとしか言いようがない。

＜国語＞

時間　五〇分　満点　五〇点

問題一　次の文章は、今は定職に就いていない二十二歳の翔太《しょうた》が、自分が買ったミニバン（乗用車の一種）のローン（貸付金）を父親に返済してもらうかわりに、米作りの名人である祖父の喜一（じじい）のもとで一年間米作りを習うという約束を父親とかわしたが、約束の一年を終えた翌年の米作りもなりゆきで手伝うことになり、田植えの終わった頃のある晩、喜一と家で語り合う場面に続くものである。これを読んで、あとの㈠～㈧の問いに答えなさい。

「じゃあ、じじいはなんで農薬を使わねえんだよ」

喜一が即答した。

「選択肢を減らすためだな」

「はっ、なんだそりゃ？」

「農薬を使うという選択肢が入れば、余計な雑念が浮かぶ。雑草が生えたり、稲が病気になると農薬を使いたくなる。そしてそれは間違った選択じゃない」

「間違ってねえんだろ。じゃあ使えばいいじゃねえか」

「だがそれによって考える力は失われる。何か問題が起きたら、何も考えず農薬を使うようになる。人間とはそういうものだ。必ず楽な方に楽な方に流れたがる」

それには覚えがある。去年田んぼが雑草まみれになったとき、除草剤をぶちまけたい a衝動に駆られ、それをおさえるのに難儀した。

「だが、農薬を絶対に使わないと心に決めて逃げ道を断てばどうだ。どうすれば無農薬でうまい米を作れるか。雑草を生やさずにいられるか。病気にならない丈夫な稲を育てられるか。懸命に考えるようになる。農薬に頼れないんだ。自分の頭と手を使うしか方法がない。そうすれば新しい知恵や工夫が生まれる。それが考える力ってことだ」

①「なるほどなあ」と翔太は膝を叩《たた》いた。

②あえて選択肢を減らすことで、自身の覚悟と思考を強める。聞いたことのない考えだった。

「じゃあよ。どうしてじじいは有機（化学肥料や農薬の使用をひかえる有機農業のこと）をやり始めたんだ」

「……質問が多いな」と喜一がぼそりと言い、顎を右にふった。そこには将棋盤があった。「それ以上答えて欲しけりゃやることがあるだろう？」

翔太はにやりと笑った。

「じゃあ、コテンパンに負かして答えてもらうか」

二人で将棋をうち始める。

乾いた駒音と虫の音が溶け合い、現実感が薄れていく。何もかも忘れて将棋に没頭する。久しぶりの感覚だった。

体調を考慮して手加減してやるか。そう考えていたのだが、思ったよりも喜一が強い。以前よりも数段実力が増している。

このじじい、特訓してやがったな……

とたんに焦《あせ》りを覚えた。序盤、中盤の攻防で負けている。ねばり強さが俺の真骨頂だ、と敵陣に王将を進めるが、喜一は手をゆるめない。結局、翔太の負けとなった。

してやられた気分だ。どうやら自分を打ち負かす機会を狙っていたらしい。もうひと勝負 b挑みたかったが、それも野暮だ。負けておいてやる。

「質問はどうして有機やり始めたかだったな？」

2020年度

解　答　と　解　説

《2020年度の配点は解答用紙集に掲載してあります。》

＜数学解答＞

問題1　(1)　-1　(2)　5　(3)　$6x-3$　(4)　$x=\frac{5}{2}$　(5)　17
(6)　$(x+3)(x-5)$　(7)　$a=5$

問題2　(1)　25度　(2)　ア　㋑　イ　$\sqrt{61}$cm　(3)　$4\sqrt{5}$ cm^2

問題3　(1)　$\frac{17}{36}$　(2)　15分　(3)　ア　5　イ　$y=-\frac{2}{3}x+\frac{16}{3}$
(4)　xの値：32（求める過程は解説参照）

問題4　(1)　ア　$a=31$　イ　7，24，25　(2)　ア　27cm^2　イ　$\frac{9}{10}x^2$cm^2
ウ　xの値：$\frac{1+\sqrt{3}}{2}$（求める過程は解説参照）

問題5　(1)　解説参照　(2)　解説参照

＜数学解説＞

問題1　（小問群－数と式の計算，式の値，比の値，根号を含む計算，因数分解，根号の性質）

(1)　$10\div(-2)+4=-5+4=-1$

(2)　$a=-3$を代入して，$a^2-4=(-3)^2-4=9-4=5$

(3)　(与式)$=3(2x-1)=6x-3$

(4)　$3x=5(x-1)$　$3x=5x-5$　$2x=5$　$x=\frac{5}{2}$

(5)　**$(a+b)(a-b)=a^2-b^2$の展開公式を利用**して，$(3\sqrt{2}+1)(3\sqrt{2}-1)=(3\sqrt{2})^2-1^2=18-1=17$

(6)　(与式)$=x^2+x-3x-15=x^2-2x-15=(x+3)(x-5)$

(7)　$180=2^2\times3^2\times5$より，$\sqrt{180a}=\sqrt{2^2\times3^2\times5\times a}=6\sqrt{5a}$となるので，これを自然数とする最小の自然数$a$の値は，$a=5$

問題2　（図形の小問群－角度の求値，空間におけるねじれの関係，線分の長さの求値，面積の求値）

(1)　$\angle$DAF$=40°$より，$\angle$BAF$=90°-\angle$DAF$=(90-40)°=50°$　また，$\triangle$ABFはAB＝AFの**二等辺三角形なので，その底角は等しい**ことから，$\angle$ABF$=\angle$AFB$=(180°-\angle$BAF$)\div2=\frac{1}{2}(180-50)°=65°$　よって，$\angle$EBC$=90°-\angle$ABF$=(90-65)°=25°$

(2)　ア　空間内において辺BCと**平行でない，かつ，交わらない**ものを選べばよい。㋐は，辺EFと辺BCは，EF//BCよりねじれの位置にない。㋑は，辺DFと辺BCは，ねじれの位置にある。㋒は，辺ACと辺BCは点Cで交わっており，ねじれの位置にない。㋓は，辺BEと辺BCは点Bで交わっており，ねじれの位置にない。

イ　三角すいPABCの体積は15cm^{3}なので，$\triangle$ABC$\times$PA$\times\frac{1}{3}=15$となる。したがって，$\left(\frac{1}{2}\times6\times3\right)\times$PA$\times\frac{1}{3}=15$　これを解いて，PA＝5cm　さらに，$\angle$PAB$=90°$より，$\triangle$PABにて三平方の定理より，PB^2＝PA^2＋AB^2　したがって，PB$=\sqrt{5^2+6^2}=\sqrt{61}$cm

(3) 右図のように，点Dから直線GFに垂線DIをひき，直線BCと直線DIの交点をHとする。△ABCにおいて，三平方の定理より，$AC^2=BC^2-AB^2=6^2-4^2=20$ よって，$AC=\sqrt{20}=2\sqrt{5}$ cm また，∠BAC＝90°なので，∠ABC＋∠ACB＝90°…① さらに，∠ABD＝90°なので，∠ABC＋∠DBH＝90°…② ①，②より，∠ACB＝∠DBHとなり，△ABC∽△HDBとわかる。したがって，対応する辺の比は等しく，BD：BH：DH＝6：$2\sqrt{5}$：4＝3：$\sqrt{5}$：2とわかるので，BD＝4cmより，BH＝$4\times\frac{\sqrt{5}}{3}=\frac{4\sqrt{5}}{3}$cm，DH＝$4\times\frac{2}{3}=\frac{8}{3}$cmとなる。ゆえに，BG//DIより，IG＝BH＝$\frac{4\sqrt{5}}{3}$cmであり，△BDG＝△BIG＝$6\times\frac{4\sqrt{5}}{3}\times\frac{1}{2}=4\sqrt{5}$ cm²

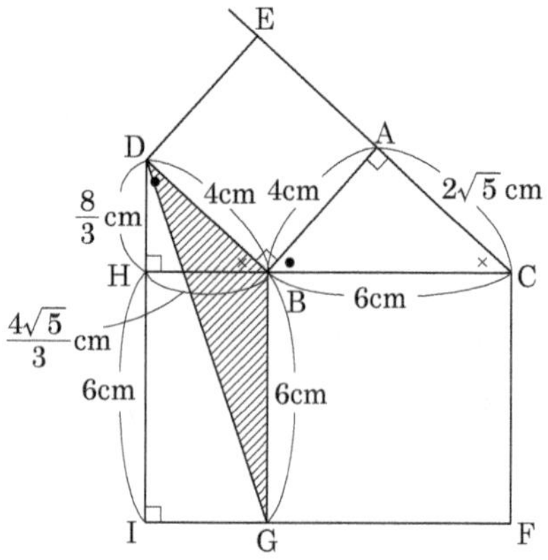

問題3 (小問群－確率，ヒストグラムの利用，座標平面と関数のグラフ，1次方程式の応用)

(1) 2つのさいころを投げたときの出る目は全部で36通り。この中で，2つの目の数の積が9以下になるような出る目は，(A, B)＝(1, 1)，(1, 2)，(1, 3)，(1, 4)，(1, 5)，(1, 6)，(2, 1)，(2, 2)，(2, 3)，(2, 4)，(3, 1)，(3, 2)，(3, 3)，(4, 1)，(4, 2)，(5, 1)，(6, 1)の17通り。したがって，求める確率は，$\frac{17}{36}$

(2) 最頻値は，人数の一番多いのが10分以上20分未満の階級であることがわかるので，15分

(3) ア $y=x^2$について，$x=1$のとき$y=1$，$x=4$のとき$y=16$なので，xの値が1から4まで増加するときの変化の割合は，(yの増加量)÷(xの増加量)＝$\frac{16-1}{4-1}=\frac{15}{3}=5$

イ 点Aは$y=\frac{1}{2}x^2$のグラフ上にあるので，A(－4, 8)であり，AB：BC＝2：1より，点Cのx座標が2であるとわかる。したがって，点Cは$y=x^2$のグラフ上にあるので，C(2, 4)となる。したがって，直線ABの傾きは，2点A，Cより(yの増加量)÷(xの増加量)＝$\frac{4-8}{2-(-4)}=-\frac{2}{3}$となり，$y=-\frac{2}{3}x+b$とおける。これに点C(2, 4)を代入することができるので，$4=-\frac{2}{3}\times2+b$ $b=\frac{16}{3}$ よって，直線ABの式は，$y=-\frac{2}{3}x+\frac{16}{3}$

(4) xの値を求める過程 (例)部員全員から1人250円ずつ集金すれば，ちょうど支払うことができるので，体育館の利用料金は，$250x$円である。また，体育館で練習する日に集金した合計金額は，$280(x-3)$円で，利用料金を支払うと120円余るので，$250x=280(x-3)-120$ これを解くと，$x=32$

問題4 (数学的思考力の利用)

(1) ア aの値は$n=16$のときなので，$a=2n-1$で求めることができることから，$a=2\times16-1=31$

イ $2n-1=49$を解くと，$n=25$ このとき3つの辺は，25^2，$(25-1)^2$，7^2で三平方の定理が成立するので，25，24，7の3辺とわかる。

(2) ア 点Pが点Aを出発してから3秒後は右図のようになり，△ABQは斜線部となる。したがって，求める面積は，△ABC×$\frac{BQ}{BC}=90\times\frac{6}{20}=27$cm²

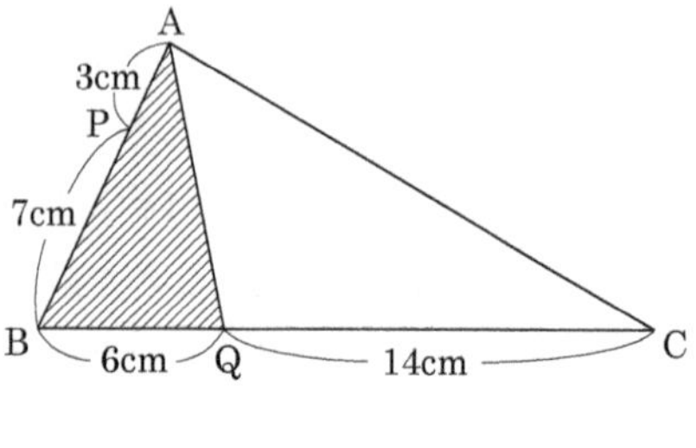

イ　点Pが点Aを出発してからx秒後は右図のようになり，△APQは斜線部となる。したがって，求める面積は，$\triangle APQ=\triangle ABC\times\frac{BQ}{BC}\times\frac{AP}{AB}=90\times\frac{2x}{20}\times\frac{x}{10}=\frac{9}{10}x^2(cm^2)$

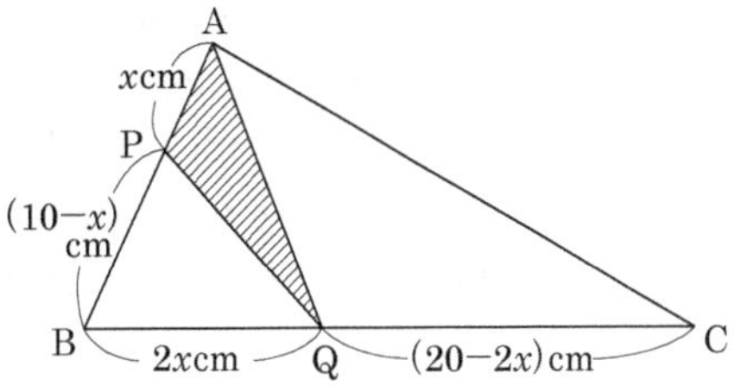

ウ　xの値を求める過程　(例)イの結果から，x秒後にできる△APQの面積は$\frac{9}{10}x^2cm^2$である。その1秒後にできる△APQの面積は$90\times\frac{2(x+1)}{20}\times\frac{x+1}{10}=\frac{9}{10}(x+1)^2cm^2$である。したがって，$\frac{9}{10}x^2\times3=\frac{9}{10}(x+1)^2$　整理すると，$2x^2-2x-1=0$　よって，$x=\frac{1\pm\sqrt{3}}{2}$　$0<x\leqq9$だから，$x=\frac{1+\sqrt{3}}{2}$は問題にあうが，$x=\frac{1-\sqrt{3}}{2}$は問題にあわない。

問題5 (平面図形－三角形が相似であることの証明，三角形が合同であることの証明)

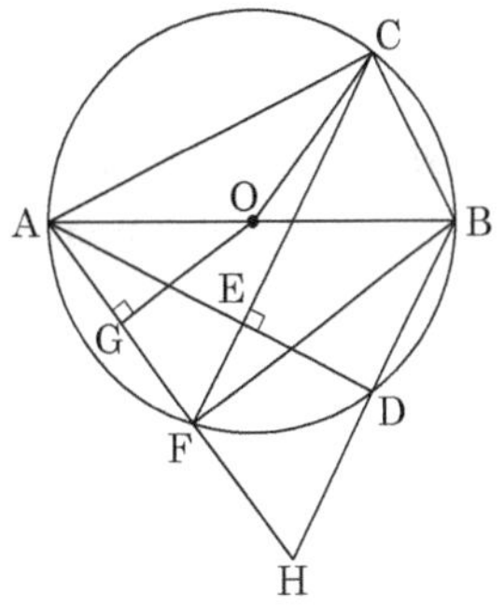

(1)　証明　(例)△AGOと△AFBにおいて，共通な角だから，∠GAO＝∠FAB…①　仮定より，∠AGO＝90°　ABは直径だから，∠AFB＝90°　よって，∠AGO＝∠AFB…②　①，②より，2組の角がそれぞれ等しいから，△AGO∽△AFB

(2)　証明　(例)△ABCと△ABDにおいて，ABは共通　仮定より，BC＝BD　ABは直径だから，∠ACB＝∠ADB＝90°　直角三角形の斜辺と他の1辺がそれぞれ等しいから，△ABC≡△ABD　よって，AC＝AD…①　△ABCと△AHDにおいて，∠ADH＝180°－∠ADB＝90°　よって，∠ACB＝∠ADH…②　$\overset{\frown}{AC}$に対する円周角は等しいから，∠ABC＝∠AFC　∠AFC＝∠AFEだから，∠ABC＝∠AFE…③　また，仮定より，∠AEF＝90°　よって，∠ACB＝∠AEF…④　∠BAC＝180°－∠ACB－∠ABC，∠HAD＝∠FAE＝180°－∠AEF－∠AFE　③，④より，∠BAC＝∠HAD…⑤　①，②，⑤より，1組の辺とその両端の角がそれぞれ等しいから，△ABC≡△AHD

＜英語解答＞

問題1　A　④　B　ウ　C　ア　D　Sachikoが支払う金額9ドル　店員がSachikoに提案したこと　(例)湖まで歩いていくこと　E　No.1　ア　No.2　イ　No.3　ウ

問題2　(1)　(a)　イ　(b)　キ　(c)　ウ　(d)　ク　(2)　ウ　(3)　able

問題3　(1)　イ　(2)　made　(3)　We enjoyed taking pictures of our favorite works.　(4)　(例)Do you know where it is?　(5)　ア　(6)　When I was in such a situation, I thought I needed to speak perfect English.　(7)　エ　(8)　エ　(9)　(例)I want them to find new things about Japan.

問題4　(1)　(例)Do you like cleaning?　(2)　ア　(3)　エ　(4)　(例)掃除に対する態度を変えること　(5)　(例)掃除すべき場所を見つけて，私たちの学校をきれいにしようという誘い　(6)　ウ　(7)　(a)　(例)She felt very good.　(b)　(例)Yes, he did.　(8)　㋑と㋓

問題5　(例)Udon is a popular dish in Japan. / It has many ways to eat. / For example, we can enjoy kamatama, hot udon with egg. / Kagawa is famous for udon in Japan.
(例)Sumo is a traditional Japanese sport. / It is a kind of wrestling. / We can enjoy watching it on TV. / There are some players from other countries.
(例)Tanabata is a popular event in Japan. / It is usually held on July 7. / We try to find beautiful stars in the sky that night. / Also, we write our wishes on small pieces of paper.

＜英語解説＞

問題1　(リスニング)

放送台本の和訳は，60ページに掲載。

問題2　(会話文問題：文の挿入・並べ替え，語句補充，文の区切り・強勢，語句の問題，現在・過去・未来と進行形，助動詞，関係代名詞，形容詞・副詞)

ミサ　：こんにちは，あなたは，日本の学校生活が気に入っていますか？
エレン：こんにちは ミサ。はい。学校ではたくさんの行事がありますね。
ミサ　：(a)　それほどたくさんあると思いますか？
エレン：はい，運動会，合唱コンテスト，そして遠足など。
ミサ　：一番楽しかったことは，何でしたか？
エレン：運動会が一番楽しかった。学校の行事で，一つ質問してもいいですか？
ミサ　：(b)　はい，もちろん。
エレン：先週，この学校では防災訓練がありましたね，そして，近い将来この地域での地震について，先生が話しました。地震のことを，知っていました？
ミサ　：はい。①大きな地震がくるかもしれない。だから，私たちの学校には，ハザードマップがあります。ハザードマップを，見たことがありますか？
エレン：いいえ。(c)　ハザードマップとは，何ですか？
ミサ　：それは地図で，災害の時の危険な場所を示しています。②もし，あなたがその地図について知っていれば，災害が起きたとき，あなたは自分の命を救うことができるでしょう。(d)　ハザードマップを見に行きませんか？
エレン：もちろん。私はハザードマップのことを，知っておくべきですね！

(1)　(a)　イ　それほどたくさんあると思いますか？　次の文が Yes で始まっているので，Do you / Are you～の疑問文を選ぶ。　(b)　キ　はい，もちろん。前の文で Can I～と聞いているので，yes/no で答える。　(c)　ウ　ハザードマップとは何ですか？　次のミサの発話では，ハザードマップのことを説明しているのでウが適当。　(d)　ク　ハザードマップを見に行きませんか？　次の発話でエレンは「知っておくべき」と言っていることから，クが適当。

(2)　下線部①の前では，地震について話をしているので，どのような地震かを表す big を強く発音して強調する。

(3)　問題文にある下線部②の訳と英文を比べると，□の前後が「救うことができる」にあたると考えられる。**be able to～(動詞の原形)で，～ができる。**

問題3 (読解問題・物語文：語句補充・選択，和文英訳，語句の並べ替え，語形変化，接続詞，前置詞，文の構造，受け身，間接疑問文)

(全訳) 今年の夏，私は友達の ヒサオ を訪ねました。彼は，香川のある島に住んでいます。彼は私に言いました，「瀬戸内国際芸術祭のことを聞いたことがある？　香川と岡山の多くの場所で，3年ごとに1度開催されます。私の島でもたくさんの芸術作品を見ることができます。他の国々の人たちも，作品を見るためにここに来ます」 私は言いました，「それは，①おもしろそうですね！ 私は作品を見に行きたい」

次の日，私たちが島を歩いてまわっていると，世界中のたくさん芸術家によって作られたたくさんの芸術作品を見ました。③私たちは，私たちのお気に入りの作品の写真を撮ることを楽しみました。

私たちがバスを待っていると，一人の女性が英語で私に質問をしました，「こんにちは。私はこの近くのトイレを探しています。④あなたはそれがどこにあるかを知っていますか」 私はその場所を知っていました，⑤しかし，彼女に言いました，「すみません，私は知りません….」 その時，私は英語を使う時に間違えたくなかった。それから，彼女は残念そうにそこを去りました。私はとてもすまないと感じました。⑥私がそのような状況になった時，私は私が完全な英語を話す必要があると思いました。

私は家に帰り，父にそのことを話しました。父は私に言いました，「間違うことを⑦恐れてはいけない。まずやってみること。習うより慣れよ」 私は父が言いたかったことがわかりました。人生の中でもっとも大切なことの一つは経験であると，父は私に言いたかったのだと思います。オリンピックとパラリンピックが，もうすぐ東京で開催されます。だから，私たちは他の国々からの人びとと話す，より多くの機会があるのでしょう。たとえば，私たちは国際的なイベントに参加して，ボランティアとして人びとを助けることができます。また，私たちは，コミュニケーションを通して，他の国々からの友人を作ることができます。

この経験のおかげで，今私は間違ってしまうことを心配⑧せずに，英語を話そうと努力しています。将来，私は他の国々からの人びとのための観光ガイドになりたい。⑨私は彼らに日本についての新しいものを見つけほしいです。

(1) That sounds interesting は，「それは面白そうですね」という意味の決まった言い回し。

(2) make のあとに by があることから受け身の文と考えられ，「多くの芸術家によって作られた」となる。**make は受け身なので made と過去分詞形とする。**

(3) We(enjoyed taking pictures of our favorite works). (訳)私たちは，私たちのお気に入りの作品の写真を撮ることを楽しみました。「楽しみました」の enjoyed を動詞として，「写真を撮ること」taking picture と「大好きな作品」favorite works を組み合わせて文を作る。

(4) 「どこにあるのか？」と「知っているか？」なので，know を使った間接疑問文。Do you know where it is? となる。疑問詞 where のあとは，普通の文の語順になる (where is it ではない)

(5) (ア) しかし(○)　(イ) なぜなら(×)　(ウ) そして(×)　(エ) したがって(×)
⑤の空欄の前では「場所を知っている」，空欄の後では知っているのに「知らない」と前後で反対のことを言っているので，アのbut(しかし)が適当。

(6) When I was in such a situation, (I thought I needed to speak perfect) English. (訳)私がそのような状況になった時，私は私が完全な英語を話す必要があると思いました。 下線⑥の3つ前の文 At the time,～「間違えたくなかった」とあるので，⑥のカッコ内の単語から「完全な英語を話す必要がある」と考えられる。

(7)　(ア)　興味ある(×)　(イ)　驚いた(×)　(ウ)　必要な(×)　(エ)　恐れる(○)
be afraid of~で,「~を恐れる, ~をこわがる」。

(8)　空欄⑧の直前の段落では, とにかく英語を話してみよう, という内容になっている。したがって, 空欄のある文では「間違いを心配せずに, 英語を話そう」と考えられるので, エのwithout(~なしに)が適当。

(9)　I want them to find new things about Japan.「彼らに~してほしい」なので, I want them to~。to~は to 不定詞で, ~は動詞の原形 find をおく。

問題4 (読解問題：物語文, 条件付き英作文, 語句補充・選択, 語句の解釈・指示語, 英問英答, 内容真偽, 日本語で答える問題, 動名詞, 比較, 不定詞, 名詞・冠詞・代名詞, 現在完了)

(全訳)　拓海は中学校の生徒です。ある日, 彼が教室を掃除していた時, クラスメイトの一人のロンドン出身の生徒エマと話をしました。彼は彼女へ言いました,「ぼくは, 掃除が好きではないんだ。なぜ自分たちの学校を掃除しなければならないのだろう？」彼女は言いました,「あなたは, 掃除が好きではないの？　私が自分の国にいた時, 日本の人たちは掃除をすることが好きだと聞いたので, 日本は世界で一番きれいな場所だと思っていたの。私は日本へ来たとき, それは本当のことだと気がついた」　拓海は同じ考えだったけれども聞きました, ①「きみは掃除が好きなの？」エマが答えました,「ええ, 私はなぜ掃除が好きうまく説明できないけれど, 友達といっしょに場所を掃除した後は, とても満足した気分になるの。あなたは日本人なのに, 掃除が好きではない。ごめんなさい, だけど私には変なことに感じる…」

拓海が家に帰ったあと, エマが彼に言ったことを母に話しました。それから, 母は彼に言いました,「ある日本のサッカーのファンが, 彼らのチームが国際試合で負けた後でも, スタジアムを掃除したということを聞いたことがある？」　彼は答えました,「聞いたことがない」　そして, 母は続けました,「そう。それは世界中でニュースになって, そして人々はそのようなおこないを称賛したの。けれども, 使った場所を掃除することは, 私たち日本人には②特別なことではないでしょう？　私たちは, 学校での掃除の時間で, 協働, 責任とものへの感謝を学びました。今, 世界のいくつかの学校では, この日本の教育の方法を試し始めています。それは,「掃除を通して学ぶ」です。そして, 拓海が言いました,「ぼくは, 自分たちの学校をきれいにするためだけに, 私たち生徒が学校を掃除するのだと思っていた。けれども, なぜ自分の学校を掃除する必要があるのか, 今わかった。ぼくは, 掃除に対する自分の態度を, 変えなければならない」　母が言いました,「そう, ④そうするべきね。あなたの態度が変わったことをエマが見たら, きっとうれしくなると思いますよ」

次の日, 学校で 拓海がエマを見かけた時, 彼女へ言いました,「掃除するべき場所を探そう, そしてぼくたちの学校をきれいにしよう」　エマが言いました,「もちろん！　⑤そう聞いて, 私は本当にうれしい！」　彼らは, 場所を一覧表にして, 放課後にひとつひとつその場所を掃除し始めました。何人かの生徒も彼らに参加し始め, そして彼らの活動は学校全体へ広がりました。

三ヶ月後, 彼らが作った一覧表のほぼすべての場所を掃除しました。そして, 拓海はエマへ言いました,「ぼくたちの地域を掃除するために, 場所の一覧表を作ろうか？　今では二十人を超える生徒がぼくたちの活動に参加しているから, みんなで場所を分担できて, 何をしていつ掃除が終わるか, 決めることができる。そうすることで, それぞれの生徒がその場所に⑥責任を持つことができる, そうだね？」　エマが言いました,「それはいい考えね！　私たちのまわりのありふれたことへの感謝も, 私たちが感じることは確かね」彼らの活動は, 彼らの学校の外へと広がり始めました。

(1) ①の空欄の後でエマは，Yes I do と答えていることから Do you~の疑問文だと考えられる。また，「掃除が好きな理由がうまく説明できない」と言っていることから，「掃除が好きか？」と質問する文 Do you like cleaning? (4 語)が適当。

(2) ア 特別な(○) イ 楽しい(×) ウ 便利な(×) エ 興味のある(×) なので，空欄②の文から，「(掃除が)日本人にとって特別なことではない」でアが適当。

(3) ア 答えること(×) イ 取ること(×) ウ 確認すること(×) エ 学ぶこと(○) 空欄③の二つ前の文 We have learned~ では，「学校での掃除の時間で，協働，責任とものへの感謝を学んだ」とある。したがって，空欄を含む文は「掃除を通して学ぶ」と考えられるので，動名詞 learning「学ぶこと」のエが適当。

(4) do so で「そうする」。下線④の前の文 I have to~で「掃除に対する態度を変える」とあるので，ここの部分が so に対応すると考えられる。

(5) 下線部⑤は「聞いてうれしい」なので，その前の文 The next day~の「掃除するべき場所を探そう，そしてぼくたちの学校をきれいにしよう」を「聞いてうれしい」のだと思われる。

(6) ア 国際試合を一覧表にする(×) イ 多くの人たちを見つける(×) ウ 責任を持つ(○) エ 彼らの学校を変える(×) 空欄⑥の直前の文 Now more than~では，「分担を決めて掃除をしよう」と言っていて，「そうすることで」に続く□にはウが適当。

(7) (a) (問題文訳)エマが友達と場所を掃除した後，どのように感じましたか？ 第1段落第9文 Emma answered,~では，「feel very good」と言っている。問題文は How did she ~と過去形となっているので，解答文の動詞も過去形 felt にする。She felt very good.(4語)が適当。 (b) (問題文訳)拓海は母の話を聞いたあと，なぜ彼の学校を掃除するべきなのか，理解しましたか？ Did~の疑問文なので yes / no で答える。第2段落の最後から第4文 But now I~を参照。ここで拓海は「なぜ学校を掃除するのかわかった」と言っているので，Yes, he did. (3語)が適当。

(8) ㋐ エマは，彼女がロンドンにいた時，日本について何も聞かなかった。(×) ㋑ エマは，日本が世界の他のどの国よりもきれいであると考えた。(○) ㋒ 拓海の母は，学校をきれいにするためだけに，生徒が自分たちの学校を掃除するのだと言った。(×) ㋓ 拓海の母は，掃除に対する拓海の態度が変わったことを知って，エマがよろこぶだろうと期待した。(○) ㋔ 拓海とエマは，彼らの学校の掃除するための場所を一覧表にして，毎週末にそこを掃除した。(×) ㋕ 拓海とエマは，彼らの先生と一緒に彼らの地域を掃除すると決めた。(×) 第1段落第6文 When I was~を参照すると，エマは「自分の国にいた時，日本の人たちは掃除をすることが好きだと聞いた」と言っているので，イが適当だと判断できる。また，第2段落の最後の文 I hope エマ~を参照すると，拓海の母が「あなたの態度が変わったことをエマが見たら，きっとうれしくなると思う」と言っているので，エが適当だとわかる。

問題5 (自由・条件英作文)

(解答例訳) うどんは，日本で人気のある料理です。／たくさんの食べ方があります。／たとえば，私たちは温かいうどんに玉子という釜玉を味わうことができます。／日本では香川はうどんで有名です。

(解答例訳) 相撲は，伝統的な日本のスポーツです。／それはレスリングの一種です。／私たちはそれをテレビで見て楽しむことができます。／何人かの他の国々の出身の相撲取りがいます。

(解答例訳) 七夕は，日本で人気のある行事です。／普通それは7月7日に行われます。／私たちは，その夜の空にきれいな星を探そうとします。／また，私たちは，小さな紙きれに私たちの願いを書きます。

2020年度英語　英語を聞いて答える問題

〔放送台本〕

今から，「英語を聞いて答える問題」を始めます。問題は，A，B，C，D，Eの5種類です。

Aは,絵を選ぶ問題です。今から，Kumikoが昨日の朝食の前にしたことについて，説明を英語で2回くりかえします。よく聞いて，その説明にあてはまる絵を，①から④の絵の中から一つ選んで，その番号を書きなさい。

Kumiko gave the flowers some water before breakfast yesterday.

〔英文の訳〕

クミコ は昨日の朝食の前に，花に水を少しやりました。

〔放送台本〕

次は，Bの問題です。Bは，曜日の組み合わせを選ぶ問題です。問題用紙のカレンダーを見てください。今から，美術館の留守番電話のメッセージを英語で2回くりかえします。よく聞いて，今週，美術館が一日中閉まっている曜日の組み合わせとして適当なものを，アからエのうちから一つ選んで，その記号を書きなさい。

Thank you for calling. Our art museum is closed on Monday. You can enjoy our art museum. from Tuesday to Sunday. But this week it will be closed on Thursday and Friday. And on Wednesday it will also be closed in the afternoon.

Thank you.

〔英文の訳〕

お電話ありがとうございます。私たちの美術館では，月曜日は閉まります。火曜日から日曜日の間，私たちの美術館で楽しむことができます。けれども，今週の木曜日と金曜日に閉まります。そしてまた，水曜日の午後も閉まります。ありがとうございました。

〔放送台本〕

次は，Cの問題です。Cは，応答を選ぶ問題です。今から，MikeとMikeのお母さんの対話を英語で2回くりかえします。よく聞いて，Mikeの最後のことばに対するMikeのお母さんの応答として最も適当なものを，アからエのうちから一つ選んで，その記号を書きなさい。

Mike:　It is raining now. I lost my umbrella. I can't find it.
Mike's mother:　Do you want to use mine?
Mike:　Yes! Where is it?

〔英文の訳〕

マイク：　今雨が降っている。ぼくは傘をなくしてしまった。見つけられない。

マイクの母：　私のかさを使う？
マイク：　　　うん！　どこにあるの？

〔放送台本〕

次は，Dの問題です。Dは，対話の内容を聞き取る問題です。今から，店員とSachikoの対話を英語で2回くりかえします。よく聞いて，Sachikoが支払う金額，および店員がSachikoに提案したことを，それぞれ日本語で書きなさい。

Salesclerk: Hello. May I help you?
Sachiko: Yes, please. I'm looking for a map of this city. Do you have one?
Salesclerk: Yes. It is 9 dollars.
Sachiko: OK, I'll take it. Do you know any famous places to see near here?
Salesclerk: There is a beautiful lake near here. People usually go there by bus. But if you have time, how about walking to that place?
Sachiko: All right. I'll try it. Thank you.

〔英文の訳〕

店員　：こんにちは。お手伝いしましょうか？
サチコ：はい，お願いします。私はこの町の地図を探しています。ありますか？
店員　：はい，9ドルです。
サチコ：わかりました。それをください。この近くで見るべき有名な場所があるか，知っていますか？
店員　：この近くにすばらしい湖があります。人びとはたいていバスでそこへ行きます。けれども，もしあなたに時間があるならば，その場所へ歩いて行ってはどうですか？
サチコ：わかりました。やってみます。ありがとう。

〔放送台本〕

最後は，Eの問題です。Eは，文章の内容を聞き取る問題です。はじめに，Kenについての英文を読みます。そのあとで，英語でNo. 1，No. 2，No. 3の三つの質問をします。英文と質問は，2回くりかえします。よく聞いて，質問に対する答えとして最も適当なものを，アからエのうちからそれぞれ一つずつ選んで，その記号を書きなさい。

Ken is a junior high school student. He likes English. He has a sister, Aya. She is 10 years old. One day, Aya said to Ken, "There is a boy who is from China in my class. We call him Steve. He speaks English very well, but he cannot speak Japanese well. So, can you teach Japanese to him? He will visit our house this weekend to borrow some books."

On Sunday, Steve visited Ken and Aya. Ken said to him, "Hi, I'm Ken. You are studying Japanese, right?" Steve said, "Yes. But some Japanese words are too difficult for me. For example, I don't know the difference between '*Gomennasai*'." and '*Sumimasen*'." Ken said, "Hmm, that is difficult." They talked with each other in English and in Japanese and had a good time.

That night, when Aya was eating dinner with her family, she said, "I'll study English harder to talk with Steve more." Then Ken said, "I have to know more about Japanese to help Steve."

質問です。

No. 1　Where does Steve come from?

No. 2　Why did Steve visit Aya's house on Sunday?

No. 3　What did Ken say when he was eating dinner with his family?

〔英文の訳〕

ケンは中学校の生徒です。彼は英語が好きです。彼にはアヤという妹がいます。彼女は10才です。ある日，アヤはケンに言いました，「私のクラスに中国出身の男の子がいるの。私たちは彼のことをスティーブと呼んでいるの。彼は上手に英語を話すけれども，日本はよく話すことができない。だから，彼に日本語を教えることはできる？　彼は，何冊かの本を借りに，今週末にこの家に来るの」

日曜日，スティーブはケンとアヤを訪れました。ケンが彼に言いました，「こんにには，ぼくはケン。君は日本語を勉強しているんでしょ？」 スティーブが言いました，「はい，けれども，ぼくにとっていくつかの日本語の言葉は，とても難しいです。たとえば，私はごめんなさいとすみませんとの違いがわかりません」 ケンは言いました，「うーん，難しいね」 彼らは英語と日本語でお互いに話あい，楽しい時をすごしました。

その日の夜，アヤが家族と夕食を食べている時，彼女が言いました。「私はスティーブと話しをするために，もっと一生懸命英語を勉強する」 そしてケンが言いました，「ぼくは，スティーブを助けるために，もっと日本語について知らなければならない」

No.1　スティーブ はどこの出身ですか？

答え：ア　中国。

No.2　なぜ スティーブ は日曜日に アヤ の家を訪ねたのですか？

答え：イ　何冊かの本を借りるため。

No.3　ケン が家族と夕食を食べている時，彼は何と言いましたか？

答え：ウ　彼は，日本についてもっと知るべきだと言った。

＜理科解答＞

問題1　A (1) a ㋒　b 偏西風　(2) エ　(3) a (例)日が当たったとき，砂は水と比べてあたたまりやすく高温になる。このため，砂の上の空気が，水の上の空気よりあたためられて膨張し，密度が小さくなったため。　b ㋑

B (1) a 木星型惑星　b (例)Yのグループの惑星は，Xのグループの惑星に比べて，質量は小さく，太陽からの距離は小さい。　(2) a エ　b (位置) T　(言葉) ㋒と㋖　(3) イ

問題2　A (1) a 中枢神経　b 0.12秒　(2) a 反射　b (筋肉) X　(つながり方) ㋒　c ㋑と㋓　B (1) 胞子　(2) ア　(3) ㋒　(4) ㋐と㋓　C (1) a 光合成　b エ　(2) (例)森林の土に含まれていた微生物が，デンプンを分解したから。

問題3　A (1) $CuCl_2 \rightarrow Cu^{2+} + 2Cl^-$　(2) 60〔%〕　(3) ㋑　(4) エ　(5) 0.6〔g〕　B (1) a (例)火のついた線香を陽極に発生した気体に近づける

と，線香が炎を出して激しく燃えることを確認する。　b　ウ　c　イ　(2)　エ

(3)　2.7〔g〕

問題4　A　(1)　右図　(2)　㋒　B　(1)　10〔秒〕

(2)　2.0〔J〕　(3)　㋑と㋒　(4)　㋑と㋒

(5)　88〔W〕　C　(1)　3.6〔V〕　(2)　㋐

(3)　(例)コイルに流れる電流を大きくする。コイルの巻き数を増やす。より強力なU字型磁石にかえる。などから一つ

(4)　30〔Ω〕　(5)　㋑と㋓

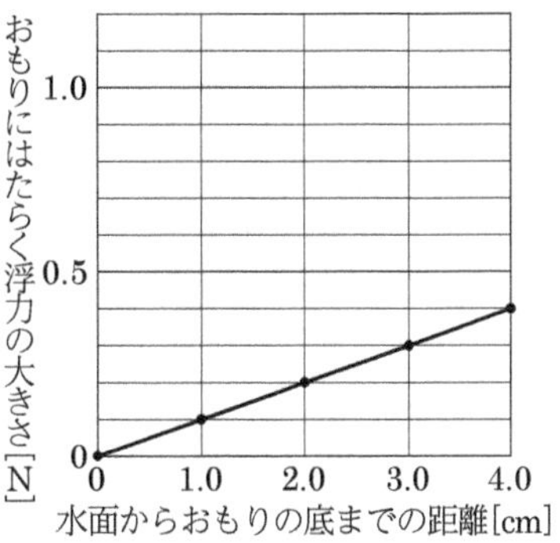

＜理科解説＞

問題1　(地学総合)

A　(1)　a　低気圧の中心付近には**上昇気流**が生じている。また，北半球の低気圧は，周囲から中心に向かって風が反時計回りにふき込んでいる。　b　日本上空には，つねに西風の**偏西風**がふいており，この影響で，日本付近の低気圧や高気圧は西から東に移動していくことが多い。

(2)　つゆのころに発達している停滞前線は，夏に太平洋上に発達する小笠原気団の勢力の増大によって北に押しやられ，日本はつゆ明けとなる。

(3)　a　砂はあたたまりやすいため，水よりも高温になりやすい。そのため，砂の上の空気は温度が高くなり，まわりよりも密度が小さく(軽く)なって上昇する。　b　夏は大陸の温度が上昇しやすくなるため，大陸上に上昇気流が発生する。この上昇気流は，太平洋上で下降気流となる。つまり，太平洋上に高気圧が発達する。よって，日本の地表付近では，気圧の高い方(太平洋側)から気圧の低い方(大陸側)へ，南東の季節風がふく。

B　(1)　a　Xのグループは，半径は大きいが密度が小さい。これは，天体の成分の多くが気体であるためであり，このような惑星を木星型惑星という。　b　Yのグループは地球型惑星に分類されている。地球型惑星の公転軌道は，木星型惑星よりも太陽に近い。

(2)　a　地球に近づくため，大きく見えるようにはなるが，欠け方は大きくなる。　b　金星は0.62年で360°公転することから，0.5年で公転する角度x°を求めると，0.62：360＝0.5：x　x＝290.3…〔°〕　図Ⅲの金星の位置から290°公転すると，図ⅣではTの位置に近い。また，図Ⅳでは，地球から見て太陽よりも東側(左側)に金星が位置している。この位置の金星は，**日の入り直後の西の空にしか観測できない**。

(3)　火星と木星の間には，小惑星が多数見られる軌道が存在している。

問題2　(生物総合)

A　(1)　a　脳やせきずいなど，命令判断に関わる神経をまとめて中枢神経という。　b　刺激の信号が伝わる距離は，75＋25＋25＋55＝180〔cm〕　よって，刺激の信号が神経を伝わるのにかかる時間を，最も速い速さの値90m/sを使って求めると，1.8〔m〕÷90〔m/s〕＝0.02〔s〕　これに，脳が判断するためにかかる時間として最短の0.10秒を加えると，0.02＋0.10＝0.12〔s〕

(2)　a　**反射**は，反応の判断・命令をせきずいで行うので，反応までにかかる時間が短い。

b　うでを曲げているので，内側の筋肉Xが縮み，外側の筋肉Yがゆるんでいる。また，筋肉は，関節をまたいで2つの骨についている。　c　反射で反応の命令を出すのはせきずいである。

刺激の信号はその後脳にも伝わるので，熱いと意識する。

B　(1)　イヌワラビなどのシダ植物や，ゼニゴケなどのコケ植物は，種子をつくらず**胞子**でふえる。

(2)　サクラは被子植物であるため，果実の中に種子ができるつくりとなっており，果実の部分が食用となる。イチョウは裸子植物なので，種子の外側に果実はできない。食用としている部分は種子の内部である。

(3)　アブラナは双子葉類であるため，子葉は2枚で葉脈は網目状，茎の維管束は輪状に分布し，根は主根と側根からなる。トウモロコシは単子葉類であるため，子葉は1枚で葉脈は平行，茎の維管束は散らばっており，根はひげ根である。

(4)　イヌワラビなどのシダ植物には，葉，茎，根の区別や維管束がある。コケ植物には葉，茎，根の区別や維管束がない。

C　(1)　a　植物は，日光に十分に当たると，二酸化炭素を吸収し酸素を放出する光合成を行う。

b　草食動物は植物を食べるので，消費者である。

(2)　ろ液の中の微生物がデンプンを分解したために，ヨウ素液の反応が見られなかった。

問題3　(化学総合)

A　(1)　塩化銅は，電離すると，1個の銅イオンと2個の塩化物イオンを生じる。

(2)　**質量パーセント濃度〔%〕＝溶質の質量〔g〕÷溶液の質量〔g〕×100**で求められる。(50＋100)÷(50＋100＋100)×100＝60〔%〕

(3)　一度とけて溶液中に均一に広がった溶質は，時間がたっても一か所に偏ることはなく，均一のままである。

(4)　実験Ⅰ，Ⅱより，砂糖は20℃の水100gに，(50＋100)〔g〕がとけるので，これに当てはまるグラフはAである。次に，実験Ⅲで，試験管につくった水溶液を，濃度は変えずに水100.0gにとかした場合として考える。水100.0gにとかした場合，その溶質の質量は，$2.5\times\frac{100.0}{5.0}=$50.0〔g〕となる。B，C50.0gが水100gにとけることができなくなる温度を図Ⅲから読み取ると，Bは約58℃，Cは約33℃となる。よって，Bは60℃では50.0gがすべてとけているが40℃では一部がとけなくなるという結果になるので，これに該当するのはミョウバンとなる。Cは50.0gが40℃でもすべてとけているので，これに該当するのは硝酸カリウムとなる。

(5)　80℃の水5.0gにとける塩化ナトリウムの質量は，$38\times\frac{5.0}{100.0}=1.9$〔g〕　よって，とけ残りは，2.5－1.9＝0.6〔g〕

B　(1)　a　酸素はものを燃やす性質があるため，火のついた線香を入れると炎を出して激しく燃えるようになる。　b　水素は物質の中で最も密度が小さい物質であり，においはなく，空気中にはほとんどふくまれていない。　c　P…図Ⅱでは，左辺の酸素原子は1個，右辺の酸素原子は2個になっている。Q…水分子の係数を2にすると，水素原子の数が左辺だけ多くなる。R…水の電気分解では，水2分子が分解し，水素2分子と酸素1分子が発生する。

(2)　酸化銀を加熱すると分解し，銀と酸素を生じる。銀は金属であるため，みがくと金属光沢が見られ，電流が流れる。

(3)　5.8gの酸化銀を加熱すると，銀5.4gと酸素5.8－5.4＝0.4〔g〕に分解する。5.8－5.6＝0.2〔g〕より，0.2gの酸素が発生したときに，同時に生じた銀の質量xgを求めると，0.4：5.4＝0.2：x　x＝2.7〔g〕

問題4　(物理総合)

A （1） 浮力は，**(空気中でのばねばかりの値－水中でのばねばかりの値)**で求めることができる。

（2） 水圧は，水深が深いほど大きくなる。

B （1） 動滑車を使っているので，物体を20cmの高さに上げるためには，糸を40cm引く必要がある。よって，40〔cm〕÷4.0〔cm/s〕＝10〔s〕より，10秒となる。

（2） おもりを20cmの高さにまで持ち上げるために引く糸の長さは，20〔cm〕×2＝40〔cm〕 **仕事〔J〕＝力の大きさ〔N〕×力の向きに移動した距離〔m〕**より，5.0〔N〕×0.4〔m〕＝2.0〔J〕

（3） おもりが動き始めてから1秒後から4秒後までの間，おもりは上昇を続けているので，おもりの位置エネルギーは増加するが，速さは一定であるために運動エネルギーは一定のままで変化しない。

（4） 質量は物質そのものの量のことなので，場所によって変化しないが，重さは測定する場所における物体にはたらく重力の大きさを表すため，測定する場所によって変化する。

（5） **仕事率〔W〕＝仕事〔J〕÷かかった時間〔s〕**より，花子さんの行った仕事は，(240×2.0)〔J〕÷6.0〔s〕＝80〔W〕 太郎さんの行った仕事は，(210×2.0)〔J〕÷5.0〔s〕＝84〔W〕 春子さんの行った仕事は，(110×2.0)〔J〕÷2.5〔s〕＝88〔W〕 よって，春子さんが最も大きい。

C （1） **電圧〔V〕＝電流〔A〕×抵抗〔Ω〕**より，0.18〔A〕×20〔Ω〕＝3.6〔V〕

（2） 電流のまわりには，電流の進行方向に対して右回りの向きに，同心円状の磁界ができる。

（3） コイルにはたらく磁界を強くすると，コイルが大きく動くようになる。

（4） 20Ωの電熱線に流れる電流は，4.8〔V〕÷20〔Ω〕＝0.24〔A〕 回路には0.4Aの電流が流れていることから，電熱線Xに流れている電流は，0.4－0.24＝0.16〔A〕 よって，電熱線Xの抵抗は，4.8〔V〕÷0.16〔A〕＝30〔Ω〕

（5） コイルを流れる電流は，コイルが半回転するごとに，流れる向きが逆になる。そのため，コイルが回転してもコイルにはたらく磁界の向きは一定となり，コイルは回転を続ける。

<社会解答>

問題1 （1） ㋐　（2） a （記号） ㋑　（理由） (例)参議院で総議員の3分の2以上の賛成が得られていないためである。　b ア　c 裁判員制度　d ウ　e エ
（3） イ　（4） a ウ　b ウ　c (例)日本銀行が，一般の銀行に対して資金の貸し出しや預金の受け入れをおこなう役割を果たしているから。　d （言葉） 家計　（記号） エ　e 寡占　f （太郎さんのみが用いた資料） ㋒　（花子さんのみが用いた資料） ㋐　（太郎さんも花子さんも用いた資料） ㋑

問題2 （1） a (例)朝鮮半島の南部における軍事的な指揮権を認めてもらおうとしたから。鉄を確保するために，朝鮮半島の国々に対して優位に立とうとしたから。などから一つ　b 万葉集　c ウ　（2） （言葉） 御家人　（記号） ㋑，㋒　（3） ㋑→㋐→㋒　（4） (例)石高に応じて軍役を果たすこと。石高に応じて戦いに必要な人や馬の確保を請け負うこと。などから一つ　b エ　（5） 国学　（6） (例)わが国に関税自主権がないこと。／(例)アメリカに領事裁判権を認めること。
（7） a 戊辰戦争　b ウ　c イ　d (例)25歳以上のすべての男性に与えられることになったから。納税額によって制限されなくなったから。などから一つ
（8） エ　（9） a ㋒→㋐→㋑　b アジア・アフリカ会議(バンドン会議)

問題3 （1） a エ　b ③　c アルプス・ヒマラヤ(造山帯)　d イ

e　リアス海岸　　(2)　㋓　　(3)　(例)細長くつらなった島国だから。離島が多いから。などから一つ　　(4)　a　(約)400(m)　　b　エ　　c　①　イ　　②　ウ
d　エ　　e　(例)河川の水量を調整する。気象災害に備える。などから一つ　　(5)　イ
(6)　ア　　(7)　a　(例)原料を輸入して工業製品を輸出する貿易。
b　ウ　　(8)　エ

＜社会解説＞

問題1　(公民的分野－日本国憲法・政治のしくみ・経済のしくみ・などに関する問題)

(1)　時間制限に触れている選択肢が一つであることに注目すれば良い。すなわち，効率よく清掃をすることを念頭においていると言えるからである。

(2)　a　日本国憲法第96条の内容から判断すれば良い。**憲法改正の発議には，各議院の総議員の3分の2以上の賛成が必要**である。すなわち，**衆議院では465名の3分の2となる310名以上，参議院では248名の3分の2以上となる166名以上**の賛成が必要であることが分かる。この条件を衆議院は満たしているが，参議院は満たしていないことから判断すれば良い。　b　住居・建物は個人の財産に当たることから判断すれば良い。　c　殺人・放火など，重要事件の刑事裁判の第一審に導入された制度である。**6名の裁判員と3名の裁判官の合議で審理を進める。判決に関しては，少なくとも1名の裁判官を含む過半数の合意が必要で，有罪の場合は量刑まで決める**しくみである。　d　日本国憲法第6条の規定から判断すれば良い。アは裁判所が持つ権利であることから，誤りである。イ・エは国会が持つ権利であることから，誤りである。　e　消去法で判断すれば良い。**参議院議員・都道府県の知事の被選挙権は30歳以上**であることから，28歳で当選することは出来ないので，イ・ウは誤りである。**解職請求**があったとあるが，**国会議員に対しては行うことができない**ことから，アは誤りである。したがって，都道府県議会の議員が正しいことになる。

(3)　リデュースはごみを減らすこと，リユースは再利用すること，リサイクルは再資源化することであることから判断すれば良い。

(4)　a　Aは医療保険・年金保険の内容であることから判断すれば良い。Bは保健所の業務であることから判断すれば良い。Cは生活保護とあることから判断すれば良い。Dは障害者・高齢者といった社会的弱者とされる人たちが対象になっていることから判断すれば良い。　b　自主財源の中心は地方税であることから，税源を中央から地方に移管することは，自主財源の増額に効果的である。**使い道を限定される国庫支出金，自由に使える地方交付税交付金**は，いずれも国からの支出であることから，ア・イは誤りである。地方債は自主財源であるが，発行を減らすと財源は減少することになることから，エは誤りである。　c　各金融機関は，日本銀行に出し入れが自由で無利子の預金である当座と金の口座を持っている。この口座の役割は，各金融機関が他の金融機関・日本銀行・国と取引を行う際の決済手段であり，各金融機関が個人・企業に支払う現金通貨の支払い準備であることなどに注目して説明すれば良い。　d　企業に対しては労働力を提供し，企業はそれに見合う賃金を支払う関係が成り立っている。政府に対しては税金・社会保険料などを負担して，社会保障給付や公共サービスなどの給付を受ける関係が成り立っている。これらに注目して判断すれば良い。　e　市場が少数の企業によって支配されている点に注目すれば良い。単独の企業に支配されている場合は独占となる。　f　太郎さんは，所得の多い人ほど収入に占める税金の割合が低下する消費税の逆進性を指摘していることから，資料㋒を利用していることが分かる。また，景気後退についても指摘していることから，資料㋑を利用している

ことが分かる。花子さんは，消費税率を諸外国と比較していることから，資料㋐を利用していることが分かる。また，消費税の税収額が安定していることについても指摘しているので，資料㋑を利用していることが分かる。これらを併せて判断すれば良い。

問題2 （歴史的分野－日本の各時代・20世紀の国際関係に関する問題）

(1) a 朝鮮半島の南にあった任那に，6世紀の段階で大和政権は日本府をおいていたとされることから，朝鮮半島に対して大きな影響力を持っていた中国との関係が重要であったことに注目すれば良い。 b 約4500首を収めた，日本最古の歌集である。 c 長岡京遷都は784年，桓武天皇の在位期間が781年から806年であることから判断すれば良い。アは708年，イは743年，エは894年のことである。

(2) 鎌倉幕府の将軍に忠誠を誓い主従関係を結んだ家来は御家人である。記号に関しては，**荘園ごとに置かれた**とあることから，その役職は**地頭**である。**守護は国ごとに置かれていた。**また，禅宗とあることから**臨済宗を伝えた栄西**を選べば良い。**日蓮は日蓮宗(法華宗)の開祖**である。

(3) ㋐は1582年，㋑は1549年，㋒は1637年のことである。

(4) a 太閤検地の結果，兵農分離が進み身分が固定されることになった。農民は耕作権を認められると同時に年貢を納める義務が生じ，武士には石高に応じて軍役を果たす義務が生じた。この内容に注目して説明すれば良い。 b 問丸は鎌倉時代に始まり室町時代に発展した業者であることから，エは誤りである。

(5) 仏教が伝わる前の日本を学ぶ学問である。

(6) 日米修好通商条約の不平等の内容は，日本がアメリカの領事裁判権(治外法権)を認める，日本が関税自主権を持たないということの2点であることから判断すれば良い。

(7) a 鳥羽・伏見の戦いから函館五稜郭の戦いまでの総称で，当時の元号からつけられた名称である。 b **内閣制度は1885年に始まった制度**であることから判断すれば良い。アは1872年，イは1873年，エは1872年のことである。 c 第3次桂内閣の時に起きた第一次護憲運動を受けて退陣したのは桂太郎である。大隈重信の在任期間は1898年6月から11月の間と，1914年4月から1916年10月である。原敬の在任期間は1918年9月から1921年11月である。近衛文麿の在任期間は1937年6月から1939年1月の間と，1940年7月から1941年10月である。 d 1925年，加藤高明内閣が成立させた**普通選挙法では，25歳以上の男子に選挙権を与える**とされていた点に注目すれば良い。また，この法律と同時に，**社会主義運動を取り締まる治安維持法**も成立している。

(8) 1897年に描かれた黒田清輝の代表作で，現在，東京国立博物館が所蔵し，国の重要文化財に指定されている。アは江戸時代中期の画家で，代表作は「燕子花図」である。イは明治後半から昭和前半にかけて活躍した日本画家で，「朦朧体」と呼ばれる独特の技法を確立した画家である。ウは幕末から明治前半にかけて活躍した日本画家で，代表作は「悲母観音」である。

(9) a ㋐は1920年，㋑は1921年，㋒は1919年のことである。 b インドのネルー首相，インドネシアのスカルノ大統領，中華人民共和国の周恩来首相，エジプトのナセル大統領が中心となって開催を目指した会議の総称である。**会議の開かれたインドネシアの都市名から，バンドン会議とも呼ばれる。**

問題3 （地理的分野－世界の地理・日本の地理に関する様々な問題）

(1) a 略地図はメルカトル図法である。赤道上では実際の距離が反映されているが，高緯度になるほど緯線が拡大されて描かれていることに注目して判断すれば良い。 b **東経135度が日本標準時子午線**であることから考えれば良い。経度15度につき時差は1時間となることから，①

との時差は日本が＋9時間，②との時差は日本が－1時間，③との時差は日本が＋17時間，④との時差は日本が＋12時間である。　c　アフリカ大陸北部・ヨーロッパ南部から西アジア・中央アジア南部を通り，南アジア北部・東南アジア西部に至る山々の連なりである。　d　緯度20度から30度付近の中緯度地帯に多く広がる，乾燥が原因で植物が生育できない地域のことである。　e　多くの入り江があり，波が穏やかであることから養殖が盛んに行われる場所であるが，津波の被害が大きくなる問題点もある。

(2)　資料Ⅰを見ると，シャンハイの年降水量は1000mm～2000mmであることが分かることから，㊤は誤りである。

(3)　日本の**最東端である南鳥島**や，**最南端である沖ノ鳥島**などの離島の**周辺に排他的経済水域**が存在していることに注目すれば良い。たとえば，**200カイリが約370km**であることから，沖ノ鳥島の周辺には，370×370×3.14＝約43万km^2の日本の国土面積を上回る排他的経済水域が広がっていることが分かる。

(4)　a　地形図の**縮尺は25000分の1**と示されていることから，**地図上の1cmは，実際の距離は25000cm＝250m**であることが分かる。したがって，1.6×250＝400mが2地点間の距離となる。　b　A地点から竹倉山にかけて一旦標高が高くなっていること，その後下がった標高が①とかかれた地点の北で再度標高が高くなっていること，その後標高は下がっているが，B地点に向けて標高が高くなっていることに注目して，判断すれば良い。　c　①　向かって右側に荒れ地が確認でき，左側に建物が見えない写真を探せば良い。建物がない場所には，水田が広がっていることが地形図から読み取れるので，イであることが分かる。　②　向かって左側にだけ建物が見られる写真を探せば良い。　d　1事業所あたりの鉄鋼業製品出荷額等を計算すると，愛知県は2兆3200億円÷486≒47.7億円，広島県は1兆4000億円÷143≒97.9億円となり，広島県の方が多いことからエは誤りである。　e　日本は季節による降水量の差が大きいので，川を流れる水量を調整することが防災の観点から重要であることに注目して説明すれば良い。

(5)　**鹿児島県にはシラス台地**が広がっていること，稲作よりも畜産が盛んであること，ただし，畜産業が最も盛んな地域は**根釧台地が広がる北海道**であることを併せて判断すれば良い。アは農業産出額が最も多いことから北海道，ウは畑作が盛んであることから茨城県，エは米の産出額が多いことから新潟県である。

(6)　松本は，冬の平均気温が0℃を少し下回る内陸性気候であることから判断すれば良い。イは冬の平均気温が0℃を大きく下回ることから北海道の気候となる小樽，ウは夏の降水量が多いことから太平洋側の気候となる延岡，エは冬の降水量が多いことから日本海側の気候となる敦賀であることが分かる。

(7)　a　資源が乏しい日本は，原料を輸入し加工して製品にして輸出してきたことに注目して説明すれば良い。　b　石油の輸入額を計算すると，1960年は1.6兆円×13.4％＝2144億円，2017年は75.4兆円×11.5％＝8兆6710億円となることから判断すれば良い。1960年は輸出総額が輸入総額より少ないので，アは誤りである。機械類の輸出額を計算すると，1960年は1.5兆円×12.2％＝1830億円，2017年は78.3兆円×37.5％＝29兆3625億円となり，2017年が多いので，イは誤りである。2017年の自動車の輸出額は，78.3兆円×15.1％＝11兆8233億円となり，10兆円を超えているので，エは誤りである。

(8)　**1988年に児島・坂出ルート，1998年に神戸・鳴門ルート全線，1999年に尾道・今治ルート**と開通したことから，自動車の割合が高まっていることに注目すれば良い。Bは割合が低いことから航空機，Cは2000年以降低下していることから船舶，Dは**瀬戸大橋線が1988年に開業**したことから鉄道であることが分かる。

＜国語解答＞

問題一 (一) a しょうどう　b いど　c じゃっかん　d みす　(二) 2
(三) 3　(四) 4　(五) (例)選択肢が多すぎて何がしたいのかわからなくなって迷うところが，米作りの，農薬を使うという選択肢が入ると余計な雑念が浮かぶ
(六) ア すぐに金になる仕事　イ 自分や他の人間に返ってくる　(七) 乾いた駒音　(八) 1

問題二 (一) あいたり　(二) ただもの　(三) 1
(四) (初め) ここに老　(終わり) 候ふらむ　(五) 2

問題三 (一) a 否定　b 成功　c 常　d 支配　(二) ア 存在理由をもたない　イ 外面的にしか見ない　(三) 3　(四) (例)価値の問題と事実の問題を混同して，事実についても判断できる　(五) 2　(六) 万能　(七) (例)科学を自由に用いる科学の主人という存在でいることが求められ，哲学を用いて価値判断を行い自分の行為を選んで　(八) 3　(九) 9　(十) 4

問題四 (例) Aはたくさんの本を読むことを呼びかけていて，Bは大切な一冊の本をみつけることを呼びかけている。

共に読書に親しむことを呼びかけているけれども，私はAを採用したいと考える。最近は学生の読書離れが問題視されている。読書がおもしろいものだという意識が持てず，親しめないのだ。それならば，とにかく本と接する時間や機会を増やせばよい。さまざまなジャンルの本を読んでいれば，興味のある内容にも出会えるだろう。そうすれば，もっと読みたいと思えるようになる。読書へのハードルを下げるためにも，たくさんの本との出会いは大切である。

＜国語解説＞

問題一 **(小説―情景・心情，内容吟味，脱文・脱語補充，漢字の読み，品詞・用法)**

(一) a なぜするのか自分でも分からずに，発作的に行動する心の動き。　b「挑」は，訓読みが「いど・む」で，音読みが「チョウ」。「挑戦(チョウセン)」「挑発(チョウハツ)」。　c「若」は未定の意味，「干」は箇の意味。「若干」で，具体的な数字はまだ決まっていないことを表す語。　d分析的な目で，よく見ること。

(二) 「だが……」で始まる喜一の言葉を確認する。喜一は，**「心に決めて逃げ道を断てば」「自分の頭と手を使うしか方法がない」「そうすれば新しい知恵や工夫が生まれる」**と教えてくれた。これを聞いて翔太は感心したのである。

(三) 「あえて」は，単独で文節を作るので**自立語**だ。**活用しない**。そして「あえて」は「減らす」という用言(動詞)を修飾しているので，**連用修飾語**だ。したがって，副詞である。

(四) 喜一が小さく吐いた息は「あきらめ混じりの息ではない」し，「なるべくしてそうなった」という実感が込められたものだ。「そうなった」とは，「家族を養うためには，俺が米を作って生計を立てるしか道がなかった」という運命を享受したということだ。**農家になることを当然だと受け止め，無農薬の米を作ることに打ち込んできた喜一の人生**を読み取ろう。

(五) **今の翔太は，「何がしたいのかかわんねえ」という状態で，その原因は「選択肢が多すぎる」から**だ。この状態が米作りと同じと気付いたのは，喜一が**米作りにおいて「農薬を使うという選択肢が入れば，余計な雑念が浮かぶ」**と教えてくれたからだ。この二つの共通点を指定字数で説明する。

(六) ア は，喜一の言葉に「生業ってのはすぐに金になる仕事だ」とある部分から抜き出せる。また，イ には，働く際に疑わずにいるべき内容が入る。**“疑わない”とはつまり“信じる”と同義**だ。傍線⑤の前の喜一の言葉に「ただ，いつか巡り巡って自分や他の人間に返ってくる。そう信じて働くこと」が本当の仕事だとある。したがって，信じる内容とは「自分や他の人間に返ってくる」ということになろう。

(七) 翔太が集中しているのは，喜一と将棋を打っているときである。その場面に「乾いた駒音と虫の音が溶け合い，現実感が薄れている」という描写がある。設問にふさわしく幻想的な表現が施された場面だ。

(八) 翔太は，将来の展望が不透明であることの不安の中，本当の仕事の意味を模索する状態であった。しかし，喜一と会話をする中で「本当の意味での仕事」を教えてもらい，さらに喜一に「おまえは一年以上かけて本当の仕事をしてきたんだ。俺が保証してやる。」と，高い評価をしてもらった。その言葉に胸を熱くしたのだ。**胸の熱さは将来へ向けてのエネルギーだと読み取れる。前向きになっていく翔太をおさえよう。**

問題二 (古文ー大意・要旨，文脈把握，脱文・脱語補充，仮名遣い，古文の口語訳)

【現代語訳】 丹後の国司保昌は，任国にむけて下向した時，与謝の山で，一人の馬に乗った白髪の武士に会ったそうだ。木の下に少し入り込んで，笠を少し傾けて被って立っていたのを，国司の家来が言うことに「この翁は，どうして馬から下りないのだろうか。咎めて下ろすべきだ。」と言う。そこで国司が言うことに，「一人で千人にも価するほどの馬の佇まいだ。ただ者ではない。咎めて下ろすべきではないだろう。」と制止して，そのまま過ぎ去って，三町ほど下ったところで，大矢右衛門尉致経に会った。国司に会釈しているあいだに，致経が言うことに「ここで翁に一人お会い申し上げましたでしょう。あれは，父の平五大夫でございます。頑固な田舎者で，詳しい事情を知りません。きっと無礼な様子でありましたでしょう。」と言った。致経が過ぎ去った後，国司は，「やはりな。致頼であったか」と言った。保昌は，かれの振る舞いを見知っていて，少しも侮らなかった。家来を諫めて，無事であった。たいへんな評判高い方である。

(一) 文中の「は・ひ・ふ・へ・ほ」は現代仮名遣いで「ワ・イ・ウ・エ・オ」にする。

(二) 国司は老翁のことを「ただものにあらず」と見ている。

(三) 「さればこそ」は，**予想が的中した時に出る語で「思った通りだ」という意味**である。国司は道中で老翁に出会ったとき「ただものにあらず」と予想していた。そして致経の話によって，彼が致頼であることを知ったことをふまえて選択肢を選ぶ。

(四) 本文で致経も言葉を発している。彼の言葉には「」が付いていないので，それを見つけて，くくればよい。**「致経いはく」とあるので，その直後から致経の話が始まる**とわかる。終わりは「……といひけり。」に**引用の助詞「と」があるのを見つければ，その直前までが会話**ということがわかる。

(五) 保昌は，老翁に出会ったとき，「ただものにあらず」と感じ，家来たちが咎めようとしたのを「あるべからず」と制止した。本文の最後にも「保昌，かれが振舞を見知りて，さらに侮らず。郎等をいさめて，無為なりけり。」とあるので，ここを適切に解釈すれば正答を導けよう。

問題三 (論説文ー大意・要旨，内容吟味，文脈把握，段落・文章構成，脱文・脱語補充，漢字の書き取り，語句の意味，品詞・用法)

(一) a 「否」は，「杏」にならないよう注意する。 b 「功」は，四画目以降が「力」。「刀」にしない。 c 「常」は訓読みが「つね」，音読みが「ジョウ」。 d 上に立って，他を自分の思う通りに動かすこと。

(二)　傍線①「このような考え」は[1]段落の内容を指していて，「哲学というようなものはもはや存在理由をもたない」という記述から[ア]を抜き出し，「科学というものは事象を単に外面的にしか見ないもの」という記述から[イ]を抜き出せる。

(三)　哲学が科学と衝突するのは，科学の領域に踏み込むからだ。踏み込むことを本文では「事実の問題にまで，口をさしはさもうとする」としている。**「事実の問題」とは，事実がどのようなものかという問題である。これを明らかにするのが科学**なのだ，ということをふまえて選択肢を選ぶ。

(四)　当時の哲学については，[6]段落に述べられている。混同されていたものは「価値の問題と事実の問題が区別されていなかった」という記述から，**価値の問題と事実の問題だ**とわかる。また，哲学ができると考えられていたことは，「哲学は事実についても判断を下しうると考えられていた」という記述から，**事実についても判断できること**だとわかる。この二点をふまえてまとめる。

(五)　傍線④「れ」は，自発の助動詞である。**「思う」という心情語に付いていることから自発の助動詞**だと判断できる。1は尊敬の助動詞，2は「しのぶ」という心情語を伴っているので自発の助動詞，3と4はともに受身の助動詞である。

(六)　傍線⑤のように考える時，「科学は哲学と対立する」とある。同様のことが[3]段落に述べられていて，「科学が自分を万能と考えようとするとき」とあるので，「万能」を抜き出せる。

(七)　われわれがどのような存在であるべきかは，[11]段落に「科学をつくりだした人間はあくまでも**科学を自由に用いる，科学の主人**としてとどまらねばなりません」という記述から導ける。また，科学的知識を利用する際には[10]段落に「われわれが人間として生きてゆくかぎり，……科学の領域外の問題です。」とあるように，**哲学の領域である物事の価値判断をして，自分の行為を選ぶ**ことして生きていく必要がある。この二点をおさえて指定字数でまとめればよい。

(八)　「割り切る」は，他人がどう考えるかなどは気にしないで，**一定の原則を迷わずに通し，結論を求めること**である。

(九)　〔　　〕内にある「このこと」の内容をおさえる。それと同時に，**「このこと」が科学の越権行為でもあること**も認識しよう。越権行為とは，他の領域に踏み入れてしまうことだから，それとの対立を意味する。すなわち，**哲学と対立することになる**のである。それをふまえると「いっさいの問題は科学によって解決されると考えるとき，科学と対立するにいたります。」と記述のある[9]段落の後に入れるのが適切だ。

(十)　結論部である[11]段落に着目する。ここで筆者は**「科学の主人」として，適切に賢明に科学を駆使すること**を訴えている。そして，そうあるために「科学によっては解決できない価値の問題存するということを，そしてまた**哲学というものが必要である**ということを，十分に理解しなければならない」と述べている。**哲学が必要なのは，哲学が価値判断を担うから**である。これらをふまえれば適切な選択肢を選べよう。

問題四　(作文)

まず，第一段落ではAとBのスローガンの違いをまとめる。それぞれのスローガンが重視していることは，Aは「たくさんの本を読むこと」でBは「すばらしい一冊を見つけること」だ。そして第二段落では，**その違いをふまえてどちらを支持するかについて自分自身の意見を主張する。**自分の体験などを挙げるよう求められているので，適切な例を挙げよう。自分の日常生活を振り返って，どうしたら読書に向き合えるかを考えていくとよい。**A・Bどちらを選んでも評価にはかかわらない。自分の考えをしっかりと主張できるかがポイント**である。

MEMO

大切なことはメモしておこうネ！

香川県公立高等学校

2019年度

★★★★★★★★★★★★★★★★★★★★★★★

入　試　問　題

2019年度

●くわしい解説……53ページ

＜数学＞　時間　50分　　満点　50点

問題１　次の⑴～⑺の問いに答えなさい。

⑴　$4-3\times(-1)$ を計算せよ。

⑵　$\left(\dfrac{3}{4}-2\right)\div\dfrac{5}{6}$ を計算せよ。

⑶　$3a^2b\times4ab\div(-2b)$ を計算せよ。

⑷　$\sqrt{12}+\sqrt{3}\,(\sqrt{3}-6)$ を計算せよ。

⑸　$2x^2-20x+50$ を因数分解せよ。

⑹　２次方程式 $(x-3)(x+4)=-6$ を解け。

⑺　a 個のりんごを，10人の生徒に b 個ずつ配ったら，５個余った。この数量の関係を等式で表せ。

問題２　次の⑴～⑶の問いに答えなさい。

⑴　右の図のような，線分ＡＢを直径とする半円Ｏがある。$\overset{\frown}{AB}$上に２点Ａ，Ｂと異なる点Ｃをとる。$\overset{\frown}{AC}$上に$\overset{\frown}{AD}=\overset{\frown}{DC}$となるように点Ｄをとり，点Ｄと点Ａ，点Ｄと点Ｃをそれぞれ結ぶ。

$\angle$ABD＝35° であるとき，$\angle$BACの大きさは何度か。

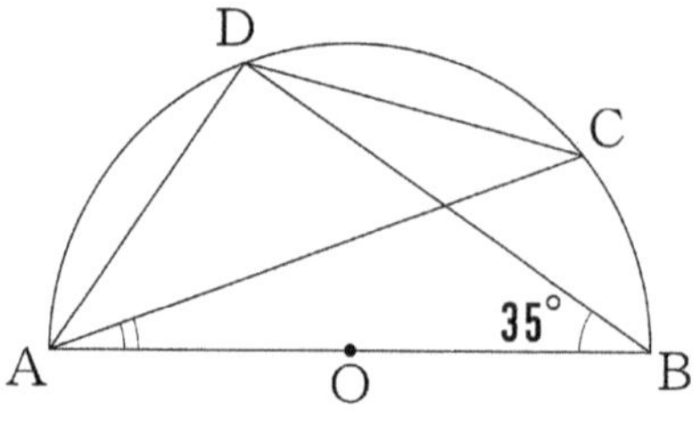

⑵　右の図のような直方体があり，AB＝BC である。点Ａと点Ｆ，点Ｂと点Ｄをそれぞれ結ぶ。AF＝３㎝，BD＝２㎝ であるとき，次のア，イの問いに答えよ。

ア　次の㋐～㋓の線分のうち，面EFGHと垂直な線分はどれか。正しいものを１つ選んで，その記号を書け。

㋐　線分AE　　㋑　線分AF

㋒　線分BC　　㋓　線分BD

イ　この直方体の体積は何㎤か。

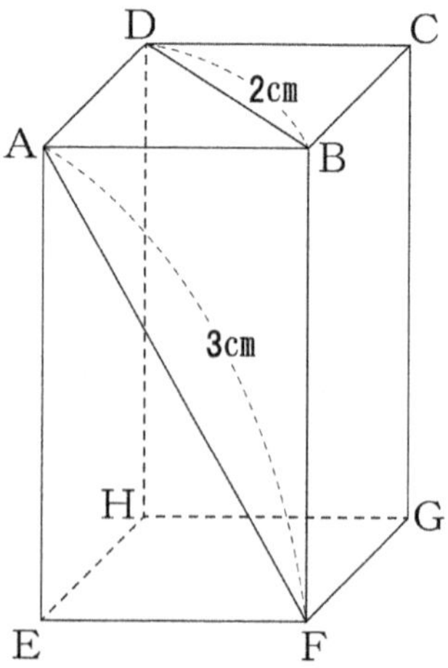

(3)　右の図のような，正方形ABCDがあり，２点Ｅ，Ｆはそれぞれ辺AB，辺AD上の点である。辺ABをＢの方に延長した直線上に点Ｇをとる。線分FGと線分EC，辺BCとの交点をそれぞれＨ，Ｉとする。

∠CHF＝90°，AD＝12㎝，BE＝５㎝，FH＝９㎝ であるとき，線分CHの長さは何㎝か。

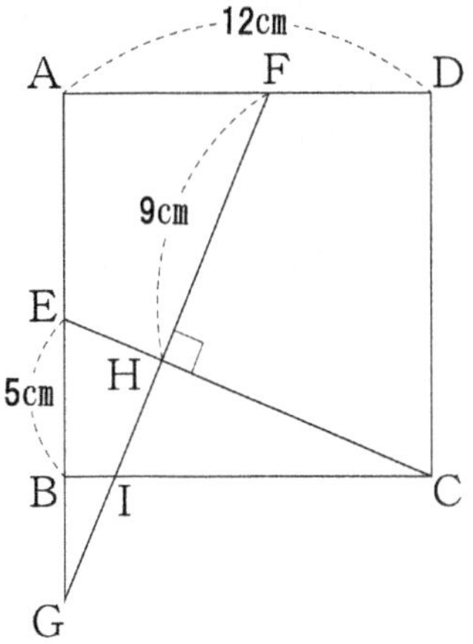

問題３　次の(1)～(4)の問いに答えなさい。

(1)　次の㋐～㋓の関数のうち，そのグラフが，点（－２，１）を通っているものはどれか。正しいものを２つ選んで，その記号を書け。

㋐　$y=-2x$　　㋑　$y=-\frac{2}{x}$　　㋒　$y=x-3$　　㋓　$y=\frac{1}{4}x^2$

(2)　２つの箱Ａ，Ｂがある。箱Ａには数字を書いた４枚のカード [0]，[2]，[4]，[6] が入っており，箱Ｂには数字を書いた５枚のカード [0]，[1]，[3]，[5]，[7] が入っている。それぞれの箱のカードをよくかきまぜて，Ａ，Ｂの箱から１枚ずつカードを取り出す。このとき，箱Ａから取り出したカードに書いてある数が箱Ｂから取り出したカードに書いてある数より大きくなる確率を求めよ。

(3)　右の表は，市内にあるＡ中学校の生徒80人とＢ中学校の生徒40人について，50m走の記録を度数分布表に整理したものである。記録が7.0秒未満の生徒は市内でおこなわれる陸上競技大会に出場できる。次の文は，この表から読みとれることを述べようとしたものである。文中のＰ，Ｑの［　］内にあてはまる数をそれぞれ求めよ。また，文中の〔　〕内にあてはまる言葉を㋐，㋑から１つ選んで，その記号を書け。

50ｍ走の記録

階級（秒）	度数（人）	
	Ａ中学校	Ｂ中学校
以上　　未満		
6.0 ～ 6.5	4	2
6.5 ～ 7.0	8	6
7.0 ～ 7.5	20	7
7.5 ～ 8.0	24	13
8.0 ～ 8.5	18	10
8.5 ～ 9.0	6	2
計	80	40

表から，記録が7.0秒未満の階級の相対度数の合計をそれぞれ求めると，Ａ中学校は［Ｐ］，Ｂ中学校は［Ｑ］だから，市内でおこなわれる陸上競技大会に出場できる生徒の人数の割合は，Ａ中学校の方がＢ中学校に比べて〔㋐大きい　　㋑小さい〕といえる。

(4)　次のページの図で，点Ｏは原点であり，放物線①は関数 $y=x^2$ のグラフで，直線②は関数 $y=x-1$ のグラフである。

点Ａは直線②上の点で，その x 座標は－２であり，点Ｐは放物線①上の点で，その x 座標は正の数である。点Pを通り，y 軸に平行な直線をひき，直線②との交点をQとする。また，点Aを通り，x 軸に平行な直線をひき，直線PQとの交点をRとする。

これについて，次のア，イの問いに答えよ。

ア 関数 $y=x^2$ で，x の変域が $-1 \leqq x \leqq 3$ のとき，y の変域を求めよ。

イ 線分PQの長さと，線分QRの長さが等しくなるとき，点Pの x 座標はいくらか。点Pの x 座標を a として，a の値を求めよ。a の値を求める過程も，式と計算を含めて書け。

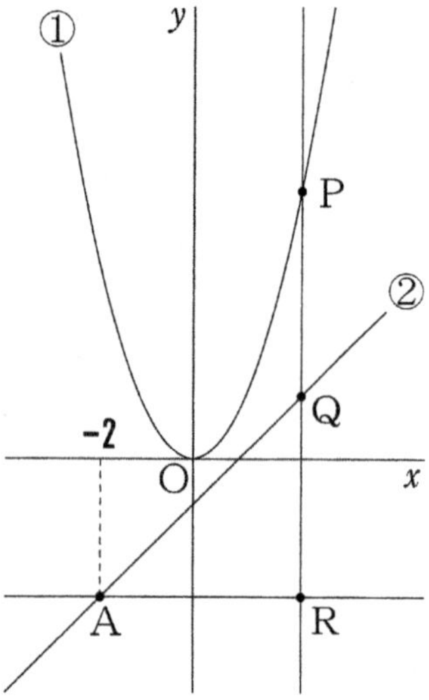

問題4 次の(1)，(2)の問いに答えなさい。

(1) 右の図1のような，1辺の長さが1cmの正方形の白のタイルがたくさんある。

長方形の黒のタイルの周りを，白のタイルで一重に囲み，それぞれのタイルが重ならないようにすきまなく並べ，長方形のもようをつくる。

たとえば，右の図2のように，縦の長さが1cm，横の長さが2cmの長方形の黒のタイルを，白のタイルで囲んで長方形のもようをつくるとき，縦の長さが3cm，横の長さが4cmの長方形のもようになる。また，右の図3のように，縦の長さが2cm，横の長さが3cmの長方形の黒のタイルを，白のタイルで囲んで長方形のもようをつくるとき，縦の長さが4cm，横の長さが5cmの長方形のもようになる。

これについて，次のア，イの問いに答えよ。

ア 縦の長さが2cm，横の長さが6cmの長方形の黒のタイルを，白のタイルで囲んで長方形のもようをつくるとき，この長方形のもようの白のタイルの部分の面積は何cm^2か。

図1

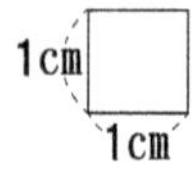

図2

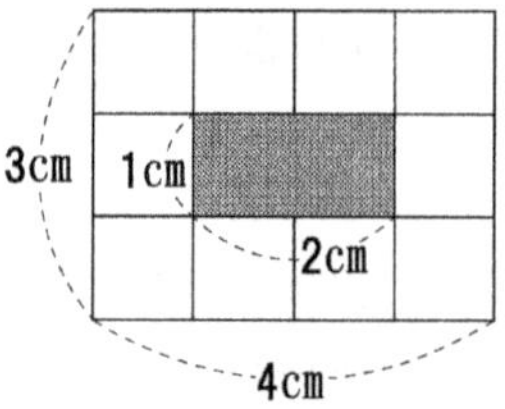

図3

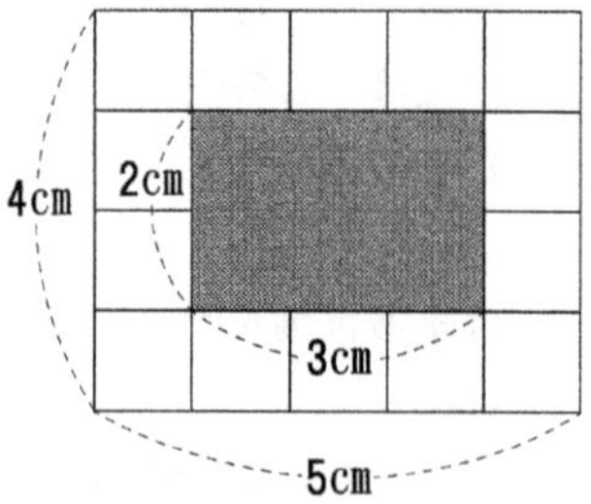

イ 縦の長さが3cm，横の長さが n cmの長方形の黒のタイルを，白のタイルで囲んで長方形のもようをつくるとき，この長方形のもようの黒のタイルの部分の面積と白のタイルの部分の面積が等しくなるようにするには，n の値をいくらにすればよいか。整数 n の値を求めよ。

(2) ある製品を検査する検査場が工場内につくられた。検査場内にはすでに検査前の製品が持ち込まれて保管されている。検査を始める日を1日目として，その日から検査場には毎日，午前

10時に５個の検査前の製品が追加され，これは検査場内の製品がなくなるまで続く。

製品の検査は午後におこなわれる。４人の検査員Ａ，Ｂ，Ｃ，Ｄがおり，検査にあたる日には，検査員ごとに決められた一定の個数の製品を検査する。検査員Ａと検査員Ｂが検査する１日あたりの製品の個数はそれぞれ３個である。検査員Ｃが検査する１日あたりの製品の個数は，検査員Ｄと同じである。また，いずれかの検査員により検査された製品はその日のうちに出荷される。

下の図は，検査場で検査がおこなわれる日の製品の流れを表している。

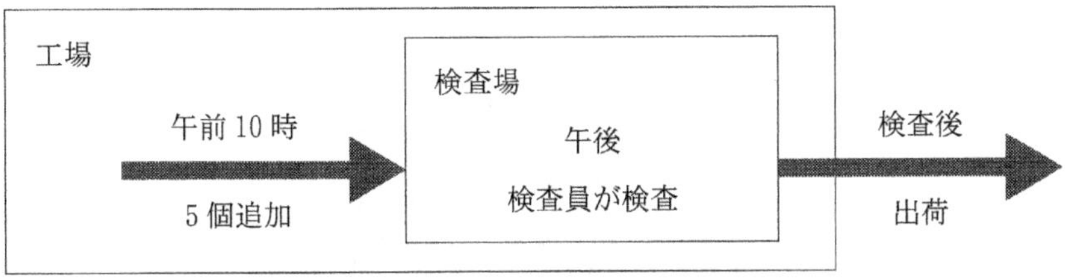

検査作業の計画を立てたところ，１日目から７日目まで毎日，検査員Ａ，Ｂ，Ｃの３人で検査をして，８日目から毎日，検査員Ｂ，Ｃの２人で検査をすれば，21日目に検査員Ｂ，Ｃがそれぞれ決められた個数の製品を検査して出荷し終えた時点で検査場内の製品がはじめてなくなることがわかった。

実際には，検査員が検査する１日あたりの製品の個数は計画と変えず，１日目から３日目まで毎日，検査員Ａ，Ｂ，Ｃの３人で検査をして，4日目から毎日，検査員Ｂ，Ｃ，Ｄの３人で検査をしたところ，11日目に検査員Ｂ，Ｃ，Ｄがそれぞれ決められた個数の製品を検査して出荷し終えた時点で検査場内の製品がはじめてなくなった。

これについて，次のア～ウの問いに答えよ。

ア　検査員Ａだけで検査をしたとすると，ある日の出荷し終えた時点の検査場内にある製品の個数は，その日の午前９時に検査場内にあった製品の個数より何個増えているか。

イ　下線部について，１日目の午前９時に検査場内にあった製品の個数を x 個，検査員Ｃが検査する１日あたりの製品の個数を y 個として，x を y を使った式で表せ。

ウ　１日目の午前９時に検査場内にあった製品の個数と，検査員Ｃが検査する１日あたりの製品の個数はそれぞれ何個か。１日目の午前９時に検査場内にあった製品の個数を x 個，検査員Ｃが検査する１日あたりの製品の個数を y 個として，x，y の値を求めよ。x，y の値を求める過程も，式と計算を含めて書け。

問題５　次のページの図のような，∠ACB＝90°の直角三角形ABCがある。∠ABCの二等分線と辺ACとの交点をＤとする。点Ｃから辺ABに垂線をひき，その交点をＥとし，線分CEと線分BDとの交点をＦとする。また，点Ｅから辺BCに垂線をひき，その交点をＧとし，線分EGと線分BDとの交点をＨとする。

このとき，次の(1)，(2)の問いに答えなさい。

(1)　△BEH∽△BAD であることを証明せよ。

⑵　点Eから線分HFに垂線をひき，その交点をIとし，直線EIと辺BCとの交点をJとする。このとき，EH＝FJ であることを証明せよ。

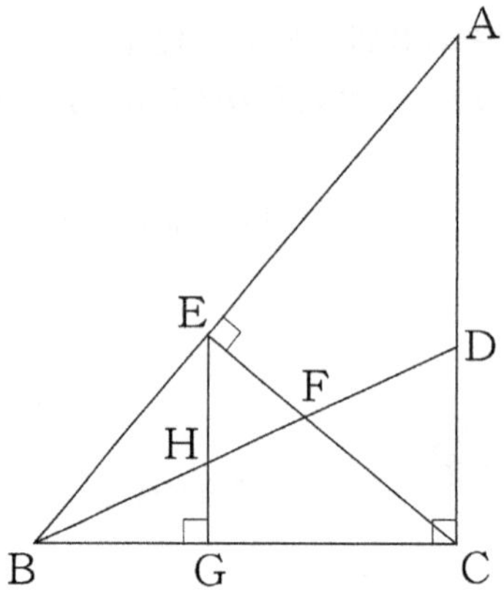

数学解答用紙

受検番号

問題1

(1)	
(2)	
(3)	
(4)	
(5)	
(6)	
(7)	

問題2

(1)		度
(2)	ア	◯
	イ	cm^3
(3)		cm

問題3

(1)		◯ と ◯
(2)		
(3)	P　　Q　　記号	◯
(4)	ア	
	イ	a の値を求める過程

答　a の値

問題4

(1)	ア	cm^2
	イ	$n=$
(2)	ア	個
	イ	$x=$
	ウ	x，y の値を求める過程

答　x の値　　　，y の値

問題5

(1)　証　明

(2)　証　明

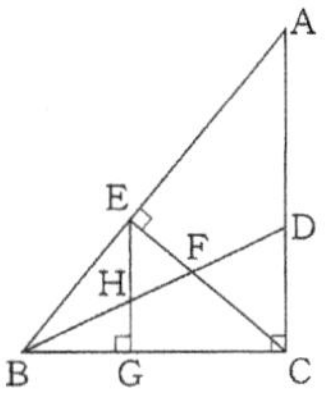

※この解答用紙は154％に拡大していただきますと，実物大になります。

＜英語＞

時間 50分 満点 50点

問題1 英語を聞いて答える問題

A 絵を選ぶ問題

① ② ③ ④

B 場所を選ぶ問題

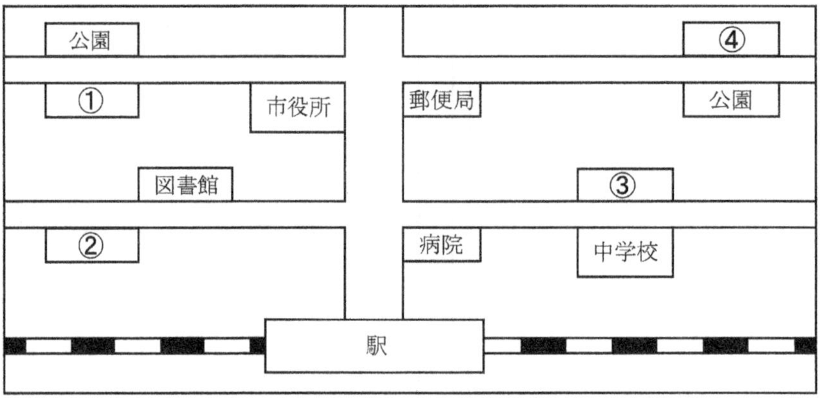

C 応答を選ぶ問題

ア Why don't you study in your room?

イ You should go to bed soon.

ウ Could you go to a restaurant for dinner?

エ The doctor needs your help.

D 対話の内容を聞き取る問題

E 文章の内容を聞き取る問題

No. 1
- ア In front of her house.
- イ In front of his school.
- ウ In front of the store.
- エ In front of the bus stop.

No. 2
- ア He did his homework.
- イ He went to Ms. Sato's house.
- ウ He said goodbye to Ms. Sato.
- エ He took care of his grandmother.

No.3
- ア Because Takashi said he wanted to travel with her.
- イ Because Takashi cleaned her house with his friends.
- ウ Because Takashi and his friends wrote a letter to her.
- エ Because Takashi and his friends were worried about her.

問題2 次の対話文は，日本の中学校に来て間もない留学生のAlexと，中学生のMakotoの会話である。これを読んで，あとの(1)～(3)の問いに答えなさい。

Makoto: Hello, Alex. [(a)]
Alex: Hi, Makoto. I'm reading Japanese *manga*.
Makoto: Can you read *manga* written in Japanese?
Alex: Yes, I can. After I became interested in Japanese *manga* and *anime* in my country, I started to study Japanese. [(b)]
Makoto: Really? That's great. Are Japanese *manga* and *anime* popular in your country?
Alex: Yes. ①They are popular among young people. In my country Japanese *manga* are written in English.
Makoto: [(c)] I love Japanese *manga*, too. I have many comics in my house. Do you want to come to my house this afternoon?
Alex: I want to visit your house, but I have another plan to do this afternoon.
Makoto: Why don't you come to my house this Saturday afternoon?
Alex: [(d)] ②When and where shall [　　] meet?
Makoto: Let's meet in front of the station at 1 p.m.

(1) 本文の内容からみて，文中の(a)～(d)の[　　]内にあてはまる英文は，次のア～クのうちのどれか。最も適当なものをそれぞれ一つずつ選んで，その記号を書け。

- ア I'm surprised to hear that.
- イ Sure, I will.
- ウ Studying math is interesting.
- エ I don't know what you mean.
- オ What are you doing?
- カ What did you do at that time?
- キ I have never read Japanese *manga*.
- ク I have studied Japanese for three years.

(2) 下線部①の英文の中で，ふつう最も強く発音される語は，次のア～エのうちのどれか。最も適当なものを一つ選んで，その記号を書け。

They(ア) are popular(イ) among young(ウ) people(エ).

(3) 下線部②を，「いつ，どこで会いましょうか。」という意味にするには，[　　]内に，どのような語を入れたらよいか。最も適当な語を一つ書け。

問題3 次の文章は，香川県の中学生の陸《りく》が，英語の授業でおこなったスピーチである。これを読んで，あとの(1)～(9)の問いに答えなさい。（＊印をつけた語句は，あとの㊟を参考にしなさい。）

Last Sunday, I joined one of the events to celebrate *the 30th Anniversary of the Seto Ohashi Bridge. It was so amazing! The Seto Ohashi Bridge *is made up of several different *bridges. I went to the *top of one of the bridges. ①(high 170 it more meters than was). I thought the *view was so beautiful. I will tell you the story about the Seto Ohashi Bridge which I heard ②□ a *tour guide.

Trains and cars are ③(run) on the Seto Ohashi Bridge now. Many people have used trains and cars to go to Honshu or come to Shikoku every day since this great bridge was built. It ④□ nine years and six months, but finally the bridge *was completed. Many famous people came to the *opening ceremony, and they celebrated the *completion of the bridge. ⑤The dream (for came a time people long had) true. After I listened to the tour guide's story, I could feel the *excitement at the opening ceremony thirty years ago.

A few days ago my grandmother said, "I had to take a *ferry to go to Okayama. I often *felt sick in the ferry. ⑥そこに行くのは簡単ではありませんでした。" Now I use trains to go to Okayama during vacations. I usually don't think about the view of the sea. But on the train some people say, "⑦□ a view!" When I hear that, I *am proud of my hometown.

The Seto Ohashi Bridge is also famous for its beautiful lights at night. Sometimes it *is decorated with lights. We can see another beautiful view of the bridge. How ⑧□ seeing the beautiful lights of the Seto Ohashi Bridge? ⑨私は，あなたたちがそれを楽しむことを望みます。

㊟ the 30th Anniversary of the Seto Ohashi Bridge：瀬戸大橋開通30周年記念
is made up of ～：～から成り立っている　bridge(s)：橋　top：最上部　view：景色
tour guide：観光案内人　was completed：完成した　opening ceremony：開通式
completion：完成　excitement：興奮　ferry：フェリー　felt sick：気分が悪かった
am proud of ～：～を誇りに思う　is decorated with ～：～で飾られる

(1) 下線部①が，「それは170メートルより高かったです。」という意味になるように，（　）内のすべての語や数字を，正しく並べかえて書け。

(2) ②の□内にあてはまる語は，本文の内容からみて，次のア～エのうちのどれか。最も適当なものを一つ選んで，その記号を書け。

ア from　イ at　ウ on　エ in

(3) ③の（　）内の run を，最も適当な形になおして一語で書け。

(4) ④の□内にあてはまる語は，本文の内容からみて，次のア～エのうちのどれか。最も適当なものを一つ選んで，その記号を書け。

ア brought　イ made　ウ got　エ took

(5) 下線部⑤が，「人々が長い間もっていた夢が実現しました。」という意味になるように，（　）内のすべての語を，正しく並べかえて書け。

(6)　下線部⑥の日本文を英語で書き表せ。

(7)　⑦の［　　］内にあてはまる語は，本文の内容からみて，次のア～エのうちのどれか。最も適当なものを一つ選んで，その記号を書け。

ア Why　イ When　ウ What　エ Where

(8)　⑧の［　　］内にあてはまる語は，次のア～エのうちのどれか。最も適当なものを一つ選んで，その記号を書け。

ア long　イ about　ウ much　エ to

(9)　下線部⑨の日本文を英語で書き表せ。

問題４　次の英文を読んで，あとの(1)～(8)の問いに答えなさい。（＊印をつけた語句は，あとの㊟を参考にしなさい。）

Sachiko is a junior high school student. After she came home from school and finished her homework, she always practiced the guitar. Her father was a *guitarist when he was young, so he gave Sachiko a guitar as a present on her eighth birthday. He taught her how to play the guitar. On weekends, they enjoyed playing and singing their favorite songs together. Her father was not a good singer, but she loved the time with her father. Her guitar had a lot of *scratches and dents, but she loved it.

One day, Sachiko invited her friends Ryoko and Takeo to her house. When they came into Sachiko's room, Takeo found her guitar and said, "Is this your guitar? Wow, it's cool! I've wanted to play the guitar. ①［　　　］?" Sachiko said, "No, you can't!" But it was too *late. He *snatched the guitar and played it. Then the guitar *slipped down from his hands and the guitar *broke. They were all too surprised to say anything. Sachiko couldn't stop the ②［　　］.

Sachiko was still crying during dinner. Her mother didn't know what to do for her. Then, her father came home from work. He saw Sachiko and asked, "What happened to you?" Sachiko talked about the *broken guitar and said, "I'm sorry. I couldn't stop him. I can no longer play the guitar you gave me on my eighth birthday." He said, "Things that have a *shape break someday, and also, friends are more important than things, right?" After dinner Sachiko saw the broken guitar again and still felt sad, but ③<u>she thought he was right.</u> So, she asked her father to *put it away, and decided to say hello to Takeo the next morning.

Three months later, Sachiko's father, mother, and her friends were at Sachiko's house to celebrate her fifteenth birthday. When they tried to sing a song for Sachiko at the party, Takeo came into the room with a guitar. Sachiko was very surprised because it was her guitar. Takeo said, "I'm so ④［　　］. I couldn't say anything when I *dropped your guitar *by accident.... I wanted to *make up for that. So...." Then Sachiko's father said, "So Takeo asked me to help him. I didn't think I could *repair your guitar easily, but he said he wanted to do ⑤it with me. Since that time, Takeo and I have repaired the guitar every weekend for three months. The sound of your guitar may not be so good, but I'm sure ⑥□ from that guitar." She cried and received the guitar from Takeo. Then she said, "Thank you, Takeo. I'm crying because I'm happy. Our friendship will never break." Sachiko's father was looking at them *with a smile.

㊟ guitarist：ギタリスト　scratches and dents：傷やへこみ　late：遅い
snatched：snatch（すばやく取る）の過去形　slipped down：滑り落ちた
broke：break（壊れる）の過去形　broken：壊れた　shape：形　put ～ away：～を片付ける
dropped：drop（落とす）の過去形　by accident：誤って
make up for ～：～の埋め合わせをする　repair：修理する　with a smile：にっこり笑って

(1) ①の□内には，武夫《たけお》の質問が入る。本文の内容を参考にして，その質問を4語以上の英文一文で書け。ただし，疑問符，コンマなどの符号は語として数えない。

(2) ②の□内にあてはまるものは，本文の内容からみて，次のア～エのうちのどれか。最も適当なものを一つ選んで，その記号を書け。

ア song　イ luck　ウ words　エ tears

(3) 下線部③に，she thought he was right とあるが，幸子《さちこ》は父のどのような言葉を正しいと思ったのか。その内容を日本語で書け。

(4) ④の□内にあてはまる語は，本文の内容からみて，次のア～エのうちのどれか。最も適当なものを一つ選んで，その記号を書け。

ア right　イ surprised　ウ sorry　エ difficult

(5) 下線部⑤の it が指しているのはどのようなことがらか。日本語で書け。

(6) ⑥の□内にあてはまるものは，本文の内容からみて，次のア～エのうちのどれか。最も適当なものを一つ選んで，その記号を書け。

ア you'll hear no sound　イ you'll see his efforts
ウ you'll feel no life　エ you'll find his mistakes

(7) 次の(a)，(b)の質問に対する答えを，本文の内容に合うように，それぞれ3語以上の英文一文で書け。ただし，ピリオド，コンマなどの符号は語として数えない。

(a) Who gave Sachiko a guitar as a present when she was eight?
(b) Was Sachiko sad when she received a guitar from Takeo on her fifteenth birthday?

(8) 次の㋐～㋕のうちから，本文中で述べられている内容に合っているものを二つ選んで，その記号を書け。

㋐ Sachiko and her father enjoyed repairing the guitar together every weekend.
㋑ Sachiko loved the guitar because it still looked new and clean.
㋒ Sachiko's friend Ryoko found Sachiko's guitar and dropped it by accident.
㋓ Sachiko was still sad even during dinner after her guitar broke.

㋔ Sachiko asked her mother to put the broken guitar away after dinner.

㋕ Sachiko's father was happy to find Sachiko and Takeo were still friends at the party.

問題5　あなたは，日本の伝統的なものや行事などについて，紹介することになりました。次の三つのうちから一つ選んで，それを説明する文を，あとの〔**注意**〕に従って，英語で書きなさい。

年賀状	**ゆかた**	**七五三**
nengajo	*yukata*	*shichigosan*

〔**注意**〕

① ４文で書き，一文の語数は５語以上とし，短縮形は一語と数える。ただし，ピリオド，コンマなどの符号は語として数えない。

② 選んだものや行事などが，日本の伝統文化として伝わるよう，まとまりのある内容で書くこと。

③ 日本独特のものの名前は，ローマ字で書いてもよい。

英語解答用紙

受検番号	

問題1	A	◯	
	B	◯	
	C		
	D	Koji がライオンを好きな理由	ライオンは ＿＿＿＿＿＿ から
		二人が動物園を出る予定時刻	午後 ＿＿＿ 時 ＿＿＿ 分
		Emily が動物園を出る前にしようと提案したこと	＿＿＿＿＿＿＿＿ こと
	E	No. 1	
		No. 2	
		No. 3	
問題2	(1)	(a)　(b)　(c)　(d)	
	(2)		
	(3)		
問題3	(1)	＿＿＿＿＿＿＿＿.	
	(2)		
	(3)		
	(4)		
	(5)	The dream ＿＿＿＿＿＿＿＿ true.	
	(6)	＿＿＿＿＿＿＿＿.	
	(7)		
	(8)		
	(9)	＿＿＿＿＿＿＿＿.	
問題4	(1)	＿＿＿＿＿＿＿＿?	
	(2)		
	(3)		
	(4)		
	(5)		
	(6)		
	(7)	(a) ＿＿＿＿＿＿＿＿.	
		(b) ＿＿＿＿＿＿＿＿.	
	(8)	◯ と ◯	
問題5		＿＿＿＿＿＿＿＿. ＿＿＿＿＿＿＿＿. ＿＿＿＿＿＿＿＿. ＿＿＿＿＿＿＿＿.	

※この解答用紙は154％に拡大していただきますと，実物大になります。

＜理科＞

時間　50分　　満点　50点

問題１　次のＡ，Ｂの問いに答えなさい。

Ａ　太郎さんは，ハワイのキラウエア火山の噴火のニュースを見て火山に興味をもち，夏休みの自由研究で火山について調べた。次のレポートは，太郎さんがまとめたレポートの一部について示そうとしたものである。これに関して，あとの(1)，(2)の問いに答えよ。

テーマ：火山について　　　　３年１組　香川　太郎

1　世界の火山の分布について

図Ⅰ　世界の火山の分布

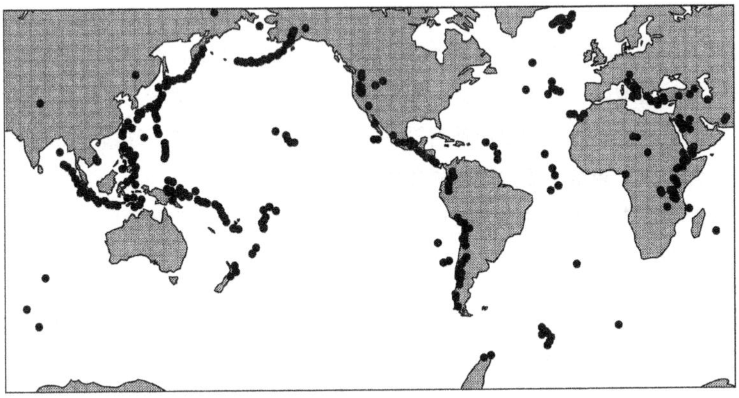

〔調べてわかったこと〕

火山は地球上の限られたところに帯状に分布している。

2　火山の形による分類について

図Ⅱ　火山の形による分類

火山の形 （模式的に表した図）	 傾斜が比較的ゆるやか	←→	傾斜が比較的急で盛り上がった形
代表的な火山	伊豆《いず》大島三原山 ハワイの火山	富士山 桜島	昭和新山 雲仙普賢岳

〔調べてわかったこと〕

マグマのねばりけと火山の形や噴火の特徴には関連がある。一般的に，Ｘのタイプの火山は，Ｙのタイプの火山に比べ，ねばりけが［　Ｐ　］マグマを噴出し，［　Ｑ　］な噴火をすることが多い。

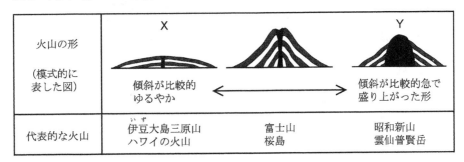

(1)　レポート中のP，Qの □ 内にあてはまる言葉の組み合わせとして最も適当なものを，右の表のア～エから一つ選んで，その記号を書け。

	P	Q
ア	大きい(強い)	激しく爆発的
イ	大きい(強い)	比較的おだやか
ウ	小さい(弱い)	激しく爆発的
エ	小さい(弱い)	比較的おだやか

(2)　次の文は，レポートについての先生と太郎さんの会話の一部である。これに関して，あとのa～dの問いに答えよ。

> 先生：日本列島には約110個の火山があり，日本は世界でも有数の火山国です。新燃岳の噴火は記憶に新しいですね。
> 太郎：はい。でも，どうして日本列島にはそんなに火山が多いのですか。
> 先生：それは，地球上の火山はその多くが［　R　］付近に位置しているためです。
> 太郎：なるほど。日本はそのような火山ができやすいところに位置しているのですね。
> 先生：理科室に伊豆大島三原山と雲仙普賢岳の火山灰があるので，観察してみますか。
> 太郎：はい。火山灰を観察するのは初めてです。
> 先生：火山灰層はさまざまな地域の地層のできた時期を比較するときに役立つかぎ層となることもあるのですよ。

a　下の図Ⅲは，世界のプレートの分布を示したものである。レポート中の図Ⅰと図Ⅲをもとに，上の文中のRの □ 内にあてはまる言葉として最も適当なものを，あとの㋐～㋓から一つ選んで，その記号を書け。

図Ⅲ

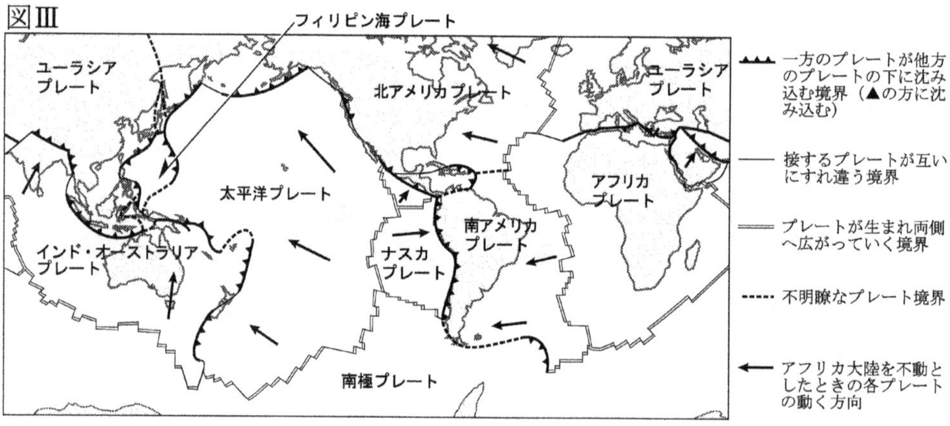

(「プレート・テクトニクス」などにより作成)

㋐　一方のプレートが他方のプレートの下に沈み込む境界

㋑　接するプレートが互いにすれ違う境界

㋒　プレートが生まれ両側へ広がっていく境界

㋓　プレートの中央部

b　太郎さんは，双眼実体顕微鏡を用いて火山灰の観察をおこなった。次の㋐～㋓のうち，双眼実体顕微鏡の特徴について説明しているものを２つ選んで，その記号を書け。

㋐　持ち運びやすく，野外で観察物を手に持って観察するのに適している

㋑　観察物を拡大して立体的に観察するのに適している

㋒　プレパラートにした観察物を，拡大して観察するのに適している

㋓　プレパラートをつくる必要はなく，光を通さない分厚いものも拡大して観察できる

c　下の図Ⅳは，太郎さんが，理科室にあった伊豆大島三原山と雲仙普賢岳の火山灰を双眼実体顕微鏡で観察したスケッチである。図Ⅳの火山灰Ａ，Ｂのうち，雲仙普賢岳の火山灰は，どのような理由からどちらの火山灰と考えられるか。次のア～エのうち，最も適当なものを一つ選んで，その記号を書け。

図Ⅳ

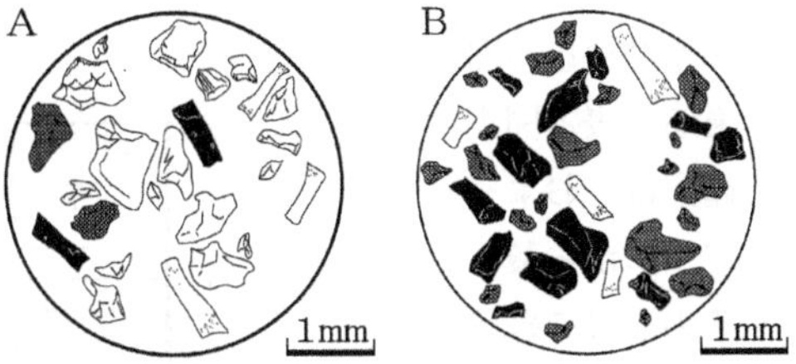

<主な鉱物>　石英，長石，カクセン石

<主な鉱物>　輝石，カンラン石，長石

ア　火山灰Ａは火山灰Ｂより無色鉱物の割合が高いから，雲仙普賢岳の火山灰はＡである

イ　火山灰Ａは火山灰Ｂより鉱物の粒のサイズが大きいものが多いから，雲仙普賢岳の火山灰はＡである

ウ　火山灰Ｂは火山灰Ａより有色鉱物の割合が高いから，雲仙普賢岳の火山灰はＢである

エ　火山灰Ｂにはカンラン石が含まれ，火山灰Ａにはそれが含まれないから，雲仙普賢岳の火山灰はＢである

d　文中の下線部に，火山灰層はさまざまな地域の地層のできた時期を比較するときに役立つかぎ層となるとあるが，右の図Ⅴは，現在，かぎ層として利用されている，約2.9万年前の大規模な噴火による火山灰（姶良《あいら》丹沢火山灰）の分布を示したものである。このような大規模な噴火によってできた火山灰の地層が，かぎ層となるのはなぜか。その理由を簡単に書け。

図Ⅴ

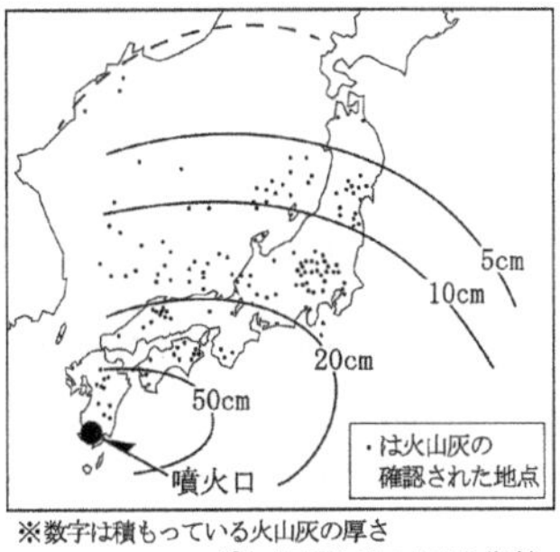

※数字は積もっている火山灰の厚さ

（「火山灰アトラス」により作成）

B　気象に関して，次の⑴，⑵の問いに答えよ。

⑴　次のページの表は，日本のある地点における，ある年の11月８日３時から24時までの気象観測の結果をまとめたものである。この日，この地点では寒冷前線が通過している。これに関して，次のページのａ～ｃの問いに答えよ。

表

時　刻	3	6	9	12	15	18	21	24
天　気	くもり	晴　れ	くもり	くもり	雨	雨	雨	雨
気温[℃]	9.8	9.9	17.8	19.1	13.9	10.7	9.1	8.2
湿度[%]	80	82	60	56	86	87	82	81
気圧[hPa]	1013.0	1012.6	1012.6	1010.5	1011.1	1015.0	1017.4	1017.5
風　向	南南東	南　西	西南西	南　西	北北西	北	北北東	東北東
風　力	2	3	4	5	4	3	3	2

a　表より，この日の6時の天気，風向，風力を，天気図の記号を用いて，解答欄の図に表せ。

b　右の図は，気温と飽和水蒸気量の関係をグラフに表したものである。表と図より，この日の15時における露点は，およそ何℃と考えられるか。次のア～エから最も適当なものを一つ選んで，その記号を書け。

ア　9.5℃　　イ　10.3℃

ウ　11.4℃　　エ　13.9℃

図

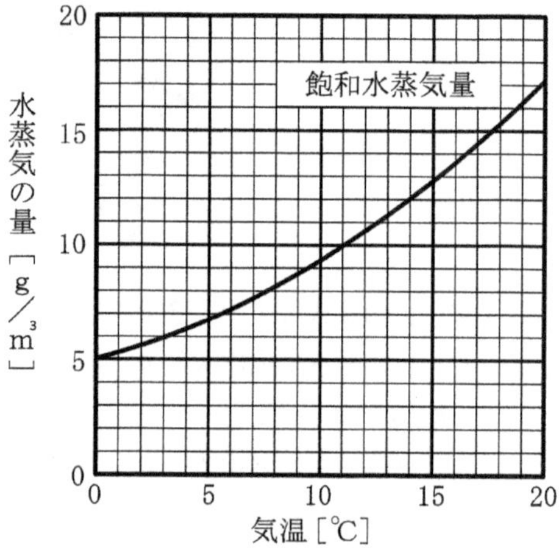

c　この日，この地点を寒冷前線が通過した時刻は，何時から何時までの間であると考えられるか。表の気象観測結果から考えて，次のア～エから最も適当なものを一つ選んで，その記号を書け。また，表から考えてそう判断した理由を2つ簡単に書け。

ア　6時～9時　　イ　9時～12時　　ウ　12時～15時　　エ　15時～18時

⑵　中緯度で発生し，前線をともなう低気圧は，温帯低気圧と呼ばれる。次のア～エのうち，温帯低気圧にともなう温暖前線について述べたものとして，最も適当なものを一つ選んで，その記号を書け。

ア　温帯低気圧の東側にできることが多く，寒気が暖気を押し上げながら進む

イ　温帯低気圧の東側にできることが多く，暖気が寒気の上にはい上がって進む

ウ　温帯低気圧の西側にできることが多く，寒気が暖気を押し上げながら進む

エ　温帯低気圧の西側にできることが多く，暖気が寒気の上にはい上がって進む

問題2　次のA，B，Cの問いに答えなさい。

A　ヒトの血液の循環や血液のはたらきに関して，次の⑴～⑷の問いに答えよ。

⑴　ヒトの肺は，肺胞と呼ばれる小さな袋とそれをとりまく毛細血管が多数集まってできていることで，空気と触れる表面積が大きくなっている。このことは，呼吸をするうえでどのような点で都合がよいと考えられるか。簡単に書け。

⑵　次の文は，ヒトの心臓と肺との間の血液の流れについて述べようとしたものである。文中の

〔　〕内にあてはまる言葉を，㋐，㋑から一つ，㋒，㋓から一つ，それぞれ選んで，その記号を書け。また，文中の□内にあてはまる最も適当な言葉を書け。

ヒトの心臓は，右心房，右心室，左心房，左心室の４つの部屋に分かれている。血液は，心臓の〔㋐右心房　㋑右心室〕から肺に送られ，その後，肺から再び心臓の〔㋒左心房　㋓左心室〕にもどってくる。このような血液の循環は□と呼ばれ，血液の循環には，この他に体循環がある。

(3) 細胞による呼吸に必要な酸素は，赤血球によって全身の細胞に運ばれる。赤血球が酸素を運ぶことができるのは，赤血球に含まれるヘモグロビンにどのような性質があるからか。簡単に書け。

(4) 血液が，肺，肝臓の各器官を流れる間に血液中から減少する主な物質の組み合わせとして最も適当なものを，右の表のア～エから一つ選んで，その記号を書け。

	肺	肝　臓
ア	酸　素	尿　素
イ	酸　素	アンモニア
ウ	二酸化炭素	尿　素
エ	二酸化炭素	アンモニア

B　次の文は，ジャガイモの品種についての太郎さんと先生の会話の一部である。これに関して，あとの(1)～(4)の問いに答えよ。

太郎：先日，スーパーマーケットにジャガイモを買いに行くと，男爵やメークインの他にもさまざまなジャガイモの品種があってとても興味深かったです。
先生：そうですね。最近は，甘みの強い品種や紫色をした品種など，さまざまなジャガイモの品種を目にすることが多くなりましたね。
太郎：ジャガイモの品種が異なるということは，もっている遺伝子が異なるということですよね。先生の授業で，ジャガイモはⓐ無性生殖でふえると学習しました。ⓑ無性生殖で新しい品種をつくるのは難しいのではないですか。
先生：確かに，無性生殖のみでは，新しい品種をつくるのは難しいかもしれませんね。しかし，ジャガイモは無性生殖の他にⓒ有性生殖でも子孫をふやすことができるのですよ。
太郎：そうだったのですね。ジャガイモに多くの品種がある理由が理解できました。

(1) 文中の下線部ⓐに無性生殖とあるが，次のア～エのうち，無性生殖の例はどれか。一つ選んで，その記号を書け。
㋐　ホウセンカは，種子から新しい個体ができる
㋑　メダカは，受精卵から新しい個体ができる
㋒　オランダイチゴは，茎の一部が伸び，先端にできた葉や根が独立して新しい個体となる
㋓　ヒキガエルは，おたまじゃくしが成長することで成体となる

(2) 文中の下線部ⓑに無性生殖で新しい品種をつくるのは難しいとあるが，それはなぜか。その理由を **遺伝子** の言葉を用いて簡単に書け。

(3) 文中の下線部ⓒに有性生殖とあるが，有性生殖では生殖細胞がつくられる。右の図は，花粉管が伸びたジャガイモの花粉を模式的に示したものである。図中にXで示したものは，生殖細胞の一つである。これは何と呼ばれるか。その名称を書け。

図
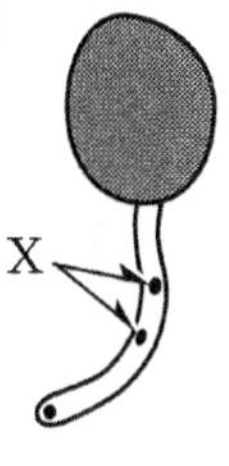

(4) ジャガイモのからだをつくる細胞が48本の染色体をもつとき，正常に減数分裂をしてできた生殖細胞は，何本の染色体をもっていると考えられるか。その本数を書け。

C　太郎さんは光合成について調べるために，ふ（緑色でない部分）のある葉をもつ鉢植えのゼラニウムを使って，次のような実験をした。

右の図Ⅰのように，ふのある葉を選び，葉の一部をアルミニウムはくで表裏ともにおおい，ある操作をおこなった。その後，その葉に十分に日光を当てた後，その葉を切り取り，アルミニウムはくをはずして熱湯につけてから，90℃のお湯であたためたエタノールにつけた。その葉を水洗いした後，ヨウ素溶液につけてその反応を観察した。その結果，図Ⅰ中のa～dで示した部分のうち，bの部分だけが青紫色になった。その後，bの部分の表皮の細胞を顕微鏡で観察した。これに関して，次の(1)～(4)の問いに答えよ。

図Ⅰ

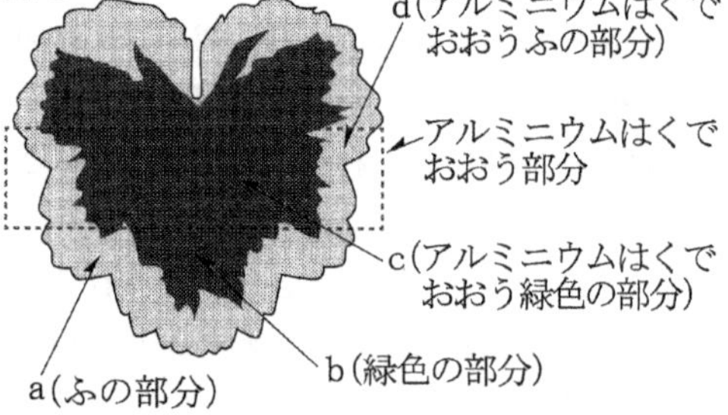

(1) 下線部にある操作とあるが，これは葉にあるデンプンをなくすためにおこなった操作である。それはどのような操作か。次のア～エのうち，最も適当なものを一つ選んで，その記号を書け。

ア　葉の裏面のアルミニウムはくでおおっていない部分にワセリンを塗った

イ　透明なポリエチレンの袋を，鉢植えのゼラニウム全体にかぶせた

ウ　水を十分に与えた

エ　鉢植えのゼラニウムを一日暗室に置いた

(2) この実験で，ゼラニウムの葉をエタノールにつけたのは，何のためか。簡単に書け。

(3) 次の文は，太郎さんが実験結果をもとに光合成について述べようとしたものである。文中のP，Qの［　］内にあてはまる図Ⅰ中のa～dの記号の組み合わせとして最も適当なものを，右の表のア～カから一つ選んで，その記号を書け。

図Ⅰ中のbの部分と［ P ］の部分を比べることによって，光合成には光だけでなく，葉の緑色の部分も必要であることがわかる。また，図Ⅰ中のbの部分と［ Q ］の部分を比べることによって，光合成には葉の緑色の部分だけでなく，光も必要であることがわかる。

	P	Q
ア	a	c
イ	a	d
ウ	c	a
エ	c	d
オ	d	a
カ	d	c

(4) 右の図Ⅱは，太郎さんがこの実験で用いた図Ⅰ中のbの部分の孔辺細胞を模式的に示したものである。太郎さんが観察したとき，孔辺細胞の中で青紫色に染まっていた部分を■■■で示すとどうなるか。次の㋐～㋓のうち，最も適当なものを一つ選んで，その記号を書け。

図Ⅱ

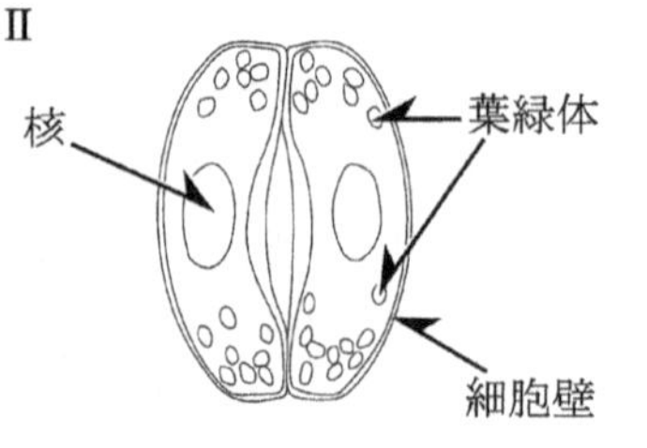

㋐　㋑　㋒　㋓

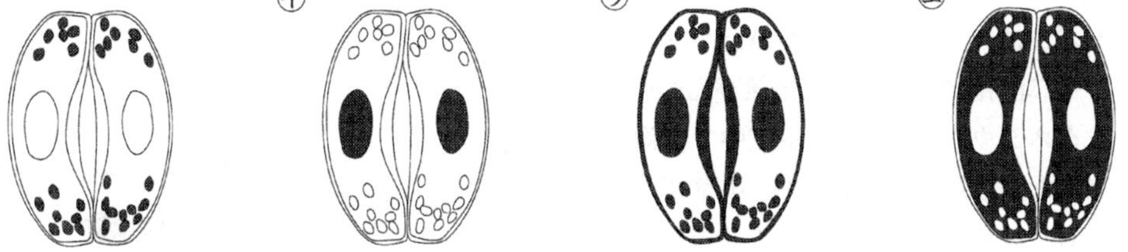

問題3　次のA，Bの問いに答えなさい。

A　太郎さんはマグネシウムを用いて，次の実験Ⅰ～Ⅲをした。これに関して，あとの⑴～⑷の問いに答えよ。

実験Ⅰ　右の図Ⅰのように，うすい塩酸の入っている試験管にマグネシウムリボンを入れると，気体が発生した。

図Ⅰ

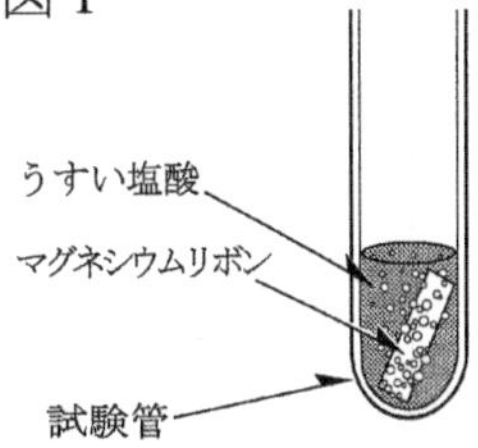

⑴　次の㋐～㋓のうち，マグネシウムリボンを入れると，実験Ⅰと同じ気体が発生する液体はどれか。最も適当なものを一つ選んで，その記号を書け。

㋐　食酢　　㋑　セッケン水
㋒　水酸化ナトリウム水溶液　　㋓　アンモニア水

実験Ⅱ　右の図Ⅱのように，けずり状のマグネシウムを，ステンレス皿に入れてガスバーナーで加熱したあと，よく冷やしてから質量をはかった。さらに，これをよくかき混ぜて再び加熱し，よく冷やしてから質量をはかった。この操作を繰り返しおこない，ステンレス皿の中の物質の質量の変化を調べたところ，はじめは質量が増加したが，やがて増加しなくなった。このとき，ステンレス皿の中の物質は，すべて酸化マグネシウムになっていた。下の表は，けずり状のマグネシウムの質量を0.3g，0.6g，0.9g，1.2gにして実験し，加熱後の物質の質量が増加しなくなったときの物質の質量をまとめたものである。

図Ⅱ

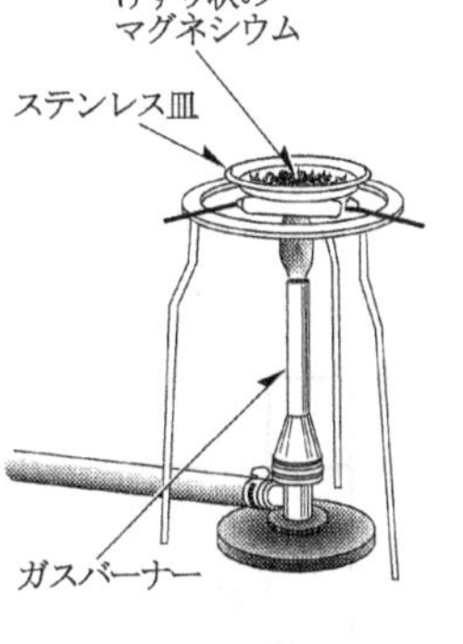

表

けずり状のマグネシウムの質量[g]	0.3	0.6	0.9	1.2
加熱後の物質の質量が増加しなくなったときの物質の質量[g]	0.5	1.0	1.5	2.0

⑵　実験Ⅱでは，マグネシウムが酸素と化合して，酸化マグネシウムができた。この化学変化を，化学反応式で表せ。

⑶　けずり状のマグネシウム1.5gを加熱したが，加熱が不十分であったために，加熱後の物質の質量は2.3gになった。このとき，この物質の中には，酸素と化合せずに残っているマグネシウムが何gあると考えられるか。

実験Ⅲ　右の図Ⅲのように，空気中でマグネシウムリボンに火をつけ，火のついたマグネシウムリボンを二酸化炭素の入った集気びんの中に入れた。マグネシウムリボンは，空気中では強い光を発生させながら燃焼していたが，集気びんの中に入れてもしばらくの間火がついたまま燃焼し続け，あとに白色の物質と黒色の物質ができた。

図Ⅲ

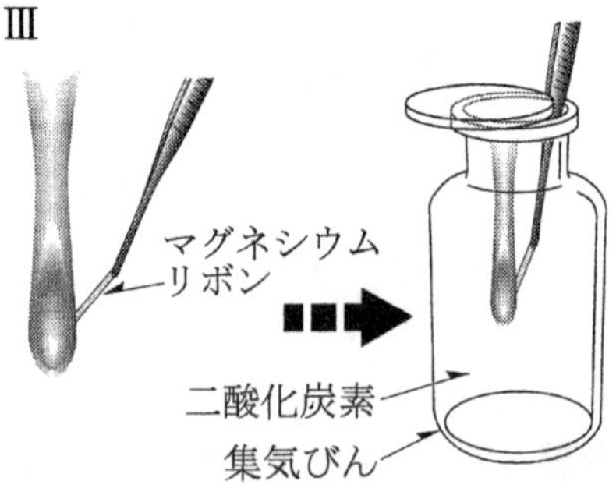

(4)　次の文は，実験Ⅲの結果についての太郎さんと先生の会話の一部である。文中のX～Zの［　］内にあてはまる言葉の組み合わせとして最も適当なものを，あとの表のア～エから一つ選んで，その記号を書け。

> 太郎：二酸化炭素の中ではものは燃えないと思っていましたが，マグネシウムは二酸化炭素の中でも燃え続けていましたね。
> 先生：そうだね。燃焼は，物質が酸素と結びつくときに光や熱を出す反応だから，この実験では，マグネシウムが集気びんの中で酸素と結びついていた，ということだね。
> 太郎：でも，集気びんの中には二酸化炭素しか入っていませんでしたよね。マグネシウムはどこにあった酸素と結びついたのでしょうか。それに，集気びんの中でできた黒色の物質は何なのでしょう。
> 先生：集気びんの中でマグネシウムが燃焼したのは，マグネシウムが［X］中の酸素原子と結びついていたからなんだ。黒色の物質は［X］が酸素原子をうばわれてできた［Y］だよ。つまり，この実験では，マグネシウムによって［X］が［Z］されていた，ということだね。

表

	X	Y	Z
ア	酸化マグネシウム	マグネシウム	酸　化
イ	酸化マグネシウム	マグネシウム	還　元
ウ	二酸化炭素	炭　素	酸　化
エ	二酸化炭素	炭　素	還　元

B　物質の温度による変化について調べるために，次の実験Ⅰ～Ⅲをした。これに関して，あとの(1)～(5)の問いに答えよ。

実験Ⅰ　右の図Ⅰのように，ポリエチレンの袋に少量のエタノールを入れ，空気をぬいて口を閉じた。この袋に熱い湯をかけたところ，袋は大きくふくらんだ。

図Ⅰ

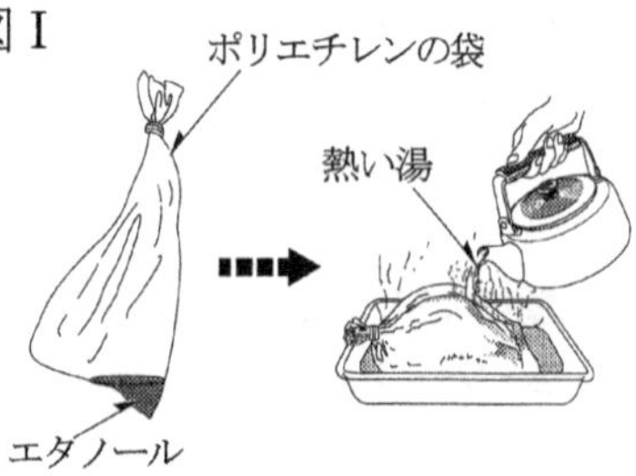

(1)　熱い湯をかけるとポリエチレンの袋が大きくふくらんだのは，エタノールが液体から気体に変わったためである。次の㋐～㋒は，エタノールの固体，液体，気体のいずれかの状態におけるエタノールの粒子の運動のようすを表したモデルである。次の㋐～㋒のうち，液体のエタノールの粒子を示したモデルと，気体のエタノールの粒子を示したモデルとして最も適当なものを，それぞれ一つずつ選んで，その記号を書け。

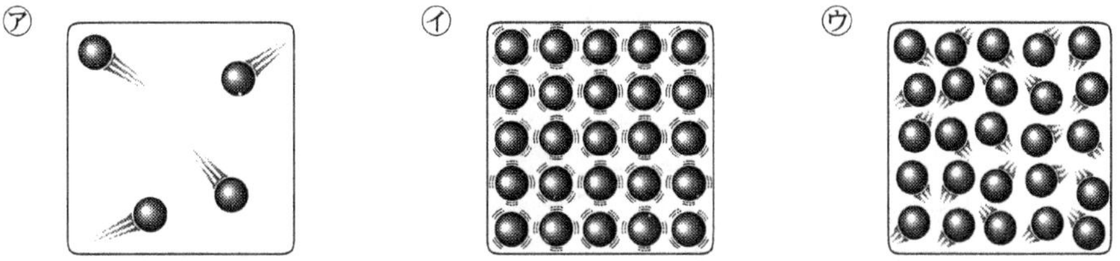

㋐ 粒子どうしの間隔が広く，自由に飛び回っている

㋑ 粒子が規則正しく並び，ほとんど移動しない

㋒ 粒子が規則正しく並ばず，自由に動くことができる

実験Ⅱ　細かくくだいた固体のロウをビーカーに入れて，おだやかに加熱してロウをとかして液体にした。右の図Ⅱのように，ビーカーの中のロウがすべて液体になった液面の高さに油性ペンで印をつけた後，液体のロウを入れたビーカーごと質量をはかった。その後，静かに放置してロウを固体に変化させ，再び質量をはかったところ，質量の変化はなかった。また，ロウが固まったようすを観察すると，中央がくぼんで体積が減っていることがわかった。

図Ⅱ

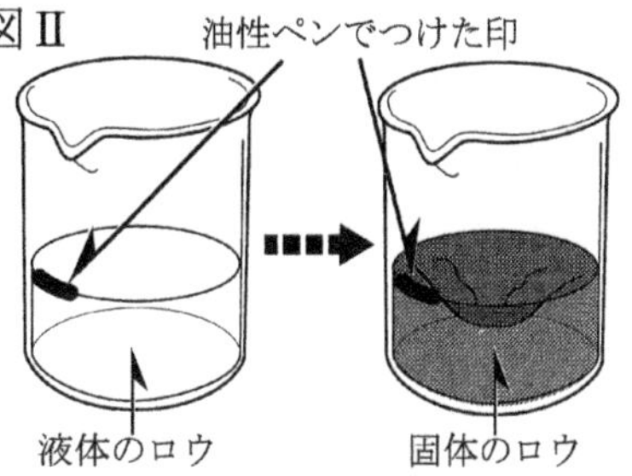

(2)　次の文は，実験Ⅱの結果をもとに，液体のロウと固体のロウの質量と体積の関係について述べようとしたものである。文中の２つの［　］内にあてはまる言葉を，㋐～㋒から一つ，㋓，㋔から一つ，それぞれ選んで，その記号を書け。

液体のロウが固体に変化するときに，質量は変わらなかったが，体積は減少した。このことから，固体のロウの密度は液体のロウの密度と比べて，［㋐大きい　㋑変わらない　㋒小さい］ことがわかる。また，液体のロウと固体のロウの質量を同じ体積で比べたならば，液体のロウの質量は固体のロウの質量よりも［㋓大きい　㋔小さい］。

実験Ⅲ　水17㎝^{3}とエタノール３㎝^{3}の混合物を蒸留するために，次のページの図Ⅲのような装置を組み立てた。この装置に温度計を正しく取りつけてから，水とエタノールの混合物を蒸留した。加熱を始めてから，試験管Ａに約２㎝^{3}の液体がたまると，試験管Ｂに取り換えた。試験管Ｂに約２㎝^{3}の液体がたまると試験管Ｃに取り換え，３本の試験管Ａ～Ｃに液体を約２㎝^{3}ずつ集めた。試験管Ａの液体を，ろ紙にひたし，そのろ紙を蒸発皿に入れてマッチの火をつけると，試験管Ａの液体は火がついて，しばらく燃えた。試験管Ｂ，Ｃの液体についても同じように調べると，試験管Ｂの液体は火がついたがすぐに消え，試験管Ｃの液体には火がつかなかった。

図Ⅲ

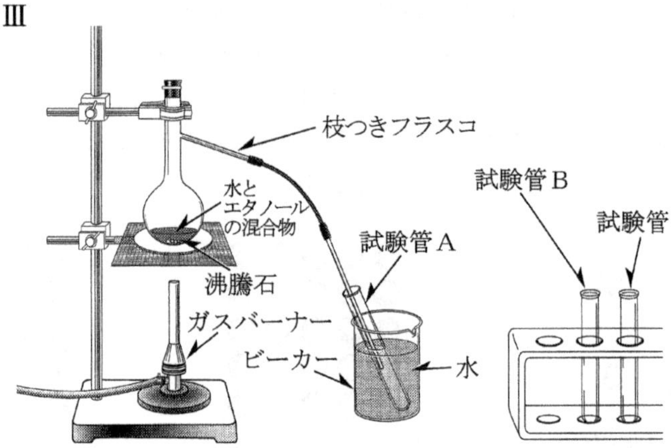

⑶　図Ⅲの装置において，枝つきフラスコの中に沸騰石を入れてあるのはなぜか。その理由を簡単に書け。

⑷　下線部に，温度計を正しく取りつけてから，水とエタノールの混合物を蒸留したとあるが，次の㋐～㋓のうち，温度計を正しく取りつけているものはどれか。一つ選んで，その記号を書け。

㋐

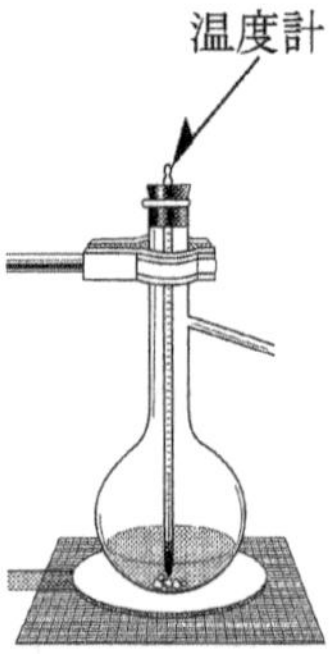

㋑

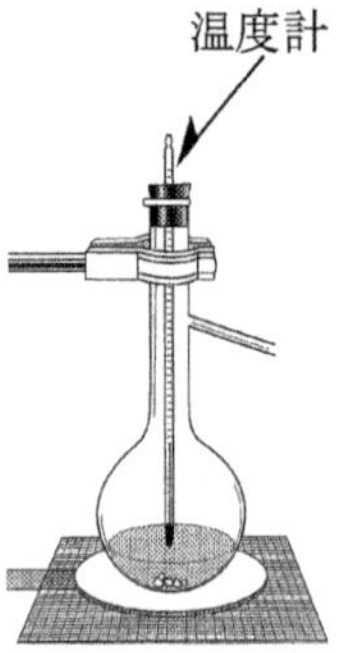

㋒

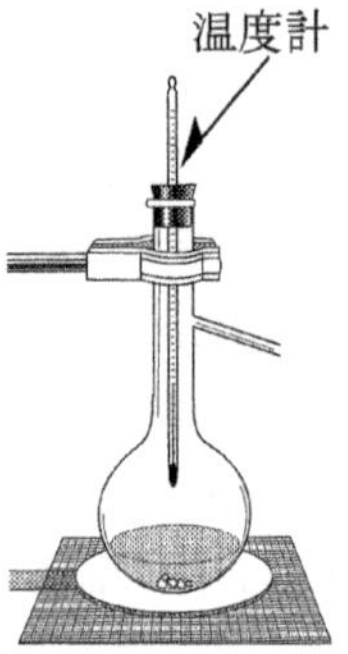

㋓

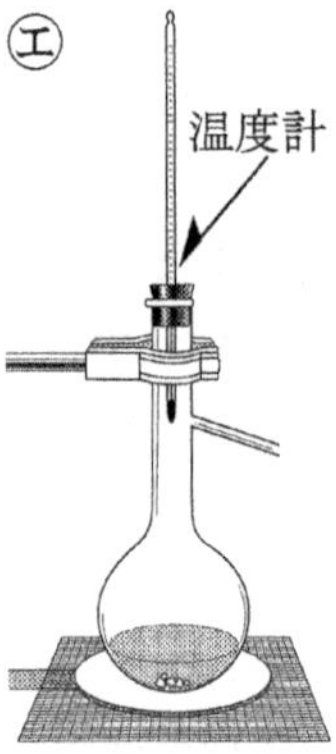

⑸　試験管Aの液体に火がついて，しばらく燃えたのは，試験管A～Cのうち，試験管Aの液体にエタノールが最も多く含まれていたからである。試験管Aの液体にエタノールが最も多く含まれていたのはなぜか。その理由を　**沸点**　の言葉を用いて簡単に書け。

問題4　次のA，B，Cの問いに答えなさい。

A　水平面や斜面の上での力学台車の運動を調べる実験Ⅰ，Ⅱをした。これに関して，あとの⑴～⑸の問いに答えよ。

実験Ⅰ　次のページの図Ⅰのように，なめらかな水平面上に力学台車を置き，手で軽く押すと，力学台車は水平面上を運動した。手が離れてからの力学台車の運動のようすを，1秒間に60回打点する記録タイマーで，記録テープに記録した。次のページの図Ⅱは，この記録テープの記録をa点から6打点ごとに区切り，その区間の長さをはかった結果の一部を示したものである。

図Ⅰ

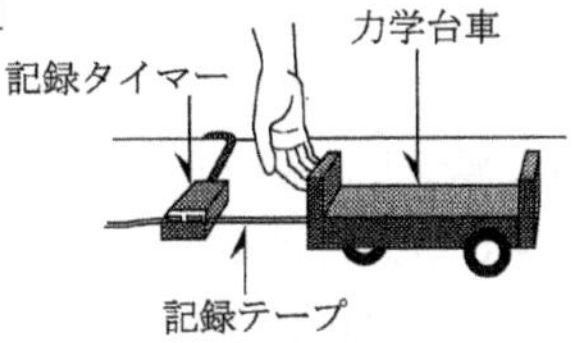

図Ⅱ

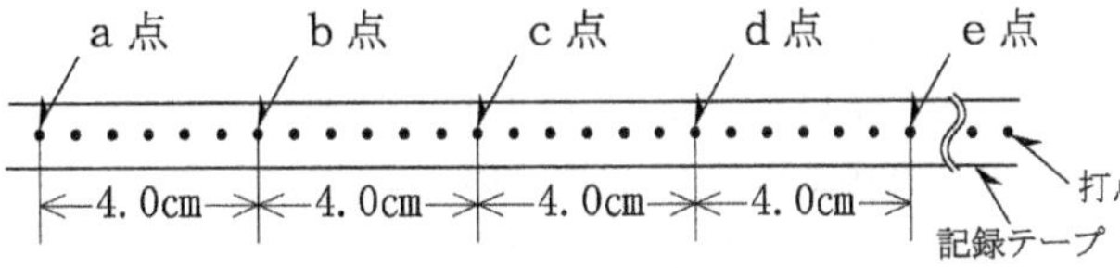

⑴　図Ⅱで，c 点を記録してから d 点を記録するまでの間の力学台車の平均の速さは何㎝／s か。

⑵　実験Ⅰにおいて，等速直線運動をしているときの力学台車には，どのような力がはたらいているか。次のア～エのうちから，最も適当なものを一つ選んで，その記号を書け。

ア　運動している向きの力　　イ　運動している向きの力と重力

ウ　重力と垂直抗力　　エ　運動している向きの力と垂直抗力

実験Ⅱ　下の図Ⅲのように，同じ長さのなめらかな板を２枚用いて傾きの異なる２つの斜面をつくった。２枚の板のＰ点とＳ点，Ｒ点とＵ点は，それぞれ同じ高さである。Ｒ点に力学台車の先端がくるように力学台車を置き，静かに離し，このときの力学台車の運動のようすを，１秒間に60回打点する記録タイマーで，記録テープに記録した。次に，同じ力学台車を用いて，Ｕ点に力学台車の先端がくるように力学台車を置き，同じように実験をした。

図Ⅲ

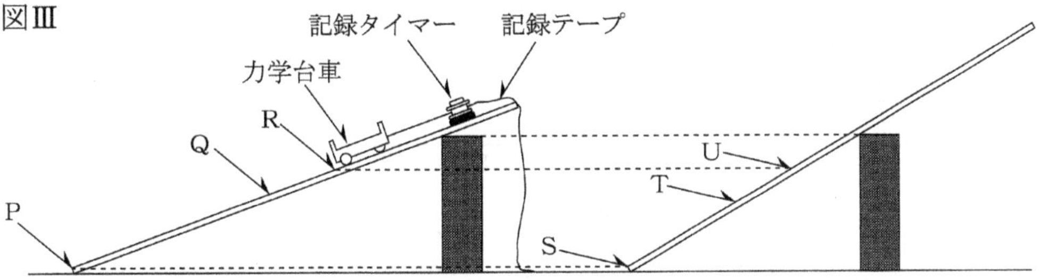

⑶　下の図Ⅳは，実験ⅡにおいてＲ点から力学台車を離したときの記録テープの記録の一部である。Ｕ点から力学台車を離したときの記録テープの記録は，図Ⅳと比べて，どのようになると考えられるか。あとの㋐～㋓から最も適当なものを一つ選んで，その記号を書け。

図Ⅳ 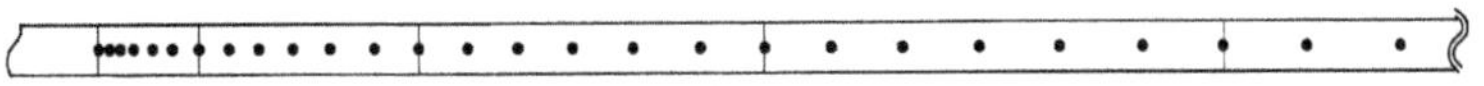

㋐ 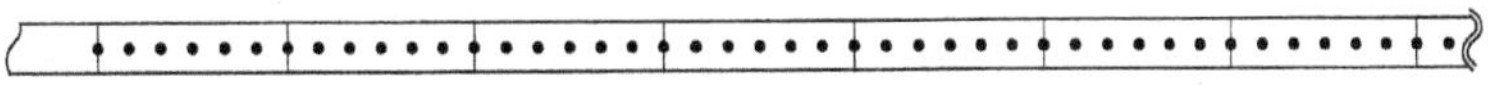

㋑ 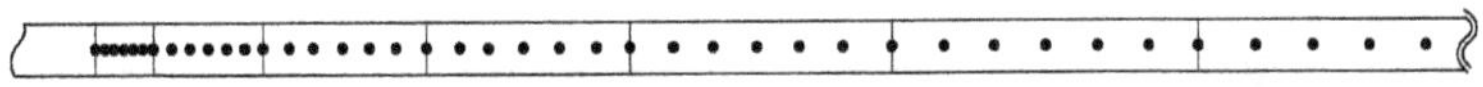

㋒ 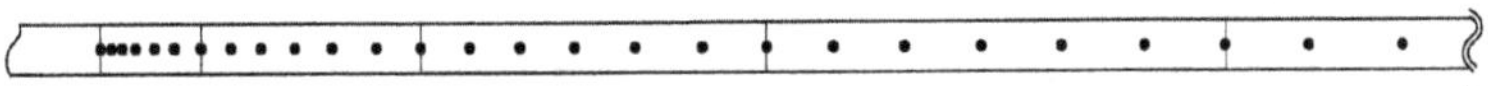

㋓ 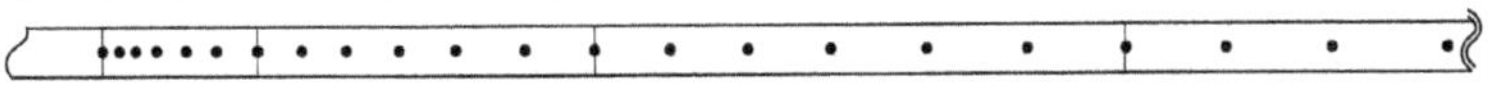

⑷　次の文は，実験Ⅱにおいて力学台車にはたらく重力の斜面に平行な分力について述べようとしたものである。文中の２つの〔　〕内にあてはまる言葉を，㋐～㋒から一つ，㋓～㋕から一つ，それぞれ選んで，その記号を書け。

図Ⅲで先端がＲ点にあるときの力学台車にはたらく重力の斜面に平行な分力は，先端がＰ点に達するまで〔㋐小さくなっていく　㋑変化しない　㋒大きくなっていく〕。また，先端がＲ点にあるときとＵ点にあるときの力学台車にはたらく重力の斜面に平行な分力を比べると，〔㋓

R点にあるときの方が大きい　㋔変わらない　㋕U点にあるときの方が大きい〕。

⑸　実験Ⅱにおいて，R点およびU点に力学台車の先端があるとき，力学台車は位置エネルギーだけをもっている。この位置エネルギーは，斜面を下るにつれて減少し，減少した分だけ，力学台車の運動エネルギーが増加する。力学台車の先端がP点およびS点に達したときには，運動エネルギーだけをもっている。R点にあった力学台車の先端がQ点に達したとき，力学台車のもつ位置エネルギーは，R点での位置エネルギーの$\frac{3}{4}$倍になっていた。また，U点にあった力学台車の先端がT点に達したとき，力学台車のもつ位置エネルギーは，U点での位置エネルギーの$\frac{2}{3}$倍になっていた。R点にあった力学台車の先端がQ点に達したときに力学台車のもつ運動エネルギーは，U点にあった力学台車の先端がT点に達したときに力学台車のもつ運動エネルギーの何倍になると考えられるか。

B　光に関して，次の⑴，⑵の問いに答えよ。

⑴　まっすぐなストローの一部を水中に入れて，空気中から観察すると，ストローは折れ曲がって見える。次の文は，光の進み方から，この理由を述べようとしたものである。文中の２つの〔　〕内にあてはまる言葉を㋐，㋑から一つ，㋒，㋓から一つ，それぞれ選んで，その記号を書け。

水中にあるストローの先端からくる光が水中から空気中に進むときは，入射角より屈折角が〔㋐大きく　㋑小さく〕なる。そのため，水中にあるストローの先端からくる光が空気との境界面で曲がる道筋を模式的に表すと，下の〔㋒図Ⅰ　㋓図Ⅱ〕のようになるため，水中にあるストローの先端は実際とは違った位置に見え，ストローは折れ曲がって見える。

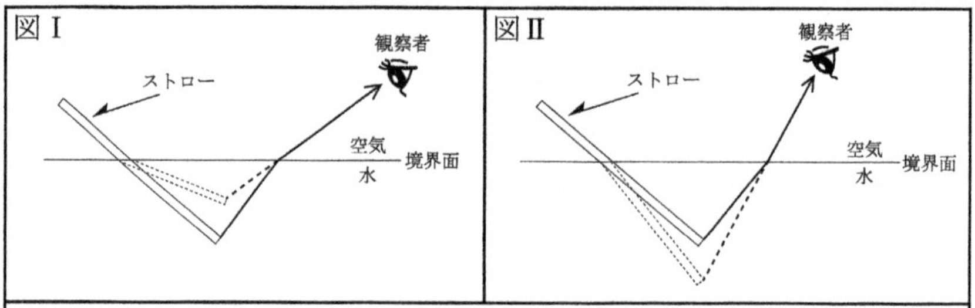

図中の実線（――）は，水中にあるストローの先端からくる光の道筋を，破線（-----）は，そこから光がきているように見える道筋を表している。

⑵　次のページの図Ⅲのように，太郎さんと花子さんの間には，水を入れたたらいが置いてあり，太郎さんは，花子さんが火のついた線香花火を持っている様子を正面から見ていた。太郎さんには花子さんの持つ線香花火の玉（火がついて球状になった部分）が，たらいの水面に映って見えた。次の文は，太郎さんの目に届く線香花火の玉から出た光が，図Ⅲ中のたらいの水面で反射する位置について述べようとしたものである。文中の２つの〔　〕内にあてはまる言葉を㋐～㋒から一つ，㋓，㋔から一つ，それぞれ選んで，その記号を書け。

太郎さんの目に届く線香花火の玉から出た光は，図Ⅲ中のたらいの水面の〔㋐P　㋑Q　㋒R〕の位置で反射したものである。また，途中で線香花火の玉が落下すると，太郎さんの目に届く光が水面で反射する位置は図Ⅲ中の〔㋓X　㋔Y〕の向きに動く。

図Ⅲ

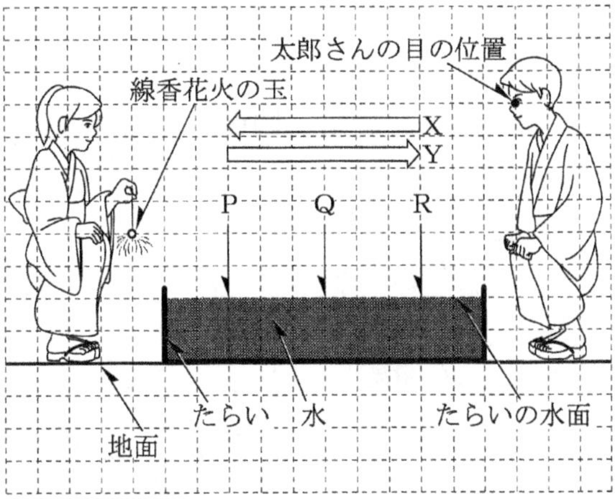

C　電熱線に加わる電圧と流れる電流を調べる実験Ⅰ，Ⅱをした。これに関して，あとの(1)～(5)の問いに答えよ。

実験Ⅰ　下の図Ⅰのような装置を用いて，電熱線Pと電熱線Qについて，電熱線に加える電圧を変えて電熱線に流れる電流の強さを調べた。まず，図Ⅰの装置のスイッチを入れて，電熱線Pに加わる電圧と流れる電流を調べた。次に，電熱線Pを電熱線Qにとりかえ，同じように実験をした。下の図Ⅱは，電熱線に加わる電圧と流れる電流の関係をグラフに表したものである。

図Ⅰ

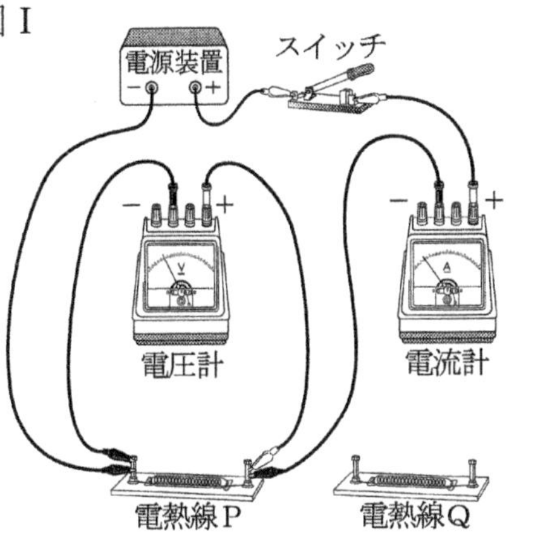

図Ⅱ

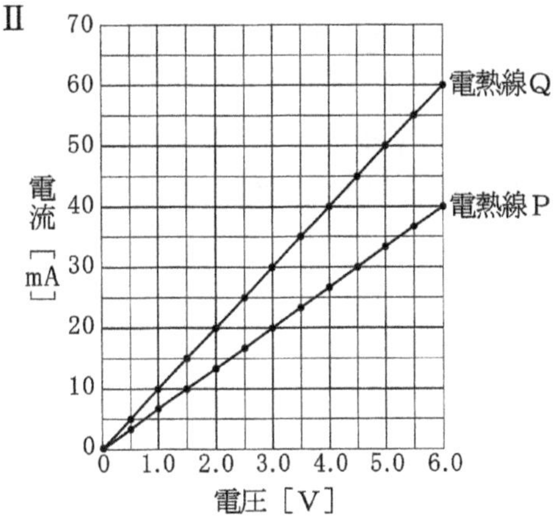

(1)　次の文は，電圧計の使い方について述べようとしたものである。文中の2つの［　］内にあてはまる言葉を㋐，㋑から一つ，㋒～㋔から一つ，それぞれ選んで，その記号を書け。

電圧計は，電圧をはかろうとする回路に対して［㋐直列　㋑並列］につなぐ。また，300V，15V，3Vの3つの−《マイナス》端子をもつ電圧計を用いて電圧をはかろうとする場合，電圧の大きさが予想できないときは，はじめに［㋒300V　㋓15V　㋔3V］の−端子につなぐようにする。

(2)　電熱線Pの抵抗は何Ωか。

実験Ⅱ　実験Ⅰと同じ電熱線Pと電熱線Qを用いた下の図Ⅲ，図Ⅳのような装置を用いて，それぞれスイッチを入れ，電熱線P，Qに電流を流し，回路全体に加わる電圧と回路全体に流れる電流を調べた。

図Ⅲ

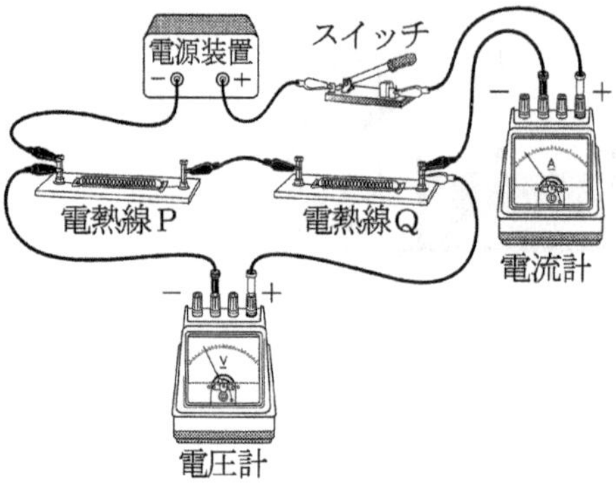

図Ⅳ

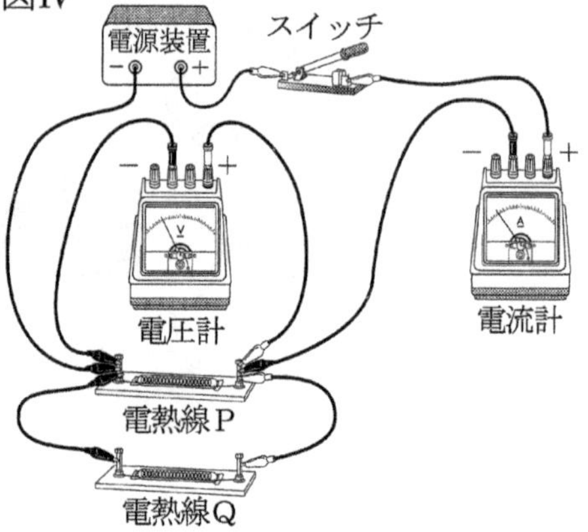

⑶　図Ⅱをもとにして，図Ⅲの装置について回路全体に加わる電圧と回路全体に流れる電流の関係をグラフに表したい。グラフの縦軸のそれぞれの（　）内に適当な数値を入れ，図Ⅲの装置の回路全体に加わる電圧と，回路全体に流れる電流の関係を，グラフに表せ。

⑷　図Ⅳの装置で電圧計の値が２Ｖを示すときの電熱線Qでの消費電力に対して，図Ⅳの装置で電圧計の値が６Ｖを示すときの電熱線Qでの消費電力は何倍になると考えられるか。

⑸　電熱線Pを接続した図Ⅰ，図Ⅲ，図Ⅳの各装置のスイッチを入れ，各装置の電圧計が同じ値を示しているとき，各装置の電流計が示す値をそれぞれｘ，ｙ，ｚとする。次のア～カのうち，ｘ，ｙ，ｚの関係を表す式として最も適当なものはどれか。一つ選んで，その記号を書け。

ア　$x<y<z$　　イ　$y<x<z$　　ウ　$z<x<y$

エ　$x<z<y$　　オ　$y<z<x$　　カ　$z<y<x$

理 科 解 答 用 紙

受検番号	

問題1

A	(1)		
	(2)	a	○
		b	○ と ○
		c	
		d	大規模な噴火により噴出した火山灰は，________ 堆積するため，噴火した年代がわかれば，________ 手がかりになるため。
B	(1)	a	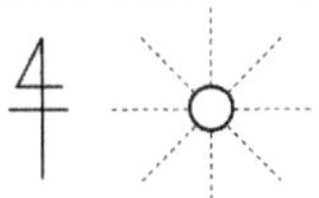
		b	
		c	記号
			理由
	(2)		

問題2

A	(1)		
	(2)	記号	○ と ○
		言葉	
	(3)		酸素の多いところでは，________，酸素の少ないところでは，________ 性質があるから。
	(4)		
B	(1)		○
	(2)		
	(3)		
	(4)		本
C	(1)		
	(2)		エタノールにつけることで，________，ヨウ素溶液につけた後の反応を観察しやすくするため。
	(3)		
	(4)		○

問題3

A	(1)		○
	(2)		
	(3)		g
	(4)		
B	(1)	液体のエタノール	○
		気体のエタノール	○
	(2)		○ と ○
	(3)		混合物を熱したとき，________
	(4)		○
	(5)		

問題4

A	(1)	cm/s
	(2)	
	(3)	○
	(4)	○ と ○
	(5)	倍
B	(1)	○ と ○
	(2)	○ と ○
C	(1)	○ と ○
	(2)	Ω
	(3)	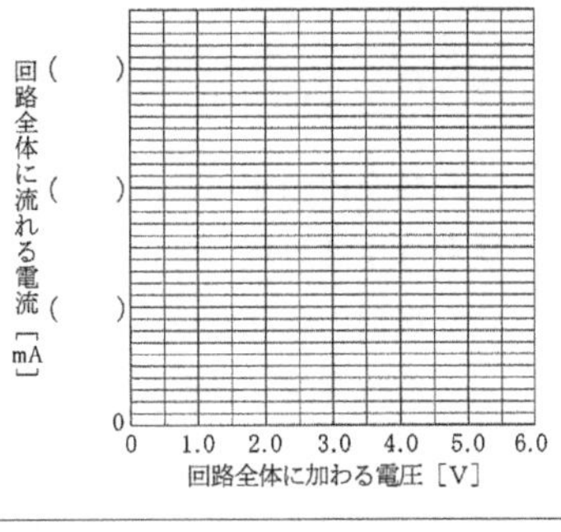
	(4)	倍
	(5)	

※この解答用紙は154％に拡大していただきますと，実物大になります。

＜社会＞

時間　50分　　満点　50点

問題1　次の(1)～(7)の問いに答えなさい。

(1)　わが国の政治に関して，次のａ～ｄの問いに答えよ。

ａ　下の図は，国会において法律が制定されるしくみを示そうとしたものである。図中のＸは，それぞれの議院に所属する議員全員で構成され，Ｘで法律案などが議決される。あとの写真は，国会の各議院においてＸが開かれる議場をそれぞれ写したものである。図中のＸに共通してあてはまる最も適当な言葉を書け。

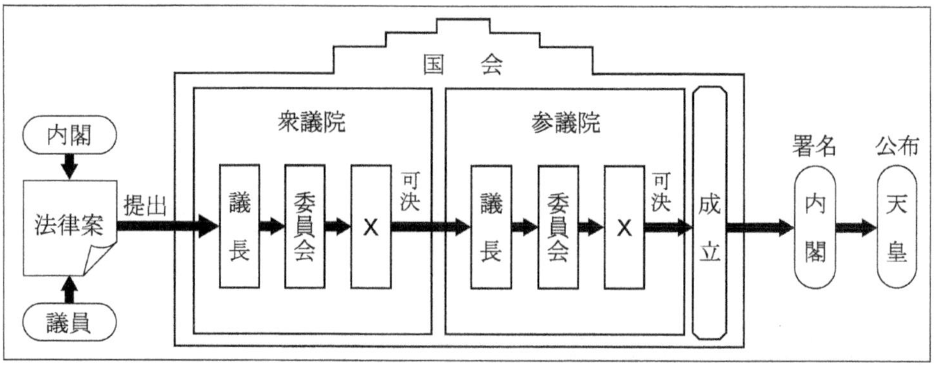

衆議院の議場

参議院の議場

ｂ　政権を担当する政党は与党と呼ばれ，内閣を組織する。一つの政党だけで政権を担当する場合は単独政権と呼ばれる。一方，一つの政党だけでは国会で過半数に達しない場合などには，複数の政党が協力して政権を担当する場合がある。このような複数の政党が協力して担当する政権は，一般に何と呼ばれるか。その呼び名を書け。

ｃ　近年，簡素で効率的な行政を目指す行政改革が進められ，行政機関の許認可権を見直して自由な経済活動をうながす規制緩和がおこなわれてきた。次のア～エのうち，規制緩和の例としてあてはまらないものはどれか。一つ選んで，その記号を書け。

ア　株式会社が保育所を設置できるようになると，保育所が増える

イ　電気事業が自由化されると，利用者は電力会社を選ぶことができるようになる

ウ　派手な色の看板を掲げられないようにすると，景観が保たれて観光客が増える

エ　航空業界に新規参入ができるようになると，価格競争がおこり運賃が安くなる

d　若者の意見を政治に反映させるために，2015年に公職選挙法が改正されて，2016年６月以降の選挙では，選挙権を得られる年齢が20歳から18歳に引き下げられた。主権者である国民は，選挙で投票するだけでなく，さまざまな方法で政治に参加することができる。政治に参加する方法には，選挙で投票すること以外にどのようなものがあるか。簡単に書け。

(2)　次の文は，わが国におけるある民事裁判の内容を説明しようとしたものである。あとのア～エのうち，文中の [Y] 内に共通してあてはまる最も適当なものはどれか。一つ選んで，その記号を書け。

Ａさんが，知人の作家Ｂさんが著した小説を読んでいると，その小説の主人公と自分の置かれた状況がとても似ていて，自分をモデルとしているに違いないと感じた。Ａさんは自分の私生活がみだりに公開されていて精神的に苦痛であるとして，出版差し止めを求めて提訴した。それに対してＢさんは，出版差し止めは憲法が保障する [Y] の侵害であると主張した。裁判所は，小説の公表によってＡさんのプライバシーが侵害されており，出版差し止めは，[Y] を保障した憲法の規定に違反しないとして，出版差し止めを命じる判決を下した。

ア　表現の自由　　イ　財産権　　ウ　職業選択の自由　　エ　生存権

(3)　右の写真は，2017年12月に核兵器廃絶国際キャンペーン（ICAN）がノーベル平和賞を受賞したようすを写したものである。この組織のように，国際的に活動をおこなう民間の組織は何と呼ばれるか。次のア～エから一つ選んで，その記号を書け。

ア　PKO　　イ　NGO　　ウ　ODA　　エ　TPP

(4)　下の表は，自由競争がおこなわれている市場における，ある施設の１時間あたりの利用料金の変動による，利用者が施設を利用したい時間と，事業者が施設を提供したい時間の変化を示したものである。次の文は，この表からわかることを述べようとしたものである。文中のＰ，Ｑ，Ｒの □ 内にそれぞれあてはまる言葉の組み合わせとして正しいものは，あとのア～エのうちのどれか。一つ選んで，その記号を書け。

１時間あたりの利用料金(円)	利用者が施設を利用したい時間(時間)	事業者が施設を提供したい時間(時間)
500	3.5	1.0
1000	2.5	2.5
1500	1.5	3.0
2000	1.0	4.0

事業者が１時間あたりの利用料金を1500円に設定した場合，事業者が施設を提供したい時間が，利用者が施設を利用したい時間よりも1.5時間多くなる。このように [P] が [Q] を上回る場合には，価格は [R] する。価格が [R] すると [P] は減少し，[Q] は増加する。こうして，[P] と [Q] はしだいにつり合うようになり，一致する。

ア　〔P　需要量　　Q　供給量　　R　上昇〕

イ　〔P　供給量　　Q　需要量　　R　上昇〕

ウ〔P 需要量 Q 供給量 R 下落〕

エ〔P 供給量 Q 需要量 R 下落〕

(5) 下の資料Ⓐは，わが国の国債残高とGDPに対する国債残高の比率の推移を示したものである。資料Ⓑは，わが国の2018年度一般会計予算の歳入と歳出を示したものである。資料Ⓒは，わが国の2018年度予算編成の基本方針の一部を示したものである。これらの資料を見て，あとのａ～ｄの問いに答えよ。

資料Ⓐ わが国の国債残高とGDPに対する国債残高の比率の推移

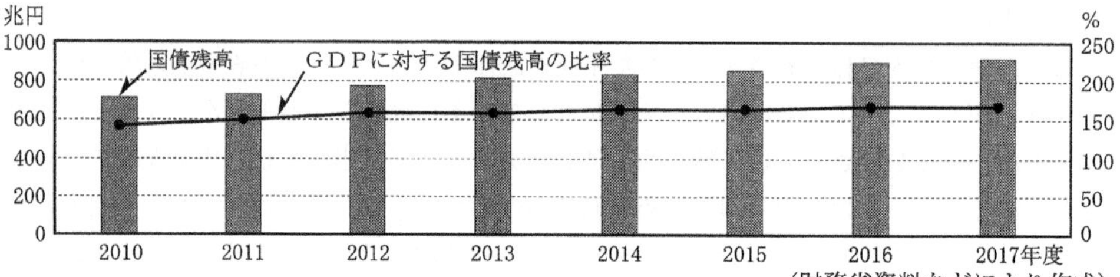

(財務省資料などにより作成)

資料Ⓑ わが国の2018年度一般会計予算の歳入と歳出

2018年度一般会計予算 歳入総額 97兆7128億円

所得税	法人税	消費税	その他税収	その他収入	公債金
19.4％	12.3	17.9	11.0	5.0	34.4

2018年度一般会計予算 歳出総額 97兆7128億円

社会保障	地方交付税交付金等	公共事業	文教科学	防衛	その他	国債費
33.7％	15.9	6.1	5.5	5.3	9.7	23.8

(財務省資料などにより作成)

資料Ⓒ わが国の2018年度予算編成の基本方針（一部）

- 構造改革と，①金融政策に成長指向の財政政策をうまく組み合わせる
- 設備や人材への，②企業による力強い投資，③研究開発・イノベーションの促進など重要な政策課題について，必要な予算措置を講じる
- 一億総活躍社会の実現と，各地の災害からの復興
- 歳出全般にわたり，聖域なき徹底した見直しを推進

(内閣府資料により作成)

ａ わが国において，財政赤字や国債残高の増加が問題となっているが，2018年度も国債残高は確実に増えると考えられる。そのように考えられる根拠となる資料として，最も適当なものは資料Ⓐ～Ⓒのうちのどれか。一つ選んで，その記号を書け。また，2018年度も国債残高が確実に増えると考えられるのはなぜか。その理由を，選んだ資料中の言葉を用いて，簡単に書け。

ｂ 下線部①に金融政策に成長指向の財政政策をうまく組み合わせるとあるが，次の文は，金融政策と財政政策について述べようとしたものである。文中の三つの〔 〕内にあてはまる言葉を，㋐，㋑から一つ，㋒，㋓から一つ，㋔，㋕から一つ，それぞれ選んで，その記号を書け。

不況のときにおこなわれる金融政策には，日本銀行が，〔㋐銀行に国債を売る　㋑銀行のもつ国債を買う〕というものがある。また，不況のときにおこなわれる財政政策には，政府による公共事業への支出を〔㋒増やす　㋓減らす〕というものがある。これらの政策は，世の中に出回るお金の量や雇用を〔㋔増やす　㋕減らす〕ことで，景気の回復をうながすねらいがある。

c　下線部②に企業とあるが，次の文は，株式会社について述べようとしたものである。文中の二つの〔　〕内にあてはまる言葉を，㋐，㋑から一つ，㋒，㋓から一つ，それぞれ選んで，その記号を書け。

株式会社は，株式を発行し，元手になる資金を集める。株式を購入した出資者は，株式会社の利潤の一部から〔㋐利子　㋑配当〕を受け取ることができる。また，株式を購入した出資者は，〔㋒株主総会　㋓取締役会〕に出席し，保有する株式数に応じて議決権をもち，経営の基本方針の決定や役員の選出をすることができる。

d　下線部③に研究開発・イノベーションの促進とあるが，近年，独自の技術や高度な知識で挑戦するベンチャー企業と呼ばれる中小企業が注目されている。次のア～ウのグラフは，2014年のわが国の製造業における，従業者数，事業所数（企業数），出荷額のいずれかについて，大企業と中小企業の占める割合をそれぞれ示している。従業者数について，大企業と中小企業の占める割合を示したグラフは，次のア～ウのうちのどれか。一つ選んで，その記号を書け。

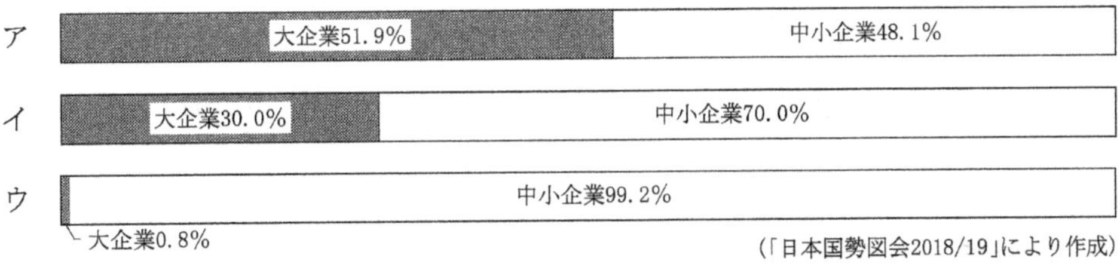

（「日本国勢図会2018/19」により作成）

(6)　近年，わが国では，仕事と家庭生活などとを両立できる社会を実現することが課題となっている。企業には，ワーク・ライフ・バランスに配慮することが求められている。ワーク・ライフ・バランスを実現するためには，企業は具体的にどのようなことをすればよいか。簡単に書け。

(7)　国家と国家の関係を円滑に保つために必要なルールとして，条約や，長年の慣行が法になったものがある。国家と国家の関係を定めるこれらのルールは，一般に何法と呼ばれるか。その呼び名を書け。

問題２　次の(1)～(9)の問いに答えなさい。

(1)　右の略年表を見て，次のａ～ｃの問いに答えよ。

ａ　下線部①に聖徳太子が摂政となるとあるが，次のページのア～エのうち，聖徳太子のおこなったこととしてあてはまらないものはどれか。一つ選んで，その記号を書け。

年代	できごと	
593	①聖徳太子が摂政《せっしょう》となる	
		Ⓐ
645	大化の改新が始まる	
		Ⓑ
701	大宝律令が定められる	
		Ⓒ
752	②東大寺の大仏が完成する	
		Ⓓ
794	平安京に都を移す	

ア　役人の心構えを示した十七条の憲法を定めた

イ　進んだ制度や文化を取り入れるために，隋《ずい》へ使者を送った

ウ　優れた人物を役人に用いるために，冠位十二階の制度を設けた

エ　蘇我《そが》氏をたおして，天皇を中心とした新しい国づくりをすすめた

b　天智《てんじ》天皇のあとつぎをめぐる戦いである壬申《じんしん》の乱がおこったのは，年表中のＡ～Ｄのどの時期か。一つ選んで，その記号を書け。

c　下線部②に東大寺の大仏が完成するとあるが，聖武《しょうむ》天皇は，国ごとに国分寺と国分尼寺《こくぶんにじ》を，都には東大寺を建て，大仏をつくらせた。これらはどのような目的でおこなわれたのか。その目的を簡単に書け。

(2)　下の資料は，「武士の登場から鎌倉幕府の成立」というテーマの授業で，中学生の太郎さんたちの班が学習した内容をまとめたものである。あとのａ～ｃの問いに答えよ。

世紀	で　き　ご　と	武　士　の　動　き
10 世紀	・関東地方や瀬戸内地方で反乱がおこる①	・武芸を得意とし，朝廷や貴族に仕える者が出てくる
11 世紀	・東北地方で争いがおこる ・白河上皇による院政が始まる	
12 世紀	・保元の乱，平治の乱がおこる ・平清盛が太政《だいじょう》大臣となる② ・源平の争乱がおこる ・源頼朝《よりとも》が征夷《せいい》大将軍となる③	・武士が政治を動かすようになる ・鎌倉に幕府が開かれて，武士による新しい政治が始まる

a　下線部①に瀬戸内地方で反乱がおこるとあるが，この反乱は，939年から瀬戸内地方を中心に朝廷の政治に不満をもったある人物によっておこされた。この反乱をおこした人物はだれか。次のア～エから一つ選んで，その記号を書け。

ア　藤原純友《すみとも》　　イ　平将門《まさかど》　　ウ　源義朝《よしとも》　　エ　北条泰時《やすとき》

b　下線部②に平清盛が太政大臣となるとあるが，平清盛は，現在の神戸市にあった港や瀬戸内海の航路などを整備して，ある国との貿易を積極的におこなった。この国は何と呼ばれるか。次のア～エから一つ選んで，その記号を書け。

ア　唐　　　　　イ　宋《そう》　　　　ウ　元　　　　エ　明《みん》

c　下線部③に源頼朝が征夷大将軍となるとあるが，源頼朝の死後，将軍が暗殺される事件がおこるなど，鎌倉幕府の政治は混乱した。この混乱の中で，後鳥羽《ごとば》上皇は1221年に幕府をたおすために兵をあげた。後鳥羽上皇が幕府をたおすために兵をあげたこのできごとは何と呼ばれるか。その呼び名を書け。

(3)　鎌倉時代から室町時代には，さまざまな産業が各地で発達し，商業活動が活発になった。このころ，商人や手工業者の中には，同業者の団体をつくり，貴族や寺社などの保護を受け，営業を独占する権利が認められる者もいた。この同業者の団体は何と呼ばれるか。その呼び名を書け。

(4)　次の㋐～㋒のできごとが，年代の古い順に左から右に並ぶように，記号㋐～㋒を用いて書け。

㋐　城のふすまや屏風《びょうぶ》に金銀を用いたはなやかな障壁画が，狩野《かのう》永徳によって描かれた

㋑　人々の素朴な生活のようすを描いた「徒然草《つれづれぐさ》」が，兼好法師（吉田兼好）によって書かれた

㋒　各地を旅したようすや俳諧をまとめた「おくのほそ道」が，松尾芭蕉《ばしょう》によって書かれた

(5)　江戸幕府は，おもに百姓からの年貢《ねんぐ》によって財政をまかなっていた。下の資料は，江戸幕府の８代から12代までのそれぞれの将軍の在職期間と将軍の就任年における幕領（幕府が直接支配する地域）の石高と幕領の年貢高をそれぞれ示したものである。あとの文は，この資料からわかることを述べようとしたものである。文中の二つの〔　〕内にあてはまる言葉を，㋐～㋒から一つ，㋓，㋔から一つ，それぞれ選んで，その記号を書け。

将軍	在職期間（年）	就任年における幕領の石高（万石）	就任年における幕領の年貢高（万石）
8代　徳川吉宗《よしむね》	1716～1745	409	139
9代　徳川家重《いえしげ》	1745～1760	463	177
10代　徳川家治《いえはる》	1760～1786	446	169
11代　徳川家斉《いえなり》	1787～1837	436	144
12代　徳川家慶《いえよし》	1837～1853	423	139

（「日本史総覧Ⅳ」により作成）

10代将軍徳川家治から12代将軍徳川家慶において，将軍の在職期間が最も長いのは，〔㋐徳川家治　㋑徳川家斉　㋒徳川家慶〕である。また，８代将軍徳川吉宗と９代将軍徳川家重のそれぞれの就任年における幕領の石高に占める年貢高の割合を比べると，就任年における幕領の石高に占める年貢高の割合が高いのは，〔㋓徳川吉宗　㋔徳川家重〕の就任年である。

(6)　江戸時代の年貢は，収穫高を基準に米などの現物で納めさせていた。明治新政府は当初，江戸時代の方法を受け継いでいたが，1873年から地租改正をおこない，課税の基準や納税の方法などを変更した。明治新政府は，どのような目的で地租改正をおこない，課税の基準と納税の方法をどのように変更したか。簡単に書け。

(7)　下の資料Ａ，Ｂを読んで，あとのａ，ｂの問いに答えよ。

Ａ　第１条　人は生まれながらに，自由で平等な権利をもつ。
　　第３条　主権の源は，もともと国民にある。

Ｂ　第１条　大日本帝国ハ万世一系ノ天皇之《これ》ヲ統治ス
　　第11条　天皇ハ陸海軍ヲ統帥ス
　　第20条　日本臣民ハ法律ノ定ムル所ニ従イ，兵役ノ義務ヲ有ス
　　第29条　日本臣民ハ法律ノ範囲内ニ於《おい》テ言論著作印行集会及《および》結社ノ自由ヲ有ス
　　第33条　帝国議会ハ貴族院衆議院ノ両院ヲ以《もつ》テ成立ス
　　第34条　貴族院ハ貴族院令ノ定ムル所ニ依《よ》リ皇族華族及勅任セラレタル議員ヲ以テ組織ス
　　第35条　衆議院ハ選挙法ノ定ムル所ニ依リ公選セラレタル議員ヲ以テ組織ス

ａ　資料Ａは，1789年にフランス革命が始まってまもなく，革命を支持する人々がつくった国

民議会によって発表されたある宣言の一部を要約したものである。この宣言は何と呼ばれるか。その呼び名を書け。

b　資料Bは，1889年に発布された大日本帝国憲法の一部である。次のア～エのうち，この憲法の内容について述べたものはどれか。一つ選んで，その記号を書け。

ア　天皇の地位は，主権者である国民の総意にもとづく

イ　議会は二院制がとられ，その議員はすべて国民の選挙によって選ばれる

ウ　国民の権利は，法律の範囲内において保障される

エ　国家として，国際紛争を解決する手段としての戦争を放棄し，戦力をもたない

(8)　下の略年表を見て，次のa～dの問いに答えよ。

年代	できごと	
1894	日清《にっしん》戦争が始まる ①	
1905	ポーツマス条約が結ばれる	↑
1911	辛亥《しんがい》革命がおこる ②	Ⓟ
1929	世界恐慌《きょうこう》がおこる	↓
1945	ポツダム宣言が受諾される	↑
1965	日韓基本条約が結ばれる	Ⓠ ↓

a　年表中の下線部①に日清戦争とあるが，上の図は，この戦争が始まる前の東アジアの国際関係を，フランス人のビゴーが風刺して描いたものであり，次の文は，中学生の花子さんと先生が，上の図を見て会話した内容の一部である。文中の［　］内にあてはまる言葉を，㋐，㋑から一つ選んで，その記号を書け。また，文中の X 内に共通してあてはまる国名を書け。

> 先生：釣り糸を垂れている二人の人物のうち，左側の人物はわが国を，右側の人物は清を表しています。魚はどこの国を表していると思いますか。
>
> 花子：朝鮮だと思います。わが国と清が互いに朝鮮を勢力下におこうと争っていたことが，日清戦争の背景にあったと授業で学んだからです。
>
> 先生：そうです。1894年に朝鮮で［㋐江華島《カンファド》《こうかとう》事件　㋑甲午農民戦争］がおこり，わが国と清が朝鮮に出兵したため，両国の軍隊が衝突し，日清戦争が始まりました。では，橋の上でようすを見ている人物は，どこの国を表していると思いますか。
>
> 花子： X だと思います。この国はわが国に対して，ヨーロッパの他の2か国とともに，下関条約で獲得した遼東《リャオトン》《りょうとう》半島を清に返還するよう勧告したあと，その一部を支配下におきましたよね。
>
> 先生：さらに X は，1900年に清で義和団事件がおこると，大軍を送って満州を占領しました。

b　年表中のPの時期に，わが国でおこったできごととしてあてはまらないものは，次のア～エのうちのどれか。一つ選んで，その記号を書け。

ア　護憲運動が盛り上がり，桂《かつら》太郎内閣が退陣に追いこまれた

イ　五・一五事件がおこり，犬養毅《いぬかいつよし》首相が暗殺された

ウ　差別からの解放をめざす運動が進められ，全国水平社が結成された

エ　労働運動が盛んになり，日本労働総同盟が結成された

c　年表中の下線部②に辛亥革命とあるが，中国でおこったこの革命では，民族の独立，民主政の実現，国民生活の安定をめざす三民主義をとなえてきたある人物が，1912年に臨時大総統となって中華民国の建国を宣言し，清が滅亡した。この人物はだれか。次のア～エから一つ選んで，その記号を書け。

ア　袁世凱《ユワンシーカイ》《えんせいがい》　イ　蒋介石《チャンチェシー》《しょうかいせき》　ウ　孫文《スンウェン》《そんぶん》　エ　溥儀《プーイー》《ふぎ》

d　年表中のⓆの時期におこった次の㋐～㋒のできごとが，年代の古い順に左から右に並ぶように，記号㋐～㋒を用いて書け。

㋐　わが国と48か国の間で，サンフランシスコ平和条約が結ばれた

㋑　日ソ共同宣言が調印された結果，わが国の国際連合への加盟が実現した

㋒　朝鮮民主主義人民共和国が統一をめざして大韓民国に侵攻し，朝鮮戦争が始まった

(9)　1968年にわが国の国民総生産（GNP）は，資本主義国のなかでアメリカにつぐ第２位になった。その背景となった，1950年代半ばからその後20年近くにわたるわが国の急速な経済成長は何と呼ばれるか。その呼び名を書け。

問題３　次の(1)～(5)の問いに答えなさい。

(1)　下の略地図は，シンガポールからの距離と方位が正しくあらわされているものである。この略地図を見て，あとのａ～ｄの問いに答えよ。

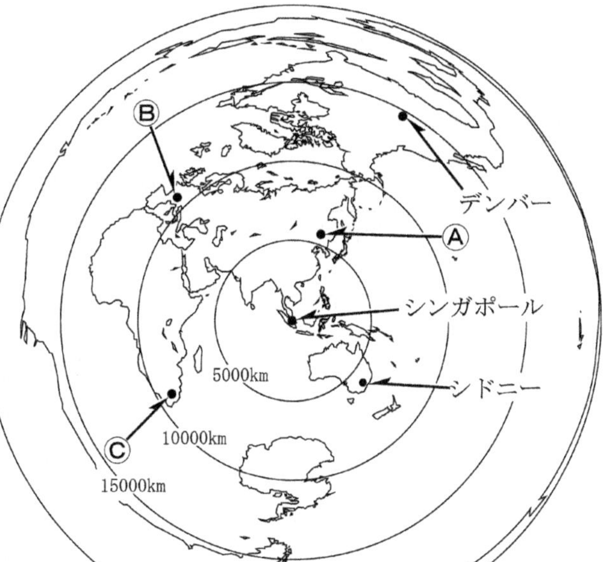

ａ　略地図中に示したシンガポールとアフリカ大陸との間に広がる海洋は，三大洋の一つである。この海洋は何と呼ばれるか。その呼び名を書け。

b 略地図中のシドニーは，シンガポールから見たとき，どの方位にあるか。その方位を8方位で書け。

c 略地図中にⒶ～Ⓒで示した都市が，シンガポールからの距離の近い順に左から右に並ぶように，記号Ⓐ～Ⓒを用いて書け。

d 略地図中のデンバーは，西経105度の経線を標準時子午線としている。東京が12月10日午前9時であるとき，デンバーの日時は12月何日の何時であるか。その日時を午前，午後の区別をつけて書け。

(2) 下の略地図は，ある宗教の主な分布を ■ で示したものである。この宗教は何か。次の㋐～㋓から，最も適当なものを一つ選んで，その記号を書け。

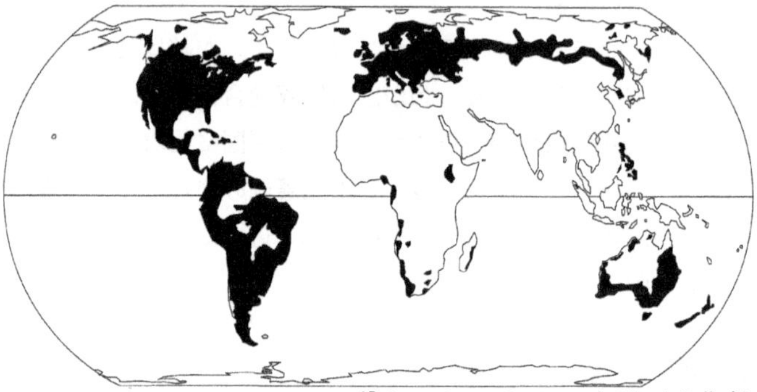

(「Alexander Atlas2002」などにより作成)

㋐ 仏教　㋑ イスラム教　㋒ キリスト教　㋓ ヒンドゥー教

(3) 下の資料Ⅰは，百貨店，大型スーパーマーケット，コンビニエンスストアの店舗数の推移を示したものである。下の資料Ⅱは，百貨店，大型スーパーマーケット，コンビニエンスストアの販売総額の推移を示したものである。これらの資料からわかることを述べたあとのア～エのうち，誤っているものはどれか。一つ選んで，その記号を書け。

資料Ⅰ　店舗数の推移(店)

	2000年	2005年	2010年	2015年
百貨店	417	345	274	246
大型スーパーマーケット	3375	3940	4683	4818
コンビニエンスストア	35461	39600	42347	54505

資料Ⅱ　販売総額の推移

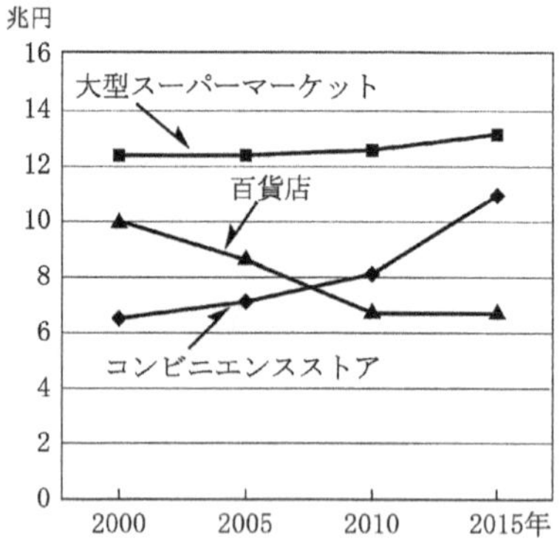

(経済産業省資料により作成)

ア 2000年と2015年の百貨店，大型スーパーマーケット，コンビニエンスストアの店舗数を比べると，店舗数が減少しているのは百貨店である

イ 百貨店，大型スーパーマーケット，コンビニエンスストアのうち，2010年から2015年にか

けて，販売総額が最も増加したのは，コンビニエンスストアである

ウ　2000年と2015年の百貨店における１店舗あたりの販売額を比べると，百貨店の１店舗あたりの販売額が少ないのは，2015年である

エ　2015年における，大型スーパーマーケットとコンビニエンスストアの１店舗あたりの販売額を比べると，大型スーパーマーケットはコンビニエンスストアの10倍以上である

(4)　下の地形図は，旅行で愛知県を訪れた中学生のひろきさんが，豊橋《とよはし》市で地域調査をおこなった際に使用した，国土地理院発行の２万５千分の１の地形図（豊橋）の一部である。これに関して，あとのａ～ｅの問いに答えよ。　（※編集上の都合により，85％に縮小してあります。）

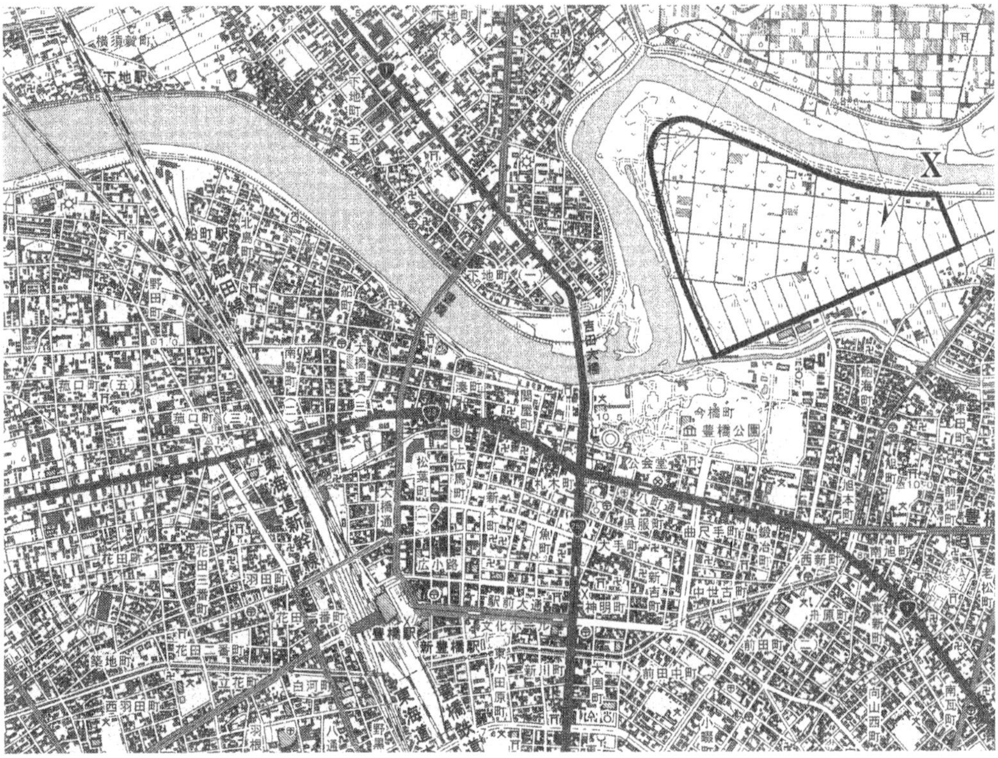

（国土地理院発行２万５千分の１地形図により作成）

ａ　地形図中の「船町駅」と，市役所を結んだ直線距離を，この地形図上で約7.0㎝とするとき，この間の実際の距離は約何ｍか。その数字を書け。

ｂ　地形図中にＸで示した地域には，さまざまな土地利用がみられる。次のア～エのうち，地形図中にＸで示した地域にみられないものはどれか。一つ選んで，その記号を書け。

ア　田

イ　畑

ウ　果樹園

エ　茶畑

ｃ　次のページの写真は，豊橋市を流れる河川の河口部を上空から写したものの一部である。この河口部では，河川が運んできた土砂が，河口付近にたまってできた地形がみられる。このような地形は何と呼ばれるか。その呼び名を書け。

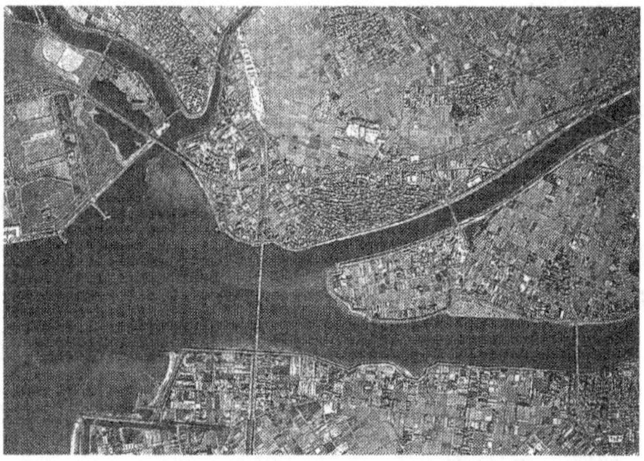

「国土地理院撮影の空中写真（2006年撮影）」

d　ひろきさんは，豊橋市の人口について興味をもち，豊橋市の人口の変化についての資料を集めた。下の資料Ⅰは，豊橋市の1980年，2010年，2040年（推計）のそれぞれの人口ピラミッドを示したものである。また，資料Ⅱは，豊橋市の1980年から2040年における，総人口，年少人口（14歳以下），生産年齢人口（15歳以上64歳以下），老年人口（65歳以上）の推移をそれぞれ示したものである。資料Ⅱ中の㋐～㋓のうち，生産年齢人口の推移を示したものはどれか。一つ選んで，その記号を書け。

資料Ⅰ

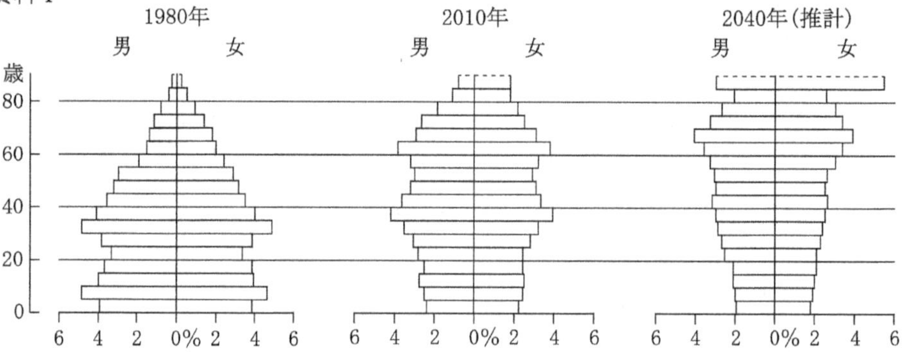

（総務省資料により作成）

資料Ⅱ

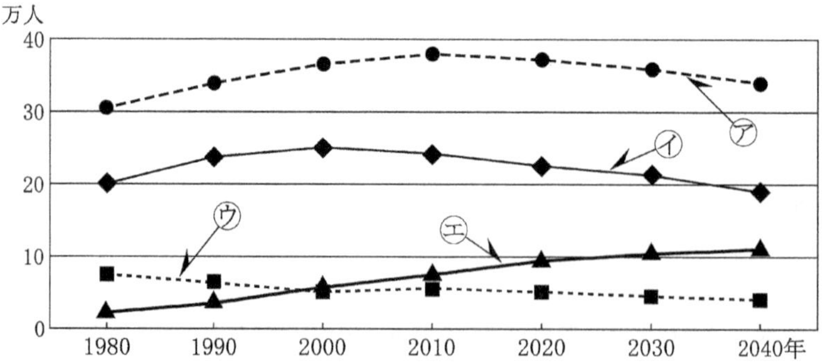

（注）　2020～2040年は推計

（総務省資料により作成）

e　下の表は，2015年の中部地方の各県における製造品出荷額等の総計と，そのうちの電子部品・デバイス・電子回路の出荷額を示したものである。また，下の略地図は，表をもとに各県の製造品出荷額等の総計に占める電子部品・デバイス・電子回路の出荷額の割合について，作図しようとしたものである。下の略地図中にA，Bで示した県について，凡例《はんれい》に従って作図をおこない，解答欄の図の中に書け。

県　名	製造品出荷額等の総計（十億円）	電子部品・デバイス・電子回路の出荷額（十億円）
新　潟	4824	306
富　山	3839	333
石　川	2842	405
福　井	2067	338
山　梨	2465	205
長　野	5931	775
岐　阜	5439	166
静　岡	16480	267
愛　知	46250	282

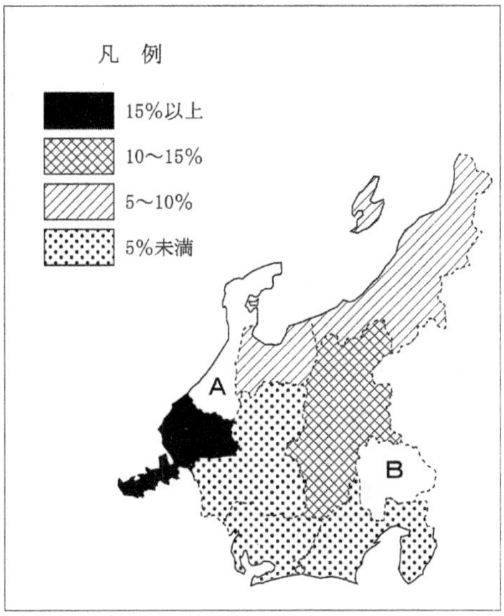

(注)　従業者3人以下の事業所を除く
デバイスは，電子回路を構成する基本的な装置
（「日本国勢図会 2018/19」により作成）

⑸　中学生のあおいさんは，オリーブについて調べた。下の資料Ⅰは，2014年のオリーブの生産量とその生産国別割合を示したものである。また，資料Ⅱは，2014年のわが国におけるオリーブの収穫量とその都道府県別割合を示したものである。これに関して，次のページのａ～ｃの問いに答えよ。

資料Ⅰ　2014年のオリーブの生産量とその生産国別割合

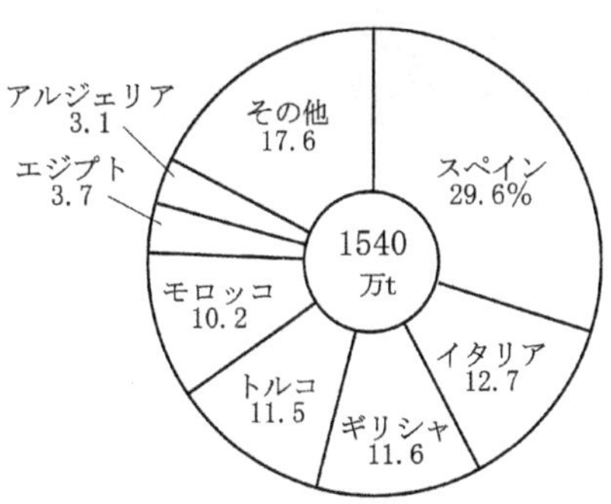

（「データブック オブ・ザ・ワールド2018」により作成）

資料Ⅱ　2014年のわが国におけるオリーブの収穫量とその都道府県別割合

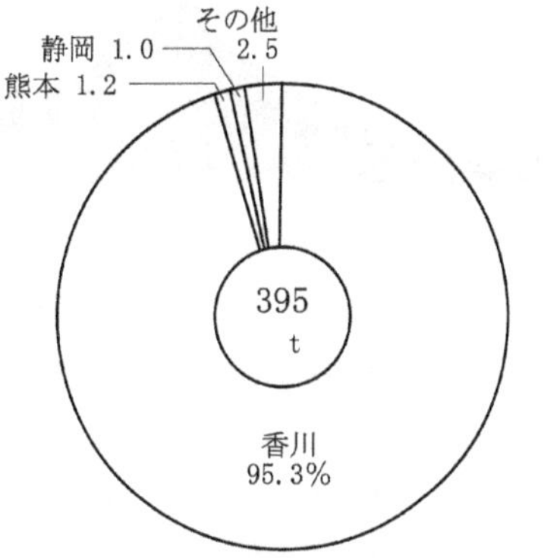

（農林水産省資料により作成）

a　右の略地図中に ▒ で示した地域は，2014年におけるオリーブの生産量上位５か国に共通してみられる，ある気候帯の分布を示したものである。また，略地図中のラバトの気候は，その気候帯の地中海性気候に区分されている。略地図中に示したこの気候帯は，何と呼ばれるか。また，右のA，Bのグラフのうち，ラバトの月平均気温と月降水量を表したものはどちらか。その呼び名とグラフの組み合わせとして正しいものを，次の表中のア～エから一つ選んで，その記号を書け。

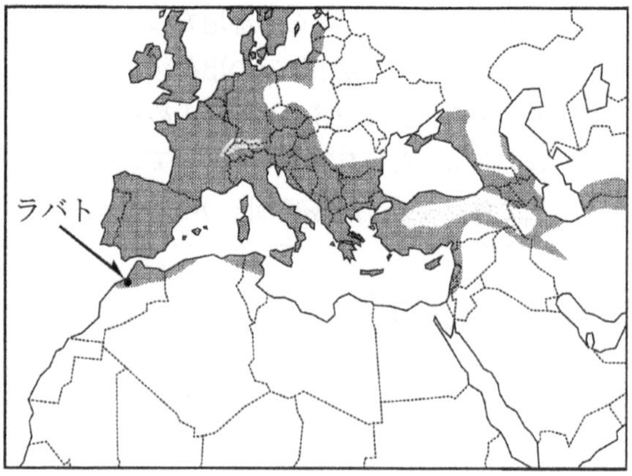

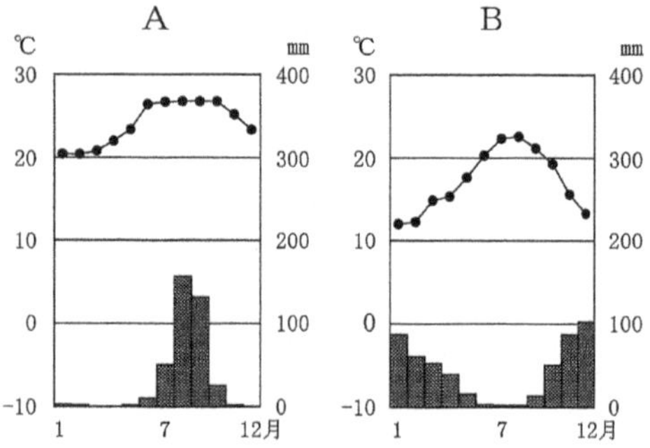

（気象庁資料により作成）

	呼び名	グラフ
ア	温　帯	A
イ	温　帯	B
ウ	乾燥帯	A
エ	乾燥帯	B

b　オリーブの栽培が盛んである香川県では，日照時間が長く，降水量が少ない。下の図は，瀬戸内地方周辺の断面を模式的に示したものである。香川県などの瀬戸内海に面した地域で年間を通じて降水量が少ないのはなぜか。**山地**　という言葉を用いて，簡単に書け。

c　あおいさんは，香川県で，オリーブの葉が魚介類のえさの一部として利用されていることを知り，わが国の水産業の特徴について興味をもち，調べた。次の文は，あおいさんが，わが国の水産業の特徴についてまとめようとしたものの一部である。文中の □ 内にあてはまる最も適当な言葉を書け。

近年では，とる漁業から育てる漁業への転換がすすめられている。とくに，海や池などでいけすやいかだを使って，卵や稚魚などを出荷できる大きさになるまで育てる漁業は □ と呼ばれる。

社会解答用紙

受検番号

問題1

(1)	a		
	b		政権
	c		
	d		
(2)			
(3)			
(4)			
(5)	a	資料	○
		理由	
	b		○ と ○ と ○
	c		○ と ○
	d		
(6)			
(7)			法

問題2

(1)	a	
	b	○
	c	
(2)	a	
	b	
	c	
(3)		
(4)		○ → ○ → ○
(5)		○ と ○
(6)		明治新政府は， ことを目的として地租改正をおこない， を基準に　　　　　　で納めさせる方法に変更した。
(7)	a	
	b	
(8)	a	記号 ○　国名
	b	
	c	
	d	○ → ○ → ○
(9)		

問題3

(1)	a	
	b	
	c	○ → ○ → ○
	d	12月　　日　　時
(2)		○
(3)		
(4)	a	約　　m
	b	
	c	
	d	○
	e	
(5)	a	
	b	
	c	

※この解答用紙は154％に拡大していただきますと，実物大になります。

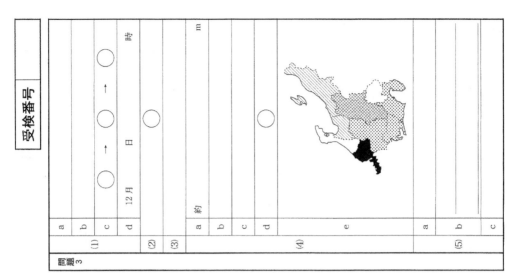

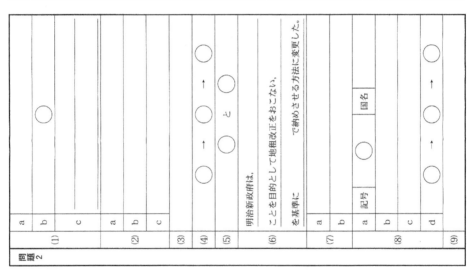

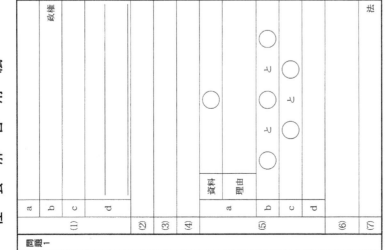

国語解答用紙（その二）

問題四

(150)

(250)

1行25字

受検番号

国語解答用紙（その一）

受検番号

問題一

(一) a 飾　って　b 器　用　c 景　色　d 談　笑

(二)

(三) ア　イ

(四)

(五)

(六) 健吾は、店々から様々なものをもらい喜んでいたが、
ように思ったから

(七)

(八)

問題二

(一)

(二)

(三)

(四) 初め　終わり

(五)

問題三

(一) a ヤマイ　b ホジョ　c イチ　d ムズカしい

(二) ア　イ

(三)

(四)

(五) 一つの問題をいくつもの異なる視点から見ることで
人

(六)

(七)

(八) 第　段落

(九)

問題四

別紙の国語解答用紙(その二)に書きなさい。

※この解答用紙は154%に拡大していただきますと、実物大になります。

2　社会が本当に必要とすることがらを、大きな枠組みから一つに絞り込みその実現に尽力していくということ

3　社会で需要の高いことがらが、自分にとっても価値があるのかをまずは大局的な視点から考えるということ

4　社会のニーズに対して、その実現の可能性がどれだけあるのかを長期的な観点から検討しなおすということ

(七)　本文中の□内にあてはまる言葉は何か。次の1～4から最も適当なものを一つ選んで、その番号を書け。

1　柔軟に　2　実直に　3　性急に　4　悠長に

(八)　次の〔　〕内の文は、本文中のいずれかの段落の最後に続く文である。それはどの段落か。最も適当な段落の番号を書け。

〔さらにそれを新製品として実現するためには、さらに別のプロ、たとえば消費者とじかにつながっている営業のプロ、広報のプロ、そしてもちろんコスト計算をしてくれる会計のプロとも組まねばならない。〕

(九)　本文を通して筆者が特に述べようとしていることは何か。次の1～4から最も適当なものを一つ選んで、その番号を書け。

1　一人では解決できない問題が溢れる社会の中で、専門性ではなく「教養」と大きな視野によって、いかなる問いにも解決策を見いだすことができる

2　複雑な問題に他の専門家と共に取り組むために、自らの専門性や「教養」へのこだわりを捨てて、答えが出ない状況でも考え抜く姿勢が必要である

3　一つの問題を大きな視野で捉えるためには、他者と競い合い自らの専門性に磨きをかけて、安易に答えを求めずに自分で思考する態度が重要である

4　容易には解決できない様々な問題に対して、他者と協同しつつ大きな視野で社会を捉え、答えが見いだせない中でも考え続ける力が求められている

問題四　あなたのクラスでは、校内で行われる合唱コンクールを盛り上げるために、クラスのスローガン（標語）を考えることになりました。その結果、次のA、Bの二つのスローガンが提案され、この中から一つを採用することになりました。あなたなら、どちらを合唱コンクールのスローガンとして選びますか。AとBの違いと、どちらのスローガンを採用するのがよいかについて、あなたの意見を、あとの**条件1～条件3**と**〔注意〕**に従って、解答用紙（その二）に書きなさい。

A　**「めざせ、金賞！　最高のハーモニーで」**

B　**「響け！　私たちの歌声、絆《きずな》とともに」**

条件1　二段落構成で書くこと。

条件2　第一段落にはAとBの違いについて書き、第二段落にはどちらのスローガンを採用するのがよいかについてのあなたの意見を、その理由がよくわかるように、身近な生活における体験や具体例を示しながら書くこと。

条件3　原稿用紙の正しい使い方に従って、二百五十字程度で書くこと。ただし、百五十字（六行）以上書くこと。

〔注意〕

一　部分的な書き直しや書き加えなどをするときは、必ずしも「ますめ」にとらわれなくてよい。

二　**題名や氏名は書かないで**、本文から書き始めること。また、本文の中にも氏名や在学（出身）校名は書かないこと。

つけたがる。わかりやすい答え、明確な答えを［　］求める。しかし、学術の問題でも政治・経済の問題でも、あるいは身の回りの人づきあいの問題でも、じぶんの生き方の問題でも、重要な問題ほど答えはすぐに出てこない。そういう問題には、二つの対立する答えがともに成り立つことがあるし、答えがない場合もあるし、また問題じたいが脈絡によって別様にも立てられることがある。さらに答えを求めているうちに、その前提となる事態が刻々様変わりしているといったケースもある。

8　そのようななかでもっとも重要なことは、わかることよりもわからないことを知ること、わからないけれどこれは大事ということを知ること、そしてわからないものにわからないままに的確に対処できるということである。複雑性がますます堆積（積み重なること）するなかで、この無呼吸の潜水のような過程をどれほど先まで行けるかという、思考の耐性こそがいま求められている。それこそ逆説的な物言いではあるが、人が学ぶのは、わからないという事態に耐え抜くことのできるような知性の体力、知性の耐性を身につけるためでないのかと言いたいくらいである。そういう知性の耐性を高めるジムナスティックス（知的鍛錬）こそが、いま「教養教育」には強く求められているようにおもう。

（鷲田清一の文章による。一部省略等がある。）

(一)　a～dの══のついているかたかなの部分にあたる漢字を楷書で書け。

(二)　①に　現代社会が抱え込んだ諸問題　とあるが、これらはどのようなやり方では解決できないものであり、どのようなことをわたしたちに要求するものだと筆者はいっているのか。それを説明しようとした次の文のア、イの［　］内にあてはまる最も適当な言葉を、第1段落の中からそのまま抜き出して、それぞれ十字以内で書け。

特定の専門家、政治・経済レベル、特定の地域や国家に限定しての対処が不可能な現代社会が抱え込んだ諸問題は、［ア］では解決できないものであり、社会の様々な物事に対するわたしたちの従来の考え方じたいを［イ］ことを要求するものである

(三)　②に　「専門を究めた」個々のプロフェッショナルは、他のプロ、あるいは他のノン・プロと協同しなければ、何一つ専門家としての仕事をなしえない　とあるが、ほんとうのプロフェッショナルは、どのようなことができる人だと筆者はいっているのか。それを説明しようとした次の文の［　］内にあてはまる言葉を、本文中の言葉を用いて五十字以内で書け。

ほんとうのプロフェッショナルは、他のプロと協力して一緒に作業ができ、［　］ことができる人

(四)　③の　に　は、次の1～4のうちの、どの　に　と同じ使われ方をしているか。同じ使われ方をしているものを一つ選んで、その番号を書け。

1　道をきれいに掃除する　　2　会議は夜までに終わる
3　さらに一年が経過する　　4　道ばたに花が毎年咲く

(五)　④に　「教養人」でなければいけない　とあるが、教養人とはどのような人だと筆者はいっているのか。「一つの問題をいくつもの異なる視点から見ることで」という書き出しに続けて、**客観的**　**感知**　の二語を用いて五十字以内で書け。

(六)　⑤に　同時代の社会の全体を遠近法的に見る　とあるが、これはどういうことか。次の1～4から最も適当なものを一つ選んで、その番号を書け。

1　社会に存在することがらについて、その必要性や重要度をひとまずより大きな視野で捉えていくということ

がらではないし、また特定の地域や国家に限定して処理しうる問題でもない。これらの問題は小手先の制度改革で解決できるものではなく、環境、生命、aヤマイ、老い、食についてのわたしたちのこれまでの考え方そのものを、その根もとから洗いなおすことを迫るものである。

2　これらの問題への取り組みにおいて、②「専門を究めた」個々のプロフェッショナルは、他のプロ、あるいは他のノン・プロと協同しなければ、何一つ専門家としての仕事をなしえない。たとえば情報端末の微細な回路設計を専門とする技術者がいるとする。その彼／彼女は、超微細な回路を実現するためには、それを可能にするような材料の専門家と組まねばならない。どんな機能をどんなふうに載せるかについて、システム設計の専門家とも組まねばならない。

3　ここで注意を要するのは、これら協同するプロたちにとって、組む相手はいずれも、じぶんの専門領域からすればアマチュアだということだ。とすれば、ほんとうのプロというのは他のプロとうまく共同作業ができる人のことであり、彼／彼女らにじぶんがやろうとしていることの大事さを、そしておもしろさを、きちんと伝えられる人であり、そのために他のプロの発言にもきちんと耳を傾けることのできる人だということになる。一つのことしかできないというのは、プロフェッショナルではなく、スペシャリストであるにすぎないのである。

4　このことが意味しているのは、ある分野の専門研究者が真のプロフェッショナルでありうるためには、つね③に同時に④「教養人」でなければいけないということである。「教養」とは、一つの問題に対して必要ないくつもの思考のbホジョ線を立てることができるということである。いいかえると問題を複眼で見ること、いくつもの異なる視点から問題を照射することができるということである。このことによって一つの知性はより客観的なものになる。そのためには常日頃から、じぶんの関心とはさしあたって接点のない思考や表現にふれるよう、心懸けていなければならない。じぶんの専門外のことがらに対していつも感度のいいアンテナを張っていること、そう、専門外のことがらに対して狩猟民族がもっているような感度の高いアンテナを、いつもじぶんのまわりに張りめぐらせていなければならない。要するに、狩猟民族が数キロメートル離れた地点での自然環境の微細な変化に的確に感応するのとおなじような仕方で、同時代の社会の、微細だけれども根底的な変化を感知するセンスをもつということである。

5　そういう視点から、わたしはいわゆる教養教育は、高年次になればなるほど不可欠のものになると考えている。専門研究者には、いま右で述べたような意味で、じぶんの専門とは異なるディシプリン（学問分野）に問題を翻訳できる能力が必要となるからである。

6　複眼をもつこととしての「教養」は、⑤同時代の社会の全体を遠近法的に見るということである。これはじぶんが立っているcイチを、より大きなパースペクティヴ（視野）のなかで見定めるということである。遠近法とはこのばあい、知の使用をめぐる「価値の遠近法」（猪木武徳）にかかわる。つまり、人が絶対に見失ってならないものと、あってもいいけどなくてもいいものと、端的になくていいもの、絶対にあってはならぬものとの区別を、さしあたり大括《おおぐく》りに摑《つか》むことができるということである。それは社会のニーズに従うことではなく、ニーズに対して、それはほんとうに応えるべきニーズなのかと問うことである。

7　わたしたちは社会のdムズカしい問題に直面するとすぐに白黒を

答へていふ。「印はその押し所定まれるものにあらず。その絵が出来終はれば、ここに押してくれよと絵の方から待つものなり」といへり。ある人これを聞きて、よろづの道是《これ》におなじ、たとへば座敷座敷もその客の居やうによりて上中下の居《を》り所が出来、また人のあいさつもその時時のもやうにあり。臨機応変とも、時のよろしきにしたがふともいへるごとく、一定の相はなきもの。しかしその時のもやうの見わからぬ人にはこの段さとしがたし。よくわかる人はよくその場をしるなれば、(注5)琴柱《ことぢ》ににかはせずといへり。

(注1)　鶴亭隠士＝江戸時代の画家。
(注2)　たしみ＝好んで心をうちこみ。
(注3)　物語のついでに＝話をした機会に。
(注4)　印＝書・絵画などに押して作品が自分の作であることを表すための判。
(注5)　琴柱ににかはせず＝琴の胴の上に立てて弦を支える琴柱は、音を調整するためににかわで固定しないことから、ここでは融通がきくことのたとえ。

(一)　①に心のうつり行くにまかせとあるが、これはどういう意味か。次の1～4から最も適当なものを一つ選んで、その番号を書け。
1　心が変化していくことにそのまましたがって
2　心がひかれた場所に気のむくまま行ってみて
3　心の中に残ったものを忘れないよう記録して
4　心の動きや迷いを悟られないよう包み隠して

(二)　②のあはれには、現代かなづかいでは、どう書くか。ひらがなを用いて書きなおせ。

(三)　③に印の押し所とあるが、鶴亭は印の押し所についてどのように言っているか。それを説明しようとした次の文の□内にあてはまる言葉を、五字程度で書け。

印の押し所というものは□ものではなく、完成した絵が待つ所に押すものである

(四)　本文中には、「　」で示した会話の部分以外に、もう一箇所会話の部分がある。その会話の言葉はどこからどこまでか。初めと終わりの三字をそれぞれ抜き出して書け。

(五)　本文中で述べられている内容として最も適当なものを、次の1～4から一つ選んで、その番号を書け。
1　あらゆる物事に精通する人は、それぞれの場にふさわしい適切な基準を用いることで、状況により融通をきかせ自分の考えを変えられるものである
2　あらゆる物事に融通をきかせず従来の規則を尊重する人は、主観的な感情に流されることがないため、場を客観的に眺めることができるものである
3　あらゆる物事は昔の習慣から生み出されるので、たとえ場を理解していたとしても、融通をきかせずに先例にしたがうことでうまくいくものである
4　あらゆる物事はその時々の状況や事情によって変化していくので、場の様子を理解する人は、その場に応じて融通をきかせ対処していくものである

問題三　次の文章を読んで、あとの(一)～(九)の問いに答えなさい。なお、[1]～[8]は段落につけた番号です。

[1]　現実の社会では、特定の専門家だけではとても解決できないような問題が溢《あふ》れかえっている。環境危機、生命操作、医療過誤、介護問題、食品の安全などなど。これら①現代社会が抱え込んだ諸問題は、もはやかつてのように政治・経済レベルだけで対応できること

健吾は、［ア］に見えるほど精巧に作られた真鍮製の玉電の模型を見て強い衝撃を受けたうえに、思いもよらずもらうことができたその模型を手にした時に伝わった［イ］に、真鍮ならではの良さとその貴重さを感じ取ったから

(四)　③に　店にもどっていくおじいさん　とあるが、このときのおじいさんの気持ちはどのようなものだと考えられるか。次の1～4から最も適当なものを一つ選んで、その番号を書け。

1　中学生とのやりとりを通し、オヤジをなつかしく思い出すとともに、オヤジの鉄道模型がジオラマの中で生かされることをうれしく感じている

2　鉄道模型を欲しがる中学生に気前よく応じながら、大切なオヤジの作品を手放すつらさをくみ取ってもらえず、内心ではいらだちを覚えている

3　オヤジの形見として大切に保管してあった鉄道模型だが、自分に代わって大切にしてもらえそうな人に譲りわたすことができて、安心している

4　中学生にオヤジの話をすることで、鉄道模型のモデルであるジャリ電が走っていた昔に思いを巡らせ、オヤジの生きた時代に憧れを抱いている

(五)　本文中には、小さくても昔から営まれ続けている店の様子が、擬人的に表されている一文がある。その一文として最も適当なものを見つけて、初めの五字を抜き出して書け。

(六)　④に　急に自転車が重たく感じられた　とあるが、このとき健吾は、どのようなことを知って、自分たちがどのようなことをしたように思ったから、急に自転車が重たく感じられたと考えられるか。「健吾は、店々から様々なものをもらい喜んでいたが、」という書き出しに続けて、本文中の言葉を用いて五十五字程度で書け。

(七)　本文中の［　］内にあてはまる言葉は何か。次の1～4から最も適当なものを一つ選んで、その番号を書け。

1　流行と同じリズムで　　2　流行に染められた
3　流行を受信しながら　　4　流行とは無関係の

(八)　本文中の健吾の気持ちを述べたものとして最も適当なものはどれか。本文全体の内容をふまえて、次の1～4から一つ選んで、その番号を書け。

1　最初はジオラマ制作に消極的だったが、取りこわされる店の人々のやさしさに触れ、立派なジオラマを完成させようという使命感を持ち始めている

2　ジオラマ制作に向けて材料集めに回るなかで、店々が取りこわされる現実にやりきれなさを覚え、消えゆく町並みや人々の生活に思いをはせている

3　輝華とジオラマ制作に取り組んだことで、町の伝統を大切にしたいという人々の思いに気づき、昔からの町並みを共に守っていこうと決意している

4　ジオラマの材料集めに奔走していたが、昔から住む人々の生活が失われてしまう現実を知ることで、ジオラマ制作を続けることに疑問を感じている

問題二　次の文章を読んで、あとの(一)～(五)の問いに答えなさい。

長崎の(注1)鶴亭隠士《かくていいんし》は少年より画を(注2)たしみ、墨画の花鳥などことによく得られたるよし。元より人目驚かさんとにもあらず、みづから①心のうつり行くにまかせ、②あはれにやさしくうつせり。ある時友人来《きた》りて(注3)物語のついでに③(注4)印の押し所を問ひしに、

③店にもどっていくおじいさんに、健吾は深々と頭を下げた。自動ドアが閉まるなり、ガッツポーズした。
「よしっ、これで電車はオーケーだ。ジオラマに電車があるのとないのとじゃ、見栄《みば》えがぜんぜん違うからな。磯野、ありがとう」
健吾は自転車の前カゴに鉄道模型をのせると、ハンドルを押してゆっくりと歩きだした。
「にしても、ここの人たちって気前がいいよな。なんでもくれて」
「だってもうじきなくなりますからね」
「えっ？」
「このへん全部、渋谷駅の再開発で取りこわされて大きなビルになるんす」
「じゃあ、ショーコさんのお店も？」
「はい。喫茶店も、お米屋さんも、さっきのおじいさんのお店も全部です。ショーコさんとこは、今年いっぱいでお店を閉めるんす」
「…………」
④急に自転車が重たく感じられた。健吾は前カゴのジャリ電を見つめて言った。
「なんかまずくないか。こんなにいろんなもの、もらっちゃって。オレたち、火事場泥棒みたいじゃないか。どさくさにまぎれて横からかすめとったみたいだよ」
「そうかなあ。あたしはそう思いませんけど」
「でも……」
「だってこの c景色がなくなっても、みんなの店にあったものがジオラマの中で生きるじゃないっすか。沙帆ちゃんのおばあちゃんの家だってよみがえるし、いいことずくめっすよ」
「磯野のうちの店も取りこわされるのか？」
「いえ、うちはギリギリセーフっす。でも再開発に合わせて居酒屋はやめるんすよ。『居酒屋波平』が『ベルギービール専門店・ウェーブフラット』っすよ。中身が変わっても、ベタベタのネーミングセンスは変わらないんすよねえ」
輝華が笑った。健吾も笑ったが、うまく笑えなかった。
ふたりは並んで繁華街を歩いた。いずれなくなる道を、靴底に記憶するようにゆっくりと。
さくら通りの坂の途中で立ちどまった。ふりかえって町並《まちな》みをながめる。
大通りによって駅前のにぎわいから切りはなされた一角にある、なかむら生花店。流行の発信地の渋谷にあって、□時間をきざんでいくその店で、ショーコさんが年配のお客さんと d談笑しているのが見えた。
その先に、東急東横線の跡地がある。消えてなくなれ、と思ったときは、ここで生活している人のことなんて考えもしなかった。その人たちの生活が、駅とともに消えてしまうなんて思いもよらなかった。
健吾はサドルをぎゅっとにぎりしめた。

（長江優子の文章による。一部省略等がある。）

㈠ a〜dの＝＝のついている漢字のよみがなを書け。

㈡ ①の たのめ の活用形を、次の1〜4から一つ選んで、その番号を書け。

1 未然形　2 連用形　3 仮定形　4 命令形

㈢ ②に 全身がしびれた とあるが、健吾はどうしてこのようになったと考えられるか。それを説明しようとした次の文のア、イの□内にあてはまる最も適当な言葉を、本文中からそのまま抜き出して、それぞれ十字以内で書け。

＜国語＞

時間　五〇分　満点　五〇点

問題一　次の文章は、中学三年生の健吾《けんご》が、失恋した苦い思い出のある東急電鉄東横線渋谷《しぶや》駅のプラットホームが再開発によって消えてなくなりせいせいしていたところ、地理歴史部の活動で、部員の磯《いそ》野《の》輝華《てるか》や沙帆《さほ》らと百年前の渋谷のジオラマ（風景の立体模型）を制作することになり、輝華と一緒にショーコさんが働くなかむら生花店へ材料をもらいに行った場面に続くものである。これを読んで、あとの㈠～㈧の問いに答えなさい。

輝華は自転車を押しながら、「米の籾殻《もみがら》をくれたのは、このお米屋さん。緑茶の出がらしをくれたのは、この甘味処《かんみどころ》。ちなみにコルクは、あたしんちの店」と教えてくれた。なかむら生花店もそうだったが、米屋も甘味処も言われなければ気づかないような、昔ながらの古くてこぢんまりした店だった。

「昔の鉄道模型はどこでもらえるんだよ。このへんにジオラマショップがあるなんて聞いたことないぜ」

「あそこっす」

輝華が歩道の先を指した。そこもまた、古くて小さな店だった。両どなりのビルに押しつぶされそうになりながらも、すっくと立っている。赤い看板には「中華飯店さくら」とあった。

「はあっ？　中華料理屋に鉄道模型!?」

「ほら、あそこにあるじゃないっすか」

「えっ、どこに？」

「あそこっすよ」

「うわっ！」

健吾は店の前に走っていった。自動ドアの真横のショーケースに、ほこりをかぶったラーメンやギョウザのサンプルと並んで、チョコレート色の鉄道模型がa飾ってあった。砂利をつんだ貨車が二両、連結している。

「これ、玉電《たまでん》（かつて渋谷駅と玉川駅を結んでいた玉川電気鉄道）だ！　貨物に砂利を乗せてるから、玉川電気鉄道の車両だよ！　しかもこれ、プラ板（プラスチックの板）でも紙でもなく真鍮《しんちゅう》（銅と亜鉛との合金）製だ！　うわあ、マジすげえ！　昔の写真とそっくりだ！」

健吾はあまりの衝撃に肩をひくつかせて笑った。輝華があぜんとしているのに気づいて、あわてて口元を引きしめた。

「これ、本当にもらえるのか。っていうか、もらっていいのかな」

「いいんじゃないっすか。①たのめばもらえると思いますよ」

ありえない、と思ったけど、輝華がお店の人に事情を話したら、すんなりもらえた。真鍮製の鉄道模型を受けとった瞬間、てのひらにずっしりした重みを感じて②全身がしびれた。

白いアンダーシャツに白い前掛けをしたおじいさんは、「この電車はあたしのオヤジが作ったのよ」と腰に手をあてて言った。

「オヤジは手先がb器用でねえ。生きていれば百六歳だから、これはオヤジが子どものころに見たジャリ電なんじゃないかしら」

「ジャリ電？」

「昔、玉電はジャリ電と呼ばれていたそうだよ。あたしも昔のことはよく知らないけど」

「へえ」

「で、あなたたちが作る百年前の渋谷のジオラマにこのジャリ電を？いやはやいやはや……。きっとオヤジも喜ぶよ」

2019年度

解 答 と 解 説

《2019年度の配点は解答用紙集に掲載してあります。》

＜数学解答＞

問題1 (1) 7　(2) $-\frac{3}{2}$　(3) $-6a^3b$　(4) $3-4\sqrt{3}$　(5) $2(x-5)^2$

(6) $x=-3$, $x=2$　(7) $a=10b+5$

問題2 (1) 20度　(2) ア ㋐　イ $2\sqrt{7}\,\mathrm{cm}^3$　(3) $\frac{48}{5}$cm

問題3 (1) ㋑と㋓　(2) $\frac{9}{20}$　(3) P 0.15　Q 0.2　記号 ㋑

(4) ア $0\leqq y\leqq 9$　イ aの値 $1+\sqrt{2}$(求める過程は解説参照)

問題4 (1) ア $20\mathrm{cm}^2$　イ $n=10$　(2) ア 2個　イ $x=21y-21$

ウ xの値 63　yの値 4(求める過程は解説参照)

問題5 (1) 解説参照　(2) 解説参照

＜数学解説＞

問題1 (小問群ー数と式の計算，根号を含む計算，因数分解，2次方程式，文字式の利用)

(1) $4-3\times(-1)=4+3=7$

(2) $\left(\frac{3}{4}-2\right)\div\frac{5}{6}=\left(\frac{3}{4}-\frac{8}{4}\right)\times\frac{6}{5}=-\frac{5}{4}\times\frac{6}{5}=-\frac{3}{2}$

(3) $3a^2b\times4ab\div(-2b)=12a^3b^2\times\left(-\frac{1}{2b}\right)=-6a^3b$

(4) $\sqrt{12}+\sqrt{3}(\sqrt{3}-6)=2\sqrt{3}+3-6\sqrt{3}=3-4\sqrt{3}$

(5) **まず，共通因数でくくる。**$2x^2-20x+50=2(x^2-10x+25)=2(x-5)^2$

(6) $(x-3)(x+4)=-6$　$x^2+x-12=-6$　$x^2+x-6=0$　$(x-2)(x+3)=0$　$x=2,\ -3$

(7) 10人の生徒がb個ずつと余っている5個を足すと，a個になるので，$a=10b+5$

問題2 (図形の小問群ー円の性質の利用と角度の求値，空間図形における垂直関係と体積の求値，相似・三平方の定理の利用と線分の長さの求値)

(1) $\overset{\frown}{\mathrm{AD}}$に対する円周角の定理より$\angle\mathrm{ABD}=\angle\mathrm{ACD}=35°$　また，**円周角の大きさはその円周角を作る弧の長さに比例する**ので，$\overset{\frown}{\mathrm{AD}}=\overset{\frown}{\mathrm{CD}}$より$\angle\mathrm{ACD}=\angle\mathrm{CAD}$　したがって，$\triangle\mathrm{ACD}$はDA=DCの二等辺三角形とわかり，$\angle\mathrm{ABD}=\angle\mathrm{ACD}=35°$なので，$\angle\mathrm{ADC}=180-35\times2=110°$となる。また，**ABは半円Oの直径であるので，$\angle\mathrm{ADB}=90°$**　よって，$\angle\mathrm{BCD}=110-90=20°$　ゆえに，$\overset{\frown}{\mathrm{BC}}$に対する円周角の定理より，$\angle\mathrm{BAC}=\angle\mathrm{BDC}=20°$

(2) ア 空間において，**ある平面上の2直線と垂直になる直線は，その面に垂直である**といえる。したがって，$\mathrm{AE}\perp\mathrm{EF}$かつ$\mathrm{AE}\perp\mathrm{EH}$なので，$\mathrm{AE}\perp$(面EFGH)といえる。

イ 四角形ABCDは正方形であり，対角線BDの長さが2cmなので，1辺$\sqrt{2}$ cmの正方形とわかる。よって，$\mathrm{AB}=\mathrm{EF}=\sqrt{2}$ cmとなる。ここで，$\triangle\mathrm{AEF}$にて三平方の定理より，$\mathrm{AF}^2=\mathrm{EF}^2+\mathrm{AE}^2$なので，$3^2=(\sqrt{2})^2+\mathrm{AE}^2$より，$\mathrm{AE}=\sqrt{7}$ cm　したがって，直方体の体積は，$(\sqrt{2}\times\sqrt{2})$

$\times\sqrt{7}=2\sqrt{7}$ cm^3

(3)　BE＝5cm，BC＝12cm，∠EBC＝90°より，△EBCにおいて三平方の定理より，EC＝13cmとわかる。したがって，△EBCはEB：BC：CE＝5：12：13の整数比を持つ直角三角形である。ここで，∠CIH＝a，∠ICH＝bとすると，△CHIにおいて∠CHI＝90°より，$a+b$＝90°となり，△BCEにおいて∠CBE＝90°より，∠BEC＝aといえる。したがって，2組の角がそれぞれ等しいことから△EBC∽△IHCといえる。さらに，平行線の錯角より∠CIH＝∠AFG＝aとわかり，点Iから辺ADに垂線IJを引くと，IJ＝12cmであり，2組の角がそれぞれ等しいことから△EBC∽△FJIもいえる。したがって，5：12：13の3辺の比を用いると，△FJIにおいて，IJ＝12cmより，IF＝13cmとなり，IH＝13－9＝4cmである。さらに，△IHCにおいて，CH：IH＝12：5より，CH＝IH×$\frac{12}{5}$＝4×$\frac{12}{5}$＝$\frac{48}{5}$cmと決まる。

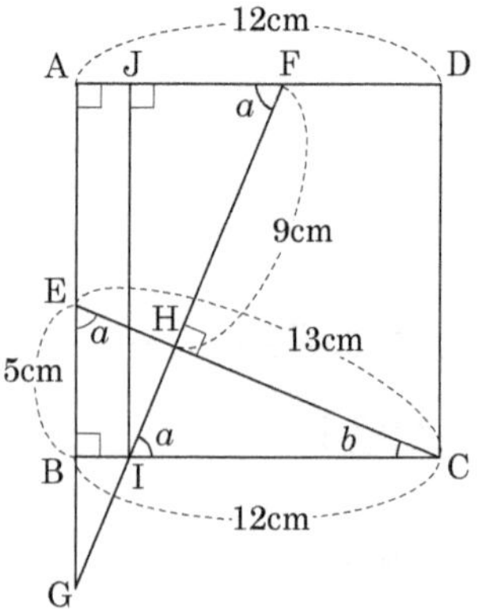

問題3　(小問群－いろいろな関数，確率，相対度数，$y=ax^2$のグラフと変域，座標平面上における線分の長さの利用)

(1)　$x=-2$，$y=1$を代入して成り立つものを選ぶ。　㋐　$y=-2x$に$x=-2$を代入すると$y=4$となり不適。　㋑　$y=-\frac{2}{x}$に$x=-2$を代入すると$y=1$となり適する。　㋒　$y=x-3$に$x=-2$を代入すると$y=-5$となり不適。　㋓　$y=\frac{1}{4}x^2$に$x=-2$を代入すると$y=1$となり適する。よって，㋑と㋓

(2)　箱A，箱Bからそれぞれ1枚ずつカードを取り出すときの取り出し方は4×5＝20通り。その中で，箱Aから取り出したカードの方が箱Bから取り出したカードより大きくなるのは，(箱A，箱B)＝(2，0)，(2，1)，(4，0)，(4，1)，(4，3)，(6，0)，(6，1)，(6，3)，(6，5)の9通りある。したがって，求める確率は，$\frac{9}{20}$

(3)　表より，記録が7秒未満の生徒はA中学校が4＋8＝12(人)，B中学校が2＋6＝8(人)なので，それぞれ相対度数はA中学校が$\frac{12}{80}=\frac{3}{20}=\frac{15}{100}=0.15$，B中学校が$\frac{8}{40}=\frac{2}{10}=0.2$となる。相対度数がA中学校の方が小さいので，大会に出場できる生徒の人数の割合も小さいといえる。

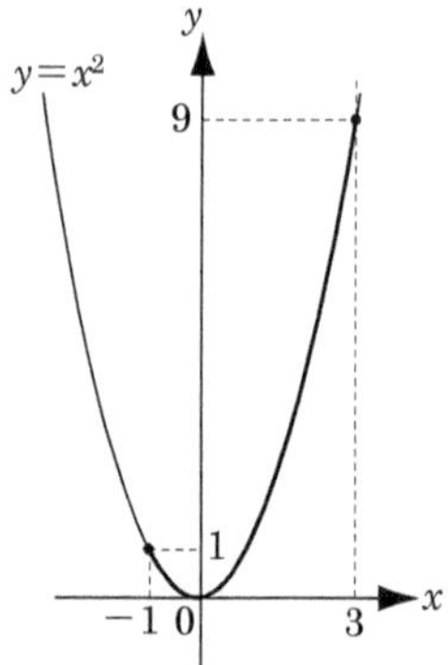

(4)　ア　右グラフを見てわかるとおり，$y=x^2$のグラフはy軸において対称なので，$x=0$のとき最小の値0をとり、$x=3$のとき最大の値9をとる。したがって，$0 \leqq y \leqq 9$となる。　イ　(例)点Aのy座標は－3である。点Aと点Rのy座標は等しいから，点Rのy座標も－3である。点P，点Qのy座標はそれぞれa^2，$a-1$である。PQ＝QRだから，$a^2-(a-1)=(a-1)+3$　整理すると，$a^2-2a-1=0$　よって，$a=1\pm\sqrt{2}$　点Pのx座標は正の数だから，$a>0$でなければならない。$\sqrt{2}>1$だから，$a=1-\sqrt{2}$は問題にあわない。したがって，$a=1+\sqrt{2}$

問題4　(数学的思考力の利用－文字式の利用とそれを用いた数学的思考，連立方程式の応用)

(1)　ア　黒のタイルの長方形は縦の長さが2cm，横の長さが6cmなので，白のタイルで囲んだときの長方形の縦の長さが4cm，横の長さが8cmとなる。したがって，白のタイルの部分の面積は，4×8－2×6＝32－12＝20cm^2

イ　黒のタイルの長方形の面積は$3\times n=3n$(cm^2)　これを白のタイルで囲んでできる長方形の縦の長さは5cm，横の長さは$(n+2)$cmとなるので，白のタイルの部分の面積は，$5\times(n+2)-3n=2n+10$(cm^2)　黒のタイルの部分と白のタイルの部分の面積が等しいとき，$3n=2n+10$　$n=10$

(2)　ア　検査員Aは1日あたり3個検査ができ，その日に入ってくる製品の個数は5個なので，検査員Aだけで検査をすると，1日あたり$5-3=2$(個)増える。

イ　1日あたりに検査できる製品の個数はそれぞれ検査員Aが3個，Bが3個，Cがy個である。1日目の午前9時にx個の製品があり，21日目までに新たに入ってくる製品の個数は$5\times21=105$(個)　よって，全部で$(x+105)$個の製品の検査をすることになる。したがって，最初の7日はA，B，Cの3人で検査をし，残り14日間はB，Cの2人で検査をするので，$(3+3+y)\times7+(3+y)\times14=x+105$　これを整理して，$21y+84=x+105$　すなわち，$x=21y-21$

ウ　(例)イの結果より，$x=21y-21$…①　1日目から3日目までに検査員が検査した製品の個数は，$3(3\times2+y)=(3y+18)$個　4日目から11日目までに検査員が検査した製品の個数は，$8(3+2y)=(16y+24)$個　また，1日目の午前9時に検査場内にあった製品と1日目から11日目までに追加された製品の総数は$x+11\times5=(x+55)$個で，これは1日目から11日目までに検査した製品の総数と等しいから，$x+55=(3y+18)+(16y+24)$　整理すると，$x=19y-13$…②　①，②を連立方程式として解くと，$x=63$，$y=4$

問題5　(平面図形－三角形が相似であることの証明，線分の長さが等しいことの証明)

(1)　(例)△BEHと△BADにおいて，∠Bは共通…①　∠EGB＝∠ACB＝90°より，同位角が等しいから，EG//AC　同位角は等しいから，∠BEH＝∠BAD…②　①，②より，2組の角がそれぞれ等しいから，△BEH∽△BAD

(2)　(例)△BHGと△BFEにおいて，仮定より，∠BGH＝∠BEF＝90°　線分BDは∠ABCの二等分線だから，∠HBG＝∠FBE…①　2組の角がそれぞれ等しいから，△BHG∽△BFE　よって，∠BHG＝∠BFE　∠BFE＝∠HFEだから，∠BHG＝∠HFE　対頂角は等しいから，∠BHG＝∠FHE　したがって，∠FHE＝∠HFE　2つの角が等しいから，△EHFは二等辺三角形　よって，EH＝EF…②　△BEIと△BJIにおいて，仮定より，∠BIE＝∠BIJ＝90°…③　BIは共通…④　①，③，④より，1組の辺とその両端の角がそれぞれ等しいから，△BEI≡△BJI　よって，BE＝BJ…⑤

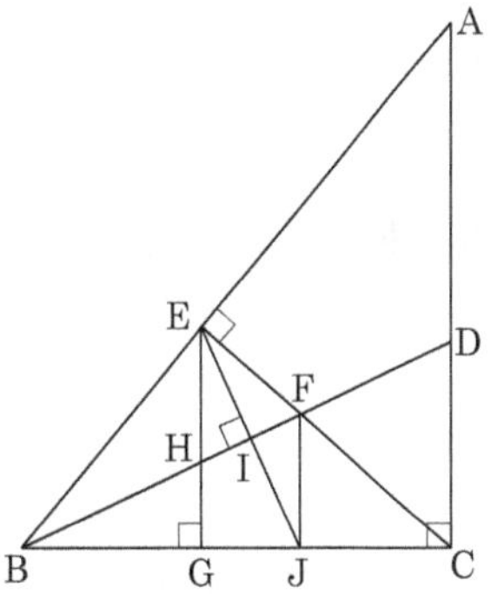

△BFEと△BFJにおいて，BFは共通…⑥　①，⑤，⑥より，2組の辺とその間の角がそれぞれ等しいから，△BFE≡△BFJ　よって，FE＝FJ…⑦　②，⑦より，EH＝FJ

＜英語解答＞

問題1　A　②　　B　④　　C　イ　　D　(Kojiがライオンを好きな理由)　(例)ライオンは強そうに見えるから　　(二人が動物園を出る予定時刻)　午後4時30分　　(Emilyが動物園を出る前にしようと提案したこと)　(例)パンダを見ること　　E　No. 1　ア　No. 2　イ　　No. 3　エ

問題2　(1)　(a)　オ　　(b)　ク　　(c)　ア　　(d)　イ　　(2)　ウ　　(3)　we

問題3 (1) It was more than 170 meters high. (2) ア (3) running
(4) エ (5) The dream people had for a long time came true.
(6) (例) It was not easy to go there. (7) ウ (8) イ
(9) (例) I hope that you will enjoy it.

問題4 (1) (例) Can I play it? (2) エ (3) (例)形あるものはいつかは壊れるし，友だちのほうがものより大切だということ (4) ウ (5) (例)幸子のギターを修理すること (6) イ (7) (a) (例)Her father did. (b) (例)No, she wasn't. (8) ㋓と㋕

問題5 (例) *Nengajo* is a card which people send to each other on New Year's Day. We send this card to celebrate the new year. We draw pictures or print pictures on this card. We can get the news about our friends by reading this card.
(例) *Yukata* is a kind of kimono people wear in summer. There are many kinds of *yukata*. Some people wear this and go to summer festivals. Also, we sometimes wear *yukata* after we take a bath.
(例) *Shichigosan* is a festival for children who are three, five, and seven years old. We celebrate it in November. The children visit a shrine or a temple with their family. The family hopes that their children will have good health.

＜英語解説＞

問題1 (リスニング)

放送台本の和訳は，59ページに掲載。

問題2 (会話文問題：文の挿入，文の強勢，語句補充)

(全訳)

マコト　　：こんにちは，アレックス。(a)何をしているの？
アレックス：やあ，マコト。日本の漫画を読んでいるところだよ。
マコト　　：君は日本語で書かれた漫画を読めるの？
アレックス：うん，読めるよ。母国にいるときに日本の漫画に興味をもってから，日本語の勉強を始めたんだ。(b)3年間日本語を勉強しているよ。
マコト　　：本当に？それはすごいね。日本の漫画やアニメは君の国では人気があるの？
アレックス：うん。①日本の漫画やアニメは若い人たちの間で人気があるよ。僕の国では日本の漫画は英語で書かれているんだ。
マコト　　：(c)それを聞いて驚いたよ。僕も日本の漫画が大好きなんだ。僕は家にたくさんコミックを持っているよ。今日の午後僕の家に来たい？
アレックス：君の家に行ってみたいな，でも今日の午後は別の予定があるんだ。
マコト　　：今週の土曜日の午後に来るのはどう？
アレックス：(d)もちろんいいよ，行くよ。②いつどこで待ち合わせる？
マコト　　：午後1時に駅の前で待ち合わせよう。

(1) 全訳参照。(a) 空所(a)の次のアレックスの発言に注目。マコトの質問に答えている。

(b)　< **have** +過去分詞～ **for** …>で「(現在まで)…の間～している」(継続を表す現在完了)
(c)　選択肢アの文中のthat は直前のアレックスの発言の内容を指す。　(d)　空所(d)の直前のマコトの発言に注目。空所(d)でマコトの質問に答えている。**Why don't you** ～? で「～するのはどうですか？」

(2)　全訳参照。最も伝えたい情報は「日本の漫画は若い人たちに人気がある」ということなので，強く発音される語は young 。

(3)　**Shall we ～?** で「(私たちは)～しましょうか」を表す。Let's とほぼ同じ意味。

問題3 (長文読解問題・エッセイ：語句の並べ換え，語句補充・選択，語形変化，和文英訳，)

(全訳)　この前の日曜日，私は瀬戸大橋開通30周年記念を祝うイベントのひとつに参加しました。そのイベントは素晴らしかったです！瀬戸大橋はいくつかの別々の橋から成り立っています。私はそのうちのひとつの橋の最上部に行きました。①それは170メートルより高かったです。私はその景色はとても美しいと思いました。私はこれから皆さんに観光案内人②から聞いた瀬戸大橋についての話をします。

現在電車と自動車が瀬戸大橋の上を③走っています。多くの人たちは，この大きな橋が建設されてから，毎日本州と四国の行き来をするのに電車を使ってきました。その建設には9年6か月④かかりましたが，ついに橋が完成しました。たくさんの有名な人たちが開通式にやって来て，橋の完成を祝いました。⑤人々が長い間もっていた夢が実現しました。私は観光案内人の話を聞いて，30年前の開通式での興奮を感じることができました。

数日前，私の祖母がこう言いました，「岡山へ行くにはフェリーにならなければならなかったの。私はよくフェリーの中で具合が悪くなったのよ。⑥そこに行くのは簡単ではなかったの。」 今では，休みの間私は電車を使って岡山へ行きます。私は普段海の景色を気にしません。でも電車の中でこう言う人たちがいます，「⑦なんという(素敵な)景色でしょう！」 私はそれを聞くと，自分の故郷を誇りに思うのです。

瀬戸大橋はまた夜の美しい灯りでも有名です。時々橋は灯りで飾られます。私たちは橋のもうひとつの美しい景色を見ることができます。瀬戸大橋の美しい灯りを見るのはいかがでしょう？⑨私は，あなたたちがそれを楽しむことを望みます。

(1)　more than ～ high ＝(高さが)～より高い

(2)　全訳参照。「観光案内人から聞いた～」

(3)　< be 動詞＋～ ing >＝～しているところだ，～している　running のスペリングに注意。

(4)　この場合の take　(took) は「(時間)がかかる，をとる」の意味。

(5)　「夢が実現する，かなう」＝ the dream(s) come(s) true　The dream〔 (that) people had for a long time 〕came true.　関係代名詞 that が省略されている。

(6)　< **It is** ～ **to** …>で「…することは～だ」

(7)　< **What a** +～形容詞+…名詞+主語+動詞！>で「なんて～な…でしょう！」の意味。(感嘆文)　本文では What a view の後にit is が省略されている。

(8)　How about ～ ? で「～はどうですか？」の意味

(9)　hope that ～ ＝～だといいと思う，～ということを望む

問題4 (長文読解問題・エッセイ：語句補充，日本語で答える問題，自由・条件英作文，内容真偽)

(全訳)　サチコは中学生です。彼女は学校から帰宅して宿題を終えると，いつもギターの練習をしていました。彼女の父は若いころギタリストだったので，彼はサチコの8歳の誕生日プレゼントと

してギターを贈りました。彼は彼女にギターの弾き方を教えました。週末には，彼らは一緒にお気に入りの歌を弾き語りをして楽しみました。彼女の父は歌は上手ではありませんでしたが，彼女は父との時間が大好きでした。彼女のギターはたくさん傷やへこみがありましたが，彼女はそのギターが大好きでした。

ある日，サチコは友だちのリョウコと武夫を家に招待しました。サチコの部屋に入った時，武夫が彼女のギターを見つけて言いました，「これ君のギター？　わあ、かっこいい！僕ギターを弾いてみたかったんだ。①弾いてもいい？」　サチコは言いました，「だめ！」でも遅すぎました。彼はギターをつかんで弾いたのでした。するとギターは彼の手から滑り落ち，壊れてしまいました。彼らはみんなとても驚いて何も言えませんでした。サチコは②涙を止めることができませんでした。

サチコは夕食の間もまだ泣いていました。彼女の母は彼女に何をしてあげればよいのか分かりませんでした。それから，彼女の父が仕事から帰宅しました。彼はサチコを見て言いました，「何があったんだい？」　サチコは壊れたギターについて話し，こう言いました，「ごめんなさい。彼を止められなかったの。私はもうお父さんが8歳の誕生日にくれたギターを弾けないわ。」　彼は言いました，「形があるものはいつかは壊れるし，友だちのほうが物より大切だよ，そうだろう？」　夕食後，サチコはもう一度壊れたギターを見てまだ悲しく思いましたが，③父が正しいと思いました。そこで彼女は父にギターを片付けてくれるように頼み，次の朝武夫に挨拶しようと心に決めました。

3か月後，サチコの父と母，そして友だちはサチコの15歳の誕生日を祝うために彼女の家にいました。彼らがパーティーでサチコのために歌を歌おうとした時，武夫がギターを持って部屋に入ってきました。サチコはとても驚きました，それは彼女のギターだったからです。武夫は言いました，「本当に④ごめん。誤ってギターを落としてしまった時，何も言えなくて。僕はその埋め合わせをしたかったんだ。だから…。」　そしてサチコの父が言いました，「それで武夫が僕に助けてほしいと頼んだんだよ。ギターを簡単には直せるとは思っていなかったけど，彼は私と一緒に⑤それをやりたいと言ったんだ。その時から，武夫と僕で3か月間毎週末ギターを直していたんだよ。ギターの音色はあまり良くないかもしれないけど，このギターから⑥彼の努力がきっと分かると思うよ。」　彼女は泣きながら武夫からギターを受け取りました。そして彼女は言いました，「ありがとう，武夫。私は嬉しくて泣いているのよ。私たちの友情は決して壊れないわ。」　サチコの父はにっこり笑って彼らを見ていました。

(1)　全訳参照。Can I ～?＝～してもいいですか？

(2)　全訳参照。第2段落の最初の文にも注目。「まだ泣いていた」とある。

(3)　全訳参照。直前のサチコの父の発言に注目。

(4)　全訳参照。sorry ＝すまなく思っている。I'm sorry. ＝ごめんなさい

(5)　全訳参照。この it は repair your guitar を指す。

(6)　全訳参照。ここでの see は「分かる」の意味。effort ＝努力

(7)　(a)　サチコが8歳の時，誰がプレゼントとしてギターを贈りましたか？／彼女の父が贈りました。第1段落3文目に注目。　(b)　サチコは，15歳の誕生日に武夫からギターを受け取った時悲しかったですか？／いいえ，悲しくありませんでした。第4段落最後から2文目のサチコの発言に注目。

(8)　㋐　サチコと彼女の父は毎週末一緒にギターの修理を楽しんだ。　㋑　サチコがそのギターを大好きだったのは，それがまだ新しくてきれいだったからだ。　㋒　サチコの友だちのリョウコはサチコのギターを見つけ，偶然それを落としてしまった。　㋓　サチコは彼女のギターが壊れた後，夕食の間もなお悲しい気持ちのままだった。(○)　第3段落1文目参照。　㋔　サチコ

は彼女の母に夕食の後壊れたギターを片付けてくれるよう頼んだ。 ㋕ サチコの父はサチコと武夫がパーティーで今なお友だちでいることが分かり嬉しく思った。(○) 第4段落最後の文参照。

問題5 (自由・条件英作文)

(解答例訳) (年賀状) 年賀状は元日に人々がお互いに送り合うはがきです。(私たちは)このはがきを送り新年を祝います。(私たちは)このはがきに絵を描いたり写真を印刷したりします。(私たちは)このはがきを読んで友だちについて近況を知ります。 (浴衣) 浴衣は夏に着る着物の一種です。たくさんの種類の浴衣があります。これを着て夏祭りに行く人もいます。また,(私たちは)お風呂に入った後に浴衣を着ることもあります。

2019年度英語　英語を聞いて答える問題

〔放送台本〕

今から,「英語を聞いて答える問題」を始めます。問題は, A, B, C, D, Eの5種類です。

Aは,絵を選ぶ問題です。今から, Akiが先週の日曜日にしたことについて,説明を英語で2回くりかえします。よく聞いて,その説明にあてはまる絵を,①から④の絵の中から一つ選んで,その番号を書きなさい。

Aki enjoyed playing tennis last Sunday.

〔英文の訳〕

アキはこの前の日曜日にテニスをして楽しみました。

〔放送台本〕

次は, Bの問題です。Bは,場所を選ぶ問題です。問題用紙の地図を見てください。今から, JunkoとTomの電話での対話を英語で2回くりかえします。その対話の中でJunkoはJunkoが今いる博物館の場所を説明します。よく聞いて,①から④の場所のうち, Junkoがいる博物館の場所として最も適当なものを一つ選んで,その番号を書きなさい。

Junko: Where are you now, Tom?
Tom: I'm at the station.
Junko: OK. Go down the street in front of you and turn right at the post office.
Tom: Turn right at the hospital?
Junko: No. Turn right at the post office, and go straight to the park. Then, you'll find this museum on your left.

〔英文の訳〕

ジュンコ：今どこにいるの,トム?
トム　　：駅にいるよ。
ジュンコ：分かったわ。前の道を下って郵便局のところを右に曲がって。
トム　　：病院のところを右?

ジュンコ：違うわ。郵便局のところを右，そして公園の方へまっすぐ行って。そうしたら，左側にこの博物館が見えるわ。

〔放送台本〕

次は，Cの問題です。Cは，応答を選ぶ問題です。今から，JeffとJeffのお母さんの対話を英語で2回くりかえします。よく聞いて，Jeffの最後のことばに対するJeffのお母さんの応答として最も適当なものを，アからエのうちから一つ選んで，その記号を書きなさい。

Jeff: Mom, I don't feel good.
Jeff's mother: What's the matter? You didn't eat so much for dinner.
Jeff: I have had a stomachache since this evening.

〔英文の訳〕

ジェフ　　：お母さん，具合がよくないんだ。
ジェフの母：どうしたの？夕食もあまり食べなかったわね。
ジェフ　　：夕方からおなかが痛いんだよ。
答え　　　：イ　早めに寝たほうがいいわ。

〔放送台本〕

次は，Dの問題です。Dは，対話の内容を聞き取る問題です。今から，動物園の動物を見て回ったEmilyとKojiの対話を英語で2回くりかえします。よく聞いて，Kojiがライオンを好きな理由，二人が動物園を出る予定時刻，およびEmilyが動物園を出る前にしようと提案したことを，それぞれ日本語で書きなさい。

Emily: Watching animals is interesting! What's your favorite animal here, Koji?
Koji: The lions, because they look strong!
Emily: I like them, too!
Koji: We have seen all the animals here, right?
Emily: Wait! We haven't seen the pandas yet. It's now 4 p.m.
Koji: Really? We have only 30 minutes before leaving this zoo!
Emily: Then, let's go and see the pandas!

〔英文の訳〕

エミリー：動物を見るのは面白いわ！ここでお気に入りの動物は何，コウジ？
コウジ　：ライオンだな，強そうに見えるから！
エミリー：私もライオンが好きだわ！
コウジ　：僕たちはここの動物を全部見たよね？
エミリー：待って！まだパンダを見ていないわ。今は午後４時よ。
コウジ　：本当に？　動物園を出発するまでにあと30分しかないよ！
エミリー：それじゃあ，パンダを見に行きましょう！

〔放送台本〕

最後は，Eの問題です。Eは，文章の内容を聞き取る問題です。はじめに，Takashiについての英文を読みます。そのあとで，英語でNo. 1，No. 2，No. 3の三つの質問をします。英文と質問は，2回くりかえします。よく聞いて，質問に対する答えとして最も適当なものを，アからエのうちからそれぞれ一つずつ選んで，その記号を書きなさい。

Takashi is a junior high school student. When he goes to school, he always sees a woman, Ms. Sato. She is 70 years old and she lives alone. Every day she cleans the street in front of her house, and says good morning to every student she meets.

One morning, Takashi didn't see Ms. Sato. The next morning he still didn't see her. He thought it was strange, so he decided to go to her house with his friends after school. In front of her house they said, "Hello, Ms. Sato!" but nobody answered. Takashi worried and said it again. Then, the door opened and Ms. Sato was there. Takashi said, "What happened to you?" She said, "I was just traveling and came home today." Takashi said, "We have been worried about you." When she heard that, she looked happy, and said, "Sorry, but I'm glad because you have come to see me! Tomorrow I will say good morning to you again."

質問です。

No. 1 Where is Ms. Sato when Takashi sees her in the morning?

No. 2 What did Takashi do with his friends after school?

No. 3 Why did Ms. Sato look happy?

〔英文の訳〕

タカシは中学生です。彼は学校へ行く時に，いつもサトウさんという女性に会います。彼女は70歳で一人暮らしです。彼女は毎日家の前の道を掃除していて，出会う生徒たち全員に朝の挨拶をしてくれます。

ある朝，タカシはサトウさんを見かけませんでした。次の朝も会いませんでした。彼はおかしいと思い，放課後友だちと彼女の家に行こうと決めました。彼女の家の前で彼らは言いました，「こんにちは，サトウさん！」 でも誰も返事をしませんでした。タカシは心配になってもう一度言いました。すると，ドアが開いてサトウさんがそこにいました。タカシは言いました，「何かあったのですか？」 彼女は言いました，「ちょっと旅行に行っていて今日家に帰ってきたのよ。」 タカシは言いました，「僕たちはあなたのことを心配していました。」 彼女はそれを聞いて，嬉しそうにしてこう言いました，「ごめんなさい，でもあなた方が会いに来てくれて嬉しいわ。明日はまた朝の挨拶をするわね。」

No. 1 タカシが朝サトウさんに会うのはどこですか？

答え： ア 彼女の家の前。

No. 2 タカシは放課後友だちと何をしましたか？

答え： イ サトウさんの家に行きました。

No. 3 なぜサトウさんは嬉しそうだったのですか？

答え： エ タカシと友だちが彼女のことを心配していたからです。

＜理科解答＞

問題1 A (1) エ (2) a ㋐ b ㋑と㋓ c ア d (例)大規模な噴火により噴出した火山灰は，広い範囲に堆積するため，噴火した年代がわかれば，地層ができた年代を知る手がかりになるため。 B (1) a 右図1 b ウ c (記号) ウ (理由) (例)・気温が急に下がっているから。 ・風向きが南寄りから北寄りに変化しているから。 ・雨が降り始めたから。などから2つ (2) イ

図1

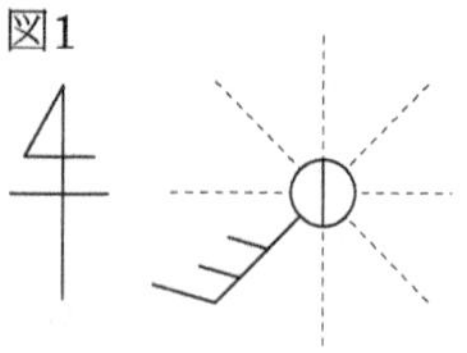

問題2 A (1) (例)酸素と二酸化炭素のガス交換を効率よくおこなえる点。 (2) (記号) ㋑と㋒ (言葉) 肺循環 (3) (例)酸素の多いところでは，酸素と結びつき，酸素の少ないところでは，酸素をはなす性質があるから。 (4) エ B (1) ㋒ (2) (例)無性生殖では，子は親の遺伝子をそのまま受け継ぐため。 (3) 精細胞 (4) 24〔本〕 C (1) エ (2) (例)エタノールにつけることで，葉を脱色し，ヨウ素溶液につけた後の反応を観察しやすくするため。 (3) ア (4) ㋐

問題3 A (1) ㋐ (2) $2Mg+O_2 \rightarrow 2MgO$ (3) 0.3〔g〕 (4) エ B (1) 液体のエタノール ㋒ 気体のエタノール ㋐ (2) ㋐と㋔ (3) (例)混合物を熱したとき，急に沸騰(突沸)するのを防ぐため。 (4) ㋓ (5) (例)水よりもエタノールの方が，沸点が低いから。

問題4 A (1) 40〔cm/s〕 (2) ウ (3) ㋓ (4) ㋑と㋕ (5) 0.75〔倍〕 B (1) ㋐と㋒ (2) ㋐と㋓ C (1) ㋑と㋒ (2) 150〔Ω〕 (3) 右図2 (4) 9〔倍〕 (5) イ

図2

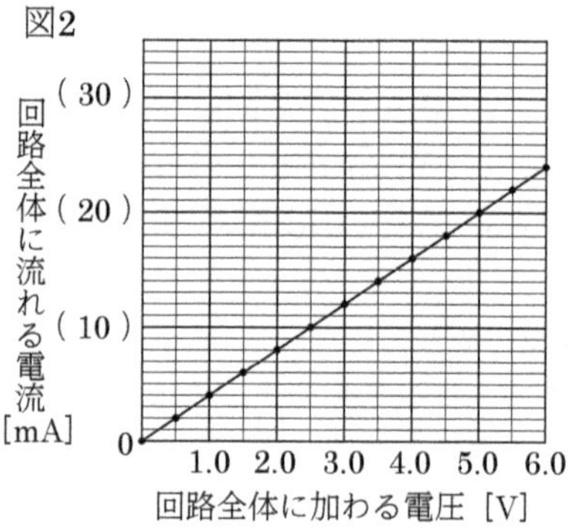

＜理科解説＞

問題1 (地学総合)

A (1) マグマのねばりけが小さいために周囲に流れ広がることで，傾斜のゆるやかな火山となる。 (2) a 一方のプレートが他方のプレートの下に沈み込む境界では，火山が生じやすい。 b 双眼実体顕微鏡は両目で観察するため，立体的に観察ができる。また，プレパラートをつくる必要がなく，観察物を直接さわりながら観察することができる。 c 伊豆大島三原山の火山灰などの火山噴出物は有色鉱物を多くふくむが，雲仙普賢岳の火山灰などの火山噴出物は無色鉱物を多くふくむため，白っぽく見える。 d 同一の噴火による火山灰は，鉱物の組成割合が等しく，広範囲に堆積することから，地層の年代の判別や広範囲での地層のつながりなどの関係を調べるのに利用される。

B (1) a 風向の南西を表すには，天気記号に対し南西の方位に棒を立てて表す。 b 気温13.9℃における飽和水蒸気量は約12g/m³で，湿度が86％であることから，空気中にふくまれる水蒸気量は，12〔g/m³〕×0.86＝10.32〔g/m³〕 10.32g/m³が飽和水蒸気量となる温度が露点である。 c 寒冷前線通過による気象要素の変化(**気温の急激な低下，短時間の激しい雨，風向が南**

寄りから北寄りに変化する)が見られた時刻は，表より12時～15時であるとわかる。 (2) 暖気が寒気の上に乗り，はい上がるように進む前線が温暖前線で，寒冷前線よりも東側にできる。

問題2 (生物総合)

A (1) 非常に細かな肺胞のまわりを毛細血管が張りめぐらされていることで，空気と接する面積が増えるため，気体の交換の効率が良くなる。 (2) 全身から心臓に戻った血液は，右心房に入る。その後，右心室→肺→左心房→左心室の順に送られる。この血液の循環経路を**肺循環**という。 (3) ヘモグロビンは，酸素の多いところでは酸素と結びつき，酸素の少ないところでは酸素をはなす性質をもつ。 (4) 肺では，血液中に酸素を取り込み二酸化炭素を排出する。肝臓では血中のアンモニアを尿素に変える。

B (1) 受精をともなわない生殖方法を選ぶ。 (2) 無性生殖では，親の体の一部から新たな個体が生まれるため，親と子の遺伝子の組み合わせは同一である。よって，子の形質のすべてが親と同じになる。新しい品種をつくり出すには，別々の個体がもつ有用な形質を両方もつ子をうみだす必要があるため，有性生殖を行う必要がある。 (3) 花粉管が胚珠の中の卵細胞までのび，その中を精細胞が通る。 (4) 減数分裂では，対になっている1組の染色体がそれぞれ分かれて別々の生殖細胞に入る。その結果，生殖細胞がもつ染色体の数は，一般的な体細胞がもつ染色体数の半分となる。

C (1) 1日暗室に置くことで，葉の中にあるデンプンをなくすことができる。 (2) エタノールにつけることで，葉の緑色を脱色することができる。 (3) P…bの部分と葉の色の条件だけが異なるaと比べる。Q…bの部分と光の条件だけが異なるcと比べる。 (4) ヨウ素溶液によって変色するのはデンプンをふくむ部分であるため，葉緑体だけが青紫色に染まる。

問題3 (化学総合)

A (1) 金属に酸性の水溶液を加えると，水素が発生する。 (2) マグネシウム＋酸素→酸化マグネシウムの反応が起こる。化学反応式では，矢印の左右で原子の種類と数が等しくなるようにする。 (3) 表より，マグネシウムと酸素は，0.3：(0.5－0.3)＝**3：2**の質量の比で化合する。加熱後の物質は，質量が2.3－1.5＝0.8[g]増加しており，これはマグネシウムに化合した酸素の質量である。よって，0.8gの酸素に化合したマグネシウムの質量をxgとすると，3：2＝x：0.8　x＝1.2[g]　よって，未反応のマグネシウムの質量は，1.5－1.2＝0.3[g] (4) **マグネシウム＋二酸化炭素→炭素＋酸化マグネシウム**の化学変化が起こっている。二酸化炭素はマグネシウムに酸素をうばわれたため，還元された。

B (1) 固体では，物質の粒子が規則正しく並んでいるが，液体になると粒子は自由に動くようになる。また，気体になると粒子間の間隔が大きく広がり，粒子の運動が激しくなる。 (2) ロウが液体から固体になると，密度は大きくなる。よって，同じ体積で比べた場合，液体のロウのほうが，固体のロウよりも質量は小さくなる。 (3) 沸騰石を入れることで，液体が突然沸騰することを防ぐことができる。 (4) 温度計の球部を，枝の高さにそろえる。 (5) 水よりもエタノールのほうが沸点が低いため，水の沸騰が始まらないうちにエタノールの沸騰が始まる。

問題4 (物理総合)

A (1) この記録タイマーは，6打点で0.1秒間を表すので，4.0[cm]÷0.1[s]＝40[cm/s]

(2) 等速直線運動を行う物体には，力がはたらいていないかつり合った状態になっている。運動の向きには力ははたらいていない。 (3) 斜面の角度が大きくなっているので，速さの増え方はU点からの運動のほうが大きくなる。 (4) 重力の斜面に平行な分力の大きさは，角度が一定の斜面上にある間は変わらない。また，斜面の角度が大きくなるほど，大きくなる。
(5) **位置エネルギー＋運動エネルギー＝力学的エネルギー**より，R点，U点にある力学台車がもつ力学的エネルギーを1とすると，Q点にあるときの運動エネルギーは$1-\frac{3}{4}=\frac{1}{4}$，T点にあるときの運動エネルギーは$1-\frac{2}{3}=\frac{1}{3}$ よって，$\frac{1}{4}\div\frac{1}{3}=\frac{3}{4}$〔倍〕

B (1) 光が水中から空気中に進むときは，**入射角＜屈折角**となる。 (2) 水面に対して線香花火の玉の像ができる位置と太郎さんの目の位置を結ぶ線を引く。この線はPを通ることから，線香花火の玉から出た光は，Pで反射して太郎さんの目の位置に進む。また，線香花火の玉が落ちる場合，落ちていく途中の線香花火の玉の水面に対する像の位置を太郎さんの目を結ぶ線を引くと，この線と水面との交点がPよりも花子さんのほうに移動していることがわかる。

C (1) 電圧計は，はかろうとする部分に並列につなぐ。また，回路に加わる電圧の大きさがわからない場合は，最も大きな値の－端子を使用する。 (2) 6.0〔V〕÷0.04〔A〕＝150〔Ω〕
(3) 直列回路は電流の大きさが一定で，各電熱線に加わった電圧の和が，電源電圧に等しくなる。よって，図Ⅱより，20mAの電流が回路に流れたときに電熱線Qに加わる電圧が2.0V，電熱線Pに加わる電圧が3.0Vであることから，回路全体に加わる電圧は，2.0＋3.0＝5.0〔V〕となる。この点と(0，0)を通る直線を引く。 (4) オームの法則より，電圧を3倍にすると電流も3倍になる。電力は**電圧×電流**で表されることから，電圧と電流がそれぞれ3倍になれば，電力は3×3＝9で9倍になる。 (5) 電熱線Qの抵抗は，6.0〔V〕÷0.06〔A〕＝100〔Ω〕，電熱線Pの抵抗は150Ωである。ここで，電源電圧を6.0Vとしたときのそれぞれの回路における電流の値を求める。図Ⅰ…6.0〔V〕÷150〔Ω〕＝0.04〔A〕 図Ⅲ…6.0〔V〕÷(150＋100)〔Ω〕＝0.024〔A〕 図Ⅳ…6.0〔V〕÷150〔Ω〕＋6.0〔V〕÷100〔Ω〕＝0.04＋0.06＝0.10〔A〕 よって，図Ⅲ→図Ⅰ→図Ⅳの順に電流計の値は大きくなっていく。

＜社会解答＞

問題1 (1) a 本会議 b 連立(政権) c ウ d (例)国や地方に政治上の要求をする。選挙に立候補して政治家として活動する。インターネットで政策について調べたり，議論したりする。などから一つ。 (2) ア (3) イ (4) エ
(5) a 資料 Ⓑ 理由 (例)公債金より国債費が少ないから。国債費より公債金が多いから。などから一つ。 b ㋑と㋒と㋔ c ㋑と㋒ d イ
(6) (例)労働時間を減らす。育児休業や介護休業を充実させる。残業などによって，私生活や健康が損なわれないようにする。などから一つ。 (7) 国際(法)

問題2 (1) a エ b Ⓑ c (例)仏教の力により，政治や社会の不安を取り除き，国家を守るため。
(2) a ア b イ c 承久の乱 (3) 座
(4) ㋑→㋐→㋒ (5) ㋑と㋔ (6) (例)明治新政府は，財政を安定させることを目的として地租改正をおこない，地価を基準に現金で納めさせる方法に

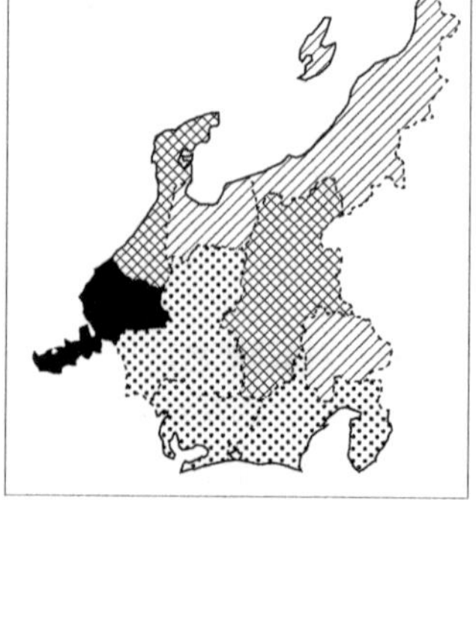

変更した。　(7)　a　人権宣言(フランス人権宣言)　b　ウ　(8)　a　記号　㋑
国名　ロシア　b　イ　c　ウ　d　㋒→㋐→㋑　(9)　高度経済成長

問題3　(1)　a　インド洋　b　南東　c　Ⓐ→Ⓒ→Ⓑ　d　12月9日午後5時　(2)　㋒
(3)　ウ　(4)　a　約1750m　b　エ　c　三角州　d　㋑　e　前ページの図
(5)　a　イ　b　(例)山地にはさまれ，太平洋や日本海からの水蒸気が届きにくいため。海の上をわたってくる季節風が山地によってさえぎられるため。などから一つ。
c　養殖業[養殖漁業]

＜社会解説＞

問題1　(公民的分野－国の政治の仕組み・経済一般・財政・国際社会との関わり)

(1)　a　法律案が提出されると衆議院・参議院の議長は適当な委員会に付託し，委員会での審議が済むと**本会議**にかけられる。　b　連立内閣は**複数の政党により成立する内閣**。日本では1994年の衆議院の小選挙区比例代表並立制が導入された影響もあって連立内閣が常態化してきたとされる。　c　派手な色の看板を掲げられないようにするというのは**法による規制**である。　d　日本国憲法には国や地方に対して要求する**請願権**を定めているほか，**政治家になる**ことでも政治に参加できる。近年では**インターネット**を利用した政治参加も広まっている。

(2)　**日本国憲法21条1項**に「言論，出版その他一切の表現の自由は，これを保障する」という規定がある。

(3)　NGOとは英語の**Non Governmental Organization**の略で，**非政府組織**と訳される。私人により構成される民間の国際協力組織を指す。

(4)　事業者が施設を提供したい時間が供給量，利用者が施設を利用したい時間が需要量となる。**供給量が需要量を上回る場合，価格は下落する。**

(5)　a　**公債金**とは**国債を発行して調達した借入金**なので，これが国債の返済金である**国債費**より多いということは国債残高が増えることを意味する。　b　**不況時には世の中に出回るお金の量や雇用を増やす政策**がとられる。よって，日銀は国債を買ってお金の出回る量を増やし，政府は公共事業を増やして雇用を増やす。　c　株主は株式会社の利潤の一部を**配当**として受け取り，**株主総会**に出席する権利を持つ。　d　アは出荷額，イは従業者数，ウは事業所数を示したグラフである。

(6)　ワーク・ライフ・バランスとは仕事と生活のバランスのこと。企業は残業を削減して労働時間を減らす，育児休業・介護休業を充実させるなどして，**労働者の私生活が仕事により損なわれることを防ごうとしている。**

(7)　**国際法**とは**国家間の関係を規律する法**で，国際公法とも呼ばれる。

問題2　(歴史分野－日本史－時代別・古墳時代から平安時代・鎌倉から室町時代・安土桃山から江戸時代・明治時代から現代，一世界史－政治・社会・経済史)

(1)　a　蘇我氏は**中大兄皇子・中臣鎌足**らにより滅ぼされた。　b　壬申の乱は672年のことなので，Ⓑが正解となる。　c　聖武天皇は仏教の力を借りて国を治め，災害や社会不安を鎮めようとした(**鎮護国家**)。

(2)　a　瀬戸内地方で反乱を起こしたのはアの**藤原純友**。イの**平将門**の関東での反乱とあわせて**承平・天慶の乱**と呼ばれる。　b　宋は960～1276年の中国の王朝。平清盛は神戸市にあった**大輪田泊**を修築するなどして**日宋貿易**を積極的に行った。　c　**承久の乱**で朝廷側は敗れ，乱後，幕府は京都に**六波羅探題**を置いて朝廷を監視した。

(3)　**座**は中世の**同業者組合**。座の持つ営業の独占権が経済流通の阻害要因になったため，織田信長は**楽市楽座**の政策をとった。

(4)　㋐は**桃山文化**の説明，㋑は**鎌倉時代の文化**の説明，㋒は**江戸時代の元禄文化**の説明。よって，㋑→㋐→㋒の順となる。

(5)　資料の将軍の在職期間を見ると11代の**徳川家斉**が最も長いのが分かる。幕領の石高に占める年貢高の割合を見ると，8代徳川吉宗の代は約34％，9代徳川家重の代は約38％で**徳川家重の代の方が高い**。よって，正解は㋑と㋔になる。

(6)　**年貢収入**は収穫高に応じて課されるもので**財政収入として不安定**だったため，明治新政府は**地租改正**により**地価**に対して課される**地租**を**現金**で徴収するようになった。

(7)　a　**人権宣言(フランス人権宣言)**には**自由権・平等権や国民主権，私有財産の不可侵**などが定められていた。　b　国民の権利が法律の範囲内で保障されることは大日本帝国憲法の第29条に見える。なお，ア・イ・エは日本国憲法の説明である。

(8)　a　(記号)　朝鮮での**甲午農民戦争**をきっかけに日清戦争が起きた。　(国名)　ロシアは三国干渉で**遼東半島**を清に返還させた後，その南部を租借し，**義和団事件**の際には**満州を軍事占領**している。　b　アの護憲運動による桂内閣の退陣は1913年。イの**五・一五事件**は1932年。ウの全国水平社の結成は1922年。エの日本労働総同盟は1921年に 日本労働総同盟友愛会が改称したもの。　c　1912年**孫文**は臨時大総統となって中華民国の建国を宣言した。この結果，アの**袁世凱**の勧めで**宣統帝(溥儀)**が退位し清は滅びた。　d　㋐**サンフランシスコ平和条約**の締結は1951年。㋑**日ソ共同宣言**の調印と**国際連合加盟**は1956年。㋒**朝鮮戦争**の開始は**1950年**。よって，㋒→㋐→㋑が正解。

(9)　**高度経済成長**とは1955～73年までの日本経済が高度な成長を遂げた時期を指す言葉で，**第一次石油危機**により終わった。

問題3　(地理的分野－世界地理－世界地図・時差・人々のくらし，一日本地理－地形図の見方・人口・工業・農林水産業・日本の国土・地形・気候，一公民的分野－国民生活と社会保障)

(1)　a　**インド洋**は太平洋・大西洋と並んで世界三大洋の一つ。名前の通りインドに面している。　b　略地図を見ると，シドニーはシンガポールの**南東**に位置しているのが分かる。　c　5000kmと10000kmの円に着目して距離を測ると，Ⓐ→Ⓒ→Ⓑの順なのが分かる。　d　東京は**東経135度**で，デンバーは**西経105度**。**時差は経度15度で1時間**生じるので，(135＋105)÷15＝16となり，16時間の時差が生じる。時間は**東に位置するほど先に進む**から，東京より16時間遅らせる。よって，正解は12月9日午後5時となる。

(2)　分布している地域が**ヨーロッパ**及びその植民地とされた**北米・南米・オーストラリア**などなので，**キリスト教**であると分かる。

(3)　2000年は約10兆÷417店舗で約239億8千万円，2015年は約6.8兆÷246店舗で約276億4千万円なので，2015年の方が売り上げは多い。

(4)　a　**2万5千分の1の地図**なので，7.0×25000＝175000cm＝1750mとなる。　b　エの**茶畑∴**の地図記号だけが見えないのでエが正解となる。　c　**三角州**は**河川の下流域**に土砂が堆積して形成される沖積平野の一種である。　d　豊橋市の1980年の人口は約30万4千人，2010年の人口は約37万7千人(『豊橋市人口ビジョン』による)。生産年齢人口は1980年・2010年とも約65％なので，㋑のグラフがこれに当たる。　e　**Aは石川県，Bは山梨県**を示している。石川県の製品出荷額等の総計に占める電子部品・デバイス・電子回路の出荷額は約14.3％，山梨県の場合は

8.3%なので，そのように地図中に書き込めばよい。

(5)　a　網掛で示された地域は**西岸海洋性気候と地中海性気候に属す地域**である。よって呼び名は温帯となる。**地中海性気候**の特徴は**夏季の高温乾燥と冬季の降水**なので，グラフはBが正しい。よって，イが正解。　b　**瀬戸内海**は北の**中国山地**と南の**四国山地**によって**南北から吹く水分を含んだ風が遮られる**ため，降水量が少なくなる。　c　**育てる漁業**には**栽培漁業**と**養殖漁業**がある。**卵や稚魚を出荷できる大きさまで育てる漁業は養殖漁業**と呼ばれる。これに対して栽培漁業は稚魚をある程度生育した段階で海に放流して海で育ったものを漁獲する漁業である。

＜国語解答＞

問題一　(一)　a　かざ　b　きよう　c　けしき　d　だんしょう　(二)　3
(三)　ア　昔の写真とそっくり　イ　ずっしりした重み　(四)　1
(五)　両どなりの　(六)　(例)この辺り全部が，渋谷駅の再開発で取りこわされることを知って，自分たちがどさくさにまぎれてものを横からかすめとった
(七)　4　(八)　2

問題二　(一)　1　(二)　あわれに　(三)　(例)定まっている
(四)　(初め)　よろづ　(終わり)　はせず　(五)　4

問題三　(一)　a　病　b　補助　c　位置　d　難　(二)　ア　小手先の制度改革
イ　根もとから洗いなおす　(三)　(例)じぶんのやろうとしていることの大事さやおもしろさをきちんと他のプロに伝え，その発言にも耳を傾ける　(四)　3
(五)　(例)知性をより客観的なものにするために，同時代の社会の，微細だが根底的な変化を感知するセンスをもつ　(六)　1　(七)　3　(八)　2　(九)　4

問題四　(例)　共に一致団結することを呼びかけているが，さらにAは一番を目指すことを目標に掲げている。一方Bは，すばらしい演奏を届けることを重視したスローガンだ。
　私はBのスローガンがよい。所属しているバレーボール部の地区大会で優勝したが，勝ちたい気持ちだけで厳しい練習を乗り越えたのではない。仲間と楽しく，充実した練習の結果として優勝できたのだ。大事なのは，結果ではなく過程だ。合唱コンクールもとにかく一生懸命にみんなと歌うことを心がけたい。

＜国語解説＞

問題一　(小説－情景・心情，内容吟味，脱文・脱語補充，漢字の読み，品詞・用法)

(一)　a　「飾」は訓読みが「かざ・る」，音読みは「ショク」である。　b　手先がよく動いて，細かい仕事が上手な様子。　c　「景色」は同音異義語の「気色」との混同に注意したい。景色は自然物のながめ，気色はその人の心の状態のこと。　d　打ち解けて笑いながら話しあうこと。

(二)　基本形「たのむ」はマ行五段活用動詞。**「～ば」に続く形は仮定形**である。

(三)　説明した文に沿って考え，まずは健吾が強い衝撃を受けた場面をおさえる。「『……マジすげえ！昔の写真とそっくりだ！』健吾はあまりの衝撃に肩をひくつかせて笑った。」とあるので，**どんなふうに見えるのかといえば「昔の写真そっくり」に見えた**のであり，ここが ア の該当箇所だ。また，模型を手にした時の場面は「真鍮製の鉄道模型を受けとった瞬間，てのひらにずっしりした重みを感じて全身がしびれた」とある。したがって，**伝わったのは「ずっしりとした**

重み」であり，これを［ イ ］に補えばよい。

(四)　傍線③の直前に「きっとオヤジも喜ぶよ。」とある。「も」という添加の助詞があるので，喜んでいるのは，自分とオヤジの二人であることが読み取れる。**中学生のジオラマで，オヤジの作った模型が役立つのは自分の喜びであり，さらには作った本人であるオヤジも当然喜ぶのものだ**と解釈できよう。

(五)　店の様子は，健吾たちが尋ねて来て店を見つけた場面で描かれている。「そこもまた，古くて小さな店だった。**両どなりのビルに押しつぶされそう**になりながらも，すっくと立っている。」に，擬人法が用いられている。

(六)　この時に健吾が知ったことは「渋谷の再開発で取りこわされて大きなビルになる」ことだ。そして，思ったことは，傍線④の後の健吾の言葉にあるように，「オレたち，火事場泥棒みたいじゃないか。どさくさにまぎれて横からかすめとったみたいだよ」といううしろめたさである。この二つを組み合わせて適切な形にまとめれば良い。

(七)　［　　］の前に「大通りによって駅前のにぎわいから切りはなされた一角にある」とある。この**「切りはなされた」という表現から，「流行とは無関係」**という選択肢が適切である。

(八)　ジオラマ制作のために訪れた場所で，健吾は再開発のために取りこわされる店が数多くあることを知ったとき「うまく笑えなかった」し，「いずれなくなる道を，靴底に記憶するようにゆっくり」と歩いた。**店がなくなるという厳しい現実が受け入れがたいからこそ，忘れまいと丁寧に歩いたのだ。やりきれない気持ち**が伺えよう。そして，文章の最後に「ここで生活している人のことなんて考えもしなかった。その人たちの生活が，駅とともに消えてしまうなんて思いもよらなかった」とあるので，**今までは考えもしなかった“なくなる町並みや人々のこと”を，健吾が考えているのだ**と読み取れる。これらをふまえて選択肢を選べばよい。

問題二　(古文－大意・要旨，文脈把握，仮名遣い，古文の口語訳)

【現代語訳】　長崎の鶴亭隠士は少年の頃から画を好んで心を打ち込み，墨絵の花や鳥を上手に描いていたという。元々人の目を驚かそうとするのではなく，自分自身の心が移りゆくのにまかせて，趣き深くやさしく写し取っていた。ある時友人がやって来て話をした機会に自作の印を押す場所のことを(その友人が)尋ねたところ，(鶴亭が)答えて言った。「印は，その押すところが決まっているものではない。その絵が出来上がると，ここに押してくれと絵の方から言ってくるのを待つものである。」と言った。ある人はこれを聞いて，「色々な道もこれと同じで，たとえば座敷などもその時の客の居方によって，上中下の居場所が出来るし，また人の挨拶もその時々の様子によって出来上がる。臨機応変とも，時の良いように従うとも言っているように，一つに定まっているものはないものだ。しかしその時の様子が見えず(場の状況が)わからない人にとっては，こうした行いを賢くすることは難しい。よくわかる人はよくその場の様子を知っているのだから，融通がきく」と言っている。

(一)　傍線①の「うつりゆく」とはうつること・移動すること，「まかす」は任せる・従う，の意味であることをふまえて選択肢を選べばよい。**語句の意味を正確に捉えるようにする。**

(二)　文中の「は・ひ・ふ・へ・ほ」は現代仮名遣いで「ワ・イ・ウ・エ・オ」にする。

(三)　鶴亭が印の押し所について，「印はその押し所定まれるものにあらず」と述べている。［　　］の後には**「ではなく」という打消し表現があるので，「定まっている」という表現にして，打消し語に続く**ように解答すればよい。

(四)　本文で会話をしているのは“鶴亭”と“ある人”の二人である。本文の最後は「～といへり」で結ばれており，この**「と」**は引用の助詞なので，**ここまでが会話文であることがわかる。**会話文の始まりは「ある人これを聞きて」という前置きがあって始まる「よろづの道是におなじ，……」からである。

(五)　本文を適切に訳せれば，大意をおさえることができる。本文中の「臨機応変とも，時のよろしきにしたがふともいへるごとく，一定の相はなきもの。」「よくわかる人はよくその場をしるなれば，琴柱ににかはせず」という部分から，**この世の事柄は移り変わっていくので臨機応変に対応することが望ましいというポイント**をおさえて選択肢を選べばよい。

問題三　(論説文－大意・要旨，内容吟味，文脈把握，段落・文章構成，脱文・脱語補充，漢字の書き取り，品詞・用法)

(一)　a「病」は，やまいだれ。　b「補」は，ころもへん。「ネ」(しめすへん)にしない。　c「置」は訓読みが「お・く」，音読みが「チ」。「配置(ハイチ)」・「置換(チカン)」。　d「難」の訓読みは「むずか・しい」。送り仮名に注意する。

(二)　**説明した文の［　］の前後に留意**しながら第1段落を読むと，「これらの問題は小手先の制度改革で解決できるものではない」とあり，［ア］の後ろの「では解決できないもの」と言う表現をふまえると「小手先の制度改革」が補える。さらに「これまでの考え方そのものを，その根もとから洗いなおすことを迫るものである」とあり，「迫る」とはそうせざるを得ないように追い詰めることで，［イ］の後ろの「ことを要求するものである」と言う表現と同義となり，「根もとから洗いなおす」を補うことができる。

(三)　第3段落に「ほんとうのプロというのは」という表現があり，この後の記述をまとめれば良い。**「他と共同作業ができる人」「じぶんがやろうとしていることの大切さやおもしろさを伝えられる人」「他のプロの発言にも耳を傾けることのできる人」という3つのポイント**をしっかり含めよう。

(四)　傍線③「に」は，「つねに」という副詞の一部だ。アは形容動詞「きれいだ」の連用形活用語尾，イは格助詞，ウは副詞「さらに」の一部，エは格助詞である。

(五)　傍線④のある第4段落に，教養や教養人についての記述があるので，ここを参考にしてまとめれば良い。書き出しにある「一つの問題をいくつもの異なる視点から見ることで」どうなるかというと，複眼的に問題を照射できるようになるのだ。そのために教養が必要なのである。つまり教養があると「一つの知性」が「より客観的なもの」となるのだ。この**「知性を客観的なもの」にしようとするのが教養人であり，教養とは，専門外のことがらに対して「同時代の社会の，微細だけれども根底的な変化を感知するセンスをもつ」こと**なので，こうしたことのできる人を教養人というのだ。

(六)　傍線⑤のある第6段落に，「つまり，人が絶対に見失って……さしあたり大括りに掴むことができるようにということ」とある記述をふまえると正しい選択肢を選べよう。

(七)　文中の［　］を含む一文は，その直前の「私たちは社会の……」の一文をまとめて言い換えたもので，同義だといえる。そこに「すぐに白黒をつけたがる」とあり，「すぐに」と副詞の表現をふまえると「性急に」を補うのが適切だ。

(八)　〔　〕内の文の内容は，**他のプロと組むこと**について書かれている。したがって第2段落に含めるのが妥当である。**「それ」という指示語が第2段落で述べられている「たとえば…」で始まる情報端末の微細な回路設計を指している**ことからもアプローチできよう。

(九)　筆者の主張は文章末尾にある「知性の耐性を高めるジムナスティックスこそが，『教養教育』には強く求められているようにおもう」にみられる。そのために，**他と協同すること，知性を客観的なものにすること，同時代の社会の全体を遠近法的に見ること**について述べてきた。さらに，そのまとめとして最終段落(第⑧段落)に，**わからないという事態に耐え抜くことのできるような知性の体力・耐性を付けるために学ぶのだ**と述べている。**ジムナスティックス(知的鍛錬)こそ教養教育に求められているというポイントを含めることが重要**だ。これをふまえて選択肢を選ぶ。

問題四 (作文)

まず，第一段落ではAとBのスローガンの違いをまとめる。それぞれのスローガンが重視していることは，Aは「金賞をもらうこと」でBは「すばらしい歌声を響かせること」だ。そして第二段落では，**その違いをふまえてどちらを支持するかについて自分自身の意見を主張する。**自分の体験などを挙げるよう求められているので，今までの集団活動の思い出から適切な事例を選ぶようにしたい。**A・Bどちらを選んでも評価にはかかわらない。自分の考えをしっかりと主張できるかがポイント**である。

解答用紙集

○月×日　△曜日　天気（合格日和）

◆ご利用のみなさまへ

＊解答用紙の公表を行っていない学校につきましては、弊社の責任において、解答用紙を制作いたしました。

＊編集上の理由により一部縮小掲載した解答用紙がございます。

＊編集上の理由により一部実物と異なる形式の解答用紙がございます。

人間の最も偉大な力とは、その一番の弱点を克服したところから生まれてくるものである。――カール・ヒルティ――

※データのダウンロードは 2024 年 3 月末日まで。

東京学参株式会社

※ 152%に拡大していただくと，解答欄は実物大になります。

数　学　解　答　用　紙

受検番号	

問題1

(1)		
(2)		
(3)		
(4)		
(5)		
(6)	$a=$	
(7)		

問題2

(1)			度
(2)	ア		cm
	イ		cm^3
(3)			cm

問題3

(1)	$y=$		
(2)			
(3)		と	
(4)	ア		
	イ	a の値を求める過程	

答　a の値

問題4

(1)	ア		
	イ		
(2)	ア		本
	イ	$y=$	
	ウ	x，y の値を求める過程	

答　x の値　　　　，y の値

問題5

(1) 証　明

(2) 証　明

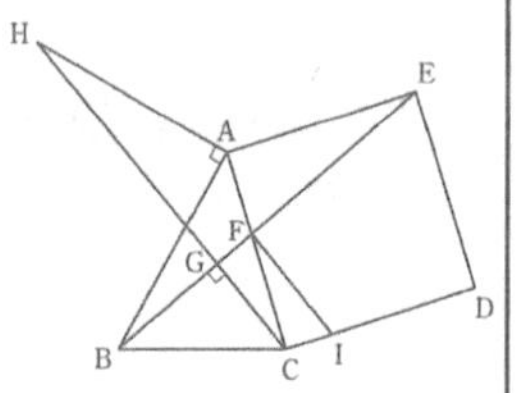

※ 152%に拡大していただくと，解答欄は実物大になります。

英語解答用紙

受検番号	

問題1

A	○	B		C	

D	待ち合わせ場所	
	待ち合わせ時刻	午前 ＿＿＿ 時 ＿＿＿ 分
	YujiがNancyに持ってくるように言ったもの	

E	No. 1		No. 2		No. 3	

問題2

(1)	(a)		(b)		(c)		(d)	

(2)	
(3)	

問題3

(1)	
(2)	
(3)	Please ＿＿＿＿＿＿＿＿＿＿＿＿＿＿＿＿.
(4)	
(5)	＿＿＿＿＿＿＿＿＿＿＿＿＿＿＿＿.
(6)	
(7)	＿＿＿＿＿＿＿＿＿＿＿＿＿＿＿＿.
(8)	
(9)	I think Kagawa ＿＿＿＿＿＿＿＿＿＿＿＿＿＿＿＿.

問題4

(1)	
(2)	
(3)	＿＿＿＿＿＿＿＿＿＿＿＿＿＿＿＿?
(4)	
(5)	＿＿＿＿＿＿＿＿＿＿＿＿＿＿＿＿ ＿＿＿＿＿＿＿＿＿＿＿＿＿＿ という発言
(6)	
(7)	(a) ＿＿＿＿＿＿＿＿＿＿＿＿＿＿＿＿. (b) ＿＿＿＿＿＿＿＿＿＿＿＿＿＿＿＿.
(8)	○ と ○

問題5

I think ［　　　　　　　　　　］ is better.

＿＿＿＿＿＿＿＿＿＿＿＿＿＿＿＿＿＿＿＿

＿＿＿＿＿＿＿＿＿＿＿＿＿＿＿＿＿＿＿＿.

＿＿＿＿＿＿＿＿＿＿＿＿＿＿＿＿＿＿＿＿.

＿＿＿＿＿＿＿＿＿＿＿＿＿＿＿＿＿＿＿＿.

＿＿＿＿＿＿＿＿＿＿＿＿＿＿＿＿＿＿＿＿.

香川県公立高校　2023年度

※ 156％に拡大していただくと，解答欄は実物大になります。

理　科　解　答　用　紙

受検番号

問題1

A	(1)	a	の位置
		b	記号 ○
			言葉
		c	
		d	○ と ○
		e	
	(2)		ため。
B	(1)	a	○ と ○
		b	
		c	○
	(2)	a	○ と ○
		b	
		c	

問題2

A	(1)	a	生殖
		b	㋐→○→○→○→○
	(2)		
B	(1)		エタノールにつけることによって，　ため。
	(2)		
	(3)	P ○	Q ○
	(4)		
C	(1)	a	器官
		b	○
		c	
	(2)	a	○ と ○
		b	
		c	肺胞がたくさんあることで，　から。

問題3

A	(1)	
	(2)	Ⓓと Ⓔに操作○をおこなったとき， ほうの水溶液の種類が であることがわかり， ほうの水溶液の種類が であることがわかる。
	(3)	○ と ○
	(4)	→ ＋
	(5)	イオン
B	(1)	から。
	(2)	g
	(3)	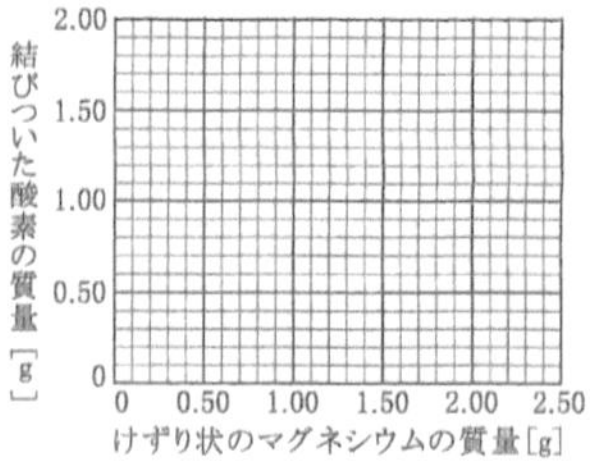
	(4)	○ → ○ → ○

問題4

A	(1)	○
	(2)	○ と ○
B	(1)	V
	(2)	○ と ○
	(3)	V
	(4)	
	(5)	
C	(1)	
	(2)	J
	(3)	
	(4)	1番目　　3番目
	(5)	N

香川県公立高校　2023年度

※ 156%に拡大していただくと，解答欄は実物大になります。

社　会　解　答　用　紙

受検番号

問題1			
	(1)		
	(2)	a	
		b	○　と　○
		c	
	(3)		
	(4)		
	(5)	a	
		b	しくみ。
	(6)		○
	(7)		
	(8)	a	○　と　○　と　○
		b	
	(9)	a	と　が両立しにくい
		b	
		c	

問題2				
	(1)			
	(2)			
	(3)	a		
		b		○　→　○　→　○
		c	記号	○
			言葉	
	(4)	a		
		b		
	(5)	a		
		b		問屋が，　しくみ。
	(6)			○　と　○
	(7)	a		
		b		○　→　○　→　○
		c		○
	(8)	a		
		b		満州国を　ことや，日本軍の　ことが決議された。
		c		
		d		

問題3				
	(1)	a		
		b		3月　日　時
		c		造山帯
		d	記号	○　と　○
			内容	
	(2)	A		
		B		
	(3)	a		
		b		
	(4)			わが国と，アメリカ合衆国やヨーロッパ諸国との間で，
	(5)			○　→　○　→　○
	(6)	a		約　m
		b		
		c		
		d		
		e		

※156%に拡大していただくと，解答欄は実物大になります。

国語解答用紙（その一）

受検番号

問題一

㈠ a 不思議　b 乾いた　c 弾んだ　d 透きとおって

㈡

㈢

㈣ ア　イ

㈤ この筆で、
ものだととらえたから

㈥

㈦

㈧

問題二

㈠

㈡

㈢

㈣ 初め　終わり

㈤

問題三

㈠ a カコウ　b イップウ　c セッキョク的　d ゲンミツ

㈡

㈢

㈣

㈤ 知識や理論や技法が
ため

㈥

㈦

㈧

㈨ ア　イ

㈩

問題四

別紙の国語解答用紙(その二)に書きなさい。

国語解答用紙（その二）

受検番号

問題四

(150)

(250)

1行25字

2023年度入試配点表(香川県)

	問題1	問題2	問題3	問題4	問題5	計
数学	(1)　1点 他　各2点×6	各2点×4	(4)イ　3点 他　各2点×4	(2)ウ　3点 他　各2点×4	(1)　3点 (2)　4点	50点

	問題1	問題2	問題3	問題4	問題5	計
英語	B, C, E No.3 各2点×3 他　各1点×6	各1点×6	(3),(5),(7),(9) 各2点×4 他　各1点×5	(2),(3),(5),(8) 各2点×5 他　各1点×5	4点	50点

	問題1	問題2	問題3	問題4	計
理科	各1点×12 (A(1)b完答)	各1点×13 (B(3)完答)	A(2),B(2)　各2点×2 他　各1点×7	B(3),C(5)　各2点×2 他　各1点×10 (C(4)完答)	50点

	問題1	問題2	問題3	計
社会	各1点×15	(8)b　2点 他　各1点×16	(1)b・d,(2)　各2点×3 他　各1点×11	50点

	問題一	問題二	問題三	問題四	計
国語	(四)~(六),(八) 各2点×4 他　各1点×7	(一),(三)　各1点×2 他　各2点×3	(一),(三),(六),(七) 各1点×7 他　各2点×6	8点	50点

※ 152％に拡大していただくと，解答欄は実物大になります。

数　学　解　答　用　紙

受検番号	

問題1

(1)	
(2)	
(3)	
(4)	
(5)	
(6)	
(7)	

問題2

(1)		度
(2)	ア	
	イ	cm^3
(3)		cm^2

問題3

(1)		
(2)		と
(3)	ア	
	イ	$y=$
(4)		a，b の値を求める過程 答　a の値　　　，b の値

問題4

(1)	ア	$a=$
	イ	
(2)	ア	cm^2
	イ	$0 \leqq x \leqq 5$ のとき　cm^2 $5 \leqq x \leqq 10$ のとき　cm^2
	ウ	t の値を求める過程 答　t の値

問題5

(1) 証　明

(2) 証　明

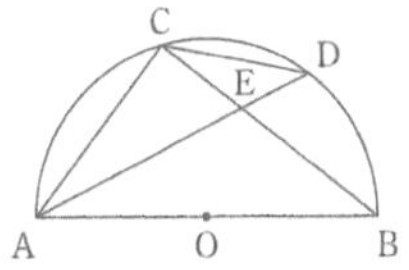

※ 152%に拡大していただくと，解答欄は実物大になります。

英　語　解　答　用　紙

受検番号	

問題1	A	○						
	B	○						
	C							
	D	Emi が行こうとしている場所						
		Emi が選ぶ交通手段でその場所までかかる時間	＿＿＿ 分					
		Emi が楽しみにしていること	＿＿＿ こと					
	E	No. 1		No. 2		No. 3		
問題2	(1)	(a)		(b)		(c)		(d)
	(2)							
	(3)							
問題3	(1)							
	(2)							
	(3)	＿＿＿?						
	(4)							
	(5)	A ＿＿＿ an expert.						
	(6)							
	(7)							
	(8)	I ＿＿＿ in the world.						
	(9)	Everyone, ＿＿＿.						
問題4	(1)	＿＿＿?						
	(2)							
	(3)							
	(4)							
	(5)							
	(6)							
	(7)	(a)	＿＿＿.					
		(b)	＿＿＿.					
	(8)	○ と ○						
問題5		I think living in [　　　] is better.						
		＿＿＿						
		＿＿＿.						
		＿＿＿.						
		＿＿＿.						
		＿＿＿.						

※ 156％に拡大していただくと，解答欄は実物大になります。

理　科　解　答　用　紙

受検番号	

問題1

A	(1)	a	
		b	％
	(2)	a	hPa
		b	◯ と ◯
	(3)	a	◯ と ◯
		b	しめった空気の温度が下がることで，＿＿＿＿＿＿＿＿，雲ができます。
B	(1)	a	
		b	
		c	◯ と ◯
	(2)	a	◯ と ◯
		b	◯
	(3)		

問題2

A	(1)	P	Q
	(2)	肉食動物の数量が減少 → ◯ → ◯ → ◯ → もとの状態	
B	(1)	◯	
	(2)	P	Q
	(3)	◯ と ◯	
	(4)	a	
		b	◯ と ◯
	(5)		
C	(1)		
	(2)	数値	記号 ◯
	(3)		
	(4)		
	(5)		

問題3

A	(1)	$H_2SO_4 + Ba(OH)_2 \rightarrow$	
	(2)	記号	◯ と ◯
		言葉	の法則
	(3)		
	(4)	g	
B	(1)	◯	
	(2)	メタンが燃焼するときには＿＿＿＿＿＿，水素が燃焼するときには＿＿＿＿＿＿という違いがある。	
	(3)	P	Q
	(4)	→ ＋	
	(5)	記号	
		性質	＿＿＿＿＿＿という性質。
	(6)		

問題4

A	(1)	倍
	(2)	
	(3)	m/s
	(4)	◯ と ◯
	(5)	＿＿＿＿＿＿は，力のはたらく面積を小さくすることで圧力を大きくし，＿＿＿＿＿＿する道具である。
B	(1)	倍
	(2)	cm
C	(1)	◯ と ◯
	(2)	Ω
	(3)	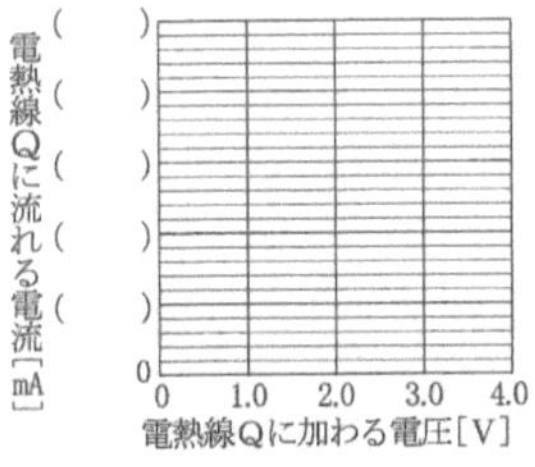
	(4)	V
	(5)	倍

香川県公立高校　2022年度

※ 156％に拡大していただくと，解答欄は実物大になります。

社　会　解　答　用　紙

受検番号	

問題1

(1)			
(2)	a		
	b		
	c	記号	○
		理由	からである。
	d		
(3)			
(4)	a		○ と ○
	b		
	c		
	d		
	e		
(5)	a		
	b	記号	○
		言葉	

問題2

(1)		
(2)	a	
	b	
	c	
	d	○ と ○
	e	
(3)	a	
	b	○ → ○ → ○
	c	領民の信仰する宗教が　ことを証明させるため。
(4)	a	○ → ○ → ○
	b	
(5)	a	
	b	
	c	
	d	○ と ○
(6)		
(7)	a	○
	b	

問題3

(1)	a	
	b	時間　分
	c	大陸
	d	
	e	
(2)		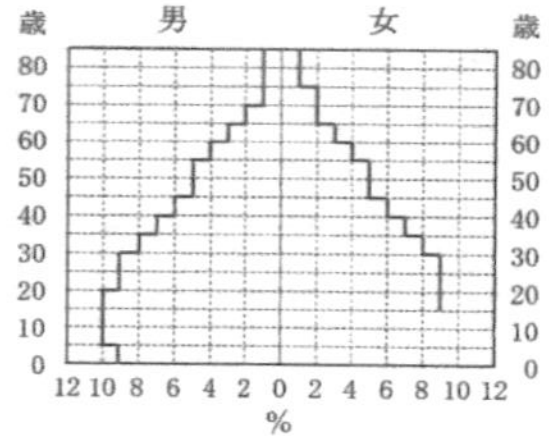
(3)		○
(4)		
(5)	a	約　m
	b	
	c	○ と ○
	d	海流
	e	
	f	
(6)		火力発電の燃料の自給率が　ので，　から。

香川県公立高校　2022年度

※156%に拡大していただくと，解答欄は実物大になります。

国語解答用紙（その一）

問題一

㈠ a 校庭　b 漂わせて　c 丁寧　d 刻まれて

㈡ 川木に「勝ったときは徹のおかげだ」と言われ、これまで川木を［　］ような点を意外に感じたから

㈢

㈣

㈤ ［　］を知ったこと

㈥

㈦ ［　］

㈧

問題二

㈠

㈡

㈢ ［　］

㈣

㈤

問題三

㈠ a タン［　］なる　b フクザツ　c セイサク　d ゼンテイ

㈡

㈢ 物語は、それが語られたときの雰囲気や［　］が求められると考えているから

㈣

㈤

㈥ ア［　］　イ［　］

㈦

㈧

㈨ ○

㈩

問題四

別紙の国語解答用紙(その二)に書きなさい。

受検番号

国語解答用紙（その二）

問題四

(150)

(250)

1行25字

受検番号

2022年度入試配点表(香川県)

	問題1	問題2	問題3	問題4	問題5	計
数学	(1)　1点 他　各2点×6	各2点×4	(4)　3点 他　各2点×4	(2)ウ　3点 他　各2点×4	(1)　3点 (2)　4点	50点

	問題1	問題2	問題3	問題4	問題5	計
英語	B, D Emiが楽しみにしていること, E No.3 各2点×3 他　各1点×6	各1点×6	(3),(5),(8),(9) 各2点×4 他　各1点×5	(1),(3),(5),(8) 各2点×5 他　各1点×5	4点	50点

	問題1	問題2	問題3	問題4	計
理科	各1点×12	各1点×13 (A(1),B(2),C(2)各完答)	A(4)　2点 他　各1点×9 (A(2),B(3)・(5)各完答)	B(2), C(5)　各2点×2 他　各1点×10	50点

	問題1	問題2	問題3	計
社会	(2)c,(4)c　各2点×2 他　各1点×11	各1点×18	(1)b,(5)e　各2点×2 他　各1点×13	50点

	問題一	問題二	問題三	問題四	計
国語	(二),(五),(七),(八) 各2点×4 他　各1点×7	(一),(四)　各1点×2 他　各2点×3	(一),(二),(五),(八) 各1点×7 他　各2点×6	8点	50点

※ 154%に拡大していただくと，解答欄は実物大になります。

数 学 解 答 用 紙

受検番号	

問題1		
	(1)	
	(2)	
	(3)	$y=$
	(4)	
	(5)	
	(6)	
	(7)	◯ → ◯ → ◯

問題2			
	(1)		度
	(2)	ア	◯
		イ	cm
	(3)		cm

問題3			
	(1)		km
	(2)		
	(3)	ア	
		イ	$a=$
	(4)	xの値を求める過程 答　xの値	

問題4			
	(1)	ア	$p=$
		イ	
	(2)	ア	点
		イ	点
		ウ	a，bの値を求める過程 答　aの値　　　　，bの値

問題5		
	(1)	証　明
	(2)	証　明

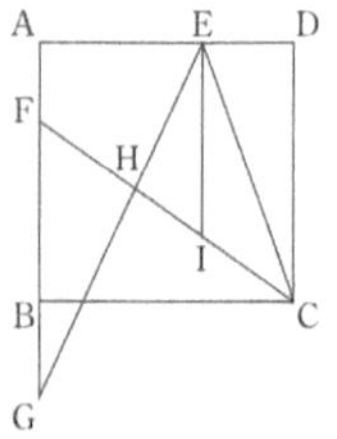

※ 156%に拡大していただくと，解答欄は実物大になります。

英 語 解 答 用 紙

受検番号	

問題1	A							
	B							
	C							
	D	Ellen と Sam の待ち合わせ場所				の前		
		Ellen と Sam の待ち合わせ時刻		午前	時	分		
		Ellen が Sam に持って行くほうがよいと言ったもの						
	E	No. 1		No. 2		No. 3		
問題2	(1)	(a)		(b)		(c)		(d)
	(2)							
	(3)							
問題3	(1)							
	(2)							
	(3)	.						
	(4)							
	(5)							
	(6)	She likes kabuki and which were taken in *Kanamaru-za*.						
	(7)	.						
	(8)	From that experience, I thought that learning about our own country .						
	(9)							
問題4	(1)							
	(2)	という願い						
	(3)	?						
	(4)							
	(5)							
	(6)							
	(7)	(a)	.					
		(b)	.					
	(8)	と						
問題5		I think getting information from [ ] is better.						

※ 154%に拡大していただくと，解答欄は実物大になります。

理　科　解　答　用　紙

受検番号

問題1

A	(1)	a	言葉	◯ と ◯
			理由	このような向きに星が動いて見えるのは，地球が ＿＿＿ から ＿＿＿ へ ＿＿＿ ため。
		b		
	(2)	a		
		b		
		c		
B	(1)	a		◯ と ◯
		b		れきの粒がまるみを帯びているのは，＿＿＿ ため。
		c		
		d		
	(2)	a		
		b		◯ と ◯

問題2

A	(1)		観点①　　観点②　　観点③
	(2)		
	(3)		
	(4)	a	◯ と ◯
		b	
	(5)		
B	(1)		＿＿＿ によるものだということを確認するため。
	(2)		
C	(1)		植物細胞どうしを ＿＿＿ するはたらき。
	(2)		◯
	(3)		
	(4)		
	(5)		複製前の細胞と分裂直後の細胞の ＿＿＿ ため。

問題3

A	(1)	◯
	(2)	陽イオン　　陰イオン
	(3)	◯ と ◯
	(4)	＿＿＿ 金属板と，うすい塩酸や食塩水のように，＿＿＿ がとけてイオンが含まれている水溶液を用いる必要がある。
	(5)	◯
B	(1)	P　　Q
	(2)	◯ と ◯
	(3)	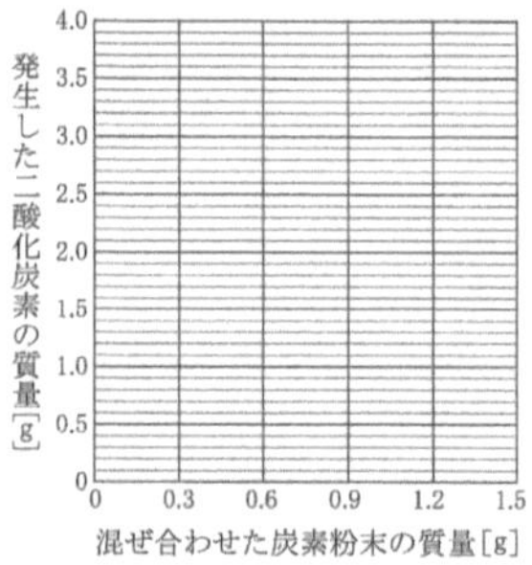
	(4)	
	(5)	g

問題4

A	(1)		Ω
	(2)	X	
		Y	
	(3)		◯ と ◯
	(4)		A
	(5)		℃
B	(1)		m/s
	(2)		◯ と ◯
	(3)		倍
	(4)		cm
	(5)		1番目　　4番目
C	(1)		
	(2)		◯ と ◯

香川県公立高校　2021年度

※ 156%に拡大していただくと，解答欄は実物大になります。

社　会　解　答　用　紙

受検番号	

問題1

(1)	a	
	b	
	c	
	d	内閣は，　　　　しなければならない。
(2)	a	
	b	
(3)		地方交付税交付金には，　　　　という役割があるから。
(4)	a	
	b	
(5)	a	
	b	
	c	
(6)		
(7)		

問題2

(1)	a	
	b	国ごとに
	c	記号　○
		言葉
	d	
(2)	a	
	b	
(3)	a	
	b	
(4)		○　と　○
(5)	a	
	b	
	c	日清戦争に比べ，日露戦争は，　　　　にもかかわらず，　　　　から。
(6)	a	○
	b	
	c	○ → ○ → ○
	d	○　と　○

問題3

(1)	a	
	b	○
	c	教
	d	
	e	○
(2)	a	約　　　　m
	b	
	c	E の地域の傾斜の方が，
	d	
	e	
(3)	a	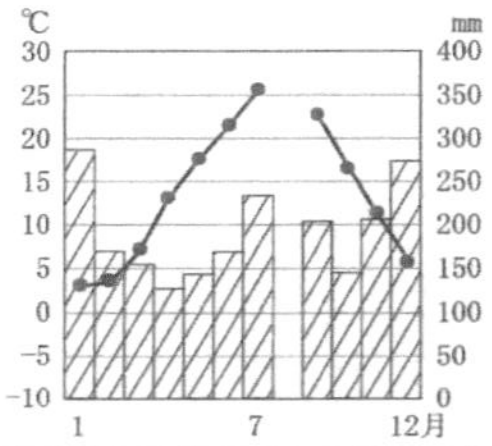
	b	
(4)		
(5)		原子力発電　　　　太陽光発電
(6)	a	
	b	
	c	

香川県公立高校　２０２１年度
※１５６％に拡大していただくと、解答欄は実物大になります。

国語解答用紙（その一）

受検番号

問題一

- (一) a 推薦　b 楽譜　c 響き　d 激励
- (二)
- (三) ア　イ
- (四)
- (五)
- (六) 思い
- (七)
- (八)

問題二

- (一)
- (二)
- (三)
- (四)
- (五)

問題三

- (一) a サカらう　b ユルせなく　c アラタめて　d ユウセン
- (二)
- (三) ア　イ
- (四)
- (五)
- (六) 哲学対話の問いは　ことで社会を結びつけていく
- (七)
- (八)
- (九)
- (十)

問題四

別紙の国語解答用紙（その二）に書きなさい。

国語解答用紙（その二）

問題四

(150)

(250)

1行25字

受検番号

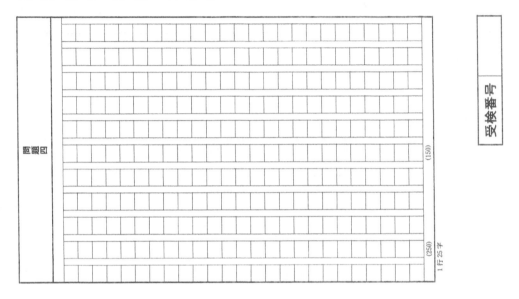

2021年度入試配点表(香川県)

数学	問題1	問題2	問題3	問題4	問題5	計
	(1) 1点 他 各2点×6	各2点×4	(4) 3点 他 各2点×4	(2)ウ 3点 他 各2点×4	(1) 3点 (2) 4点	50点

英語	問題1	問題2	問題3	問題4	問題5	計
	B, C, E No.3 各2点×3 他 各1点×6	各1点×6	(3), (6), (7), (8) 各2点×4 他 各1点×5	(2), (3), (6), (8) 各2点×5 他 各1点×5	4点	50点

理科	問題1	問題2	問題3	問題4	計
	A(1)a 2点(完答) 他 各1点×10	各1点×13 (A(1)完答)	B(5) 2点 他 各1点×9 (A(2), B(1)各完答)	A(2), B(3) 各2点×2 他 各1点×10 (A(2), B(5)各完答)	50点

社会	問題1	問題2	問題3	計
	(1)d 2点 他 各1点×13	(1)b, (5)c 各2点×2 他 各1点×14	各1点×17	50点

国語	問題一	問題二	問題三	問題四	計
	(三), (五), (六), (八) 各2点×4 他 各1点×7	(一), (二) 各1点×2 他 各2点×3	(三), (七), (九), (十) 各2点×4 (六) 3点 他 各1点×8	8点	50点

2020年度　香川県

数　学　解　答　用　紙

受検番号	

問題1

(1)	
(2)	
(3)	
(4)	$x =$
(5)	
(6)	
(7)	$a =$

問題2

(1)		度
(2)	ア	
	イ	cm
(3)		cm^2

問題3

(1)		
(2)		分
(3)	ア	
	イ	$y =$
(4)	x の値を求める過程	

答　x の値

問題4

(1)	ア	$a =$
	イ	
(2)	ア	cm^2
	イ	cm^2
	ウ	x の値を求める過程

答　x の値

問題5

(1) 証　明

(2) 証　明

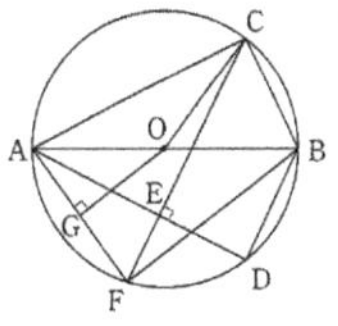

※この解答用紙は154％に拡大していただきますと，実物大になります。

2020年度　香川県

英語解答用紙

受検番号	

問題1	A	◯	
	B		
	C		
	D	Sachiko が支払う金額	ドル
		店員が Sachiko に提案したこと	こと
	E	No. 1	
		No. 2	
		No. 3	
問題2	(1)	(a)　(b)　(c)　(d)	
	(2)		
	(3)		
問題3	(1)		
	(2)		
	(3)	We	.
	(4)		?
	(5)		
	(6)	When I was in such a situation,	English.
	(7)		
	(8)		
	(9)		.
問題4	(1)		?
	(2)		
	(3)		
	(4)		
	(5)		という誘い
	(6)		
	(7)	(a)	.
		(b)	.
	(8)	◯ と ◯	
問題5			.
			.
			.
			.

※この解答用紙は156%に拡大していただきますと，実物大になります。

2020年度　香川県

理　科　解　答　用　紙

受検番号	

問題1				
A	(1)	a		◯
		b		＿＿＿＿風
	(2)			
	(3)	a		日が当たったとき，砂は水と比べて＿＿＿＿。このため，砂の上の空気が，水の上の空気より＿＿＿＿＿＿＿＿ため。
		b		◯
B	(1)	a		＿＿＿＿型惑星
		b		Yのグループの惑星は，Xのグループの惑星に比べて，質量は＿＿＿＿，太陽からの距離は＿＿＿＿。
	(2)	a		
		b	位置	
			言葉	◯　と　◯
	(3)			

問題2				
A	(1)	a		＿＿＿＿神経
		b		秒
	(2)	a		
		b	筋肉	つながり方　◯
		c		◯　と　◯
B	(1)			
	(2)			
	(3)			◯
	(4)			◯　と　◯
C	(1)	a		
		b		
	(2)			＿＿＿＿ ＿＿＿＿

問題3			
A	(1)		→　　　＋
	(2)		%
	(3)		◯
	(4)		
	(5)		g
B	(1)	a	火のついた線香を陽極に発生した気体に近づけると，＿＿＿＿＿＿＿＿ことを確認する。
		b	
		c	
	(2)		
	(3)		g

問題4		
A	(1)	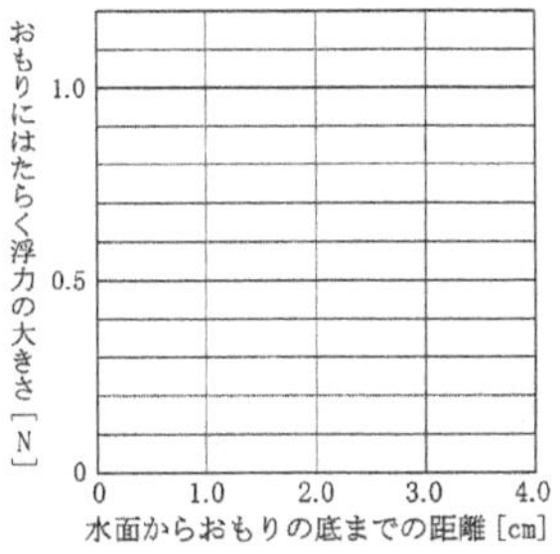
	(2)	◯
B	(1)	秒
	(2)	J
	(3)	◯　と　◯
	(4)	◯　と　◯
	(5)	W
C	(1)	V
	(2)	◯
	(3)	
	(4)	Ω
	(5)	◯　と　◯

※この解答用紙は154%に拡大していただきますと，実物大になります。

社　会　解　答　用　紙

受検番号	

問題1

(1)			○
(2)	a	記号	○
		理由	ためである。
	b		
	c		
	d		
	e		
(3)			
(4)	a		
	b		
	c		日本銀行が，　役割を果たしているから。
	d	言葉	
		記号	
	e		
	f	太郎さんのみが用いた資料	○
		花子さんのみが用いた資料	○
		太郎さんも花子さんも用いた資料	○

問題2

(1)	a	
	b	
	c	
(2)	言葉	
	記号	○ と ○
(3)		○ → ○ → ○
(4)	a	石高に応じて　こと。
	b	
(5)		
(6)		こと。
		こと。
(7)	a	
	b	
	c	
	d	
(8)		
(9)	a	○ → ○ → ○
	b	

問題3

(1)	a	
	b	○
	c	造山帯
	d	
	e	
(2)		○
(3)		
(4)	a	約　m
	b	
	c	①　②
	d	
	e	
(5)		
(6)		
(7)	a	
	b	
(8)		

※この解答用紙は154%に拡大していただきますと，実物大になります。

2020年度　香川県

国語解答用紙（その一）

受検番号

問題一

(一) a 衝　動　b 挑　み　c 若　干　d 見据　えて

(二)

(三)

(四)

(五) 自分の、　ところと同じだと感じたから

(六) ア　イ

(七)

(八)

問題二

(一)

(二)

(三)

(四) 初め　終わり

(五)

問題三

(一) a ヒテイ　b セイコウ　c ツネ に　d シハイ

(二) ア　イ

(三)

(四) 当時の哲学は　と考えていたところに問題があった

(五)

(六)

(七) われわれには　生きてゆく必要がある

(八)

(九) 第□段落

(十)

問題四

別紙の国語解答用紙（その二）に書きなさい。

※この解答用紙は１５４％に拡大していただきますと、実物大になります。

国語解答用紙（その二）

問題四

(150)

(250)

1行25字

受検番号

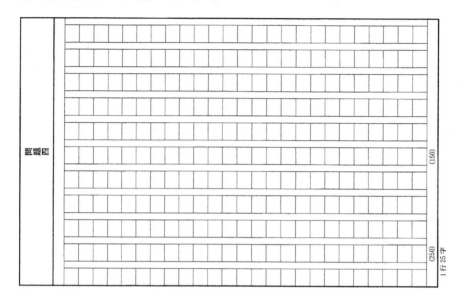

2020年度入試配点表（香川県）

	問題1	問題2	問題3	問題4	問題5	計
数学	(1)　1点 他　各2点×6	各2点×4	(4)　3点 他　各2点×4	(2)ウ　3点 他　各2点×4	(1)　3点 (2)　4点	50点

	問題1	問題2	問題3	問題4	問題5	計
英語	B, C, D, E No.3 各2点×4 他　各1点×4	各1点×6	(3), (4), (6), (9) 各2点×4 他　各1点×5	(1), (4), (5), (8) 各2点×5 他　各1点×5	4点	50点

	問題1	問題2	問題3	問題4	計
理科	A(3)a　2点 他　各1点×10	A(1)b　2点 他　各1点×11	B(3)　2点 他　各1点×9	B(5), C(4) 各2点×2 他　各1点×10	50点

	問題1	問題2	問題3	計
社会	(2)a, (4)f　各2点×2 他　各1点×11	(6)　2点 他　各1点×16	各1点×17	50点

	問題一	問題二	問題三	問題四	計
国語	(五)～(八) 各2点×4 他　各1点×7	(一), (二)　各1点×2 他　各2点×3	(一), (五), (六), (八) 各1点×7 他　各2点×6	8点	50点

2019年度　香川県

数学解答用紙

受検番号	

問題1

(1)	
(2)	
(3)	
(4)	
(5)	
(6)	
(7)	

問題2

(1)		度
(2)	ア	○
	イ	cm^3
(3)		cm

問題3

(1)		○　と　○
(2)		
(3)		P　　Q　　記号　○
(4)	ア	
	イ	a の値を求める過程

答　a の値

問題4

(1)	ア	cm^2
	イ	$n =$
(2)	ア	個
	イ	$x =$
	ウ	x，y の値を求める過程

答　x の値　　　　，y の値

問題5

(1) 証　明

(2) 証　明

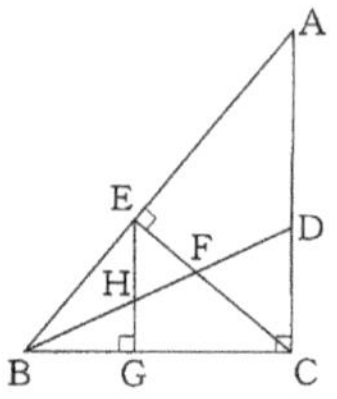

※この解答用紙は154％に拡大していただきますと，実物大になります。

2019年度　香川県

英語解答用紙

受検番号	

問題	小問		解答欄
問題1	A		○
	B		○
	C		
	D	Kojiがライオンを好きな理由	ライオンは ____ から
		二人が動物園を出る予定時刻	午後 ____ 時 ____ 分
		Emilyが動物園を出る前にしようと提案したこと	____ こと
	E	No. 1	
		No. 2	
		No. 3	
問題2	(1)		(a) ____ (b) ____ (c) ____ (d) ____
	(2)		
	(3)		
問題3	(1)		____.
	(2)		
	(3)		
	(4)		
	(5)		The dream ____ true.
	(6)		____.
	(7)		
	(8)		
	(9)		____.
問題4	(1)		____?
	(2)		
	(3)		
	(4)		
	(5)		
	(6)		
	(7)	(a)	____.
		(b)	____.
	(8)		○ と ○
問題5			____. ____. ____. ____.

※この解答用紙は154％に拡大していただきますと，実物大になります。

理科解答用紙

受検番号	

問題1

A	(1)			
	(2)	a		〇
		b		〇 と 〇
		c		
		d		大規模な噴火により噴出した火山灰は，＿＿＿＿堆積するため，噴火した年代がわかれば，＿＿＿＿手がかりになるため。
B	(1)	a		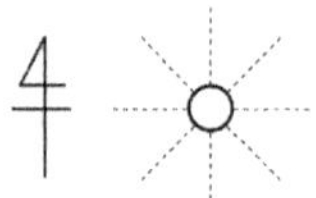
		b		
		c	記号	
			理由	
	(2)			

問題2

A	(1)		
	(2)	記号	〇 と 〇
		言葉	
	(3)		酸素の多いところでは，＿＿＿＿，酸素の少ないところでは，＿＿＿＿性質があるから。
	(4)		
B	(1)		〇
	(2)		
	(3)		
	(4)		本
C	(1)		
	(2)		エタノールにつけることで，＿＿＿＿，ヨウ素溶液につけた後の反応を観察しやすくするため。
	(3)		
	(4)		〇

問題3

A	(1)		〇
	(2)		
	(3)		g
	(4)		
B	(1)	液体のエタノール	〇
		気体のエタノール	〇
	(2)		〇 と 〇
	(3)		混合物を熱したとき，＿＿＿＿
	(4)		〇
	(5)		

問題4

A	(1)	cm/s
	(2)	
	(3)	〇
	(4)	〇 と 〇
	(5)	倍
B	(1)	〇 と 〇
	(2)	〇 と 〇
C	(1)	〇 と 〇
	(2)	Ω
	(3)	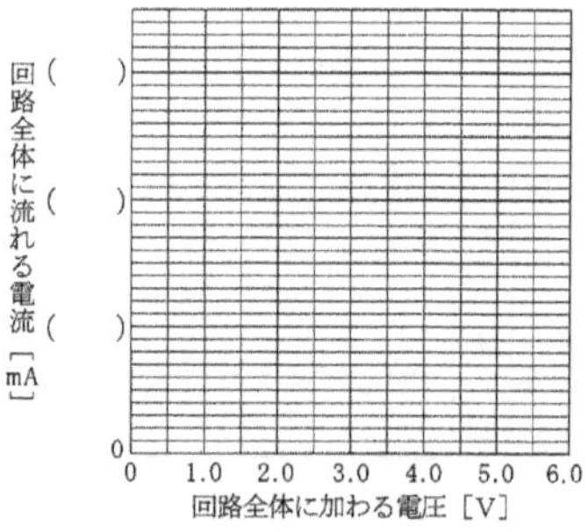
	(4)	倍
	(5)	

※この解答用紙は154％に拡大していただきますと，実物大になります。

社　会　解　答　用　紙

受検番号

問題1			
(1)	a		
	b	政権	
	c		
	d		
(2)			
(3)			
(4)			
(5)	a	資料	○
		理由	
	b	○ と ○ と ○	
	c	○ と ○	
	d		
(6)			
(7)		法	

問題2		
(1)	a	
	b	○
	c	
(2)	a	
	b	
	c	
(3)		
(4)		○ → ○ → ○
(5)		○ と ○
(6)		明治新政府は， ことを目的として地租改正をおこない， を基準に　　　　で納めさせる方法に変更した。
(7)	a	
	b	
(8)	a	記号 ○ 国名
	b	
	c	
	d	○ → ○ → ○
(9)		

問題3		
(1)	a	
	b	
	c	○ → ○ → ○
	d	12 月　　日　　時
(2)		○
(3)		
(4)	a	約　　m
	b	
	c	
	d	○
	e	
(5)	a	
	b	
	c	

※この解答用紙は154％に拡大していただきますと，実物大になります。

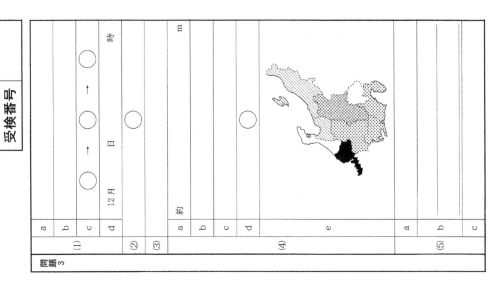

2019年度　香川県

国語解答用紙（その一）

受検番号

問題一

(一)
a 飾って
b 器用
c 景色
d 談笑

(二)

(三) ア　イ

(四)

(五)

(六) 健吾は、店々から様々なものをもらい喜んでいたが、（　　　）ように思ったから

(七)

(八)

問題二

(一)

(二)

(三)

(四) 初め　終わり

(五)

問題三

(一)
a ヤマイ
b ホジョ
c イチ
d ムズカしい

(二) ア　イ

(三)

(四)

(五) 一つの問題をいくつもの異なる視点から見ることで（　　　）人

(六)

(七)

(八) 第□段落

(九)

問題四

別紙の国語解答用紙(その二)に書きなさい。

※この解答用紙は154％に拡大していただきますと、実物大になります。

国語解答用紙（その二）

問題四

(150)

(250)

1行25字

受検番号

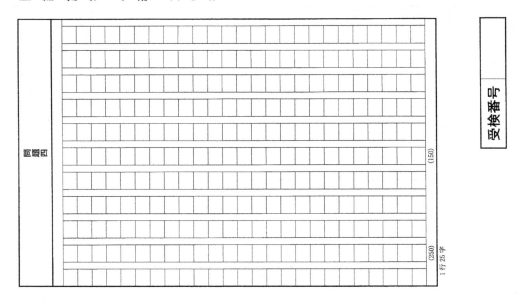

2019年度入試配点表(香川県)

数学	問題1	問題2	問題3	問題4	問題5	計
	(1)　1点 他　各2点×6	各2点×4	(4)イ　3点 他　各2点×4	(2)ウ　3点 他　各2点×4	(1)　3点 (2)　4点	50点

英語	問題1	問題2	問題3	問題4	問題5	計
	B, C, E No.3 各2点×3 他　各1点×6	各1点×6	(1),(5),(6),(9) 各2点×4 他　各1点×5	(1),(3),(5),(8) 各2点×5 他　各1点×5	4点	50点

理科	問題1	問題2	問題3	問題4	計
	A(1)・(2)a~c, B(1)a・(2) 各1点×6 他　各2点×3 (B(1)c完答)	各1点×13	A(1)・(2),B　各1点×7 他　各2点×2 (B(1)完答)	A(5), C(5) 各2点×2 他　各1点×10	50点

社会	問題1	問題2	問題3	計
	(5)a・b　各2点×2 他　各1点×11	(6)　2点 他　各1点×16	(1)d,(3),(4)e　各2点×3 他　各1点×11	50点

国語	問題一	問題二	問題三	問題四	計
	(三),(五),(六),(八) 各2点×4 他　各1点×7	(二),(三)　各1点×2 他　各2点×3	(一),(四)　各1点×5 他　各2点×7	8点	50点

東京学参の

中学校別入試過去問題シリーズ

＊出版校は一部変更することがあります。一覧にない学校はお問い合わせください。

東京ラインナップ

あ　青山学院中等部(L04)
麻布中学(K01)
桜蔭中学(K02)
お茶の水女子大附属中学(K07)
か　海城中学(K09)
開成中学(M01)
学習院中等科(M03)
慶應義塾中等部(K04)
晃華学園中学(N13)
攻玉社中学(L11)
国学院大久我山中学
（一般・CC）(N22)
（ＳＴ）(N23)
駒場東邦中学(L01)
さ　芝中学(K16)
芝浦工業大附属中学(M06)
城北中学(M05)
女子学院中学(K03)
巣鴨中学(M02)
成蹊中学(N06)
成城中学(K28)
成城学園中学(L05)
青稜中学(K23)
創価中学(N14)★
た　玉川学園中学部(N17)
中央大附属中学(N08)
筑波大附属中学(K06)
筑波大附属駒場中学(L02)
帝京大中学(N16)
東海大菅生高中等部(N27)
東京学芸大附属竹早中学(K08)
東京都市大付属中学(L13)
桐朋中学(N03)
東洋英和女学院中学部(K15)
豊島岡女子学園中学(M12)
な　日本大第一中学(M14)
日本大第三中学(N19)
日本大第二中学(N10)
は　雙葉中学(K05)
法政大学中学(N11)
本郷中学(M08)
ま　武蔵中学(N01)
明治大付属中野中学(N05)
明治大付属中野八王子中学(N07)
明治大付属明治中学(K13)
ら　立教池袋中学(M04)
わ　和光中学(N21)
早稲田中学(K10)
早稲田実業学校中等部(K11)
早稲田大高等学院中等部(N12)

神奈川ラインナップ

あ　浅野中学(O04)
栄光学園中学(O06)
か　神奈川大附属中学(O08)
鎌倉女学院中学(O27)
関東学院六浦中学(O31)
慶應義塾湘南藤沢中等部(O07)
慶應義塾普通部(O01)
さ　相模女子大中学部(O32)
サレジオ学院中学(O17)
逗子開成中学(O22)
聖光学院中学(O11)
清泉女学院中学(O20)
洗足学園中学(O18)
捜真女学校中学部(O29)
た　桐蔭学園中等教育学校(O02)
東海大付属相模高中等部(O24)
桐光学園中学(O16)
な　日本大中学(O09)
は　フェリス女学院中学(O03)
法政大第二中学(O19)
や　山手学院中学(O15)
横浜隼人中学(O26)

千・埼・茨・他ラインナップ

あ　市川中学(P01)
浦和明の星女子中学(Q06)
か　海陽中等教育学校
（入試Ⅰ・Ⅱ）(T01)
（特別給費生選抜）(T02)
久留米大附設中学(Y04)
さ　栄東中学(東大・難関大)(Q09)
栄東中学(東大特待)(Q10)
狭山ヶ丘高校付属中学(Q01)
芝浦工業大柏中学(P14)
渋谷教育学園幕張中学(P09)
城北埼玉中学(Q07)
昭和学院秀英中学(P05)
清真学園中学(S01)
西南学院中学(Y02)
西武学園文理中学(Q03)
西武台新座中学(Q02)
専修大松戸中学(P13)
た　筑紫女学園中学(Y03)
千葉日本大第一中学(P07)
千葉明徳中学(P12)
東海大付属浦安高中等部(P06)
東邦大付属東邦中学(P08)
東洋大附属牛久中学(S02)
獨協埼玉中学(Q08)
な　長崎日本大中学(Y01)
成田高校付属中学(P15)
は　函館ラ・サール中学(X01)
日出学園中学(P03)
福岡大附属大濠中学(Y05)
北嶺中学(X03)
細田学園中学(Q04)
や　八千代松陰中学(P10)
ら　ラ・サール中学(Y07)
立命館慶祥中学(X02)
立教新座中学(Q05)
わ　早稲田佐賀中学(Y06)

公立中高一貫校ラインナップ

北海道　市立札幌開成中等教育学校(J22)
宮　城　宮城県仙台二華・古川黎明中学校(J17)
市立仙台青陵中等教育学校(J33)
山　形　県立東桜学館中学校(J27)
茨　城　茨城県立中学・中等教育学校(J09)
栃　木　県立宇都宮東・佐野・矢板東高校附属中学校(J11)
群　馬　県立中央・市立四ツ葉学園中等教育学校・
市立太田中学校(J10)
埼　玉　市立浦和中学校(J06)
県立伊奈学園中学校(J31)
さいたま市立大宮国際中等教育学校(J32)
川口市立高等学校附属中学校(J35)
千　葉　県立千葉・東葛飾中学校(J07)
市立稲毛国際中等教育学校(J25)
東　京　区立九段中等教育学校(J21)
都立大泉高等学校附属中学校(J28)
都立両国高等学校附属中学校(J01)
都立白鷗高等学校附属中学校(J02)
都立富士高等学校附属中学校(J03)
都立三鷹中等教育学校(J29)
都立南多摩中等教育学校(J30)
都立武蔵高等学校附属中学校(J04)
都立立川国際中等教育学校(J05)
都立小石川中等教育学校(J23)
都立桜修館中等教育学校(J24)
神奈川　川崎市立川崎高等学校附属中学校(J26)
県立平塚・相模原中等教育学校(J08)
横浜市立南高等学校附属中学校(J20)
横浜サイエンスフロンティア高校附属中学校(J34)
広　島　県立広島中学校(J16)
県立三次中学校(J37)
徳　島　県立城ノ内中等教育学校・富岡東・川島中学校(J18)
愛　媛　県立今治東・松山西・宇和島南中等教育学校(J19)
福　岡　福岡県立中学校・中等教育学校(J12)
佐　賀　県立香楠・致遠館・唐津東・武雄青陵中学校(J13)
宮　崎　県立五ヶ瀬中等教育学校(J15)
県立宮崎西・都城泉ヶ丘高校附属中学校(J36)
長　崎　県立長崎東・佐世保北・諫早高校附属中学校(J14)

公立中高一貫校「適性検査対策」問題集シリーズ

総合編　作文問題編　資料問題編　数と図形編　生活と科学編　実力確認テスト編

私立中・高スクールガイド

THE《ザ》私立

私立中学＆高校の学校生活がわかる！

東京学参の

高校別入試過去問題シリーズ

＊出版校は一部変更することがあります。一覧にない学校はお問い合わせください。

東京ラインナップ

あ 愛国高校(A59)
青山学院高等部(A16)★
桜美林高校(A37)
お茶の水女子大附属高校(A04)
か 開成高校(A05)★
共立女子第二高校(A40)
慶應義塾女子高校(A13)
国学院高校(A30)
国学院大久我山高校(A31)
国際基督教大高校(A06)
小平錦城高校(A61)★
駒澤大高校(A32)
さ 芝浦工業大附属高校(A35)
修徳高校(A52)
城北高校(A21)
専修大附属高校(A28)
創価高校(A66)★
た 拓殖大第一高校(A53)
立川女子高校(A41)
玉川学園高等部(A56)
中央大高校(A19)
中央大杉並高校(A18)★
中央大附属高校(A17)
筑波大附属高校(A01)
筑波大附属駒場高校(A02)
帝京大高校(A60)
東海大菅生高校(A42)
東京学芸大附属高校(A03)
東京実業高校(A62)
東京農業大第一高校(A39)
桐朋高校(A15)
都立青山高校(A73)★
都立国立高校(A76)★
都立国際高校(A80)★
都立国分寺高校(A78)★
都立新宿高校(A77)★
都立墨田川高校(A81)★
都立立川高校(A75)★
都立戸山高校(A72)★
都立西高校(A71)★
都立八王子東高校(A74)★
都立日比谷高校(A70)★
な 日本大櫻丘高校(A25)
日本大第一高校(A50)
日本大第三高校(A48)
日本大第二高校(A27)
日本大鶴ヶ丘高校(A26)
日本大豊山高校(A23)
は 八王子学園八王子高校
（文理選抜・進学・総合，アスリート）(A64)
（文理特進）(A65)
法政大高校(A29)
ま 明治学院高校(A38)
明治学院東村山高校(A49)
明治大付属中野高校(A33)
明治大付属中野八王子高校(A67)
明治大付属明治高校(A34)★
明法高校(A63)
わ 早稲田実業学校高等部(A09)
早稲田大高等学院(A07)

神奈川ラインナップ

あ 麻布大附属高校(B04)
アレセイア湘南高校(B24)
か 慶應義塾高校(A11)
神奈川県公立高校特色検査(B00)
さ 相洋高校(B18)
た 立花学園高校(B23)
桐蔭学園高校(B01)
東海大付属相模高校(B03)★
桐光学園高校(B11)
な 日本大高校(B06)
日本大藤沢高校(B07)
は 平塚学園高校(B22)
藤沢翔陵高校(B08)
法政大国際高校(B17)
法政大第二高校(B02)★
や 山手学院高校(B09)
横須賀学院高校(B20)
横浜商科大高校(B05)
横浜翠陵高校(B14)
横浜清風高校(B10)
横浜創英高校(B21)
横浜隼人高校(B16)
横浜富士見丘学園高校(B25)

千葉ラインナップ

あ 愛国学園大附属四街道高校(C26)
我孫子二階堂高校(C17)
市川高校(C01)★
か 敬愛学園高校(C15)
さ 芝浦工業大柏高校(C09)
渋谷教育学園幕張高校(C16)★
翔凜高校(C34)
昭和学院秀英高校(C23)
専修大松戸高校(C02)
た 千葉英和高校(C18)
千葉敬愛高校(C05)
千葉経済大附属高校(C27)
千葉日本大第一高校(C06)★
千葉明徳高校(C20)
千葉黎明高校(C24)
東海大付属浦安高校(C03)
東京学館高校(C14)
東京学館浦安高校(C31)
な 日本体育大柏高校(C30)
日本大習志野高校(C07)
は 日出学園高校(C08)
や 八千代松陰高校(C12)
ら 流通経済大付属柏高校(C19)★

埼玉ラインナップ

あ 浦和学院高校(D21)
大妻嵐山高校(D04)★
か 開智高校(D08)
開智未来高校(D13)★
春日部共栄高校(D07)
川越東高校(D12)
慶應義塾志木高校(A12)
さ 埼玉栄高校(D09)
栄東高校(D14)
狭山ヶ丘高校(D24)
昌平高校(D23)
西武学園文理高校(D10)
西武台高校(D06)
た 東京農業大第三高校(D18)
は 武南高校(D05)
本庄東高校(D20)
や 山村国際高校(D19)
ら 立教新座高校(A14)
わ 早稲田大本庄高等学院(A10)

北関東・甲信越ラインナップ

あ 愛国学園大附属龍ヶ崎高校(E07)
宇都宮短大附属高校(E24)
か 鹿島学園高校(E08)
霞ヶ浦高校(E03)
共愛学園高校(E31)
甲陵高校(E43)
国立高等専門学校(A00)
さ 作新学院高校
（トップ英進・英進部）(E21)
（情報科学・総合進学部）(E22)
常総学院高校(E04)
た 中越高校(R03)＊
土浦日本大高校(E01)
東洋大附属牛久高校(E02)
な 新潟青陵高校(R02)＊
新潟明訓高校(R04)＊
日本文理高校(R01)＊
は 白鷗大足利高校(E25)
ま 前橋育英高校(E32)
や 山梨学院高校(E41)

中京圏ラインナップ

あ 愛知高校(F02)
愛知啓成高校(F09)
愛知工業大名電高校(F06)
愛知産業大工業高校(F21)
愛知みずほ大瑞穂高校(F25)
暁高校（3年制）(F50)
鶯谷高校(F60)
栄徳高校(F29)
桜花学園高校(F14)
岡崎城西高校(F34)
か 岐阜聖徳学園高校(F62)
岐阜東高校(F61)
享栄高校(F18)
さ 桜丘高校(F36)
至学館高校(F19)
椙山女学園高校(F10)
鈴鹿高校(F53)
星城高校(F27)★
誠信高校(F33)
清林館高校(F16)★
た 大成高校(F28)
大同大大同高校(F30)
高田高校(F51)
滝高校(F03)★
中京高校(F63)
中京大附属中京高校(F11)★
中部大春日丘高校(F26)★
中部大第一高校(F32)
津田学園高校(F54)
東海高校(F04)★
東海学園高校(F20)
東邦高校(F12)
同朋高校(F22)
豊田大谷高校(F35)
な 名古屋高校(F13)
名古屋大谷高校(F23)
名古屋経済大市邨高校(F08)
名古屋経済大高蔵高校(F05)
名古屋女子大高校(F24)
日本福祉大付属高校(F17)
人間環境大附属岡崎高校(F37)
は 光ヶ丘女子高校(F38)
誉高校(F31)
ま 三重高校(F52)
名城大附属高校(F15)

宮城ラインナップ

さ 尚絅学院高校(G02)
聖ウルスラ学院英智高校(G01)★
聖和学園高校(G05)
仙台育英学園高校(G04)
仙台城南高校(G06)
仙台白百合学園高校(G12)
た 東北学院高校(G03)★
東北学院榴ヶ岡高校(G08)
東北高校(G11)
東北生活文化大高校(G10)
常盤木学園高校(G07)
は 古川学園高校(G13)
ま 宮城学院高校(G09)★

北海道ラインナップ

さ 札幌光星高校(H06)
札幌静修高校(H09)
札幌第一高校(H01)
札幌北斗高校(H04)
札幌龍谷学園高校(H08)
は 北海高校(H03)
北海学園札幌高校(H07)
北海道科学大高校(H05)
ら 立命館慶祥高校(H02)

★はリスニング音声データのダウンロード付き。

都道府県別 公立高校入試過去問 シリーズ

●全国47都道府県別に出版
●最近数年間の検査問題収録
●リスニングテスト音声対応

公立高校入試対策 問題集シリーズ

●目標得点別・公立入試の数学
●実戦問題演習・公立入試の英語（実力錬成編・基礎編）
●形式別演習・公立入試の国語
●実戦問題演習・公立入試の理科
●実戦問題演習・公立入試の社会

高校入試特訓問題集 シリーズ

●英語長文難関攻略30選
●英語長文テーマ別難関攻略30選
●英文法難関攻略20選
●英語難関徹底攻略33選
●古文完全攻略63選
●国語融合問題完全攻略30選
●国語長文難関徹底攻略30選
●国語知識問題完全攻略13選
●数学の図形と関数・グラフの融合問題完全攻略272選
●数学難関徹底攻略700選
●数学の難問80選
●数学 思考力―規則性とデータの分析と活用―

2303A

〈リスニング問題の音声について〉

本問題集掲載のリスニング問題の音声は、弊社ホームページでデータ配信しております。

現在お聞きいただけるのは「2024年度受験用」に対応した音声で、2024年3月末日までダウンロード可能です。弊社ホームページにアクセスの上、ご利用ください。

※本問題集を中古品として購入された場合など、配信期間の終了によりお聞きいただけない年度がございますのでご了承ください。

香川県公立高校　2024年度

ISBN978-4-8141-2879-2

発行所　東京学参株式会社
〒153-0043　東京都目黒区東山2-6-4
URL　https://www.gakusan.co.jp

編集部　E-mail　hensyu@gakusan.co.jp
※本書の編集責任はすべて弊社にあります。内容に関するお問い合わせ等は、編集部まで、メールにてお願い致します。なお、回答にはしばらくお時間をいただく場合がございます。何卒ご了承くださいませ。

営業部　TEL　03 (3794) 3154
FAX　03 (3794) 3164
E-mail　shoten@gakusan.co.jp
※ご注文・出版予定のお問い合わせ等は営業部までお願い致します。

2023年6月6日　初版